古典文学大字本

古文观止

〔清〕吴楚材 吴调侯 编选

人民文学出版社

图书在版编目（CIP）数据

古文观止／（清）吴楚材，（清）吴调侯编选. —北京：人民文学出版社，2021（2025.9重印）
（古典文学大字本）
ISBN 978-7-02-016397-7

Ⅰ.①古… Ⅱ.①吴…②吴… Ⅲ.①古典散文—散文集—中国 Ⅳ.①H194.1

中国版本图书馆CIP数据核字（2021）第043581号

责任编辑　李　俊
装帧设计　刘　远
责任印制　张　娜

出版发行　人民文学出版社
社　　址　北京市朝内大街166号
邮政编码　100705

印　　刷　三河市宏盛印务有限公司
经　　销　全国新华书店等

字　　数　534千字
开　　本　710毫米×1000毫米　1/16
印　　张　39.75　插页2
印　　数　20001—23000
版　　次　2014年4月北京第1版
印　　次　2025年9月第7次印刷

书　　号　978-7-02-016397-7
定　　价　56.00元

如有印装质量问题，请与本社图书销售中心调换。电话：010-59905336

目 录

前言 ·· 1
序 ·· 1

卷 一

左 传

郑伯克段于鄢 ··· 1
周郑交质 ·· 6
石碏谏宠州吁 ··· 8
臧僖伯谏观鱼 ··· 9
郑庄公戒饬守臣 ·· 11
臧哀伯谏纳郜鼎 ·· 14
季梁谏追楚师 ·· 16
曹刿论战 ··· 19
齐桓公伐楚盟屈完 ·· 20
宫之奇谏假道 ·· 23
齐桓下拜受胙 ·· 26
阴饴甥对秦伯 ·· 27
子鱼论战 ··· 28
寺人披见文公 ·· 30
介之推不言禄 ·· 32
展喜犒师 ··· 33
烛之武退秦师 ·· 34
蹇叔哭师 ··· 37

卷 二

郑子家告赵宣子 …………………………… 39
王孙满对楚子 ……………………………… 41
齐国佐不辱命 ……………………………… 42
楚归晋知罃 ………………………………… 45
吕相绝秦 …………………………………… 47
驹支不屈于晋 ……………………………… 52
祁奚请免叔向 ……………………………… 54
子产告范宣子轻币 ………………………… 56
晏子不死君难 ……………………………… 58
季札观周乐 ………………………………… 59
子产坏晋馆垣 ……………………………… 63
子产论尹何为邑 …………………………… 66
子产却楚逆女以兵 ………………………… 67
子革对灵王 ………………………………… 69
子产论政宽猛 ……………………………… 72
吴许越成 …………………………………… 74

卷 三

国 语

祭公谏征犬戎 ……………………………… 77
召公谏厉王止谤 …………………………… 80
襄王不许请隧 ……………………………… 82
单子知陈必亡 ……………………………… 84
展禽论祀爰居 ……………………………… 89
里革断罟匡君 ……………………………… 91
敬姜论劳逸 ………………………………… 93
叔向贺贫 …………………………………… 96
王孙圉论楚宝 ……………………………… 98
诸稽郢行成于吴 …………………………… 99

申胥谏许越成 ……………………………………………… 102
公羊传
　　春王正月 …………………………………………………… 104
　　宋人及楚人平 ……………………………………………… 106
　　吴子使札来聘 ……………………………………………… 108
穀梁传
　　郑伯克段于鄢 ……………………………………………… 110
　　虞师晋师灭夏阳 …………………………………………… 111
礼　记
　　晋献公杀世子申生 ………………………………………… 113
　　曾子易箦 …………………………………………………… 114
　　有子之言似夫子 …………………………………………… 115
　　公子重耳对秦客 …………………………………………… 117
　　杜蒉扬觯 …………………………………………………… 118
　　晋献文子成室 ……………………………………………… 119

卷　四

国　策
　　苏秦以连横说秦 …………………………………………… 121
　　司马错论伐蜀 ……………………………………………… 125
　　范雎说秦王 ………………………………………………… 127
　　邹忌讽齐王纳谏 …………………………………………… 130
　　颜斶说齐王 ………………………………………………… 131
　　冯谖客孟尝君 ……………………………………………… 132
　　赵威后问齐使 ……………………………………………… 138
　　庄辛论幸臣 ………………………………………………… 140
　　触龙说赵太后 ……………………………………………… 143
　　鲁仲连义不帝秦 …………………………………………… 145
　　鲁共公择言 ………………………………………………… 153
　　唐雎说信陵君 ……………………………………………… 155
　　唐雎不辱使命 ……………………………………………… 156

乐毅报燕王书 …………………………………… 158

李　斯
　　谏逐客书 ……………………………………… 164

楚　辞
　　卜居 …………………………………………… 170
　　对楚王问 ……………………………………… 172

卷　五

史　记
　　五帝本纪赞 …………………………………… 174
　　项羽本纪赞 …………………………………… 176
　　秦楚之际月表 ………………………………… 177
　　高祖功臣侯年表 ……………………………… 180
　　孔子世家赞 …………………………………… 182
　　外戚世家序 …………………………………… 183
　　伯夷列传 ……………………………………… 185
　　管晏列传 ……………………………………… 189
　　屈原列传 ……………………………………… 193
　　酷吏列传序 …………………………………… 200
　　游侠列传序 …………………………………… 201
　　滑稽列传 ……………………………………… 205
　　货殖列传序 …………………………………… 209
　　太史公自序 …………………………………… 212

司马迁
　　报任安书 ……………………………………… 218

卷　六

刘　邦
　　高帝求贤诏 …………………………………… 232

刘　恒
　　文帝议佐百姓诏 ……………………………… 234

刘 启
　　景帝令二千石修职诏 ········· 236
刘 彻
　　武帝求茂材异等诏 ··········· 238
贾 谊
　　过秦论上 ·················· 240
　　治安策一 ·················· 247
晁 错
　　论贵粟疏 ·················· 254
邹 阳
　　狱中上梁王书 ·············· 260
司马相如
　　上书谏猎 ·················· 268
李 陵
　　答苏武书 ·················· 271
路温舒
　　尚德缓刑书 ················ 278
杨 恽
　　报孙会宗书 ················ 282
刘 秀
　　临淄劳耿弇 ················ 287
马 援
　　诫兄子严敦书 ·············· 289
诸葛亮
　　前出师表 ·················· 291
　　后出师表 ·················· 294

卷　七

李 密
　　陈情表 ···················· 299

王羲之
　　兰亭集序 ……………………………………… 303
陶渊明
　　归去来辞 ……………………………………… 306
　　桃花源记 ……………………………………… 309
　　五柳先生传 …………………………………… 310
孔稚珪
　　北山移文 ……………………………………… 313
魏　徵
　　谏太宗十思疏 ………………………………… 320
骆宾王
　　为徐敬业讨武曌檄 …………………………… 323
王　勃
　　滕王阁序 ……………………………………… 328
李　白
　　与韩荆州书 …………………………………… 337
　　春夜宴桃李园序 ……………………………… 341
李　华
　　吊古战场文 …………………………………… 343
刘禹锡
　　陋室铭 ………………………………………… 349
杜　牧
　　阿房宫赋 ……………………………………… 351
韩　愈
　　原道 …………………………………………… 356
　　原毁 …………………………………………… 361
　　获麟解 ………………………………………… 363
　　杂说一 ………………………………………… 364
　　杂说四 ………………………………………… 365

卷　八

　　师说 …………………………………………… 367

进学解 …………………………………………… 369
圬者王承福传 ………………………………… 375
讳辩 ……………………………………………… 377
争臣论 …………………………………………… 380
后十九日复上宰相书 ………………………… 384
后廿九日复上宰相书 ………………………… 386
与于襄阳书 …………………………………… 388
与陈给事书 …………………………………… 391
应科目时与人书 ……………………………… 392
送孟东野序 …………………………………… 394
送李愿归盘谷序 ……………………………… 397
送董邵南序 …………………………………… 401
送杨少尹序 …………………………………… 402
送石处士序 …………………………………… 404
送温处士赴河阳军序 ………………………… 406
祭十二郎文 …………………………………… 408
祭鳄鱼文 ……………………………………… 412
柳子厚墓志铭 ………………………………… 413

卷 九

柳宗元

驳复仇议 ……………………………………… 419
桐叶封弟辨 …………………………………… 422
箕子碑 ………………………………………… 423
捕蛇者说 ……………………………………… 425
种树郭橐驼传 ………………………………… 428
梓人传 ………………………………………… 431
愚溪诗序 ……………………………………… 436
永州韦使君新堂记 …………………………… 438
钴鉧潭西小丘记 ……………………………… 440
小石城山记 …………………………………… 443

贺进士王参元失火书 …… 444

王禹偁
待漏院记 …… 448
黄冈竹楼记 …… 452

李格非
书《洛阳名园记》后 …… 455

范仲淹
严先生祠堂记 …… 457
岳阳楼记 …… 459

司马光
谏院题名记 …… 462

钱公辅
义田记 …… 464

李　觏
袁州州学记 …… 467

欧阳修
朋党论 …… 470
纵囚论 …… 472
释秘演诗集序 …… 474

卷　十

梅圣俞诗集序 …… 477
送杨寘序 …… 479
五代史伶官传序 …… 480
五代史宦者传论 …… 482
相州昼锦堂记 …… 484
丰乐亭记 …… 486
醉翁亭记 …… 488
秋声赋 …… 490
祭石曼卿文 …… 493
泷冈阡表 …… 494

苏 洵

- 管仲论 …………………………………… 500
- 辨奸论 …………………………………… 503
- 心术 ……………………………………… 505
- 张益州画像记 …………………………… 507

苏 轼

- 刑赏忠厚之至论 ………………………… 511
- 范增论 …………………………………… 513
- 留侯论 …………………………………… 515
- 贾谊论 …………………………………… 518
- 晁错论 …………………………………… 520

卷 十 一

- 上梅直讲书 ……………………………… 523
- 喜雨亭记 ………………………………… 525
- 凌虚台记 ………………………………… 526
- 超然台记 ………………………………… 528
- 放鹤亭记 ………………………………… 531
- 石钟山记 ………………………………… 533
- 潮州韩文公庙碑 ………………………… 535
- 乞校正陆贽奏议进御札子 ……………… 539
- 前赤壁赋 ………………………………… 541
- 后赤壁赋 ………………………………… 544
- 三槐堂铭 ………………………………… 547
- 方山子传 ………………………………… 549

苏 辙

- 六国论 …………………………………… 551
- 上枢密韩太尉书 ………………………… 552
- 黄州快哉亭记 …………………………… 554

曾 巩

- 寄欧阳舍人书 …………………………… 557

赠黎安二生序 …………………………………… 559
王安石
　　　读孟尝君传 …………………………………… 561
　　　同学一首别子固 ……………………………… 562
　　　游褒禅山记 …………………………………… 563
　　　泰州海陵县主簿许君墓志铭 ………………… 566

卷 十 二

宋　濂
　　　送天台陈庭学序 ……………………………… 568
　　　阅江楼记 ……………………………………… 570
刘　基
　　　司马季主论卜 ………………………………… 573
　　　卖柑者言 ……………………………………… 575
方孝孺
　　　深虑论 ………………………………………… 577
　　　豫让论 ………………………………………… 579
王　鏊
　　　亲政篇 ………………………………………… 582
王守仁
　　　尊经阁记 ……………………………………… 586
　　　象祠记 ………………………………………… 588
　　　瘗旅文 ………………………………………… 590
唐顺之
　　　信陵君救赵论 ………………………………… 594
宗　臣
　　　报刘一丈书 …………………………………… 597
归有光
　　　吴山图记 ……………………………………… 600
　　　沧浪亭记 ……………………………………… 601

茅　坤
　　青霞先生文集序 ………………………………… 604
王世贞
　　蔺相如完璧归赵论 ……………………………… 607
袁宏道
　　徐文长传 ………………………………………… 609
张　溥
　　五人墓碑记 ……………………………………… 613

前　言

《古文观止》是清代康熙年间吴楚材、吴调侯选编的一部古代散文集。

吴楚材、吴调侯叔侄二人是浙江山阴（今绍兴）人，据《嘉庆山阴县志》记载，吴楚材名乘权，"年十六病瘘，日阅古今书，数年疾愈而学以此富"。其所编的几部书中，《纲鉴易知录》也广为人知，但影响最大的还是《古文观止》。

吴氏叔侄是两位很有学养而仕途不达的读书人，他们都是乡间塾师，以课徒为业，编撰《古文观止》的初衷是"杂选古文，原为初学设也"（吴楚材《例言》）。因此在编选时"集古人之文，集古今人之选，而略者详之，繁者简之，散者合之，舛错者厘定之，差讹者校正之"（吴楚材、吴调侯《序》）。吸收了古人选本的经验教训，所以自许甚高，认为这本选集"诸选之美者毕集，其缺者无不备，而讹者无不正，是集古文之成者也，观止矣"（吴楚材、吴调侯《序》）。"观止"一语出自《左传·襄公二十九年》。吴公子季札在鲁国观看周代乐舞，当看到《韶箾》时，赞叹道："观止矣！若有他乐，吾不敢请已。"意思是说，我看到的乐舞至此已是尽善尽美好到极点了，如果还有其他乐舞，我不敢再请求观赏了。吴氏叔侄用"观止"作为书名，意谓该书所选篇目就是读者所能看到的最好的文章了。康熙三十四年（1695）吴楚材、吴调侯将编好的《古文观止》寄给了吴楚材的伯父吴兴祚，时在归化任右翼汉军副都统的吴兴祚收到《古文观止》后，给予了高度评价："阅其选简而该，评注详而不繁，其审音辨字无不精切而确当。披阅数过，觉向时之所阙如者，今则辴然而喜矣。以此正蒙养而裨后学，厥功岂浅鲜哉！"（吴兴祚《序》）于是在当年的端阳日，"亟命付之梨枣"，这是《古文观止》最初的版本。

三百多年来,《古文观止》作为一部古文选本,其社会影响的深广与久远,也让关注此书的传播与影响的人们叹为观止。鲁迅在《集外集·选本》一文中曾把《古文观止》和《昭明文选》相提并论,他说:

> 以《古文观止》和《文选》并称,初看好像是可笑的,但是,在文学上的影响,两者却一样的不可轻视。凡选本,往往能比所选各家的全集或选家自己的文集更流行,更有作用。册数不多,而包罗诸作,固然也是一种原因,但还在近则由选者的名位,远则凭古人之威灵,读者想从一个知名的选家,窥见许多有名作家的作品。

吴兴祚的序言与鲁迅先生的评价可以有助于我们了解《古文观止》几百年来盛行不衰的奥秘,总括起来讲,主要为以下几个方面:

首先,"其选简而该",眼光独到,选目精要是其突出的特色。《古文观止》全书精选二百二十二篇古文,突出了两个重点。选者注重所选篇目的文学艺术性,所以对于先秦散文,不收《尚书》和先秦诸子散文,而以《左传》、《国语》和《战国策》作为所收先秦散文的重点,尤以所选《左传》三十四篇为重中之重。汉代散文重在收录《史记》。对于"唐宋八大家"作品选录多达七十八篇,成为全书的又一个重点。由于重点突出,同时又兼顾不同风格的作家作品,其"册数不多,而包罗诸作",能使读者"从一个知名的选家,窥见许多有名作家的作品"。

其次,《古文观止》在编排体例上有突破。它不像一些选本编选篇目时以类相从,把同一个作家的作品编排在不同的类目中,给读者的翻检带来不必要的麻烦,也不利于读者了解作家的整体风貌。《古文观止》编目以时代先后为序,以作家为目,显得线索清晰。以文显史,在一定程度上显现出古代散文发展变化的脉络。

再次,《古文观止》也突破了古文家骈散之分的束缚,不仅选散体古文,也收录了骈体散文的菁华,虽然选录篇目不多,但可略见散文发展变化的印迹。《古文观止》中收录的骈体文如孔稚珪的《北山移文》、骆宾王的《为徐敬业讨武曌檄》、王勃的《滕王阁序》、李华的《吊古战场文》、刘禹锡的《陋室铭》和杜牧的《阿房宫赋》都是历代传诵的名篇。《古文观止》还突破了此前散文选本不收经史的传统，收录了《礼记》、《左传》、《公羊传》、《穀梁传》以及《史记》等经史中的文章。

第四，《古文观止》的编者还对所选篇目加以评注，特别是每篇之后对其艺术特色的评语，十分精彩，启人思致。如韩愈《送孟东野序》评语："句法变换，凡二十九样，如龙之变化，屈伸于天，更不能逐鳞逐爪观之。"欧阳修《醉翁亭记》评语："通篇共用二十九个也字，逐步脱卸，逐步顿跌，句句是记山水，句句是记亭，句句是记太守，似散非散，似排非排，文家之创调也。"都是从字法、句法着眼进行分析。而苏轼《喜雨亭记》评语："只就'喜雨亭'三字，分写、合写、倒写、顺写、虚写、实写，即小见大，以无化有，意思愈出而不穷，笔态轻举而荡漾。"则是从文章的篇章结构方面加以论述。《古文观止》的一些评语还注意阐发作者抒发的情感，评点作者的身世与作品内容风格的关系，譬如《史记·屈原列传》后的评语："史公作《屈原传》，其文便似《离骚》，婉雅凄怆，使人读之，不禁歔欷欲绝。要之穷愁著书，史公与屈子实有同心，宜其忧思唱叹，低回不置云。"这些评语与所选篇目一起，确实具有"正蒙养而裨后学"的作用。

鲁迅先生说："选本可以借古人的文章，寓自己的意见。"《古文观止》上述鲜明的特点历代读者自会领略，但在一些具体篇目的阅读上，仍会让读者时有眼前一亮的感觉，譬如《国语·里革断罟匡君》，读者可以从歌颂忠臣义士直言敢谏的文字里看到："鸟兽孕，水虫成，兽虞于是乎禁罝罗，猎鱼鳖以为夏槁，助生阜也。鸟兽成，水虫孕，水虞于是乎禁罝𥶡，设阱鄂，以实庙庖，畜功用也。且夫山不槎蘖，泽不伐夭，鱼禁鲲鲕，兽长麛麇，鸟翼鷇卵，虫舍蚳蝝，蕃庶物也，古之训也。"这样的片段。编选者有意无意之间向读者宣示了"古训"中有关生态平衡，保护自然资源的生态环保意识：伐木禁伐小树，捕鱼禁捕小鱼，幼兽要待其长大，鸟卵不许毁伤。这些文字资料不仅有助于了解古人的生态环保观念，而对于童蒙教育尤为必要，在今天仍有借鉴的现实意义。

　　鲁迅先生在《选本》一文中还说："评选的本子,影响于后来的力量是不小的,恐怕还远在名家的专集之上,我想,这许是研究中国文学史的人们也该留意的罢。"《昭明文选》的研究已经成为热点,人称"选学";而与之并称的《古文观止》,人们当会在教育史、文化史、文学史甚或传播接受史方面给以更多的关注。

　　当然,《古文观止》也存在一些不足之处,譬如作为一部通史类选本,南宋文、金元文一篇未选;像《卜居》、《李陵答苏武书》、《后出师表》、《辨奸论》诸篇,或为存疑之作,或已确认为伪托之作,应属选录不当;还有一些论者指出的对原文擅自改易,删削字句,脱落文句的现象。但这些与《古文观止》的优长相较,瑕不掩瑜。

　　《古文观止》有多种版本,本书以映雪堂刻本为底本整理而成。对于原书的评注,我们择善而收,也借鉴吸收了今贤的成果。由于未能一一注明,在此特加说明并致谢意。人民文学出版社邀请我主持此书的注释工作,我又邀请了杨许波等几位专家来共同完成。另外郭丹、刘文忠、阎琦、李浩、李芳民、丁放、赵伯陶诸先生皆有助成之功。由于我们才识所限,书中错误之处在所难免,祈望读者多加批评指正。

庆振轩

序

余束发就学时[1],辄喜读古人书传。每纵观大意,于源流得失之故,亦尝探其要领。若乃析义理于精微之蕴,辩字句于毫发之间,此衷盖阙如也[2]。

岁戊午,奉天子命抚八闽[3]。会稽章子、习子,以古文课余子于三山之凌云处[4]。维时从子楚材实左右之[5]。楚材天性孝友,潜心力学,工举业,尤好读经史,于寻常讲贯之外[6],别有会心,与从孙调侯,日以古学相砥砺[7]。调侯奇伟倜傥,敦尚气谊[8],本其家学,每思继序前人而光大之[9]。二子才器过人,下笔洒洒数千言无懈漫,盖其得力于古者深矣。

今年春,余统帅云中[10],寄身绝塞,不胜今昔聚散之感。二子寄余《古文观止》一编。阅其选,简而该,评注详而不繁,其审音辨书,无不精切而确当。批阅数过,觉向时之所阙如者,今则辗然以喜矣[11]。以此正蒙养而裨后学[12],厥功岂浅鲜哉[13]!亟命付诸梨枣[14],而为数语以弁其首[15]。

康熙三十四年五月端阳日愚伯兴祚题。

【注释】

[1] 束发:古时男孩成童时束发为髻,后来一般代指十五岁。

[2] 衷:内心,指想法。阙如:语出《论语·子路》:"君子于其所不知,盖阙如也。"意思是没有的就不说。后引申指空缺,没有付诸行动。

[3] 八闽:福建地区在上古时期为闽越族活动的地区。北宋时设置福建路,下辖福州、建州、泉州、漳州、汀州、南剑六州及邵武、兴化两军,南宋时人

们遂称福建地区为"八闽",明清时常用此俗称。吴兴祚曾任福建按察使。

〔4〕 三山:福州的别称。

〔5〕 左右:辅助。

〔6〕 讲贯:汇通讲解。

〔7〕 古学:狭义地可理解为古文之学,广义地可以理解为孔孟之道。古人也常说"文以载道",意思是文章应该表达孔孟之道。

〔8〕 敦尚:真诚地推崇。气谊:气调、节操。

〔9〕 继序:继承发挥。

〔10〕 云中:秦朝曾设云中郡,在今山西省大同市与朔州怀仁一带,后人多以代指大同。

〔11〕 靦(chǎn 产)然:微笑的样子。

〔12〕 正蒙养:出自《易·蒙·象传》"蒙以养正"。正,督导使健康成长。蒙养,幼童启蒙教育。裨后学:有益于后辈向学之人。

〔13〕 厥:其、它。鲜:少,微小。

〔14〕 付诸梨枣:指刊行出版。诸,之于的合词。古人多以梨木、枣木作雕刻书版的材料。

〔15〕 弁(biàn 变)其首:放在前面。弁,帽子,这里作动词用,并由"戴"引申指安放。

卷一

左 传

《左传》原名《左氏春秋》，汉代改称《春秋左氏传》，是我国现存最早的一部编年史。它详细记载了从鲁隐公元年（前722）至鲁哀公二十七年（前468）二百五十四年间的史事，所记史事比《春秋》多十一年。关于《左传》的作者，历来争论颇多。司马迁和班固都认为是鲁国史官左丘明所作，后人多疑之，现在一般认为，《左传》是战国时人的著作。

《左传》以比《春秋》更为丰富的内容，记录了春秋至战国初期周王朝和各国诸侯的众多政治、军事事件，反映了当时广阔的社会生活，将这个时代的风貌和社会矛盾冲突系统地表现了出来，并站在儒家立场上分辨善恶，判别是非，为后人提供了历史的借鉴。

《左传》是一部杰出的历史散文。作者对错综复杂的历史事件写得有条不紊，剪裁得当。人物形象的刻画生动传神，展现了人物性格的复杂性和变化性。语言简练而含蓄，婉转而蕴藉。

郑伯克段于鄢[1] 隐公元年　左传

初[2]，郑武公娶于申[3]，曰武姜[4]。生庄公及共叔段[5]。庄公寤生[6]，惊姜氏，故名曰寤生，遂恶之。爱共叔段，欲立之。亟请于武公[7]，公弗许。

及庄公即位，为之请制[8]。公曰："制，岩邑也[9]，虢叔死焉[10]，他邑唯命[11]。"请京[12]，使居之，谓之京城大叔[13]。祭仲曰[14]："都城过百雉，国之害也[15]。先王之制，大都不过参国之一，中五之一，小九之一[16]。今京不度，非制也，君将不堪[17]。"公曰：

"姜氏欲之,焉辟害[18]?"对曰:"姜氏何厌之有[19]?不如早为之所[20],无使滋蔓,蔓难图也[21]。蔓草犹不可除,况君之宠弟乎?"公曰:"多行不义必自毙[22],子姑待之。"

既而大叔命西鄙、北鄙贰于己[23]。公子吕曰[24]:"国不堪贰,君将若之何[25]?欲与大叔,臣请事之[26];若弗与,则请除之。无生民心[27]。"公曰:"无庸,将自及[28]。"大叔又收贰以为己邑[29],至于廪延[30]。子封曰[31]:"可矣,厚将得众[32]。"公曰:"不义不暱,厚将崩[33]。"

大叔完聚[34],缮甲兵[35],具卒乘[36],将袭郑[37]。夫人将启之[38]。公闻其期[39],曰:"可矣!"命子封帅车二百乘以伐京[40]。京叛大叔段,段入于鄢[41],公伐诸鄢。五月辛丑[42],大叔出奔共[43]。

书曰[44]:"郑伯克段于鄢。"段不弟,故不言弟[45];如二君,故曰克[46];称郑伯,讥失教也[47];谓之郑志[48]。不言出奔,难之也[49]。

遂寘姜氏于城颍[50],而誓之曰:"不及黄泉,无相见也[51]。"既而悔之[52]。颍考叔为颍谷封人[53],闻之[54],有献于公[55],公赐之食,食舍肉[56]。公问之,对曰:"小人有母,皆尝小人之食矣,未尝君之羹,请以遗之[57]。"公曰:"尔有母遗,繄我独无[58]!"颍考叔曰:"敢问何谓也[59]?"公语之故,且告之悔。对曰:"君何患焉[60]?若阙地及泉,隧而相见[61],其谁曰不然?"公从之。公入而赋[62]:"大隧之中,其乐也融融[63]!"姜出而赋:"大隧之外,其乐也洩洩。[64]"遂为母子如初[65]。

君子曰[66]:"颍考叔,纯孝也,爱其母,施及庄公[67]。《诗》曰:'孝子不匮,永锡尔类[68]。'其是之谓乎[69]。"

【注释】

〔1〕 本文详细地描写了郑庄公兄弟、母子之间错综复杂的矛盾和斗争,并成功地塑造了虚伪老辣的郑庄公、狂妄愚昧的共叔段以及机智聪颖的颍考叔等形象,体现了《左传》长于叙事的特征,其中遣词用字之含蕴与精准,尤显

作者之匠心。郑伯,郑庄公。春秋时爵位分五等,公、侯、伯、子、男,郑庄公属伯爵,故称郑伯。段,即共(gōng工)叔段,庄公弟。鄢(yān烟),郑国地名,在今河南鄢陵。

〔2〕 初:起初、当初,意指追述郑伯克段于鄢之前事。

〔3〕 "郑武公"句:郑武公娶申国国君之女。郑,姬姓国(今河南新郑一带)。周宣王之弟友受封为郑桓公,传子武公,名掘突。申,姜姓国(今河南南阳)。

〔4〕 武姜:武公之妻姜氏,武表示丈夫为武公,姜表示母家姓姜。

〔5〕 庄公:即郑庄公。共(gōng宫)叔段,庄公之弟,名段,因年少,排行在末,故称叔,后又因出奔共地(今河南辉县),故称共叔段。

〔6〕 寤(wù务)生:胎儿脚先出,意为难产。寤,通"啎",逆,倒着。

〔7〕 亟(qì器):屡次。

〔8〕 请制:姜氏请以制地为共叔段封邑。制,地名,在今河南荥阳市汜水西,一名虎牢,又名成皋。

〔9〕 岩邑:险要的城邑。

〔10〕 虢叔:东虢国之君。制地原为东虢国所属,据《竹书纪年》所载,郑灭东虢,制地遂属郑国。

〔11〕 他邑:其他城邑。唯命:"唯命是听"之省略,此为先秦习语,多见于文献之中,《左传》中尚有"迟速唯命"等语。

〔12〕 京:郑国地名,在今河南荥阳县东南。

〔13〕 京城大(tài太)叔:《左传》杜预注为:"公顺姜请,使段居京,谓之京城大叔,言宠异于群臣。"顾颉刚在《史林杂识·太公望年寿篇》中认为:"古人用太叔,本指其位列之在前,叔段之称太叔,以其为庄公第一个弟弟也。"此处称为太叔,乃特见其地位之尊宠。

〔14〕 祭(zhài债)仲:郑大夫,字足,又称"祭仲足"或"祭足",《左传·隐公三年》所谓祭足,《左传·隐公四年》所谓祭仲足,俱为此人,以其封地在祭(今河南中牟县之祭亭)而得名。

〔15〕 都:都邑,泛指一般城邑。城:指城墙。雉:量词,高一丈,长三丈谓之一雉。《周礼·冬官·考工记》载:"匠人营国,方九里,谓天子之城,诸侯礼当降杀,则知公七里,侯伯五里,子男三里,以此为定说也。"郑庄公为侯伯,国都当为五里,则每面长约九百丈,计三百雉。据下文所说"大都不过国之一",故普通城邑不能过百雉,过百雉则有僭越之罪,为国家之害。

〔16〕先王之制:先王的法度。国:国都,此处之"国"与前文之"都"相对举。参国之一:国都的三分之一,"参"同"叁(三)",下文"五之一","九之一",同此。

〔17〕不度:不合法度。非制:非先王之制。不堪:受不了。

〔18〕焉:疑问代词,哪里。辟:通"避",逃避。

〔19〕何厌之有:有什么时候会满足?厌,通"餍",满足。

〔20〕早为之所:趁早替共叔段安排个地方。所,处所。

〔21〕滋蔓:此处指共叔段势力增长,土地扩大。滋,增长。蔓,蔓延。图:谋划,对付。

〔22〕毙:跌倒,倒下。

〔23〕既而:不久。西鄙、北鄙:郑国西、北边境一带的土地。鄙,边境。贰:有二心。

〔24〕公子吕:郑国大夫。

〔25〕若之何:奈何、怎么办。

〔26〕事:侍奉。

〔27〕无生民心:不要使百姓产生二心。

〔28〕"无庸"二句:不用,将自己赶上(灾祸)。庸,同"用"。及,赶上。

〔29〕"大叔"句:共叔段又将原先两属之地收为自己的都邑。贰,指之前两属之地。

〔30〕廪(lǐn 凛)延:地名,在今河南省延津县北部。

〔31〕子封:即上文之公子吕,字子封。

〔32〕厚将得众:土地增加也会让他得到民心。厚,土地增大。

〔33〕"不义不暱"二句:(共叔段)对国君不行道义,不亲近兄长,土地多了也必将垮台。暱,通"昵",亲近。崩,山崩,此处指垮塌、崩溃。

〔34〕完:修葺,此处指修葺城墙。聚:聚集黍米粮食。

〔35〕缮甲兵:修理制造铠甲兵器。缮,修理、制造。甲兵,甲胄和兵器。

〔36〕具卒乘:准备步兵车兵。具,置备。卒,步兵为卒。乘,车兵为乘。

〔37〕袭:偷袭。《左传·庄公二十九年》:"凡师有钟鼓曰伐,无曰侵,轻曰袭。"《白虎通·诛伐篇》:"袭者何谓也,行不假途,掩人不备也。"

〔38〕夫人:指郑庄公与共叔段之母姜氏。启:开,此处指开城门,以为内应。

〔39〕期:此处指共叔段与姜氏约定袭郑的日期。

〔40〕 乘：战车。春秋时期，战车在战争中普遍运用，杜预据古兵书《司马法》认为战车一乘甲士三人，步兵七十二人。杨伯峻根据《左传》中其他关于战车的相关记载，认为战车一乘步兵十人。

〔41〕 鄢：地名，即鄢陵，今河南省鄢陵县北。

〔42〕 五月辛丑：古人以干支记时，即隐公元年五月二十三日。

〔43〕 出奔：出逃。

〔44〕 书曰：指《春秋》经文的记述。以下为释经文字，解释经文为何如此记述，即所谓"书法"。

〔45〕 "段不弟"二句：共叔段为人处事不像兄弟，所以不称为弟。不弟，不像个弟弟。一说"弟"通"悌"，不遵行为弟之道。

〔46〕 "如二君"二句：庄公与共叔段之战，犹如两国国君相战，庄公战胜，所以用"克"字。

〔47〕 "称郑伯"二句：称为郑伯，是讥讽庄公对于弟弟不加教养。郑庄公作为兄长本有教养少弟之责，而庄公却存心放纵其弟养成其恶，所以不称兄，而只称其爵位。

〔48〕 郑志：郑伯本有之心意。志，心意。此处是《左传》作者通过庄公放纵其弟，养成其恶而一举消灭的史实，探究庄公心中之本意。

〔49〕 "不言出奔"二句：《春秋》不写共叔段出逃外国，是因为共叔段并非自愿出逃，所以难以这样说啊。

〔50〕 寘：放置，安顿。城颍：地名，在今河南省临颍县西北。

〔51〕 "不及黄泉"二句：此句意为不死则不相见。黄泉，地下之泉。

〔52〕 既而：不久。

〔53〕 颍考叔：人名。颍谷：地名，今河南省登封市西南。封人：管理边疆之地方长官。

〔54〕 闻之：听闻到庄公后悔寘姜氏于城颍之事。

〔55〕 有献于公：有礼物敬献于郑庄公。

〔56〕 舍：放着，后写作"舍"。肉：此处指带汁的肉食，即下文之羹。

〔57〕 遗（wèi 位）：给予，馈赠。

〔58〕 繄（yī 衣）：句首语气词，无实义。

〔59〕 敢问何谓也：请问此话是何意？颍考叔此言其实是明知故问，意欲引出庄公下文。

〔60〕 君何患焉：您担忧什么呢？

〔61〕 阙:挖掘。隧:挖隧道。

〔62〕 入:此处指进入隧道。赋:赋诗。

〔63〕 融融:和乐的样子。

〔64〕 洩(yì义)洩:与上文"融融"意义相近,即快乐舒畅的样子。

〔65〕 "遂为"句:于是母亲与儿子还如当初一般。此处《左传》作者,用一个"初"字,点出了庄公与姜氏之矛盾并非真正的解决。一字用而众情具,作者匠心之细,由此可窥一斑而知全豹。

〔66〕 君子曰:《左传》作者对所记历史事件发表的评论或意见,往往用"君子曰"表达出。

〔67〕 施(yì易):延伸、扩展。

〔68〕 "《诗》曰"三句:此诗句见《诗经·大雅·既醉》。

〔69〕 "其是"句:大概说的就是这种情况吧。是,此处指颍考叔。

周郑交质[1] 隐公三年 左传

郑武公、庄公为平王卿士[2]。王贰于虢[3],郑伯怨王。王曰:"无之。"故周郑交质,王子狐为质于郑[4],郑公子忽为质于周[5]。王崩[6],周人将畀虢公政[7]。四月,郑祭足帅师取温之麦[8];秋,又取成周之禾[9]。周郑交恶[10]。

君子曰:"信不由中[11],质无益也。明恕而行[12],要之以礼[13],虽无有质,谁能间之[14]?苟有明信[15],涧、溪、沼、沚之毛[16],蘋、蘩、蕰、藻之菜[17],筐、筥、锜、釜之器[18],潢污、行潦之水[19],可荐于鬼神[20],可羞于王公[21]。而况君子结二国之信,行之以礼,又焉用质?《风》有《采蘩》、《采蘋》[22],《雅》有《行苇》、《泂酌》[23],昭忠信也[24]。"

【注释】

〔1〕 本文记述了郑庄公与周平王试图通过交换人质来缓解矛盾、取信对方,最后失败,周郑交恶的事件。交质,交换人质。古代派往别国去作抵押品的人,多由王子或世子充当。

〔2〕 平王卿士:周平王的执政大臣。郑武公、庄公父子相继以诸侯身份兼掌周王室实权。

〔3〕 王贰于虢:周平王不想让郑庄公独大,于是分权给虢公。虢(guó国),指西虢公,周王室卿士。贰,二心,即另有心思。

〔4〕 王子狐:周平王的儿子,名狐。质:人质。

〔5〕 公子忽:郑庄公太子,后即位为昭公。

〔6〕 崩:去世,古时帝王死称崩。

〔7〕 畀(bì必):交给,给予。

〔8〕 温:周王畿内小国,在今河南温县西南。

〔9〕 成周:周之东都,今在河南洛阳市东。

〔10〕 交恶(wù务):互相怨恨,关系变坏。

〔11〕 中:同"衷",内心。

〔12〕 明恕:互相体谅。恕,推己及人,儒家提倡的伦理道德。

〔13〕 要(yāo腰):约束。

〔14〕 间(jiàn建):离间。

〔15〕 明信:诚心敬意。

〔16〕 沼:池塘。沚:水中的小块陆地。毛:地面上生长或种植的植物的通称,此指野草。

〔17〕 蘋、蘩、蕰、藻:四种野菜名。蘋(pín贫),指浮萍。蘩,指白蒿。蕰(wēn温),是一种水草。藻,是一种聚生的藻类。

〔18〕 筐、筥(jǔ举):竹制容器,方形为筐,圆形为筥。锜(qí其)、釜(fǔ斧):古代烹煮用的炊具,有三只脚的叫锜,没有脚的叫釜。

〔19〕 潢污:池中的积水。潢为大池,污为小池。行(háng杭)潦:道路上的雨水。行为道路,潦为雨水。

〔20〕 荐:进献。

〔21〕 羞:与"荐"皆为进献之意。

〔22〕 《风》:《诗经·国风》。《采蘩》、《采蘋》:均为《国风·召南》篇名,写妇女采集野菜以供祭祀。

〔23〕 《雅》:这里指《诗经·大雅》。《行苇》、《泂(jiǒng窘)酌》:均为《大雅·生民之什》篇名,描写享宴祭祀。

〔24〕 昭:彰明。

石碏谏宠州吁[1] 隐公三年 左传

卫庄公娶于齐东宫得臣之妹[2],曰庄姜。美而无子,卫人所为赋《硕人》也[3]。又娶于陈[4],曰厉妫。生孝伯,蚤死[5]。其娣戴妫生桓公[6],庄姜以为己子。

公子州吁,嬖人之子也[7]。有宠而好兵,公弗禁,庄姜恶之。

石碏谏曰:"臣闻爱子,教之以义方[8],弗纳于邪[9]。骄、奢、淫、佚[10],所自邪也[11]。四者之来[12],宠禄过也[13]。将立州吁[14],乃定之矣。若犹未也,阶之为祸[15]。夫宠而不骄,骄而能降,降而不憾[16],憾而能眕者[17],鲜矣[18]。且夫贱妨贵,少陵长[19],远间亲[20],新间旧[21],小加大,淫破义,所谓六逆也。君义,臣行,父慈,子孝,兄爱,弟敬,所谓六顺也。去顺效逆[22],所以速祸也[23]。君人者[24],将祸是务去[25],而速之,无乃不可乎[26]?"

弗听。其子厚与州吁游,禁之,不可。桓公立,乃老[27]。

【注释】

〔1〕 本文记载了石碏劝谏卫庄公不要过分地溺爱儿子州吁的事。石碏(què 却):卫国大夫。州吁:卫国公子,卫庄公嬖妾所生。

〔2〕 卫庄公:名扬,公元前757年至前735年在位。卫,国名,姬姓,在今河南淇县一带。齐:国名,姜姓,在今山东北部、中部地区。东宫得臣:齐庄公太子得臣。东宫,太子的居所,这里代指太子。

〔3〕 《硕人》:见《诗经·卫风》,相传是赞美庄姜的诗。

〔4〕 陈:国名,妫(guī 归)姓,在今河南东部及安徽西部。

〔5〕 蚤:同"早"。

〔6〕 娣:女弟,即妹妹。一般指同嫁一个丈夫的妹妹。春秋时嫁女有以妹为陪嫁之礼。戴妫:"戴"和上文"厉妫"的"厉",都是谥号。桓公:名完,在位十六年,后为州吁所杀。

〔7〕 嬖人:指受宠的婢妾。

〔8〕 义方:关于义的道理和准则。
〔9〕 纳:入。
〔10〕 佚:放荡,放纵。
〔11〕 所自邪也:是不义而邪的缘由。
〔12〕 四者:指骄、奢、淫、佚。
〔13〕 宠禄过也:给予的宠爱和富贵太多了。
〔14〕 立州吁:立州吁为太子。
〔15〕 阶之为祸:即"为祸之阶",成为酿成祸乱的阶梯。
〔16〕 憾:怨恨。
〔17〕 眕(zhěn 枕):隐忍,克制,不轻举妄动。
〔18〕 鲜(xiǎn 显):少。
〔19〕 陵:同"凌",欺凌。下文的"加"意思相同。
〔20〕 间:离间。
〔21〕 新:州吁之母后来得宠,所以称为"新"。
〔22〕 去:背离。
〔23〕 速:招致。
〔24〕 君人者:统治人的人,这里指国君。
〔25〕 务:勉励从事。
〔26〕 无乃:恐怕,表疑问语气。
〔27〕 老:告老致仕。

臧僖伯谏观鱼[1] 隐公五年　左传

春[2],公将如棠观鱼者[3]。

臧僖伯谏曰:"凡物不足以讲大事[4],其材不足以备器用[5],则君不举焉[6]。君将纳民于轨物者也[7]。故讲事以度轨量谓之'轨'[8],取材以章物采谓之'物'[9]。不轨不物,谓之乱政。乱政亟行[10],所以败也。故春蒐、夏苗、秋狝、冬狩[11],皆于农隙以讲事也[12]。三年而治兵[13],入而振旅[14],归而饮至[15],以数军实[16]。昭文章[17],明贵贱,辨等列[18],顺少长,习威仪也。鸟兽之肉不登于俎[19],皮革齿牙、骨角毛羽不登于器,则君不射[20],古之制也。若夫山林川泽之实[21],器用之资,皂隶之事[22],官司之守,非君所及也。"

公曰:"吾将略地焉[23]。"遂往,陈鱼而观之[24]。僖伯称疾不从[25]。

书曰:"公矢鱼于棠[26]。"非礼也,且言远地也[27]。

【注释】

〔1〕 鲁隐公要到棠地观看渔民捕鱼,臧僖伯认为不合礼义,谆谆劝阻,而鲁隐公为了个人享乐,不听忠告。本文旨在说明国君的一举一动都要符合礼法,作为臣下和民众的表率。臧僖伯:即鲁国公子姬彄(kōu 抠),他的子孙后来封于臧,僖是谥号。

〔2〕 春:指鲁隐公五年(前718)春季。

〔3〕 公:指鲁隐公,公元前722年至前712年在位。如:往。棠:鲁国邑名,在今山东鱼台北。鱼:通"渔",作动词,捕鱼。

〔4〕 物:物品,指下文所说的鸟兽一类的东西。讲:讲习,训练。大事:指祭祀和军事。

〔5〕 材:材料,指下文所说的皮革齿牙、骨角毛羽一类的东西。器用:专指用于祭祀和兵戎大事的器物。

〔6〕 举:指行动。

〔7〕 纳:纳入。轨物:法度与礼制。

〔8〕 度(duó 夺)轨量:校正法度。度,衡量。量,程度,差等。

〔9〕 章:通"彰",彰明,发扬。采:文采。

〔10〕 亟:多次,屡次。

〔11〕 春蒐(sōu 搜)、夏苗、秋狝(xiǎn 显)、冬狩:对四季狩猎的不同称呼。蒐,搜寻,谓猎取没有怀胎的禽兽。苗,谓捕猎伤害庄稼的禽兽。狝,杀,谓秋天主肃杀之气,可杀伤禽兽。狩,围守,谓冬天各种禽兽都已长成,可以不加选择地加以围猎。

〔12〕 农隙:农闲时候。隙,空闲。

〔13〕 治兵:军队外出演习。

〔14〕 振旅:军队回来后进行整顿。振,整治。旅,众,指军队。

〔15〕 饮至:诸侯朝拜、会盟、征伐之后,在宗庙里举行的一种饮酒庆贺

仪式。

〔16〕 军实：这里指车马、人数、器械和猎获物。

〔17〕 昭：表明。文章：这里指不同的车服旌旗。

〔18〕 等列：等级。

〔19〕 登：装入，陈列。俎（zǔ 祖）：古代举行祭祀活动时用以盛祭品的礼器。

〔20〕 射：射猎。

〔21〕 若夫：至于。山林：材木樵薪之类。川泽：菱芡鱼龟之类。

〔22〕 皂（zào 造）隶：古代对贱役的称呼，这里泛指地位低下的人。

〔23〕 略地：巡视边境。

〔24〕 陈鱼：陈设捕鱼器具。观鱼：观看捕鱼。

〔25〕 称疾：推说有病。古代小病为"疾"，大病、重病为"病"。

〔26〕 "公矢"句：此句为《春秋》原文。矢：通"施"，陈列。

〔27〕 远地：棠距曲阜较远，故称远地。

郑庄公戒饬守臣[1] 隐公十一年 左传

秋七月[2]，公会齐侯、郑伯伐许[3]。庚辰[4]，傅于许[5]。颍考叔取郑伯之旗蝥弧以先登[6]，子都自下射之[7]，颠[8]。瑕叔盈又以蝥弧登[9]，周麾而呼曰[10]："君登矣[11]！"郑师毕登。壬午[12]，遂入许。许庄公奔卫。

齐侯以许让公。公曰："君谓许不共[13]，故从君讨之。许既伏其罪矣，虽君有命，寡人弗敢与闻[14]。"乃与郑人。

郑伯使许大夫百里奉许叔以居许东偏[15]，曰："天祸许国，鬼神实不逞于许君[16]，而假手于我寡人。寡人唯是一二父兄不能共亿[17]，其敢以许自为功乎[18]？寡人有弟[19]，不能和协，而使糊其口于四方[20]，其况能久有许乎？吾子其奉许叔以抚柔此民也[21]，吾将使获也佐吾子[22]。若寡人得没于地[23]，天其以礼悔祸于许[24]，无宁兹许公复奉其社稷[25]。唯我郑国之有请谒焉[26]，如旧昏媾[27]，其能降以相从也[28]。无滋他族实偪处此[29]，以与我郑国争此土也。吾子孙其覆亡之不暇,而况能禋祀许乎[30]?寡人之使吾子处此,不唯许国之为[31],亦聊以固吾圉也[32]。"

乃使公孙获处许西偏,曰:"凡而器用财贿[33],无置于许。我死,乃亟去之[34]。吾先君新邑于此[35],王室而既卑矣[36],周之子孙日失其序[37]。夫许,大岳之胤也[38]。天而既厌周德矣[39],吾其能与许争乎?"

君子谓:"郑庄公于是乎有礼[40]。礼,经国家[41],定社稷,序人民[42],利后嗣者也。许无刑而伐之[43],服而舍之[44],度德而处之,量力而行之,相时而动[45],无累后人,可谓知礼矣。"

【注释】

〔1〕 鲁隐公十一年七月,鲁、齐、郑联合起来攻克了许国,并将许地交与郑国托管。郑庄公让许国大夫百里侍奉许庄公的弟弟许叔主持许国国政,而另派郑国大夫公孙获进行监督。郑庄公对百里和公孙获的告诫,谋虑深远,分析透辟,措辞委婉曲折。戒饬,告诫教导。

〔2〕 秋七月:指鲁隐公十一年(前712)秋季。

〔3〕 齐侯:指齐僖公,公元前730年至前698年在位。齐国属侯爵,故称齐侯。郑伯:指郑庄公。许:国名,姜姓,在今河南许昌一带。

〔4〕 庚辰:七月一日。

〔5〕 傅:通"附",逼近。

〔6〕 蝥(máo 毛)弧:一种旗帜的名称。

〔7〕 子都:即郑国大夫公孙阏(è 厄)。郑师出发前,郑庄公在宗庙分发武器,子都与颍考叔争夺兵车,子都没有争到,所以怀恨在心,射杀颍考叔以报复。

〔8〕 颠:跌倒,坠落。

〔9〕 瑕叔盈:郑国大夫。

〔10〕 周麾:向四方舞动旗帜。麾,通"挥"。

〔11〕 君:国君,这里指郑伯。

〔12〕 壬午:七月三日。

〔13〕 共:通"供",进献贡物。

〔14〕 弗敢与(yù 玉)闻:指鲁庄公拒绝接受许国的土地。与闻,听从的

意思。

〔15〕 许叔:许庄公的弟弟,即后来的许穆公。东偏:东部边境地区。

〔16〕 不逞:不满意。

〔17〕 父兄:父老兄弟。指同姓群臣。共亿:相安,和谐。亿,安。

〔18〕 其:通"岂"。

〔19〕 弟:指共叔段。

〔20〕 馉其口:靠薄粥维持生活。形容生计艰难,勉强度日。四方:此指国外。这里指共叔段谋叛,事败,出奔共地。

〔21〕 吾子:二人谈话时对对方的敬称。抚柔:安抚怀柔。

〔22〕 获:指郑国大夫公孙获。

〔23〕 得没于地:指寿终后得埋骨于地下。

〔24〕 "天其"句:天后悔带给许的灾难,重新以礼相待。

〔25〕 无宁:宁可。兹:使。下文"无滋"之"滋"与此同义。

〔26〕 请谒:请求。

〔27〕 昏媾:婚姻。"昏"通"婚"。

〔28〕 降:降心,屈尊。

〔29〕 他族:别的国家。实:定居。偪:同"逼",迫近。

〔30〕 禋(yīn 因)祀:祭祀天神的仪式。先烧柴升烟,再加牲体、玉帛于柴上焚烧。禋祀许,即替许国主持祭祀,意谓占有许国。

〔31〕 唯:仅,只。许国之为:为了许国。

〔32〕 圉:边境。

〔33〕 而:通"尔",代词,你。贿:财物。

〔34〕 亟(jí 及):急,赶快。

〔35〕 先君:指郑武公。新邑:指建立新郑的时间不长。郑原在陕西,武公东迁至新郑,至庄公,仅两代。

〔36〕 王室:指周王室。卑:衰微。

〔37〕 "周之"句:这里是说周的后代已经衰落。郑也是周的后代,姬姓。

〔38〕 大(tài 太)岳:即四岳,上古官名,掌四岳祭祀。传说许为尧时四岳之后。胤:后代。

〔39〕 厌:厌弃。

〔40〕 是:代词,意谓这件事。

〔41〕 经:治理。

〔42〕 序：用作动词，指使人民有次序等级，不致混乱。
〔43〕 无刑：无视法度。
〔44〕 服：服罪。
〔45〕 相（xiàng向）：相度，观察。

臧哀伯谏纳郜鼎[1] 桓公二年 左传

夏四月[2]，取郜大鼎于宋[3]，纳于大庙[4]。非礼也。

臧哀伯谏曰："君人者[5]，将昭德塞违[6]，以临照百官[7]，犹惧或失之。故昭令德以示子孙[8]。是以清庙茅屋[9]，大路越席[10]，大羹不致[11]，粢食不凿[12]，昭其俭也[13]。衮、冕、黻、珽[14]，带、裳、幅、舄[15]，衡、紞、纮、綎[16]，昭其度也[17]。藻、率、鞞、鞛[18]，鞶、厉、游、缨[19]，昭其数也[20]。火、龙、黼、黻[21]，昭其文也[22]。五色比象[23]，昭其物也[24]。钖、鸾、和、铃[25]，昭其声也。三辰旂旗[26]，昭其明也。夫德，俭而有度，登降有数[27]。文物以纪之[28]，声明以发之[29]，以临照百官，百官于是乎戒惧而不敢易纪律[30]。今灭德立违，而置其赂器于大庙[31]，以明示百官。百官象之[32]，其又何诛焉[33]！国家之败，由官邪也，官之失德，宠赂章也[34]。郜鼎在庙，章孰甚焉？武王克商，迁九鼎于雒邑[35]，义士犹或非之[36]，而况将昭违乱之赂器于大庙，其若之何？"公不听[37]。

周内史闻之曰[38]："臧孙达其有后于鲁乎！君违，不忘谏之以德。"

【注释】

〔1〕 宋国太宰华督弑殇公，害怕诸侯来讨伐，所以大肆贿赂诸国，鲁桓公接受了华督贿赂的郜鼎，并把它陈列在太庙中。为此，鲁国大夫臧哀伯向鲁桓公进谏，对这种严重违背礼法的行为提出了严正的批评。臧哀伯，鲁国大夫，又名臧孙达，臧僖伯之子。郜鼎，郜国所造之鼎。郜，国名，姬姓，在今山东成武东南。鼎，古代的一种炊器，多用青铜制成，一般为圆形，三足两耳。相传夏禹铸九鼎，后遂以鼎为立国重器，象征国家权力。

〔2〕 夏四月：指鲁桓公二年（前710）夏季四月。

〔3〕 宋：国名，子姓，在今河南商丘一代。郜早灭于宋，其鼎也归于宋。

〔4〕 大（tài 太）庙：帝王的祖庙，这里指鲁国始祖周公姬旦之庙。

〔5〕 君人者：君临天下的人，即国君。

〔6〕 塞违：杜绝邪恶。

〔7〕 临照：显示，示范。

〔8〕 令德：美德。令，善，好。

〔9〕 清庙：即太庙，祖庙。茅屋：以茅草装饰清庙的屋顶。

〔10〕 大路：天子祭祀时所用的车。路，又作"辂"。越（huó 活）席：蒲草编的席子。越，通"活"，结，束，结蒲为席。

〔11〕 大（tài 太）羹：肉汁，这里指用作祭祀的肉汁。不致：不用五味调和。

〔12〕 粢食（zī sì 滋四）：古代供祭祀用的各类食物。不凿：不细舂，不做精加工。

〔13〕 昭：表明。

〔14〕 衮：古代帝王及上公的礼服。冕：古代帝王、诸侯及卿大夫所戴的礼帽。黻（fú 福）：古代用作祭服的蔽膝，用来遮蔽腹膝之间。珽（tǐng 挺）：即大圭，古代天子所持玉笏。

〔15〕 带：古人束衣的革带。裳：古代下衣为裳，上衣为衣。幅（bī 逼）：邪幅，如今之绑腿布。舄（xì 细）：一种双层底的鞋。古代双层底的鞋为舄，单层底的鞋为履。

〔16〕 衡、紞（dǎn 胆）、紘（hóng 红）、綖（yán 岩）：古代冠冕上的四种装饰品。衡，结冠冕于发髻上的横簪。紞，冠冕上系结玉瑱的绳子，由颔下挽上而系于笄的两端。紘，冠冕上的纽带。綖，覆盖在冠冕上的装饰。

〔17〕 昭其度也：是用来表示法度的。

〔18〕 藻：放玉器的垫子。用木板制成，外包皮革，上面绘有花纹。率（lǜ 律）：佩巾，字亦作"帨"。鞞（bǐng 丙）：刀鞘。鞛（běng 崩上声）：佩刀刀把处的装饰。

〔19〕 鞶（pán 盘）：是一种束腰的革带。厉：鞶带下垂的部分。游（liú 流）：通"旒"。旌旗末尾的垂饰。缨：即马鞅，系在马胸前，用以驾车。

〔20〕 昭其数也：是用来表示等级的。

〔21〕 火、龙、黼（fǔ 斧）、黻（fú 福）：都是古代礼服上所绣的图案。火为

火焰。龙为游龙。黼为黑白相间的如斧形的花纹。黻为黑青相间如"亞"形的花纹。

〔22〕 文:文彩。

〔23〕 五色比象:指用青黄赤白黑五种颜色,在礼服上绘成山、龙、花、虫之象。五色,古人把车服器械上的五种颜色,象征天地四方,即东青、南赤、西白、北黑、天玄、地黄。因为玄色介于赤黑之间,不是正色,所以只称五色。

〔24〕 昭其物也:是用来表示物不虚设,必有所象。物,指器物的颜色。

〔25〕 钖(yáng 杨)、鸾、和、铃:都是系在车马旌旗上的响铃。钖,系在马头上。鸾,系在马勒上。和,一说系在轼上,一说系在衡上。铃,系在旌旗上。

〔26〕 三辰:指旌旗上的日、月、星图案。旂旗:泛指旗帜。

〔27〕 登降:指上下尊卑。

〔28〕 文物:文彩和物色。古代用文彩、物色来明贵贱、制等级,所以文物又称礼乐制度。纪:通"记",标记。

〔29〕 声明:声音和光彩,这里指声教光明。

〔30〕 纪律:纲纪法律。

〔31〕 寘:同"置"。赂器:指郜鼎。

〔32〕 象:仿效。

〔33〕 诛:责备,谴责。

〔34〕 章:同"彰",显著。

〔35〕 洛邑:西周的东都,在今河南洛阳。雒,魏晋以后多写作"洛"。

〔36〕 义士:指伯夷、叔齐一类的人。周文王死后,周武王伐纣,伯夷、叔齐叩马谏阻。商亡后,二人隐居首阳山,不食周粟而死。

〔37〕 公:指鲁桓公。

〔38〕 内史:周朝官名。相传掌外交、书王命、占卜等。

季梁谏追楚师[1] 桓公六年 左传

楚武王侵随[2],使薳章求成焉[3],军于瑕以待之[4]。随人使少师董成[5]。斗伯比言于楚子曰[6]:"吾不得志于汉东也[7],我则使然。我张吾三军[8],而被吾甲兵,以武临之,彼则惧而协以谋我[9],故难间也。汉东之国随为大,随张[10],必弃小国。小国离,楚之利也。少师侈[11],请羸师以张之[12]。"熊率且比曰[13]:"季梁在,何益?"斗伯比曰:"以为后图[14]。少师得其君[15]。"王毁军而纳少师[16]。

少师归,请追楚师。随侯将许之,季梁止之曰:"天方授楚[17]。楚之羸,其诱我也,君何急焉!臣闻小之能敌大也,小道大淫[18]。所谓道,忠于民而信于神也。上思利民,忠也;祝史正辞[19],信也。今民馁而君逞欲[20],祝史矫举以祭[21],臣不知其可也。"公曰[22]:"吾牲牷肥腯[23],粢盛丰备[24],何则不信?"对曰:"夫民,神之主也。是以圣王先成民而后致力于神。故奉牲以告曰[25]:'博硕肥腯。'谓民力之普存也,谓其畜之硕大蕃滋也,谓其不疾瘯蠡也[26],谓其备腯咸有也[27]。奉盛以告曰:'洁粢丰盛。'谓其三时不害[28],而民和年丰也。奉酒醴以告曰[29]:'嘉栗旨酒[30]。'谓其上下皆有嘉德,而无违心也。所谓馨香[31],无谗慝也[32]。故务其三时,修其五教[33],亲其九族[34],以致其禋祀。于是乎民和而神降之福,故动则有成。今民各有心[35],而鬼神乏主,君虽独丰,其何福之有?君姑修政而亲兄弟之国[36],庶免于难[37]。"随侯惧而修政,楚不敢伐。

【注释】

〔1〕 楚征伐随,楚国大夫斗伯比建议军队故意示弱以麻痹随国,使其自高自大,周围小国离心,最终达到消灭它的目的。随国的贤臣季梁劝谏随侯,要忠于民而信于神,修政而亲兄弟之国,粉碎了楚国的阴谋。季梁,随国贤臣。

〔2〕 楚武王:楚武王,楚国第十七代君,公元前740年至前690年在位。随:国名,姬姓,在今湖北随县。

〔3〕 薳(wěi 伟)章:楚大夫。求成:讲和。

〔4〕 瑕:随国地名,在今湖北随县。

〔5〕 少师:官名。董成:主持和谈。董,主持。

〔6〕 斗伯比:楚大夫。楚子:指楚武王。因楚为子爵,故称楚子。

〔7〕 汉东:指汉水以东的小国。春秋初年,楚国与随国以汉水为界,汉东多姬姓小国。

〔8〕 张(zhāng 章):张大,扩张。三军:指中军、左军、右军。

〔9〕 协以谋我:联合起来图谋我。

〔10〕 张(zhàng丈):膨胀,自大。

〔11〕 侈:骄傲,自大。

〔12〕 嬴(léi雷)师:意思是故意使军队装作衰弱的样子,麻痹少师。嬴,弱,这里作动词,使动用法。

〔13〕 熊率且(lù jū律居)比:楚大夫。

〔14〕 "以为"句:由长远考虑。

〔15〕 "少师"句:指少师受到随国国君的信任。

〔16〕 "王毁军"句:指楚王故意损坏军容而接待少师。

〔17〕 授:赋予,给予。这里指上天给予好运气。

〔18〕 小道大淫:指小国有道,而大国无道。淫,淫乱,暴虐。

〔19〕 祝史:管理祭祀祈祷的官。正辞:祝辞不虚妄,符合实际。

〔20〕 馁(něi):饥饿。逞欲:纵情享乐。

〔21〕 矫举:虚称功德以欺骗鬼神。

〔22〕 公:指随侯。

〔23〕 牲牷(quán全):指祭祀用的牛、羊、猪。牷,纯色而完整的牲畜。腯(tú图):肥壮。

〔24〕 粢盛(zī chéng资成):盛在祭器里用于祭祀的谷物。粢为黍、稷等谷物总称。

〔25〕 告:指祭告神灵。

〔26〕 不疾瘯蠡(cù luǒ 醋裸):不患癣疥之类。瘯蠡,是一种动物皮肤病。

〔27〕 咸有:兼备而无所缺。

〔28〕 三时:指春、夏、秋三个农忙季节。害:灾害。

〔29〕 醴(lǐ里):甜酒。

〔30〕 嘉:美好。栗:谷粒饱满不干瘪。旨:美味。

〔31〕 所谓馨香:指祭品芳香远闻。古人认为祭品的香味与祭祀者的德行有关。

〔32〕 谗:诬陷人的坏话。慝(tè特):邪恶。

〔33〕 五教:指父义、母慈、兄友、弟恭、子孝。

〔34〕 九族:说法不一。一说为从高祖到玄孙九代,一说父族四代、母族三代、妻族二代。这里泛指家族,亲族。

〔35〕 有心:有异心。

〔36〕 兄弟之国:同姓之国。这里指汉东姬姓各国。

〔37〕 庶:庶几,差不多。

曹刿论战[1] 庄公十年 左传

齐师伐我[2]。公将战,曹刿请见[3]。其乡人曰:"肉食者谋之[4],又何间焉[5]。"刿曰:"肉食者鄙[6],未能远谋。"遂入见。问:"何以战[7]?"公曰:"衣食所安,弗敢专也[8],必以分人。"对曰:"小惠未徧[9],民弗从也。"公曰:"牺牲玉帛[10],弗敢加也[11],必以信[12]。"对曰:"小信未孚[13],神弗福也[14]。"公曰:"小大之狱[15],虽不能察[16],必以情[17]。"对曰:"忠之属也[18],可以一战,战则请从。"

公与之乘[19],战于长勺[20]。公将鼓之[21]。刿曰:"未可。"齐人三鼓,刿曰:"可矣。"齐师败绩。公将驰之[22],刿曰:"未可。"下,视其辙[23],登轼而望之[24],曰:"可矣。"遂逐齐师。

既克[25],公问其故。对曰:"夫战[26],勇气也,一鼓作气[27],再而衰,三而竭。彼竭我盈,故克之。夫大国难测也,惧有伏焉[28]。吾视其辙乱,望其旗靡[29],故逐之。"

【注释】

〔1〕 庄公十年(前684),齐兴师伐鲁,战于鲁地长勺,最终鲁国以弱胜强,本文就是记载了史上著名的齐鲁长勺之战。本文详于论而略于战,行文简洁明了,布局详略有致,是《左传》之中描写战争的一篇短小精悍,独具特色的作品。

〔2〕 我:指鲁国。《春秋》相传为孔子依鲁史而修订,《左传》为解释《春秋》之作,故此处之"我"为鲁国史官自述之词,指我方。

〔3〕 曹刿(guì 贵):一名曹沫,鲁国之士大夫。

〔4〕 肉食者:春秋时期惯用语,指为官之贵族。

〔5〕 间(jiàn 见):参与。

〔6〕 鄙:见识鄙陋、目光短浅。
〔7〕 何以战:依靠什么去作战。
〔8〕 专:个人独自享用。
〔9〕 未徧:不能周遍,指分发衣食,不能遍及百姓。徧,通"遍"。
〔10〕 牺牲:祭祀所用之猪、牛、羊。玉帛:玉器与丝织品。此四者俱为祭祀时所用之物品。
〔11〕 加:虚夸、增报。此处指祭祀之时虚报祭品,以虚夸之词相欺。
〔12〕 必以信:必定以真诚诚信的态度来对待(祭祀)。信,诚信。
〔13〕 小信未孚(fú 服):小小的诚信未能使得鬼神信服。孚,信服。
〔14〕 福:赐福,庇佑。
〔15〕 狱:指诉讼之事,即案件官司。
〔16〕 察:彻查清楚。
〔17〕 情:实际情况。
〔18〕 忠之属也:这是尽心办事的一类啊。忠,尽心竭力。属,类。
〔19〕 公与之乘:庄公与他同乘一辆战车。
〔20〕 长勺:鲁地之名,今山东莱芜市东北。
〔21〕 鼓:擂鼓进军。之:无意义。
〔22〕 驰:驱驰战车追逐齐军。
〔23〕 辙:车轮碾过地面所留下的痕迹。
〔24〕 登轼:登上车轼。轼,车前用以扶手之木,战车之最高处。
〔25〕 既克:已经胜利。克,战胜。
〔26〕 夫:句首发语词,无实意。
〔27〕 作:振奋。气:士气。
〔28〕 伏:伏兵、埋伏。此处意指曹刿担心齐国佯败以诱敌。
〔29〕 靡:倒下。

齐桓公伐楚盟屈完[1] 僖公四年 左传

春,齐侯以诸侯之师侵蔡[2],蔡溃[3],遂伐楚。
楚子使与师言曰[4]:"君处北海,寡人处南海[5],唯是风马牛不相及也[6]。不虞君之涉吾地也[7],何故?"管仲对曰[8]:"昔召康公命我先君大公曰[9]:'五侯九伯[10],女实征之[11],以夹辅周室[12]。'赐我先君履[13]:东至于海,西至于河[14],南至于穆陵,北至于无棣[15]。尔贡包茅不入[16],王祭不共[17],无以缩酒[18],寡人是征[19];昭王南征而不复[20],寡人是问。"对曰:"贡之不入,寡君之罪也,敢不共给?昭王之不复,君其问诸水滨[21]。"师进,次于陉[22]。

夏,楚子使屈完如师[23]。师退,次于召陵[24]。

齐侯陈诸侯之师[25],与屈完乘而观之[26]。齐侯曰:"岂不穀是为[27]?先君之好是继[28]。与不穀同好[29],如何?"对曰:"君惠徼福于敝邑之社稷[30],辱收寡君[31],寡君之愿也。"齐侯曰:"以此众战,谁能御之[32]!以此攻城,何城不克!"对曰:"君若以德绥诸侯,谁敢不服[33]?君若以力[34],楚国方城以为城,汉水以为池[35],虽众,无所用之![36]"

屈完及诸侯盟[37]。

【注释】

〔1〕 本文记述了齐桓公于公元前656年亲自率领齐、鲁、宋、陈、卫、郑、许、曹八国诸侯之师南下伐楚的全过程,行文起伏跌宕、文辞渊懿雅丽;尤其其中所记之行人辞令委婉含蓄、刚柔得体而言简意深,为春秋时期行人辞令典范之一。

〔2〕 齐侯:指齐桓公。以:率领。侵:不宣而战谓之侵。蔡:国名,今河南省上蔡、汝南一带,蔡为楚国之盟国,齐国侵蔡即为伐楚之准备与前奏。

〔3〕 溃:溃败。

〔4〕 "楚子"句:楚国国君派遣(使者)与诸侯之军队说。楚子,此处指楚成王,楚属子爵,故称楚子。使,派遣。师,军队。

〔5〕 北海、南海:极南极北之地。齐临东海,但楚南不及海,此处之海是泛指荒晦绝远之地,并不是实指某一地方。

〔6〕 "唯是"句:即使牛马相诱发情也不能互相相遇。唯,句首发语词。风,牛马发情相诱谓之风。此句譬喻齐楚两国相隔遥远,毫不相干。

〔7〕 虞:预计。涉:原意指蹚水过河,此处指进入楚国,为委婉之辞令。

〔8〕 管仲:齐大夫,姓管,名夷吾,字仲。

〔9〕 召(shào绍)康公:周成王时太保姬奭(shì释),因其封地在召(今陕西岐山县),故称召公,"康"是其谥号。先君:后代君主对前代君主之尊称。大公:即齐国之始祖姜太公,名尚。大,通"太"。

〔10〕 五侯九伯:五侯为公、侯、伯、子、男五等爵位,九伯指天下九州岛之长,此处借五侯九伯泛指天下诸侯。

〔11〕 女:通"汝",你。实:句中语气词,无实义。征:征伐、讨伐,此处指有征伐之权。

〔12〕 夹辅:辅佐。

〔13〕 履:践踏,此处指足迹可以践踏之地,即齐国可以征伐之范围。

〔14〕 海:泛指东部大海,包括渤海、黄海。河:即黄河。

〔15〕 穆陵:地名,今湖北省麻城市西北穆陵山,疑即此地。无棣:地名,今山东无棣县附近。

〔16〕 尔:你,此处指楚王。贡:进贡。包茅:"茅"是菁茅,楚国之特产。"包"即"包裹"、"裹束"之义。据《尚书·禹贡》:"荆及衡阳惟荆州……包匦菁茅。"可知包茅是楚国应向周王进贡之贡品。不入:不曾纳贡。《韩非子·外储说三》:"是时,楚之菁茅不贡于天子,三年矣。"据此可知楚国三年不曾入贡菁茅。

〔17〕 王祭不共:周王之祭祀用具供应不上。共,通"供"。

〔18〕 无以缩酒:没有可以用来缩酒的器具。缩酒,祭祀之时,将包茅树立,以酒浇下,酒汁渗透下流,象征神明饮用之意。

〔19〕 寡人是征:我来索取它。是,代词,此处指包茅,为"征"字的宾语。征,征收、索取。下文之"寡人是问"结构亦同此。

〔20〕 "昭王"句:周昭王南巡而未能返回。以上俱是齐国伐楚所找的借口。

〔21〕 "昭王之不复"二句:周昭王南巡而未回,你只能去汉水边询问了。此言意指周昭王之死,楚国难以负责。

〔22〕 次:军队临时驻扎。陉(xíng形):山名,今河南省郾城县南。此句指齐因楚不服罪,故齐军向前进兵。

〔23〕 屈完:楚大夫,其祖封地为屈,故以"屈"为姓。如师:到(齐国)军队去。

〔24〕 召陵:地名,今河南郾城县东。

〔25〕 "齐侯"句:齐侯将诸侯之师摆开阵式,此处用于向楚国示威。陈,

古"阵"字,陈列。

　〔26〕　乘(chéng成):乘战车。

　〔27〕　"岂不"句:难道是为了我吗?不穀,不好,天子及诸侯之谦称。

　〔28〕　"先君"句:为了继承先君的友好关系。

　〔29〕　同好:共同友好。

　〔30〕　"君惠徼福"句:承蒙向我国的社稷之神求福,意指来到我国而不发动战争灭亡我国,此为外交辞令。徼(jiǎo缴),祈求。敝邑,自己国家之谦称。社,土神。稷,谷神。

　〔31〕　辱收寡君:接纳我们的国君使您蒙受了耻辱。此处也是外交辞令,故多用礼貌婉转的谦辞。收,接纳。寡君,对自己国君之谦称。

　〔32〕　御:抵御、抵挡。

　〔33〕　"君若"二句:您如果用德政来安抚诸侯,又有谁不臣服呢?绥,安抚。

　〔34〕　力:武力。

　〔35〕　"楚国"二句:楚国以方城山为城墙,以汉水作为护城河。方城,今河南省叶(shè射)县东南有方城山。池,护城河。

　〔36〕　"虽众"二句:你们军队虽然众多,恐怕也难有用处。

　〔37〕　盟:订立盟约。

宫之奇谏假道[1] 僖公五年　左传

　　晋侯复假道于虞以伐虢[2]。宫之奇谏曰[3]:"虢,虞之表也[4]。虢亡,虞必从之。晋不可启,寇不可翫[5]。一之谓甚,其可再乎[6]?谚所谓'辅车相依,唇亡齿寒'者[7],其虞、虢之谓也[8]。"

　　公曰:"晋,吾宗也[9],岂害我哉?"

　　对曰:"大伯、虞仲[10],大王之昭也[11]。大伯不从,是以不嗣[12]。虢仲、虢叔,王季之穆也[13];为文王卿士[14],勋在王室,藏于盟府[15],将虢是灭,何爱于虞[16]?且虞能亲于桓、庄乎,其爱之也[17]?桓、庄之族何罪,而以为戮[18],不唯偪乎[19]?亲以宠偪,犹尚害之,况以国乎[20]?"

公曰:"吾享祀丰絜[21],神必据我[22]。"对曰:"臣闻之:'鬼神非人实亲,惟德是依[23]。'故《周书》曰:'皇天无亲,惟德是辅[24]。'又曰:'黍稷非馨,明德惟馨[25]。'又曰:'民不易物,惟德繄物[26]。'如是,则非德民不和,神不享矣。神所冯依[27],将在德矣。若晋取虞[28],而明德以荐馨香,神其吐之乎[29]?"

弗听[30],许晋使。

宫之奇以其族行[31],曰:"虞不腊矣[32]。在此行也,晋不更举矣[33]。"

冬,晋灭虢。师还,馆于虞[34],遂袭虞[35],灭之,执虞公[36]。

【注释】

〔1〕 本文以事记言,围绕虞国存亡的中心论题,层层深入展开议论和驳难,有力地驳斥了虞公对宗族关系和神权的迷信,指出存亡在人不在神,应该实行德政,民不和则神不享。文章中宫之奇的语言简洁有力,智深虑远的宫之奇与贪贿无才、昏聩愚昧的虞公形象形成了鲜明的对比。

〔2〕 晋侯:此处指晋献公,此时晋国建都于绛,开始兼并周边小国。复:再一次,初次借道伐虢于僖公二年。假道:借路,此处指替军队借路,通过他国领土。虞:国名,武王所封,为大(tài 太)王之子虞仲的后代,在今山西省平陆县东北。虢:国名,此处指西虢,在今河南陕县东南。

〔3〕 宫之奇:虞大夫,一作"宫奇"。"之"为助词,置于名字之间,春秋时期颇多,如烛之武、佚之狐等,皆是。

〔4〕 表:外面。

〔5〕 启:开启,此处引申为启发晋国之野心。寇:军队。翫(wán 玩):疏忽、放松警惕。

〔6〕 "一之谓甚"二句:一次已经是很过分了,难道还可以来第二次吗?甚,过分。其,语气词,加强反问语气。

〔7〕 谚:谚语。辅:车两边之板,《诗·小雅·正月》:"其车既载,乃弃尔辅。"相依:互相依靠。大车装载物品,必以辅为帮助。唇亡齿寒:唇在外,齿在内,无唇则齿必寒。此为春秋时期俗语。

〔8〕 其:大概,表推测语气。

〔9〕 宗:同一宗族。晋、虞、虢三国俱是姬姓国,为同一祖先之所出。

〔10〕 大(tài 太)伯:周太王之长子,周朝吴国之始祖,一作"泰伯"。虞仲:周太王次子,大伯之弟,名仲雍。

〔11〕 大(tài 太)王:即周太王,周朝之先祖,名古公亶(dǎn 胆)父,曾率姬姓部族循漆水逾梁山至岐山周原,是周王朝的奠基人。昭:与下文所提到之"穆"都是指宗庙中神主之位次。宗庙古制,始祖之神主居中,左昭右穆,周代以后稷为始祖,其子不窋(kū 窟)为第一代为昭,其孙鞠为第二代为穆,以此类推太王古公亶父为后稷之第十二代孙,为穆,其子太伯、虞仲,以及下文所提到的王季皆为昭,故此处曰:"大王之昭也。"

〔12〕 不从:出走,不跟随在侧。是以:因此。嗣:继承(王位)。

〔13〕 虢仲、虢叔:周季历之子,虢国之始封君。王季:周王季历,周太王之子,名季历。季历为后稷之第十三代孙为昭,故虢仲、虢叔为穆,所以文中称之为"王季之穆"。

〔14〕 文王:即周文王姬昌。卿士:执掌国政之大臣,又作"卿事"。

〔15〕 "勋在王室"二句:有功于周王室,受封时的典策藏于盟府之中。盟府,主管盟誓典策的部门。

〔16〕 "将虢是灭"二句:将要连虢国都要灭了,对虞国还爱什么呢?是,代词,指代前文所提到的"虢"。

〔17〕 "且虞"二句:晋之爱虞国,能比桓、庄之族更亲吗?其,指晋国。之,指虞国。桓、庄,桓叔与庄伯,桓叔为献公之曾祖,庄伯为献公之祖父,后文所提到之桓、庄之族是献公之同祖兄弟。

〔18〕 "桓、庄之族"二句:桓叔、庄伯之后代又有什么罪过呢,竟被杀戮。

〔19〕 偪(bī 逼):通"逼",威胁,逼迫。桓、庄之族人多势大,对献公之统治造成了威胁。

〔20〕 "亲以宠偪"三句:至亲恃宠,威胁君位,尚且被杀,更何况国与国之间呢?宠,宠爱。此处指因宠爱而地位尊贵,故能威逼君位。

〔21〕 享祀:泛指一切祭祀。享,将食物献于鬼神。丰:丰盛。絜(jié 杰):通"潔(洁)",洁净。

〔22〕 据:依附、依靠,此处指保佑。

〔23〕 "鬼神"二句:鬼神不是亲近某一个人,而是依从于德行。实,代词,复指之前的"人"。

〔24〕 "皇天无亲"二句:上天对人并无亲疏之别,只辅佐保佑那些有德行的人。此处所引之《周书》已经亡佚,今此句见于伪古文《尚书·蔡仲之

命》。皇,大。辅,辅佐,此处指保佑。

〔25〕"黍稷非馨"二句:黍稷所做的祭品并不算馨香,光明的德行才能香气远扬。黍稷,此处泛指五谷,为祭祀之供品。黍,黄黏米。稷,不黏之黍米。馨,香气,古人认为鬼神祭祀时会享用祭品之香气。

〔26〕"民不易物"二句:人民不需变换自己的祭品,只有有德之人的供品鬼神才会享用。易,换。繄,语气词。

〔27〕冯依:依靠,依从。"冯"之繁体"馮"与"凭"之繁体"憑"形近通假。

〔28〕取:攻取、取得。

〔29〕"而明德"二句:晋国如果修明其德,使祭祀丰盛洁净,神明难道不食其所祭祀之物吗?荐,献,此处指贡献于神。馨香,此处指黍稷。其,语气词,加强反问语气。吐,不食所祭祀之物。

〔30〕弗听:指虞公不听宫之奇的谏言。

〔31〕以其族行:率领族人离开(虞国,逃难到曹国)。

〔32〕不腊:不能举行腊祭了。腊,腊祭,每年夏历十月举行。

〔33〕更:再一次。举:举兵,发兵。

〔34〕馆:公家为宾客所设之住所,此处指驻扎。

〔35〕袭:偷袭。

〔36〕执:抓住,捉拿。

齐桓下拜受胙[1] 僖公九年 左传

会于葵丘[2],寻盟[3],且修好,礼也。王使宰孔赐齐侯胙[4]。曰:"天子有事于文、武[5],使孔赐伯舅胙[6]。"齐侯将下拜。孔曰:"且有后命。天子使孔曰:'以伯舅耋老[7],加劳[8],赐一级,无下拜!'"对曰:"天威不违颜咫尺[9],小白余敢贪天子之命'无下拜[10]'!恐陨越于下[11],以遗天子羞,敢不下拜?"下,拜;登,受[12]。

【注释】

〔1〕 本文记述了齐桓公在会晤诸侯时接受周襄王赏赐祭肉的一个场面,对其受宠若惊的情态,描写得十分细腻生动。胙(zuò 作),古代祭祀时用的肉。

〔2〕 会于葵丘:鲁僖公九年(前651)夏,鲁僖公、周天子使臣宰孔、齐桓公、宋襄公、卫文公、郑文公、许僖公、曹共公在葵丘盟会。葵丘,宋国地名,在今河南民权东北。

〔3〕 寻盟:重温旧盟。寻,重温、重申。

〔4〕 王:周襄王。宰孔:周襄王的使臣。宰,官名。孔,人名。

〔5〕 有事于文、武:指祭祀周文王与周武王。

〔6〕 伯舅:周天子尊称同姓诸侯为伯父或叔父,尊称异姓诸侯为伯舅。

〔7〕 耋(dié 叠)老:老迈,年高。耋,七十岁。

〔8〕 加劳:加上有功劳。一说重加慰劳。

〔9〕 天威:天子威严。不违颜:谓常在颜面之前。违,离。咫(zhǐ 止)尺:距离很近,八寸为咫。

〔10〕 小白:齐桓公名。余:我。敢:怎敢。贪:贪安,意为恃宠而违礼法。

〔11〕 陨越:坠落,倒下去。指违背礼法。

〔12〕 下,拜;登,受:领受天子赏赐时,先下阶,叩首至地,再登堂,接受赐品。

阴饴甥对秦伯[1] 僖公十五年 左传

十月[2],晋阴饴甥会秦伯,盟于王城[3]。

秦伯曰:"晋国和乎[4]?"对曰:"不和。小人耻失其君[5],而悼丧其亲,不惮征缮以立圉也[6]。曰:'必报仇,宁事戎狄[7]。'君子爱其君而知其罪,不惮征缮以待秦命[8]。曰:'必报德,有死无二[9]。'以此不和。"

秦伯曰:"国谓君何[10]?"对曰:"小人戚,谓之不免;君子恕,以为必归。小人曰:'我毒秦[11],秦岂归君?'君子曰:'我知罪矣,秦必归君。贰而执之[12],服而舍之[13],德莫厚焉,刑莫威焉。服者怀德,贰者畏刑,此一役也,秦可以霸。纳而不定[14],废而不立,以德为怨,秦不其然[15]。'"秦伯曰:"是吾心也。"改馆晋侯[16],馈七牢焉[17]。

【注释】

〔1〕 鲁僖公十五年(前645)九月十三日,秦晋在韩原交战,晋国大败,晋惠公被秦国俘虏。阴饴甥作为战败国的代表和秦穆公谈判,不卑不亢,柔中带刚,从而迫使秦穆公释放晋侯回国。阴饴甥,晋大夫,复姓瑕吕,名饴甥。秦伯,指秦穆公。公元前659年至前621年在位。

〔2〕 十月:指鲁僖公十五年(前645)十月。

〔3〕 王城:秦国地名,在今陕西渭南市大荔县东。

〔4〕 和:意见一致。

〔5〕 耻失其君:指一个月前秦晋交战、晋国战败而晋惠公被俘一事。

〔6〕 征缮:征集财赋,修缮兵器,准备打仗。圉:晋惠公太子。

〔7〕 戎狄:指西北少数民族。

〔8〕 秦命:指秦国释放晋惠公的命令。

〔9〕 "必报德"二句:报答秦国对晋的恩德,至死没有二心。

〔10〕 国谓君何:意谓晋国内部对晋君的命运有什么看法。

〔11〕 毒:毒害,得罪。指晋惠公与秦为敌。

〔12〕 贰:二心,背叛。

〔13〕 舍:释放。

〔14〕 纳:进入。这里指秦穆公帮助晋惠公入国做国君之事。

〔15〕 其:语气词,表推测。

〔16〕 馆:宾馆。这里用作动词,意思是让他住进宾馆,改用国君之礼相待。

〔17〕 七牢:牛、羊、猪各一头,叫做一牢。七牢是当时招待诸侯的礼节。

子鱼论战[1] 僖公二十二年 左传

楚人伐宋以救郑[2]。宋公将战[3],大司马固谏曰[4]:"天之弃商久矣[5],君将兴之,弗可赦也已[6]。"弗听。

及楚人战于泓[7]。宋人既成列[8],楚人未既济[9]。司马曰:"彼众我寡,及其未既济也,请击之。"公曰:"不可。"既济而未成列,又以告。公曰:"未可。"既陈而后击之[10],宋师败绩。公伤股[11],门官歼焉[12]。

国人皆咎公[13]。公曰:"君子不重伤[14],不禽二毛[15]。古之为军也,不以阻隘也[16]。寡人虽亡国之余[17],不鼓不成列[18]。"

子鱼曰:"君未知战。勍敌之人[19],隘而不列,天赞我也。阻而鼓之,不亦可乎?犹有惧焉!且今之勍者,皆吾敌也。虽及胡耇[20],获则取之,何有于二毛?明耻教战,求杀敌也。伤未及死,如何勿重?若爱重伤[21],则如勿伤[22];爱其二毛,则如服焉。三军以利用也[23],金鼓以声气也[24]。利而用之,阻隘可也;声盛致志[25],鼓儳可也[26]。"

【注释】

〔1〕 本文记录了宋楚泓水之战的始末。宋国本处于有利地位,但因宋襄公墨守成规,在对敌作战时依然满口仁义道德,最后惨败,引起国人的强烈不满。子鱼对宋襄公这种迂腐论调进行了犀利地讽刺和批评。子鱼,宋襄公大司马,执掌宋国军政。

〔2〕 "楚人"句:鲁僖公二十二年(前638)夏,宋襄公为了和楚成王争霸,攻打依附于楚国的郑国,楚成王为救郑国,便出兵攻打宋国。

〔3〕 宋公:宋襄公,公元前650年至前637年在位。

〔4〕 大司马:掌管军政、军赋的官职,这里指公孙固。固:公孙固,字子鱼,为宋襄公庶兄。

〔5〕 天之弃商:上天不肯降福给商。宋国为商朝后裔,商已被周所灭,故有此言。

〔6〕 弗可赦也已:违背天命的做法是不可饶恕的。赦,饶恕。

〔7〕 泓:泓水,故道在今河南省柘城县西北,是古涣水的支流。

〔8〕 成列:排成战斗行列。

〔9〕 未既济:还没完全渡过河。

〔10〕 陈:通"阵",这里作动词,即摆好阵势。

〔11〕 股:大腿。

〔12〕 门官:国君的卫士,平时守门,战争时跟随保护国君。
〔13〕 国人:都城的人民。国,都城。咎:怪罪,归罪,指责。
〔14〕 重(chóng虫)伤:杀伤已经受伤的人。
〔15〕 禽:通"擒",俘虏。二毛:头发花白的人。
〔16〕 不以阻隘也:不攻击处在险隘处的敌人。
〔17〕 亡国之余:宋国君主是商朝后裔,商早已被周武王所灭,所以这样说。
〔18〕 不鼓:不战,不攻击。鼓,击鼓,古代打仗,击鼓表示进攻。
〔19〕 勍(qíng晴)敌:强敌,劲敌。勍,强劲有力。
〔20〕 胡耇(gǒu苟):年老的人。
〔21〕 爱:不忍,怜悯。
〔22〕 如:不如,下句"如"用法同。
〔23〕 三军:春秋时,大国置中军、左军、右军,称为三军,这里泛指军队。以利用:抓住有利时机采取行动。
〔24〕 金鼓:古时作战,击鼓进兵,鸣金收兵。金,金属响器。以声气:以声音鼓舞士气。
〔25〕 声盛:谓金鼓之声大作。致志:鼓起斗志。
〔26〕 鼓儳:鸣鼓而进攻。儳(chán谗),参差不齐,这里指不成阵势的军队。

寺人披见文公[1] 僖公二十四年 左传

吕、郤畏偪[2],将焚公宫而弑晋侯[3]。寺人披请见。公使让之[4],且辞焉,曰:"蒲城之役[5],君命一宿[6],女即至[7]。其后,余从狄君以田渭滨[8],女为惠公来求杀余[9],命女三宿,女中宿至[10]。虽有君命,何其速也?夫袪犹在[11],女其行乎!"对曰:"臣谓君之入也[12],其知之矣[13]。若犹未也,又将及难[14]。君命无二,古之制也。除君之恶,唯力是视[15]。蒲人、狄人,余何有焉?今君即位,其无蒲、狄乎?齐桓公置射钩而使管仲相[16],君若易之,何辱命焉?行者甚众,岂唯刑臣[17]!"

公见之,以难告[18]。晋侯潜会秦伯于王城[19]。己丑晦[20],公宫火。瑕甥、郤芮不获公,乃如河上,秦伯诱而杀之。

【注释】

〔1〕 本文记载了晋文公开始的时候拒绝接见继位前曾两次追杀自己的寺人披,到后来虚心接受了寺人披的意见,并与他相见,从而避免了一场杀身之祸。寺人披,即勃鞮。寺人,内官,即后世的宦官。文公,晋文公重耳,公元前636年至前628年在位。

〔2〕 吕、郤(xì 细):吕即阴饴甥。郤即郤芮。二人都是晋惠公、晋怀公的旧臣。畏偪:害怕遭受迫害。偪,通"逼",逼迫。

〔3〕 公宫:晋文公居住的宫室。弑(shì 士):古时子杀父,臣杀君为弑。晋侯:晋文公重耳。

〔4〕 使:派人。让:斥责。

〔5〕 蒲城之役:指鲁僖公五年,晋献公想要让骊姬的儿子奚齐继承君位,于是逼死太子申生,捉拿公子重耳和夷吾,派寺人披攻打重耳驻地一事。蒲城,在今山西隰县北。

〔6〕 一宿:隔一夜。意为第二天。

〔7〕 女:通"汝",你。下文中"女"同。

〔8〕 狄:春秋时北方的少数民族。田:打猎,也作"畋"。渭滨:渭水之畔。

〔9〕 惠公:晋惠公夷吾。晋献公死后,公子夷吾继位,即晋惠公。晋惠公六年(前645),派寺人披到狄国谋杀重耳,重耳事先得知消息,谋杀未成。

〔10〕 中宿:隔两夜。意为第三天。

〔11〕 袪(qū 屈):衣袖。寺人披伐蒲州时,曾将重耳的衣袖割断。

〔12〕 君之入也:指晋文公回到国内。

〔13〕 其知之矣:指晋文公已经明白作国君的道理。

〔14〕 及难:遭受灾祸。

〔15〕 唯力是视:只看自己力量的大小,意即尽力做事。

〔16〕 齐桓公置射钩:这里指的是管仲辅佐奉纠同齐桓公小白争君位,曾射中齐桓公革带上的钩,后来他投奔齐桓公,齐桓公能听鲍叔牙劝说,置射钩之仇而不问,仍然重用管仲一事。置,弃。这里是搁置的意思。

〔17〕 刑臣:受宫刑之人。寺人披是阉人,故自称。

〔18〕 以难告:指寺人披将吕甥、郤芮欲焚宫弑君的计划报告给晋文公。

〔19〕 潜会:暗中相会。秦伯:秦穆公。王城:秦国地名,在今陕西渭南市大荔县东。

〔20〕 己丑晦:三月二十九日。晦,阴历每月最后一天。

介之推不言禄[1] 僖公二十四年 左传

晋侯赏从亡者[2],介之推不言禄,禄亦弗及。

推曰:"献公之子九人,唯君在矣。惠、怀无亲[3],外内弃之。天未绝晋,必将有主。主晋祀者[4],非君而谁!天实置之[5],而二三子以为己力[6],不亦诬乎?窃人之财,犹谓之盗。况贪天之功以为己力,不亦诬乎?下义其罪[7],上赏其奸,上下相蒙[8],难与处矣。"

其母曰:"盍亦求之[9],以死谁怼[10]?"对曰:"尤而效之[11],罪又甚焉。且出怨言,不食其食[12]。"其母曰:"亦使知之,若何?"对曰:"言,身之文也[13]。身将隐,焉用文之?是求显也[14]。"其母曰:"能如是乎,与女偕隐。"遂隐而死。

晋侯求之不获,以绵上为之田[15]。曰:"以志吾过[16],且旌善人[17]。"

【注释】

〔1〕 本文颂扬了介之推母子不求禄、不贪名的品行。介之推,姓介,名推,之是语助词。又名介子推。晋国贵族。曾随重耳在外流亡。禄,禄赏,赏赐。

〔2〕 晋侯:晋文公重耳。从亡者:追随重耳一起逃亡的人。

〔3〕 惠、怀:指晋惠公、晋怀公。怀公,名圉,公元前637年即位,第二年晋人杀怀公,迎重耳。

〔4〕 主晋祀者:主持晋国祭祀的人,即指即位为国君者。

〔5〕 置:立。

〔6〕 二三子:指跟随重耳一起逃亡的狐偃、赵衰、魏武子等人。

〔7〕 下义其罪:意思是在下之人把罪过当成道义,在上之人反而奖赏这

种奸诈的行为。

〔8〕 蒙:欺骗。

〔9〕 盍:何不。

〔10〕 怼(duì 对):怨恨。

〔11〕 尤:过失,罪过。

〔12〕 不食其食:指不享用他的禄赏。

〔13〕 文:花纹,装饰。言人之有言,所以文饰其身。

〔14〕 求显:求显名。

〔15〕 绵上:地名,介之推隐居处,在今山西介休东南。田:私田,封田。

〔16〕 志:记载。

〔17〕 旌:表扬,表彰。

展喜犒师[1] 僖公二十六年 左传

齐孝公伐我北鄙[2]。公使展喜犒师[3],使受命于展禽[4]。

齐侯未入竟[5],展喜从之,曰:"寡君闻君亲举玉趾[6],将辱于敝邑[7],使下臣犒执事[8]。"齐侯曰:"鲁人恐乎?"对曰:"小人恐矣,君子则否[9]。"齐侯曰:"室如县罄[10],野无青草[11],何恃而不恐?"对曰:"恃先王之命。昔周公、大公[12],股肱周室[13],夹辅成王。成王劳之,而赐之盟,曰:'世世子孙,无相害也。'载在盟府[14],太师职之[15]。桓公是以纠合诸侯[16],而谋其不协,弥缝其阙,而匡救其灾,昭旧职也[17]。及君即位,诸侯之望曰:'其率桓之功[18]。'我敝邑用不敢保聚[19],曰:'岂其嗣世九年[20],而弃命废职,其若先君何[21]?'君必不然。恃此以不恐。"齐侯乃还。

【注释】

〔1〕 本文记录了展喜成功地说服攻打鲁国的齐国退兵的一次出色外交活动。展喜,鲁国大夫,展禽弟。犒师,犒劳军队。

〔2〕 齐孝公:齐桓公之子,名昭,公元前642年至前633年在位。我:指鲁国。北鄙:北部边境。

〔3〕 公:指鲁僖公,公元前659年至前627年在位。

〔4〕 受命:请教。展禽:名获,字禽,谥号惠,因食邑于柳下,又称柳下惠。鲁国大夫。展喜兄。

〔5〕 齐侯:即齐孝公。竟:通"境",这里指鲁国国境。

〔6〕 举玉趾:尊称别人行止的敬词。趾,泛指脚。

〔7〕 辱于敝邑:谦词。意思是您到我国来,是使您蒙受耻辱的事。敝邑,对自己国家的谦称。

〔8〕 执事:君王左右的办事人员。古时不直接称呼对方,只称他的左右执事人员以表示尊敬。这里指齐孝公。

〔9〕 君子:这里指有地位的人。

〔10〕 室如县罄:形容家中空无一物。县,通"悬"。罄,石制打击乐器,中间是空的。

〔11〕 野无青草:指旱情严重。

〔12〕 周公:指周武王之弟姬旦,武王死后,成王年幼,由他摄政。周公的长子伯禽是鲁国的始祖。大(tài 太)公:齐国始祖吕望,又称姜太公。

〔13〕 股肱(gōng 工):大腿和手臂。这里的意思是辅佐。在建立和巩固周王朝的过程中,周公和姜太公都建立了很大的功勋。

〔14〕 载:载书,指盟约。盟府:古代掌管盟约的官府。

〔15〕 太师:当为太史,掌管国家典籍的官员,盟约也归其掌管。职:掌管。

〔16〕 桓公:齐桓公。纠合:集合,联合。

〔17〕 昭:发扬光大。旧职:指姜太公辅佐周王室的职责。

〔18〕 率:遵循。桓:指齐桓公。

〔19〕 用:因此。保聚:保城聚众。

〔20〕 嗣世九年:指齐孝公从鲁僖公十八年(前642)即位,到鲁僖公二十六年(前634)这九年时间。

〔21〕 先君:指太公,齐桓公。

烛之武退秦师[1] 僖公三十年 左传

晋侯、秦伯围郑[2],以其无礼于晋[3],且贰于楚也[4]。晋军函陵,秦军汜南[5]。佚之狐言于郑伯曰[6]:"国危矣,若使烛之武见秦君[7],师必退。"公从之。辞曰[8]:"臣之壮也,犹不如人,今老矣,无能为也已。"公曰:"吾不能早用子,今急而求子,是寡人之过也。然郑亡,子亦有不利焉。"许之。

夜缒而出[9],见秦伯,曰:"秦、晋围郑,郑既知亡矣。若郑亡而有益于君[10],敢以烦执事[11]。越国以鄙远,君知其难也[12],焉用亡郑以陪邻[13]。邻之厚[14],君之薄也。若舍郑以为东道主[15],行李之往来[16],共其乏困[17],君亦无所害。且君尝为晋君赐矣[18],许君焦、瑕,朝济而夕设版焉[19],君之所知也。夫晋何厌之有[20]?既东封郑,又欲肆其西封[21],若不阙秦,将焉取之[22]?阙秦以利晋,唯君图之。[23]"

秦伯说[24],与郑人盟,使杞子、逢孙、杨孙戍之[25],乃还。子犯请击之[26],公曰:"不可。微夫人之力不及此[27]。因人之力而敝之[28],不仁。失其所与,不知[29]。以乱易整,不武[30]。吾其还也。"亦去之。

【注释】

〔1〕 《春秋》于此事仅载"晋人、秦人围郑",《公羊传》、《穀梁传》及《国语》俱不载烛之武退师之事,此为《左传》独载。秦与郑本无宿怨,秦穆公出兵纯系贪得郑地,烛之武便针对秦穆公的"贪",陈述"利"与"害",以动其心。《左传》虽以善于叙事著称,但此篇亦为《左传》记言之代表作品。

〔2〕 晋侯、秦伯:指晋文公及秦穆公。

〔3〕 无礼于晋:指晋公子重耳出奔途经郑国,郑文公不加以礼遇。

〔4〕 贰于楚:指郑国依附于楚国,对晋国怀有二心。贰,怀有二心。

〔5〕 军:驻扎。函陵:今河南新郑市北。汜(fán 饭)南:汜水之南,此处指东汜水,今河南中牟县南。

〔6〕 佚(yì 易)之狐:郑大夫。郑伯:指郑文公。

〔7〕 烛之武:郑大夫,亦作"烛武",以其封邑烛地为姓。

〔8〕 辞曰:推辞,此处及以下之主语皆为烛之武。

〔9〕 缒(zhuì 坠):用绳子绑住身体,从城墙上吊下来。

〔10〕 郑亡:一本作"亡郑"。

〔11〕 敢以烦执事:岂敢麻烦您派兵攻打(郑国)。执事,原意为侍从君王左右以供差遣之人,此处实指秦穆公本人,为烛之武对秦穆公之敬称。

〔12〕 "越国以鄙远"二句:越过晋国,将郑国作为遥远的边境,您也知道是很困难的吧。

〔13〕 "焉用亡郑"句:您为什么要为了增加邻国的土地而灭掉郑国呢?焉,为什么。陪,增益。

〔14〕 邻:指晋国。厚:实力增强,下文"薄"之反义词。

〔15〕 东道主:东方大路上之主人。郑在秦东,凡秦欲至中原各诸侯国,多需东行路过郑国,故此处郑国自称为东道之主,可以招待秦国东行之使者。后代则以"东道主"为主人之代称,其出典即于此。

〔16〕 行李:专指古代外交官员,即春秋时期所谓之"行人之官"。

〔17〕 共其乏困:若秦国来往使者资粮不足,郑国可以供给招待他们。共,同"供",供应。乏困,此处指外交人员资粮不足。

〔18〕 "且君"句:况且您曾经有恩于晋惠公。晋君,此处指晋惠公。赐,恩德。

〔19〕 "许君焦、瑕"二句:答应将晋国焦、瑕二地送给秦国,但是早上晋惠公刚刚渡河回国,晚上就修建起防御工事,据守抗秦。焦,今河南三门峡市西。瑕,今河南芮城县南。版,修筑城墙时的工具。

〔20〕 何厌之有:怎么会有满足之时呢?厌,同"餍",满足。

〔21〕 "既东封郑"二句:灭了郑国开拓了东面的疆土之后,必定又想延伸它西边的疆域。封,边疆、疆域。肆,延长、扩张。

〔22〕 "若不阙秦"二句:如果不损害秦国的土地,又到哪里去取得土地呢?阙,损害。

〔23〕 图:谋划,考虑。

〔24〕 说:同"悦",高兴。

〔25〕 杞子、逢孙、杨孙:三者俱为秦之大夫。戍:驻守。

〔26〕 之:此处"之"字指代秦国。

〔27〕 "微夫人"句:没有那个人的力量就没有今天啊。微,没有。夫人,指秦穆公。

〔28〕 "因人"句:意为依靠了那个人的力量,如今却反过来损害他。

〔29〕 "失其所与"二句:失去了同盟国,是不明智的。所与,指秦国。知,通"智",明智。

〔30〕 "以乱易整"二句：用内讧斗争来代替步调一致是不足以服人之心的。乱，内讧斗争。整，步调一致。武，以力服人。

蹇叔哭师[1] 僖公三十二年　左传

杞子自郑使告于秦曰[2]："郑人使我掌其北门之管[3]，若潜师以来，国可得也。"穆公访诸蹇叔[4]，蹇叔曰："劳师以袭远，非所闻也。师劳力竭，远主备之[5]，无乃不可乎[6]？师之所为，郑必知之；勤而无所，必有悖心[7]。且行千里，其谁不知！"

公辞焉。召孟明、西乞、白乙[8]，使出师于东门之外。蹇叔哭之曰："孟子[9]，吾见师之出，而不见其入也！"公使谓之曰："尔何知！中寿[10]，尔墓之木拱矣[11]！"

蹇叔之子与师，哭而送之曰："晋人御师必于殽[12]。殽有二陵焉[13]：其南陵，夏后皋之墓地[14]；其北陵，文王之所辟风雨也[15]。必死是间，余收尔骨焉。"秦师遂东。

【注释】

〔1〕 本文记叙了秦国老臣蹇叔在大军出征郑国之前劝阻的一篇哭谏。全文渲染了一个悲壮的场景，留下悬念吸引着读者去探究事情的结局。蹇（jiǎn 检）叔，秦国老臣。

〔2〕 杞子：秦国大夫。

〔3〕 掌：掌管。管：钥匙。

〔4〕 穆公：即秦穆公。诸："之于"的合音。

〔5〕 远主：指郑君。

〔6〕 无乃：恐怕，大概，表示委婉的语气词。

〔7〕 悖（bèi 被）心：违逆之心，怨上之心。

〔8〕 孟明、西乞、白乙：三人都是秦国的将领。孟明，复姓百里，名视，字孟明，秦国元老百里奚之子，此次军事活动主帅。西乞，名术。白乙，名丙。

〔9〕 孟子：即孟明。

〔10〕 中寿：六十岁上下。

〔11〕 拱：两手合抱。这两句意思是说如果你活到中寿就死去的话,你墓上的树都有合抱那么粗了。蹇叔此时已有七八十岁,秦穆王讽刺他已年老昏聩。

〔12〕 殽(xiáo淆)：通"崤",山名,在今河南洛宁西北,地势险要。

〔13〕 二陵：崤山有两陵,南陵和北陵,相距三十五里。陵,大山。

〔14〕 夏后皋：夏代君主,名皋,夏桀的祖父。后,国君。

〔15〕 文王：周文王姬昌。辟(bì必)：通"避",躲避。

卷 二

郑子家告赵宣子[1] 文公十七年 左传

晋侯合诸侯于扈[2],平宋也[3]。于是晋侯不见郑伯[4],以为贰于楚也[5]。

郑子家使执讯而与之书[6],以告赵宣子。曰:"寡君即位三年[7],召蔡侯而与之事君[8]。九月,蔡侯入于敝邑以行。敝邑以侯宣多之难[9],寡君是以不得与蔡侯偕[10]。十一月,克减侯宣多[11],而随蔡侯以朝于执事[12]。十二年六月,归生佐寡君之嫡夷[13],以请陈侯于楚[14],而朝诸君。十四年七月,寡君又朝,以蒇陈事[15]。十五年五月,陈侯自敝邑往朝于君[16]。往年正月[17],烛之武往朝夷也[18]。八月,寡君又往朝。以陈、蔡之密迩于楚而不敢贰焉[19],则敝邑之故也。虽敝邑之事君,何以不免[20]?在位之中,一朝于襄[21],而再见于君。夷与孤之二三臣相及于绛[22]。虽我小国,则蔑以过之矣[23]。今大国曰[24]:'尔未逞吾志[25]。'敝邑有亡,无以加焉。古人有言曰:'畏首畏尾[26],身其余几?'又曰:'鹿死不择音[27]。'小国之事大国也,德则其人也[28],不德则其鹿也。铤而走险[29],急何能择。命之罔极[30],亦知亡矣。将悉敝赋以待于鯈[31],唯执事命之。文公二年[32],朝于齐。四年,为齐侵蔡,亦获成于楚[33]。居大国之间而从于强令[34],岂有罪也!大国若弗图[35],无所逃命。"

晋巩朔行成于郑[36],赵穿、公婿池为质焉[37]。

【注释】

〔1〕 郑子家的这篇外交辞令,利用晋、楚两大国之间的矛盾,罗列事实,

批评晋的苛刻要求,甚至不惜以决裂相警告,终于迫使晋人让步。子家,郑公子归生,字子家,郑国执政大臣。赵宣子,赵盾,晋国执政大夫。

〔2〕 晋侯:指晋灵公,公元前620年至前607年在位。扈:郑国地名,在今河南原阳西。

〔3〕 平宋:平息宋国内乱。鲁文公十六年(前611),宋昭公被杀,其弟立,是为文公。十七年春,晋国联合卫、陈、郑国攻打宋国,讨伐宋文公,但因文公已立定,反定其位而还。

〔4〕 郑伯:指郑穆公,公元前627年至前606年在位。

〔5〕 贰:二心。指晋灵公认为郑国对晋国怀有二心,而同楚国亲近。

〔6〕 执讯:掌管通讯联络的官。书:信。

〔7〕 三年:指郑穆公三年,即鲁文公二年(前625)。

〔8〕 蔡侯:指蔡庄侯,公元前645年至前612年在位。君:指晋襄公,晋灵公之父,公元前627年至前612年在位。

〔9〕 侯宣多:郑国大夫,因立郑穆公有功,所以恃宠专权。

〔10〕 偕:同行。

〔11〕 克减:稍稍平定。克,胜。减,损。

〔12〕 朝:朝见。执事:君王左右的办事人员。这里指晋襄公。

〔13〕 嫡:嫡子,正妻所生之子。夷:郑国太子,名夷,字子蛮,即后来的郑灵公。

〔14〕 陈侯:即陈共公,公元前631年至前614年在位。陈共(通"恭")公要去朝见晋国,又担心楚国不高兴,所以先派归生陪太子夷请命于楚君。

〔15〕 蒇(chǎn 产):完成。

〔16〕 陈侯:即陈灵公,公元前613年至前599年在位。

〔17〕 往年:去年,指郑穆公十七年,即鲁文公十六年(前611)。

〔18〕 烛之武:郑国大夫。往朝夷:太子夷往朝于晋。此句为倒装句。

〔19〕 密迩:关系亲近。

〔20〕 不免:指不免于获罪得祸。

〔21〕 襄:指晋襄公。

〔22〕 孤:君王的自称。这里指郑国国君。二三臣:指郑国烛之武、子家等人。绛:晋国都城,在今山西翼城东南。

〔23〕 蔑:无。

〔24〕 大国:指晋国。

〔25〕 逞:满足。志:心愿。

〔26〕 畏首畏尾:喻指北畏晋,南畏楚。

〔27〕 音:同"荫",指庇荫之所。

〔28〕 德:谓以德相待。则其人也:就以人道相事。

〔29〕 铤(tǐng 挺)而走险:在险路上急速奔跑。铤,快跑的样子。

〔30〕 命:指晋国的要求。罔极:无穷。罔,无。极,极限。

〔31〕 悉:尽。赋:田赋。这里指军队,因为古代按田赋出兵,所以称赋。儵(chóu 愁):地名,位于晋、郑交界处。

〔32〕 文公二年:指郑文公二年(前 671)。

〔33〕 成:和解,讲和。蔡国为楚国盟国,郑国攻打蔡国,楚国反与郑国讲和。

〔34〕 从于强令:服从于强制性的命令。

〔35〕 图:思虑,体谅。

〔36〕 巩朔:晋大夫,也称士庄伯、巩伯。行成于郑:到郑国来讲和。

〔37〕 赵穿:赵盾的弟弟,晋国的卿。公婿池:晋灵公的女婿,名池。质:人质。

王孙满对楚子[1] 宣公三年

楚子伐陆浑之戎[2],遂至于洛[3],观兵于周疆[4]。定王使王孙满劳楚子[5]。楚子问鼎之大小轻重焉[6]。对曰:"在德不在鼎。昔夏之方有德也,远方图物[7],贡金九牧[8],铸鼎象物,百物而为之备,使民知神奸[9]。故民入川泽山林,不逢不若[10]。螭魅罔两[11],莫能逢之。用能协于上下,以承天休[12]。桀有昏德[13],鼎迁于商,载祀六百[14]。商纣暴虐,鼎迁于周。德之休明[15],虽小,重也;其奸回昏乱[16],虽大,轻也。天祚明德[17],有所厎止[18]。成王定鼎于郏鄏[19],卜世三十,卜年七百,天所命也。周德虽衰,天命未改。鼎之轻重,未可问也。"

【注释】

〔1〕 鲁宣公三年(前 606),楚庄王先后吞并了一些小国之后,陈兵周朝

边境,并询问九鼎的轻重,伺机觊觎周朝王权。周大夫王孙满针对楚庄王的问话,说明了九鼎的来历,并指出统治天下"在德不在鼎","周德虽衰,天命未改",打击了楚庄王的嚣张气焰,挫败了他的狂妄野心。王孙满,周襄王孙,名满,周大夫。对,回答。楚子,指楚庄王,公元前613年至前591年在位。

〔2〕 陆浑之戎:古代西北少数民族的一支,原居今甘肃敦煌一带,后迁到今河南洛水两岸。戎是对西北少数民族的称呼。

〔3〕 洛:洛水,发源于陕西洛南县冢岭山,经河南流入黄河。

〔4〕 观兵:检阅军队以显示军威。疆:边境。

〔5〕 定王:周定王,名瑜,公元前606年至前586年在位。劳:慰劳。

〔6〕 鼎:即九鼎。相传夏禹收九牧进贡的铜铸成九个大鼎,象征九州,夏、商、周三代奉为传国之宝,也是王权的象征。

〔7〕 图物:绘制各地物品。图,画。

〔8〕 贡:把物品进献给天子。金:指青铜。九牧:九州之长。牧,为一州之长。贡金九牧,是"九牧贡金"的倒装,犹言天下贡金。

〔9〕 神奸:鬼神怪异之物。

〔10〕 不逢不若:不会遇到不顺的东西。逢,遇。若,顺。

〔11〕 螭魅(chī mèi 痴妹):通"魑魅",传说是山林里的精怪。罔(wǎng 网)两,通"魍魉",传说是河川里的精怪。

〔12〕 承:接受。休:保佑。

〔13〕 昏德:品德言行昏聩祸乱。

〔14〕 载祀:年代。唐、虞曰载,商曰祀,周曰年。

〔15〕 休明:美善光明。

〔16〕 奸回:奸恶邪僻。

〔17〕 祚(zuò 作):赐福,保佑。明德:美德。这里指明德的人。

〔18〕 有所厎(zhǐ 指)止:有所止尽。厎,至,终止。

〔19〕 成王:周成王,名诵,公元前1055年至前1021年在位。定鼎:定都。郏鄏(jiá rǔ 颊辱):东周王城,在今河南洛阳。

齐国佐不辱命[1] 成公二年 左传

晋师从齐师[2],入自丘舆[3],击马陉[4]。齐侯使宾媚人赂以纪甗、玉磬与地[5]。"不可，则听客之所为[6]。"宾媚人致赂，晋人不可，曰："必以萧同叔子为质[7]，而使齐之封内尽东其亩[8]。"对曰："萧同叔子非他，寡君之母也。若以匹敌[9]，则亦晋君之母也。吾子布大命于诸侯[10]，而曰必质其母以为信，其若王命何[11]？且是以不孝令也。《诗》曰：'孝子不匮，永锡尔类[12]。'若以不孝令于诸侯，其无乃非德类也乎[13]？先王疆理天下[14]，物土之宜[15]，而布其利[16]，故《诗》曰：'我疆我理，南东其亩[17]。'今吾子疆理诸侯，而曰'尽东其亩'而已，唯吾子戎车是利[18]，无顾土宜，其无乃非先王之命也乎？反先王则不义，何以为盟主？其晋实有阙[19]！四王之王也[20]，树德而济同欲焉[21]；五伯之霸也[22]，勤而抚之，以役王命。今吾子求合诸侯，以逞无疆之欲[23]。《诗》曰：'敷政优优，百禄是遒[24]。'子实不优，而弃百禄，诸侯何害焉？不然，寡君之命使臣，则有辞矣。曰'子以君师辱于敝邑[25]，不腆敝赋[26]，以犒从者[27]。畏君之震[28]，师徒挠败[29]，吾子惠徼齐国之福[30]，不泯其社稷[31]，使继旧好。唯是先君之敝器土地不敢爱[32]。子又不许。请收合余烬[33]，背城借一[34]。敝邑之幸[35]，亦云从也。况其不幸，敢不唯命是听[36]！'"

【注释】

〔1〕 鲁成公二年(前589)，晋、齐鞌之战中齐军败绩，齐国佐奉命出使求和，面对晋人提出的苛刻条件，他从容不迫逐条驳斥，最后取得了外交上的胜利，使齐国虽败而不辱。国佐，即文中的宾媚人，宾是姓，媚人是族名，齐国大夫，曾主齐国之政。

〔2〕 从：跟随，这里是追击的意思。

〔3〕 丘舆：齐国地名，在今山东青州县。

〔4〕 马陉(xíng 形)：齐国地名，在今山东青州西南。

〔5〕 齐侯：指齐顷公，公元前598年至前582年在位。纪甗(yǎn 演)：纪国的甗，当为纪国的礼器。纪，古国名，在今山东寿光南，为齐所灭。甗，一种炊器，以陶土或青铜制成。玉磬：玉制的打击乐器，也是一种礼器。

〔6〕 客：指晋人。

〔7〕 萧同叔子：齐顷公的母亲。萧，国名。同叔，萧国国君的字，是齐顷

公的外祖父。子,女儿。晋人不便直言,所以这样称呼她。质:人质。

〔8〕 封内:国境内。尽东其亩:把田间垄埂全部改为东西向。

〔9〕 匹敌:相等,对等。这里指齐、晋两国地位相当,意谓晋国由西而来时,方便兵车行进。

〔10〕 吾子:指晋军主帅郤克。布:发布。大命:即命令,前面加一"大"字表示尊敬。

〔11〕 王命:先王以孝治天下的命令。

〔12〕 "孝子"二句:出自《诗经·大雅·既醉》,意思是孝子的孝心没有亏缺,上天就永远赐给你们福禄。匮(kuì愧),竭尽。锡,赐予。类,同类人。

〔13〕 无乃:恐怕,表委婉的语气词。德类:道德法式。

〔14〕 疆理:指对田地的规划。疆,划边界。理,分地理,指划定沟渠和道路。

〔15〕 物土之宜:根据土地的实际情况,来确定它所适宜的耕作方式。物,察看。

〔16〕 布:分布。

〔17〕 "我疆"二句:出自《诗经·小雅·信南山》,意思是我规划整治土地,让有的田垅东西向,有的田垅南北向。

〔18〕 戎车:兵车。

〔19〕 阙:过失。

〔20〕 四王:指夏禹、商汤、周文王和周武王。王(wàng忘):以德治天下。

〔21〕 济:完成,满足。同欲:共同的需求。

〔22〕 五伯(bà霸):指夏的昆吾、商的大彭、豕韦、周的齐桓、晋文。一说为齐桓公、晋文公、秦穆公、宋襄公、楚庄王。伯,通"霸"。

〔23〕 无疆:无尽。

〔24〕 "敷政"二句:出自《诗经·商颂·长发》,意思是施行宽松的政治,便能聚集各种福禄。敷,施行。优优,宽大平和的样子。遒(qiú求),聚集。

〔25〕 君:指晋国国君文公。

〔26〕 不腆(tiǎn舔)敝赋:不多的疲惫之兵。腆,厚。赋,这里指军队。

〔27〕 犒:慰劳。这里是外交辞令,指与晋人作战。

〔28〕 震:威严。

〔29〕 挠败:挫折失败。

〔30〕 徼(yāo腰)齐国之福:得到齐国先君的福气。徼,求。

〔31〕 泯:灭亡,毁灭。
〔32〕 敝器:破旧的器物。这里指纪甗、玉磬等。爱:吝惜。
〔33〕 余烬:指残余的军队。烬,烧残的火灰。
〔34〕 背城借一:背靠城墙作最后一战。
〔35〕 幸:谓侥幸而战胜。下文"不幸"指不幸战败。
〔36〕 敢:反语,怎敢。

楚归晋知罃[1] 成公三年 左传

晋人归楚公子榖臣与连尹襄老之尸于楚[2],以求知罃。于是荀首佐中军矣[3],故楚人许之。

王送知罃曰[4]:"子其怨我乎?"对曰:"二国治戎[5],臣不才,不胜其任,以为俘馘[6]。执事不以衅鼓[7],使归即戮[8],君之惠也。臣实不才,又谁敢怨[9]?"王曰:"然则德我乎?"对曰:"二国图其社稷[10],而求纾其民[11]。各惩其忿[12],以相宥也[13]。两释累囚[14],以成其好。二国有好,臣不与及[15],其谁敢德?"王曰:"子归,何以报我?"对曰:"臣不任受怨[16],君亦不任受德,无怨无德,不知所报。"王曰:"虽然,必告不榖[17]。"对曰:"以君之灵[18],累臣得归骨于晋[19],寡君之以为戮,死且不朽。若从君之惠而免之,以赐君之外臣首[20],首其请于寡君而以戮于宗[21],亦死且不朽。若不获命,而使嗣宗职[22],次及于事[23],而帅偏师以修封疆[24],虽遇执事,其弗敢违[25]。其竭力致死,无有二心,以尽臣礼。所以报也!"王曰:"晋未可与争。"重为之礼而归之。

【注释】

〔1〕 本文记载了楚共王与晋国战俘知罃的对话。知罃以不卑不亢,进退有度的表现,赢得了楚共王的尊重,并以隆重的礼仪送知罃归晋。知罃(yīng 英):晋大夫,即荀罃,荀首之子。因荀首封于知,故以封地为姓。

〔2〕 归:送还。公子榖臣:楚庄王的儿子。连尹襄老:连尹是楚国官名,襄老是人名。宣公十二年(前597)晋、楚邲之战中,晋国荀首俘虏了楚国公子

縠臣,射杀了连尹襄老,但他的儿子知䓨也被楚人俘虏。现在晋国要用縠臣和襄老的尸首换回知䓨。

〔3〕于是:在这个时候。荀首:即知庄子,晋国上卿。佐中军:担任中军副帅。佐,辅,任副职。中军,古代大国设左军、中军、右军三军,中军由三军统帅统领。

〔4〕王:指楚共王,公元前590年至前560年在位。

〔5〕治戎:治兵,演习军队。这里是交战的意思。

〔6〕俘聝(guó 国):俘虏。聝,割掉耳朵,古代割下敌方战死者的左耳来记军功。

〔7〕衅鼓:取血涂鼓,是古代的一种祭礼。这里是处死的意思。

〔8〕即戮(lù 路):接受杀戮。即,动词,就,接受。

〔9〕谁敢怨:即"敢怨谁"。

〔10〕图其社稷:为国家利益打算。

〔11〕纾(shū 书):宽解。这里是解除苦难的意思。

〔12〕惩:戒,克制。忿:怨恨。

〔13〕宥(yòu 又):宽恕,原谅。

〔14〕累囚:拘禁的犯人。累,捆绑。

〔15〕与及:参与其中,相干。

〔16〕任:担负。

〔17〕不穀:不善,诸侯谦称。

〔18〕以君之灵:托您的福。灵,福气。

〔19〕累臣:被俘之臣。知䓨自称。

〔20〕外臣首:指父亲荀首。对楚王而言,荀首是别国之臣,故称外臣。

〔21〕宗:宗庙。

〔22〕嗣:继承。宗职:宗族世袭的官职。

〔23〕次及于事:按次序轮到我担任军事职务。事,军事,这里指担任军事职务。

〔24〕偏师:副帅、副将所率军队,非主力军队。修封疆:保卫边境。修,治理,这里指镇守保卫。

〔25〕违:避。

吕相绝秦[1] 成公十三年　左传

晋侯使吕相绝秦[2]，曰："昔逮我献公及穆公相好，勠力同心[3]，申之以盟誓[4]，重之以昏姻[5]。天祸晋国[6]，文公如齐，惠公如秦。无禄，献公即世[7]。穆公不忘旧德[8]，俾我惠公用能奉祀于晋[9]；又不能成大勋[10]，而为韩之师[11]。亦悔于厥心[12]，用集我文公[13]，是穆之成也[14]。

"文公躬擐甲胄[15]，跋履山川[16]，逾越险阻[17]，征东之诸侯[18]，虞、夏、商、周之胤而朝诸秦[19]，则亦既报旧德矣。郑人怒君之疆埸[20]，我文公帅诸侯及秦围郑。秦大夫不询于我寡君[21]，擅及郑盟[22]。诸侯疾之[23]，将致命于秦[24]。文公恐惧，绥静诸侯[25]，秦师克还无害，则是我有大造于西也[26]。

"无禄，文公即世；穆为不吊[27]，蔑死我君[28]，寡我襄公[29]，迭我殽地[30]，奸绝我好[31]，伐我保城[32]。殄灭我费滑[33]，散离我兄弟[34]，挠乱我同盟，倾覆我国家。我襄公未忘君之旧勋，而惧社稷之陨[35]，是以有殽之师[36]。犹愿赦罪于穆公[37]，穆公弗听，而即楚谋我[38]。天诱其衷[39]，成王陨命[40]，穆公是以不克逞志于我。

"穆、襄即世[41]，康、灵即位[42]。康公，我之自出[43]，又欲阙翦我公室[44]，倾覆我社稷，帅我蟊贼[45]，以来荡摇我边疆，我是以有令狐之役。康犹不悛[46]，入我河曲，伐我涑川[47]，俘我王官，翦我羁马[48]，我以是有河曲之战[49]。东道之不通[50]，则是康公绝我好也。

"及君之嗣也[51]，我君景公引领西望曰[52]：'庶抚我乎！'君亦不惠称盟[53]，利吾有狄难[54]，入我河县[55]，焚我箕、郜[56]，芟夷我农功[57]，虔刘我边垂[58]，我以是有辅氏之聚[59]。君亦悔祸之延[60]，而欲徼福于先君献、穆[61]，使伯车来命我景公曰[62]：'吾与女同好弃恶，复修旧德，以追念前勋。'言誓未就，景公即世，我寡

47

君是以有令狐之会。君又不祥[63]，背弃盟誓。白狄及君同州[64]，君之仇雠，而我之昏姻也[65]。君来赐命曰：'吾与女伐狄。'寡君不敢顾昏姻。畏君之威，而受命于使[66]。君有二心于狄[67]，曰：'晋将伐女。'狄应且憎[68]，是用告我[69]。楚人恶君之二三其德也[70]，亦来告我曰：'秦背令狐之盟，而来求盟于我："昭告昊天上帝、秦三公、楚三王曰[71]：'余虽与晋出入[72]，余唯利是视[73]。'"不穀恶其无成德[74]，则用宣之，以惩不壹[75]。'诸侯备闻此言，斯是用痛心疾首，暱就寡人[76]。寡人帅以听命[77]，唯好是求。君若惠顾诸侯，矜哀寡人，而赐之盟，则寡人之愿也，其承宁诸侯以退[78]，岂敢徼乱？君若不施大惠，寡人不佞[79]，其不能以诸侯退矣。敢尽布之执事[80]，俾执事实图利之[81]。"

【注释】

〔1〕 成公十一年，秦、晋二国相约盟会于令狐，晋君先至，而秦君却突然变卦，背弃盟约；后来秦国又挑唆引导狄、楚之军伐晋，故晋厉公遣吕相为使者，列举秦之罪状，与之绝交，此文开篇追述秦、晋两国先王世代交好，继而历数秦之罪状，文中句式排闼而来，连用十余处"我"字指责秦之过错，词风犀利，一气贯注，咄咄逼人。本文为春秋时期外交辞令之典型，开后代战国纵横家游说雄辩之风，为千古檄文之祖。

〔2〕 晋侯：晋厉公，名州蒲。吕相，晋大夫魏锜之子，名魏相，因食邑在吕，故又称吕相。绝：绝交。

〔3〕 逮：自从。献公：晋献公。穆公：秦穆公。勠力：合力、并力。

〔4〕 "申之"句：用盟约誓言来申明两国之关系。申，申明。

〔5〕 重：加重，加深。昏姻：即婚姻，"昏"通"婚"。春秋时期，秦、晋两国数代通婚，秦穆公之妻为晋献公之女伯姬，而晋文公之妻又为秦穆公之女文嬴。

〔6〕 天祸：天降灾祸，指骊姬之乱。其事见《左传》僖公四、五、六年，即骊姬深受晋献公宠爱，欲立儿子奚齐为太子，于是设计陷害诸公子，太子申生被迫自杀，重耳、夷吾潜逃异国，即下文所谓"文公如齐，惠公如秦"，史称"骊姬之乱"。

〔7〕 无禄：没有福禄。这里指不幸。即世：去世。

〔8〕 旧德:过去的恩惠,此处即指献公以女嫁与秦穆公之恩德。

〔9〕 "俾我惠公"句:使我国的晋惠公能够回国即位为君。俾,使。奉祀,主持祭祀。此处意为立为国君。

〔10〕 大勋:大功。

〔11〕 韩之师:指秦、晋韩原之战。

〔12〕 悔于厥心:此句意为秦穆公对在韩原之战中俘获晋惠公之事感到后悔,此是外交辞令之委婉说法。厥,其,指秦穆公。

〔13〕 集我文公:助晋文公安定君位。集,安定。此句指晋文公归国即位也是秦穆公相助而成。

〔14〕 穆:秦穆公。成:成全。

〔15〕 躬擐(huàn 换)甲胄:亲身穿戴着盔甲。躬,亲身。擐,穿上。

〔16〕 跋履:跋涉。

〔17〕 险阻:自高趋下为"险",自下登高为"阻",此处两字联用,泛指艰难困苦。

〔18〕 征:号令、率领。东:东方。

〔19〕 胤(yìn 印):后代。

〔20〕 怒:侵犯。疆埸(yì 易):边疆。

〔21〕 询:指商量。

〔22〕 擅及郑盟:擅自与郑人订盟。僖公三十年,秦、晋伐郑,秦人未与晋国商议,即与郑国结盟退兵,详见《烛之武退秦师》一文。

〔23〕 疾:憎恶,憎恨。

〔24〕 致命于秦:与秦国拼命。

〔25〕 绥(suí 随)静:安定,安抚。

〔26〕 大造:大功。西:指秦国。

〔27〕 不吊:不善。

〔28〕 蔑死:以为死人无知而轻视。

〔29〕 寡:此处意为轻视。

〔30〕 迭:通"轶",越过,此处指突然侵犯。

〔31〕 奸绝:断绝。我好:晋国的同盟国,此处指郑国。

〔32〕 保城:城堡。保,通"堡"。

〔33〕 殄(tiǎn 腆)灭:灭绝。费(bì 币)滑:费为滑国之都城,今河南偃师附近。费滑即滑国。

〔34〕 兄弟：指兄弟之国，上文所提到之郑国、滑国与晋国俱为姬姓，故此处称之为兄弟，下文之同盟亦指郑、滑二国。

〔35〕 陨：通"殒"，灭亡。

〔36〕 殽之师：指僖公三十三年秦、晋殽之战。秦穆公派兵偷袭郑国，消息泄露，无功而返。部队途经崤山时，被晋国的伏兵袭击，伤亡惨重。

〔37〕 赦罪于穆公：希望秦穆公能赦免晋国，两国重修于好，此为外交辞令之言。

〔38〕 即楚：亲近楚国。

〔39〕 天诱其衷：意为上天有灵，不愿秦、晋再度交战。诱，开启。衷，内心。

〔40〕 成王陨命：文公元年，楚成王为其子商臣所杀，故秦楚未能结盟。

〔41〕 穆、襄：秦穆公和晋襄公。

〔42〕 康、灵：秦康公和晋灵公。

〔43〕 我之自出：秦康公为穆姬所生，穆姬为晋献公之女，故康公为晋文公之外甥，所以此处言"自出"。

〔44〕 阙翦（quē jiǎn 缺减）：损害，削弱。

〔45〕 蟊（máo 毛）贼：本指吃庄稼的害虫，此处意为危害国家之人，指晋公子雍。晋襄公死，子夷皋年幼，国内发生立长立嫡之争。执政赵盾欲立文公之子、襄公之庶弟公子雍为君。其时，公子雍在秦国为人质。遂遣先蔑、士会赴秦迎雍。既行，赵盾因畏国人责难，卒然变计，改立夷皋为君，是为晋灵公。但此时先蔑、士会已经到了秦国都城。秦国派白乙丙率车驾四百乘送公子雍入境，止于令狐（在今山西临猗西）。即本文所谓之"帅我蟊贼"及下文"我是以有令狐之役"。

〔46〕 悛（quān 圈）：悔改。

〔47〕 河曲：晋国地名，今山西永济东南。涑（sù 素）川：水名，在今山西西南部。

〔48〕 俘：劫掠。王官：晋国地名，今山西闻喜西。羁马：晋国地名，今山西永济南。

〔49〕 河曲之战：文公十二年，秦、晋于河曲曾发生战争。

〔50〕 东道：晋国位于秦国之东，故称"东道"。不通：指两国断绝关系。

〔51〕 君：指秦桓公。嗣：即位。

〔52〕 引领：伸长脖子。

〔53〕 不惠称盟:不肯施加恩惠与晋国结盟。称盟,举行盟会。

〔54〕 狄难:指晋与狄人交战,灭赤狄潞氏之事。

〔55〕 河县:晋国临河的县邑。

〔56〕 箕:晋国地名,今山西蒲县东北。郜(gào 告):晋国地名,今山西祁县西。

〔57〕 芟(shān 山):割除。夷:伤害。农功:庄稼。

〔58〕 虔刘:杀害,屠杀,"虔刘"二字俱为"杀"义,此处联用。边垂:边陲,边境。

〔59〕 辅氏:晋国地名,今陕西渭南市大荔县东。聚:聚众以抗秦师。

〔60〕 悔祸之延:对于延续两国之间的战乱灾祸而感到后悔。

〔61〕 徼(yāo 腰)福:祈福,求福。徼,通"邀",祈求。此句意为秦国欲秦、晋两国重归于好。

〔62〕 伯车:秦桓公之子。

〔63〕 不祥:不善,指萌发不善之心。

〔64〕 白狄:狄族的一支。及:与。同州:在古雍州。

〔65〕 仇雠(chóu 愁):仇敌。昏姻:指晋文公在狄娶季隗之事。

〔66〕 使:指秦国传令的使臣。

〔67〕 二心于狄:指秦国一面邀晋伐狄,一面却又示好于狄,通报晋将伐狄之消息,施展两面派之手段。

〔68〕 应且憎:一面接受听取秦国之消息,一面憎恶秦国之为人。

〔69〕 是用:因此。

〔70〕 二三其德:反复无常。

〔71〕 秦三公:秦穆公、康公、共公。楚三王:楚成王、穆王、庄王。

〔72〕 出入:往来,交往。

〔73〕 唯利是视:一心图利、唯利是图。

〔74〕 不穀:楚王自称之谦辞。

〔75〕 不壹:不专一。

〔76〕 暱就:亲近。寡人:指晋君。此文前半部分自称多用"寡君"、"我君",后半部分又用"寡人"自称,此为古人行文不严密之处。

〔77〕 帅以听命:率诸侯来听候君王的命令。

〔78〕 承宁:安定,安抚。

〔79〕 不佞:不敏,不才。

〔80〕 尽布之执事：将实情全部向秦君之执事汇报。

〔81〕 "俾执事"句：最后以此句委婉表示绝秦，将帅诸侯与秦交战。图，考虑。利之，对秦国有利。

驹支不屈于晋[1] 襄公十四年 左传

会于向[2]，将执戎子驹支[3]。范宣子亲数之朝[4]。曰："来，姜戎氏！昔秦人迫逐乃祖吾离于瓜州[5]，乃祖吾离被苫盖[6]，蒙荆棘[7]，以来归我先君[8]。我先君惠公有不腆之田[9]，与女剖分而食之[10]。今诸侯之事我寡君，不如昔者，盖言语漏泄，则职女之由[11]。诘朝之事[12]，尔无与焉[13]！与，将执女。"

对曰："昔秦人负恃其众，贪于土地，逐我诸戎。惠公蠲其大德[14]，谓我诸戎，是四岳之裔胄也[15]，毋是翦弃[16]。赐我南鄙之田，狐狸所居，豺狼所嗥。我诸戎除翦其荆棘，驱其狐狸豺狼，以为先君不侵不叛之臣，至于今不贰。昔文公与秦伐郑[17]，秦人窃与郑盟而舍戍焉[18]，于是乎有殽之师[19]。晋御其上，戎亢其下[20]，秦师不复，我诸戎实然。譬如捕鹿，晋人角之[21]，诸戎掎之[22]，与晋踣之[23]，戎何以不免？自是以来，晋之百役，与我诸戎相继于时，以从执政，犹殽志也[24]。岂敢离逷[25]？今官之师旅[26]，无乃实有所阙，以携诸侯[27]，而罪我诸戎！我诸戎饮食衣服，不与华同，贽币不通[28]，言语不达，何恶之能为？不与于会，亦无瞢焉[29]。"赋《青蝇》而退[30]。

宣子辞焉[31]，使即事于会，成恺悌也[32]。

【注释】

〔1〕 本文记述了姜戎族首领驹支对晋大臣范宣子无理指责的反驳。驹支，人名，姜戎族的首领。

〔2〕 会于向：指鲁襄公十四年（前559），晋国召集诸侯在向商讨为吴伐楚事。向，春秋吴地，在今安徽怀远。

〔3〕 执:逮捕,捉拿。戎子:对戎人首领的称呼。姜戎是古戎人之一。

〔4〕 范宣子:即士匄(gài 盖),晋国执政大臣。数(shǔ 鼠):历数,列举。朝:原指朝廷,这里指诸侯使臣一起会商事情时临时设立的朝堂。

〔5〕 乃:你。吾离:姜戎族的远祖。瓜州:地名,在今甘肃敦煌。

〔6〕 被:通"披"。苫(shān 山)盖:用草编成的覆盖物。

〔7〕 蒙:戴。荆棘:这里指用荆棘条编成的帽子。

〔8〕 先君:指晋惠公,公元前650年至前637年在位。

〔9〕 腆(tiǎn 舔):丰厚。

〔10〕 女(rǔ 汝):同"汝",你。下文用法相同。剖分:平分。

〔11〕 职女之由:主要是你的缘故。职,主要。由,缘故。

〔12〕 诘朝(zhāo 招):明天早上。诘,明天,翌日。

〔13〕 与:参与,参加。

〔14〕 蠲(juān 捐):显示。

〔15〕 四岳:传说为尧、舜时四方部落首领。裔胄(zhòu 咒):后裔,后代。

〔16〕 蔫弃:灭绝。

〔17〕 文公:指晋文公。

〔18〕 舍戍:留下戍守的人。指郑国老臣烛之武说服秦穆公事,参见前《烛之武退秦师》篇。

〔19〕 殽之师:指秦、晋殽之战,参见前《蹇叔哭师》篇。此战,戎人出兵助晋。

〔20〕 亢:同"抗",抗击。戎:指与晋国联合的姜戎。

〔21〕 角:用作动词,抓住角。

〔22〕 掎(jǐ 挤):拉住,拖住。

〔23〕 踣(bó 伯):向前仆倒。

〔24〕 犹殽志也:还是像在殽作战时那样忠心。

〔25〕 遏(tì 替):疏远。

〔26〕 师旅:指师帅、旅帅等晋国大夫。

〔27〕 以携诸侯:诸侯携有贰心。携,携贰,叛离。

〔28〕 贽币:古人见面时所赠送的礼物,引申为礼仪。

〔29〕 瞢(méng 蒙):烦闷。

〔30〕 青蝇:《诗经·小雅》中的一篇,主旨是谴责进谗小人,希望君子莫信谗言。

〔31〕 辞:道歉,谢罪。

〔32〕 恺悌:和蔼可亲。驹支取《青蝇》诗中"恺悌君子,无心谗言"句讽谕范宣子,范宣子为了博得君子之名,而让驹支参加会议。

祁奚请免叔向[1] 襄公二十一年 左传

栾盈出奔楚[2]。宣子杀羊舌虎[3],囚叔向。人谓叔向曰:"子离于罪[4],其为不知乎[5]?"叔向曰:"与其死亡若何[6]?诗曰:'优哉游哉,聊以卒岁[7]。'知也。"乐王鲋见叔向曰[8]:"吾为子请[9]。"叔向弗应,出不拜[10]。其人皆咎叔向[11]。叔向曰:"必祁大夫[12]。"室老闻之曰[13]:"乐王鲋言于君无不行,求赦吾子,吾子不许;祁大夫所不能也[14],而曰必由之,何也?"叔向曰:"乐王鲋从君者也[15],何能行?祁大夫外举不弃仇[16],内举不失亲,其独遗我乎?《诗》曰:'有觉德行,四国顺之[17]。'夫子[18],觉者也。"

晋侯问叔向之罪于乐王鲋[19],对曰:"不弃其亲,其有焉[20]。"于是祁奚老矣[21],闻之,乘驲而见宣子[22],曰:"《诗》曰:'惠我无疆,子孙保之[23]。'《书》曰:'圣有谟勋,明征定保[24]。'夫谋而鲜过[25],惠训不倦者[26],叔向有焉,社稷之固也。犹将十世宥之[27],以劝能者[28]。今壹不免其身,以弃社稷,不亦惑乎?鲧殛而禹兴[29],伊尹放大甲而相之[30],卒无怨色。管、蔡为戮[31],周公右王[32]。若之何其以虎也弃社稷[33]?子为善,谁敢不勉?多杀何为?"宣子说[34],与之乘,以言诸公而免之[35]。不见叔向而归[36]。叔向亦不告免焉而朝[37]。

【注释】

〔1〕 本文记叙了祁奚为叔向说情,最后打动范宣子,使叔向得到赦免的事。祁奚,晋大夫,字黄羊。叔向,即羊舌肸(xī 溪),羊舌虎之兄,晋大夫。

〔2〕 栾盈:晋大夫,因与范宣子争权失败而逃奔楚国。

〔3〕 宣子:即范宣子,晋执政大臣。羊舌虎:晋大夫,栾盈的同党。

〔4〕 离:同"罹",遭受。

〔5〕 知:同"智",明智。下文"知也",意思相同。

〔6〕 与:比,相比。若何:怎么样。

〔7〕 "优哉"二句:今《诗经·小雅·采菽》有上句,当是佚诗。意思是自在逍遥啊,姑且这样度过一年年。叔向因为受到弟弟牵连而下狱,所以用此诗表示自己不介入政治斗争,优游卒岁是明智的行为。

〔8〕 乐王鲋(fù 付):晋大夫,曾受晋平公的宠爱。

〔9〕 请:求情。

〔10〕 出不拜:指乐王鲋走时,叔向不按礼仪拜送。

〔11〕 其人:叔向的从人。咎:责备。

〔12〕 祁大夫:即祁奚。

〔13〕 室老:古时卿大夫家中有家臣,室老是家臣的首领。

〔14〕 所不能也:指不能说服晋平公。

〔15〕 从:顺从。

〔16〕 不弃仇:祁奚告老时,晋君问他何人可以接替他,他推举了自己的仇人解狐;解狐去世之后,他又推举了自己的儿子祁午。当时人们称赞他"外举不避仇,内举不避亲"。

〔17〕 "有觉"二句:出自《诗经·大雅·抑》,意思是有正直的德行,天下顺从。觉,正直。下文"觉者也",字意相同。

〔18〕 夫子:对人的尊称,这里指祁奚。

〔19〕 晋侯:即晋平公,名彪,公元前557年至前532年在位。

〔20〕 其:表推测,也许,大概。在这里指叔向不会背弃自己的亲人,与羊舌虎通谋的事可能有吧。

〔21〕 于是:在这个时候。老:告老致仕。

〔22〕 驲(rì 日):古代驿站所用的车子。

〔23〕 "惠我"二句:出自《诗经·周颂·烈文》,意思是赐给我们的恩惠没有边际,子子孙孙永远保持。

〔24〕 "圣有"二句:出自伪《古文尚书·夏书·胤征》,意思是圣贤有谋略的功劳,应当给他以明确的保佑之意。谟,谋略。征,证明。

〔25〕 鲜(xiǎn 显)过:很少有过错。

〔26〕 惠训不倦:教训别人而不知疲倦。

〔27〕 "犹将"句:意思是像叔向这样的人,应当保证他的十代子孙有了

过错,仍将得到赦免。宥(yòu右),宽恕,原谅。

〔28〕 劝:鼓励,激励。

〔29〕 "鲧殛"句:鲧治水无功,舜流放之,继用其子禹而成功。鲧(gǔn滚),上古时代的一个部落首领。殛(jí急),通"极",流放远方。

〔30〕 伊尹:名挚,商朝初年大臣,曾辅佐商汤灭夏桀。大甲:即太甲,商汤的嫡长孙。传说太甲即位后,破坏商汤法制,被伊尹放逐三年,改过后才复位。伊尹做他的宰相,而太甲毫无怨言。

〔31〕 管、蔡为戮:管叔、蔡叔与周公为兄弟,因发动叛乱被杀。

〔32〕 右:同"佑",辅佐。

〔33〕 虎:羊舌虎。社稷:社稷之臣,指叔向。

〔34〕 说(yuè月):同"悦",喜悦。

〔35〕 诸:之于。公:指晋平公。

〔36〕 不见:指祁奚不见叔向。意思是不希望别人报答。

〔37〕 不告免焉:不去告诉祁奚自己已被免罪。意思是不去面谢祁奚。朝:朝见,这里指朝见晋平公。

子产告范宣子轻币[1] 襄公二十四年 左传

范宣子为政,诸侯之币重。郑人病之[2]。二月[3],郑伯如晋[4]。子产寓书于子西[5],以告宣子,曰:"子为晋国[6],四邻诸侯,不闻令德[7],而闻重币,侨也惑之[8]。侨闻君子长国家者[9],非无贿之患[10],而无令名之难[11]。夫诸侯之贿聚于公室,则诸侯贰;若吾子赖之[12],则晋国贰。诸侯贰则晋国坏,晋国贰则子之家坏。何没没也[13]!将焉用贿?夫令名,德之舆也[14];德,国家之基也。有基无坏,无亦是务乎[15]!有德则乐,乐则能久。《诗》云:'乐只君子,邦家之基[16]。'有令德也夫;'上帝临女,无贰尔心[17]。'有令名也夫。恕思以明德[18],则令名载而行之,是以远至迩安[19]。毋宁使人谓子'子实生我'[20],而谓子'浚我以生'乎[21]?象有齿以焚其身[22],贿也[23]。"宣子说[24],乃轻币。

【注释】

〔1〕 晋平公时责令诸侯向晋国缴纳大量的贡品,加重了各诸侯小国的负担。郑国大夫子产便写了这封信,利用晋国想极力保住盟主地位和希望得到美好声誉的心理,将聚贿与求德两种治国方法所产生的后果加以比较,阐明利害关系,晓以大义,最后说服执政者范宣子减轻了对诸侯的剥削。子产,即公孙侨,字子产,郑穆公之孙,郑简公十二年(前554)为卿。范宣子,即士匄(gài 盖),晋平公时执政大臣。币,指诸侯国向晋国进献的财物。

〔2〕 病:忧患,苦恼。

〔3〕 二月:鲁襄公二十四年(前549)二月。

〔4〕 郑伯:即郑简公,名嘉,公元前565年至前530年在位。

〔5〕 寓书:寄信。子西:即公孙夏,郑大夫,随郑简公到晋国,因此子产托他带信给范宣子。

〔6〕 子:指范宣子。为:治理。

〔7〕 令德:美德。令,美。

〔8〕 侨:子产自称。

〔9〕 长:执掌,统治。

〔10〕 贿:财物。

〔11〕 令名:好名声。

〔12〕 赖:取得,这里指私自占有。

〔13〕 没(mò莫)没:沉湎,执迷不悟。

〔14〕 舆:车。这里指美好的名声像车子可以装载德行以传之久远。

〔15〕 无亦:等于说"何不"。是务:即务是,指求令名、令德。

〔16〕 "乐只"二句:出自《诗经·小雅·南山有台》,意思是快乐啊君子,是国家和家族的基础。

〔17〕 "上帝"二句:出自《诗经·大雅·大明》,意思是上帝在天上看着你,你不要有二心。

〔18〕 恕思:宽厚,体谅。

〔19〕 迩(ěr尔):近。

〔20〕 毋宁:宁可。生:养活。

〔21〕 浚(jùn俊):榨取。

〔22〕 焚(fèn份):通"偾",毙。

〔23〕 贿也:指象因为象牙是珍贵的财物而导致杀身。

〔24〕 说(yuè月):通"悦",高兴。

晏子不死君难[1] 襄公二十五年 左传

崔武子见棠姜而美之[2],遂取之[3]。庄公通焉[4]。崔子弑之[5]。

晏子立于崔氏之门外,其人曰[6]:"死乎?"曰:"独吾君也乎哉,吾死也[7]?"曰:"行乎?"曰:"吾罪也乎哉,吾亡也[8]?"曰:"归乎?"曰:"君死安归?君民者,岂以陵民[9]?社稷是主[10];臣君者,岂为其口实[11]?社稷是养[12]。故君为社稷死则死之;为社稷亡则亡之;若为己死,而为己亡,非其私暱[13],谁敢任之?且人有君而弑之[14],吾焉得死之?而焉得亡之?将庸何归[15]?"

门启而入,枕尸股而哭[16]。兴[17],三踊而出[18]。人谓崔子:"必杀之。"崔子曰:"民之望也[19],舍之得民[20]。"

【注释】

〔1〕 齐庄公因为淫乱被杀,晏子赶去凭吊。晏子既不为庄公殉难,也不为他逃亡,在他看来,无论国君还是臣子,都应以国家利益为重。晏子在这里把忠提高到了国家、人民的高度,与儒家"民为贵,社稷次之,君为轻"(《孟子》)的民本思想暗合。晏子,即晏婴,字平仲,齐国大夫。历仕灵公、庄公、景公三世,公元前556年任齐卿,相当于后来的宰相。

〔2〕 崔武子:即崔杼(zhù注),齐执政大夫。棠姜:齐国棠公的妻子。棠公是齐国棠邑大夫,棠公死后,棠姜为崔杼所娶。

〔3〕 取:同"娶",娶妻。

〔4〕 庄公:齐庄公,名光,公元前554年至前548年。通:私通。

〔5〕 弑(shì士):古时子杀父,臣杀君为弑。

〔6〕 其人:指晏子的随从。

〔7〕 死:为国君殉难。

〔8〕 罪:有罪。亡:与上文"行"同义,指逃亡国外。

〔9〕 陵:凌驾于……之上。

〔10〕 社稷是主：即"主社稷"，主持国家政务。
〔11〕 口实：口中食物，即俸禄。
〔12〕 社稷是养：即"养社稷"，供养国家。养，供养，保养。
〔13〕 私暱：个人宠爱的人。暱，亲近。
〔14〕 人有君：指庄公之立，由于崔杼，崔杼得到庄公的宠信，所以说"人有君"。人，指崔杼。
〔15〕 庸何：何，哪里。庸，代词，表疑问，相当于"何"。
〔16〕 启：打开。股：大腿。
〔17〕 兴：起立。
〔18〕 踊：跳。这里指因哀痛而跳了三次。
〔19〕 望：仰望，拥戴。
〔20〕 舍：释放。

季札观周乐[1] 襄公二十九年　左传

吴公子札来聘[2]，请观于周乐。使工为之歌《周南》、《召南》[3]，曰："美哉！始基之矣[4]，犹未也。然勤而不怨矣[5]！"为之歌《邶》、《鄘》、《卫》[6]，曰："美哉，渊乎！忧而不困者也。吾闻卫康叔、武公之德如是[7]，是其卫风乎？"为之歌《王》曰[8]："美哉！思而不惧[9]，其周之东乎！"为之歌《郑》[10]，曰："美哉！其细已甚[11]，民弗堪也。是其先亡乎！"为之歌《齐》[12]，曰："美哉，泱泱乎[13]，大风也哉[14]！表东海者[15]，其大公乎[16]？国未可量也。"为之歌《豳》[17]，曰："美哉，荡乎[18]！乐而不淫[19]，其周公之东乎[20]？"为之歌《秦》[21]，曰："此之谓夏声[22]！夫能夏则大[23]，大之至也，其周之旧乎[24]！"为之歌《魏》[25]，曰："美哉，渢渢乎[26]！大而婉，险而易行[27]。以德辅此，则明主也！"为之歌《唐》[28]，曰："思深哉，其有陶唐氏之遗民乎[29]！不然，何忧之远也？非令德之后[30]，谁能若是？"为之歌《陈》[31]，曰："国无主，其能久乎！"自《郐》以下[32]，无讥焉[33]。

为之歌《小雅》[34]，曰："美哉！思而不贰，怨而不言，其周德之衰乎！犹有先王之遗民焉[35]。"为之歌《大雅》[36]，曰："广哉，熙熙乎[37]！曲而有直体[38]，其文王之德乎！"

为之歌《颂》[39]，曰："至矣哉！直而不倨[40]，曲而不屈[41]，迩而不逼[42]，远而不携[43]，迁而不淫[44]，复而不厌[45]，哀而不愁，乐而不荒[46]，用而不匮[47]，广而不宣[48]，施而不费[49]，取而不贪，处而不底[50]，行而不流[51]；五声和[52]，八风平[53]，节有度[54]，守有序[55]。盛德之所同也。"

见舞《象箾》、《南籥》者[56]，曰："美哉！犹有憾[57]。"见舞《大武》者[58]，曰："美哉，周之盛也，其若此乎！"见舞《韶濩》者[59]，曰："圣人之弘也[60]，而犹有惭德[61]，圣人之难也！"见舞《大夏》者[62]，曰："美哉！勤而不德[63]，非禹其谁能修之[64]！"见舞《韶箾》者[65]，曰："德至矣哉！大矣，如天之无不帱也[66]，如地之无不载也。虽甚盛德，其蔑以加于此矣[67]。观止矣！若有他乐，吾不敢请已。"

【注释】

〔1〕 本文记述了吴国公子季札到鲁国观赏乐舞并加以评论的过程，从中可以看出春秋时的乐教传统，即一个时期的音乐和这个国家的风俗民情、治乱盛衰紧密相联。公子札，即季札，吴王寿梦的小儿子。周乐，周朝王室的乐舞。周成王曾赐给鲁国以天子之乐，所以季札要求欣赏周王室乐舞。

〔2〕 聘：访问，指外交出使。

〔3〕 工：乐工。《周南》、《召（shào 哨）南》：见于《诗经》，是采自周、召的乐歌。周、召是周公、召公的封地，在现在长江、汉水一带。

〔4〕 始基之矣：开始为周王奠定教化的基础。

〔5〕 勤：勤劳。怨：怨恨。

〔6〕《邶（bèi 被）》、《鄘》、《卫》：指《诗经》中的《邶风》、《鄘风》、《卫风》，是采自邶、鄘、卫的乐歌。邶，殷纣王之子武庚的封地，在今河南汤阴东南。鄘，周武王弟管叔的封地，在今河南汲县东北。卫，周武王弟康叔的封地，在今河南淇县一带。

〔7〕 卫康叔：为卫国始封之君，周公之弟。武公：卫康叔九世孙，是卫国的贤君。康叔遭管、蔡之乱，武公遭幽王褒姒之难，因此他们都有担忧，但却不

为之困顿。

〔8〕《王》:即《王风》,采自东周都城洛邑的乐歌。王,西周的东都,周平王东迁后定都于此,在今河南洛阳。

〔9〕思而不惧:是指周王室东迁以后,人民有所忧思,但并不恐惧。思,忧思。惧,恐惧。

〔10〕《郑》:指《诗经》中的《郑风》,采自郑国的乐歌,郑国在今河南新郑、郑州、荥阳一带。

〔11〕细:琐碎。这里用音乐象征政令繁琐细碎。

〔12〕《齐》:指《诗经》中的《齐风》,采自齐国的乐歌,齐国在今山东东北部和中部。

〔13〕泱泱:深广宏大的样子。

〔14〕大风:大国的音乐。

〔15〕表东海:为东海诸侯国作表率。表,表率。

〔16〕大(tài 太)公:即姜太公吕尚,齐国始封君主。

〔17〕《豳(bīn 宾)》:指《诗经》中的《豳风》,采自豳地的乐歌。豳,西周公刘时的旧都,在今陕西旬邑、彬县东北。

〔18〕荡:广大,渺茫。

〔19〕淫:过度。

〔20〕周公之东:指周公遭管、蔡之变,东征三年。

〔21〕《秦》:指《诗经》中的《秦风》,采自秦国的乐歌。秦人开始住在今陕西、甘肃一带,后迁至西周故地岐山一带。

〔22〕夏声:雅声,正声。秦地本西周故地,所以称秦风为雅声。

〔23〕能夏则大:夏声宏大。夏,也是大的意思。

〔24〕其周之旧:秦尽有周的旧地。

〔25〕《魏》:指《诗经》中的《魏风》,采自魏国的乐歌。

〔26〕渢(fán 凡)渢:形容乐声婉转悠扬。

〔27〕险而易行:指乐曲节奏迫促,但音声流畅。险,迫促,狭隘。

〔28〕《唐》:指《诗经》中的《唐风》,采自唐地的乐歌,唐在今山西南部。

〔29〕陶唐:指帝尧。尧初居于陶,后封于唐,故称陶唐。

〔30〕令德之后:美德者的后代,指陶唐氏的后代。令,善,美好。

〔31〕《陈》:指《诗经》中的《陈风》,采自陈国的乐歌,陈国在今河南东南及安徽北部。

〔32〕《邶(kuài 快)》:指《诗经》中的《邶风》,采自邶地的乐歌。邶,又作"桧",在今河南郑州南。《诗经》在《邶风》以下还有《曹风》。

〔33〕讥:评论。

〔34〕《小雅》:指《诗经》中的《小雅》,产生于京畿地区的诗歌,主要是贵族的作品,也有一些民间歌谣,多创作于西周晚期。

〔35〕先王:指周代文、武、成、康等王。

〔36〕《大雅》:指《诗经》中的《大雅》,产生于京畿地区的诗歌,西周时贵族的作品。

〔37〕熙熙:和美融洽的样子。

〔38〕曲而有直体:曲调婉转但刚劲有力。

〔39〕《颂》:指《诗经》中的《周颂》、《鲁颂》和《商颂》,祭祀时演奏的乐歌。

〔40〕直而不倨:刚劲而不放肆。倨,傲慢,放肆。

〔41〕曲而不屈:委婉而不卑下。屈,卑下。

〔42〕迩而不逼:紧密而不局促。逼,狭窄,局促。

〔43〕远而不携:悠远而不散漫。携,离开。

〔44〕迁而不淫:变化而不过分。

〔45〕复而不厌:反复而不令人厌倦。

〔46〕乐而不荒:欢乐而不荒淫。荒,沉溺,迷乱。

〔47〕用而不匮:实用而不单调。匮,缺少,缺乏。

〔48〕广而不宣:宽广而不张扬。宣,显露,显扬。

〔49〕施而不费:施与而不费损。费,减少。

〔50〕处而不底:静止而不停滞。处,不动。底,停滞。

〔51〕行而不流:行进而不流荡。流,流荡泛滥。

〔52〕五声:也称五音,指宫、商、角、徵(zhǐ 止)、羽五个音阶。和:和谐。

〔53〕八风:也称八音,指金、石、土、革、丝、木、匏(páo 袍)、竹八类乐器。平,协调。

〔54〕节有度:节奏有一定的规律。节,节奏。

〔55〕守有序:乐器更相鸣奏,次序井然。守,守候。

〔56〕《象箾(shuò 硕)》:舞名,执竿而舞,是一种显示勇武的舞蹈。箾,古代舞者所执之竿。《南籥(yuè 月)》:舞名,执籥而舞,是一种显示文明的舞蹈。籥,乐器名。

〔57〕憾:遗憾,缺憾。
〔58〕《大武》:歌颂周武王的乐舞。
〔59〕《韶濩(hù户)》:歌颂商汤的乐舞。
〔60〕弘:伟大。
〔61〕惭德:缺点。
〔62〕《大夏》:歌颂夏禹的乐舞。
〔63〕不德:不自以为功德。
〔64〕修:作。
〔65〕《韶箾(xiāo箫)》:又作"箫韶",歌颂虞舜的乐舞。
〔66〕帱(dào到):覆盖。
〔67〕蔑:无,没有。

子产坏晋馆垣[1] 襄公三十一年 左传

子产相郑伯如晋[2],晋侯以我丧故[3],未之见也。子产使尽坏其馆之垣[4],而纳车马焉。士文伯让之曰[5]:"敝邑以政刑不修[6],寇盗充斥,无若诸侯之属辱在寡君者何[7]。是以令吏人完客所馆[8],高其闬闳[9],厚其墙垣,以无忧客使。今吾子坏之,虽从者能戒[10],其若异客何[11]?以敝邑之为盟主,繕完葺墙[12],以待宾客。若皆毁之,其何以共命[13]?寡君使匄请命[14]。"对曰:"以敝邑褊小[15],介于大国,诛求无时[16],是以不敢宁居,悉索敝赋[17],以来会时事[18]。逢执事之不闲,而未得见,又不获闻命,未知见时。不敢输币[19],亦不敢暴露[20]。其输之,则君之府实也[21],非荐陈之[22],不敢输也;其暴露之,则恐燥湿之不时而朽蠹[23],以重敝邑之罪。侨闻文公之为盟主也[24],宫室卑庳[25],无观台榭[26],以崇大诸侯之馆。馆如公寝[27],库厩缮修[28],司空以时平易道路[29],圬人以时塓馆宫室[30]。诸侯宾至,甸设庭燎[31],仆人巡宫,车马有所,宾从有代[32],巾车脂辖[33],隶人牧圉[34],各瞻其事,百官之属,各展其物。公不留宾[35],而亦无废事,忧乐同之,事则巡之,教其不知,而恤其不足。宾至如归,无宁灾患?不畏寇盗,而亦不患燥湿。今铜鞮之宫数里[36]，而诸侯舍于隶人。门不容车，而不可逾越。盗贼公行，而夭厉不戒[37]。宾见无时，命不可知。若又勿坏，是无所藏币，以重罪也。敢请执事，将何所命之？虽君之有鲁丧，亦敝邑之忧也[38]。若获荐币[39]，修垣而行，君之惠也，敢惮勤劳？"

文伯复命。赵文子曰[40]："信[41]。我实不德，而以隶人之垣以赢诸侯[42]，是吾罪也。"使士文伯谢不敏焉。

晋侯见郑伯，有加礼，厚其宴好而归之。乃筑诸侯之馆。

叔向曰[43]："辞之不可以已也如是夫[44]！子产有辞，诸侯赖之，若之何其释辞也[45]！《诗》曰[46]：'辞之辑矣[47]，民之协矣；辞之怿矣[48]，民之莫矣[49]。'其知之矣。"

【注释】

〔1〕 鲁襄公三十一年（前542），子产辅佐郑简公到晋国朝聘，受到怠慢。子产凭自己的机敏和辩才为郑国争得了尊严，出色地完成了外交使命。本文在记述了这一过程之后，借叔向的议论，充分肯定了辞令在外交中的重要作用。

〔2〕 相：辅佐。郑伯：指郑简公，公元前565年至前529年在位。如：往。

〔3〕 晋侯：指晋平公。以：因。我丧：指鲁襄公之丧，这里所用是鲁国史官的口气。

〔4〕 馆：接待外宾的馆舍。

〔5〕 士文伯：即晋国大夫士匄（gài丐），字伯瑕，与前《驹支不屈于晋》中的范宣子非同一人。让：责备。

〔6〕 敝邑：对自己国家的谦称。

〔7〕 "无若"句：没办法保证屈尊来访的诸侯的安全。无若，无如，无奈。与"何"连用，表示无法对付或处置。属（shǔ鼠），类别。在，存问，问候。

〔8〕 完：修缮。

〔9〕 闬闳（hàn hóng汉红）：里巷的门，这里指馆舍的大门。

〔10〕 从者：指跟随郑简公来的随从。戒：防备，戒备。

〔11〕 异客：他国的宾客。

〔12〕 缮完：修治，一说"完"与下文"墙"对举，当为"院"字，指院墙。葺

（qì气）：用草盖墙。

〔13〕 共（gōng工）命：供应满足宾客的需求。共，通"供"。

〔14〕 请命：请问理由。

〔15〕 褊（biǎn贬）小：狭小。

〔16〕 诛求：责求。指责成郑国贡献礼物。无时：没有定时。

〔17〕 赋：指财物。

〔18〕 会时事：按时朝会纳贡。时事，指春秋时按一定时间聘问朝贡的制度。

〔19〕 输币：送缴礼物贡品。币，财帛之类。

〔20〕 暴露：露天存放。

〔21〕 府实：府库中的物品。

〔22〕 荐陈：呈献并当庭陈列。古时宾主相见，当庭陈列礼品。

〔23〕 蠹（dù杜）：蛀蚀。

〔24〕 侨：子产自称。文公：指晋文公。

〔25〕 庳（bì必）：房屋矮小。

〔26〕 观（guàn贯）：宫门两旁的高大建筑。台榭：平坦的高台为台，建在高台上的木屋为榭。

〔27〕 公寝：国君住的宫室。

〔28〕 厩（jiù旧）：马棚。

〔29〕 司空：负责土木的官员。平易：平整。

〔30〕 圬（wū巫）人：泥瓦匠人。墁（mì觅）：粉刷墙壁。

〔31〕 甸：甸人，掌管薪火。庭燎：庭中照明的火炬。

〔32〕 宾从有代：指有人来代替宾客的随从。

〔33〕 巾车：掌管车辆的官员。脂辖：给车轴加油。脂，动词，涂油。辖，车轴两端的键，这里指车轴。

〔34〕 隶人：古代从事洒扫一类劳役的人。牧：放牧牛羊的人。圉（yǔ雨）：养马的人。

〔35〕 不留宾：不使宾客滞留。

〔36〕 铜鞮（dī堤）之宫：晋国国君的别宫，在今山西沁县南。

〔37〕 夭厉：流行疫疾。"夭"应为"天"，厉，意为病疫。不戒：无法防备。

〔38〕 敝邑之忧：晋国、郑国都与鲁国同姓，所以鲁襄公之丧是晋国的悲伤，也是郑国的悲伤。

[39] 荐币:进献礼品。
[40] 赵文子:晋国大夫赵武。
[41] 信:确实,的确。
[42] 垣:这里指房舍。赢:受,这里指接待、容纳。
[43] 叔向:即羊舌肸(xī 溪),晋大夫。
[44] 辞:辞令。已:废弃。
[45] 释辞:放弃辞令。释,弃。
[46] 《诗》:指《诗经》,诗句出自《诗经·大雅·板》。
[47] 辑:和顺。
[48] 怿:喜悦。
[49] 莫:安定。

子产论尹何为邑[1] 襄公三十一年 左传

子皮欲使尹何为邑[2]。子产曰:"少[3],未知可否。"子皮曰:"愿[4],吾爱之,不吾叛也。使夫往而学焉[5],夫亦愈知治矣。"子产曰:"不可。人之爱人,求利之也[6]。今吾子爱人则以政[7],犹未能操刀而使割也,其伤实多[8]。子之爱人[9],伤之而已,其谁敢求爱于子?子于郑国,栋也。栋折榱崩[10],侨将厌焉[11],敢不尽言!子有美锦,不使人学制焉[12]。大官大邑,身之所庇也[13],而使学者制焉。其为美锦,不亦多乎[14]?侨闻学而后入政,未闻以政学者也。若果行此,必有所害。譬如田猎,射御贯则能获禽[15]。若未尝登车射御,则败绩厌覆是惧[16],何暇思获?"子皮曰:"善哉!虎不敏[17]。吾闻君子务知大者、远者,小人务知小者、近者。我,小人也。衣服附在吾身,我知而慎之。大官、大邑,所以庇身也,我远而慢之[18]。微子之言[19],吾不知也。他日我曰[20]:'子为郑国,我为吾家以庇焉[21],其可也。'今而后知不足。自今请虽吾家,听子而行。"子产曰:"人心之不同,如其面焉。吾岂敢谓子面如吾面乎?抑心所谓危[22],亦以告也。"子皮以为忠[23],故委政焉。子产是以能为郑国。

【注释】

〔1〕 郑国上卿子皮想派年轻而忠厚的尹何做自己封邑的长官,子产不同意,认为应该先让尹何学习,然后再来治理政事。子产采取了各种比喻,反复说明不经过学习就去从政的危险,终于使子皮心服。尹何,子皮的家臣。为,治理。邑,封邑,采邑。

〔2〕 子皮:郑卿公孙舍之子,名罕虎,字子皮,郑国上卿。

〔3〕 少:年轻。

〔4〕 愿:老实谨慎。

〔5〕 夫:人称代词,他,指尹何。下句的"夫"同。

〔6〕 利之:使之有利。

〔7〕 以政:授之政事。

〔8〕 伤:自伤。

〔9〕 子:指子皮。

〔10〕 榱(cuī 崔):屋椽。

〔11〕 侨:子产名。厌(yā 压):通"压"。下文"厌覆"的"厌"同。

〔12〕 制:裁剪。

〔13〕 庇(bì 必):寄托,依托。

〔14〕 "其为"二句:它们比起美锦来不是更贵重吗?它们指大官、大邑。

〔15〕 射御贯:熟悉射箭、驾车。贯,通"惯",熟习。

〔16〕 败绩:事情失利,这里指车子颠覆。厌(yā 压)覆:指乘车的人被倾覆碾压。

〔17〕 虎:子皮名。敏:聪慧。

〔18〕 远:疏远,疏忽。慢:轻视。

〔19〕 微:无,非。

〔20〕 他日:往日,从前。

〔21〕 家:古代大夫的封地。

〔22〕 抑:不过,然而。表示转折的连词。心所谓危:心里认为危险。

〔23〕 "子皮"句:子皮认为子产忠诚。

子产却楚逆女以兵[1] 昭公元年　左传

楚公子围聘于郑[2],且娶于公孙段氏[3]。伍举为介[4]。将入馆,郑人恶之。使行人子羽与之言[5],乃馆于外[6]。

既聘,将以众逆[7]。子产患之,使子羽辞曰:"以敝邑褊小[8],不足以容从者[9],请墠听命[10]!"

令尹使太宰伯州犁对曰[11]:"君辱贶寡大夫围[12],谓围:'将使丰氏抚有而室[13]。'围布几筵[14],告于庄、共之庙而来[15]。若野赐之[16],是委君贶于草莽也[17]!是寡大夫不得列于诸卿也[18]!不宁唯是[19],又使围蒙其先君[20],将不得为寡君老[21],其蔑以复矣[22]。唯大夫图之[23]!"

子羽曰:"小国无罪,恃实其罪[24]。将恃大国之安靖己[25],而无乃包藏祸心以图之。小国失恃而惩诸侯[26],使莫不憾者[27],距违君命[28],而有所壅塞不行是惧[29]!不然,敝邑,馆人之属也[30],其敢爱丰氏之祧[31]?"

伍举知其有备也,请垂櫜而入[32]。许之。

【注释】

〔1〕 本文记述了楚国企图以聘问迎娶为借口,率兵众袭击郑国,被郑国子产识破并揭穿了楚国的阴谋,使郑国转危为安的故事。却,退。逆,迎。

〔2〕 公子围:楚共王次子,名围。楚王郏(jiá 颊)敖时为令尹,主兵事,后弑郏敖即王位,是为楚灵王,公元前540年至前529年在位。聘:访问。

〔3〕 公孙段:字子石,又字伯石,郑大夫。食邑于丰,又称丰氏。

〔4〕 伍举:楚大夫,伍子胥的祖父。因封于椒,又称椒举。介:副使。

〔5〕 行人:掌管朝觐聘问的官员,类似于后世的外交官。子羽:公孙挥,字子羽,郑国有名的外交官。

〔6〕 馆于外:住在城外。

〔7〕 众:军队。

〔8〕 褊(biǎn 扁)小:狭小。

〔9〕 从者:随从,这里指公子围带领的军队。

〔10〕 墠(shàn 善):清扫地面以供祭祀之用。

〔11〕 令尹:指公子围。太宰:官名,掌管王家内外事务、辅佐国君治理国家。伯州犁:楚国宗子,楚康王时任太宰。

〔12〕 贶(kuàng 况):赠送,赐予。

〔13〕 丰氏：即公孙段氏。抚有而室：指将丰氏嫁给公子围。抚，占有。而，通"尔"，你，指公子围。室，妻子。

〔14〕 布几筵：布置筵席。

〔15〕 庄、共：楚庄王、楚共王，分别是公子围的祖父和父亲。

〔16〕 野：郊野。

〔17〕 委君贶于草莽：把贵君的赏赐丢弃在草莽之间。委，丢弃。

〔18〕 寡大夫：指公子围。

〔19〕 不宁唯是：不仅如此。

〔20〕 蒙：蒙骗。先君：指楚庄王、楚共王。

〔21〕 老：大臣，古时对某些臣僚的尊称。

〔22〕 蔑：无。复：复命。

〔23〕 唯：副词，表希望、祈使。图：思虑。

〔24〕 恃（shì 是）：指倚仗大国而自己无防备。

〔25〕 安靖：安定。

〔26〕 惩：鉴戒，警戒。这里是使动用法。

〔27〕 憾：怨恨。

〔28〕 距：同"拒"，抗拒。

〔29〕 壅塞：阻塞不通。是惧：这是我们担心的。惧，这里指担心。

〔30〕 馆人之属：意思是郑国就像楚国的宾馆。

〔31〕 爱：吝惜，舍不得。祧（tiāo 挑）：祖庙。

〔32〕 垂：倒悬。櫜（gāo 高）：装盔甲、弓箭的袋子。垂櫜，表示里面没有兵器。

子革对灵王[1] 昭公十二年　左传

楚子狩于州来[2]，次于颍尾[3]，使荡侯、潘子、司马督、嚣尹午、陵尹喜帅师围徐以惧吴[4]。楚子次于乾谿[5]，以为之援。雨雪[6]，王皮冠，秦复陶[7]，翠被[8]，豹舄[9]，执鞭以出，仆析父从[10]。

右尹子革夕[11]，王见之。去冠被，舍鞭，与之语曰："昔我先王熊绎[12]，与吕伋、王孙牟、燮父、禽父[13]，并事康王[14]，四国皆有分[15],我独无有。今吾使人于周,求鼎以为分,王其与我乎?"对曰:"与君王哉!昔我先王熊绎,辟在荆山[16],筚路蓝缕[17],以处草莽,跋涉山林,以事天子,唯是桃弧棘矢[18],以共御王事[19]。齐,王舅也[20];晋及鲁、卫,王母弟也[21]。楚是以无分,而彼皆有。今周与四国,服事君王,将唯命是从,岂其爱鼎!"王曰:"昔我皇祖伯父昆吾[22],旧许是宅[23],今郑人贪赖其田,而不我与。我若求之,其与我乎?"对曰:"与君王哉!周不爱鼎,郑敢爱田?"王曰:"昔诸侯远我而畏晋,今我大城陈、蔡、不羹[24],赋皆千乘[25],子与有劳焉,诸侯其畏我乎?"对曰:"畏君王哉!是四国者[26],专足畏也,又加之以楚,敢不畏君王哉?"

工尹路请曰[27]:"君王命剥圭以为鏚柲[28],敢请命。"王入视之。

析父谓子革:"吾子,楚国之望也!今与王言如响[29],国其若之何?"子革曰:"摩厉以须[30],王出,吾刃将斩矣。"

王出,复语。左史倚相趋过[31]。王曰:"是良史也,子善视之。是能读《三坟》、《五典》、《八索》、《九丘》[32]。"对曰:"臣尝问焉,昔穆王欲肆其心[33],周行天下,将皆必有车辙马迹焉。祭公谋父作《祈招》之诗[34],以止王心,王是以获没于祗宫[35]。臣问其诗而不知也。若问远焉,其焉能知之?"王曰:"子能乎?"对曰:"能。其诗曰:'祈招之愔愔[36],式昭德音[37]。思我王度[38],式如玉,式如金。形民之力[39],而无醉饱之心。'"

王揖而入。馈不食[40],寝不寐,数日。不能自克,以及于难[41]。仲尼曰[42]:"古也有志[43]:'克己复礼,仁也。'信善哉!楚灵王若能如是,岂其辱于乾豁?"

【注释】

〔1〕 楚灵王即位后,先后灭了陈、蔡两国,修筑了东西不羹两座大城以威慑中原,又借出游打猎为名,包围了吴国的附属国徐国,这时子革对灵王进行了讽谏。全文对话个性鲜明,人物形象生动。子革,名丹,郑大夫子然之子,由郑奔楚。灵王,楚灵王,楚共王次子,名围,公元前540年至前529年在位。

〔2〕 楚子:即楚灵王。狩:冬猎。州来:小国名,春秋时属楚,在今安徽凤台北。

〔3〕 次:驻扎。颍(yǐng影)尾:颍水入淮河处,在今安徽颍上县东南。

〔4〕 荡侯、潘子、司马督、嚣尹午、陵尹喜:五人皆为楚大夫。徐:小国名,在吴、楚之间,今江苏泗洪东南。

〔5〕 乾谿:地名,在今安徽亳(bó伯)州东南。

〔6〕 雨(yù玉)雪:下雪。雨是动词。

〔7〕 秦复陶:秦国所赠羽衣,可以防雨雪。

〔8〕 翠被(pī披):用翠羽装饰的披肩。被,即"帔",披肩。

〔9〕 豹舄(xì细):用豹皮做的木底鞋。

〔10〕 仆析父(fǔ甫):楚大夫。

〔11〕 右尹:职官名。夕:傍晚进见。

〔12〕 熊绎:楚国始封君。

〔13〕 吕伋(jí及):齐太公吕尚之子。王孙牟:卫国始封君康叔之子。燮父:晋国始封君唐叔的儿子。禽父:即伯禽,周公之子,始封于鲁。

〔14〕 康王:即周康王,周成王之子。

〔15〕 四国:指齐、卫、晋、鲁。分:分器。古代天子把宗庙的宝器分赐给诸侯,世代保存,称为分器。

〔16〕 辟:同"僻",偏僻。荆山:楚人的发祥地,今湖北南漳县西。

〔17〕 筚路蓝缕:驾着简陋的车,穿着破烂的衣服去开辟山林。形容创业的艰苦。筚路,柴车。蓝缕,破烂的衣服。

〔18〕 桃弧棘矢:桃木做的弓,棘木(酸枣木)做的箭。

〔19〕 共御:供奉。共,通"供"。

〔20〕 王舅:因为周成王的母亲是齐太公的女儿,所以说齐君是周王的舅父。

〔21〕 王母弟:晋祖唐叔是周成王的同母弟,卫祖康叔、鲁祖周公都是周武王的同母弟。

〔22〕 昆吾:楚国远祖季连之兄名昆吾,故称皇祖伯父。皇祖,远祖。

〔23〕 旧许:即许国,在今河南许昌。许国后来迁往叶、夷,旧地为郑国所有,故称旧许。昆吾曾在此地居住。

〔24〕 城:修筑城池。陈、蔡:皆小国名。陈在今河南淮阳一带,蔡在今河南上蔡东南一带,后来为楚所灭。不羹(láng郎):楚地名,有东西二城。东不

〔25〕 赋:指战车。

〔26〕 四国:指陈、蔡、和东西不羹。

〔27〕 工尹路:人名。工尹,楚官名,掌百工之官,这里以世官为氏。

〔28〕 剥:破开。圭:古玉器,长方形,上尖下方。铖(qī 期):斧头。柲(bì 必):柄。

〔29〕 响:回声。责备子革随声附和。

〔30〕 摩厉:通"磨砺",在磨刀石上磨刀。须:等待。这里子革把自己的言语比作刀刃,磨快以等待时机。

〔31〕 左史:官名。周代史官有左史、右史之分,一者记言,一者记事。倚相:人名,楚国史官。趋:小步疾走。

〔32〕 《三坟》、《五典》、《八索》、《九丘》:皆上古书名,已失传。

〔33〕 穆王:即周穆王姬满。肆:放纵。

〔34〕 祭(zhài 债)公谋父:周王卿士。祭,畿内之国,谋父所封,在今河南新郑。《祈招》之诗:佚诗。

〔35〕 没(mò 末):同"殁",死。祇宫:周穆王所修宫室,故址在今陕西华县北。这句话意思是周穆王得以在祇宫善终。

〔36〕 愔(yīn 音)愔:安详和平。

〔37〕 式:句首助词。昭:彰明,显扬。

〔38〕 度:气度,仪表。

〔39〕 形:通"型",意思是量度百姓的能力。

〔40〕 馈(kuì 愧):进食。

〔41〕 及于难:前 529 年,即子革对灵王后的第二年,楚国内乱,灵王兵溃逃走,在乾豀自缢而死。

〔42〕 仲尼:孔子,名丘,字仲尼。

〔43〕 志:记载。

子产论政宽猛[1] 昭公二十年 左传

郑子产有疾,谓子大叔曰[2]:"我死,子必为政。唯有德者能以宽服民,其次莫如猛。夫火烈,民望而畏之,故鲜死焉[3]。水懦弱,民狎而玩之[4],则多死焉,故宽难。"疾数月而卒。大叔为政,不忍猛而宽。郑国多盗,取人于萑苻之泽[5]。大叔悔之,曰:"吾早从夫子[6],不及此。"兴徒兵以攻萑苻之盗[7],尽杀之。盗少止[8]。

仲尼曰:"善哉!政宽则民慢[9],慢则纠之以猛;猛则民残,残则施之以宽。宽以济猛[10],猛以济宽,政是以和。《诗》曰[11]:'民亦劳止,汔可小康[12]。惠此中国,以绥四方[13]。'施之以宽也。'毋从诡随,以谨无良[14]。式遏寇虐,惨不畏明[15]。'纠之以猛也。'柔远能迩[16],以定我王。'平之以和也。又曰:'不竞不絿[17],不刚不柔,布政优优[18],百禄是遒[19]。'和之至也。"及子产卒,仲尼闻之,出涕曰:"古之遗爱也[20]。"

【注释】

〔1〕 宽猛:指宽政和猛政,治理国家中政令的宽和猛各有利弊。全文以子产的话为引子,旨在说明宽猛相济的观点。

〔2〕 子大(tài 太)叔:名游吉。郑简公、郑定公时为卿,后继子产执政。

〔3〕 鲜(xiǎn 显):少。

〔4〕 狎(xiá 狭):轻忽。玩:忽视,轻慢。

〔5〕 取:同"聚"。萑(huán 环)苻之泽:芦苇丛生的水泽。

〔6〕 夫子:敬称,指子产。

〔7〕 兴:发。徒兵:步兵。

〔8〕 少:稍。

〔9〕 慢:怠慢。

〔10〕 济:调济,补救。

〔11〕 《诗》:即《诗经》,所引诗句见《诗经·大雅·民劳》篇。

〔12〕 "民亦"二句:意思是百姓已经辛劳,可以让他们稍享康乐。汔(qì 气),副词,表示将近。

〔13〕 "惠此"二句:这两句诗的意思是赐恩于中原各国,便能使四方安定。绥(suí 随),安定。

〔14〕 "毋从"二句:这两句诗的意思是不要放纵欺诈善变之人,以约束不良之徒。从(zòng 纵),通"纵",放纵。诡随,欺诈为诡,善变为随,这里指欺诈善变之人。谨,约束。

〔15〕 "式遏"二句：这两句意思是要制止侵略残暴者，他们从来不曾畏惧法度。式，句首助词。遏，制止。憯，助词，曾。明，明文规定的法律。

〔16〕 柔：安抚。能：亲善。迩：近。

〔17〕 不竞不絿（qiú 求）：诗句见《诗经·商颂·长发》篇。竞，争。絿，急。

〔18〕 优优：平和的样子。

〔19〕 遒（qiú 求）：积聚。以上四句诗的意思是不急不缓，不刚不柔，施政雍容宽厚，百种福禄聚积。

〔20〕 遗爱：仁爱的遗风。

吴许越成[1] 哀公元年　左传

吴王夫差败越于夫椒[2]，报槜李也[3]，遂入越。越子以甲楯五千保于会稽[4]，使大夫种因吴太宰嚭以行成[5]。吴子将许之[6]。伍员曰[7]："不可。臣闻之：'树德莫如滋[8]，去疾莫如尽。'昔有过浇[9]，杀斟灌以伐斟鄩[10]，灭夏后相[11]。后缗方娠[12]，逃出自窦[13]，归于有仍[14]，生少康焉，为仍牧正[15]。惎浇能戒之[16]。浇使椒求之[17]，逃奔有虞[18]，为之庖正[19]，以除其害[20]。虞思于是妻之以二姚[21]，而邑诸纶[22]，有田一成[23]，有众一旅[24]，能布其德而兆其谋[25]，以收夏众，抚其官职[26]。使女艾谍浇[27]，使季杼诱豷[28]，遂灭过、戈[29]，复禹之绩[30]。祀夏配天[31]，不失旧物[32]。今吴不如过，而越大于少康，或将丰之，不亦难乎[33]？句践能亲而务施[34]，施不失人，亲不弃劳[35]，与我同壤，而世为仇雠[36]。于是乎克而弗取，将又存之，违天而长寇雠[37]。后虽悔之，不可食已[38]。姬之衰也[39]，日可俟也[40]。介在蛮夷，而长寇雠，以是求伯[41]，必不行矣。"弗听。退而告人曰："越十年生聚[42]，而十年教训[43]，二十年之外，吴其为沼乎[44]！"

【注释】

〔1〕 本文主要记载勾践战败后向吴请和，吴国大夫伍员劝阻吴王的谏

辞。成，和解。

〔2〕 夫差：春秋末年吴国国君，吴王阖闾的儿子，公元前495年至前473年在位，越王勾践灭吴后自杀。夫椒：山名，在今江苏吴县西南太湖中。

〔3〕 报：报复。槜(zuì 最)李：吴、越边界地名，今浙江嘉兴西南。鲁定公十四年(前496)，越国在此大败吴军，吴王阖闾伤足而死。

〔4〕 越子：越王勾践，春秋末年越国国君，公元前496年至前465年在位。甲楯：甲衣和盾牌。这里指披甲执盾的兵士。楯，同"盾"。会(kuài 快)稽：山名，在今浙江绍兴市南。

〔5〕 种：即文种，字子禽，一字少禽，越国大夫。因：通过。太宰：官名，掌管王家内外事务、辅佐国君治理国家。嚭(pǐ 匹)：吴国大臣名，善于逢迎，深得吴王夫差宠信。行成：求和。

〔6〕 吴子：指吴王夫差。

〔7〕 伍员：字子胥，吴国大夫。本为楚人，楚大夫伍奢次子，伍奢被杀，逃奔吴国为大夫，辅佐吴王阖闾夺取王位，因功封于申地，故又称申胥。

〔8〕 滋：增长。

〔9〕 过(guō 郭)：夏朝国名，在今山东掖县北。浇(ào 傲)：人名，夏代有穷氏国君寒浞之子，封于过。

〔10〕 斟灌、斟鄩(xún 寻)：都是夏的同姓诸侯国名，斟灌在今山东寿光县东北。斟鄩在今山东潍坊市西南。

〔11〕 后：王。相：夏代君主，夏启之孙。夏王太康被东夷族首领后羿夺去王位后，寒浞杀后羿，取代夏政。相往依斟灌、斟鄩，寒浞命其子浇灭二斟，杀相。

〔12〕 后缗(mín 民)：夏后相的妻子，有仍氏的女儿。娠(shēn 身)：怀孕。

〔13〕 窦：孔穴。

〔14〕 有仍：部落名，在今山东济宁东南。后缗是有仍国的女儿，所以逃归娘家。

〔15〕 牧正：主管畜牧的官员。

〔16〕 惎(jì 记)：忌恨，憎恶。戒：警戒。

〔17〕 椒：浇的臣下。

〔18〕 有虞：原是舜的部落，这里指舜的后代封国，在今河南虞城县北。

〔19〕 庖正：主管膳食的官员。

〔20〕 除：避免。

〔21〕虞思:虞国的国君。二姚:虞思的两个女儿。虞国姚姓。

〔22〕邑:动词,封予采邑。诸:介词,之、于二字的合音。纶:地名,今河南虞城县东南。

〔23〕成:古代土地面积单位,方十里为一成。

〔24〕旅:古代五百步卒为一旅。

〔25〕兆:始。

〔26〕抚:安抚,这里引申为授予。

〔27〕女艾:少康的臣子。谍:刺探敌情。

〔28〕季杼:少康的儿子。豷(yì亦):浇的弟弟,封于戈。

〔29〕过、戈:分别指浇与豷的封国。

〔30〕复禹之绩:恢复了夏禹的功绩。禹,治水有功,继舜位,其子启建立了夏。

〔31〕祀夏配天:祭祀夏代的祖先,以配享天帝。古代帝王祭天时以先祖配祭。

〔32〕旧物:这里指旧的典章制度。

〔33〕难:灾难。

〔34〕句(gōu勾):同"勾"。亲:亲近。施:施恩。

〔35〕劳:有功劳的人。

〔36〕仇雠(chóu仇):仇敌。

〔37〕违天:违背天意。长(zhǎng掌):助长。

〔38〕不可食:吃不消,没有办法。

〔39〕姬:吴为姬姓国之一,这里指吴国。

〔40〕日可俟也:指日可待。俟:等待。

〔41〕伯(bà霸):同"霸",霸主。

〔42〕生聚:繁衍人口,聚集财富。

〔43〕教训:教育人民,训练军队。

〔44〕沼:水池。这里指吴国灭亡以后,宫室废坏,将变成池沼。

卷 三

国 语

《国语》是先秦时期的历史文献汇编,包括《周语》、《鲁语》、《齐语》、《晋语》、《郑语》、《楚语》、《吴语》、《越语》八个部分,其记事起自西周穆王十二年(前990),迄于东周定王十六年(前453)。关于其作者,司马迁认为是鲁国史官左丘明,现代学者多疑之。《国语》汇编了相对独立却又缺乏明晰历史记时的众多故事,主要反映了儒家的崇礼重民、敬畏天命等思想。

祭公谏征犬戎[1] 周语上

穆王将征犬戎[2],祭公谋父谏曰:"不可。先王耀德不观兵[3]。夫兵,戢而时动[4],动则威。观则玩[5],玩而无震。是故周文公之《颂》曰[6]:'载戢干戈,载櫜弓矢[7]。我求懿德,肆于时夏[8],允王保之[9]。'先王之于民也,茂正其德[10],而厚其性,阜其财求[11],而利其器用。明利害之乡[12],以文修之[13],使务利而避害,怀德而畏威。故能保世以滋大。

昔我先世后稷[14],以服事虞、夏。及夏之衰也,弃稷弗务[15]。我先王不窋[16],用失其官[17],而自窜于戎、翟之间[18]。不敢怠业,时序其德[19],纂修其绪[20],修其训典[21],朝夕恪勤[22],守以惇笃[23],奉以忠信,奕世载德[24],不忝前人[25]。至于武王,昭前之光明,而加之以慈和,事神保民,莫不欣喜。商王帝辛[26],大恶于民,庶民弗忍,欣戴武王,以致戎于商牧[27]。是先王非务武也,勤恤民隐而除其害也。

夫先王之制:邦内甸服[28],邦外侯服[29],侯、卫宾服[30],夷蛮要服[31],戎、狄荒服[32]。甸服者祭[33],侯服者祀[34],宾服者享[35],要服者贡[36],荒服者王[37]。日祭,月祀,时享,岁贡,终王,先王之训也。有不祭则修意[38],有不祀则修言,有不享则修文,有不贡则修名[39],有不王则修德;序成而有不至[40],则修刑。于是乎有刑不祭,伐不祀,征不享,让不贡[41],告不王[42]。于是乎有刑罚之辟[43],有攻伐之兵,有征讨之备,有威让之令,有文告之辞。布令陈辞,而又不至,则又增修于德,无勤民于远。是以近无不听,远无不服。

今自大毕、伯仕之终也[44],犬戎氏以其职来王[45],天子曰:'予必以不享征之[46],且观之兵。'其无乃废先王之训,而王几顿乎[47]?吾闻夫犬戎树惇能帅旧德[48],而守终纯固[49],其有以御我矣!"

王不听,遂征之,得四白狼、四白鹿以归。自是荒服者不至。

【注释】

〔1〕 本文主要记载了祭公谋父对周穆王穷兵黩武、远征犬戎的谏辞。祭(zhài债)公,即祭公谋父,周王卿士,字谋父,封于祭(今河南新郑),故称祭公。犬戎,古代西北戎人的一支。

〔2〕 穆王:即周穆王姬满。

〔3〕 耀德:发扬光大德治。观兵:炫耀兵威。

〔4〕 戢(jí集):聚集。下文"载戢干戈"中的"戢",意为收藏。时动:按照一定的季节行动。古时春、夏、秋三时务农,冬时讲武用兵。

〔5〕 玩:轻慢。

〔6〕 周文公:即周公姬旦。《颂》:指《诗经·周颂·时迈》篇,周公所作歌颂周武王巡视诸侯的乐歌。

〔7〕 櫜(gāo高):古时收藏弓箭的袋子。这里用作动词,把弓箭收藏起来。

〔8〕 肆:陈设,陈列。时:此,这。夏:华夏,指中国。

〔9〕 允:句首助词。王:指周武王。

〔10〕 茂:通"懋",劝勉。正:端正。

〔11〕 阜(fù斧):大,增加。财求:物质需求。

〔12〕 乡:通"向"。

〔13〕 文：这里指礼法，与"兵"相对。修：整治教化。

〔14〕 后稷(jì 寄)：王室的农官，掌管农耕。这里指弃，周民族的始祖，曾为虞舜、夏禹时的农官。其子孙世袭后稷的官职。

〔15〕 弃稷弗务：废弃后稷之官，不再务农。

〔16〕 不窋(zhú 竹)：周先王弃之子，与其父相继任后稷之官。

〔17〕 用：因而。

〔18〕 翟：通"狄"，古代北方的少数民族。

〔19〕 序：继续。

〔20〕 纂：通"缵"，继续。绪：事业。

〔21〕 训：教训。典：典章制度。

〔22〕 恪(kè 克)：谨慎。

〔23〕 惇(dūn 吨)笃：敦厚实诚。

〔24〕 奕世：累世，世世代代。载：承受。

〔25〕 忝(tiǎn 舔)：玷污，辱没。

〔26〕 商王帝辛：即商纣王，名辛。

〔27〕 戎：兵戎，指战争。商牧：商朝都城朝歌的郊外牧野，在今河南淇县南。

〔28〕 邦内：王畿之内，即天子直辖的地区。甸服：本指耕种王田而服事天子，这里指天子直辖的区域。甸，王服。服，服事。

〔29〕 侯服：本指警卫王畿而服事天子，这里指天子分封给诸侯的区域。

〔30〕 侯、卫宾服：介于诸侯和边疆之间的区域，因距王都较远，故以宾客之礼相待。卫，卫畿。宾，宾见。

〔31〕 夷蛮：宾服以外的边疆地区。要(yāo 邀)服：按约进见而服事天子。要，要约，订立盟约以服从。

〔32〕 荒服：荒远地区。

〔33〕 祭：天子每日祭祀祖父、父亲。这里指甸服向天子提供日祭所需的祭品。

〔34〕 祀：天子每月朔望日祭祀曾祖。这里指侯服向天子提供月祀所需的祭品。

〔35〕 享：天子每季祭祀远祖。这里指宾服向天子提供时享所需的祭品。

〔36〕 贡：天子每年岁末大祭祖先和天地神。这里指要服向天子提供岁贡所需的祭品。

〔37〕 王:新天子即位时举行的典礼,因为终生只有一次,所以下文称"终王"。荒服只需在新天子即位时进见纳贡一次。

〔38〕 "有不"句:有不按规定供纳日祭的,天子要先检查自己的思想有无不妥之处。

〔39〕 名:名分,尊卑等级。

〔40〕 序成:意指按照上述顺序检查完。

〔41〕 让:责备,谴责。

〔42〕 告:告谕。

〔43〕 辟:法律。

〔44〕 大毕、伯仕:犬戎族的两个首领。终:去世。

〔45〕 王:指履行终王的职分。

〔46〕 以不享征之:用"宾服不享"的罪名来讨伐他。犬戎的职分是终王,以"宾服不享"的罪名讨伐,是妄加罪名。

〔47〕 顿:破坏。

〔48〕 树惇:犬戎首领名。一说树为建立,惇为敦厚。帅:遵循。

〔49〕 守终:坚守终王的职分。纯固:专一。

召公谏厉王止谤[1] 周语上

厉王虐[2],国人谤王[3]。召公告曰:"民不堪命矣[4]!"王怒,得卫巫[5],使监谤者[6],以告,则杀之。国人莫敢言,道路以目[7]。王喜,告召公曰:"吾能弭谤矣[8],乃不敢言。"召公曰:"是障之也[9]。防民之口,甚于防川。川壅而溃[10],伤人必多,民亦如之。是故为川者决之使导[11],为民者宣之使言[12]。故天子听政,使公卿至于列士献诗[13],瞽献曲,史献书[14],师箴,瞍赋[15],蒙诵,百工谏[16],庶人传语,近臣尽规[17],亲戚补察[18],瞽、史教诲[19],耆、艾修之[20],而后王斟酌焉,是以事行而不悖[21]。民之有口也,犹土之有山川也,财用于是乎出[22];犹其有原隰衍沃也[23],衣食于是乎生。口之宣言也,善败于是乎兴[24]。行善而备败[25],所以阜财用、衣食者也[26]。夫民虑之于心而宣之于口,成而行之,胡可壅也？若壅其口，其与能几何[27]？"王弗听，于是国人莫敢出言，三年[28]，乃流王于彘[29]。

【注释】

〔1〕 本文为召公劝谏厉王修政止谤的一番言说之辞，文中召公所提出的"防民之口，甚于防川"至今仍有着其重要的积极意义，是为《国语》中之一篇佳作。

〔2〕 厉王：周厉王，公元前878年即位，在位三十七年，后被流放。

〔3〕 国人：西周、春秋时将居住在国都中的人称为国人，其余散居各地之人称为野人，国人中大多具有议论国政之权利。谤：责备。

〔4〕 堪：忍受。

〔5〕 卫巫：卫国之巫师。

〔6〕 监：监督。《国语》韦昭注："以巫有神灵，有谤必知之。"

〔7〕 道路以目：人们相遇于道路，只能用眼睛相互示意。此言意为国人皆敢怒不敢言。

〔8〕 弭(mǐ 米)谤：消除诽谤之言。

〔9〕 是障之也：这是阻碍堵塞人民的嘴啊。障，原意为堤坝，此处引申为阻碍堵塞。

〔10〕 川壅(yōng 雍)而溃：河流堵塞不通，必定冲毁堤坝。

〔11〕 为川者：治理河流之人。为，治理。决之使导：排除障碍，使河流通畅。决，排除。导，通畅。

〔12〕 "为民者"句：治理百姓之人必要宣导人民，让其畅所欲言。

〔13〕 公卿：三公九卿，周朝之执政大臣。列士：低级贵族。献诗：由公卿列士将民间收集来的歌谣进献给君王，使统治者了解民间疾苦。

〔14〕 瞽(gǔ 古)：盲乐师，古时乐师多由盲人所充当。曲：乐曲。史：史官。书：史籍。

〔15〕 师箴：少师进箴言于王，规劝王之得失过错。师，此处指少师，低于太师之乐官。箴，具有劝诫意义的文辞。瞍(sǒu 叟)：盲人。赋：朗诵。

〔16〕 蒙(méng 萌)：盲人。诵：朗读，即指无特殊音调之普通朗读。百工：指乐工。谏：进谏。

〔17〕 庶人：普通人。传语：传达其进谏之语。普通百姓地位卑微，故只能间接传达其建议。近臣：国君左右侍从之臣。尽：通"进"，进谏之意。规：规

谏,规劝。

〔18〕 亲戚:指国君同宗的大臣。补:弥补国君之过错。察:监察国君之举措。

〔19〕 史:太史,掌礼之官。

〔20〕 耆:六十岁之人名为耆。艾:五十岁之人称为艾。此处耆艾即指国君之师。修:戒斥、警告。

〔21〕 "是以"句:因此国君施政行事不会与情理相违背。悖,违背。

〔22〕 "财用"句:人民的吃穿用度皆从山川土地中产生。

〔23〕 犹:像。其:此处指土地。原:宽广平坦之地。隰(xí 席):低洼潮湿之地。衍:低下平坦之地。沃:水流浇灌之地。

〔24〕 "口之宣言"二句:由于人民有嘴发表言论,国政之好坏才能体现出来。宣言,发言。

〔25〕 "行善"句:推行人民所认为好的,防范人民所认为错误的。备,防备。

〔26〕 阜:增多。此句顺承上句而来,意为只有听取民众之意见,才能丰衣足食。

〔27〕 其与能几何:那么帮助你的人能有多少呢？与,帮助。

〔28〕 三年:过了三年。

〔29〕 流王于彘:将周厉王流放到彘地。彘,今山西霍县境内。

襄王不许请隧[1] 周语中

晋文公既定襄王于郏[2]，王劳之以地[3]，辞，请隧焉。王弗许，曰："昔我先王之有天下也，规方千里[4]，以为甸服[5]，以供上帝山川百神之祀，以备百姓兆民之用[6]，以待不庭不虞之患[7]。其余以均分公侯伯子男[8]，使各有宁宇[9]，以顺及天地，无逢其灾害。先王岂有赖焉[10]？内官不过九御[11]，外官不过九品[12]，足以供给神祇而已[13]，岂敢厌纵其耳目心腹[14]，以乱百度[15]？亦唯是死生之服物采章[16]，以临长百姓而轻重布之[17]，王何异之有？今天降祸灾于周室[18]，余一人仅亦守府[19]，又不佞以勤叔父[20]，而班先王之大物[21],以赏私德[22],其叔父实应且憎,以非余一人[23],余一人岂敢有爱也?先民有言曰:'改玉改行[24]。'叔父若能光裕大德[25],更姓改物[26],以创制天下自显庸也[27],而缩取备物[28],以镇抚百姓,余一人其流辟于裔土[29],何辞之有与[30]?若犹是姬姓也,尚将列为公侯,以复先王之职,大物其未可改也。叔父其茂昭明德[31],物将自至,余何敢以私劳变前之大章[32],以忝天下[33],其若先王与百姓何?何政令之为也?若不然,叔父有地而隧焉,余安能知之?"

文公遂不敢请,受地而还。

【注释】

〔1〕 本文记述了晋文公帮助周襄王复位后,请求周王把天子的葬礼规格赐给他,用于自己死后的丧事办理,而被周襄王婉言回绝的过程。隧,指墓道。这里指一种葬礼,古代天子死后,灵柩从地下挖掘的通道入葬。诸侯不得用此礼。

〔2〕 郏(jiá 夹):洛邑王城,在今河南洛阳西。

〔3〕 劳:慰劳。地:指阳樊、温、原、攒茅四邑,在今河南济源、修武及温县境内。

〔4〕 规:分划。

〔5〕 甸服:本指耕种王田而服事天子,这里指天子直辖的区域。

〔6〕 兆民:万民。兆,数词,古代下数十亿为兆,中数万亿为兆,上数亿亿为兆,通常用以极言众多。

〔7〕 不庭:诸侯不依礼来朝见。不虞:意外的灾难事件。

〔8〕 其余:指甸服以外的地区。公侯伯子男:皆爵位名。公最尊,依次而降。

〔9〕 宁宇:安宁的居处。

〔10〕 赖:利,盈余。这里指特别利益。

〔11〕 内官:王宫中的女官。九御:即九嫔(pín 贫),九种女官,也是天子的妃子。

〔12〕 外官:朝官。九品:即九卿,九种行政官。卿数为九,故概称九品。

〔13〕 祇(qí 其):地神。

〔14〕 厌:满足。纵:放纵,不加拘束。

〔15〕 百度:各种法度。

〔16〕 服物采章:衣服器物的色彩和花纹。

〔17〕 临长(zhǎng掌):统治。轻重:指尊卑、贵贱的等级。

〔18〕 天降祸灾:指叔带之乱。

〔19〕 余一人:古代帝王自称,也称孤、寡人。府:收藏国家文书或财物的地方。这里指先王遗留的法令规章。

〔20〕 不佞:没有才能,谦称。佞,有才智。叔父:天子称同姓诸侯为叔父,这里指晋文公。

〔21〕 班:分给,赏赐。大物:这里指隧,即天子的葬礼。下文的"物",同此。

〔22〕 赏私德:酬谢别人对自己的恩德。

〔23〕 非:责备。

〔24〕 改玉改行:换了佩玉,就要改变步伐。古代贵族佩玉而行,玉声与步行节奏相应,身份不同,所佩玉亦有区别,行走快慢就不同,所以说换佩玉,等于是改变身份。

〔25〕 光裕:光大发扬。裕,扩大。

〔26〕 更姓改物:指改朝换代。更姓,建立新朝。改物,改礼法,易服色。

〔27〕 庸:功劳,功勋。

〔28〕 缩取:引取。备物:天子的全部礼仪器物。

〔29〕 流辟(bì必):流放。辟,受刑罚。裔土:偏远的地区。

〔30〕 "何辞"句:又有什么话可说呢?

〔31〕 茂昭:勉力发扬。茂,通"懋",劝勉。昭,昭明,显扬。

〔32〕 大章:指服物采章的制度。

〔33〕 忝(tiǎn舔):玷污,辱没。

单子知陈必亡[1] 周语中

定王使单襄公聘于宋[2],遂假道于陈[3],以聘于楚[4]。火朝觌矣[5],道茀不可行也[6],候不在疆[7],司空不视涂[8],泽不陂[9],川不梁,野有庾积[10],场功未毕[11],道无列树,垦田若蓺[12],膳宰不置饩[13]，司里不授馆[14]，国无寄寓[15]，县无旅舍[16]，民将筑台于夏氏[17]。及陈，陈灵公与孔宁、仪行父南冠以如夏氏[18]，留宾弗见。

单子归，告王曰："陈侯不有大咎[19]，国必亡。"王曰："何故？"对曰："夫辰角见而雨毕[20]，天根见而水涸[21]，本见而草木节解[22]，驷见而陨霜[23]，火见而清风戒寒。故先王之教曰：'雨毕而除道，水涸而成梁，草木节解而备藏，陨霜而冬裘具，清风至而修城郭宫室。'故《夏令》曰[24]：'九月除道，十月成梁。'其时儆曰[25]：'收而场功[26]，偫而畚挶[27]，营室之中[28]，土功其始。火之初见，期于司里。'此先王所以不用财贿，而广施德于天下者也。今陈国火朝觌矣，而道路若塞，野场若弃，泽不陂障，川无舟梁，是废先王之教也。周制有之曰：'列树以表道[29]，立鄙食以守路[30]，国有郊牧[31]，疆有寓望[32]，薮有圃草[33]，囿有林池，所以御灾也，其余无非谷土，民无悬耜[34]，野无奥草。不夺农时，不蔑民功，有优无匮，有逸无罢[35]，国有班事[36]，县有序民[37]。'今陈国道路不可知，田在草间，功成而不收，民罢于逸乐，是弃先王之法制也。周之《秩官》有之曰[38]：'敌国宾至[39]，关尹以告[40]，行理以节逆之[41]，候人为导，卿出郊劳[42]，门尹除门[43]，宗祝执祀[44]，司里授馆，司徒具徒[45]，司空视涂，司寇诘奸[46]，虞人入材[47]，甸人积薪[48]，火师监燎[49]，水师监濯[50]，膳宰致餐，廪人献饩[51]，司马陈刍[52]，工人展车[53]，百官各以物至，宾入如归。是故小大莫不怀爱。其贵国之宾至，则以班加一等，益虔[54]。至于王使，则皆官正莅事[55]，上卿监之。若王巡守，则君亲监之。'今虽朝也不才[56]，有分族于周[57]，承王命以为过宾于陈[58]，而司事莫至，是蔑先王之官也。先王之令有之曰：'天道赏善而罚淫。故凡我造国[59]，无从匪彝[60]，无即慆淫[61]，各守尔典，以承天休[62]。'今陈侯不念胤续之常[63]，弃其伉俪妃嫔，而帅其卿佐以淫于夏氏，不亦渎姓矣乎[64]？陈，我大姬之后也[65]，弃衮冕而南冠以出[66]，不亦简彝乎[67]？是又犯先王之令也。昔先王之教，茂帅其德也犹恐陨越[68]，若废其教而弃其制，蔑其官而犯其令，将何以守国？居大国之间而无此四者，其能久乎?"

六年[69],单子如楚。八年,陈侯杀于夏氏[70]。九年,楚子入陈[71]。

【注释】

〔1〕 本文记载了单襄公通过分析在陈国时的见闻,从内政不修、生产荒废、外交废弛、国君荒淫四方面,列举了十五条事实,引古证今,从而得出了陈国必定灭亡的结论。单(shàn 善)子,名朝,周定王卿士。

〔2〕 定王:即周定王,名瑜,公元前606年至前586年在位。单襄公:即单子,襄是谥号。聘:访问。宋:诸侯国名,在今河南商丘。

〔3〕 假道:借路。陈:诸侯国名。

〔4〕 楚:诸侯国名,在今湖南、湖北、安徽、江苏、浙江等省境内,国都郢,在今湖北江陵附近。

〔5〕 火:古代星名,又称大火,商星,为二十八宿中心宿的主星,出现在立冬前后的早晨。觌(dí 敌):见。

〔6〕 道茀(fú 浮):野草塞路。茀,草多。

〔7〕 候:候人,主管迎送宾客的官员。

〔8〕 司空:掌管道路、土木、水利等工程的官员。视涂:巡视道路。涂,道路,后作"途"。

〔9〕 泽:水积聚的地方,这里指湖泊。陂(bēi 杯):障,堤岸。

〔10〕 庾(yǔ 雨)积:露天堆积的谷物。

〔11〕 场功:指打谷、进仓等一系列农事。场,打谷场。

〔12〕 垦田:已开垦的田地。蓺(yì 意):种植的作物,这里指茅草芽。

〔13〕 膳宰:膳夫,掌管宰杀牲畜的官。饩(xì 细):活的牲口。

〔14〕 司里:掌管客馆的官员。

〔15〕 国:都城。寄寓:旅舍。

〔16〕 县:地方行政单位。春秋时,王畿、诸侯国内的邑称县。

〔17〕 台:供人远望的高而平的建筑物。夏氏:指陈国大夫夏征舒家。夏征舒之母夏姬为陈灵公从祖母,陈灵公及大夫孔宁、仪行父都与她私通。不久夏征舒杀死陈灵公,自立为陈侯,后来被楚庄王杀死。

〔18〕 陈灵公:姓妫,名平国,公元前613年至前599年在位。孔宁、仪行父:都是陈国的大夫。南冠:楚国的帽子。如:往。

〔19〕 咎(jiù 就):凶,灾祸。

〔20〕 辰角见:角宿早晨出现。角宿为东方苍龙七宿中的第一宿,寒露节气出现。辰,通"晨"。见,通"现"。

〔21〕 天根:氐宿的别名。氐宿为东方苍龙七宿中的第三宿,寒露雨毕五天后的早晨出现。

〔22〕 本:氐星,即氐宿的主星。寒露后十天的早晨出现。

〔23〕 驷:房宿,为东方苍龙七宿中的第四宿,霜降时节出现。陨(yǔn 允):下落。

〔24〕 《夏令》:夏代月令。

〔25〕 儆(jǐng 景):警告。

〔26〕 而:同"尔",你,你的。下同。

〔27〕 偫(zhì 志):备办。畚(běn 本):用草绳或竹篾编制的盛物器具。挶(jū 居):抬土的器具。

〔28〕 营室:室宿,又称定星,为北方玄武七宿中的第六宿,夏历十月黄昏出现在天空的正中。古人认为是营造房屋的好时节。

〔29〕 表道:标明道路的远近。

〔30〕 鄙食:郊外路边所设供行人饮食的馆舍。

〔31〕 郊牧:国都城外的专区。

〔32〕 寓望:边境所设寄宿之舍、候望之人。

〔33〕 薮(sǒu 擞):湖泽,特指有浅水和茂草的沼泽地带。圃草:茂盛的草。圃,繁茂。

〔34〕 悬耜(sì 四):把农具挂起来,指停止耕作,荒废农事。耜,古代一种翻土的工具。

〔35〕 罢(pí 皮):通"疲",疲劳,疲乏。

〔36〕 班事:力役按次序进行。

〔37〕 序民:百姓轮番服役、完役。

〔38〕 《秩官》:记载周代职官官典的书,已失传。

〔39〕 敌国:具有同等地位的国家。

〔40〕 关尹:掌管关门的官吏。

〔41〕 行理:又称行李、行人,掌管外交使节朝觐聘问的官员。节:符节,使者用作凭证的信物。逆:迎接。

〔42〕 劳:慰劳。

〔43〕除门:扫除门庭。

〔44〕宗祝:掌管祭祀的官员。宗,宗伯。祝,太祝。

〔45〕司徒:掌管土地、人口、赋税。具徒:调派服务的仆役。

〔46〕司寇:掌管刑狱、纠察的官员。诘:追究,查办。

〔47〕虞人:掌管山林、水泽的官员。

〔48〕甸人:掌管柴薪的官员。

〔49〕火师:掌管王室火烛的官员。燎:照明用的火炬。

〔50〕水师:掌管王室洗涤事务的官员。

〔51〕廪人:掌管粮食的官员。饩:这里指谷物、饲料。

〔52〕司马:此指马夫官,掌管圉人养马,与作为九卿的"司马"不同。刍(chú 除):草料。

〔53〕工人:也称工师,工正,监造器物的官员。展:察看,这里指检修。

〔54〕虔(qián 前):恭敬。

〔55〕官正:各部的主管长官。莅(lì 立):莅临。

〔56〕朝:单子自称。

〔57〕分族:亲族的分支。

〔58〕过宾:路过的客人。

〔59〕造国:治理国家。

〔60〕匪彝:非法。匪,通"非"。彝,常法。

〔61〕慆(tāo 滔)淫:怠惰放荡。

〔62〕天休:上天的恩赐。休,吉祥。

〔63〕胤(yìn 引)续之常:子孙相继的伦常。胤,子孙相承。

〔64〕渎(dú 读)姓:亵渎同姓。

〔65〕大姬:周武王长女,嫁给陈国始祖虞胡公为妻。

〔66〕衮冕:古代帝王与上公的礼服和礼帽。

〔67〕简:简慢,轻视。彝:常规,法度。

〔68〕茂帅:努力遵循。茂,勉力。帅,遵循。陨越:坠落。

〔69〕六年:周定王六年(前601)。

〔70〕夏氏:指夏征舒。

〔71〕楚子:指楚庄王。

展禽论祀爰居[1] 鲁语上

海鸟曰爰居,止于鲁东门之外二日。臧文仲使国人祭之[2]。展禽曰:"越哉[3],臧孙之为政也!夫祀,国之大节也[4]。而节,政之所成也。故慎制祀以为国典。今无故而加典,非政之宜也。夫圣王之制祀也,法施于民则祀之[5],以死勤事则祀之,以劳定国则祀之,能御大灾则祀之,能捍大患则祀之。非是族也[6],不在祀典。昔烈山氏之有天下也[7],其子曰柱[8],能植百谷百蔬;夏之兴也,周弃继之[9],故祀以为稷。共工氏之伯九有也[10],其子曰后土[11],能平九土,故祀以为社。黄帝能成命百物[12],以明民共财[13],颛顼能修之[14],帝喾能序三辰以固民[15],尧能单均刑法以仪民[16],舜勤民事而野死[17],鲧障供水而殛死[18],禹能以德修鲧之功,契为司徒而民辑[19],冥勤其官而水死[20],汤以宽治民而除其邪[21],稷勤百谷而山死[22],文王以文昭[23],武王去民之秽[24]。故有虞氏禘黄帝而祖颛顼[25],郊尧而宗舜[26];夏后氏禘黄帝而祖颛顼,郊鲧而宗禹;商人禘舜而祖契,郊冥而宗汤;周人禘喾而郊稷,祖文王而宗武王。幕能帅颛顼者也[27],有虞氏报焉[28];杼能帅禹者也[29],夏后氏报焉;上甲微能帅契者也[30],商人报焉;高圉太王能帅稷者也[31],周人报焉。凡禘、郊、祖、宗、报,此五者,国之典祀也!

加之以社稷山川之神,皆有功烈于民者也[32]。及前哲令德之人,所以为民质也[33]。及天之三辰,民所以瞻仰也;及地之五行[34],所以生殖也[35];及九州名山川泽,所以出财用也。非是,不在祀典。

今海鸟至,已不知而祀之,以为国典,难以为仁且知矣[36]。夫仁者讲功,而知者处物。无功而祀之,非仁也;不知而不问,非知也。今兹海其有灾乎?夫广川之鸟兽,恒知而避其灾也。"

是岁也,海多大风,冬暖[37]。文仲闻柳下季之言[38],曰:"信吾过也,季子之言,不可不法也。"使书以为三策笑[39]。

【注释】

〔1〕 臧文仲派人去祭祀海鸟爰居,展禽认为祭祀是国家政治生活中的大事,有严格规定,臧文仲既不知道海鸟的来历,又不看它对百姓有没有益处,就把它当作神物来祭祀,是越礼的行为。臧文仲最终听从了展禽的批评,承认了自己的错误。展禽,名获,字禽,谥号惠,因食邑于柳下,又称柳下惠。鲁国大夫。爰居,一种巨型海鸟。

〔2〕 臧文仲:鲁国的卿士,复姓臧孙,名辰,字仲,谥号文,历仕庄公、闵公、僖公、文公四朝。国人:国都的百姓。

〔3〕 越:越礼,指超出了祭祀范围。

〔4〕 节:准则,法度。

〔5〕 法施于民:施行法令对人民有利。

〔6〕 族:类。

〔7〕 烈山氏:炎帝,传说中的上古部落首领,一说即神农氏。

〔8〕 柱:神农氏后裔,在夏代以前已被祀为谷神。

〔9〕 弃:周民族的始祖,曾为虞舜、夏禹时的农官。

〔10〕 共工氏:传说中上古时代的部落首领。伯(bà 爸):通"霸"。九有:即九州。有,通"域",州域。

〔11〕 后土:名句(gōu 勾)龙,共工氏后裔,辅佐黄帝,为土官。

〔12〕 黄帝:即轩辕氏,上古时代部落联盟首领,传说是中原各族的共同祖先。成命:定名。命,名,命名。

〔13〕 明民:使百姓明白。共财:贡献财用。共,通"供"。

〔14〕 颛顼(zhuān xū 专须):上古时代部落首领,号高阳氏,黄帝之孙。修之:指继续黄帝的功业。

〔15〕 喾(kù 库):上古时代部落首领,号高辛氏,黄帝曾孙。三辰:日、月、星。这里指帝喾能制历明时。固:安定。

〔16〕 尧:传说父系社会时期炎黄部落联盟的首领,名放勋,号陶唐氏。单:通"殚",竭尽。均:公平。仪民:使百姓有法度可依。

〔17〕 舜:有虞部落长,名重华,号有虞氏。传说舜死于苍梧之野。

〔18〕 鲧(gǔn 滚):颛顼后裔,号崇伯,禹的父亲,奉尧命治水,失败被杀。殛(jí 急):通"极",流放远方。

〔19〕 契:商始祖,帝喾之子,尧时任司徒,掌管教化。辑:和睦,安定。

〔20〕 冥:传说为契的五世孙,夏时为司空,掌管工程,为政勤劳,死于治河,后祀为水神,称玄冥。

〔21〕 汤:商朝的开国之君,契的后裔,灭了夏桀。邪:邪恶势力,这里指夏桀。

〔22〕 稷:即弃,见注〔9〕。山死:死于山野。

〔23〕 文王:周文王姬昌,武王之父。昭:彰明,著称。

〔24〕 武王:周武王姬发,周朝的开国之君。秽:恶势力,指商纣王。

〔25〕 有虞氏:舜之号,这里指舜的后裔。禘(dì 帝):祭名,天子祭祀天帝、先祖的大祭。祖:天子祭祀开国之祖的祭礼。这里禘、祖皆用作动词。

〔26〕 郊:天子在郊外祭天地的祭礼,也可以配祭祖先。宗:天子祭祀开国次祖的祭礼。这里郊、宗皆用作动词。

〔27〕 幕:传说是舜的后裔,夏朝时有虞部落的首领。帅:遵循。

〔28〕 报:报答恩德的祭礼,这里用作动词。

〔29〕 杼(zhù 祝):禹的后裔,少康之子,曾复建夏朝。

〔30〕 上甲微:契的后裔,商汤的六世祖,曾复振祖业。

〔31〕 高圉(yǔ 雨):弃的十世孙,周族的首领,有功于复兴周业。太王:即古公亶父,高圉的曾孙,文王的祖父,曾带领周族迁至岐地定居,为后代周部族发展奠定了基础。

〔32〕 功烈:功绩。

〔33〕 质:信任。

〔34〕 五行:金、木、水、火、土。

〔35〕 生殖:生育繁殖。

〔36〕 知:通"智"。下文"知者处物"、"非知也",意义相同。

〔37〕 煖:同"暖"。

〔38〕 柳下季:即展禽,字季。因食邑于柳下,故称柳下季。

〔39〕 笧(cè 策):同"策",古代用竹片或木片写字,用绳子编起来,一篇为一策。

里革断罟匡君[1] 鲁语上

宣公夏滥于泗渊[2],里革断其罟而弃之,曰:"古者大寒降[3],

土蛰发[4],水虞于是乎讲眔罶[5],取名鱼[6],登川禽[7],而尝之寝庙[8],行诸国人,助宣气也[9]。鸟兽孕,水虫成,兽虞于是乎禁罝罗[10],獀鱼鳖以为夏槁[11],助生阜也[12]。鸟兽成,水虫孕,水虞于是乎禁罝䍡[13],设阱鄂[14],以实庙庖[15],畜功用也[16]。且夫山不槎蘖[17],泽不伐夭[18],鱼禁鲲鲕[19],兽长麑䴠[20],鸟翼鷇卵[21],虫舍蚔蝝[21],蕃庶物也,古之训也。今鱼方别孕,不教鱼长,又行网罟,贪无艺也[23]。"

公闻之曰:"吾过而里革匡我,不亦善乎!是良罟也,为我得法。使有司藏之,使吾无忘谂[24]。"师存侍曰[25]:"藏罟,不如置里革于侧之不忘也。"

【注释】

〔1〕 鲁宣公不顾时令,下网捕鱼,鲁国大夫里革当场割破鱼网,进行规谏。里革的谏辞反映了中国古代有关生态平衡,保护自然资源的意识,在今天仍有很强的现实意义。里革,鲁国大夫。罟(gǔ古),捕鱼网。匡,纠正。

〔2〕 宣公:即鲁宣公,名倭,公元前608年至前591年在位。滥:安网于水取鱼。泗:水名,发源于山东泗水县,经曲阜、济宁等县流入江苏境内。

〔3〕 大寒:二十四节气之一,一般在农历十二月中下旬。降:以后。

〔4〕 土蛰(zhé哲):在地下冬眠的动物。

〔5〕 水虞:掌管水产及相关政令的官员。讲:练习。眔(gū孤):大鱼网。罶(liǔ柳):捕鱼的竹笼。大口窄颈,腹大而长,无底。

〔6〕 名:大。

〔7〕 登:捕取。川禽:水中动物,即下文的"鱼鳖"、"水虫"之类。

〔8〕 尝:秋祭名,以应时的新鲜食品率先祭祀祖先。这里泛指祭祀。寝庙:指宗庙。古代宗庙分庙和寝两部分,供祀祖宗的前殿称庙,藏祖宗衣冠的后殿称寝,合称寝庙。

〔9〕 宣:宣泄,疏通。气:指阳气。孟春气温渐暖,称阳气上升。

〔10〕 兽虞:掌管鸟兽及相关政令的官员。罝(jū居):捕兔的网。罗:捕鸟的网。

〔11〕 獀(cuò错):刺取。槁:干枯。这里指干的鱼。

〔12〕 阜:生长。

〔13〕 罝麗(jū lù 居路)：当作"罜(zhǔ 主)麗"，小鱼网。
〔14〕 阱：为猎取野兽而设的陷坑。鄂(è 饿)：埋有尖木桩的陷坑。
〔15〕 庙庖：宗庙厨房，指充实祭品食物。
〔16〕 畜：储蓄，积蓄。功用：指顺应四时而繁殖的可供财用的自然资源。
〔17〕 槎(chá 察)：砍伐。蘖(niè 聂)：树木被砍或倒下后再生出来的枝芽。
〔18〕 夭：还未长大的草木。
〔19〕 鲲：鱼子。鲕(ér 而)：小鱼。
〔20〕 麑(ní 尼)：小鹿。㢋(yǎo 咬)：幼麋。
〔21〕 鷇(kòu 扣)：初生小鸟。
〔22〕 舍：舍弃，放弃。蚳(chí 池)：蚁卵。蝝(yuán 元)：蝗的幼虫，是古人做酱的原料。
〔23〕 艺：限度。
〔24〕 谂(shěn 审)：规谏。
〔25〕 师：乐师，名存。

敬姜论劳逸[1] 鲁语下

公父文伯退朝[2]，朝其母[3]，其母方绩[4]。文伯曰："以歜之家[5]，而主犹绩，惧干季孙之怒也[6]，其以歜为不能事主乎？"

其母叹曰："鲁其亡乎？使僮子备官而未之闻邪[7]？居[8]，吾语女[9]。昔圣王之处民也，择瘠土而处之，劳其民而用之，故长王天下[10]。夫民劳则思，思则善心生；逸则淫，淫则忘善，忘善则恶心生。沃土之民不材[11]，淫也；瘠土之民莫不向义，劳也。是故天子大采朝日[12]，与三公九卿祖识地德[13]；日中考政，与百官之政事，师尹惟旅、牧、相宣序民事[14]；少采夕月[15]，与太史、司载[16]，纠虔天刑[17]；日入监九御[18]，使洁奉禘郊之粢盛[19]，而后即安。

诸侯朝修天子之业命，昼考其国国职，夕省其典刑，夜儆百工[20]，使无慆淫[21]，而后即安。

卿大夫朝考其职，昼讲其庶政，夕序其业，夜庀其家事[22]，而后即安。士朝受业,昼而讲贯[23],夕而习复,夜而计过[24],无憾而后即安。自庶人以下,明而动,晦而休,无日以怠。

王后亲织玄紞[25],公侯之夫人加之以纮綖[26],卿之内子为大带[27],命妇成祭服[28],列士之妻加之以朝服[29],自庶士以下,皆衣其夫。社而赋事[30],烝而献功[31],男女效绩[32],愆则有辟[33],古之制也。君子劳心,小人劳力,先王之训也。自上以下,谁敢淫心舍力?

今我寡也,尔又在下位,朝夕处事,犹恐忘先人之业。况有怠惰,其何以避辟?吾冀而朝夕修我曰[34]:'必无废先人。'尔今曰:'胡不自安?'以是承君之官[35],余惧穆伯之绝祀也[36]!"

仲尼闻之曰[37]:"弟子志之,季氏之妇不淫矣[38]。"

【注释】

〔1〕 本文记载了敬姜通过对劳逸不同后果的分析对比,以及前代勤业传统的追述,教育儿子警惕和杜绝"淫心舍力"的恶习。敬姜,鲁大夫公父穆伯之妻,季康子的叔祖母,生公父文伯,早寡。"敬"是谥号。

〔2〕 公父文伯:即公父歜(chù 处),敬姜之子,鲁大夫。

〔3〕 朝:古代卑见尊为朝,如臣见君、下属见上官、子与媳向父母、公婆请安。

〔4〕 绩:纺麻。

〔5〕 歜:公父文伯自称其名。

〔6〕 干:触犯,冒犯。季孙:即季康子,名肥,当时担任鲁国主持朝政的正卿,公父文伯是其叔伯父。

〔7〕 僮:未成年的男子,这里指公父文伯。备官:居官,做官。未之闻:即"未闻之",没有听过做官的道理。

〔8〕 居:坐下。

〔9〕 女:同"汝"。

〔10〕 王(wàng 忘):称王。

〔11〕 不材:不成才,无用。

〔12〕 大采:古代天子祭日所穿的礼服。朝日:天子每年春分时祭祀日神的礼仪。

〔13〕 三公:指太师、太傅、太保,为周朝行政中枢的最高长官。九卿:指冢宰、司徒、宗伯、司马、司寇、司空、少师、少傅、少保,为周朝中枢分管各部门的最高行政长官。祖识:熟悉,了解。地德:古人认为土地有生产百物、养育人民的恩德,这里指土地上生长的万物。

〔14〕 师尹:大夫官,各属官之长。惟:与。旅:众士。牧:州牧,这里指地方官吏。相:国相。宣序:全面安排。

〔15〕 少采:即黼衣,古代天子祭月所穿的礼服,绣有黑白斧形。夕月:天子每年秋分时祭祀月神的礼仪。

〔16〕 太史:掌管史书与星历的官员。司载:掌管天文的官员。

〔17〕 纠虔:恭敬。天刑:天体运行的法则。

〔18〕 九御:即九嫔(pín 贫),天子宫中的各种女官。

〔19〕 禘(dì 帝):祭名,天子祭祀天帝、先祖的大祭。郊:天子在郊外祭天地的祭礼,也可以配祭祖先。粢盛(zī chéng 兹成):盛在祭器中以供祭祀用的谷物。粢,谷类的总称。

〔20〕 儆(jǐng 景):警戒。百工:百官。

〔21〕 慆(tāo 滔)淫:怠惰放荡。

〔22〕 庀(pǐ 匹):治理。家:这里指古代大夫的封地。

〔23〕 讲贯:讲解学习。

〔24〕 计过:计数过失。

〔25〕 玄紞(dǎn 胆):古代冠冕两旁悬瑱的黑色丝带。

〔26〕 紘(hóng 红):古代冠冕系在颔下的纽带。綖(yán 言):覆盖在冠冕上的装饰。

〔27〕 内子:卿的正妻。大带:即缁带,祭服上束腰的黑色带子。

〔28〕 命妇:大夫的妻子。

〔29〕 列士:周代士的总称,分元士、中士、庶士三种。

〔30〕 社:春社,每年春分时祭祀土地神。赋事:布置农桑一类事物。

〔31〕 烝:冬祭。献功:献祭收获之物,如五谷、布帛等。

〔32〕 效绩:尽力做出劳绩。效,献出,尽力。

〔33〕 愆(qiān 千):过失。辟(bì 必):刑罚。

〔34〕 而:通"尔",你。修:告诫。

〔35〕 承君之官:担任国君的官职。承,担任。

〔36〕 绝祀:断绝祭祀,指无后嗣。

〔37〕 仲尼：孔子，名丘，字仲尼。
〔38〕 淫：贪图安逸。

叔向贺贫[1] 晋语八

叔向见韩宣子[2]，宣子忧贫，叔向贺之。宣子曰："吾有卿之名，而无其实[3]，无以从二三子[4]，吾是以忧，子贺我，何故？"

对曰："昔栾武子无一卒之田[5]，其宫不备其宗器[6]，宣其德行，顺其宪则[7]，使越于诸侯[8]。诸侯亲之，戎狄怀之[9]，以正晋国[10]；行刑不疚[11]，以免于难[12]。及桓子[13]，骄泰奢侈[14]，贪欲无艺[15]，略则行志[16]，假贷居贿[17]，宜及于难，而赖武之德，以没其身[18]。及怀子[19]，改桓之行，而修武之德，可以免于难，而离桓之罪[20]，以亡于楚。夫郤昭子[21]，其富半公室，其家半三军[22]，恃其富宠，以泰于国；其身尸于朝，其宗灭于绛[23]。不然，夫八郤五大夫三卿[24]，其宠大矣；一朝而灭，莫之哀也，唯无德也！今吾子有栾武子之贫，吾以为能其德矣，是以贺。若不忧德之不建，而患货之不足，将吊之不暇[25]，何贺之有？"

宣子拜，稽首焉[26]，曰："起也将亡，赖子存之。非起也敢专承之[27]，其自桓叔以下[28]，嘉吾子之赐[29]。"

【注释】

〔1〕 晋卿韩起忧虑贫困，太傅叔向知道了，却向他道贺。贫而可贺，似乎有悖常理，但叔向援古证今，通过引用晋国栾氏和郤氏两大家族的兴亡历史，告诉韩起和读者富奢容易败坏德行而招致灾祸，所以应当"忧德"而不应"忧贫"。叔向，即羊舌肸(xī 西)。

〔2〕 韩宣子：名起，宣子是谥号，为晋卿。

〔3〕 实：实际，这里指财产。

〔4〕 从：过从，交往。二三子：指晋国同朝的卿大夫。

〔5〕 栾武子：栾书，武子是谥号，晋国上卿。一卒之田：即百顷田地。这是上大夫的俸禄。按规定，上卿的俸禄应为一旅之地，即五百顷。古代军队编

制,一百人为卒,五百人为旅。

〔6〕 宫:居室。先秦时住宅皆称宫室,至秦汉后才专指帝王住宅。宗器:祭祀用的礼器。

〔7〕 顺其宪则:遵循法度。

〔8〕 越:超过国界。这里指栾武子声名远播。

〔9〕 怀:归附,依附。

〔10〕 正:治,治理。

〔11〕 疚(jiù 就):没有弊病。

〔12〕 以免于难:因此避免了祸患。指栾书杀死晋厉公,拥立晋悼公,有弑君之罪,但悼公未予追究。

〔13〕 桓子:栾黡(yǎn 演),栾武子的儿子,桓子是谥号,晋大夫。

〔14〕 泰:骄纵。

〔15〕 艺:限度。

〔16〕 略则行志:忽略法度,任意行事。

〔17〕 假贷:借贷取利。贷,原作"货",据《国语》改。居贿:囤积财物。

〔18〕 没(mò 末)其身:得以善终。没,尽,终。

〔19〕 怀子:栾盈,栾桓子的儿子,怀子是谥号,晋卿。桓子死后,其母诬盈谋反,被驱逐至楚国,三年后起兵回国,失败被杀,栾氏灭族。

〔20〕 离:同"罹",遭受。

〔21〕 郤(xì 细)昭子:郤至,晋卿。因居功自傲,后为厉公胁迫而自杀,家族被诛灭。

〔22〕 三军:晋国的军事编制。晋文公重耳开始实行上军、中军、下军的编制,每军万人。这句意思是说郤家子弟在三军将佐中占了半数。

〔23〕 绛:晋国国都,在今山西翼城东南。

〔24〕 八郤五大夫三卿:郤氏八个人,其中五个做大夫,三个做卿。三卿是郤至、郤犨(chōu 抽)、郤锜。

〔25〕 吊:吊丧。

〔26〕 稽(qǐ 起)首:古代的一种跪拜礼,叩头至地。

〔27〕 专承:独自承受。

〔28〕 桓叔:名成师,号桓叔,晋穆侯之子。桓叔之子名万,受封于韩邑,称韩万。所以,韩起尊桓叔为韩氏的祖先。

〔29〕 嘉:赞扬,表彰。这里是感激的意思。

王孙圉论楚宝[1] 楚语下

王孙圉聘于晋[2],定公飨之[3]。赵简子鸣玉以相[4],问于王孙圉曰:"楚之白珩犹在乎[5]?"对曰:"然。"简子曰:"其为宝也几何矣?"曰:"未尝为宝。楚之所宝者,曰观射父[6],能作训辞[7],以行事于诸侯[8],使无以寡君为口实[9]。又有左史倚相[10],能道训典[11],以叙百物,以朝夕献善败于寡君,使寡君无忘先王之业。又能上下说乎鬼神[12],顺道其欲恶[13],使神无有怨痛于楚国。又有薮曰云连徒洲[14],金、木、竹、箭之所生也[15],龟、珠、角、齿、皮、革、羽、毛[16],所以备赋[17],以戒不虞者也[18],所以共币帛以宾享于诸侯者也[19]。若诸侯之好币具[20],而导之以训辞,有不虞之备,而皇神相之,寡君其可以免罪于诸侯,而国民保焉。此楚国之宝也。若夫白珩,先王之玩也,何宝之焉?

圉闻国之宝,六而已。圣能制议百物,以辅相国家,则宝之;玉足以庇荫嘉谷[21],使无水旱之灾,则宝之;龟足以宪臧否[22],则宝之;珠足以御火灾,则宝之;金足以御兵乱,则宝之;山林薮泽,足以备财用,则宝之。若夫哗嚣之美,楚虽蛮夷,不能宝也。"

【注释】

〔1〕 晋国赵简子向楚国使者问楚宝,公然挑衅楚国的尊严。楚国大夫王孙圉针锋相对,机智沉着地回击了对方,保持了本国的尊严。王孙圉认为所谓宝贝,应该是对国家和人民有益的人才和物产,而不是叮当作响、徒有其表的美玉。王孙圉(yǔ 雨),楚国大夫。

〔2〕 聘:访问。

〔3〕 定公:晋定公,名午,公元前511年至前476年在位。飨(xiǎng 想):用酒食招待客人。

〔4〕 赵简子:赵鞅,晋国正卿。鸣玉:使腰间佩玉发出响声。相(xiàng 向):相礼,辅佐国君执行礼仪。

〔5〕 珩(héng 恒):系在玉佩上的横玉。

〔6〕 观射父(guàn yì fǔ 贯忆甫):楚国大夫。
〔7〕 训辞:指外交辞令。
〔8〕 行事:交往,指出使。
〔9〕 口实:话柄。
〔10〕 左史:官名。倚相:人名,楚国史官。
〔11〕 训典:记录古代圣哲教诲的典籍。
〔12〕 上下:指天地。说:同"悦",古人观念,史官能和鬼神交往。
〔13〕 顺道:顺应,遵循。道,通"导"。欲恶:好恶。
〔14〕 薮(sǒu 擞):湖泽,特指有浅水和茂草的沼泽地带。云连徒洲:即云梦泽,上古时期云梦泽范围广大,主要分布在长江、汉江交汇处周围,后来逐渐消退缩小成一些相互分离的湖泊。
〔15〕 金:指铜、铁等金属。箭:箭竹。
〔16〕 龟、珠、角、齿、皮、革、羽、毛:龟甲、珍珠、兽角、象牙、兽皮、犀牛皮、鸟类的羽毛、牦牛尾。
〔17〕 赋:军赋,军用物资。
〔18〕 戒:防备。不虞:意外灾难。
〔19〕 共:同"供",供给。宾:招待。享:献。
〔20〕 好(hào 浩):喜爱。币具:礼品。
〔21〕 玉:指用于祭祀的玉器。庇(bì 必)荫:庇护。
〔22〕 宪:表明。臧否(pǐ 痞):吉凶。

诸稽郢行成于吴〔1〕 吴语

吴王夫差起师伐越〔2〕,越王句践起师逆之江〔3〕。大夫种乃献谋曰:"夫吴之与越,唯天所授,王其无庸战〔4〕。夫申胥、华登〔5〕,简服吴国之士于甲兵〔6〕,而未尝有所挫也。夫一人善射,百夫决拾〔7〕,胜未可成。夫谋必素见成事焉而后履之〔8〕,不可以授命〔9〕。王不如设戎,约辞行成〔10〕,以喜其民,以广侈吴王之心〔11〕。吾以卜之于天,天若弃吴,必许吾成,而不吾足也〔12〕,将必宽然有伯诸侯之心焉。既罢弊其民〔13〕,而天夺之食〔14〕,安受其烬〔15〕,乃无有命矣。"

越王许诺,乃命诸稽郢行成于吴,曰:"寡君句践,使下臣郢,不敢显然布币行礼[16],敢私告于下执事曰[17]:'昔者越国见祸,得罪于天王[18],天王亲趋玉趾[19],以心孤句践[20],而又宥赦之[21]。君王之于越也,繄起死人而肉白骨也[22]。孤不敢忘天灾[23],其敢忘君王之大赐乎?今句践申祸无良[24],草鄙之人,敢忘天王之大德,而思边陲之小怨[25],以重得罪于下执事?句践用帅二三之老,亲委重罪,顿颡于边[26]。今君王不察,盛怒属兵[27],将残伐越国。越国固贡献之邑也[28],君王不以鞭箠使之[29],而辱军士,使寇令焉[30]。句践请盟。一介嫡女[31],执箕帚以晐姓于王宫[32];一介嫡男,奉槃匜以随诸御[33]。春秋贡献,不解于王府[34]。天王岂辱裁之?亦征诸侯之礼也。'

夫谚曰:'狐埋之而狐搰之[35]。'是以无成功。今天王既封殖越国[36],以明闻于天下,而又刈亡之[37],是天王之无成劳也。虽四方之诸侯,则何实以事吴?敢使下臣尽辞,唯天王秉利度义焉[38]!"

【注释】

〔1〕 公元前494年,吴王夫差大败越师于夫椒,其后,吴王再次兴兵攻打越国。越王勾践为了取得喘息机会,培养国力,用文种计,再次派诸稽郢卑辞厚礼去向夫差求和。诸稽郢不辱使命,利用夫差目光短浅与好虚荣的弱点,以"卑言"与"甘辞"相结合,最终说动了吴王。诸稽郢,越国大夫。行成,求和。

〔2〕 起师:率领军队。

〔3〕 句(gōu 勾)践:即越王勾践,公元前494年,吴攻越,勾践战败,屈身事吴,十年卧薪尝胆,积蓄力量,终于在公元前473年灭掉吴国。逆:迎。

〔4〕 庸:通"用"。

〔5〕 华登:宋国司马华费遂之子,因避祸奔吴,为吴大夫。

〔6〕 简服:训练。简,习,操练。服,练习。甲兵:指战争。

〔7〕 决拾:射箭用具。决,扳指,带在右手大拇指上,射箭时用它勾弓弦。拾,臂衣,皮革制成,套在左臂上,以免衣袖妨碍开弓。决拾在这里作动词用,即佩戴决拾。

〔8〕 素见:预见。履:实行。

〔9〕 授命:拼命。

〔10〕 约辞:卑辞,低声下气的话。

〔11〕 广侈:扩张,使其生骄心。

〔12〕 不吾足:不以我们为值得忧虑的。足,足虑,值得忧虑。

〔13〕 罢(pí 皮):通"疲",疲劳,疲乏。

〔14〕 天夺之食:指遭受天灾,粮食歉收。

〔15〕 烬:灰烬。这里指吴国在遭受天灾和人祸之后的残局。

〔16〕 布币:陈列礼品。古人送礼,先陈列于堂下。

〔17〕 下执事:君王左右的办事人员。这里指吴王。

〔18〕 得罪:指勾践射伤吴王之父阖闾事。天王:对吴王夫差的尊称。

〔19〕 亲趋玉趾:亲劳大驾,尊称别人行止的敬词。趾,泛指脚。

〔20〕 孤:舍弃。

〔21〕 宥(yòu 又):宽恕,原谅。

〔22〕 繄(yī 衣):就是。肉白骨:使白骨生肉,意即予人重生。肉,使动用法。

〔23〕 孤:这里是代勾践自称语。

〔24〕 申祸无良:重遭祸殃。申,重复,一再。祸,罪过。无良,不善。

〔25〕 边陲:边境。

〔26〕 顿颡(sǎng 嗓):即叩头。颡,前额。

〔27〕 属(zhǔ 主):聚集,会集。

〔28〕 贡献:称臣纳贡。

〔29〕 鞭箠(chuí 垂):马鞭。

〔30〕 使寇令:使士兵接受抵御盗寇的命令。这里指出兵讨伐。

〔31〕 一介:一个。嫡女:嫡亲女儿。

〔32〕 箕帚:畚箕、笤帚,代指洒扫之事。晐(gāi 该)姓:贡纳庶姓妇子到天子之宫。晐,备。姓,庶姓。这里指越王将嫡女送给夫差做嫔妃。

〔33〕 槃匜(yí 夷):盥洗用具。槃,通"盘",用以盛水。匜,一种盛水、酒的器具,形如瓢,有流和鋬(pàn 盼)。御:近侍。

〔34〕 解:通"懈"。

〔35〕 搰(hú 胡):掘出。这里比喻夫差的多疑。

〔36〕 封殖:壅土培育,引申为扶植。

〔37〕 刈(yì 意):铲除,消灭。

〔38〕 唯:通"惟",希望。秉利度义:权衡利害,考虑得宜。义,通"宜"。

申胥谏许越成^[1]吴语

吴王夫差乃告诸大夫曰:"孤将有大志于齐^[2],吾将许越成,而无拂吾虑^[3]。若越既改,吾又何求?若其不改,反行^[4],吾振旅焉^[5]。"

申胥谏曰:"不可许也。夫越非实忠心好吴也,又非慑畏吾甲兵之强也^[6]。大夫种勇而善谋^[7],将还玩吴国于股掌之上^[8],以得其志。夫固知君王之盖威以好胜也^[9],故婉约其辞^[10],以从逸王志^[11],使淫乐于诸夏之国^[12],以自伤也。使吾甲兵钝弊,民人离落,而日以憔悴,然后安受吾烬^[13]。夫越王好信以爱民,四方归之,年谷时熟,日长炎炎^[14],及吾犹可以战也^[15]。为虺弗摧^[16],为蛇将若何?"

吴王曰:"大夫奚隆于越^[17]?越曾足以为大虞乎^[18]?若无越,则吾何以春秋曜吾军士^[19]?"乃许之成。

将盟,越王又使诸稽郢辞曰^[20]:"以盟为有益乎?前盟口血未干^[21],足以结信矣。以盟为无益乎?君王舍甲兵之威以临使之,而胡重于鬼神而自轻也。"吴王乃许之,荒成不盟^[22]。

【注释】

〔1〕 本文记载了申胥对吴王许越求和的谏辞,可以同上一篇合读。文种与申胥的分析不谋而合,利害相关,明若观火。吴王夫差由于不用申胥而亡国,越王勾践由于用了文种而灭吴称霸。一兴一亡,给后人留下了深刻的历史教训。成,和解。

〔2〕 孤:王侯的自谦之词。有大志于齐:要攻打齐国,北上称霸。

〔3〕 而:通"尔",你们。拂:违背。

〔4〕 反:同"返",指伐齐回来。

〔5〕 振旅:整顿部队。这里指兴师。

〔6〕 慑畏:恐惧,害怕。
〔7〕 种:即文种,越国大夫。
〔8〕 还(xuán 旋)玩:摆弄。还,通"旋"。
〔9〕 盖威:尚威,崇尚威力。
〔10〕 婉约:委婉而谦卑。
〔11〕 从(zòng 纵)逸:放纵安逸。从,通"纵"。
〔12〕 诸夏之国:中原各国。
〔13〕 烬:灰烬。这里指吴国在遭受灾祸后的残局。
〔14〕 日长炎炎:蒸蒸日上。炎炎:兴旺的样子。
〔15〕 及:趁着。
〔16〕 虺(huǐ 毁):小蛇。
〔17〕 奚:何以,为什么？隆:重视,抬高。
〔18〕 曾:乃,竟。虞:忧患。
〔19〕 春秋:春秋两季的阅兵。曜:通"耀",炫耀。
〔20〕 辞:推辞,辞谢。
〔21〕 口血未干:指订盟时间不长。古代盟会时杀牲饮血,以示诚意,称歃(shà 煞)血定盟。
〔22〕 荒成:口头达成协议。荒,虚,空。不盟:没有举行盟誓仪式。

公羊传

《公羊传》,又称《春秋公羊传》、《公羊春秋》,是着重阐释《春秋》"微言大义"的儒家重要经典,相传为战国时齐人公羊高所著。它最初并无书面文字,只是口耳相传,直至西汉景帝时,才由公羊高的玄孙公羊寿及齐人胡毋生定稿成书。《公羊传》作为今文经学的重要经籍,体现着鲜明的政治思想。其书受到西汉武帝的推崇,并在历代具有重要影响。

春王正月[1] 隐公元年 公羊传

元年者何?君之始年也[2]。春者何?岁之始也[3]。王者孰谓[4]?谓文王也[5]。曷为先言王而后言正月?王正月也[6]。何言乎王正月?大一统也[7]。公何以不言即位?成公意也[8]。何成乎公之意?公将平国而反之桓[9]。曷为反之桓?桓幼而贵,隐长而卑[10],其为尊卑也微[11],国人莫知。隐长又贤,诸大夫扳隐而立之[12]。隐于是焉而辞立,则未知桓之将必得立也[13]。且如桓立,则恐诸大夫之不能相幼君也[14],故凡隐之立,为桓立也[15]。隐长又贤,何以不宜立?立適以长不以贤,立子以贵不以长[16]。桓何以贵?母贵也[17]。母贵则子何以贵?子以母贵,母以子贵[18]。

【注释】

〔1〕 此章为《公羊传》隐公元年开头的一段文字,主要对《春秋》经文"元年春王正月"作了解释。此章开宗明义就提出"大一统"的观念,以及继嗣之法,对后世的影响非常大。

〔2〕 君:君王。天子、诸侯皆可称为君。此指鲁隐公。始年:指隐公正式当政的第一年。

〔3〕 岁之始:《春秋》纪月,必于每季之首标明春、夏、秋、冬四时。

〔4〕 孰谓:即"谓孰"之倒装,说的是谁。

〔5〕 文王:即周文王姬昌。古人认为他受天命推翻商朝统治,建立周王朝。

〔6〕 "曷(hé何)为"二句:为何要先称"王"再说"正月"?(强调的是)周王朝的正月。曷,通"何"。

〔7〕 "何言乎"二句:为何要说(强调)"王正月"?是为了表明周王统一天下、统一历法,万物都从此开始。这里带有尊周王正统之意。大,以为……重大。

〔8〕 "公何以"二句:意为既为鲁隐公元年,经文为何不写"公即位"三字呢?隐公本意只是摄行君权,并非正式继承君位。《春秋》采用这样的笔法,其实是为了成全隐公的心意。公,指鲁隐公。

〔9〕 "公将"句:意为隐公将把鲁国治理好后还政于桓公。平,治理。反,同"返",归还。

〔10〕 "桓幼"二句:此处的"幼"与"长",本指年纪的小与大,但同时也指已成人举行过冠礼且能主持社稷宗庙大事的为长,反之则为幼。贵和卑,惠公正妻是孟子,早卒无子,桓公母亲仲子为惠公后来正式娶的妻子,地位高于声子,地位尊贵。隐公母亲声子是媵妾,地位较卑。

〔11〕 微:微小,指桓公、隐公因为都不是正妻所生,尊卑虽有差别,但差别不大。

〔12〕 扳(pān攀)隐而立之:指众大夫以隐公贤能,推奉隐公,立他为国君。扳,通"攀",援引、推奉。

〔13〕 "隐于是"二句:意为隐公如果此时辞让君位,则不知桓公将来能否必定被立为国君。于是,在此时。

〔14〕 "且如"二句:意为即使现在桓公即位,恐怕众大夫也不肯辅佐年幼的国君。相,辅佐。

〔15〕 "故凡"二句:意为隐公即位,是为了桓公将来能即位。

〔16〕 "立適"二句:古代立君,先立嫡子,立嫡子以长幼为序,不论贤否。无嫡子而立庶子,则根据尊卑不论长幼。因此隐公不宜立。適,同"嫡",嫡长子。

〔17〕 母贵也:见本文注〔10〕,桓公母比隐公母尊贵。

〔18〕 "子以母贵"二句:儿子因母亲的地位高而尊贵,母亲也因儿子地位显赫而尊贵。

宋人及楚人平[1] 宣公十五年 公羊传

外平不书[2],此何以书?大其平乎己也[3]。何大其平乎己?庄王围宋,军有七日之粮尔;尽此不胜,将去而归尔。于是使司马子反乘堙而窥宋城[4],宋华元亦乘堙而出见之[5]。司马子反曰:"子之国何如?"华元曰:"惫矣。"曰:"何如?"曰:"易子而食之,析骸而炊之[6]。"司马子反曰:"嘻!甚矣惫!虽然,吾闻之也,围者柑马而秣之,使肥者应客[7]。是何子之情也[8]?"华元曰:"吾闻之,君子见人之厄则矜之[9],小人见人之厄则幸之。吾见子之君子也,是以告情于子也。"司马子反曰:"诺,勉之矣[10]!吾军亦有七日之粮尔,尽此不胜,将去而归尔。"揖而去之。反于庄王[11],庄王曰:"何如?"司马子反曰:"惫矣!"曰:"何如?"曰:"易子而食之,析骸而炊之。"庄王曰:"嘻!甚矣惫!虽然,吾今取此然后而归尔。"司马子反曰:"不可。臣已告之矣,军有七日之粮尔。"庄王怒曰:"吾使子往视之,子曷为告之?"司马子反曰:"以区区之宋,犹有不欺人之臣,可以楚而无乎?是以告之也。"庄王曰:"诺,舍而止[12]!虽然,吾犹取此然后归尔。"司马子反曰:"然则君请处于此[13],臣请归尔。"庄王曰:"子去我而归,吾孰与处于此[14]?吾亦从子而归尔。"引师而去之[15]。故君子大其平乎己也。此皆大夫也,其称"人"何?贬。曷为贬?平者在下也[16]。

【注释】

〔1〕 本文是对《春秋经文》"宋人及楚人平"的解说。宣公十四年(前595),楚庄王意欲攻宋,无借口,于是就派大夫申舟出访齐国,通过宋国境内而还向宋国借道,宋执政大臣华元以其无礼于宋,故杀之。楚庄王闻讯大

怒,于九月发兵围宋。本篇所记,是战争持续九个月后,双方将领战场相遇,相互坦陈战争给自己造成国力疲惫不堪,难以为继的窘境,于是主动讲和撤兵,平息了战争。篇中反复强调两国疲于久战,人民"易子而食,析骸而炊之"的惨状,正是孟子所谓"春秋无义战"。而双方将领坦诚仗义的君子之风和主动讲和的明智选择,则在记述中得到肯定。全篇以记述对话为主,委曲而真切,人物的风神气度跃然纸上。平,讲和。

〔2〕 外平不书:作者认为,根据《春秋》的体例,不记载其他国家之间的讲和事迹。外,鲁国之外的其他诸侯国。书,记载。

〔3〕 大:推崇,褒扬。平乎己:当事者自己主动提出讲和。

〔4〕 司马子反:楚大夫,名子反,司马是官名,掌军事。乘:登上。堙(yīn 因):环城而堆的土山。

〔5〕 华元:宋国大夫。

〔6〕 "易子"二句:交换子女而杀了吃,把人骨劈开当柴烧。易,交换。析,劈开。骸,死人骸骨。

〔7〕 "围者"二句:意为被包围的人,都让一般的马口衔木头,使之吃不成草料;而把肥壮的马展现给敌国使者,显示己方粮草充足,以此假象掩饰缺粮的真相。柑(qián 钳),通"钳",使马口衔木。秣(mò 末),喂马。应,应付。客,指敌国来使。

〔8〕 "是何"句:意为你为什么如此坦露真情呢?

〔9〕 厄(è 恶):困窘。矜(jīn 今):怜悯。

〔10〕 勉:努力,指努力守城。

〔11〕 反:通"返",返回。

〔12〕 舍而止:意为再修筑营寨,准备长期驻扎。

〔13〕 处:停留,驻扎。

〔14〕 孰与:和谁。

〔15〕 引:带领。

〔16〕 "此皆大夫也"五句:意思是达成讲和撤兵的,是双方的大夫。可是《春秋》不称"大夫"而称他们为"人",是有意贬低他们的身份,以强调达成如此重大而美好决策的,竟是"在下"之"人",而不是在上的国君。在下,位居国君之下。

吴子使札来聘[1] 襄公二十九年 公羊传

吴无君、无大夫[2],此何以有君、有大夫[3]?贤季子也[4]。何贤乎季子?让国也。其让国奈何?谒也,余祭也,夷昧也[5],与季子同母者四。季子弱而才,兄弟皆爱之,同欲立之以为君。谒曰:"今若是迮而与季子国[6],季子犹不受也。请无与子而与弟,弟兄迭为君[7],而致国乎季子。"皆曰:"诺。"故诸为君者,皆轻死为勇[8],饮食必祝曰[9]:"天苟有吴国[10],尚速有悔于予身[11]!"故谒也死,余祭也立。余祭也死,夷昧也立;夷昧也死,则国宜之季子者也,季子使而亡焉[12]。僚者[13],长庶也[14],即之。季之使而反,至而君之尔[15]。阖庐曰[16]:"先君之所以不与子国而与弟者,凡为季子故也。将从先君之命与[17],则国宜之季子者也;如不从先君之命与子,则我宜立者也。僚恶得为君[18]?"于是使专诸刺僚[19],而致国乎季子。季子不受,曰:"尔弑吾君[20],吾受尔国,是吾与尔为篡也。尔杀吾兄[21],吾又杀尔,是父子兄弟相杀,终身无已也。"去之延陵[22],终身不入吴国[23]。故君子以其不受为义,以其不杀为仁。

贤季子,则吴何以有君有大夫?以季子为臣,则宜有君者也。札者何?吴季子之名也。《春秋》贤者不名[24],此何以名?许夷狄者[25],不一而足也[26]。季子者,所贤也,曷为不足乎季子?许人臣者必使臣,许人子者必使子也。

【注释】

〔1〕 本文是对《春秋》经文"吴子使札来聘"的解说。全文层层设问,步步深入,以事实说明公子札的贤、仁、深明大义,正是他使吴国在诸夏心目中的地位得到了提高。吴子,指吴王余祭(zhài 债),吴王寿梦次子,兄诸樊死后即位,公元前547年至前531年在位。札,季札,又称季子,吴王寿梦的小儿子。寿梦想立他为嗣,他坚辞不受,封于延陵,又称延陵季子。寿梦死,让国给兄长诸樊。来聘,来鲁国访问。

〔2〕 吴无君、无大夫:《春秋》记载吴国的事情从来不提吴国的国君和大夫,以表示它是蛮夷之邦。

〔3〕 有君、有大夫:此指《春秋》中"吴子使札来聘"的记录,这里尊称吴国国君为"吴子",又记录了大夫"札"的名字,这在《春秋》里是例外的一次。

〔4〕 贤:崇尚,以为贤。

〔5〕 谒:即诸樊,寿梦长子。余祭:寿梦次子。夷昧:寿梦第三子。

〔6〕 迮(zé 则):仓促。与:给予。

〔7〕 迭:依次。

〔8〕 轻死:以死为轻,对死亡不在意。

〔9〕 祝:祷告。

〔10〕 苟:如果。有吴国:指保存吴国。

〔11〕 尚:希望。悔:灾祸。

〔12〕 使而亡:出使在外,避而不归。

〔13〕 僚:吴王僚,又名州于,吴王夷昧之子,公元前526年至前515年在位。曾多次兴兵伐楚,后被专诸刺死。

〔14〕 长庶:众子中最年长者。

〔15〕 君之:以之为君,把僚当作国君。

〔16〕 阖庐:又作"阖闾",名光,谒之子,弑僚自立,公元前514年至前496年在位。

〔17〕 与:通"欤",语助词。下文"与"字同。

〔18〕 恶(wū 乌):疑问代词,怎么,如何。

〔19〕 专诸:春秋时刺客名。公子光欲杀吴王僚自立,使专诸藏匕首于鱼腹之中,借着宴会献鱼的机会,把吴王僚刺死。

〔20〕 弑(shì 士):古时子杀父、臣杀君为弑。

〔21〕 吾兄:这里是吾兄之子的意思,指吴王僚。

〔22〕 延陵:吴邑名,在今江苏常州市。

〔23〕 吴国:指吴国都城。

〔24〕 贤者不名:这是《春秋》作者表示褒贬的一种笔法,贤者称字不称名,如称名则是贬。

〔25〕 许:赞许。

〔26〕 不一而足:意思是不能因为季子让国这一件事,就认为他很完美。足,满足。

穀梁传

《穀梁传》,又称《春秋穀梁传》、《穀梁春秋》,是专释《春秋》经义的儒家经典。相传为战国时鲁人穀梁赤所著。全书起于鲁隐公元年,迄于鲁哀公十四年。与《左传》、《公羊传》合称《春秋三传》。它是后世研究秦汉时期儒家思想的重要文献资料。

郑伯克段于鄢[1] 隐公元年 穀梁传

克者何?能也。何能也?能杀也。何以不言杀?见段之有徒众也[2]。段,郑伯弟也。何以知其为弟也?杀世子、母弟[3],目君[4]。以其目君,知其为弟也。段,弟也而弗谓弟,公子也而弗谓公子,贬之也,段失子弟之道矣。贱段而甚郑伯也[5]。何甚乎郑伯?甚郑伯之处心积虑,成于杀也。

于鄢,远也,犹曰取之其母之怀中而杀之云尔,甚之也。然则为郑伯者宜奈何?缓追逸贼[6],亲亲之道也[7]。

【注释】

〔1〕 本文是对《春秋》经文"郑伯克段于鄢"的注解。《左传》中也记载了这个故事,可以参看。与《左传》不同,本文不引时事,专作议论,通过对"郑伯克段于鄢"的逐字阐释,谴责了共叔段的不义,更谴责了郑伯的不仁,即他处心积虑,姑息养奸,最后歼灭弟弟的行为,反映了儒家"亲亲"的观点。

〔2〕 徒众:士兵和百姓。

〔3〕 世子:古代天子和诸侯的嫡长子。母弟:同母弟。

〔4〕 目君:谓视为君所杀。目,称为,视为。《春秋》作者称呼杀死世子

或者同母弟的君主,都只称国君,不再以兄弟相称,有贬抑之意。

〔5〕 贱:轻视,鄙薄。甚:这里是加重责备的意思。

〔6〕 逸:逃亡。贼:作乱叛国危害人民的人。这里指共叔段。

〔7〕 亲亲:亲爱自己的亲人。道:办法。

虞师晋师灭夏阳[1] 僖公二年　穀梁传

非国而曰灭,重夏阳也[2]。

虞无师[3],其曰师何也?以其先晋[4],不可以不言师也。

其先晋何也?为主乎灭夏阳也[5]。夏阳者,虞、虢之塞邑也[6]。灭夏阳而虞、虢举矣[7]。

虞之为主乎灭夏阳何也?晋献公欲伐虢,荀息曰[8]:"君何不以屈产之乘[9]、垂棘之璧而借道乎虞也[10]?"公曰:"此晋国之宝也,如受吾币而不借吾道[11],则如之何?"荀息曰:"此小国之所以事大国也,彼不借吾道,必不敢受吾币[12];如受吾币而借吾道,则是我取之中府而藏之外府,取之中厩而置之外厩也[13]。"公曰:"宫之奇存焉[14],必不使受之也。"荀息曰:"宫之奇之为人也,达心而懦[15],又少长于君[16]。达心则其言略[17],懦则不能强谏,少长于君则君轻之。且夫玩好在耳目之前[18],而患在一国之后,此中知以上乃能虑之[19],臣料虞君中知以下也。"公遂借道而伐虢。宫之奇谏曰:"晋国之使者,其辞卑而币重,必不便于虞。"虞公弗听,遂受其币而借之道。宫之奇又谏曰:"语曰[20]:'唇亡则齿寒。'其斯之谓与!"挈其妻子以奔曹[21]。献公亡虢,五年[22],而后举虞。荀息牵马操璧而前曰:"璧则犹是也,而马齿加长矣[23]!"

【注释】

〔1〕 本篇在阐释《春秋》"虞师晋师灭夏阳"经义中,记载了晋、虞两国君臣就借道问题的讨论。夏阳,或作"下阳",虢国边邑,在今山西平陆北。

〔2〕 重:重视。

〔3〕 虞:春秋国名,在今山西平陆北。无师:没有出动军队。

〔4〕 先晋:指"虞"写在"晋"前面。

〔5〕 "为主"句:意为在灭夏阳中,虞国起了主要作用。

〔6〕 虢(guó 国):春秋国名,与虞国紧邻,在今山西平陆、河南三门峡一带。

〔7〕 举:攻克。

〔8〕 荀息:晋国大夫。

〔9〕 屈:晋国地名,在今山西吉县北,盛产良马。乘(shèng 胜):车马。古时一车四马为一乘。

〔10〕 垂棘:晋国地名,在今山西潞城北,盛产美玉。

〔11〕 币:帛,丝织品,古人常用作赠品礼物,这里泛指礼物。

〔12〕 "此小国"三句:意为这种礼物本是小国侍奉大国的,现在是大国送小国,如果虞国不以借道回报,必然不敢接受。所以不必担心它"受吾币而不借吾道"。

〔13〕 "则是"数句:意为虞国如果借道,晋国必然最终灭虞,那么这些宝物终究还是晋国的,现在只不过是从宫内移到宫外存放而已。中,指宫内。府,府库,收藏宝物的库房。外,指宫外。厩(jiù 救),马房。

〔14〕 存:在,指在虞君身边。

〔15〕 达心:内心通达,明晓事理。懦:怯懦,胆小。

〔16〕 少长于君:意为与虞君从小一起长大。

〔17〕 "达心"句:意为通达明理之人,往往言简意赅,对于愚蠢的人来说,不易领悟。

〔18〕 玩好(hào 浩):供人玩赏喜好的东西。

〔19〕 中知(zhì 智):中等智力。知,通"智"。

〔20〕 语曰:常言道,俗话说。

〔21〕 挈(qiè 怯):带领。奔:逃奔。曹:春秋国名,在今山东西部。

〔22〕 五年:指鲁僖公五年(前655)。

〔23〕 长(zhǎng 掌):增加。马的牙齿,随年龄而增加。

礼 记

《礼记》为儒家经典之一,是我国古代有关礼仪制度的资料汇编。西汉礼学家戴德选编的八十五篇本为《大戴礼记》,其侄戴圣选编的四十九篇本为《小戴礼记》,即流传至今的《礼记》。《礼记》内容博杂,涉及面甚广,对于后世学者研究古代的婚丧制度、社会习俗等具有重要的史料价值。

晋献公杀世子申生[1] 檀弓上 礼记

晋献公将杀其世子申生。公子重耳谓之曰[2]:"子盖言子之志于公乎[3]?"世子曰:"不可。君安骊姬[4],是我伤公之心也。"曰:"然则盖行乎?"世子曰:"不可。君谓我欲弑君也。天下岂有无父之国哉?吾何行如之?"使人辞于狐突曰[5]:"申生有罪,不念伯氏之言也[6],以至于死。申生不敢爱其死[7]。虽然,吾君老矣,子少[8],国家多难[9],伯氏不出而图吾君,伯氏苟出而图吾君[10],申生受赐而死。"再拜稽首乃卒。是以为恭世子也[11]。

【注释】

〔1〕 晋献公听信骊姬谗言,逼申生自尽。申生在蒙冤的情况下,顺从献公的意志从容就死,临死前仍不忘忧虑国事,尽显忠孝本色。但申生明知父命是错误的却依然顺从,这种做法并不值得提倡,因此文末落下沉重的一笔,既是惋惜,也是批评。晋献公,春秋时晋国国君,姓姬,名诡诸,公元前676年至前651年在位。世子,又称太子,是古代天子和诸侯的嫡长子。申生,晋献公嫡长子,夫人齐姜所生,后为骊姬所诬,自杀而死。

〔2〕 重耳:晋公子。国君之子,除世子外均称公子。献公之妾狐姬所

〔3〕 盍(hé何):通"盍",何不。下文"然则盍行乎"的"盍"同。

〔4〕 安:安逸,安乐。这里指晋献公有了骊姬,才得以安乐。骊姬:晋献公宠妾,骊戎国君之女,晋献公灭骊戎,纳为夫人。

〔5〕 狐突:姓狐,名突,字伯,申生的师傅,重耳的外祖父。

〔6〕 伯氏之言:晋献公命申生领兵伐东山皋落氏时,狐突曾劝申生乘机出逃,申生没有采纳他的意见。此后,狐突便称病不出。伯氏,对狐突的尊称。

〔7〕 爱:吝惜。

〔8〕 子:指骊姬之子奚齐,时年六岁。

〔9〕 国家多难:申生预料死后,其弟兄将因争夺君位而相互残杀。

〔10〕 图吾君:为吾君图。图,谋划,策划。

〔11〕 为:谓。恭:申生的谥号。"恭"是敬顺事上的意思。申生明知父命是错误的,却仍然顺从而自杀,所以谥"恭"。

曾子易箦[1] 檀弓上 礼记

曾子寝疾[2],病[3]。乐正子春坐于床下[4],曾元、曾申坐于足[5],童子隅坐而执烛[6]。童子曰:"华而睆[7],大夫之箦与?"子春曰:"止[8]!"曾子闻之,瞿然曰[9]:"呼[10]!"曰:"华而睆,大夫之箦与?"曾子曰:"然[11]。斯季孙之赐也[12],我未之能易也[13]。元,起易箦。"曾元曰:"夫子之病革矣[14],不可以变,幸而至于旦[15],请敬易之。"曾子曰:"尔之爱我也不如彼[16]。君子之爱人也以德,细人之爱人也以姑息[17]。吾何求哉?吾得正而毙焉[18],斯已矣。"举扶而易之[19],反席[20],未安而没[21]。

【注释】

〔1〕 本文记载曾子重病垂危之际,认为自己身下的席子,是鲁大夫季孙所赐,只有大夫才能享用,自己如果死在这张席子上,是不合礼制的,因而坚持要换掉。这显示了曾子恪守礼制的严谨作风。曾子,名参,字子舆,春秋末期鲁国武城(今山东费县)人,是孔子的贤弟子之一,以修身和孝道著称。易,更

换。箦(zé 责),竹编的床垫或席子。

〔2〕 寝疾:卧病在床。

〔3〕 病:意为病重,垂危。

〔4〕 乐(yuè 月)正:官名,乐官之长。子春:曾参的弟子。

〔5〕 曾元、曾申:均为曾参的儿子。坐于足:指坐在曾参的脚边。

〔6〕 童子:僮仆。隅(yú 鱼)坐:坐在墙角落。烛:火炬,火把。

〔7〕 华:华美。睆(huǎn 缓):平整光滑。

〔8〕 止:意为"别说了"。

〔9〕 瞿然:惊恐而视的样子。

〔10〕 呼:曾参惊恐时发出的声音。

〔11〕 然:是的。

〔12〕 斯:此,指竹席。季孙:鲁国大夫,曾为鲁国的实际执政者。

〔13〕 "我未"句:意为自己因病重而无法亲自换席子。

〔14〕 革(jí 及):通"亟",危急。

〔15〕 旦:天亮。

〔16〕 尔:你,指曾元。彼:他,指童子。

〔17〕 细人:小人。姑息:意为不讲道义原则,将就苟且,纵容犯错。

〔18〕 正:正道,符合礼制。毙:死亡。

〔19〕 举:托起,抬起。

〔20〕 反:通"返",指返回更换了席子的床上。

〔21〕 未安而没(mò 默):意为曾子还没躺安稳就死了。

有子之言似夫子[1] 檀弓上 礼记

有子问于曾子曰[2]:"问丧于夫子乎[3]?"曰:"闻之矣:'丧欲速贫,死欲速朽[4]'。"有子曰:"是非君子之言也。"曾子曰:"参也闻诸夫子也。"有子又曰:"是非君子之言也。"曾子曰:"参也与子游闻之[5]。"有子曰:"然。然则夫子有为言之也[6]。"

曾子以斯言告于子游。子游曰:"甚哉,有子之言似夫子也!昔者,夫子居于宋,见桓司马自为石椁[7],三年而不成。夫子曰:'若是其靡也[8],死不如速朽之愈也[9]。'死之欲速朽',为桓司马言之也。南宫敬叔反[10],必载宝而朝。夫子曰:'若是其货也,丧不如速贫之愈也。''丧之欲速贫',为敬叔言之也。"

曾子以子游之言告于有子。有子曰:"然!吾固曰非夫子之言也。"曾子曰:"子何以知之?"有子曰:"夫子制于中都[11],四寸之棺,五寸之椁,以斯知不欲速朽也。昔者,夫子失鲁司寇[12],将之荆[13],盖先之以子夏,又申之以冉有[14],以斯知不欲速贫也。"

【注释】

〔1〕 本文记叙了孔子的三个弟子对"丧欲速贫,死欲速朽"的争论。这篇文章告诉我们理解一个人说的某些话时,一定要联系他的一贯主张,依据所针对的具体情况进行分析领悟。有子,姓有名若,字子有,鲁国人,孔子弟子。夫子,指孔子。

〔2〕 曾子:姓曾名参,字子舆,鲁国人,孔子弟子。

〔3〕 问:当作"闻"。丧:丢失,这里指丢失官职。

〔4〕 "丧欲"二句:这两句意思是失去官位,希望快一点贫穷;死了,希望快一点腐烂。

〔5〕 子游:姓言名偃,字子游,吴国人,孔子弟子。

〔6〕 有为言之:有所指而言,即"有所为言"。

〔7〕 桓司马:桓魋(tuí 颓),宋国司马,掌管军事。椁(guǒ 果):套在棺材外面的大棺材。

〔8〕 若是其靡:即"其靡若是"。是,代词,这里指"自为石椁,三年而不成"。靡,浪费,奢侈。

〔9〕 愈:较好,胜过。

〔10〕 南宫敬叔:鲁孟僖子之子仲孙阅,鲁大夫。曾失位离开鲁国,返时载宝物朝见鲁君。反:同"返"。这里指回到鲁国。

〔11〕 制:立规定,定制度。中都:鲁邑名,在今山东汶上西,孔子曾任过中都宰。

〔12〕 司寇:掌管司法刑狱的官。

〔13〕 荆:楚国。楚庄王曾想任用孔子,因大夫子西反对而作罢。

〔14〕 "盖先"两句:意思是孔子先让子夏去楚国表明他求职的意思,又

让冉有去重申他的心意。子夏,姓卜名商,子夏是字,卫国人,孔子弟子。冉有,姓冉名求,字子有,鲁国人,孔子弟子。

公子重耳对秦客[1] 檀弓下　礼记

晋献公之丧,秦穆公使人吊公子重耳[2],且曰:"寡人闻之[3],亡国恒于斯[4],得国恒于斯。虽吾子俨然在忧服之中[5],丧亦不可久也[6],时亦不可失也,孺子其图之[7]。"以告舅犯[8]。舅犯曰:"孺子其辞焉!丧人无宝,仁亲以为宝。父死之谓何?又因以为利,而天下其孰能说之[9]?孺子其辞焉!"

公子重耳对客曰:"君惠吊亡臣重耳,身丧父死,不得与于哭泣之哀,以为君忧。父死之谓何?或敢有他志以辱君义[10]。"稽颡而不拜[11],哭而起,起而不私[12]。

子显以致命于穆公[13]。穆公曰:"仁夫!公子重耳。夫稽颡而不拜,则未为后也[14],故不成拜[15]。哭而起,则爱父也。起而不私,则远利也。"

【注释】

〔1〕 公子重耳由于受骊姬的陷害,在晋献公在世时流亡国外。公元前651年,晋献公去世,晋国无主,秦穆公派使者到重耳处吊唁,并试探他是否有乘机夺位的意思。重耳和子犯审时度势,觉得条件还不成熟,于是婉言谢绝,措辞冠冕堂皇,举止正大合礼。秦穆公的狡诈、狐偃的老谋深算以及重耳的节制在对话中鲜明地表现了出来。

〔2〕 秦穆公:姓嬴,名任好,公元前659年至前621年在位。娶申生姊为夫人。人:即下文的子显,名絷(zhí直),秦穆公之子。

〔3〕 寡人:国君对自己的谦称。下文是子显转引秦穆公的话。

〔4〕 恒:常。斯:此。这里指晋献公去世这个时候。

〔5〕 俨(yǎn演)然:庄重的样子。忧服:居忧服丧。

〔6〕 丧:这里指失去地位,流亡在外。

〔7〕 孺子:小子,对年幼者的通称。图:思虑,谋划。

〔8〕舅犯：即狐偃，字子犯，重耳的舅父。

〔9〕说：解释，辩护。

〔10〕他志：别的想法。这里指谋取君位。辱君义：有辱秦穆公吊慰的情义。

〔11〕不拜：不拜谢。只有丧主才能对宾客的吊唁行拜谢礼。晋献公并未立重耳为嗣，重耳稽颡而不拜，表示自己不敢充当丧主，是对秦穆公劝他回国袭位的委婉拒绝。

〔12〕私：私下谈话。

〔13〕致命：回报。

〔14〕未为后：意为不承认是晋献公的继承人。

〔15〕成拜：指主丧者对吊唁的人先磕头后拜谢，是古代的丧礼之一。

杜蒉扬觯[1] 檀弓下　礼记

知悼子卒[2]，未葬。平公饮酒[3]，师旷、李调侍[4]，鼓钟。杜蒉自外来，闻钟声，曰："安在？"曰："在寝[5]。"杜蒉入寝，历阶而升，酌曰："旷饮斯！"又酌曰："调饮斯！"又酌，堂上北面坐饮之[6]，降[7]，趋而出。

平公呼而进之，曰："蒉！曩者尔心或开予[8]，是以不与尔言。尔饮旷，何也？"曰："子卯不乐[9]。知悼子在堂[10]，斯其为子卯也大矣[11]！旷也，太师也，不以诏[12]，是以饮之也。""尔饮调，何也？"曰："调也，君之亵臣也，为一饮一食忘君之疾[13]，是以饮之也。""尔饮，何也？"曰："蒉也，宰夫也，非刀匕是共[14]，又敢与知防[15]，是以饮之也。"平公曰："寡人亦有过焉，酌而饮寡人。"杜蒉洗而扬觯。公谓侍者曰："如我死，则必毋废斯爵也[16]！"

至于今，既毕献[17]，斯扬觯，谓之杜举。

【注释】

〔1〕晋大夫知悼子死而未葬，晋平公就和乐师、近臣一起喝酒奏乐。杜蒉进谏，使平公觉悟自责，从而达到了进谏的目的。本文说明了要收到批评的

效果,方式方法非常重要。杜蒉(kuì愧),晋平公的厨师,即文中的"宰夫"。扬,举。觯(zhì至),古代一种圆腹、大口、圆足的酒器。

〔2〕 知悼子:即知䓨,晋大夫,悼是谥号。

〔3〕 平公:即晋平公,名彪,公元前557年至前532年在位。

〔4〕 师旷:字子野,晋国乐师,目盲,善辨声乐。即下文的"太师"。李调:晋平公的宠臣。即下文的"嬖臣"。

〔5〕 寝:寝宫。国君休息的宫殿。

〔6〕 坐:古人席地而坐,两膝着地,臀部压在脚跟上。

〔7〕 降:这里指走下殿阶。

〔8〕 曩者:刚才。开予:启发我。

〔9〕 子卯不乐(yuè月):相传古代暴君商纣王死于甲子日,夏桀死于乙卯日,后来就以甲子、乙卯两日为国君的忌日,不许饮酒奏乐。

〔10〕 在堂:灵柩还放在殿堂里没有下葬。

〔11〕 "斯其"句:意思是知悼子是亲近大臣,死了还没下葬,这忌讳应当大于桀纣之忌。

〔12〕 诏:告诉。

〔13〕 疾:通"忌",忌日。

〔14〕 匕(bǐ比):古代一种取食的器具,长柄浅斗,形状像汤勺。共:通"供"。

〔15〕 与:参加。知防:察觉和防止违礼的事。

〔16〕 爵:酒杯,这里指觯。

〔17〕 献:这里指敬酒。

晋献文子成室[1] 檀弓下　礼记

晋献文子成室,晋大夫发焉[2]。张老曰[3]:"美哉轮焉[4],美哉奂焉[5]。歌于斯[6],哭于斯[7],聚国族于斯[8]!"文子曰:"武也,得歌于斯、哭于斯、聚国族于斯,是全要领以从先大夫于九京也[9]。"北面再拜稽首[10]。君子谓之善颂,善祷[11]。

【注释】

〔1〕 晋献文子赵武新居落成,宾朋临门祝贺。晋大夫张老祝贺赵氏的祖宗又能受到祭祀,赵氏家人都能寿终正寝,赵氏宗族得以复兴。赵武完全领会,用"全要领"来表明自己痛定思痛,祈祷不再发生刑戮之祸。一颂一祷都紧密地结合着赵氏自衰败后再起的现实,的确是"善颂善祷"。晋献文子,即赵武,晋大夫,"献文"是谥号。成室,新居落成。

〔2〕 发:送礼庆贺。

〔3〕 张老:晋国大夫张孟。

〔4〕 轮:轮囷,高大。

〔5〕 奂:文采鲜明。

〔6〕 歌:古代祭祀时奏乐唱诗,这里代指祭祀。

〔7〕 哭:指家族中死丧哭泣之事,这里代指葬礼。

〔8〕 国族:国宾和宗族。

〔9〕 全要领:免于斩戮之刑。要,通"腰"。领,脖颈。古时罪重则腰斩,罪轻则戮颈,砍头。先大夫:自称已故的父亲、祖父。九京:即九原,晋国卿大夫的墓地,在今山西绛县北。

〔10〕 北面:面向北。古代堂礼,长辈面南而坐,小辈北向而拜。稽首:古代跪拜礼,拱手至地,头也至地。是古代最隆重的拜礼。

〔11〕 善:擅长。祷:祈福免祸。

卷 四

国　策

《国策》即《战国策》,是一部战国时代有关记言史料的汇编。所记之事,上起韩、赵、魏三家分晋,下迄秦二世继位,记录了二百四十五年间各诸侯国在政治、军事、外交等方面的重大历史事件。西汉刘向系统地整理这些史料,依国别分为东周、西周、秦、齐、楚、赵、魏、韩、燕、宋、卫、中山十二策,共三十三篇。《战国策》主要体现了纵横家的思想,具有较高的文学价值。策士说辞辩丽横肆,士人形象生动传神,寓言寓意深入浅出。

苏秦以连横说秦[1] 国策

苏秦始将连横[2],说秦惠王曰[3]:"大王之国,西有巴、蜀、汉中之利[4],北有胡貉、代马之用[5],南有巫山、黔中之限[6],东有殽、函之固[7]。田肥美,民殷富,战车万乘,奋击百万[8],沃野千里,蓄积饶多,地势形便,此所谓天府[9],天下之雄国也。以大王之贤,士民之众,车骑之用,兵法之教,可以并诸侯,吞天下,称帝而治。愿大王少留意,臣请奏其效。"

秦王曰:"寡人闻之:毛羽不丰满者,不可以高飞,文章不成者不可以诛罚,道德不厚者不可以使民,政教不顺者不可以烦大臣。今先生俨然不远千里而庭教之[10],愿以异日[11]。"

苏秦曰:"臣固疑大王之不能用也。昔者神农伐补遂[12],黄帝伐涿鹿而禽蚩尤[13],尧伐驩兜[14],舜伐三苗[15],禹伐共工[16],汤伐有夏[17],文王伐崇[18],武王伐纣[19],齐桓任战而霸天下[20]。由此观之,恶有不战者乎[21]? 古者使车毂击驰[22],言语相结,天下为一,约从连横,兵革不藏。文士并饬[23],诸侯乱惑,万端俱起[24],不可胜理。科条既备,民多伪态,书策稠浊[25],百姓不足。上下相愁,民无所聊[26],明言章理[27],兵甲愈起。辩言伟服[28],战攻不息,繁称文辞,天下不治。舌敝耳聋,不见成功,行义约信,天下不亲。于是乃废文任武,厚养死士,缀甲厉兵[29],效胜于战场。夫徒处而致利[30],安坐而广地,虽古五帝三王五霸[31],明主贤君,常欲坐而致之,其势不能。故以战续之,宽则两军相攻,迫则杖戟相撞[32],然后可建大功。是故兵胜于外,义强于内,威立于上,民服于下。今欲并天下,凌万乘[33],诎敌国[34],制海内,子元元[35],臣诸侯,非兵不可。今之嗣主[36],忽于至道[37],皆惛于教[38],乱于治,迷于言,惑于语,沉于辩,溺于辞。以此论之,王固不能行也。"

说秦王书十上而说不行[39],黑貂之裘敝,黄金百斤尽,资用乏绝,去秦而归,赢縢履跷[40],负书担囊[41],形容枯槁,面目犁黑[42],状有愧色[43]。归至家,妻不下纴[44],嫂不为炊。父母不与言。苏秦喟叹曰:"妻不以我为夫,嫂不以我为叔,父母不以我为子,是皆秦之罪也。"乃夜发书,陈箧数十,得太公《阴符》之谋[45],伏而诵之,简练以为揣摩[46]。读书欲睡,引锥自刺其股,血流至足[47],曰:"安有说人主,不能出其金玉锦绣,取卿相之尊者乎?"期年,揣摩成,曰:"此真可以说当世之君矣。"

于是乃摩燕乌集阙[48],见说赵王于华屋之下[49],抵掌而谈[50],赵王大说,封为武安君[51]。受相印,革车百乘,锦绣千纯,白璧百双,黄金万镒[52],以随其后,约从散横以抑强秦,故苏秦相于赵而关不通[53]。

当此之时,天下之大,万民之众,王侯之威,谋臣之权,皆欲决苏秦之策。不费斗粮,未烦一兵,未战一士,未绝一弦,未折一矢,诸侯相亲,贤于兄弟。夫贤人任而天下服,一人用而天下从,故曰:式于政不式于勇[54];式于廊庙之内[55],不式于四境之外。当秦之隆[56],黄金万镒为用,转毂连骑,炫熿于道,山东之国从风而服[57],使赵大重[58]。且夫苏秦,特穷巷掘门桑户棬枢之士耳[59],伏轼撙衔[60],横历天下,庭说诸侯之主,杜左右之口,天下莫之伉[61]。

将说楚王,路过洛阳,父母闻之,清宫除道,张乐设饮[62],郊迎三十里。妻侧目而视,侧耳而听。嫂蛇行匍伏,四拜自跪而谢。苏秦曰:"嫂何前倨而后卑也[63]?"嫂曰:"以季子之位尊而多金[64]。"苏秦曰:"嗟乎!贫穷则父母不子,富贵则亲戚畏惧。人生世上,势位富厚,盖可忽乎哉[65]?"

【注释】

〔1〕 本篇选自《秦策一》。记载了苏秦始以连横之策游说秦王,而其说不行,于是发愤读书、终于相赵的故事。

〔2〕 苏秦:战国时洛阳人,著名策士。连横:战国时代,秦与六国中任何一国联合以打击别的国家,称为连横;合六国抗秦,称为合纵。

〔3〕 说(shuì 税):劝说,游说。秦惠王:公元前336至前311年在位。

〔4〕 巴:今四川省东部。蜀:今四川省西部。汉中:今陕西省秦岭以南一带。

〔5〕 胡:指匈奴族所居地区。貉(hé 河):一种形似狐狸的动物,毛皮可作裘。代:今河北、山西省北部,以产良马闻世。

〔6〕 巫山:在今重庆市巫山县东。黔中:在今湖南省沅陵县西。限:屏障。

〔7〕 殽:殽山在今河南省洛宁县西北。一本"殽"作"肴"。函:函谷关,在今河南省灵宝市西南。

〔8〕 奋击:奋勇进击的武士。

〔9〕 天府:自然界的宝库。

〔10〕 俨然:郑重其事地。

〔11〕 愿以异日:愿改在其他时间。于此为婉言谢绝之意。

〔12〕 神农:传说中发明农业和医药的远古帝王。补遂:古国名。

〔13〕 涿鹿:在今河北省涿州市南。禽:通"擒"。蚩尤:传说为东方九黎族的首领。

〔14〕 骧(huān 欢)兜:尧的大臣,传说曾与共工一起作乱,后被流放。

〔15〕 三苗:古代少数民族,亦称有苗,其地在今长江中游以南一带。

〔16〕 共工:尧的大臣,作乱叛尧,后被流放。

〔17〕 有夏:即夏桀,"有"字无义。

〔18〕 崇:古国名,在今陕西省户县东。

123

〔19〕 纣:商朝末代君主,统治残暴,被西周所灭。

〔20〕 霸:称霸。

〔21〕 恶:同"乌",疑问代词,相当于"哪有"。

〔22〕 毂(gǔ 谷):车轮中央安放车轴的圆眼,这里代指车乘。

〔23〕 饬:通"饰",修饰文词,即巧为游说。

〔24〕 万端俱起:群议纷起。

〔25〕 稠浊:多而乱。

〔26〕 聊:依靠。

〔27〕 章:同"彰",明显。

〔28〕 伟服:华丽的服饰。

〔29〕 厉:通"砺",磨砺。

〔30〕 徒处:白白地等待。

〔31〕 五霸:即春秋五霸。指春秋时先后称霸的五个诸侯,有多种不同说法,一般指齐桓公、晋文公、楚庄王、吴王阖闾、越王勾践。

〔32〕 杖:持着。

〔33〕 凌:凌驾于上。万乘:兵车万辆,指大国。

〔34〕 诎:同"屈",屈服。

〔35〕 元元:百姓。

〔36〕 嗣主:继位的君王。

〔37〕 至道:指用兵之道。

〔38〕 悟:不明。

〔39〕 说不行:游说没有成功,连横的主张没被采纳。

〔40〕 嬴:一作"𦄼(léi 雷)",缠绕。縢(téng 病):绑腿布。蹻(juē 决):草鞋。

〔41〕 囊:盛物的口袋。

〔42〕 黧(lí 梨)黑:黄黑色。

〔43〕 愧:羞愧。

〔44〕 纴(rèn 认):纺织机。

〔45〕 太公《阴符》:一种兵书。托名姜太公吕尚所作,故冠以太公之名。

〔46〕 简:选择。练:熟习。

〔47〕 足:应作"踵",足跟。

〔48〕 摩:靠近。燕乌集:宫阙名。

〔49〕 华屋:指宫殿。

〔50〕 抵(zhǐ纸):通"扺",拍击。

〔51〕 武安:今属河北省。

〔52〕 镒:计量单位,一镒二十四两。

〔53〕 关:此指函谷关,为六国通秦要塞。

〔54〕 式:用。

〔55〕 廊庙:谓朝廷。

〔56〕 隆:显赫。

〔57〕 山东:指殽山,函谷关以东地区。

〔58〕 使赵大重:使赵国在诸侯中的地位变得重要。

〔59〕 掘门:同"窟门",窑门。桑户:桑木为板的门。棬(quān 圈)枢:树枝做成的门枢。

〔60〕 轼:车前横木。撙(zǔn 尊上声):节制。

〔61〕 伉:通"抗",抗衡,并立。

〔62〕 张:设置。

〔63〕 倨:傲慢。

〔64〕 季子:苏秦的字。

〔65〕 盖:同"盍",何。

司马错论伐蜀[1] 国策

司马错与张仪争论于秦惠王前[2]。司马错欲伐蜀,张仪曰:"不如伐韩。"王曰:"请闻其说。"

对曰:"亲魏善楚,下兵三川[3],塞轘辕、缑氏之口[4],当屯留之道[5],魏绝南阳[6],楚临南郑[7],秦攻新城、宜阳[8],以临二周之郊[9],诛周主之罪[10],侵楚、魏之地,周自知不救,九鼎宝器必出。据九鼎,按图籍[11],挟天子以令天下,天下莫敢不听,此王业也。今夫蜀,西僻之国而戎狄之长也[12]。敝兵劳众[13],不足以成名;得其地,不足以为利。臣闻争名者于朝,争利者于市。今三川、周室,天下之市朝也,而王不争焉,顾争于戎狄[14],去王业远矣。"

司马错曰："不然。臣闻之，欲富国者，务广其地，欲强兵者，务富其民，欲王者，务博其德，三资者备，而王随之矣。今王之地下民贫，故臣愿从事于易。夫蜀，西僻之国也，而戎狄之长也，而有桀纣之乱[15]。以秦攻之，譬如使豺狼逐群羊也。取其地，足以广国也；得其财，足以富民。缮兵不伤众[16]，而彼已服矣。故拔一国，而天下不以为暴；利尽四海[17]，诸侯不以为贪。是我一举而名实两附[18]，而又有禁暴止乱之名。今攻韩劫天子[19]，劫天子，恶名也，而未必利也，又有不义之名。而攻天下之所不欲，危！臣请谒其故[20]：周，天下之宗室也；韩，周之与国也[21]。周自知失九鼎，韩自知亡三川，则必将二国并力合谋，以因乎齐、赵[22]，而求解乎楚、魏。以鼎与楚，以地与魏，王不能禁。此臣所谓危，不如伐蜀之完也[23]。"

惠王曰："善。寡人听子。"卒起兵伐蜀，十月取之，遂定蜀。蜀主更号为侯，而使陈庄相蜀[24]。蜀既属，秦益强富厚，轻诸侯。

【注释】

〔1〕 本文选自《秦策一》，记载了秦国向外扩张过程中一场关于"伐蜀"与"伐韩"的争论。司马错，战国时秦将。蜀，夏周时古国，在今成都一带，后被秦所灭。

〔2〕 张仪：战国时魏人，著名纵横家。曾任秦相，以连横政策游说各国，有功于秦，封武信君。秦惠王：即秦惠文王嬴驷。

〔3〕 下兵：出兵。三川：指在今河南洛阳一带，因有黄河、伊河、洛河三水流经，故称"三川"，地属韩国。

〔4〕 镮(huán 桓)辕：山名，在今河南偃师东南。缑(gōu 勾)氏：山名，在今河南偃师。

〔5〕 屯留：地名，在今山西屯留南，太行山的羊肠坂道通过此地。

〔6〕 绝：隔断。南阳：地名，在今河南焦作、博爱一带，地属韩国。

〔7〕 临：进攻。南郑：地名，在今河南新郑。

〔8〕 新城：地名，在今河南伊川西南。宜阳：地名，在今河南宜阳西。

〔9〕 二周：西周、东周，战国时周室分裂而成的两个小国。

〔10〕 周主：指西周、东周两国国君。

〔11〕 图籍：地图和户籍。

〔12〕 戎狄:古代对西部少数民族的通称。长(zhǎng涨):列首位者。

〔13〕 敝:疲困。兵:原作名,据《战国策》改。

〔14〕 顾:反而。

〔15〕 桀纣之乱:指蜀王兄弟间的战争。桀纣,夏商两朝的末代暴君。

〔16〕 缮:整治。

〔17〕 四海:当是"西海"之误,指蜀国,这句意思是尽取蜀国的财富。

〔18〕 名:指上文所说的"不以为贪""不以为暴"。实:指拨国得地。附:归属。

〔19〕 劫:胁迫。

〔20〕 谒:说明。

〔21〕 与国:友好之国。

〔22〕 因:依靠。

〔23〕 完:万全。

〔24〕 陈庄:秦臣,公元前314年任蜀相。

范雎说秦王^[1] 国策

范雎至,秦王庭迎范雎,敬执宾主之礼,范雎辞让。是日见范雎,见者无不变色易容者。秦王屏左右[2],宫中虚无人。秦王跪而进曰:"先生何以幸教寡人[3]?"范雎曰:"唯唯[4]。"有间[5],秦王复请,范雎曰:"唯唯。"若是者三。秦王跽曰[6]:"先生不幸教寡人乎?"

范雎谢曰[7]:"非敢然也。臣闻昔者吕尚之遇文王也[8],身为渔父,而钓于渭阳之滨耳[9]。若是者,交疏也。已一说而立为太师[10],载与俱归者,其言深也。故文王果收功于吕尚,卒擅天下[11],而身立为帝王。即使文王疏吕望而弗与深言,是周无天子之德,而文武无与成其王也。今臣,羁旅之臣也[12],交疏于王,而所愿陈者,皆匡君之事[13],处人骨肉之间[14]。愿以陈臣之陋忠,而未知王心也,所以王三问而不对者,是也。臣非有所畏而不敢言也。知今日言之于前,而明日伏诛于后,然臣弗敢畏也。大王信行臣之言,死不足以为臣患,亡不足以为臣忧,漆身而为厉[15],被发而为狂[16],不足以为臣耻。五帝之圣而死[17],三王之仁而死[18],五霸之贤而死[19],乌获之力而死[20],奔、育之勇而死[21]。死者,人之所必不免,处必然之势,可以少有补于秦,此臣之所大愿也,臣何患乎?

伍子胥橐载而出昭关[22],夜行而昼伏,至于菱夫[23],无以铪其口,膝行蒲伏[24],乞食于吴市[25],卒兴吴国,阖闾为霸。使臣得进谋如伍子胥,加之以幽囚不复见,是臣说之行也,臣何忧乎?

箕子、接舆[26],漆身而为厉,被发而为狂,无益于殷、楚。使臣得同行于箕子、接舆,漆身可以补所贤之主,是臣之大荣也,臣又何耻乎?

臣之所恐者,独恐臣死之后,天下见臣尽忠而身蹶也[27],是以杜口裹足,莫肯向秦耳。足下上畏太后之严[28],下惑奸臣之态,居深宫之中,不离保傅之手[29],终身暗惑,无与昭奸[30],大者宗庙灭覆[31],小者身以孤危。此臣之所恐耳。若夫穷辱之事,死亡之患,臣弗敢畏也。臣死而秦治,贤于生也。"

秦王跪曰:"先生是何言也!夫秦国僻远,寡人愚不肖,先生乃幸至此,此天以寡人恩先生[32],而存先王之庙也。寡人得受命于先生,此天所以幸先王而不弃其孤也[33]。先生奈何而言若此?事无大小,上及太后,下至大臣,愿先生悉以教寡人,无疑寡人也。"范雎再拜,秦王亦再拜。

【注释】

〔1〕 本文选自《秦策三》,记述了范雎到秦国后初次受到秦昭王接见时的情景。范雎(jū 居),字叔,魏国人,因成功游说秦昭王而拜为相,封应侯。秦王,指秦昭襄王,名则,一名稷,公元前 306 年至前 251 年在位。

〔2〕 屏(bǐng 饼):使退避。左右:指秦王身边的人。

〔3〕 幸:表示尊敬对方的用语。寡人:国君对自己的谦称。

〔4〕 唯唯:应答词,顺应而不表示可否。

〔5〕 有间:片刻,有一会儿。

〔6〕 跽(jì 寄):古人席地而坐,姿势是双膝着地,臀部坐在自己脚跟上,臀部不贴脚跟为跪,长跪而挺身直腰为跽。跽是一种表示恭敬,有所请求的姿势。

〔7〕 谢:道歉。

〔8〕 吕尚:即姜太公。文王:即周文王,周武王之父。商纣时为西伯,武王灭商建周后追谥文王。

〔9〕 渭阳:渭水北岸。阳,山的南面或水的北面。

〔10〕 已:已而,片刻之间。太师:商周军队的最高统帅。

〔11〕 擅天下:拥有天下。文王生前未及"擅天下",也未"身立为帝王"。这里是合文王、武王二人笼统言之。

〔12〕 羁(jī 基)旅:长久寄居他乡。

〔13〕 匡:纠正。

〔14〕 骨肉:这里指秦昭王与其母宣太后的母子关系。

〔15〕 "漆身"句:浑身涂漆,遍体生癞。厉,通"癞",癞疮。

〔16〕 被:通"披",散。

〔17〕 五帝:传说中的上古帝王,一般指黄帝、颛顼、帝喾(kù 库)、唐尧、虞舜。

〔18〕 三王:指夏、商、周三代的开创者夏禹、商汤、周文王与武王。

〔19〕 五霸:即春秋五霸,有不同说法,本文指齐桓公、晋文公、楚庄王、吴王阖闾、越王勾践。

〔20〕 乌获:秦国力士,传说能举千钧之重。秦武王爱好举重,所以重用乌获。

〔21〕 奔、育:即孟贲和夏育,均为卫国勇士。相传孟贲能生拔牛角,夏育能力举千钧,都为秦武王所用。

〔22〕 橐(tuó 驼):口袋。昭关:春秋时楚、吴两国交通要冲,在今安徽含山县北。

〔23〕 菱夫:《战国策》作"浚水",即今之溧水,源出今江苏南京市溧水区东庐山,北流入秦淮河。

〔24〕 蒲伏:同"匍匐",爬行。

〔25〕 吴市:今江苏溧阳。

〔26〕 箕子:商纣王的叔父,封于箕(今山西太谷东北)。因谏纣王不听,披发佯狂。接舆:春秋楚隐士,姓陆名通,躬耕以食,佯狂不仕,人称楚狂,曾唱《凤兮》歌讽劝孔子避世隐居。

〔27〕 蹶:跌倒。这里是死亡的意思。

〔28〕 太后:指秦昭王之母宣太后。

〔29〕 保傅：古代辅导天子及诸侯子弟的官员。这里泛指辅佐国王的大臣。

〔30〕 昭奸：揭发奸邪。

〔31〕 宗庙：古代帝王、诸侯等祭祀祖宗的处所，这里借指王室、国家。

〔32〕 悬(hùn 混)：打扰，烦劳。

〔33〕 幸：宠幸。

邹忌讽齐王纳谏[1] 国策

邹忌修八尺有余[2]，而形貌昳丽[3]。朝服衣冠窥镜[4]，谓其妻曰："我孰与城北徐公美？"其妻曰："君美甚，徐公何能及君也！"城北徐公，齐国之美丽者也。忌不自信，而复问其妾曰："吾孰与徐公美？"妾曰："徐公何能及君也！"旦日，客从外来，与坐谈，问之客曰："吾与徐公孰美？"客曰："徐公不若君之美也！"

明日，徐公来。孰视之[5]，自以为不如；窥镜而自视，又弗如远甚。暮，寝而思之曰："吾妻之美我者，私我也；妾之美我者，畏我也；客之美我者，欲有求于我也。"

于是入朝见威王曰[6]："臣诚知不如徐公美，臣之妻私臣，臣之妾畏臣，臣之客欲有求于臣，皆以美于徐公。今齐地方千里，百二十城，宫妇左右，莫不私王；朝廷之臣，莫不畏王；四境之内，莫不有求于王。由此观之，王之蔽甚矣！"王曰："善。"乃下令："群臣吏民，能面刺寡人之过者，受上赏；上书谏寡人者，受中赏；能谤议于市朝[7]，闻寡人之耳者，受下赏。"

令初下，群臣进谏，门庭若市。数月之后，时时而间进。期年之后[8]，虽欲言，无可进者。燕、赵、韩、魏闻之，皆朝于齐。此所谓战胜于朝廷[9]。

【注释】

〔1〕 本篇选自《齐策一》，写齐相邹忌用切身体会劝谏齐威王的故事。

讽,指用委婉的语言来进行劝告。

〔2〕 邹忌:《史记》作"驺忌",齐人,生活于齐威王、宣王前后,曾任齐国相国,封于下邳(今江苏邳州市西南),号成侯。修:长。八尺:战国时各国尺度不一,从出土文物推算,每尺约在今十八至二十三厘米之间。

〔3〕 昳(yì义):通"佚",美。

〔4〕 朝(zhāo招)服衣冠:早上穿戴衣帽。窥镜:照着镜子看看。

〔5〕 孰视:注目细看。孰,通"熟"。

〔6〕 威王:齐威王婴齐(？—前320),齐桓公田午之子,在位三十七年,知人善任,改革政治,是个较有作为的国君。

〔7〕 市朝:指人众会集的地方。

〔8〕 期(jī基)年:一整年。

〔9〕 战胜于朝廷:指经过内部的改革,不用出兵就使他国臣服。

颜斶说齐王[1] 国策

齐宣王见颜斶,曰:"斶前!"斶亦曰:"王前!"宣王不说。左右曰:"王,人君也;斶,人臣也。王曰'斶前',亦曰'王前',可乎?"斶对曰:"夫斶前为慕势[2],王前为趋士[3],与使斶为慕势,不如使王为趋士。"王忿然作色曰[4]:"王者贵乎？士贵乎？"对曰:"士贵耳,王者不贵。"王曰:"有说乎?"斶曰:"有。昔者秦攻齐,令曰:'有敢去柳下季垄五十步而樵采者[5],死不赦！'令曰:'有能得齐王头者,封万户侯,赐金千镒[6]！'由是观之,生王之头,曾不若死士之垄也。"

宣王曰:"嗟乎,君子焉可侮哉！寡人自取病耳[7]。愿请受为弟子。且颜先生与寡人游[8],食必太牢[9],出必乘车,妻子衣服丽都[10]。"颜斶辞去,曰:"夫玉生于山,制则破焉,非弗宝贵矣,然太璞不完[11]。士生乎鄙野[12],推选则禄焉,非不尊遂也[13],然而形神不全。斶愿得归,晚食以当肉[14],安步以当车[15],无罪以当贵,清净贞正以自虞[16]。"则再拜而辞去也。

君子曰:"斶知足矣,归真反璞[17],则终身不辱。"

【注释】

〔1〕 本文选自《齐策四》,记载了齐国隐士颜斶和齐王之间的一番对话。颜斶(chù 触),齐国隐士。齐王,指齐宣王,田氏,名辟疆,公元前319年至前301年在位。

〔2〕 慕势:趋附权势。

〔3〕 趋士:接近士人,这里指礼贤下士。趋,跑,疾走。

〔4〕 忿(fēn 愤)然作色:生气得变了脸色。忿,忿怒。

〔5〕 去:距离。柳下季:即展禽。垄:指坟墓。樵采:打柴。

〔6〕 镒:古代重量单位,二十两为一镒。

〔7〕 自取病:即自取羞辱。病,羞辱。

〔8〕 游:交往。

〔9〕 太牢:古代帝王、诸侯祭祀社稷时,供品中牛、羊、豕三牲全备为太牢。这里指食品丰盛。

〔10〕 丽都:华美。

〔11〕 太璞:未雕琢加工的璞玉。这里指天然的本性。

〔12〕 鄙野:郊外边远之地。

〔13〕 尊遂:尊贵显达。

〔14〕 晚食:晚一点吃饭。感到饥饿,才吃得香。

〔15〕 安步:从容不迫地步行。

〔16〕 贞:正。自虞:即自娱,自得其乐。虞,通"娱",乐。

〔17〕 归真反璞:归于自然,返于纯朴。指颜斶恢复了自己本来的隐士面目。反,同"返",回归。

冯谖客孟尝君[1] 国策

齐人有冯谖者[2],贫乏不能自存[3],使人属孟尝君[4],愿寄食门下[5]。孟尝君曰:"客何好[6]?"曰:"客无好也。"曰:"客何能?"曰:"客无能也。"孟尝君笑而受之,曰:"诺[7]。"

左右以君贱之也[8],食以草具[9]。居有顷[10],倚柱弹其剑,歌曰:"长铗归来乎[11],食无鱼!"左右以告[12]。孟尝君曰:"食之,比门下之客[13]。"居有顷,复弹其铗,歌曰:"长铗归来乎,出无车!"左右皆笑之,以告。孟尝君曰:"为之驾[14],比门下之车客[15]。"于是乘其车,揭其剑[16],过其友曰[17]:"孟尝君客我[18]!"后有顷,复弹其剑铗,歌曰:"长铗归来乎,无以为家[19]!"左右皆恶之[20],以为贪而不知足。孟尝君问:"冯公有亲乎?"对曰:"有老母。"孟尝君使人给其食用[21],无使乏。于是冯谖不复歌。

后孟尝君出记[22],问门下诸客:"谁习计会[23],能为文收责于薛者乎[24]?"冯谖署曰[25]:"能。"孟尝君怪之,曰:"此谁也?"左右曰:"乃歌夫'长铗归来'者也[26]。"孟尝君笑曰:"客果有能也!吾负之[27],未尝见也。"请而见之,谢曰[28]:"文倦于是[29],惫于忧[30],而性懧愚[31],沉于国家之事[32],开罪于先生[33]。先生不羞[34],乃有意欲为收责于薛乎[35]?"冯谖曰:"愿之[36]。"于是约车治装[37],载券契而行[38]。辞曰:"责毕收[39],以何市而反[40]?"孟尝君曰:"视吾家所寡有者。"

驱而之薛[41],使吏召诸民当偿者[42],悉来合券[43]。券遍合赴[44],矫命以责赐诸民[45],因烧其券[46],民称万岁。

长驱到齐[47],晨而求见[48]。孟尝君怪其疾也[49],衣冠而见之[50],曰:"责毕收乎?来何疾也?"曰:"收毕矣。""以何市而反?"冯谖曰:"君云'视吾家所寡有者',臣窃计君宫中积珍宝[51],狗马实外厩[52],美人充下陈[53],君家所寡有者以义耳[54]。窃以为君市义[55]。"孟尝君曰:"市义奈何[56]?"曰:"今君有区区之薛[57],不拊爱子其民[58],因而贾利之[59]。臣窃矫君命,以责赐诸民,因烧其券,民称万岁,乃臣所以为君市义也[60]。"孟尝君不说[61],曰:"诺。先生休矣[62]!"

后期年,齐王谓孟尝君曰[63]:"寡人不敢以先王之臣为臣[64]!"孟尝君就国于薛[65]。未至百里[66],民扶老携幼,迎君道中终日[67]。孟尝君顾谓冯谖:"先生所为文市义者,乃今日见之[68]!"

冯谖曰:"狡兔有三窟,仅得免其死耳[69];今有一窟,未得高枕而卧也[70]。请为君复凿二窟!"孟尝君予车五十乘[71],金五百斤,西游于梁[72],谓梁王曰[73]:"齐放其大臣孟尝君于诸侯[74],先迎之者,富而兵强。"于是梁王虚上位[75],以故相为上将军[76],遣使者黄金千斤,车百乘,往聘孟尝君[77]。冯谖先驱[78],诫孟尝君曰[79]:"千金,重币也[80];百乘,显使也[81]。齐其闻之矣[82]。"梁使三反[83],孟尝君固辞不往也[84]。

齐王闻之,君臣恐惧。遣太傅赍黄金千斤[85],文车二驷[86],服剑一[87]。封书谢孟尝君曰[88]:"寡人不祥[89],被于宗庙之祟[90],沉于谄谀之臣[91],开罪于君。寡人不足为也[92];愿君顾先王之宗庙[93],姑反国统万人乎[94]!"冯谖诫孟尝君曰:"愿请先王之祭器,立宗庙于薛[95]!"庙成,还报孟尝君曰:"三窟已就[96],君姑高枕为乐矣!"

孟尝君为相数十年,无纤介之祸者[97],冯谖之计也。

【注释】

[1] 本篇选自《齐策四》,写冯谖为孟尝君出谋划策之事。孟尝君(?—前279),妫姓,田氏,名文,齐国宗室,其父靖郭君田婴是齐威王之子,齐宣王异母弟。因封于薛(今山东滕州市东南),又称薛公,号孟尝君。以养客著称,是战国著名四公子之一。

[2] 者,语气词,表提顿。

[3] 存:存在,这里指生活。

[4] 属(zhǔ嘱)通"嘱",嘱托。

[5] 寄食:就是依靠别人吃饭,这里指到孟尝君门下作食客。

[6] 何好(hào浩):爱好什么。

[7] 诺:答应的声音。

[8] 左右:指在孟尝君左右为他办事的人。以:因为。贱:以……为贱、看不起。

[9] 食(sì饲):给……吃,这里指招待。草具:粗劣的餐具,这里指不好的饭菜。

[10] 居有顷:以为没过多久。

[11] "长铗"句:长铗啊,咱们还是回去吧! 铗(jiá戛),剑把,这里指剑。

〔12〕 以告:把冯谖唱歌的事告诉孟尝君。宾语"之"省略了。

〔13〕 "比门下"句:比照一般门客。

〔14〕 为之驾:给他准备车马。

〔15〕 车客:可以坐车的客。

〔16〕 揭:高举。

〔17〕 过:指拜访。

〔18〕 客我:以客礼待我。客,以……为客。

〔19〕 无以为家:没有用来养家的东西,等于说没法养家。

〔20〕 恶(wù勿):厌恶。

〔21〕 给:供应,使足。

〔22〕 记:告示。

〔23〕 习:熟习。计会(kuài快):就是会计。

〔24〕 责(zhài寨):通"债",债务,债款。

〔25〕 署:签名。

〔26〕 "乃歌夫"句:就是唱那"长铗归来"的人啊。乃,就是。夫,那。

〔27〕 吾负之:我对不住他。

〔28〕 谢:道歉。

〔29〕 文倦于是:我被国事搞得疲劳。于,介词,表被动。是,指国事。

〔30〕 愦于忧:被忧虑搞得心烦意乱。愦(kuì愧),心乱。

〔31〕 懧(nuò懦):同"懦",懦弱。

〔32〕 沉:沉溺。

〔33〕 开罪:等于说得罪。

〔34〕 不羞:不以为羞。

〔35〕 乃:却,竟。

〔36〕 之:代词,指"为收责于薛"。

〔37〕 约车:套车。约,束。治装:整理行装。

〔38〕 券契:契约,借条。借贷双方各持一份书牍(竹木做成的),刻齿其旁,以便合齿验证,所以下文说"合券"。

〔39〕 毕收:完全收了。

〔40〕 以何市而反:用收回的债款买什么东西回来?市,买。

〔41〕 驱:本为赶马,这里指驾车。之:往。

〔42〕 当偿者:应当还债的人。

〔43〕 悉:尽,都。

〔44〕 遍合:普遍地合过了。遍,普遍。赴:赶赴。此句指债款合验完毕后,让人来听命令。

〔45〕 矫命:假托命令。以责赐诸民:把债款赐给老百姓。

〔46〕 因:于是。

〔47〕 长驱:一直赶着车,指毫不停留。

〔48〕 晨而求见:清晨就求见孟尝君。

〔49〕 疾:快。

〔50〕 "衣冠"句:穿好衣服戴好帽子来接见他,以表示恭敬。衣、冠,都是名词用如动词。

〔51〕 窃:私自,谦词。计:考虑。

〔52〕 实:和下句的"充"是同义词,意为充满、充实。厩(jiù 就):马房。

〔53〕 下陈:等于说后列。

〔54〕 以:疑是衍文。

〔55〕 "窃以"句:我用债款替你买了义。以,介词,用。

〔56〕 奈何:怎么样。

〔57〕 区区:小小的。

〔58〕 拊(fǔ 府):通"抚",安抚,抚慰。子其民:以其民为子,就是把薛地的百姓看成自己的子女。子,用如动词。

〔59〕 贾(gǔ 古)利之:用商贾之道从百姓那儿谋利。贾,藏货待卖叫做贾。

〔60〕 "乃臣"句:这就是我用来替你买义的方式啊。所以,用来……的方式。

〔61〕 说(yuè 月):通"悦",喜悦,高兴。

〔62〕 休:停止。

〔63〕 齐王:指齐闵(mǐn 敏)王。

〔64〕 "寡人"句:意为我不敢把先王的臣作为我的臣。这是委婉语,实际上是撤孟尝君的职。先王,指齐宣王。

〔65〕 就国:前往自己的封邑。就,前往。

〔66〕 未至百里:距封地百里。

〔67〕 君:指孟尝君。

〔68〕 "先生所为"二句:意为先生替我田文买义的道理,今天才懂得。

乃,副词,才。

〔69〕 仅:才。耳:句尾语气词,相当于现代汉语的"罢了"。

〔70〕 高枕而卧:把枕头垫得高高的躺着,比喻没有忧虑。

〔71〕 予:给。

〔72〕 梁:就是魏国。魏原都安邑,惠王迁都大梁(今河南开封),所以也叫梁。

〔73〕 梁王:因梁惠王卒于齐威王死后的次年,孟尝君和齐愍王同为齐威王之孙,故此时梁王,当指梁惠王之子或孙。

〔74〕 "齐放其大臣"句:齐国放逐他的大臣孟尝君到各诸侯国去。放,放逐。

〔75〕 虚上位:就是把上位(指相位)空出来。虚,使……虚。

〔76〕 "以故相"句:把原来的宰相调为上将军。故,原来。

〔77〕 聘:迎接。

〔78〕 先驱:先赶车回去。

〔79〕 诫:告诫。

〔80〕 千金:等于说金千斤。币:这里指聘币,是古代聘请人时送的礼物。

〔81〕 显使:显贵的使臣。

〔82〕 齐其闻之矣:齐国大概听说了。其,句中语气词,表示推测语气。

〔83〕 梁使三反:梁国的使臣往返三次。

〔84〕 固辞:坚决推辞。

〔85〕 太傅:官名。赍(jī机):拿东西送人。

〔86〕 文车二驷:绘有文彩的四马车两辆。驷,这里指四马拉的车。

〔87〕 服剑:佩带的剑。

〔88〕 封书:封好了书信。谢孟尝君:向孟尝君道歉。

〔89〕 不祥:不善。

〔90〕 "被于"句:遭受祖宗降下的灾祸。被,遭受。宗庙,这里借指祖宗。祟,神祸。

〔91〕 谄谀:巴结逢迎。

〔92〕 "寡人"句:我是不值得您帮助的。这里是齐王谦卑客套之词。为,指帮助。

〔93〕 顾:顾念。

〔94〕 姑:副词,暂且。统:治理。万人:指全国百姓。

〔95〕 "愿请"二句:意为希望您向齐王请求,将先王传下来的祭器移至薛地,在薛建立宗庙。按:古人重视宗庙祭祀,迁祭器于薛,也就使孟尝君的地位更加重要。

〔96〕 就:完成。

〔97〕 纤介:细小。

赵威后问齐使[1] 国策

齐王使使者问赵威后[2],书未发[3],威后问使者曰:"岁亦无恙耶[4]?民亦无恙耶?王亦无恙耶?"使者不说,曰:"臣奉使使威后[5],今不问王而先问岁与民,岂先贱而后尊贵者乎[6]?"威后曰:"不然[7]。苟无岁[8],何有民[9]?苟无民,何有君?故有问,舍本而问末者耶[10]?"

乃进而问之曰:"齐有处士曰锺离子[11],无恙耶?是其为人也[12],有粮者亦食[13],无粮者亦食;有衣者亦衣[14],无衣者亦衣。是助王养其民也[15],何以至今不业也[16]?叶阳子无恙乎[17]?是其为人,哀鳏寡[18],恤孤独[19],振困穷[20],补不足[21]。是助王息其民者也[22],何以至今不业也?北宫之女婴儿子无恙耶[23]?撤其环瑱[24],至老不嫁,以养父母。是皆率民而出于孝情者也[25],胡为至今不朝也[26]?此二士弗业,一女不朝,何以王齐国、子万民乎[27]?於陵子仲尚存乎[28]?是其为人也,上不臣于王[29],下不治其家,中不索交诸侯[30]。此率民而出于无用者[31],何为至今不杀乎?"

【注释】

〔1〕 本篇选自《齐策四》。赵威后(前300?—前265),又称孝威太后,据说是齐闵王之女,赵惠文王王后,赵孝成王之母,姓名不详。本文主要记述了她接见齐国使臣时的对话,展示了其卓越的政治见解。

〔2〕 齐王:指襄王的儿子,名建。使者:奉使命的人。问:聘问,是当时诸侯之间的一种礼节。

〔3〕 书:指齐王给赵威后的书信。发:启封。

〔4〕 岁:收成。恙(yàng样):忧患,灾害。耶:表疑问的语气词。

〔5〕 使使:第一个"使"是名词,使命;第二个"使"是动词,出使。

〔6〕 "岂先贱"句:难道把卑贱的搁在前头,把尊贵的搁在后头吗?贱,指地位低下的民众。

〔7〕 不然:不是这样。

〔8〕 苟:假如。

〔9〕 何:靠什么。

〔10〕 "故有问"二句:有问话不问根本而问末节的吗?本,指岁与民。末,指君。

〔11〕 处士:有才能却隐居不出来做官的人。锺离:复姓。

〔12〕 是:指示代词,这个人,指锺离子。

〔13〕 食:给食物吃。下句的"食"同。

〔14〕 "有衣"句:本句第一个"衣"是名词,衣服;第二个"衣"(yì意)用如动词,给衣服穿。下句的两个"衣"字分别同此。

〔15〕 是:指以上的行为。

〔16〕 何以:因为什么。不业:没有让他成就功业(意思是不用他)。业,用如动词,成就功业、建功立业。

〔17〕 叶阳子:也是齐国的一位隐士。叶阳,复姓。

〔18〕 哀:怜悯。鳏(guān官):年老无妻。寡:寡妇。

〔19〕 恤(xù叙):顾念。孤:年少无父。独:年老无子。

〔20〕 振:救济。

〔21〕 不足:指缺少衣食。

〔22〕 息:蕃殖。鳏寡孤独穷困的人得到救济,不至于死亡,就是使民蕃殖。

〔23〕 北宫:复姓。婴儿子:姓北宫的女子的名字。

〔24〕 撤其环瑱:此句指不修饰打扮自己。撤,拿掉。环,指耳环。瑱(tiàn天去声),做耳饰的玉。

〔25〕 率:率领,引导。孝情:孝心。

〔26〕 胡为:为什么。"胡",疑问代词。不朝:不上朝。古代妇女有封号的才能上朝,所以这里的"不朝"实际上是指不加封号。

〔27〕 王齐国:为齐国之王。王(wàng旺),用如动词,称王。子万民:把

139

〔28〕於(wū乌)陵:齐邑名,在今山东长山县西南。子仲:齐国的隐士。
〔29〕不臣于王:不向王称臣,就是不做官。臣,用如动词,向……称臣。
〔30〕索:求。
〔31〕"此率民"句:意为这是给人们做榜样,要人们做一个不与统治者合作的人。无用,没有作用,意为不跟统治者合作。

庄辛论幸臣[1] 国策

臣闻鄙语曰[2]:"见兔而顾犬[3],未为晚也;亡羊而补牢[4],未为迟也。"臣闻昔汤武以百里昌[5],桀纣以天下亡。今楚国虽小,绝长续短[6],犹以数千里[7],岂特百里哉[8]?

王独不见夫蜻蛉乎[9]?六足四翼,飞翔乎天地之间,俛啄蚊虻而食之[10],仰承甘露而饮之[11]。自以为无患,与人无争也;不知夫五尺童子,方将调饴胶丝[12],加己乎四仞之上,而下为蝼蚁食也[13]。

夫蜻蛉其小者也[14],黄雀因是以[15]。俯噣白粒[16],仰栖茂树[17],鼓翅奋翼[18]。自以为无患,与人无争也;不知夫公子王孙[19],左挟弹[20],右摄丸[21],将加己乎十仞之上,以其类为招[22]。昼游乎茂树,夕调乎酸咸[23]。倏忽之间[24],坠于公子之手。

夫雀其小者也,黄鹄因是以[25]。游乎江海,淹乎大沼[26],俯噣鱣鲤[27],仰啮菱衡[28],奋其六翮[29],而凌清风[30],飘摇乎高翔[31],自以为无患,与人无争也;不知夫射者,方将修其碆卢[32],治其矰缴[33],将加己乎百仞之上,被礛磻[34],引微缴[35],折清风而抎矣[36]。故昼游乎江河,夕调乎鼎鼐[37]。

夫黄鹄其小者也,蔡灵侯之事因是以[38]。南游乎高陂[39],北陵乎巫山[40],饮茹溪流[41],食湘波之鱼[42],左抱幼妾,右拥嬖女[43],与之驰骋乎高蔡之中[44],而不以国家为事;而不知夫子发方受命乎灵王[45]，系已以朱丝而见之也[46]。

蔡灵侯之事其小者也，君王之事因是以。左州侯，右夏侯，辇从鄢陵君与寿陵君，饭封禄之粟[47]，而载方府之金[48]，与之驰骋乎云梦之中[49]，而不以天下国家为事；而不知夫穰侯方受命乎秦王[50]，填黾塞之内[51]，而投己乎黾塞之外[52]。

【注释】

〔1〕 本文选自《楚策四》。楚国从楚怀王时开始，国势由盛转衰，楚襄王即位后，怯于改革，终致秦兵攻破郢都，被迫迁都于陈。本文就是写这次大失败前后庄辛的两次谏诤。庄辛以生动的譬喻说明强敌当前，必须励精图治；若犹一味贪图享乐，日与幸臣为伍，必将遭到国破身亡之祸。庄辛，楚人，楚庄王之后，因而以"庄"为姓。幸臣，宠臣。

〔2〕 鄙语：俗语。

〔3〕 顾：回头看。

〔4〕 亡：失掉，丢了。牢：此指羊圈。

〔5〕 汤：商代开国之君。武：武王，周代开国之君。以：介词，用，凭借。昌：兴盛。

〔6〕 绝长续短：等于说截长补短。绝，截。

〔7〕 犹：尚，还。

〔8〕 岂特：岂但，岂止。

〔9〕 独：反问语气词，相当于"难道"。夫（fú 符）：指示代词，那。下文"不知夫"的"夫"同。蜻蛉（líng 玲）：蜻蜓。

〔10〕 俯（fǔ 府）：同"俯"，向下。啄（zhuó 浊）：用嘴咬。虻（máng 忙）：小蚊子。

〔11〕 承：接。

〔12〕 方将：正要。调饴（yí 仪）胶丝：调和糖浆，黏在丝上，绑在竿头，用来黏取飞虫。饴，糖浆。胶，黏。

〔13〕 蝼：蝼蛄。

〔14〕 "夫蜻蛉"句：蜻蛉（的事）是其中的小事啊。其，此指只图享乐、丧失警惕以致遭遇不幸的事。

〔15〕 因是以：如同这样呢。因，犹，如同。以，通"已"，句末语气词。

〔16〕 嚼：通"啄"。白粒，此指米粒。

〔17〕栖:止息。

〔18〕鼓:鼓动。奋,振动。

〔19〕公子:最初用来称诸侯的子女,后来用以称官宦人家的儿子。王孙,贵族的子孙。

〔20〕左挟弹:左手拿着弹弓。

〔21〕右摄丸:右手拿着弹丸。

〔22〕以其类为招:把黄雀的颈作为弹射的靶子。类,疑为"颈"字之误。招,弹射的靶子。

〔23〕酸咸:指调味的作料。

〔24〕倏(shū 疏)忽:顷刻,极言时间的迅速短暂。

〔25〕黄鹄(hú 湖):天鹅。

〔26〕沼:池塘。

〔27〕鳝:鳝鱼。

〔28〕啮(niè 聂):咬。衡:通"蘅"。

〔29〕六翮,指翅膀。翮(hé 河),羽毛的茎,此指鸟的打羽毛,鸟翅一般有六根大羽毛,故曰六翮。

〔30〕凌:驾,乘。

〔31〕乎:词尾语气词。

〔32〕修:整治。磻(bō 波):石制的箭头。卢:黑弓。

〔33〕治:制作。矰缴(zēng zhuó 曾浊):代用来射鸟的拴着丝绳的短箭。

〔34〕被:遭受。劖磻(jiàn bō 建波):锐利的箭头。磻,同"磻"。

〔35〕引:拖着。微:轻细。

〔36〕折:像折断了一样。抎:通"陨",坠落。

〔37〕鼎鼐(nài 耐):都是古代烹煮的器具。鼐,大鼎。

〔38〕蔡灵侯:蔡国的国君,名般,弑父景侯,自立为君。一本作"蔡圣侯"。

〔39〕高陂(bēi 悲):高丘。

〔40〕陵:升,登。巫山,在今重庆巫山县。

〔41〕茹溪:水名,在巫山县北。

〔42〕湘波:湘江之水。

〔43〕嬖(bì 币):宠爱。

〔44〕高蔡:今河南上蔡县。

〔45〕 子发：楚大夫。据《左传》昭公十一年所载，公子弃疾受灵王之命围蔡，非子发，与本文不同。

〔46〕 "系己以朱丝"句：用红绳绑上蔡灵侯来见楚王。己，指蔡灵侯。朱丝，红绳。见（xiàn现），使……见。这里指解送去见楚灵王。之，代词，指蔡灵侯。

〔47〕 饭：享用。封禄之粟：指以封地赋税作俸给的谷物。

〔48〕 载：用车装载。方府之金：国库里的钱财。

〔49〕 云梦：云梦泽，楚王的苑囿参见《王孙圉论楚宝》注〔14〕。

〔50〕 穰（ráng瓤）侯：秦昭王母宣太后之弟，姓魏，名冉，封于穰（今河南邓县东南）。秦王：指秦昭王。

〔51〕 填：指布满军队。黾（méng蒙）塞：即平靖关，在今河南信阳市南。内：秦将白起攻破鄢郢，在黾塞之南，所以说"内"。

〔52〕 投：抛掷。外：楚王被迫出奔城阳，在黾塞之北，所以说"外"。

触龙说赵太后[1] 国策

赵太后新用事[2]，秦急攻之。赵氏求救于齐。齐曰："必以长安君为质[3]，兵乃出。"太后不肯，大臣强谏。太后明谓左右："有复言令长安君为质者，老妇必唾其面。"

左师触龙言愿见[4]。太后盛气而揖之[5]。入而徐趋，至而自谢，曰："老臣病足，曾不能疾走，不得见久矣，窃自恕，恐太后玉体之有所郄也[6]，故愿望见。"太后曰："老妇恃辇而行。"曰："日食饮得无衰乎？"曰："恃粥耳[7]。"曰："老臣今者殊不欲食，乃自强步，日三四里，少益嗜食[8]，和于身。"曰："老妇不能。"太后之色少解。

左师公曰："老臣贱息舒祺[9]，最少，不肖。而臣衰，窃爱怜之。愿令补黑衣之数[10]，以卫王宫[11]。没死以闻[12]。"太后曰："敬诺。年几何矣？"对曰："十五岁矣。虽少，愿及未填沟壑而托之[13]。"太后曰："丈夫亦爱怜其少子乎？"对曰："甚于妇人。"太后曰："妇人异甚。"对曰："老臣窃以为媪之爱燕后贤于长安君[14]。"曰："君过矣，不若长安君之甚。"左师公曰："父母之爱子，则为之计深远。媪之送燕后也,持其踵为之泣[15],念悲其远也,亦哀之矣。已行,非弗思也,祭祀必祝之,祝曰:'必勿使反[16]!'岂非计久长,有子孙相继为王也哉?"太后曰:"然。"左师公曰:"今三世以前[17],至于赵之为赵[18],赵主之子孙侯者,其继有在者乎?"曰:"无有。"曰:"微独赵[19],诸侯有在者乎?"曰:"老妇不闻也。""此其近者祸及身,远者及其子孙。岂人主之子孙则必不善哉?位尊而无功,奉厚而无劳,而挟重器多也[20]。今媪尊长安君之位,而封以膏腴之地,多予之重器,而不及今令有功于国。一旦山陵崩[21],长安君何以自托于赵?老臣以媪为长安君计短也,故以为其爱不若燕后。"太后曰:"诺。恣君之所使之[22]。"于是为长安君约车百乘质于齐,齐兵乃出。

子义闻之曰[23]:"人主之子也,骨肉之亲也,犹不能恃无功之尊,无劳之奉,以守金玉之重也,而况人臣乎?"

【注释】

〔1〕 本篇选自《赵策四》。写触龙在太后盛怒、坚决拒谏的情况下,委婉劝谏,指出太后对幼子的爱,其实并不是真正的爱。由于说理透彻,赵太后最后改变固执态度,采纳了触龙的谏言。触龙对"王孙"、"公子""位尊而无功,奉厚而无劳",必将导致"近者祸及身,远者及其子孙"的精辟之见,至今仍有鉴戒作用。触龙,原作"触讋",《史记·赵世家》作"触龙",《汉书·古今人表》也作"左师触龙"。今本《战国策》误合"龙言"二字,遂成"讋"。1973年,长沙马王堆汉墓出土《战国纵横家帛书》,中有《触龙见赵太后》章,正作《触龙》。现据以改正。

〔2〕 赵太后:赵惠文王威后,赵孝成王之母。用事:执政、当权。

〔3〕 长安君:赵太后幼子的封号。质:古代诸侯国求助于别国时,多以王子作人质抵押。

〔4〕 左师:《资治通鉴》胡三省注,谓"左师"是"冗散之官,以优老臣者也"。

〔5〕 揖:辞让。

〔6〕 郤(xì戏):同"隙",此指身体不舒服的委婉说法。

〔7〕 鬻:"粥"的本字。

〔8〕 嗜(shì试):嗜好。

〔9〕 贱息:对自己儿子的谦称。息,子女。

〔10〕 黑衣:赵国侍卫所服,用以指代宫廷卫士。

〔11〕 宫:原作"官",从《史记·赵世家》改。

〔12〕 没死:冒死。臣对君的谦卑用语。

〔13〕 填沟壑:死去的委婉说法,自比为贱民奴隶,野死弃尸于溪谷沟壑。

〔14〕 燕后:赵太后之女,远嫁燕国为后。

〔15〕 踵:足跟。女子出嫁,将上车离开,母亲因伤心在车下抱其足而哭。

〔16〕 反:同"返"。古代诸侯嫁女于他国为后,若非失宠被废、夫死无子或亡国失位,是不回本国的。

〔17〕 三世以前:指赵武灵王。孝成王之父为惠文王,惠文王之父为武灵王。

〔18〕 赵之为赵:前"赵"指赵氏,周穆王赐造父以赵城,始有赵氏;后"赵"指赵国。公元前376年,魏、韩、赵三家灭晋分其地。赵国有今山西中部、陕西东北角、河北西南部等地。经赵武灵王至惠文王时,疆域又有所扩大。

〔19〕 微:非,非但。

〔20〕 重器:指金玉珍宝。

〔21〕 山陵:喻帝王,此处指赵太后。崩:喻帝王死。

〔22〕 恣:任凭。

〔23〕 子义:赵国贤人。

鲁仲连义不帝秦[1] 国策

秦围赵之邯郸[2]。魏安釐王使将军晋鄙救赵[3],畏秦,止于荡阴[4],不进。

魏王使客将军辛垣衍间入邯郸[5],因平原君谓赵王曰[6]:"秦所以急围赵者,前与齐闵王争强为帝[7],已而复归帝,以齐故[8];今齐闵王益弱[9],方今唯秦雄天下[10],此非必贪邯郸,其意欲求为帝。赵诚发使尊秦昭王为帝[11],秦必喜,罢兵去[12]。"平原君犹豫未有所决。

此时鲁仲连适游赵[13]，会秦围赵[14]，闻魏将欲令赵尊秦为帝，乃见平原君曰："事将奈何矣[15]？"平原君曰："胜也何敢言事？百万之众折于外[16]，今又内围邯郸而不去[17]。魏王使客将军辛垣衍令赵帝秦，今其人在是[18]。胜也何敢言事？"鲁连曰[19]："始吾以君为天下之贤公子也[20]，吾乃今然后知君非天下之贤公子也[21]。梁客辛垣衍安在[22]？吾请为君责而归之[23]！"平原君曰："胜请为召而见之于先生[24]"。

平原君遂见辛垣衍曰："东国有鲁连先生[25]，其人在此，胜请为绍介而见之于将军。"辛垣衍曰："吾闻鲁连先生，齐国之高士也[26]。衍，人臣也，使事有职[27]，吾不愿见鲁连先生也。"平原君曰："胜已泄之矣[28]。"辛垣衍许诺[29]。

鲁连见辛垣衍而无言。辛垣衍曰："吾视居此围城之中者，皆有求于平原君者也；今吾视先生之玉貌，非有求于平原君者，曷为久居此围城之中而不去也[30]？"鲁连曰："世以鲍焦无从容而死者，皆非也[31]。今众人不知，则为一身[32]。彼秦[33]，弃礼义，上首功之国也[34]，权使其士[35]，虏使其民[36]；彼则肆然而为帝[37]，过而遂正于天下[38]，则连有赴东海而死耳[39]，吾不忍为之民也[40]！所为见将军者，欲以助赵也[41]。"辛垣衍曰："先生助之奈何？"鲁连曰："吾将使梁及燕助之，齐楚固助之矣[42]。"辛垣衍曰："燕，则吾请以从矣[43]；若乃梁[44]，则吾乃梁人也，先生恶能使梁助之耶[45]？"鲁连曰："梁未睹秦称帝之害故也[46]；使梁睹秦称帝之害[47]，则必助赵矣。"辛垣衍曰："秦称帝之害将奈何？"鲁仲连曰："昔齐威王尝为仁义矣[48]，率天下诸侯而朝周。周贫且微[49]，诸侯莫朝，而齐独朝之。居岁余[50]，周烈王崩[51]，诸侯皆吊，齐后往。周怒，赴于齐曰[52]：'天崩地坼[53]，天子下席[54]，东藩之臣田婴齐后至[55]，则斮之[56]！'威王勃然怒曰[57]：'叱嗟[58]！而母，婢也[59]！'卒为天下笑[60]。故生则朝周[61]，死则叱之[62]，诚不忍其求也[63]。彼天子固然[64]，其无足怪[65]。"

辛垣衍曰："先生独未见夫仆乎[66]？十人而从一人者，宁力不胜、智不若耶[67]？畏之也"。鲁仲连曰："然梁之比于秦[68]，若仆邪[69]?"辛垣衍曰:"然[70]"。鲁仲连曰:"然则吾将使秦王烹醢梁王[71]!"辛垣衍怏然不悦[72],曰:"嘻[73]!亦太甚矣,先生之言也[74]!先生又恶能使秦王烹醢梁王?"

鲁仲连曰:"固也[75]!待吾言之:昔者鬼侯、鄂侯、文王[76],纣之三公也[77]。鬼侯有子而好[78],故入之于纣[79]。纣以为恶[80],醢鬼侯。鄂侯争之急,辨之疾[81],故脯鄂侯[82]。文王闻之,喟然而叹[83],故拘之于牖里之库百日[84],而欲令之死。曷为与人俱称王,卒就脯醢之地也[85]?

"齐闵王将之鲁[86],夷维子执策而从[87],谓鲁人曰:'子将何以待吾君[88]?'鲁人曰:'吾将以十太牢待子之君[89]。'夷维子曰:'子安取礼而来待吾君[90]?彼吾君者,天子也。天子巡狩[91],诸侯避舍[92],纳筦键[93],摄衽抱几[94],视膳于堂下[95],天子已食,而听退朝也[96]。'鲁人投其籥[97],不果纳[98],不得入于鲁。将之薛[99],假涂于邹[100]。当是时,邹君死,闵王欲入吊。夷维子谓邹之孤曰[101]:'天子吊,主人必将倍殡柩[102],设北面于南方[103],然后天子南面吊也。'邹之群臣曰:'必若此,吾将伏剑而死!'故不敢入于邹。邹、鲁之臣,生则不得事养,死则不得饭含[104],然且欲行天子之礼于邹、鲁之臣,不果纳。今秦万乘之国,梁亦万乘之国,交有称王之名[105],睹其一战而胜,欲从而帝之[106],是使三晋之大臣[107],不如邹、鲁之仆妾也!且秦无已而帝[108],则且变易诸侯之大臣[109]。彼将夺其所谓不肖而予其所谓贤[110],夺其所憎而予其所爱[111]。彼又将使其子女谗妾为诸侯妃姬[112],处梁之宫,梁王安得晏然而已乎[113]?而将军又何以得故宠乎[114]?"

于是,辛垣衍起,再拜,谢曰:"始以先生为庸人,吾乃今日而知先生为天下之士也[115]。吾请去,不敢复言帝秦!"

秦将闻之,为却军五十里[116]。适会公子无忌夺晋鄙军以救赵击秦[117],秦军引而去[118]。

于是平原君欲封鲁仲连,鲁仲连辞让者三[119],终不肯受。平原君乃置酒[120],酒酣[121],起,前[122],以千金为鲁连寿[123]。鲁连笑曰:"所贵于天下之士者,为人排患、释难、解纷乱而无所取也[124];即有所取者[125],是商贾之人也[126]。仲连不忍为也"。遂辞平原君而去,终身不复见[127]。

【注释】

〔1〕 本文选自《赵策三》,事在赵孝成王八年(前258),记叙了秦围邯郸后,魏国使者辛垣衍消极助赵,并劝赵国"尊秦为帝",齐国高士鲁仲连听说后,与辛垣衍论辩,指出"尊秦为帝"的危害,表现了其高超的智慧。在帮助赵国脱离危险后,毅然谢绝平原君的赏金,飘然而去,体现了鲁仲连高迈洒脱的人格魅力。鲁仲连,齐国人,经常帮助处于困境中的国家排难解纷。

〔2〕 邯郸(hán dān 寒丹):赵国国都,在今河北邯郸市。

〔3〕 魏安釐(xī 西)王:魏昭王的儿子,名圉(yǔ 雨)。釐,通"僖"。晋鄙:魏国的大将。

〔4〕 荡阴:地名,在今河南汤阴,是赵、魏两国交界之地。

〔5〕 客将军:别国人在魏做将军,所以称客将军。辛垣:复姓,"衍"是名。间(jiàn 见)入:指秘密地进入。

〔6〕 因:靠,通过。平原君:赵孝成王的叔父,名胜,封平原君,是战国四公子之一,当时为赵相。赵王:指孝成王,名丹。

〔7〕 齐闵王争强为帝:周赧王二十七年(前288),齐闵王自称"东帝",秦昭王自称"西帝"。齐闵王,一作"齐湣王"、"齐愍王"。齐国国君,名遂,在位十七年(前300—前284)。

〔8〕 已而:不久。复:又。归帝:意即取消帝号。苏代劝齐闵王取消了帝号,秦昭王因之也取消了帝号,所以说"以齐故"。

〔9〕 "今齐闵王"句:秦围邯郸时,齐闵王已死二十余年,此句疑有误。意思可能为,今天的齐国比闵王时更加衰弱。益,更加。

〔10〕 方今:现在。雄:称雄。

〔11〕 诚:这里含有假设的意思,果真。

〔12〕 去:指离开邯郸。

〔13〕 适:恰在这时。

〔14〕 会:正巧碰上。

〔15〕 奈何:怎么办。

〔16〕 "百万之众"句:赵孝成王六年(前260),秦将白起大破赵兵于长平(在今山西高平西北),坑杀赵国降兵四十余万人。折,损失。

〔17〕内:指深入国内。去:离开,指打败秦军使之离开。

〔18〕其人:那个人。是:近指代词,这里。

〔19〕鲁连:即鲁仲连。

〔20〕始:当初。

〔21〕乃:才。

〔22〕梁:就是魏。安在:在哪里。安,表疑问。

〔23〕归之:使之归,就是让他回去。

〔24〕见(xiàn 现)之:让他来拜见。

〔25〕东国:指齐国。因齐在赵的东方,所以称东国。

〔26〕高士:品行高尚而不做官的人。

〔27〕使事有职:使臣的事,有一定的职守。

〔28〕泄:泄露。之:指辛垣衍到赵国来这件事。

〔29〕许诺:答应。

〔30〕曷(hé 何)为:为什么。曷,疑问代词,相当于"为何"。

〔31〕"世以鲍焦"二句:意为凡是认为鲍焦是由于心地狭隘而死去的那些人,都不对。换而言之,即鲍焦不是为个人利害而死的。以,以为。鲍焦,周时隐士,相传因不满当时政治,抱木饿死。从容,指心胸宽大。

〔32〕"今众人"二句:一般人不了解鲍焦,以为他是为个人打算。隐喻鲁仲连不是为个人打算。《史记》无"今"字。

〔33〕彼:指示代词,那个。者:语气词,表提顿。

〔34〕上:通"尚",崇尚。首功:斩首之功,即战功。按:秦制爵二十级,作战时斩得敌人的首级越多,爵位越高。这就是奖励作战时多杀敌。

〔35〕权使其士:以权诈之术来使用他的士人。权,诈术。

〔36〕虏使其民:把他的人民当作奴隶来使用。虏,这里当奴隶讲。古人把俘虏作为奴隶,故有此称。

〔37〕"彼则"句:秦国假如毫无忌惮地自称为帝。则,假设连词,假如。《史记》作"即"。肆然,放肆地,毫无忌惮地。

〔38〕"过而"句:此句不易理解,疑有误字。《史记》作"过而为政于天下"。司马贞索隐:"谓以过恶而为政也。"意指秦王肆无忌惮自称为帝,而控制天下。

〔39〕有:此处意为只有。赴:奔向。耳:原作"矣",今从《史记》。

〔40〕"吾不忍"句:意为我不愿意做秦国的百姓。

〔41〕 "所为"二句：我见你的原因，就是想藉此帮助赵国。所为，表示原因。

〔42〕 固：本来。

〔43〕 请：谦辞，有请求允许的意思。以：以为，认为。

〔44〕 若乃：至于。

〔45〕 恶(wū 乌)：怎么。

〔46〕 睹：看见。

〔47〕 使：假如。

〔48〕 齐威王：名婴齐，宣王的父亲。为仁义：推行仁义之政。

〔49〕 微：弱小。

〔50〕 居岁余：过了一年多。

〔51〕 周烈王：名喜。崩：天子去世称崩。

〔52〕 赴：使人奔告丧事，即报丧。后代写作"讣"。

〔53〕 天崩地坼(chè 撤)：比喻天子之死。坼，裂开。

〔54〕 天子：这里指继承周烈王的周显王。下席：指孝子离开原来的宫室，跪坐在苫(shān 珊)上守丧。

〔55〕 东藩：指齐国。藩的本义是篱笆，引申为屏蔽的意思。古代封建诸侯，为的是屏藩王室，所以称诸侯为藩国。齐国在东方，故称东藩。

〔56〕 斮(zhuō 桌)：斩杀。

〔57〕 勃然：生气愤怒的样子。

〔58〕 叱嗟：怒斥的声音。

〔59〕 "而母"二句：此为辱骂周王之词，意为你母亲不过是个婢女。而，代词，你。

〔60〕 卒：终于，最后。

〔61〕 生：指周烈王活着的时候。

〔62〕 死：指周烈王死后。叱：大声斥骂。

〔63〕 忍：忍受。求：苛求。

〔64〕 固然：本来这样，指凭自己是天子，随便作威作福。

〔65〕 其无足怪：不值得奇怪。其，语气词，表示委婉语气。

〔66〕 仆：奴仆。

〔67〕 宁：难道。不若：比不上。

〔68〕 比于秦：与秦相比。

〔69〕若:像。

〔70〕然:应答之词,表示同意,相当于"是的"。

〔71〕然则:既然这样,那么。烹醢(hǎi 海):古代的酷刑。烹,煮。醢,剁成肉酱。

〔72〕怏然:不高兴的样子。

〔73〕嘻:表示惊叹的语气词。

〔74〕甚:过分。

〔75〕固:当然。

〔76〕鬼侯、鄂侯、文王:三者皆为商纣王时的诸侯。鬼侯,其封地在今河北临漳一带;鄂侯,其封地在今山西宁乡一带;文王,即周文王姬昌,其封底在近陕西岐山一带。

〔77〕公:此处指诸侯。

〔78〕子:此处指女儿。上古时期,子本为儿子、女儿的通称。好:貌美。

〔79〕入:进献。

〔80〕恶(è 饿):丑陋。

〔81〕辨:通"辩"。

〔82〕脯(fǔ 府):肉干,这里用如动词,做成肉干。指被杀,尸体做成肉干。

〔83〕喟(kuì 窥)然:叹气的样子。

〔84〕牖(yǒu 有)里:地名,在今河南汤阴县北,一作"羑里"。库:监狱。

〔85〕"曷为"二句:为什么(魏国)与他人(指秦国)都称王,(魏国)却终于走向被宰割的境地呢?

〔86〕"齐闵王"句:公元前284年,燕将乐毅率五国之师攻齐,闵王出奔到卫国,因态度傲慢,"卫人侵之"。又"去奔邹、鲁,有骄色,邹、鲁弗内(不让入境),遂走莒"。按:齐闵王曾称东帝,在逃难途中,犹且意气骄人。鲁仲连引此说明帝秦之害。

〔87〕夷维子:齐臣。夷维,邑名,在今山东高密。此以邑为姓。策:马鞭。

〔88〕子:您,这里指鲁人。

〔89〕十太牢:牛、羊、猪各十(牛、羊、猪各一称太牢)。按:十太牢是待诸侯之礼。

〔90〕安取礼:意即根据什么样的礼仪标准。由于鲁人未以天子礼来接

待潜王,故提出质问。

〔91〕 巡狩:古时天子巡行、视察诸侯之地,称巡狩。按:以下几句,讲的是诸侯接待天子之礼,示意鲁人应照此办理。

〔92〕 避(bì 毕)舍:把自己的宫室让给天子,自己避居在外。

〔93〕 纳筦(guǎn 管)键:把钥匙上交给天子。纳,上缴。筦键,与下文之"籥"同义,即钥匙。按:诸侯"避舍"、"纳筦",表示臣服天子,不敢擅有自己的封国。

〔94〕 摄衽抱几:诸侯提起衣襟,侍立于几案之侧。摄,提。衽,衣襟。抱,此处指环绕。

〔95〕 视膳:伺候尊长(此处指天子)进餐。

〔96〕 "天子"二句:等到天子吃完了,诸侯才退回自己朝堂处理政事。

〔97〕 投其籥(yuè 月):扔下钥匙(指不开都门)。

〔98〕 不果纳:最后没有接纳。

〔99〕 薛:古国名,在今山东枣庄市。

〔100〕 假涂于邹:向邹国借路通行。

〔101〕 孤:指已故邹君之子。

〔102〕 倍殡(bìn 鬓)柩:把灵柩移到相反的方位(从北面移到南面)。倍,同"背"。殡,停放灵柩。柩,已装尸体的棺材。

〔103〕 "设北面"句:在南边设立朝北的灵堂。

〔104〕 "生则"二句:国君生时不能侍奉供养,死后也不能以礼装殓(无饭含之物)。饭含,古代丧礼,以珠、玉、贝、米等物纳于死者之口。

〔105〕 交:互相。

〔106〕 睹:看到。帝之:尊之(秦)为帝。

〔107〕 三晋:赵、韩、魏三国。春秋时皆为晋国大夫,后瓜分晋国。成为诸侯,合称"三晋"。

〔108〕 无已而帝:如果逞欲不止,终于称帝。

〔109〕 变易:更换。

〔110〕 "彼将"句:他(秦王)就会剥夺他认为不称职的人的权位,授予他认为称职的人。

〔111〕 "夺其"句:剥夺它所厌恶的人的利益,给予它所偏爱的人。

〔112〕 子女谗妾:此指妇女。谗妾,惯于谗毁他人的妾妇。

〔113〕 晏然:平安无事。

〔114〕 故宠:原来的宠幸地位。

〔115〕 天下之士:当世少有的人物。

〔116〕 却军:退兵。

〔117〕 公子无忌:就是信陵君,魏昭王的少子,安釐王的异母弟,也是战国四公子之一。他托魏王的爱姬如姬盗出兵符,假传魏王的命令夺得晋鄙的部队去救赵。事详《史记·魏公子列传》。

〔118〕 引:退后。

〔119〕 三:此表示多次。

〔120〕 置酒:设置酒宴。

〔121〕 酒酣:酒喝得很畅快的时候。

〔122〕 前:指走到鲁仲连面前。

〔123〕 为鲁连寿:为鲁连祝福。寿,以金帛赠人并为之祝福。

〔124〕 排:排除。释:消除。解:解开,也有"除去"的意思。这三个词在这里为同义复词。

〔125〕 即:假如。

〔126〕 是:近指代词,这种人。商贾(gǔ古):商人的统称。古代以贩卖货物者为商,藏货待卖者为贾。

〔127〕 "终身"句:终身不再来见平原君。

鲁共公择言[1] 国策

梁王魏婴觞诸侯于范台[2],酒酣,请鲁君举觞[3]。鲁君兴[4],避席择言曰[5]:"昔者帝女令仪狄作酒而美[6],进之禹。禹饮而甘之,遂疏仪狄[7],绝旨酒[8],曰:'后世必有以酒亡其国者。'齐桓公夜半不嗛[9],易牙乃煎、熬、燔、炙[10],和调五味而进之[11]。桓公食之而饱,至旦不觉,曰:'后必有以味亡其国者。'晋文公得南之威[12],三日不听朝,遂推南之威而远之,曰:'后世必有以色亡其国者。'楚王登强台而望崩山[13],左江而右湖,以临彷徨,其乐忘死,遂盟强台而弗登[14],曰:'后世必有以高台、陂池亡其国者。'今主君之尊[15],仪狄之酒也;主君之味,易牙调也;左白台而右闾须[16],南威之美也;前夹林而后兰台[17],强台之乐也。有一于此,足以亡其国,今主君兼此四者,可无戒与?"梁王称善相属[18]。

【注释】

〔1〕 本文选自《战国策·魏策二》,记述了鲁共公在梁王宴会上的一段祝酒词,他引述历史,劝谏梁王不可贪图美酒、美味、美女、美景,以免导致亡国。文字不长,但事例生动,足以收到巨大的说服效果。鲁共公,鲁国国君,姓姬名奋,公元前375年至前353年在位。共,通"恭"。择言,择善而言。

〔2〕 梁王魏婴:即梁惠王,公元前369年至前319年在位。因魏国国都在惠王时由安邑迁到大梁,所以魏又称梁。觞:酒樽,这里指饮宴。诸侯:指梁惠王十四年(前356)来朝见惠王的鲁共公、宋桓侯、卫成侯和郑釐侯。范台:梁国台观名,又称繁台、吹台,在今河南开封东南。

〔3〕 鲁君:即鲁共公。举觞:行酒,举杯祝酒。

〔4〕 兴:起身。

〔5〕 避席:古人席地而坐,为表示敬意,离座起立,叫避席。避席多为表示郑重其事、尊重对方的态度。

〔6〕 帝女:传说是夏禹的女儿,一说是尧或舜的女儿。仪狄:人名,相传夏禹时的酿酒人。

〔7〕 疏:疏远。

〔8〕 旨:味美。

〔9〕 嗛(qiè 妾):通"慊",满足。

〔10〕 易牙:名雍巫,字易牙,因善烹调而受到齐桓公宠幸。煎、熬、燔(fán 凡)、炙:几种烹饪方法。燔,烧。炙,烤。

〔11〕 五味:甜、酸、苦、辣、咸。这里泛指各种调味品。

〔12〕 晋文公:春秋时晋国国君,春秋五霸之一。南之威:美女名,也称"南威"。

〔13〕 楚王:即楚庄王,公元前613年至前591年在位。强台:即章华台,在今湖北潜江西南。崩山:一作"京山"、"崇山"、"猎山"、"料山",在今湖北省境内。

〔14〕 盟:起誓。

〔15〕 主君:指梁惠王。尊:同"樽",酒器。

〔16〕 白台、闾须:都是美女名。

〔17〕 夹林:当是梁国园林。兰台:梁国台观名。

〔18〕 相属(zhǔ 主):相连,指接连不断。

唐雎说信陵君[1] 国策

信陵君杀晋鄙[2],救邯郸,破秦人,存赵国。赵王自郊迎[3]。唐雎谓信陵君曰:"臣闻之曰:事有不可知者,有不可不知者;有不可忘者,有不可不忘者。"信陵君曰:"何谓也?"对曰:"人之憎我也,不可不知也;我憎人也,不可得而知也[4];人之有德于我也[5],不可忘也;吾有德于人也,不可不忘也。今君杀晋鄙,救邯郸,破秦人,存赵国,此大德也。今赵王自郊迎,卒然见赵王[6],愿君之忘之也。"信陵君曰:"无忌谨受教[7]。"

【注释】

〔1〕 本文选自《魏策四》。长平之战后,秦军继续向赵都邯郸进攻,赵向魏求救。魏王派大将晋鄙率军救赵,但晋鄙因畏惧秦军,而逡巡不前。魏公子信陵君窃符救赵,打败秦兵,解了邯郸之围。赵王亲自到城郊迎接信陵君。这个时候,信陵君流露出自以为有功劳的神色。唐雎劝说公子不能居功自傲,而要忘记自己的功劳。话虽不多,但富于人生处世哲理。唐雎(jū 居),战国时有好几个唐雎,本文之唐雎是魏国人,信陵君门客。信陵君,即魏公子无忌,魏昭王之子。

〔2〕 晋鄙:魏国大将。秦国围赵,魏派晋鄙率兵救赵。

〔3〕 赵王:指赵孝成王,公元前265年至前245年在位。自:亲自。郊迎:在郊外迎接。

〔4〕 不可得而知:不可以使别人知道。

〔5〕 德:恩德,好处。

〔6〕 卒(cù 促):通"猝",急促,匆忙的样子。

〔7〕 谨:郑重,恭敬。受教:接受教诲。

唐雎不辱使命[1] 国策

秦王使人谓安陵君曰[2]:"寡人欲以五百里之地易安陵,安陵君其许寡人[3]!"安陵君曰:"大王加惠,以大易小,甚善。虽然[4],受地于先王,愿终守之,弗敢易!"秦王不说[5]。安陵君因使唐雎使于秦[6]。

秦王谓唐雎曰:"寡人以五百里之地易安陵,安陵君不听寡人,何也?且秦灭韩亡魏[7],而君以五十里之地存者,以君为长者,故不错意也[8]。今吾以十倍之地,请广于君[9],而君逆寡人者,轻寡人与[10]?"唐雎对曰:"否,非若是也。安陵君受地于先王而守之,虽千里不敢易也,岂直五百里哉[11]?"

秦王怫然怒[12],谓唐雎曰:"公亦尝闻天子之怒乎?"唐雎对曰:"臣未尝闻也。"秦王曰:"天子之怒,伏尸百万,流血千里。"唐雎曰:"大王尝闻布衣之怒乎[13]?"秦王曰:"布衣之怒,亦免冠徒跣[14],以头抢地耳[15]。"唐雎曰:"此庸夫之怒也,非士之怒也。夫专诸之刺王僚也[16],彗星袭月[17];聂政之刺韩傀也[18],白虹贯日[19];要离之刺庆忌也[20],苍鹰击于殿上。此三子皆布衣之士也,怀怒未发,休祲降于天[21],与臣而将四矣。若士必怒,伏尸二人,流血五步,天下缟素[22],今日是也。"挺剑而起。

秦王色挠[23],长跪而谢之曰[24]:"先生坐!何至于此!寡人谕矣[25]。夫韩、魏灭亡,而安陵以五十里之地存者,徒以有先生也[26]。"

【注释】

〔1〕 本文选自《魏策四》。秦王在灭韩亡魏之后,提出以五百里土地换安陵,企图以诈骗手段轻易地夺取安陵,不料却遭到安陵君的拒绝。唐雎出使秦国,在面对骄横不可一世的秦王时,机智勇敢、不畏强暴、坚持正义,最终使秦王长跪致歉,承认安陵虽小而不可辱,从而出色地完成了出使的任务。

〔2〕 秦王：即秦始皇嬴政。当时尚未称皇帝。安陵君：战国时魏襄王曾封其弟为安陵君，这里的安陵君是他的后裔。安陵，魏的附庸小国，在今河南鄢(yān 烟)陵西北。此时魏已被秦所灭。

〔3〕 其：语助词，表推测、希望。

〔4〕 虽然：即使这样。

〔5〕 说：同"悦"，高兴。

〔6〕 使：前"使"字为派遣，后"使"字为出使。

〔7〕 灭韩亡魏：秦王政十七年(前230)灭韩国，二十二年(前225)灭魏国。

〔8〕 错意：放在心上。错，通"措"，安放，安置。

〔9〕 请广于君：让安陵君扩大领土。广，扩大。

〔10〕 与：通"欤"，疑问语气词。

〔11〕 岂直：岂止，岂但。

〔12〕 怫(fú 服)然：愤怒的样子。

〔13〕 布衣：平民。古代没有官职的人都穿粗布衣服，所以称布衣。

〔14〕 徒跣(xiǎn 显)：光着脚。

〔15〕 抢(qiāng 枪)：撞。

〔16〕 专诸之刺王僚：公元前514年，吴国公子光和吴王僚争夺王位，派专诸将短剑藏在鱼腹中，借献食的机会，刺死王僚，专诸也被杀。专诸，春秋时吴国勇士。

〔17〕 彗星袭月：相传专诸刺王僚的行为惊动了上天，使得彗星的尾巴扫过月亮。彗星，俗称扫帚星，拖着长长的光尾。

〔18〕 聂政之刺韩傀(guī 归)：韩国大夫严仲子和韩傀有仇，聂政便替严仲子刺杀韩傀，成功后自己毁容自杀。聂政，战国时魏国勇士。

〔19〕 白虹贯日：一道白光直冲太阳。贯，穿过。

〔20〕 要离之刺庆忌：吴王阖闾杀死吴王僚后，僚的儿子庆忌逃至卫国。要离便假装得罪吴王，逃归庆忌，并取得信任，最后将庆忌杀死，自己也伏剑自尽。要离，春秋时吴国勇士。

〔21〕 休祲(jìn 尽)：吉凶的征兆。休，美善，指吉兆。祲，阴阳之气相侵形成象征不祥的妖气，指凶兆。

〔22〕 缟(gǎo 搞)素：白色丝织品。这里指穿孝服，暗示唐雎将刺杀秦王。

〔23〕 色挠：因受挫折而神色沮丧。挠，屈服。

〔24〕 长跪：古人席地而坐，坐时两膝着地，臀部压在脚跟上。跪时则耸身挺腰，身体就显得高了一些，所以叫长跪。谢：道歉。

〔25〕 谕：通"喻"，明白。

〔26〕 徒以：只因为。徒，只，仅仅。

乐毅报燕王书[1] 国策

昌国君乐毅为燕昭王合五国之兵而攻齐[2]，下七十余城[3]，尽郡县之以属燕[4]。三城未下而燕昭王死[5]。惠王即位[6]，用齐人反间，疑乐毅，而使骑劫代之将[7]。乐毅奔赵，赵封以为望诸君[8]。齐田单欺诈骑劫[9]，卒败燕军，复收下七十余城以复齐。

燕王悔，惧赵用乐毅承燕之敝以伐燕[10]。燕王乃使人让乐毅[11]，且谢之曰[12]："先王举国而委将军[13]，将军为燕破齐，报先王之仇[14]，天下莫不振动[15]，寡人岂敢一日而忘将军之功哉！会先王弃群臣[16]，寡人新即位，左右误寡人。寡人之使骑劫代将军，为将军久暴露于外[17]，故召将军且休计事[18]。将军过听[19]，以与寡人有隙，遂捐燕而归赵[20]。将军自为计则可矣，而亦何以报先王之所以遇将军之意乎[21]？"

望诸君乃使人献书报燕王曰：

"臣不佞[22]，不能奉承先王之教，以顺左右之心，恐抵斧质之罪[23]，以伤先王之明，而又害于足下之义，故遁逃奔赵。自负以不肖之罪，故不敢为辞说。今王使使者数之罪，臣恐侍御者之不察先王之所以畜幸臣之理[24]，而又不白于臣之所以事先王之心[25]故敢以书对。

"臣闻贤圣之君，不以禄私其亲[26]，功多者授之；不以官随其爱，能当者处之[27]。故察能而授官者[28]，成功之君也；论行而结交者，立名之士也[29]。臣以所学者观之，先王之举错[30]，有高世之心[31]，故假节于魏王[32]，而以身得察于燕。先王过举[33]，擢之乎宾客之中[34]，而立之乎群臣之上，不谋于父兄[35]，而使臣为亚卿[36]。臣自以为奉令承教，可以幸无罪矣[37]，故受命而不辞。

"先王命之曰：'我有积怨深怒于齐[38]，不量轻弱，而欲以齐为事。'臣对曰：'夫齐，霸国之余教也，而骤胜之遗事也[39]，闲于甲兵[40]，习于战攻。王若欲伐之，则必举天下而图之[41]。举天下而图之，莫径于结赵矣[42]。且又淮北、宋地，楚魏之所同愿也[43]。赵若许，约楚赵宋尽力，四国攻之，齐可大破也[44]。'先王曰：'善。'臣乃口受令，具符节，南使臣于赵。顾反命[45]，起兵随而攻齐。以天之道，先王之灵，河北之地，随先王举而有之于济上[46]。济上之军奉令击齐，大胜之。轻卒锐兵，长驱至国[47]。齐王逃遁走莒[48]，仅以身免。珠玉财宝，车甲珍器，尽收入燕。大吕陈于元英，故鼎反乎历室，齐器设于宁台[49]。蓟丘之植植于汶篁[50]。自五伯以来[51]，功未有及先王者也。先王以为顺于其志[52]，以臣为不顿命[53]，故裂地而封之[54]，使之得比乎小国诸侯[55]。臣不佞，自以为奉令承教，可以幸无罪矣，故受命而弗辞。

"臣闻贤明之君，功立而不废，故著于《春秋》[56]；蚤知之士[57]，名成而不毁，故称于后世。若先王之报怨雪耻，夷万乘之强国[58]，收八百岁之蓄积[59]，及至弃群臣之日，遗令诏后嗣之余义[60]，执政任事之臣，所以能循法令、顺庶孽者[61]，施及萌隶[62]，皆可以教于后世。

"臣闻善作者不必善成[63]，善始者不必善终。昔者伍子胥说听乎阖闾，故吴王远迹至于郢[64]；夫差弗是也，赐之鸱夷而浮之江[65]。故吴王夫差不悟先论之可以立功[66]，故沉子胥而弗悔。子胥不蚤见主之不同量，故入江而不改[67]。夫免身全功[68]，以明先王之迹者，臣之上计也。离毁辱之非[69]，堕先王之名者，臣之所大恐也。临不测之罪，以幸为利者，义之所不敢出也。

"臣闻古之君子，交绝不出恶声[70]；忠臣之去也，不洁其名[71]。臣虽不佞，数奉教于君子矣[72]。恐侍御者之亲左右之说，而不察疏远之行也[73]，故敢以书报。唯君之留意焉。"

【注释】

〔1〕 本篇选自《燕策二》。乐毅为魏昭王出使燕国,燕昭王以客礼相待,遂留燕,昭王用为亚卿。公元前284年,燕昭王用乐毅为上将军,联合五国的军队攻破齐国,仅余莒、即墨未下。乐毅以功封昌国君。燕昭王死后,燕惠王即位,受齐人离间,派骑劫代乐毅,乐毅奔赵。齐人大破燕军,杀骑劫。燕惠王责备乐毅,乐毅写此信来回答。信中措辞极为婉转得体,又恰到好处地显示出乐毅的善于谋划,善于用兵,以及善于全身保名的能力,所以这封信成为历代所传诵的名篇。乐毅,赵国灵寿(今属河北)人。燕王,指燕惠王。

〔2〕 昌国君:乐毅破齐有功,燕昭王封其为昌国君。昌国在今山东淄博市东南。五国,据《史记·乐毅列传》,指赵、楚、韩、魏、燕五国之兵。

〔3〕 下:攻克。

〔4〕 尽郡县:把攻占的齐地全部变为燕国的郡县。郡县,变为郡和县。

〔5〕 三城:指莒(jǔ举)、即墨和聊城。但据《战国策·燕策一》及《史记·乐毅列传》应为二城,无聊城。

〔6〕 惠王:燕昭王子,公元前278至前272年在位。

〔7〕 用:因。齐人:即指齐将田单。骑劫:燕将。

〔8〕 望诸:故沼泽名,在今河南商丘、虞城交界。

〔9〕 欺诈骑劫:指田单以火牛阵,猛冲燕军,燕军溃败,骑劫被杀。

〔10〕 承:乘着。敝:疲敝。

〔11〕 让:责备。

〔12〕 谢:道歉,表示歉意。

〔13〕 先王:指燕昭王。委:托付。

〔14〕 先王之仇:指燕王哙三年(前318),齐乘燕内乱伐燕一事。

〔15〕 振:同"震"。

〔16〕 会:适逢。弃群臣:指燕昭王去世。

〔17〕 暴(pù曝)露于外:指长期在外行军打仗,风餐露宿。暴,通"曝"。

〔18〕 且休计事:暂且休息,商讨国事。

〔19〕 过听:误听,错听。

〔20〕 捐:抛弃。

〔21〕 "将军"二句:意为将军为自己打算倒也罢了,但如何报答先王对你的厚意呢?

〔22〕 臣:乐毅自称。不佞:不才,自谦之辞。

〔23〕 先王:指昭王。抵:触犯。斧质之罪:死罪。质,通"锧",腰斩时用的砧板。

〔24〕 侍御者:犹左右,借指惠王。畜:养。幸:亲爱。

〔25〕 不白:不明白。

〔26〕 禄:俸禄。私:偏私。

〔27〕 "不以官"二句:不随便拿官职送给喜欢的人,能力胜任者才给予。随,随便,随意。当,足以胜任。处,居其职位。

〔28〕 察能而授官:考察其才能再授予官职。

〔29〕 "论行"二句:考察其德行才结交朋友,才是能建立功名的人。论行,考察德行。

〔30〕 举错:措施。错,同"措"。

〔31〕 高世之心:高于一般君主的见识。

〔32〕 假节于魏王:借用魏昭王的使臣节到燕国。乐毅是以魏国使臣身份入燕的。

〔33〕 过举:过分抬举,指破格任用。

〔34〕 擢(zhuó 浊):提拔。

〔35〕 父兄:指同姓大臣。

〔36〕 亚卿:次卿,地位仅次于上卿。

〔37〕 幸:侥幸。

〔38〕 积怨:指公元前314年齐国乘燕国内乱攻破燕国,杀死燕王哙之事。

〔39〕 "夫齐"三句:指齐国至今还保留霸主的余教和战胜国的余威。霸国之余教,春秋时齐桓公建立霸业,到战国时齐国还继承霸业的教导。骤胜之遗事,屡次战胜的事迹。骤,屡次。

〔40〕 闲:通"娴",熟习。

〔41〕 举天下:此指联合其他诸侯国。

〔42〕 径:快,速。

〔43〕 "且又"二句:指淮北宋地,楚、魏两国都想得到它。鲍彪注:"楚欲得淮北,魏欲得宋,时皆属齐。"

〔44〕 "赵若许"四句:意为赵国如同意结盟,燕再约楚、赵、宋三国,四国一起进攻,齐国必败。第二个"赵",《战国策》其他版本作"魏"。

〔45〕 顾反命:刚回来复命,言神速。顾,及、待。反,同"返"。

〔46〕 济上:济水之上,指山东北部。济水发源于今河南济源县的王屋山,东流至今山东定陶入齐境,经济南北、济阳南入渤海。

〔47〕 国:齐国都城临淄。

〔48〕 齐王:齐闵王。莒(jǔ 举),在今山东莒县。

〔49〕 "大吕"三句:指齐国之珍宝重器皆为燕国所有。大吕,齐国大钟名。元英、历室,皆燕宫名,在宁台下。故鼎,燕国大鼎,燕王哙时被齐国掠去,今回归燕国。宁台,燕国台名,在今北京市。

〔50〕 蓟丘:在今北京市。植:种植。汶篁:齐国汶水上的竹田。

〔51〕 五伯(bà 爸):春秋五霸,指齐桓公、晋文公、楚庄王、吴国阖闾、越王勾践。

〔52〕 顺于其志:感到很满意。

〔53〕 顿:犹"坠",不辱使命。

〔54〕 裂地而封之:封乐毅为昌国君。

〔55〕 "使之"句:意为自己被封为昌国君,可以和诸侯小国相比了。

〔56〕 《春秋》:记载春秋时代鲁国历史的编年体著作,此泛指史书。

〔57〕 蚤知之士:有先见之明之人。蚤,同"早"。

〔58〕 夷:平定。万乘:能出一万辆兵车,指大国。

〔59〕 八百岁:从姜尚开始建立齐国,到齐闵王,历时约八百年。此举成数而言。

〔60〕 "遗令"句:此句疑有脱文。《史记·乐毅列传》作"余教未衰"。遗令,遗教。

〔61〕 庶孽:非嫡妻所生之子。庶孽容易作乱,应使之顺从。

〔62〕 施及萌隶:教令推行到百姓和徒隶。萌,通"氓",百姓。

〔63〕 作:指开创。成:指结果。

〔64〕 远迹:足迹可以到达很远,此指吴军打到远方。

〔65〕 "夫差弗是"二句:指吴王夫差击败越国,越王请和,子胥劝谏吴王灭越,吴王不听。伍子胥被迫自杀,吴王将其尸体盛在袋子里投入江中。鸱夷,革囊,袋子。

〔66〕 悟:明白。先论:指伍子胥灭掉越国的主张。

〔67〕 不同量:指阖闾和夫差器量不同。不改:指伍子胥至死不改变主张。

〔68〕 免身全功:使身免除祸害,成全功业。

〔69〕 离:通"罹",遭遇。非:非难。

〔70〕 交绝不出恶声:张守节正义曰:"言君子之人,交绝不说己长而谈彼短。"意为即使交情断绝,也不会口出恶声骂人。

〔71〕 不洁其名:指不会为了自洁其名而诋毁其君。

〔72〕 数奉教于君子:多次受教于有道之人。

〔73〕 "恐侍御者"二句:担心您听信左右人的话,而不了解我这个被疏远的人的行为。侍御者,实指燕惠王本人,委婉之词。

李 斯

李斯(？—前208)，战国末楚国上蔡(今河南上蔡)人。与韩非同为荀子的学生。他在公元前247年到达秦国，初为秦相吕不韦门客，后为秦王嬴政信任，先后任长史、廷尉、丞相之职。在秦统一六国和巩固中央集权制的封建帝国的过程中，起有一定的积极作用。秦始皇去世后，李斯与赵高合谋，废去太子，立胡亥为二世。后为赵高诬陷，最后被腰斩灭族。李斯是秦王朝惟一留有著作的文学家，《谏逐客书》为其代表作。此外尚有多篇碑文传世。

谏逐客书[1]

秦宗室大臣皆言秦王曰："诸侯人来事秦者，大抵为其主游间于秦耳[2]，请一切逐客[3]。"李斯议亦在逐中。斯乃上书曰：

臣闻吏议逐客，窃以为过矣[4]！昔穆公求士[5]，西取由余于戎[6]，东得百里奚于宛[7]，迎蹇叔于宋[8]，来丕豹、公孙支于晋[9]。此五子者，不产于秦，而穆公用之，并国二十，遂霸西戎。孝公用商鞅之法[10]，移风易俗，民以殷盛，国以富强，百姓乐用，诸侯亲服，获楚、魏之师[11]，举地千里[12]，至今治强。惠王用张仪之计[13]，拔三川之地[14]，西并巴、蜀[15]，北收上郡[16]，南取汉中[17]，包九夷[18]，制鄢、郢[19]，东据成皋之险[20]，割膏腴之壤，遂散六国之从[21]，使之西面事秦，功施到今[22]。昭王得范雎[23]，废穰侯，逐华阳[24]，强公室[25]，杜私门[26]，蚕食诸侯，使秦成帝业。此四君者，皆以客之功。由此观之，客何负于秦哉[27]！

向使四君却客而不内[28],疏士而不用[29],是使国无富利之实,而秦无强大之名也。

今陛下致昆山之玉[30],有随、和之宝[31],垂明月之珠[32],服太阿之剑[33],乘纤离之马[34],建翠凤之旗[35],树灵鼍之鼓[36]。此数宝者,秦不生一焉[37],而陛下说之[38],何也?必秦国之所生然后可,则是夜光之璧,不饰朝廷;犀象之器[39],不为玩好;郑、魏之女[40],不充后宫;而骏良䭾騠[41],不实外厩[42];江南金锡不为用,西蜀丹青不为采[43]。所以饰后宫,充下陈[44],娱心意,说耳目者,必出于秦然后可,则是宛珠之簪[45],傅玑之珥[46],阿缟之衣[47],锦绣之饰,不进于前;而随俗雅化[48],佳冶窈窕[49],赵女不立于侧也[50]。夫击瓮叩缶[51],弹筝搏髀[52],而歌呼呜呜快耳目者,真秦之声也。郑、卫、桑间[53],韶、虞、武、象者[54],异国之乐也。今弃击瓮而就郑、卫[55],退弹筝而取韶、虞[56],若是者何也?快意当前,适观而已矣[57]。今取人则不然。不问可否,不论曲直,非秦者去,为客者逐。然则是所重者在乎色乐珠玉,而所轻者在乎人民也。此非所以跨海内、制诸侯之术也[58]。

臣闻地广者粟多,国大者人众,兵强则士勇。是以太山不让土壤[59],故能成其大;河海不择细流[60],故能就其深;王者不却众庶,故能明其德。是以地无四方,民无异国,四时充美,鬼神降福,此五帝三王之所以无敌也。今乃弃黔首以资敌国[61],却宾客以业诸侯[62],使天下之士,退而不敢西向,裹足不入秦,此所谓"藉寇兵而赍盗粮"者也[63]。夫物不产于秦,可宝者多;士不产于秦,而愿忠者众。今逐客以资敌国,损民以益仇[64],内自虚而外树怨于诸侯,求国无危,不可得也。

秦王乃除逐客之令,复李斯官。

【注释】

〔1〕 公元前237年,秦国发生了一起著名的"郑国事件":韩国因害怕秦国发兵进攻,借秦国大事修建之机,派出著名的水利专家郑国游说秦王,建议秦王修一条分泾水东流入洛水,全长三百里的大型灌溉渠,称郑国渠。企图以

此消耗秦国的人力物力,缓和对韩国的军事威胁。郑国的使命无疑带有间谍性质,事发之后,秦宗室贵族要求驱逐一切"客卿"。李斯也在被驱逐之列,于是他写了这篇有名的文章。秦王采纳了李斯的建议,取消了逐客令,并恢复了李斯的官职。本文紧紧围绕着秦能否统一六国与客卿的关系这个战略问题展开讨论,批驳了"非秦者去,为客者逐"的错误观点。文章从正反两方面反复论证,对比鲜明,文辞清丽整饬,是秦代散文的代表作。

〔2〕 游间:游说离间。

〔3〕 逐客:驱逐其他国在本国做官的人。

〔4〕 吏:这里指秦国的宗室大臣。议:商议,决定。逐客:驱逐客卿。客卿是当时各诸侯国授给外来士人的官职。窃:私下里。过:错。

〔5〕 穆公:即秦穆公,名任好,秦始皇的十九代祖,公元前659年至前621年在位,春秋五霸之一。求士:收罗人才。

〔6〕 由余:其先祖为晋人,后亡入戎。秦穆公以礼招之,遂入秦,助穆公伐戎。

〔7〕 百里奚:本为虞大夫,虞亡被俘入晋。秦穆公知其贤,以五羊皮赎之于宛(今河南南阳),用为大夫,故称"五羖大夫"。后辅佐穆公成就了霸业。

〔8〕 蹇叔:百里奚好友。百里奚受知于秦而荐蹇叔,秦穆公使人厚币以迎于宋,任为上大夫。

〔9〕 丕豹:晋国大夫丕郑的儿子,因其父为晋惠公所杀,逃入秦。穆公任以为将。公孙支:又名子桑,曾游于晋,后归秦,任大夫,为穆公谋臣。

〔10〕 孝公:名渠梁,秦穆公的十四代孙,公元前361年至前338年在位。商鞅:卫国的公子,称为卫鞅,他因辅佐秦孝公变法有功,封于商(今陕西商县),又称商鞅。

〔11〕 获楚、魏之师:秦孝公二十二年(前340),商鞅率领秦军战胜魏军,魏国割河西大片土地求和;商鞅战胜楚师事不详,《史记·楚世家》有"秦封卫鞅于商,南侵楚"的简略记载。获,俘获,战胜。师,军队。

〔12〕 举地:攻取土地。

〔13〕 惠王:即秦惠文王,孝公的儿子,名驷,公元前337年至前311年在位,即位后十四年,自称为王。张仪:魏国人,作秦相,是连横派代表人物。

〔14〕 拔:攻取。三川之地:指伊水、洛水和黄河共同流经的河南洛阳一带。秦惠文王时张仪建议取三川,到武王时甘茂完成了张仪的计划。

〔15〕 巴、蜀:战国时的两个小国,分别在今重庆、四川东北部和中部。秦

攻占以后,在此处设置了巴郡、蜀郡。

〔16〕 上郡:今陕西榆林及内蒙古的一部分,原属魏国领地。公元前328年,魏国以上郡十五县献给秦国以求和。

〔17〕 汉中:指今陕西西南和湖北西北部地区。公元前312年,秦国攻占楚国汉中六百里土地,设置汉中郡。

〔18〕 包:兼并。九夷:指当时楚国境内的一些少数民族。

〔19〕 制:控制,收取。鄢(yān烟):楚国的古都,在今湖北宜城县。郢(yǐng影):楚都,在今湖北江陵县。

〔20〕 成皋:又名虎牢。在今河南荥阳西北部,为古代军事重地。

〔21〕 散:瓦解,拆散。从:同"纵",此指当时的赵、魏、韩、齐、楚、燕六国联合对抗秦国的合纵策略。

〔22〕 施(yì义):延续。

〔23〕 昭王:指秦昭襄王嬴稷。范雎:魏国人,秦相。他提出了远交近攻的策略,使秦在统一战争中不断取得胜利。

〔24〕 穰(ráng瓤)侯:姓魏名冉,封于穰,故称穰侯。他是昭王母宣太后的异父弟。华阳:指华阳君,他也是宣太后之弟,封于华阳,故称华阳君。穰侯、华阳都因宣太后的关系,在朝专政。公元前266年,昭王采用范雎的建议,将两人驱逐出关。

〔25〕 公室:王室。

〔26〕 杜:杜绝。私门:指贵族豪门。

〔27〕 负:辜负。

〔28〕 向使:假使。却:拒绝。内:通"纳",接纳。

〔29〕 疏士:疏远士人。

〔30〕 致:得到。昆山:昆仑山,以产玉而驰名。

〔31〕 有:占有。随、和之宝:指随侯珠与和氏璧,都是稀世珍宝。

〔32〕 明月之珠:即夜光珠。

〔33〕 服:佩带。太阿(ē婀)之剑:相传是吴国著名的铸剑匠干将与欧冶子所铸造的名剑。

〔34〕 纤离:古骏马名。

〔35〕 建:竖立。翠凤之旗:指装饰有翠羽和凤形图案的旗。

〔36〕 树:架置。灵鼍(tuó驮):一种长寿的爬虫类动物,似鳄鱼,又称扬子鳄,俗名猪婆龙。其皮可用以制鼓,声音宏大。

〔37〕 生:产。

〔38〕 说:同"悦",喜爱。

〔39〕 犀象之器:犀牛角和象牙做成的器具。

〔40〕 郑、魏:皆古国名,在今河南境内。其地多美女。

〔41〕 骏良:指好马。駃騠(jué tí 决题):良马名。

〔42〕 实:充实,充满。厩(jiù 就):马圈。

〔43〕 丹青:即丹砂、靛青之类可用作绘画的颜料。产于西蜀。采:指彩色,颜料。

〔44〕 下陈:后列。指阶下歌舞的美女。

〔45〕 宛(yuān 渊)珠之簪:镶嵌有宛珠的簪子。宛珠,宛地所产的珠子。

〔46〕 傅:通"附",缀。玑(jī 鸡):不圆的珠子。珥(ěr 耳):妇女的耳饰。

〔47〕 阿缟(gǎo 搞)之衣:用东阿所产的绢制成的衣裳。阿,齐国东阿(在今山东东阿)。缟,白色生绢。

〔48〕 随俗雅化:追逐社会风尚,改变服饰,打扮得很标致。雅,雅致,标致。化,变化,改变。

〔49〕 冶:妖冶,艳丽。窈窕:美好的样子。

〔50〕 赵:古国名,在今河北境内。以出美女而著名。

〔51〕 瓮、缶(fǒu 否):皆为日用陶器。秦国用作打击乐器。故秦声质朴粗犷。叩:叩击。

〔52〕 搏:拍击。髀(bì 毙):大腿。

〔53〕 郑、卫:指郑、卫之地的音乐。桑间:地名,是卫国男女欢会歌唱的地方。此指该地流行的音乐。

〔54〕 韶、虞:相传是舜时的音乐。武、象:相传是周武王时的乐曲。乐曲称武,乐舞称象。武象是表演作战的乐舞曲。

〔55〕 就:取。

〔56〕 退:摈弃。

〔57〕 适观:意即悦人耳目。适,适宜。观,观赏。

〔58〕 跨:占有,据有,指统一。海内:全国。制:制服。术:办法,途径,策略。

〔59〕 太山:即泰山。让:舍弃。

〔60〕 择:挑选,有所舍弃。细流:小溪流水。

〔61〕 黔首:百姓。资:资助。

〔62〕 业诸侯：使诸侯成就事业。
〔63〕 藉：借给。赍(jī击)：给与。
〔64〕 仇：指敌国。益仇：对仇敌有利。

楚　辞

《楚辞》是继《诗经》之后对我国文学产生深远影响的又一部诗歌总集。诗集由西汉刘向收录战国时期楚人屈原、宋玉及汉代一些作家的作品编辑而成。诗人屈原的诗歌辞赋从文学形式到语言风格都具有深厚的楚地色彩，故称"楚辞"。《楚辞》句式参差不齐，富于变化，句末多用"兮""些"等语气词，文采绚丽，感情奔放。

卜居[1]　楚辞

屈原既放[2]，三年不得复见[3]。竭知尽忠，而蔽障于谗[4]。心烦虑乱，不知所从。乃往见太卜郑詹尹曰[5]："余有所疑，愿因先生决之。"詹尹乃端策拂龟[6]，曰："君将何以教之？"

屈原曰："吾宁悃悃款款朴以忠乎[7]？将送往劳来斯无穷乎[8]？宁诛锄草茅以力耕乎？将游大人以成名乎[9]？宁正言不讳以危身乎？将从俗富贵以偷生乎？宁超然高举以保真乎[10]？将哫訾栗斯喔咿嚅唲以事妇人乎[11]？宁廉洁正直以自清乎？将突梯滑稽如脂如韦以絜楹乎[12]？宁昂昂若千里之驹乎[13]？将氾氾若水中之凫乎[14]？与波上下偷以全吾躯乎[15]？宁与骐骥亢轭乎[16]？将随驽马之迹乎[17]？宁与黄鹄比翼乎[18]？将与鸡鹜争食乎[19]？此孰吉孰凶？何去何从？世溷浊而不清[20]：蝉翼为重，千钧为轻[21]；黄钟毁弃[22]，瓦釜雷鸣[23]；谗人高张[24]，贤士无名。吁嗟默默兮，谁知吾之廉贞！"

詹尹乃释策而谢曰[25]："夫尺有所短，寸有所长；物有所不足，智有所不明;数有所不逮〔26〕,神有所不见。用君之心,行君之意。龟策诚不能知此事。"

【注释】

〔1〕 本文选自《楚辞》。旧题屈原所作,实际上是后人哀悼屈原的作品。屈原对楚国竭尽忠诚,结果却遭到谗毁而被流放,于是前去问卜。文中反映了他对黑白颠倒、清浊混淆的现实的震惊和愤慨,表现了他廉洁正直的品行和不与黑暗现实妥协的斗争精神。卜,占卜。居,处。这里指处世做人之道。

〔2〕 屈原:名平,字原,战国时楚国人。楚怀王时曾任左徒、三闾大夫,后被流放,在汨罗江投水而死。放:流放。

〔3〕 复见:指再见到楚怀王。

〔4〕 蔽障:遮蔽阻隔。指屈原遭谗言被楚怀王疏远隔绝。

〔5〕 太卜:掌管卜筮的官。郑詹尹:人名。

〔6〕 端策:把策摆正。策,古代占卜用的蓍(shī 诗)草。拂龟:拂去龟甲上的灰尘。龟,古代占卜用的龟甲。

〔7〕 宁:表选择,宁可。悃(kǔn 捆)悃款款:诚实忠信的样子。

〔8〕 将:还是。送往劳来:随处周旋,巧于应酬。

〔9〕 游大人:奔走于达官贵人间。

〔10〕 高举:远走高飞,这里指隐居。保真:保全真实的本性。

〔11〕 哫訾(zú zǐ 足紫):阿谀奉承的样子。栗斯:小心献媚的样子。栗,恭谨,恭敬。斯,语助词。喔咿嚅唲(rú ér 如儿):强颜欢笑的样子。妇人:指楚怀王的宠姬郑袖。

〔12〕 突梯:圆滑的样子。滑(gǔ 古)稽:一种能转注吐酒、终日不竭的酒器,后借以指应付无穷、善于迎合别人。如脂如韦:谓像油脂一样光滑,像熟牛皮一样柔软,善于应付环境。絜(xié 鞋)楹:度量屋柱,顺圆而转,形容处世的圆滑随俗。絜,用绳子测量圆的东西。

〔13〕 昂昂:昂首挺胸、气宇不凡的样子。

〔14〕 氾氾:漂浮不定的样子。凫(fú 浮):水鸟,即野鸭。

〔15〕 偷:苟且。

〔16〕 骐骥:两种良马的名字。亢轭:并驾而行。亢,通"伉",并列。轭,车辕前面用来驾马的曲木。

〔17〕 驽(nú 奴)马:劣马。

〔18〕 黄鹄(hú 胡)：天鹅。

〔19〕 鹜(wù 务)：鸭。

〔20〕 溷(hùn 混)浊：混乱污浊。

〔21〕 钧：古代重量单位，三十斤为一钧。

〔22〕 黄钟：这里指乐器，钟名，形体大，声音宏亮。

〔23〕 瓦釜：陶土制的锅。这里指陶制击打乐器。

〔24〕 高张：指气焰嚣张，趾高气扬。

〔25〕 谢：道歉。

〔26〕 数：术数，这里指占卜。逮：及，到。

对楚王问[1] 楚辞

楚襄王问于宋玉曰："先生其有遗行与[2]？何士民众庶不誉之甚也[3]？"

宋玉对曰："唯，然，有之。愿大王宽其罪，使得毕其辞。客有歌于郢中者[4]，其始曰《下里》、《巴人》[5]，国中属而和者数千人[6]；其为《阳阿》、《薤露》[7]，国中属而和者数百人；其为《阳春》、《白雪》[8]，国中属而和者不过数十人；引商刻羽，杂以流徵[9]，国中属而和者不过数人而已。是其曲弥高[10]，其和弥寡。故鸟有凤，而鱼有鲲[11]。凤皇上击九千里，绝云霓[12]，负苍天[13]，足乱浮云，翱翔乎杳冥之上[14]；夫蕃篱之鷃[15]，岂能与之料天地之高哉！鲲鱼朝发昆仑之墟[16]，暴鬐于碣石[17]，暮宿于孟诸[18]；夫尺泽之鲵[19]，岂能与之量江海之大哉！故非独鸟有凤而鱼有鲲也，士亦有之。夫圣人瑰意琦行[20]，超然独处，世俗之民，又安知臣之所为哉？"

【注释】

〔1〕 本文选自《楚辞》，作者宋玉，文章以"对问"的形式表现了宋玉不被人理解的痛苦和愤慨。楚王，指楚襄王，即楚顷襄王，名横，战国末期楚国国君，公元前298年至前263年在位。

〔2〕 遗行:有失检点的行为。遗,遗失。与:通"欤",语助词。

〔3〕 不誉:不称赞,非议。

〔4〕 郢(yǐng 影):楚国国都,在今湖北江陵。

〔5〕 《下里》、《巴人》:都是楚国民间流传的通俗乐曲。

〔6〕 国:国都。属(zhǔ 主):聚集,会集。和(hè 贺):跟着唱。

〔7〕 《阳阿》、《薤(xiè 谢)露》:都是楚国比较高雅的乐曲。

〔8〕 《阳春》、《白雪》:都是楚国高雅的乐曲。

〔9〕 "引商"二句:指讲究声律、有很高成就的音乐演奏。古代有五声,即宫、商、角、徵、羽,后来又增加了变宫、变徵,成为七声,这里用音级的复杂变化来形容音乐技巧的高超。引,延长。刻,修饰。流,流畅。

〔10〕 弥:更,越。

〔11〕 鲲(kūn 昆):古代传说中的一种大鱼。

〔12〕 绝:超越。

〔13〕 负苍天:背靠青天。苍,青色。

〔14〕 杳:高远。冥:深。

〔15〕 藩篱:篱笆。鷃(yàn 燕):一种小鸟。

〔16〕 昆仑:古代神话传说中的神山,其上为神仙所居,位于大地的西境。墟(xū 虚):大丘。

〔17〕 暴(pù 铺):通"曝",暴露在阳光之下。鬐(qí 其):鱼脊。碣石:山名,在今河北昌黎北。

〔18〕 孟诸:古代大泽名,在今河南商丘东北。

〔19〕 鲵(ní 尼):小鱼。

〔20〕 瑰意琦行:卓越不凡的思想和行为。瑰、琦,奇异美好。

卷 五

史 记

《史记》是我国第一部纪传体通史,作者司马迁。《史记》上起黄帝,下至汉武帝太初年间,记载了三千多年的史事。全书凡五十二万余言,共一百三十篇,由十二本纪、十表、八书、三十世家、七十列传五个部分组成。它不仅是一部史学杰作,也是一部文学名著,其中体现出作者对历史和社会极其独特深刻的理解与批判。《史记》"究天人之际,通古今之变,成一家之言",被鲁迅誉为"史家之绝唱"、"无韵之《离骚》",对史学和文学都产生了巨大而深远的影响。

五帝本纪赞[1] 史记

太史公曰[2]:学者多称五帝,尚矣[3]。然《尚书》独载尧以来[4],而百家言黄帝[5],其文不雅驯[6],荐绅先生难言之[7]。孔子所传《宰予问五帝德》及《帝系姓》[8],儒者或不传。余尝西至空峒[9],北过涿鹿[10],东渐于海[11],南浮江淮矣;至,长老皆各往往称黄帝、尧、舜之处[12],风教固殊焉。总之,不离古文者近是[13]。予观《春秋》、《国语》[14],其发明《五帝德》、《帝系姓》章矣[15]。顾弟弗深考[16],其所表见皆不虚[17]。《书》缺有间矣[18],其轶乃时时见于他说[19]。非好学深思,心知其意,固难为浅见寡闻道也。余并论次[20],择其言尤雅者,故著为本纪书首[21]。

【注释】

〔1〕《史记》每篇最后都以"太史公曰"的形式对所记人物事件加以评

论,一般称为赞。本文即是司马迁为《史记》首篇《五帝本纪》作的赞语,列在该篇的末尾。这篇赞语历述有关黄帝、颛顼、帝喾、唐尧、虞舜五帝的记载、传说之紊乱、缺漏情况,表明了《五帝本纪》史料来源和整理五帝史迹的必要性,逻辑清晰,很有说服力。本纪,纪传体史书中的帝王传记称"本纪"。赞,文体名。

〔2〕 太史公:司马迁自称,司马迁曾任太史令。

〔3〕 尚:久远。

〔4〕 《尚书》:是记录上古政治文诰和部分古代事迹的书。全书分"虞书"、"夏书"、"商书"、"周书"四部分。"商书"、"周书"较为可信,"虞书"、"夏书"是东周、战国时代人根据传说所编写。《尚书》第一篇是《尧典》,记载最早的是尧时候的历史,因此说"独载尧以来"。

〔5〕 百家:即诸子百家。

〔6〕 雅驯:正确可信。雅,正确。驯:通"训",准则,规范。

〔7〕 荐绅先生:即士大夫。荐绅,即缙绅、搢绅,有官职或做过官的人。古时官员上朝时把手里拿着的笏版插在腰带上。荐,插。绅,腰带。先生,长者。

〔8〕 《宰予问五帝德》:见《大戴礼记》。《帝系姓》:见《孔子家语》。有些儒者认为不是圣人之言,不可信,因而不传授学习。

〔9〕 空峒(tóng 同):山名,也写作"崆峒",传说是黄帝问道于广成子处,在今甘肃省平凉市西。

〔10〕 涿鹿:山名,在今河北涿州市东南。山边有涿鹿城,相传黄帝和虞夏都曾在这里建都。

〔11〕 渐(jiān 间):流入。

〔12〕 长(zhǎng 掌)老:年长的人。

〔13〕 古文:指《尚书》、《宰予问五帝德》、《帝系姓》等用上古文字写成的典籍。

〔14〕 《春秋》:春秋时期鲁国的编年体史书。《国语》:西周末年至春秋时期周、鲁、齐、晋、郑、楚、吴、越八国的国别体史书。

〔15〕 发明:阐发,阐述。章:显著。

〔16〕 顾弟:只是。弟,通"第"。

〔17〕 表见:记载。见(xiàn 县):通"现"。

〔18〕 有间(jiàn 建):为时已久。

〔19〕 轶(yì 意):通"佚",散失。

〔20〕 论次:论定编次。

〔21〕 书首:全书的第一篇。《五帝本纪》是《史记》的第一篇。

项羽本纪赞[1] 史记

太史公曰:吾闻之周生曰[2],"舜目盖重瞳子[3]",又闻项羽亦重瞳子。羽岂其苗裔邪[4]?何兴之暴也[5]!夫秦失其政[6],陈涉首难[7],豪杰蜂起,相与并争,不可胜数。然羽非有尺寸[8],乘势起陇亩之中[9],三年,遂将五诸侯灭秦[10],分裂天下[11],而封王侯,政由羽出[12],号为"霸王",位虽不终,近古以来[13],未尝有也。及羽背关怀楚[14],放逐义帝而自立[15],怨王侯叛己,难矣。自矜功伐[16],奋其私智而不师古,谓霸王之业,欲以力征经营天下[17],五年,卒亡其国,身死东城[18],尚不觉寤而不自责[19],过矣[20]。乃引"天亡我,非用兵之罪也[21]",岂不谬哉!

〔1〕 《史记》中的"本纪"记载的是历代帝王的事迹,将并未完成帝业的项羽列入本纪,是因为在秦亡以后汉兴以前的过渡阶段中,项羽实际上支配当时的政局,享有帝王一样的权威,同时也表明了司马迁对项羽的欣赏态度。司马迁肯定了项羽继陈涉之后起兵反秦、推翻了秦王朝的历史功绩,并分析了项羽失败的原因,批评了他的刚愎自用、残酷暴虐。项羽,名籍,字羽,下相(今江苏省宿迁市西)人。秦二世时,陈涉首先发难,项羽跟从叔父项梁起义兵,巨鹿之战中大破秦军,率领五国诸侯入关灭秦,分封王侯,自称"西楚霸王"。后为刘邦所败,困于垓下,在乌江自杀。

〔2〕 周生:姓周的儒生。

〔3〕 盖:表示推测、判断,大概。重瞳(tóng 童)子:双瞳仁。后人认为重瞳为帝王之相。

〔4〕 苗裔(yì 意):后代子孙。

〔5〕 兴(xīng 星):兴起。暴:突然。

〔6〕 失其政:政治混乱。

〔7〕 陈涉:即陈胜,字涉,秦末农民起义领袖。首难:首先起来发难。公元前209年,陈胜与吴广在大泽乡率九百戍卒揭竿起义,成为反秦义军的先驱。

〔8〕 非有尺寸:谓没有一尺一寸的封地。

〔9〕 陇亩:田野。这里指民间。

〔10〕 将(jiàng匠):率领。五诸侯:指原来的齐、赵、韩、魏、燕五国。项羽属楚,合为六国起义军队。

〔11〕 分裂:分封。

〔12〕 政:政令。

〔13〕 近古:指春秋、战国以来的时代。

〔14〕 背关怀楚:放弃关中,怀念楚地。指项羽放弃秦地,自立为西楚霸王,东归建都彭城(今江苏徐州市)。

〔15〕 义帝:即楚怀王之孙熊心,项梁立为楚怀王。项羽尊其为义帝,后将其迁都湖南郴州市,并暗地派人在途中将其杀害。

〔16〕 矜(jīn今):夸耀。伐:功劳。

〔17〕 力征:武力征伐。经营:整顿,统治。

〔18〕 东城:在今安徽省定远县东南。项羽自垓下突围后,逃往东城,再向南至乌江边自刎而死。这里说"身死东城",是泛指那个地区。

〔19〕 寤:通"悟"。

〔20〕 过:错。

〔21〕 引:援引,据为理由。这里是借口、推托的意思。天亡我:天要灭亡我。这两句是项羽自杀前说的话。

秦楚之际月表[1] 史记

太史公读秦楚之际曰[2]:初作难[3],发于陈涉;虐戾灭秦[4],自项氏[5]。拨乱诛暴,平定海内,卒践帝祚[6],成于汉家[7]。五年之间[8],号令三嬗[9],自生民以来,未始有受命若斯之亟也[10]。

昔虞、夏之兴[11],积善累功数十年,德洽百姓[12],摄行政事[13],考之于天[14],然后在位。汤、武之王,乃由契、后稷修仁行义十余世[15]，不期而会孟津八百诸侯[16]，犹以为未可，其后乃放弑[17]。秦起襄公[18]，章于文、缪[19]，献、孝之后[20]，稍以蚕食六国[21]，百有余载，至始皇乃能并冠带之伦[22]。以德若彼[23]，用力如此[24]，盖一统若斯之难也。

秦既称帝，患兵革不休，以有诸侯也，于是无尺土之封[25]，堕坏名城[26]，销锋镝[27]，鉏豪杰[28]，维万世之安[29]。然王迹之兴，起于闾巷[30]，合从讨伐[31]，轶于三代[32]，乡秦之禁[33]，适足以资贤者为驱除难耳[34]。故愤发其所为天下雄，安在无土不王[35]？此乃传之所谓大圣乎[36]？岂非天哉！岂非天哉！非大圣孰能当此受命而帝者乎！

【注释】

〔1〕 本文是在《秦楚之际月表》前面所写的序言。这篇序言概括了秦楚之际三次政权的变更：即陈涉发难、项羽灭秦、刘邦称帝，回顾了古代贤君统一天下的艰难历程，分析了汉高祖最终成就帝业的原因，结论有独到之处。秦，指秦二世胡亥。楚，指西楚霸王项羽。表，是《史记》创立的一种体例，以表格的形式来表述历史人物和历史事实。《史记》中的表一般为年表，因秦楚之际天下未定，变化很快，就采取按月记述，把当时发生的大事列为月表。

〔2〕 秦楚之际：指秦楚之际的历史记载。

〔3〕 作难：起事，发难。

〔4〕 虐戾(lì 立)：残暴。指项羽用武力灭秦并诛杀秦王子婴。

〔5〕 项氏：即项羽。

〔6〕 卒：最终。践：登上。帝祚(zuò 作)：帝位。

〔7〕 汉家：指汉高祖刘邦。

〔8〕 五年之间：指公元前209年陈涉起义称王到公元前205年项羽杀义帝熊心，前后共五年。

〔9〕 号令三嬗：发号施令者变换了三次。指陈涉、西楚霸王项羽、汉高祖刘邦。嬗(shàn 善)，变，变更。

〔10〕 受命：接受天命，改朝换代。亟(jí 及)：频繁。

〔11〕 虞：虞舜。夏：夏禹。都是传说中的远古帝王。

〔12〕 洽(qià 恰)：润泽。

〔13〕 摄:代理。

〔14〕 考之于天:接受上天的考验。考,验证,考验。

〔15〕 契(xiè 谢):商始祖,帝喾之子,尧时任司徒,掌管教化。后稷:周始祖,曾为虞舜、夏禹时的农官。十余世:契传十四世至商汤,后稷传十五世至周武王,故云十余世。

〔16〕 不期:没有约定。孟津:古黄河津渡名,在今河南省孟津县东北。相传周武王伐纣,曾在这里会集八百诸侯。

〔17〕 放弑:指商汤流放夏桀,周武王伐纣事。

〔18〕 襄公:秦襄公,秦国的开国之君,因护送周平王东迁洛邑有功,被封为诸侯。公元前777年至前766年在位。

〔19〕 章:显著,显赫。文:秦文公,公元前765年至前716年在位。缪(mù 木):即秦穆公。缪,同"穆"。到了秦文公、秦穆公时,秦国日益强大,秦穆公是春秋五霸之一。

〔20〕 献、孝:秦献公和秦孝公。战国时期秦国两个国君。秦孝公任用商鞅变法,秦国国力日强。

〔21〕 稍:逐渐。蚕食:像蚕吃桑叶般慢慢地吞并。六国:指战国时期与秦并立的六个大国——齐、楚、燕、韩、赵、魏。

〔22〕 始皇:秦始皇嬴政,公元前246年至前221年为秦王,公元前221年至前210年为始皇帝。并:兼并。冠带之伦:戴冠束带之流,这里指六国诸侯。

〔23〕 以德:以德行感召天下。彼:指前文的虞、夏、商、周。

〔24〕 用力:用武力夺取天下。此:指秦。

〔25〕 无尺土之封:秦统一后,废除分封制,实行郡县制,没有对功臣做过尺寸土地的封赏。

〔26〕 堕(huī 灰):通"隳",毁坏。

〔27〕 销:销毁。锋镝(dí 敌):指各类武器。锋,刀刃。镝,箭头。

〔28〕 钼(chú 除):通"锄",铲除。

〔29〕 维:通"惟",考虑,计度。

〔30〕 闾巷:里巷,指民间。

〔31〕 合从(zòng 纵):即"合纵",本指战国后期齐、楚、燕、韩、赵、魏六国联合抗秦的策略。这里表示联合。从,通"纵"。

〔32〕 轶(yì 意):超过。三代:谓夏、商、周。

〔33〕 乡:通"向",从前。禁:指秦朝的各种禁令。

〔34〕 适:正好,恰好。资:帮助。贤者:指汉高祖刘邦。

〔35〕 无土不王:当时流传的古语,意为没有封地,就不能成为帝王。

〔36〕 传(zhuàn 撰):古代书籍记载。

高祖功臣侯年表[1] 史记

太史公曰:古者人臣功有五品[2],以德立宗庙、定社稷曰勋[3],以言曰劳[4],用力曰功[5],明其等曰伐[6],积日曰阅[7]。封爵之誓曰[8]:"使河如带[9],泰山若厉[10],国以永宁[11],爰及苗裔[12]。"始未尝不欲固其根本,而枝叶稍陵夷衰微也[13]。

余读高祖侯功臣[14],察其首封,所以失之者,曰:异哉所闻!《书》曰"协和万国[15]",迁于夏、商,或数千岁。盖周封八百,幽、厉之后[16],见于《春秋》[17]。《尚书》有唐虞之侯伯[18],历三代千有余载,自全以蕃卫天子[19],岂非笃于仁义奉上法哉[20]?汉兴,功臣受封者百有余人[21]。天下初定,故大城名都散亡,户口可得而数者十二三,是以大侯不过万家,小者五六百户。后数世,民咸归乡里,户益息[22],萧、曹、绛、灌之属或至四万[23],小侯自倍,富厚如之。子孙骄溢[24],忘其先,淫嬖[25]。至太初[26],百年之间,见侯五[27],余皆坐法陨命亡国,耗矣[28]。罔亦少密焉[29],然皆身无兢兢于当世之禁云[30]。

居今之世,志古之道[31],所以自镜也[32],未必尽同。帝王者各殊礼而异务,要以成功为统纪[33],岂可绲乎[34]?观所以得尊宠及所以废辱,亦当世得失之林也[35],何必旧闻?于是谨其始终,表见其文[36],颇有所不尽本末[37],著其明,疑者阙之[38]。后有君子,欲推而列之,得以览焉。

【注释】

〔1〕 汉代建立之后,汉高祖大封功臣,但所封侯伯很快都衰微了。司马

迁编了高祖功臣封侯者年表,记载他们的始终。本文是年表的序言,分析了古代受封者享国久远、汉代功臣及其后代大多被诛、被废的原因。

〔2〕 五品:五个等级。即下文所说的勋、劳、功、伐、阅。品,等级。

〔3〕 宗庙:古代帝王、诸侯等祭祀祖宗的庙宇,这里指帝业。社稷:在上古之时,社是祭土神之所,稷是祭谷神之所,后人遂合称以指国家。

〔4〕 言:言论,这里指提意见,出谋划策。

〔5〕 力:指用武力征战。

〔6〕 明其等:彰显其功劳的等级。伐:功绩,也写作"阀"。

〔7〕 积日:任职时间的积累,资历的长短。

〔8〕 封爵之誓:汉高祖封侯时有约誓,欲使功臣所得爵位世代相传。誓词以丹色刻写在铁券上,即丹书铁券。

〔9〕 使:假使。河:黄河。带:衣带。

〔10〕 厉:通"砺",磨刀石。

〔11〕 国:王侯的封国。

〔12〕 爰(yuán 元):乃。苗裔(yì 意):后代子孙。

〔13〕 枝叶:喻指所封功臣的后代子孙。稍:逐渐。陵夷:衰落。

〔14〕 侯:作动词,封赏。

〔15〕 协和万国:见于《尚书·尧典》,原文作"协和万邦",汉代避刘邦讳,"邦"改作"国"。意思是说尧使各个邦国和睦相处。

〔16〕 幽、厉:周幽王和周厉王,都是西周的暴君。

〔17〕 《春秋》:春秋时期鲁国官修的编年体史书。今传《春秋》乃孔子据鲁国史删定而成。

〔18〕 侯伯:古代爵位分公、侯、伯、子、男五等,侯、伯分别为第二等和第三等。

〔19〕 自全:自我保全。蕃卫:屏卫。蕃,通"藩",屏障。

〔20〕 笃(dǔ 赌):忠实。上法:天子的法令。

〔21〕 百有余人:据表中所列,高祖功臣侯者一百三十七人,另有王子四人,外戚二人,共一百四十三人。

〔22〕 息:繁育。

〔23〕 萧:萧何,封鄼(zàn 赞)侯。曹:曹参,封平阳侯。绛:周勃,封绛侯。灌:灌婴,封颍阴侯。

〔24〕 溢:过度。

〔25〕 淫嬖(bì 必)：淫乱邪恶。
〔26〕 太初：汉武帝年号，公元前104年至前101年。
〔27〕 见(xiàn 县)侯五：指汉武帝时仍袭侯爵的只有五人，分别为平阳侯曹宗、曲周侯郦终根、埤山侯仁、戴侯秘蒙、谷陵侯冯偃。见，通"现"，现存的。
〔28〕 秏(hào 浩)：同"耗"，尽、无。
〔29〕 罔：通"网"，法网。少：稍略，略微。
〔30〕 兢兢：小心谨慎的样子。
〔31〕 志：记。
〔32〕 镜：借鉴。
〔33〕 统纪：准则纲纪。
〔34〕 绲(gǔn 滚)：缝合。
〔35〕 林：汇集。
〔36〕 表见：用表格的形式反映。
〔37〕 本末：事情的始终、本末。
〔38〕 阙：通"缺"，空缺。

孔子世家赞[1] 史记

太史公曰：《诗》有之："高山仰止，景行行止[2]。"虽不能至，然心乡往之[3]。余读孔氏书[4]，想见其为人。适鲁观仲尼庙堂车服礼器[5]，诸生以时习礼其家[6]，余低回留之[7]，不能去云。天下君王至于贤人众矣，当时则荣，没则已焉[8]。孔子布衣[9]，传十余世，学者宗之。自天子王侯，中国言六艺者[10]，折中于夫子[11]，可谓至圣矣。

【注释】

〔1〕 本文是《孔子世家》篇后的赞语，文中洋溢着司马迁对孔子的无限敬仰之情。世家，《史记》的五种体例之一，主要记载世袭封国诸侯的事迹。孔子虽非诸侯，但司马迁出于对他的崇敬和向往，将其列入"世家"。

〔2〕 "高山"二句：出自《诗经·小雅·车辖(xiá侠)》。仰，仰望，这里是仰慕、敬仰的意思。止，句末语气助词，无意义。景行(háng杭)，大道。这里喻指高尚的品德。行，这里是效法的意思。

〔3〕 乡：通"向"。

〔4〕 孔氏：即孔子。

〔5〕 适：往。

〔6〕 以时：按时。

〔7〕 低回：徘徊，依依不舍。

〔8〕 没(mò末)：死。已：完。

〔9〕 布衣：平民。古代没有官职的人都穿粗布衣服，所以称布衣。

〔10〕《六艺》：指六经，即《诗》、《书》、《礼》、《易》、《乐》、《春秋》。

〔11〕 折中：取正，用以断定事物正确与否的准则。夫子：古代对男子的尊称。这里指孔子。

外戚世家序[1] 史记

自古受命帝王及继体守文之君[2]，非独内德茂也[3]，盖亦有外戚之助焉。夏之兴也以涂山[4]，而桀之放也以妹喜[5]；殷之兴也以有娀[6]，纣之杀也嬖妲己[7]；周之兴也以姜原及大任[8]，而幽王之禽也淫于褒姒[9]。故《易》基《乾》、《坤》[10]，《诗》始《关雎》[11]，《书》美釐降[12]，《春秋》讥不亲迎[13]。夫妻之际，人道之大伦也。礼之用，唯婚姻为兢兢[14]。夫乐调而四时和，阴阳之变，万物之统也[15]，可不慎与[16]！人能弘道[17]，无如命何。甚哉，妃匹之爱[18]，君不能得之于臣，父不能得之于子，况卑下乎！即欢合矣，或不能成子姓[19]；能成子姓矣，或不能要其终[20]，岂非命也哉？孔子罕称命，盖难言之也。非通幽明之变[21]，恶能识乎性命哉[22]？

【注释】

〔1〕 本文是《外戚世家》的序。《外戚世家》记述了高祖、文帝、景帝、武帝四朝的皇后、太后及其家庭情况，其中吕后列入"本纪"，不包括在内。本序

文历述夏、商、周三代以来帝王的成败、国家的兴衰都与外戚有密切的关系,强调了帝王在选择后妃问题上不可不慎。外戚,指皇帝的后妃及后妃的妻族。

〔2〕 受命帝王:受命于天的帝王,这里指开国创业的君主。继体:继承先帝的政治制度。守文:遵守先帝留下的成法。

〔3〕 内德:内在的品德。茂:美。

〔4〕 涂山:指夏禹之妻涂山氏。传说禹娶涂山氏的女子,生下夏启,启建立夏朝。涂山,地名,即今安徽当涂山。

〔5〕 桀(jié 杰):夏朝最后一个帝王,暴虐无道,后被商汤流放。放:放逐。妹喜:有施氏之女,夏桀的宠妃。相传夏桀对她言听计从,后与夏桀一起被商汤流放到南巢。

〔6〕 有娀(sōng 松):远古氏族名。这里指有娀氏之女简狄。传说简狄吞燕卵有孕,生契,为商的始祖。

〔7〕 嬖(bì 必):宠爱。妲(dá 达)己:有苏氏之女,商纣王的宠妃,助纣为虐,纣王死后被杀。

〔8〕 姜原:又作"姜嫄",有邰氏之女,周始祖后稷之母。大任:即太任,挚国任氏女,周文王之母。

〔9〕 禽:通"擒"。褒姒:褒国之女,姓姒,周幽王宠妃。相传褒姒生来不好笑,周幽王为博她一笑,烽火戏诸侯。后犬戎入侵,周幽王再举烽火告急,诸侯都不再来,幽王逃至骊山被杀,褒姒被俘。

〔10〕《易》:即《周易》。《乾》、《坤》:《周易》六十四卦的头两卦,分别表示阳与阴、男与女、天与地、君与臣等。所以《乾》《坤》两卦是《周易》诸卦的基础。

〔11〕《诗》:即《诗经》。《关雎》是《诗经》的第一篇,《毛诗序》认为这首诗是赞美后妃之德的。

〔12〕《书》:即《尚书》。釐(lí 厘)降:指《尚书》里记载尧亲自办理把自己的两个女儿下嫁给舜的婚事。釐,料理。降,下嫁。

〔13〕《春秋》:春秋时期鲁国的编年体史书。讥不亲迎:按古代婚礼规定,不论贵族平民,在迎亲时夫婿都应亲自到女家迎娶新娘。鲁隐公二年(前721),纪国大夫纪履緰到鲁国为其国君迎娶鲁隐公之女。《春秋》的记载是"纪履緰来逆女",《公羊传》认为《春秋》这样记载是"讥始不亲迎也"。逆,迎接。

〔14〕 兢兢:小心谨慎的样子。

[15] 统:纲要,纲领。
[16] 与:通"欤",句尾助词,表示疑问。
[17] 人能弘道:出自《论语·卫灵公》。弘,弘扬,发扬。
[18] 妃(pèi 配)匹:配偶。妃,通"配"。
[19] 成:成熟,收获,引申为繁育。子姓:子孙。
[20] 要(yāo 腰)其终:指白头偕老。要,求,取。
[21] 幽明:阴阳。
[22] 恶(wū 乌):怎么。性命:人性和天命。

伯夷列传[1] 史记

夫学者载籍极博[2],尤考信于六艺。《诗》、《书》虽缺[3],然虞夏之文可知也[4]。尧将逊位[5],让于虞舜。舜禹之间,岳牧咸荐[6],乃试之于位,典职数十年[7],功用既兴,然后授政。示天下重器[8],王者大统[9],传天下若斯之难也。而说者曰,尧让天下于许由[10],许由不受,耻之逃隐。及夏之时,有卞随、务光者[11]。此何以称焉[12]?太史公曰[13]:余登箕山[14],其上盖有许由冢云。孔子序列古之仁圣贤人,如吴太伯、伯夷之伦详矣[15]。余以所闻由、光义至高,其文辞不少概见[16],何哉?

孔子曰:"伯夷、叔齐,不念旧恶,怨是用希[17]。""求仁得仁,又何怨乎[18]?"余悲伯夷之意,睹轶诗可异焉[19]。其传曰[20]:伯夷、叔齐,孤竹君之二子也[21]。父欲立叔齐,及父卒,叔齐让伯夷。伯夷曰:"父命也。"遂逃去。叔齐亦不肯立而逃之,国人立其中子[22]。于是伯夷、叔齐闻西伯昌善养老[23],盍往归焉[24]。及至,西伯卒,武王载木主[25],号为文王,东伐纣[26]。伯夷、叔齐叩马而谏曰[27]:"父死不葬,爰及干戈[28],可谓孝乎?以臣弑君,可谓仁乎?"左右欲兵之[29]。太公曰[30]:"此义人也。"扶而去之。武王已平殷乱,天下宗周,而伯夷、叔齐耻之,义不食周粟,隐于首阳山[31],采薇而食之[32]。及饿且死[33],作歌,其辞曰:"登彼西山兮,采其薇矣。以暴易暴兮,不知其非矣。神农、虞、夏[34],忽焉没兮,我安适归矣?于嗟徂兮[35],命之衰矣!"遂饿死于首阳山。由此观之,怨邪非邪?

或曰:"天道无亲,常与善人[36]。"若伯夷、叔齐,可谓善人者非邪?积仁絜行如此而饿死[37]!且七十子之徒[38],仲尼独荐颜渊为好学[39]。然回也屡空[40],糟糠不厌[41],而卒蚤夭[42]。天之报施善人,其何如哉?盗跖日杀不辜[43],肝人之肉[44],暴戾恣睢[45],聚党数千人,横行天下,竟以寿终,是遵何德哉?此其尤大彰明较著者也。若至近世,操行不轨[46],事犯忌讳[47],而终身逸乐,富厚累世不绝。或择地而蹈之,时然后出言[48],行不由径[49],非公正不发愤,而遇祸灾者,不可胜数也。余甚惑焉,傥所谓天道,是邪非邪?

子曰:"道不同不相为谋。"亦各从其志也[50]。故曰:"富贵如可求,虽执鞭之士,吾亦为之;如不可求,从吾所好[51]。""岁寒,然后知松柏之后凋[52]。"举世混浊,清士乃见。岂以其重若彼,其轻若此哉?

"君子疾没世而名不称焉[53]。"贾子曰[54]:"贪夫徇财,烈士徇名,夸者死权,众庶冯生[55]。"同明相照,同类相求[56]。"云从龙,风从虎,圣人作而万物睹[57]。"伯夷、叔齐虽贤,得夫子而名益彰;颜渊虽笃学,附骥尾而行益显。岩穴之士[58],趋舍有时[59],若此类名堙灭而不称,悲夫!闾巷之人,欲砥行立名者[60],非附青云之士[61],恶能施于后世哉[62]!

【注释】

〔1〕 本文记述了伯夷、叔齐的事迹。全文一改人物传记的惯例,以议论为主,以叙事为辅,感情激烈,锋芒毕露。

〔2〕 载籍:书籍。

〔3〕 缺:残缺不全。《诗》、《书》到秦始皇时遭焚毁,有所缺失。

〔4〕 虞夏之文:指《尚书》中《尧典》、《舜典》、《大禹谟》关于尧、舜禅让传说的记载。虞,虞舜。夏,夏禹。

〔5〕 逊位:退位。

〔6〕 岳:传说中尧、舜时分掌四方部落的四个首领。牧:九牧,传说中九州之长。

〔7〕 典职:任职管事。

〔8〕 示天下重:表示天下是王者的重器。重器,宝器。

〔9〕 大统:大纲,主宰者。

〔10〕 许由:传说中尧时的隐士。相传尧要让位给他,他拒不接受,逃到颍水北、箕山下,尧召他为九州长,他又洗耳于颍水滨,不愿听闻。

〔11〕 卞随、务光:夏桀时人,相传汤灭夏桀后曾让天下于卞随、务光,二人不受,投水而死。

〔12〕 称:说。

〔13〕 太史公:这里是转述司马迁父亲司马谈的话。

〔14〕 箕山:山名,在今河南登封东南。

〔15〕 吴太伯:周太王古公亶父的长子,因让位于弟弟季历,出走到吴地。伦:类。

〔16〕 不少:没有一点。少,稍微。概见:概略的记载。概,梗概,概略。这里指经书中没有许由、务光事情的记载,司马迁对他们的传说产生怀疑。

〔17〕 "伯夷"三句:见于《论语·公冶长》。是用:因此。用,通"以",因。

〔18〕 "求仁得仁"二句:见于《论语·述而》。

〔19〕 轶诗:指下文的《采薇歌》,不见于《诗三百》。轶,散失。异:诧异。因为前面孔子说伯夷、叔齐"怨是用希"、"又何怨乎",但是《采薇歌》中多有怨词,所以司马迁感到诧异。

〔20〕 传(zhuàn 撰):指《韩诗外传》、《吕氏春秋》等书有关伯夷、叔齐生平的记载。

〔21〕 孤竹君:孤竹国国君,姓墨胎。孤竹,商朝诸侯国名,在今河北卢龙。

〔22〕 中子:排行居中的儿子。

〔23〕 西伯昌:即周文王姬昌,在殷商时被封为西伯,即西方诸侯之长。

〔24〕 盍(hé 河):何不。

〔25〕 木主:木制灵牌。文王死后,武王载其父之灵牌伐纣,以示谨奉父命,行父之志。

〔26〕 纣(zhòu 昼):指商纣王。

〔27〕 叩马:勒住马。

〔28〕 爰(yuán 元)：乃。这里是"竟"的意思。

〔29〕 兵之：用武器加害于他。

〔30〕 太公：指姜太公吕尚。

〔31〕 首阳山：在今山西永济南。一说即今偃师西北的首阳山。

〔32〕 薇：野菜，可生食。

〔33〕 且：将。

〔34〕 神农：神农氏，传说中的远古帝王。

〔35〕 于嗟：即吁嗟，感叹词。徂：通"殂"，死。

〔36〕 "天道"二句：这两句引自《老子》第七十九章，意思是说天道是没有偏私的，它总是向着善人。亲，亲近，偏向。与，帮助。

〔37〕 絜：通"洁"，高洁。

〔38〕 七十子：指孔子的弟子，相传孔子弟子三千，才德出众者七十二人。

〔39〕 颜渊：名回，字子渊，孔子的弟子。

〔40〕 屡空：经常穷困贫乏。

〔41〕 糟糠：酒渣、谷皮，泛指粗食。不厌：不饱。

〔42〕 卒：终于，最后。蚤夭：早死。蚤，通"早"。夭，夭折。

〔43〕 盗跖：相传为春秋时期的大盗。不辜：无辜，无罪的人。

〔44〕 肝人之肉：意思是吃人心肝。

〔45〕 暴戾：残暴凶狠。恣睢(suī 虽)：任意肆虐。睢，恣意。

〔46〕 不轨：不合法度，不走正道。

〔47〕 忌讳：指法令禁止的事。

〔48〕 时然后出言：看准时机再说话。语出《论语·宪问》"夫子时然后言，人不厌其言。"

〔49〕 行不由径：走路不走小路。语出《论语·雍也》"有澹台灭明者，行不由径"。径，小路。

〔50〕 "道不同"二句：出自《论语·卫灵公》，意思是主张不同，无法在一起商量谋划事情。

〔51〕 "富贵"五句：语出《论语·述而》。虽，即使。执鞭之士，持鞭驾车，指做低贱的事情。

〔52〕 "岁寒"二句：语出《论语·子罕》。

〔53〕 "君子"句：语出《论语·卫灵公》。疾，恨。不称，不被人称述。

〔54〕 贾子：即贾谊，汉初著名的文学家、政治家。

〔55〕"贪夫"四句:语出贾谊《鵩鸟赋》。徇财,为财而死。徇,通"殉"。烈士,坚贞不屈的刚强之士。夸者,好虚名、热衷权势的人。众庶:百姓。冯,通"凭",仗势,这里有贪求的意思。

〔56〕"同明"二句:从《周易·乾卦》"同声相应,同气相求"化出。

〔57〕"云从龙"三句:语出《周易·乾卦》。

〔58〕岩穴之士:指隐居之士。

〔59〕趋舍有时:出仕或隐逸都有自己的时运。

〔60〕砥行:磨砺品行。砥,磨刀石,这里作动词,磨练的意思。

〔61〕青云之士:德高望重的人。这里指孔子。

〔62〕施(yì亦):延续。

管晏列传[1] 史记

管仲夷吾者,颍上人也。少时常与鲍叔牙游[2],鲍叔知其贤。管仲贫困,常欺鲍叔[3],鲍叔终善遇之[4],不以为言[5]。已而鲍叔事齐公子小白[6],管仲事公子纠[7]。及小白立为桓公,公子纠死,管仲囚焉。鲍叔遂进管仲。管仲既用,任政于齐,齐桓公以霸。九合诸侯,一匡天下,管仲之谋也。

管仲曰[8]:"吾始困时,尝与鲍叔贾[9],分财利多自与,鲍叔不以我为贪,知我贫也。吾尝为鲍叔谋事而更穷困,鲍叔不以我为愚,知时有利不利也。吾尝三仕三见逐于君[10],鲍叔不以我为不肖[11],知我不遭时也。吾尝三战三走[12],鲍叔不以我为怯,知我有老母也。公子纠败,召忽死之[13],吾幽囚受辱,鲍叔不以我为无耻,知我不羞小节,而耻功名不显于天下也。生我者父母,知我者鲍子也。"

鲍叔既进管仲,以身下之[14]。子孙世禄于齐有封邑者十余世[15],常为名大夫。天下不多管仲之贤,而多鲍叔能知人也。

管仲既任政相齐,以区区之齐在海滨,通货积财[16],富国强兵,与俗同好恶。故其称曰[17]:"仓廪实而知礼节,衣食足而知荣辱,上服度则六亲固[18]","四维不张[19],国乃灭亡","下令如流水之原[20],令顺民心"。故论卑而易行[21]。俗之所欲,因而予之;俗之所否,因而去之。

其为政也,善因祸而为福,转败而为功。贵轻重[22],慎权衡[23]。桓公实怒少姬,南袭蔡[24],管仲因而伐楚,责包茅不入贡于周室[25]。桓公实北征山戎[26],而管仲因而令燕修召公之政[27]。于柯之会,桓公欲背曹沫之约[28],管仲因而信之,诸侯由是归齐。故曰:"知与之为取,政之宝也[29]。"

管仲富拟于公室,有三归、反坫[30],齐人不以为侈。管仲卒,齐国遵其政,常强于诸侯。后百余年而有晏子焉。

晏平仲婴者,莱之夷维人也[31]。事齐灵公、庄公、景公[32],以节俭力行重于齐[33]。既相齐,食不重肉[34],妾不衣帛。其在朝,君语及之,即危言[35];语不及之,即危行[36]。国有道,即顺命[37];无道,即衡命[38]。以此三世显名于诸侯。

越石父贤[39],在缧绁中[40]。晏子出,遭之途,解左骖赎之[41],载归。弗谢[42],入闺[43],久之。越石父请绝[44]。晏子戄然[45],摄衣冠谢曰[46]:"婴虽不仁,免子于厄,何子求绝之速也?"石父曰:"不然。吾闻君子诎于不知己而信于知己者[47]。方吾在缧绁中,彼不知我也。夫子既已感寤而赎我,是知己;知己而无礼,固不如在缧绁之中。"晏子于是延入为上客[48]。

晏子为齐相,出,其御之妻从门间而窥其夫[49]。其夫为相御,拥大盖,策驷马[50],意气扬扬,甚自得也。既而归,其妻请去。夫问其故。妻曰:"晏子长不满六尺,身相齐国,名显诸侯。今者妾观其出,志念深矣,常有以自下者[51]。今子长八尺,乃为人仆御,然子之意自以为足,妾是以求去也。"其后夫自抑损[52]。晏子怪而问之,御以实对。晏子荐以为大夫。

太史公曰:吾读管氏《牧民》、《山高》、《乘马》、《轻重》、《九府》[53],及《晏子春秋》[54],详哉其言之也。既见其著书,欲观其行事,故次其传[55]。至其书,世多有之,是以不论,论其轶事。

管仲,世所谓贤臣,然孔子小之[56]。岂以为周道衰微,桓公既贤,而不勉之至王[57],乃称霸哉?语曰:"将顺其美,匡救其恶,故上下能相亲也[58]。"岂管仲之谓乎?

方晏子伏庄公尸哭之,成礼然后去[59],岂所谓"见义不为无勇"者邪[60]?至其谏说,犯君之颜,此所谓"进思尽忠,退思补过"者哉[61]!假令晏子而在,余虽为之执鞭,所忻慕焉[62]。

【注释】

〔1〕 本文是春秋中后期齐国政治家管仲和晏婴的合传。司马迁之所以将管、晏二人列入合传,一方面是因为二人都是齐国的名臣,另一方面二人都有知人善任的故事。管,即管仲。晏,晏婴,字平仲,谥平,夷维(今山东高密)人。二人均为春秋时期齐国的政治家。

〔2〕 鲍叔牙:春秋时齐大夫。游:交游,交往。

〔3〕 欺:欺负,这里是占便宜的意思。

〔4〕 终:始终。遇:对待。

〔5〕 不以为言:不因为这件事发怨言。

〔6〕 已而:不久。公子小白:齐襄公弟,即是后来的齐桓公。

〔7〕 公子纠:齐襄公弟,齐襄公死后,与公子小白争夺君位,失败后被杀。

〔8〕 "管仲曰"以下:引自《列子·力命篇》。

〔9〕 贾(gǔ古):做买卖。

〔10〕 见逐:被驱逐。见,被。

〔11〕 不肖:不才,没有才能。

〔12〕 走:跑。这里是战败逃跑的意思。

〔13〕 召(shào哨)忽:齐人,与管仲一起事公子纠,公子纠被杀后,召忽自杀。

〔14〕 以身下之:把自己置于管仲的下位。

〔15〕 世禄:世代享受俸禄。十余世:指鲍叔牙的子孙后世。

〔16〕 通货:交换商货,即进行贸易。

〔17〕 "故其称曰"以下:引自《管子·牧民篇》,但与今本《管子》稍有出入。

〔18〕 上:国君。服度:遵守法度。六亲:一般指父、母、兄、弟、妻、子。

〔19〕 四维:指礼、义、廉、耻。维,纲纪。张:伸张,张扬。

〔20〕 原:通"源",源泉。

〔21〕 论卑:政论卑下,浅显。

〔22〕 轻重:本指钱币,此指轻重缓急之事。

〔23〕 权衡:本指秤,这里指得失。

〔24〕 "桓公"二句:齐桓公二十九年(前657),桓公与夫人少姬戏于船中,少姬摇荡船只惊吓了桓公,被送回蔡国。蔡国将少姬另嫁后,桓公怒而伐蔡。

〔25〕 包茅:事详见本书卷一《齐桓公伐楚盟屈完》。古代祭祀时,用裹束着的菁茅滤酒渣祭神,故称此菁茅为包茅。

〔26〕 "桓公"句:指山戎伐燕,齐桓公为救燕国而伐山戎。山戎,古族名,又称北戎,在今河北北部。

〔27〕 召(shào 哨)公:又称召康公,姓姬名奭(shì 是),燕国的始祖。周武王死后,与周公旦共辅成王,政绩卓著。

〔28〕 "于柯"二句:齐桓公五年(前681),齐桓公与鲁庄公会盟于柯,即今山东东阿西南,鲁国的曹沫以匕首挟持桓公,要求归还被侵占的土地,桓公当时答应,但不久便想反悔。管仲劝桓公践约,以大信收服诸侯人心,于是归还鲁国的土地。

〔29〕 "知与"二句:引自《管子·牧民篇》。与,给予。

〔30〕 三归:管仲所筑供观赏用的三座高台。反坫(diàn 店):堂屋两柱间设土台放置酒器。按照礼制,只有诸侯才享有三归和反坫,管仲是大夫,不该享有。

〔31〕 莱:古国名,在今山东龙口市东南莱子城,公元前567年为齐国所灭。

〔32〕 齐灵公:名环,公元前581年至前554年在位。庄公:名光,公元前553年至前548年在位。景公:名杵臼,公元前547年至前490年在位。

〔33〕 力行:尽力而行。重:受敬重。

〔34〕 重(chóng 虫)肉:两道肉菜。

〔35〕 危言:直言。

〔36〕 危行:谨慎行事。

〔37〕 顺命:顺从命令。

〔38〕 衡命:权衡利害得失而行动。

〔39〕 越石父:齐国贤人。

〔40〕缧绁(léi xiè 雷谢)：拘系犯人的绳索。这里指囚禁。
〔41〕骖(cān 餐)：指一车三马或四马中两旁的马匹。
〔42〕弗谢：指晏子没有向越石父辞别。
〔43〕闺：内室。
〔44〕绝：绝交。
〔45〕懼(jué 绝)然：惊异的样子。
〔46〕摄：整理。谢：致歉。
〔47〕诎(qū 区)：通"屈"，委屈。信(shēn 身)：通"伸"，伸展。
〔48〕延：请。
〔49〕御：驾驶车马。这里指驾车的人。
〔50〕策：鞭打，鞭策。驷马：拉同一辆车的四匹马。
〔51〕自下：甘居人下，指态度谦和。
〔52〕抑损：谦卑，不自满。
〔53〕《牧民》、《山高》、《乘马》、《轻重》、《九府》：皆为《管子》一书中的篇名。
〔54〕《晏子春秋》：旧题晏婴撰，实系后人所作记录晏子言行的书。
〔55〕次：编次。传(zhuàn 撰)：传记。
〔56〕小：轻视，看不起。
〔57〕王：王道。
〔58〕"将顺其美"三句：引自《孝经·事君》。
〔59〕"方晏子"二句：事详见本书卷二《晏子不死君难》。
〔60〕见义不为无勇：引自《论语·为政》。
〔61〕"进思"二句：引自《孝经·事君》。进，指出仕。退，指在野。
〔62〕忻(xīn 欣)慕：高兴，羡慕。忻，喜悦，欢欣。

屈原列传[1] 史记

屈原者，名平，楚之同姓也[2]。为楚怀王左徒[3]。博闻强志[4]，明于治乱[5]，娴于辞令[6]。入则与王图议国事，以出号令；出则接遇宾客，应对诸侯。王甚任之。

上官大夫与之同列[7]，争宠而心害其能[8]。怀王使屈原造为宪令[9]，屈平属草稿未定[10]。上官大夫见而欲夺之，屈平不与，因谗之曰："王使屈平为令，众莫不知。每一令出，平伐其功[11]，曰以为'非我莫能为也[12]'。"王怒而疏屈平。

屈平疾王听之不聪也[13]，谗谄之蔽明也[14]，邪曲之害公也[15]，方正之不容也[16]，故忧愁幽思而作《离骚》[17]。"离骚"者，犹离忧也[18]。夫天者，人之始也；父母者，人之本也。人穷则反本[19]，故劳苦倦极，未尝不呼天也；疾痛惨怛[20]，未尝不呼父母也。屈平正道直行，竭忠尽智以事其君，谗人间之[21]，可谓穷矣。信而见疑[22]，忠而被谤，能无怨乎？屈平之作《离骚》，盖自怨生也。《国风》好色而不淫[23]，《小雅》怨诽而不乱[24]，若《离骚》者，可谓兼之矣。上称帝喾[25]，下道齐桓，中述汤武[26]，以刺世事[27]。明道德之广崇，治乱之条贯[28]，靡不毕见[29]。其文约[30]，其辞微[31]，其志洁，其行廉，其称文小而其指极大[32]，举类迩而见义远[33]。其志洁，故其称物芳[34]；其行廉，故死而不容[35]。自疏濯淖污泥之中[36]，蝉蜕于浊秽[37]，以浮游尘埃之外，不获世之滋垢[38]，皭然泥而不滓者也[39]。推此志也，虽与日月争光可也。

屈原既绌[40]，其后秦欲伐齐，齐与楚从亲[41]，惠王患之[42]，乃令张仪详去秦[43]，厚币委质事楚[44]，曰："秦甚憎齐，齐与楚从亲，楚诚能绝齐，秦愿献商、於之地六百里[45]。"楚怀王贪而信张仪，遂绝齐。使使如秦受地[46]，张仪诈之曰："仪与王约六里，不闻六百里。"楚使怒去，归告怀王。怀王怒，大兴师伐秦。秦发兵击之，大破楚师于丹、淅[47]，斩首八万，虏楚将屈匄[48]，遂取楚之汉中地[49]。怀王乃悉发国中兵，以深入击秦，战于蓝田[50]。魏闻之，袭楚至邓[51]。楚兵惧，自秦归。而齐竟怒，不救楚，楚大困。

明年[52]，秦割汉中地与楚以和。楚王曰："不愿得地，愿得张仪而甘心焉。"张仪闻，乃曰："以一仪而当汉中地，臣请往如楚。"如楚，又因厚币用事者臣靳尚[53]，而设诡辩于怀王之宠姬郑袖[54]。怀王竟听郑袖，复释去张仪。

是时屈原既疏，不复在位，使于齐，顾反[55]，谏怀王曰："何不杀张仪？"怀王悔，追张仪，不及。其后，诸侯共击楚，大破之，杀其将唐眛[56]。

时秦昭王与楚婚[57]，欲与怀王会。怀王欲行，屈平曰："秦，虎狼之国，不可信，不如无行。"怀王稚子子兰劝王行[58]："奈何绝秦欢！"怀王卒行[59]。入武关[60]，秦伏兵绝其后，因留怀王以求割地。怀王怒，不听。亡走赵，赵不内[61]。复之秦，竟死于秦而归葬。

长子顷襄王立[62]，以其弟子兰为令尹[63]。楚人既咎子兰以劝怀王入秦而不反也[64]。屈平既嫉之，虽放流[65]，眷顾楚国[66]，系心怀王，不忘欲反[67]。冀幸君之一悟，俗之一改也。其存君兴国，而欲反覆之[68]，一篇之中，三致意焉[69]。然终无可奈何，故不可以反，卒以此见怀王之终不悟也。人君无愚智贤不肖，莫不欲求忠以自为，举贤以自佐。然亡国破家相随属，而圣君治国累世而不见者[70]，其所谓忠者不忠，而所谓贤者不贤也。怀王以不知忠臣之分[71]，故内惑于郑袖，外欺于张仪，疏屈平而信上官大夫、令尹子兰，兵挫地削，亡其六郡，身客死于秦，为天下笑。此不知人之祸也。《易》曰："井渫不食，为我心恻，可以汲。王明，并受其福[72]。"王之不明，岂足福哉！令尹子兰闻之大怒[73]。卒使上官大夫短屈原于顷襄王[74]，顷襄王怒而迁之。

屈原至于江滨，被发行吟泽畔[75]，颜色憔悴，形容枯槁。渔父见而问之曰："子非三闾大夫欤[76]？何故而至此？"屈原曰："举世混浊而我独清，众人皆醉而我独醒，是以见放。"渔父曰："夫圣人者，不凝滞于物而能与世推移[77]。举世混浊，何不随其流而扬其波？众人皆醉，何不餔其糟而啜其醨[78]？何故怀瑾握瑜而自令见放为[79]？"屈原曰："吾闻之，新沐者必弹冠，新浴者必振衣。人又谁能以身之察察[80]，受物之汶汶者乎[81]？宁赴常流而葬乎江鱼腹中耳[82]，又安能以皓皓之白而蒙世之温蠖乎[83]？"乃作《怀沙》之赋[84]。于是怀石遂自投汨罗以死[85]。

屈原既死之后，楚有宋玉、唐勒、景差之徒者[86]，皆好辞而以赋见称。然皆祖屈原之从容辞令[87]，终莫敢直谏。其后楚日以削，数十年竟为秦所灭[88]。

自屈原沉汨罗后百有余年，汉有贾生[89]，为长沙王太傅[90]。

过湘水,投书以吊屈原[91]。

太史公曰:"余读《离骚》、《天问》、《招魂》、《哀郢》[92],悲其志。适长沙,过屈原所自沉渊,未尝不垂涕,想见其为人。及见贾生吊之,又怪屈原以彼其材游诸侯,何国不容,而自令若是!读《服鸟赋》[93],同死生[94],轻去就[95],又爽然自失矣[96]。"

【注释】

〔1〕 本文是《屈原贾生列传》的屈原部分,删去了屈原的《怀沙》赋,是现存关于屈原最早、最完整的史料,是研究屈原生平的重要依据。全文歌颂了屈原的美好品德和卓越才能,反复慨叹他不幸的遭遇,在为屈原鸣不平的同时,字里行间流露着对自己身世的强烈自伤情绪。

〔2〕 楚之同姓:楚本姓芈(mǐ米),楚武王熊通的儿子瑕封于屈(相传在今湖北秭归东),他的后代遂以屈为姓,瑕是屈原的祖先,所以说与楚同姓。

〔3〕 左徒:楚国官名,职位仅次于令尹。

〔4〕 博闻强志:见识广博,记忆力强。志,记忆。

〔5〕 明于治乱:通晓国家治乱的道理。

〔6〕 娴:熟练。辞令:指外交方面应酬交际的语言。

〔7〕 上官大夫:楚大夫。"上官"是复姓,一说即下文的靳尚。同列:同位。

〔8〕 害:嫉妒。

〔9〕 造为宪令:制定国家法令。

〔10〕 属(zhǔ主):撰写。草稿:"草稿"下原有"二"字,乃"草稿"的省文,据《史记》删。

〔11〕 伐:夸耀。

〔12〕 曰:此字疑为衍文。

〔13〕 疾:痛恨。听之不聪:听力不好,这里指听信谗言,不辨是非。聪,听得清楚。

〔14〕 谗谄蔽明:被谗毁和谄媚之辞所蒙蔽而看不清楚。

〔15〕 邪曲:邪恶小人。

〔16〕 方正:端正方直的人。

〔17〕 《离骚》:屈原的代表作,自叙生平的长篇抒情诗。关于诗题,后人有二说。一释"离"为"罹"的通假字,离骚就是遭受忧患。二是释"离"为离

别,离骚就是离别的忧愁。骚,忧患,忧愁。

〔18〕 离忧:遭遇忧患。离,通"罹",遭受。

〔19〕 反本:追思根本。反:通"返"。

〔20〕 惨怛(dá 达):忧伤。

〔21〕 谗人:进谗言的小人。间(jiàn 建):离间。

〔22〕 见:被。

〔23〕《国风》:《诗经》的组成部分,包括《周南》、《召南》等十五国的民间歌谣,共一百六十篇。好色:指《国风》中很多反映男女恋情的诗。淫:过分。

〔24〕《小雅》:《诗经》的组成部分,共七十四篇,其中有一部分是指斥朝政缺失、反映丧乱的讥刺诗。怨诽:怨恨讥刺。不乱:指不宣扬暴乱。

〔25〕 称:称述。

〔26〕 汤:即商汤,灭夏建立商朝。武:即周武王,灭商建立西周王朝。

〔27〕 刺:讥刺。

〔28〕 条贯:条理。

〔29〕 靡:无,没有。见:通"现"。

〔30〕 约:简练。

〔31〕 微:深微。

〔32〕 指:通"旨",指文章的主旨。

〔33〕 举类:列举的事例。迩(ěr 耳):近。

〔34〕 称物芳:指《离骚》中多用兰、蕙、芷等香草作比喻。

〔35〕 容:苟且取容。

〔36〕 疏:远离。濯淖(zhuó nào 卓闹):污浊。

〔37〕 蝉蜕(tuì 退):蝉蜕壳,这里是摆脱的意思。

〔38〕 获:辱,被辱。滋垢:污垢。滋,通"兹",黑。

〔39〕 皭(jiào 叫)然:洁白的样子。泥(niè 聂):通"涅",动词,染黑。滓(zǐ 子):污浊,污秽。

〔40〕 绌(chù 处):通"黜",废,罢免。指屈原被免去左徒的职位。

〔41〕 从(zòng 纵)亲:合纵结亲。

〔42〕 惠王:秦惠王,名驷,公元前337年至公元前311年在位。

〔43〕 张仪:魏人,著名的纵横家,主张"连横",游说六国事奉秦国,为秦惠王所重。详:通"佯"。

〔44〕 厚币:重金,厚礼。委:呈献。质:通"贽",礼物。

〔45〕 商、於(wū 污):秦地名。这里指商、於两邑间地区。商,在今陕西商州东南。於,在今河南内乡东。

〔46〕 使使:派使者。第一个"使"为动词。如:往。

〔47〕 丹、淅(xī 希):二水名。丹水发源于陕西商州市西北,经河南、湖北入汉水。淅水,发源于河南卢氏县,南流而入丹水。

〔48〕 屈匄(gài 丐):楚大将军。

〔49〕 汉中:楚地,在今湖北西北部、陕西东南部一带。

〔50〕 蓝田:秦县名,在今陕西蓝田西。

〔51〕 邓:春秋时蔡地,后属楚,在今河南邓县。

〔52〕 明年:第二年,即楚怀王十七年(前312)。

〔53〕 用事者:当权者。靳尚:楚大夫。一说即上文的上官大夫。

〔54〕 诡辩:指阴谋诡计。郑袖:也称南后,楚怀王的宠妃。

〔55〕 顾反:回来。反,通"返"。

〔56〕 唐眛:楚将。楚怀王二十八年(前301),秦、齐、韩、魏攻楚,杀唐眛。

〔57〕 秦昭王:名稷,秦惠王之子,公元前306年至前251年在位。

〔58〕 稚子:小儿子。

〔59〕 卒:终于。

〔60〕 武关:秦国的南关,在今陕西商洛西南丹江北岸。

〔61〕 内:通"纳",接纳。

〔62〕 顷襄王:楚怀王长子,名横,公元前298年至前263年在位。

〔63〕 令尹:楚国的最高行政长官。

〔64〕 咎:憎恶,抱怨。

〔65〕 放流:放逐迁徙。按:以下关于屈原流放的记叙,时间上有矛盾,文意也不连贯,可能有脱误。

〔66〕 眷顾:怀恋。

〔67〕 欲反:想回到朝中任职。

〔68〕 存:心怀。反覆:拨乱反正。

〔69〕 三:再三,多次。致:表达。

〔70〕 治国:稳定太平的国家。累世:接连几代。世,三十年为一世。

〔71〕 分(fèn 愤):职责本分。

〔72〕 "井渫"五句:引文出自《周易·井卦》,意思是井水已经淘干净,却

没有人来喝,让人心里感到难过,因为井水是供汲取饮用的。如果君王明智,天下人就都能得福。渫(xiè 谢),淘去泥污。这里以淘干净的水比喻贤人。

〔73〕 之:"子兰闻之"的"之",是指前文"屈平既嫉之"事。

〔74〕 短:指出别人的过失。

〔75〕 被发:指头发散乱,不梳不束。被,通"披"。行吟:一边走一边吟咏。

〔76〕 三闾大夫:楚官名,掌管楚国王族昭、屈、景三姓事务的官。

〔77〕 凝滞:拘泥,固执。与世推移:随着世俗而变化。

〔78〕 铺(bù 埠):吃。糟:酒渣。啜(chuò 辍):喝。醨(lí 离):淡酒。

〔79〕 瑾、瑜:都是美玉。为:表示疑问的语气词。

〔80〕 察察:洁白的样子。

〔81〕 汶(mén 门)汶:玷辱。

〔82〕 常流:即"长流",指江水。

〔83〕 皓(hào)皓:皎洁的样子。温蠖(huò 获):尘垢。按以上屈原与渔父对答之词,又见于《楚辞·渔父》。

〔84〕《怀沙》:屈原《九章》中的一篇,相传为屈原投水前的绝笔。怀沙,一说即下文的"怀石",一说为怀念楚国国都长沙。

〔85〕 汨(mì 密)罗:江名,在湖南东北部,流经汨罗县入洞庭湖。

〔86〕 宋玉:相传为楚顷襄王时人,屈原的弟子,辞赋家,有《九辩》等作品传世。唐勒、景差:约与宋玉同时,都是楚国的辞赋家。

〔87〕 祖:摹仿,效法。从容:委婉舒缓,从容不迫。

〔88〕 数十年:公元前223年秦灭楚,距顷襄王即位(前299)共七十六年。

〔89〕 贾生:即贾谊(前200—前168),洛阳(今河南洛阳东)人。西汉政论家、文学家。

〔90〕 长沙王太傅:长沙王,指吴差,汉朝开国功臣吴芮的玄孙。太傅,官名,辅佐国君或教育太子。

〔91〕 书:指贾谊所作的《吊屈原赋》。

〔92〕《天问》、《招魂》、《哀郢》:都是屈原的作品。《招魂》一说为宋玉所作。

〔93〕《服鸟赋》:贾谊所作。服,一写作"鵩",鵩鸟,猫头鹰。

〔94〕 同死生:把生和死看作是同样的事。

〔95〕 轻:看轻。去:指贬官放逐。就:指在朝任职。
〔96〕 爽然:茫然,惘然。自失:内心若有所失。

酷吏列传序[1] 史记

孔子曰[2]:"道之以政[3],齐之以刑[4],民免而无耻[5];道之以德,齐之以礼,有耻且格[6]。"老氏称[7]:"上德不德[8],是以有德;下德不失德[9],是以无德","法令滋章[10],盗贼多有。"太史公曰:信哉是言也。法令者,治之具,而非制治清浊之源也。昔天下之网尝密矣[11],然奸伪萌起[12],其极也,上下相遁[13],至于不振。当是之时,吏治若救火扬沸[14],非武健严酷[15],恶能胜其任而愉快乎[16]!言道德者,溺其职矣[17]。故曰:"听讼吾犹人也,必也使无讼乎[18]!""下士闻道大笑之[19]",非虚言也。汉兴,破觚而为圜[20],斫雕而为朴[21],网漏于吞舟之鱼[22],而吏治烝烝[23],不至于奸,黎民艾安[24]。由是观之,在彼不在此[25]。

【注释】

〔1〕 本文是《酷吏列传》的序言。酷吏是指执法严酷的官吏,《酷吏列传》记载了汉初十名酷吏的言行,揭露了酷吏的残暴行为。本篇序言表明了司马迁反对严刑峻法,实行德政的主张。

〔2〕 "孔子曰"以下:引文出自《论语·为政》。

〔3〕 道:通"导",引导。

〔4〕 齐:整齐。这里是约束之意。

〔5〕 免:免于犯罪。无耻:没有羞耻之心。

〔6〕 格:至,归服。

〔7〕 老氏:即老子。以下引文前四句出自《老子》第三十八章,后二句出自《老子》第五十七章。

〔8〕 上德:具有高尚道德的人。不德:不标榜自己道德。

〔9〕 下德:道德低下的人。不失德:与"不德"相对,指标榜道德,唯恐失之。

〔10〕 滋:愈益,更加。章:通"彰",这里是严酷的意思。

〔11〕 昔:从前,此指秦朝。网:法网。

〔12〕 萌起:像草木初生那样不断发生。

〔13〕 遁:逃避。指逃避法网。

〔14〕 救火:指负薪救火。扬沸:指扬汤止沸。都是比喻无济于事,非治本之道。扬,舀起再倾下。

〔15〕 武健:勇武刚健。

〔16〕 恶(wū乌):怎么。

〔17〕 溺其职:失职,不尽职。

〔18〕 "听讼"二句:出自《论语·颜渊》。听讼,审理案件。犹人,与别人相同。

〔19〕 "下士"句:出自《老子》第四十一章。下士,愚蠢浅陋的人。

〔20〕 "破觚(gū姑)"句:把方形东西的棱角去掉而使其变成圆形。指把苛刻的法律变得简约浑厚。觚,古代有棱角的酒器。圜(yuán元),通"圆"。

〔21〕 "斫雕"句:把物品上雕刻的花纹削去而使它回复原来的朴素之貌,即返璞归真。斫,砍削。雕,指雕刻的花纹。

〔22〕 吞舟之鱼:指大鱼。此句言汉法宽疏。

〔23〕 烝烝:兴盛、美好的样子。

〔24〕 艾(yì义)安:平安无事。艾,通"乂",安定。

〔25〕 彼:指道德。此:指刑法。

游侠列传序[1] 史记

韩子曰[2]:"儒以文乱法,而侠以武犯禁。"二者皆讥,而学士多称于世云[3]。至如以术取宰相、卿、大夫[4],辅翼其世主,功名俱著于春秋[5],固无可言者。及若季次、原宪[6],闾巷人也[7],读书怀独行君子之德[8],义不苟合当世[9],当世亦笑之。故季次、原宪终身空室蓬户[10],褐衣疏食不厌[11]。死而已四百余年,而弟子志之不倦[12]。今游侠,其行虽不轨于正义[13],然其言必信,其行必果[14],已诺必诚[15],不爱其躯,赴士之厄困[16],既已存亡死生矣[17],而不矜其能[18],羞伐其德[19],盖亦有足多者焉[20]。

且缓急[21],人之所时有也。太史公曰:昔者虞舜窘于井廪[22],伊尹负于鼎俎[23],傅说匿于傅险[24],吕尚困于棘津[25],夷吾桎梏[26],百里饭牛[27],仲尼畏匡,菜色陈、蔡[28]。此皆学士所谓有道仁人也,犹然遭此灾,况以中材而涉乱世之末流乎[29]?其遇害何可胜道哉[30]!

鄙人有言曰[31]:"何知仁义,已向其利者为有德[32]。"故伯夷丑周,饿死首阳山[33],而文、武不以其故贬王[34];跖、蹻暴戾[35],其徒诵义无穷。由之观之,"窃钩者诛,窃国者侯,侯之门,仁义存[36]",非虚言也。

今拘学或抱咫尺之义[37],久孤于世,岂若卑论侪俗[38],与世浮沉而取荣名哉?而布衣之徒,设取予然诺[39],千里诵义,为死不顾世[40]。此亦有所长,非苟而已也[41]。故士穷窘而得委命[42],此岂非人之所谓贤豪间者邪[43]?诚使乡曲之侠[44],予季次、原宪比权量力[45],效功于当世[46],不同日而论矣。要以功见言信[47],侠客之义又曷可少哉[48]!

古布衣之侠,靡得而闻已[49]。近世延陵、孟尝、春申、平原、信陵之徒[50],皆因王者亲属,藉于有土卿相之富厚[51],招天下贤者,显名诸侯,不可谓不贤者矣。比如顺风而呼,声非加疾,其势激也。至如闾巷之侠,修行砥名[52],声施于天下[53],莫不称贤,是为难耳。然儒、墨皆排摈不载[54]。自秦以前,匹夫之侠,湮灭不见[55],余甚恨之。以余所闻,汉兴,有朱家、田仲、王公、剧孟、郭解之徒[56],虽时扞当世之文罔[57],然其私义廉洁退让,有足称者。名不虚立,士不虚附。至如朋党宗强比周[58],设财役贫[59],豪暴侵凌孤弱,恣欲自快,游侠亦丑之。余悲世俗不察其意,而猥以朱家、郭解等令与豪暴之徒同类而共笑之也[60]!

【注释】

〔1〕 本文是《游侠列传》的序。这篇序言通过用儒侠作对比,借客形

主,体现了作者反对世俗重儒轻侠的观点,歌颂了游侠的可贵品质。全文抑扬顿挫,激切动人。

〔2〕 韩子:韩非,战国时期韩国人,法家代表人物,著有《韩非子》。下文引自《韩非子·五蠹》,意思是儒者用文献扰乱国家的法度,游侠以武力来违犯国家的禁令。

〔3〕 学士:指儒者。称:称道。

〔4〕 术:权术,计谋。

〔5〕 春秋:这里泛指史书。

〔6〕 季次:公皙哀,字季次,齐国人,孔子弟子。原宪:字子思,鲁国人,孔子弟子。

〔7〕 闾巷:里巷,指民间。

〔8〕 独行君子:指独守个人节操,而不随波逐流之人。

〔9〕 苟:随便。

〔10〕 蓬户:用蓬草编成的门。

〔11〕 褐衣:粗布衣服。疏食:粗食,以菜为食。疏,通"蔬"。厌:通"餍",满足。

〔12〕 志之不倦:铭记不忘。志,记。倦,衰、减。

〔13〕 轨:合。正义:当时社会的道德准则,这里指国家法令。

〔14〕 行必果:行事必有结果。

〔15〕 已诺必诚:已经答应人家的事情,一定要兑现。

〔16〕 厄困:危难。

〔17〕 存亡死生:指打抱不平。

〔18〕 矜:自夸。

〔19〕 伐:夸耀。

〔20〕 多:赞美,称道。

〔21〕 缓急:急难,偏义复词。

〔22〕 "昔者"句:传说虞舜未称帝前,其父瞽叟和其异母弟象合谋欲害舜,他们让舜修米仓,企图把舜烧死;此后又让舜挖井,两人填井陷害舜,然而舜均逃脱了。窘,困。廪,粮仓。

〔23〕 "伊尹"句:相传商汤贤相伊尹在得到商汤重用之前,曾做过厨师。鼎,古代煮食的炊具。俎(zǔ祖):切肉的砧板。

〔24〕 "傅说(yuè月)"句:相传殷王武丁的贤相傅说在未遇武丁时,曾在

傅岩筑墙服役。匿,隐藏。傅险,即傅岩,在今山西平陆东。

〔25〕 "吕尚"句:相传吕尚七十岁时曾在棘津以屠牛和卖饭谋生。棘津,故址在今河南延津东北。

〔26〕 "夷吾"句:管仲辅佐公子纠与小白争夺王位失败后,曾被囚禁。夷吾,即管仲。桎(zhì 至),脚镣。梏(gù 固),手铐。

〔27〕 "百里"句:相传百里奚在见秦穆公前,曾卖身为奴,替人养牛。百里,即百里奚,秦穆公的贤相。饭,喂。

〔28〕 "仲尼"二句:指孔子周游列国时,路过匡,被匡人误认为是鲁国的仇人阳货,几乎被害。后又经过陈、蔡,中途绝粮,饥饿被困。畏,指受到威胁。匡,春秋时卫国之地,在今河南长垣西南。菜色,因饥饿而有菜色。陈,国名,建都宛丘(今河南淮阳)。蔡,国名,建都上蔡(今河南上蔡),后迁都州来(今安徽寿县西北)。

〔29〕 中材:中等才智的人。涉:经历。末流:末世,即衰败时期。

〔30〕 胜(shēng 生):尽。

〔31〕 鄙人:乡野粗鄙之人。

〔32〕 已:通"以"。向:通"享"。

〔33〕 丑:耻。

〔34〕 文、武:周文王、周武王。贬王:有损王号。

〔35〕 跖蹻(zhí qiáo 直乔):即盗跖和庄蹻,相传盗跖为春秋时楚国的大盗,庄蹻为战国时楚国的大盗。暴戾(lì 立):凶暴无常。

〔36〕 "窃钩者诛"四句:引自《庄子·胠箧》,文字略有不同。钩,衣带上的钩。

〔37〕 拘学:拘泥的儒生。抱咫尺之义:死守狭隘的教条。咫,古时八寸为一咫。

〔38〕 卑论:放低论调。侪(chái 柴)俗:混同于流俗。侪,同类,同辈。

〔39〕 设:建立。这里是重视的意思。取予:获取与给予。然诺:信守诺言。

〔40〕 "为死"句:为急人所难而不怕牺牲自己,不顾世人的议论。

〔41〕 苟:随便。

〔42〕 委命:托身,依靠。

〔43〕 间者:杰出的人才。

〔44〕 乡曲:乡里。

〔45〕予:通"与"。比权量力:比较双方的权力和影响力。

〔46〕效功:做出的成绩。

〔47〕要:要之,总之。功见:办事见成效。见,通"现",显著。言信:说话守信用。

〔48〕曷:何,怎么。少:轻视,鄙视。

〔49〕靡:无。

〔50〕延陵:春秋时吴国公子季札,因封于延陵,故称延陵季子。孟尝:即孟尝君,齐国公子田文。春申:即春申君,楚国考烈王的相国黄歇。平原:即平原君,赵惠文王之弟赵胜。信陵:即信陵君,魏安釐(xī稀)王异母弟无忌。以上四人被称为战国四公子。

〔51〕藉:凭借。土:封地。

〔52〕砥:磨炼。

〔53〕施(yì意):及。这里是传遍的意思。

〔54〕排摈:排斥,摈弃。

〔55〕湮(yān烟)灭:埋没。

〔56〕朱家、田仲、王公、剧孟、郭解:此五人均为汉初著名的游侠,其事迹见传文。

〔57〕扞(hàn汉):触犯,违犯。文罔:法网。罔,通"网"。

〔58〕朋党:由于共同利益而结伙。宗强:豪强。比周:互相勾结。

〔59〕设:利用。役:役使。

〔60〕猥:随便。笑:讥笑。

滑稽列传[1] 史记

孔子曰:"六艺于治一也[2]。《礼》以节人[3],《乐》以发和[4],《书》以导事[5],《诗》以达意,《易》以神化,《春秋》以道义。"太史公曰:天道恢恢[6],岂不大哉! 谈言微中[7],亦可以解纷。

淳于髡者[8],齐之赘婿也[9]。长不满七尺,滑稽多辩,数使诸侯,未尝屈辱。齐威王之时[10],喜隐[11],好为淫乐长夜之饮,沉湎不治[12],委政卿大夫。百官荒乱[13],诸侯并侵,国且危亡,在于旦暮,左右莫敢谏。淳于髡说之以隐曰[14]:"国中有大鸟,止王之庭,三年不蜚又不鸣[15],王知此鸟何也?"王曰:"此鸟不蜚则已,一蜚冲天;不鸣则已,一鸣惊人。"于是乃朝诸县令长七十二人[16],赏一人[17],诛一人[18],奋兵而出。诸侯振惊,皆还齐侵地。威行三十六年。语在《田完世家》中[19]。

威王八年[20],楚大发兵加齐[21]。齐王使淳于髡之赵,请救兵。赍金百斤[22],车马十驷[23]。淳于髡仰天大笑,冠缨索绝[24]。王曰:"先生少之乎?"髡曰:"何敢。"王曰:"笑岂有说乎?"髡曰:"今者臣从东方来,见道傍有禳田者[25],操一豚蹄[26],酒一盂,而祝曰:'瓯窭满篝[27],污邪满车[28],五谷蕃熟[29],穰穰满家[30]。'臣见其所持者狭[31],而所欲者奢[32],故笑之。"于是齐威王乃益赍黄金千镒[33],白璧十双,车马百驷。髡辞而行,至赵。赵王与之精兵十万,革车千乘[34]。楚闻之,夜引兵而去。

威王大说,置酒后宫,召髡赐之酒。问曰:"先生能饮几何而醉?"对曰:"臣饮一斗亦醉,一石亦醉[35]。"威王曰:"先生饮一斗而醉,恶能饮一石哉?其说可得闻乎?"髡曰:"赐酒大王之前,执法在傍,御史在后[36],髡恐惧俯伏而饮,不过一斗径醉矣[37]。若亲有严客[38],髡帣鞲鞠䐈[39],侍酒于前,时赐余沥[40],奉觞上寿[41],数起,饮不过二斗径醉矣。若朋友交游,久不相见,卒然相睹[42],欢然道故,私情相语,饮可五六斗径醉矣。若乃州闾之会[43],男女杂坐,行酒稽留[44],六博投壶[45],相引为曹[46],握手无罚,目眙不禁[47],前有堕珥[48],后有遗簪,髡窃乐此,饮可八斗而醉二参[49]。日暮酒阑[50],合尊促坐[51],男女同席,履舄交错[52],杯盘狼藉,堂上烛灭,主人留髡而送客,罗襦襟解[53],微闻芗泽[54],当此之时,髡心最欢,能饮一石。故曰:'酒极则乱,乐极则悲。'万事尽然。言不可极,极之而衰。"以讽谏焉。

齐王曰:"善。"乃罢长夜之饮,以髡为诸侯主客[55]。宗室置酒,髡尝在侧[56]。

【注释】

〔1〕《滑稽列传》是记载滑稽人物的类传,本文所选仅是传前的序文和淳于髡传。作者将滑稽与"六艺"相提并论,高度赞扬了这些滑稽人物。本文记述了淳于髡三次用隐语向齐王进谏的事,比喻新奇,寓意深刻,笔致生动。

〔2〕六艺:即下文的《诗》、《书》、《礼》、《乐》、《易》、《春秋》六部儒家经典,又称"六经"。

〔3〕节人:指节制、规范人的言行。

〔4〕发:启发。

〔5〕导事:指记述往古事迹和典章制度。

〔6〕恢恢:宽阔广大貌。

〔7〕谈言微中:谈话微妙而切中事理。

〔8〕淳于髡(kūn 昆):人名,复姓淳于。

〔9〕赘婿:旧时男子到女方家成婚,叫赘婿。所生子女从母姓,作为母方后代。

〔10〕齐威王:名因齐,公元前356年至前320年在位。

〔11〕隐:隐语,即谜语。

〔12〕沉湎:沉溺。这里指沉溺于酒乐。不治:不理政事。

〔13〕荒乱:放荡淫乱。

〔14〕说(shuì 睡)之以隐:用隐语来说服齐威王。说,劝说,劝谏。

〔15〕蜚(fēi 飞):通"飞"。

〔16〕县令长:县的行政长官。人口万户以上为令,人口不及万户为长。

〔17〕赏一人:指封赏了即墨大夫。

〔18〕诛一人:指诛杀了阿大夫。

〔19〕《田完世家》:即《田敬仲完世家》,在《史记》第四十六卷。

〔20〕威王八年:即公元前349年。

〔21〕加齐:侵犯齐国。加,侵凌,侵犯。

〔22〕赍(jī 基):赠送,这里是带着的意思。

〔23〕驷:驾同一辆车的四匹马。

〔24〕冠缨:系在额下的帽带。索:尽。绝:断。

〔25〕穰田:为田地求丰收。穰,庄稼丰收。

〔26〕豚:小猪。

〔27〕瓯窭(lóu 娄):狭小的高地。篝(gōu 勾):竹笼。

〔28〕污邪(yé 爷):地势低下,易于积水的田地。

〔29〕蕃(fán 烦)熟:茂盛丰熟。

〔30〕穰穰:丰盛、众多的样子。

〔31〕狭:少。

〔32〕奢:多。

〔33〕镒:古代的重量单位。二十两为一镒,一说二十四两为一镒。

〔34〕革车:一种战车,也称重车。重车一乘,甲士步卒七十五人。

〔35〕石:容量单位,十斗为一石。

〔36〕御史:官名,主管纠察、执法。这里指执行酒令、监察失仪的人。

〔37〕径:即,就。

〔38〕亲:指父母。严客:贵客。严,尊敬。

〔39〕帣韝(juàn gōu 倦勾):卷着袖子。帣,通"卷",韝,臂套。鞠䀰(jū jì 居计):弯腰跪着。䀰(jì 季),同"跽",小跪,双膝着地,上身挺直。

〔40〕余沥:残酒。沥,清酒。

〔41〕奉觞(shāng 伤):捧着酒杯。觞,古代酒器。上寿:祝寿。

〔42〕卒然:突然。卒,通"猝"。

〔43〕州闾:指乡里。

〔44〕行酒:依次敬酒。稽留:停留。

〔45〕六博:古代的一种博戏。共十二个棋子,黑、白各六,两人对博每人各六棋,故名。投壶:古代宴会的游戏,参加游戏的人依次往一种特制壶投矢,以投中多少决胜负。

〔46〕相引为曹:意思是客人自愿组合参加游戏。曹,辈,同伴。

〔47〕目眙(chì 赤):瞪眼直视。

〔48〕堕珥(ěr 耳):掉在地上的耳环。

〔49〕醉二参(sān 三):指有二三分醉意。参,通"三"。

〔50〕酒阑:宴饮将散。阑,尽。

〔51〕合尊促坐:指将剩余的酒并在一起,促膝而坐。

〔52〕舄(xì 细):木底鞋。

〔53〕罗襦:罗纱短衣。

〔54〕芗泽:香气。芗,通"香"。

〔55〕诸侯主客:接待各诸侯国宾客的官。主客,官名。

〔56〕尝:通"常"。

货殖列传序[1] 史记

老子曰:"至治之极,邻国相望,鸡狗之声相闻,民各甘其食,美其服,安其俗,乐其业,至老死不相往来[2]。"必用此为务[3],挽近世涂民耳目[4],则几无行矣。

太史公曰:夫神农以前[5],吾不知已[6]。至若《诗》、《书》所述虞夏以来,耳目欲极声色之好,口欲穷刍豢之味[7],身安逸乐,而心夸矜势能之荣[8],使俗之渐民久矣[9]。虽户说以眇论[10],终不能化。故善者因之[11],其次利道之[12],其次教诲之,其次整齐之[13],最下者与之争[14]。

夫山西饶材、竹、谷、纑、旄、玉石[15];山东多鱼、盐、漆、丝、声、色[16];江南出楠、梓、姜、桂、金、锡、连、丹沙、犀、玳瑁、珠玑、齿、革[17];龙门、碣石北多马、牛、羊、旃、裘、筋、角[18];铜、铁则千里往往山出棋置[19],此其大较也[20]。皆中国人民所喜好,谣俗被服饮食奉生送死之具也[21]。故待农而食之,虞而出之[22],工而成之[23],商而通之。此宁有政教发征期会哉[24]?人各任其能,竭其力,以得所欲。故物贱之征贵[25],贵之征贱[26],各劝其业[27],乐其事,若水之趋下,日夜无休时,不召而自来,不求而民出之。岂非道之所符而自然之验邪[28]?

《周书》曰[29]:"农不出则乏其食,工不出则乏其事,商不出则三宝绝[30],虞不出则财匮少[31],财匮少而山泽不辟矣[32]。"此四者,民所衣食之原也[33]。原大则饶,原小则鲜[34],上则富国,下则富家。贫富之道,莫之夺予[35],而巧者有余,拙者不足。故太公望封于营丘[36],地潟卤[37],人民寡,于是太公劝其女功[38],极技巧,通鱼盐,则人物归之,繦至而辐凑[39]。故齐冠带衣履天下,海岱之间敛袂而往朝焉[40]。其后,齐中衰,管子修之[41],设轻重九府[42],则桓公以霸[43],九合诸侯,一匡天下;而管氏亦有三归[44],位在陪臣[45],富于列国之君,是以齐富强至于威宣也[46]。故曰[47]:"仓廪实而知礼节[48],衣食足而知荣辱。"礼生于有而废于无[49]。故君子富,好行其德;小人富,以适其力[50]。渊深而鱼生之,山深而兽往之,人富而仁义附焉。富者得势益彰,失势则客无所之[51],以而不乐[52]。夷狄益甚。谚曰:"千金之子,不死于市[53]。"此非空言也。故曰:"天下熙熙[54],皆为利来;天下壤壤[55],皆为利往。"夫千乘之王[56],万家之侯[57],百室之君[58],尚犹患贫,而况匹夫编户之民乎[59]!

【注释】

〔1〕 本文是《货殖列传》的序文。货殖是指货物的生产与流通,也就是经商。在本文中,作者指出了生产和交换的重要性。

〔2〕 "至治"八句:引自《老子》,但文字略有不同。至治,指安定昌盛、教化大行的政治局面或时世。至,极。治,与"乱"相对,指政治清明。

〔3〕 用:以。此:指上文老子所言。为务:为追求的目标。

〔4〕 挽近世:指近代。挽,同"晚"。涂:堵塞。

〔5〕 神农:神农氏,传说中的远古帝王。

〔6〕 已:同"矣"。

〔7〕 刍豢(huàn 换):泛指各种牲畜的肉。用草饲养的为刍,如牛、羊;用粮食饲养的叫豢,如猪、狗。

〔8〕 夸矜:夸耀。势能:权势才能。

〔9〕 俗:指这种风气。渐:浸染,耳濡目染。

〔10〕 户说:挨家挨户地告谕解说。眇(miào 庙)论:精妙的理论。眇,通"妙"。

〔11〕 善者:最好的办法。因之:顺其变化。因,顺。

〔12〕 道:同"导",引导。

〔13〕 整齐:用规章制度来限制。

〔14〕 与之争:谓与民争利。

〔15〕 "夫山西"句:山西,太行山以西。饶,富有。材,木材。谷,木名,即楮树,树皮可以造纸。垆(lú 庐),纻麻一类植物。旄,旄牛,其尾有长毛,可供旗帜装饰之用。

〔16〕 山东:太行山以东。声、色:指歌伎舞女。

〔17〕 江南:长江以南。桂:也叫木樨,珍贵的芳香植物。连:同"链",铅

矿石。丹沙:即丹砂,矿物名,俗称朱砂。犀:犀牛角,可制器具,也可入药。玳瑁(dài mào 代冒):海中动物,似龟,甲壳可做珍贵的装饰品。玑:不圆的珠子。

〔18〕 龙门:山名,在今山西河津西北、陕西韩城东北。碣石:山名,在今河北昌黎县西北。旃:通"毡",毛毡。筋:兽筋,可用以制造弓弩。角:兽角,可做装饰品。

〔19〕 棋置:像棋子那样密布。

〔20〕 大较:大略,大概。

〔21〕 谣俗:民间习俗。被服:穿戴。被,通"披"。奉生送死:供奉生者,埋葬死者。

〔22〕 虞:掌管山林水泽的官员。

〔23〕 工:工匠。

〔24〕 政教:政令。发征:调发征求。期会:约期聚集。

〔25〕 贱之征贵:指此处物贱,则运往别处以求高价。征,寻求。

〔26〕 贵之征贱:指此处物贵,则从别处贱价收购来此处贩卖。

〔27〕 劝:勉,努力从事。

〔28〕 道:自然规律。验:证明。

〔29〕《周书》:周代的文诰,今已不存。

〔30〕 三宝:指上两句中的"食"、"事"和下句中的"财"。

〔31〕 匮:缺少。

〔32〕 辟:开辟。

〔33〕 原:根本,根源。

〔34〕 鲜:少。

〔35〕 莫之夺予:没有人可以剥夺和给予。夺,剥夺。

〔36〕 太公望:即姜子牙。营丘:邑名,太公望封于齐,在此建都,后改名临淄,在今山东淄博东北。

〔37〕 潟(xì 细)卤:盐碱地。

〔38〕 女功:妇女的刺绣纺织活动。

〔39〕 繦(qiǎng 抢):穿钱的绳索,比喻接连不断。辐(fú 福)凑:形容人或物聚集像车辐集中于车毂一样。辐,车轮中间的直木,一头集中在车毂上,一头插在车辋上。凑,聚集。

〔40〕 海岱之间:指山东半岛。海,指渤海。岱,指泰山。敛袂(mèi 妹):整理衣袖,表示恭敬。袂,衣袖。朝:朝拜。

〔41〕 管子:即管仲,齐桓公的相。

〔42〕 轻重:古代以物价高低调节商品的办法。九府:周代掌管财物的九个官府,即太府、玉府、内府、外府、泉府、天府、职内、职金、职币。

〔43〕 桓公:即齐桓公。

〔44〕 三归:台名,管仲所筑供观赏用的三座高台。

〔45〕 陪臣:诸侯之大夫对天子自称陪臣。这里指管仲。

〔46〕 威:齐威王。宣:齐宣王。

〔47〕 "故曰"以下二句:引文出自《管子·牧民》。

〔48〕 仓廪(lǐn 凛):粮仓。

〔49〕 有:富足。无:贫穷。

〔50〕 以适其力:指把力量用在适当的地方。

〔51〕 无所之:无所依归。

〔52〕 以而:因而。

〔53〕 不死于市:指不触犯刑法,不在街市上被处死。

〔54〕 熙熙:热闹、纷乱的样子。

〔55〕 壤壤:通"攘攘",与"熙熙"同义。

〔56〕 千乘(shèng)之王:指国君,战国时诸侯国之小者拥有千辆兵车。乘,一车四马的战车。

〔57〕 万家之侯:即万户侯,拥有万户封邑的诸侯。

〔58〕 百室之君:指大夫。

〔59〕 匹夫:平民。编户之民:编入户籍的平民。

太史公自序[1] 史记

太史公曰:"先人有言[2]:'自周公卒五百岁而生孔子[3]。孔子卒后,至于今五百岁,有能绍明世[4],正《易传》[5],继《春秋》,本《诗》、《书》、《礼》、《乐》之际[6]?'意在斯乎!意在斯乎!小子何敢让焉[7]!"

上大夫壶遂曰[8]:"昔孔子何为而作《春秋》哉"?太史公曰:"余闻董生曰[9]:'周道衰废,孔子为鲁司寇[10],诸侯害之[11],大夫雍之[12]。孔子知言之不用,道之不行也,是非二百四十二年之中[13],以为天下仪表,贬天子,退诸侯,讨大夫,以达王事而已矣[14]。'子曰:'我欲载之空言,不如见之于行事之深切著明也[15]。'夫《春秋》,上明三王之道[16],下辨人事之纪[17],别嫌疑,明是非,定犹豫,善善恶恶[18],贤贤贱不肖[19],存亡国,继绝世,补弊起废,王道之大者也。《易》著天地、阴阳、四时、五行[20],故长于变;《礼》经纪人伦[21],故长于行;《书》记先王之事,故长于政;《诗》记山川、溪谷、禽兽、草木、牝牡、雌雄[22],故长于风[23];《乐》乐所以立,故长于和[24];《春秋》辨是非,故长于治人。是故《礼》以节人,《乐》以发和,《书》以道事[25],《诗》以达意,《易》以道化,《春秋》以道义。拨乱世反之正,莫近于《春秋》。《春秋》文成数万,其指数千[26]。万物之散聚皆在《春秋》。《春秋》之中,弑君三十六,亡国五十二,诸侯奔走不得保其社稷者,不可胜数。察其所以,皆失其本已。故《易》曰:'失之毫厘,差之千里[27]。'故曰[28]:'臣弑君,子弑父,非一旦一夕之故也,其渐久矣。'故有国者,不可以不知《春秋》,前有谗而弗见[29],后有贼而不知[30];为人臣者,不可以不知《春秋》,守经事而不知其宜[31],遭变事而不知其权[32]。为人君父而不通于《春秋》之义者,必蒙首恶之名;为人臣子而不通于《春秋》之义者,必陷篡弑之诛,死罪之名。其实皆以为善,为之不知其义,被之空言而不敢辞[33]。夫不通礼义之旨,至于君不君,臣不臣,父不父,子不子。夫君不君则犯[34],臣不臣则诛,父不父则无道,子不子则不孝。此四行者,天下之大过也。以天下之大过予之,则受而弗敢辞。故《春秋》者,礼义之大宗也[35]。夫礼禁未然之前[36],法施已然之后;法之所为用者易见,而礼之所为禁者难知。"

壶遂曰:"孔子之时,上无明君,下不得任用,故作《春秋》,垂空文以断礼义[37],当一王之法。今夫子上遇明天子[38],下得守职[39],万事既具,咸各序其宜,夫子所论,欲以何明?"

太史公曰:"唯唯,否否[40],不然。余闻之先人曰:'伏羲至纯厚[41],作《易》八卦。尧舜之盛,《尚书》载之,礼乐作焉。汤武之隆,诗人歌之[42]。《春秋》采善贬恶,推三代之德,褒周室,非独刺讥而已也。'汉兴以来,至明天子,获符瑞[43],建封禅[44],改正朔[45],易服色[46],受命于穆清[47],泽流罔极[48],海外殊俗[49],重译款塞[50],请来献见者,不可胜道。臣下百官力诵圣德,犹不能宣尽其意。且士贤能而不用,有国者之耻;主上明圣而德不布闻,有司之过也[51]。且余尝掌其官,废明圣盛德不载,灭功臣世家贤大夫之业不述,堕先人所言,罪莫大焉。余所谓述故事[52],整齐其世传[53],非所谓作也,而君比之于《春秋》,谬矣。"

于是论次其文。七年而太史公遭李陵之祸[54],出于缧绁[55]。乃喟然而叹曰:"是余之罪也夫!是余之罪也夫!身毁不用矣!"退而深惟曰[56]:"夫《诗》、《书》隐约者[57],欲遂其志之思也。昔西伯拘羑里,演《周易》[58];孔子厄陈、蔡,作《春秋》[59];屈原放逐,著《离骚》[60];左丘失明,厥有《国语》[61];孙子膑脚,而论兵法[62];不韦迁蜀,世传《吕览》[63];韩非囚秦,《说难》、《孤愤》[64];《诗》三百篇,大抵贤圣发愤之所为作也。此人皆意有所郁结,不得通其道也,故述往事,思来者。"于是卒述陶唐以来[65],至于麟止[66],自黄帝始[67]。

【注释】

〔1〕 本文是《史记》最后一篇《太史公自序》的一部分。开头便揭示了作者的胸襟和使命,接着极力赞颂《春秋》,实际上是阐述自己的写作宗旨,最后表明自己虽然在撰写过程中遭遇到巨大不幸,并因此一度灰心,但最终还是忍辱负重,发愤著书,完成了《史记》这部巨著。

〔2〕 先人:指司马迁的父亲司马谈。

〔3〕 周公:指周武王之弟姬旦,武王死后,成王年幼,由他摄政。周朝的礼乐制度相传是由周公制定的。

〔4〕 绍:继承。

〔5〕 正《易传》:订正对《易传》的解释。《易》分经、传两部分,传是对经的解说。

〔6〕 本:依据。

〔7〕 小子:司马迁自称,谦词。让:推辞。

〔8〕 上大夫:周王室及诸侯国的官阶分为卿、大夫、士三等,每等又各分

为上、中、下三级，上大夫即大夫中的第一级。壶遂：人名，曾和司马迁一起参加太初改历，官至詹事，位在上大夫之列。

〔9〕 董生：指汉代儒学大师董仲舒。

〔10〕"孔子"句：春秋鲁定公十年（前500），孔子在鲁国由中都宰升任司空和大司寇。司寇，掌管刑狱的官。

〔11〕 害：中伤。

〔12〕 雍：阻塞。

〔13〕 是非：动词，褒贬。二百四十二年：《春秋》记事，从鲁隐公元年（前722）起，到鲁哀公十四年（前481）止，共二百四十二年。

〔14〕 王事：此指王道。

〔15〕"我欲"二句：孔子这句话见于《春秋纬》。

〔16〕 三王：指夏、商、周三代的开创者夏禹、商汤、周文王与武王。

〔17〕 人事：人事间的各种事情。纪：秩序。这里指伦常秩序。

〔18〕 善善恶恶：褒善贬恶。前"善"、"恶"字，皆用作动词。

〔19〕 贤贤：尊贤。前"贤"字，用作动词。

〔20〕 阴阳：古代以阴阳解释世间万物的发展变化，凡天地万物皆分属阴阳。四时：春、夏、秋、冬四季。五行：水、火、木、金、土等五种基本元素，古人认为它们之间会相生相克。

〔21〕 经纪：安排调整。人伦：人与人之间的尊卑长幼关系。

〔22〕 牝（pìn 聘）：雌性鸟兽。牡（mǔ 母）：雄性鸟兽。

〔23〕 风：教化。

〔24〕 乐所以立：意为以自己现有条件为乐，乐在其中。

〔25〕 道：述说，说明。

〔26〕"《春秋》"二句：《春秋》全书共一万八千字。指，通"旨"，旨义。

〔27〕"失之"二句：引文不见今本《易经》，《易纬通卦验》有此句。

〔28〕"故曰"以下：引文见《易·乾卦·文言》。

〔29〕 谗：指进谗言的人。

〔30〕 贼：指叛逆作乱的人。

〔31〕 经事：常事，日常之事。宜：适宜。

〔32〕 变事：突变之事故。权：权变，变通。

〔33〕 被：加，蒙受。空言：指随心所欲的批评言论。

〔34〕 犯：指被臣下冒犯、侵扰。

〔35〕 大宗:本源,根本。

〔36〕 未然:指尚未出现的事。

〔37〕 垂:流传。空文:指文章。

〔38〕 明天子:圣明的天子,这里指汉武帝。

〔39〕 守职:谓在位理事。

〔40〕 唯唯:恭敬而谦和的答应声,是是。否否:转折之词,不不。

〔41〕 伏羲:神话中人类的始祖。曾教民结网,从事渔猎畜牧,又曾制作八卦。

〔42〕 诗人歌之:指《诗经》中的《商颂》、《周颂》,里面有对商汤、文武的赞颂。

〔43〕 符瑞:吉祥的征兆。

〔44〕 封禅(shàn 善):帝王祭祀天地的典礼。秦汉以后成为国家大典。封,在泰山上筑土为坛祭天。禅,在泰山旁的梁甫山祭地。

〔45〕 改正朔:指使用新历法。汉武帝时恢复使用夏历,即以夏历的正月为岁首,从此直到清末,历代沿用。正朔,指历法,正是岁首,朔是初一。

〔46〕 易服色:更改车马、祭牲的颜色。秦汉时代,盛行"五德终始说",认为每一个朝代在五行中必定占居一德,与此相应,每一朝代都崇尚一种颜色。所谓夏朝为水德,故崇尚黑色;商朝为金德,故崇尚白色;周朝为火德,故崇尚赤色;汉初四十年,汉人认为自己是水德,故崇尚黑色,后经许多人的抗争,到武帝时正式改定为土德,崇尚黄色。

〔47〕 穆清:肃穆清和,指天。

〔48〕 泽:皇帝的恩泽。罔极:无边。罔,无。

〔49〕 殊俗:异方的风俗,指远方或异邦。

〔50〕 重(chóng)译:经过几重翻译。款塞:叩塞门。

〔51〕 有司:政府主管部门的官吏,这里指史官。

〔52〕 故事:旧事,往事。

〔53〕 世传:社会上的传闻。

〔54〕 七年:汉武帝太初元年(前104),司马迁开始修《史记》,至天汉三年(前98)遭李陵之祸受宫刑,其间共七年。李陵:陇西成纪(今甘肃秦安)人,汉代名将李广之孙,善于骑射,汉武帝时官拜骑都尉。天汉二年(前99),汉武帝出兵三路攻打匈奴,以他的宠妃李夫人之弟、贰师将军李广利为主力,李陵为偏师。李陵率军深入腹地,遇匈奴主力而被围。李广利按兵不动,致使李陵

兵败投降。司马迁认为李陵是难得的将才,在武帝面前为他辩解,竟被下狱问罪,处以宫刑。这就是"李陵之祸"。

〔55〕 缧绁(léi xiè 雷谢):捆绑犯人的绳索,这里指为监狱。

〔56〕 惟:思。

〔57〕 隐约:意旨隐微而文辞简约。

〔58〕 "昔西伯"二句:周文王被殷纣王拘禁在羑里时,把《易》的八卦推演成六十四卦。羑(yǒu)里,地名,今河南汤阴县北。

〔59〕 "孔子"二句:孔子为了宣传自己的政治主张,曾周游列国,但到处碰壁,在陈国和蔡国受到了绝粮和围攻的困厄。其后返回鲁国写作《春秋》。厄,困厄。

〔60〕 屈原放逐:战国时期楚国诗人屈原忠于楚国,因遭人谗毁,被楚怀王放逐。可参看本书本卷《屈原列传》。

〔61〕 "左丘"二句:左丘即左丘明,春秋时鲁国的史官。相传他失明以后,撰写成《国语》一书。

〔62〕 "孙子"二句:孙子,即孙膑,齐国人,曾与庞涓一起从鬼谷子学兵法。后庞涓担任魏国大将,忌孙膑之才,把孙膑骗到魏国,处以膑刑。孙膑后被齐威王任为军师,著有《孙膑兵法》。膑脚,一种截去两腿膝盖上膑骨的刑法。

〔63〕 "不韦"二句:不韦即吕不韦,战国末年的大商人。秦庄襄王时,被任为相国,封文信侯。始皇即位,称吕不韦为"尚父"。秦始皇亲政后,被免去相国职务,赶出都城,又令迁蜀,忧惧自杀。他曾命门下的宾客编撰了《吕氏春秋》一书,即为《吕览》。

〔64〕 "韩非"二句:韩非是战国末期法家的代表,出身韩国贵族。为李斯所谗,在狱中自杀。《说难》、《孤愤》是《韩非子》中的两篇,实际上是韩非到韩国之前撰写的。

〔65〕 陶唐:指帝尧。尧初居于陶,后封于唐,故称陶唐。

〔66〕 至于麟止:汉武帝元狩元年(前122),猎获白麟一只,《史记》记事即止于此年。鲁哀公十四年(前481),亦曾猎获麒麟,孔子听说后,停止了《春秋》的写作,后人称之为"绝笔于获麟"。《史记》写到捕获白麟为止,是有意仿效孔子作《春秋》的意思。

〔67〕 黄帝:即轩辕氏,上古时代部落联盟首领,传说是中原各族的共同祖先。《史记》所记,始于黄帝。

司马迁

司马迁(约前145—约前87),西汉史学家、文学家和思想家。字子长,西汉夏阳(今陕西韩城)人。太史令司马谈之子。早年曾漫游天下,游踪遍及南北,搜集史料,采集传说,考察风俗。初任郎官,曾出使西南,并随汉武帝多次出巡。元封三年(前108)继父职,任太史令。天汉二年(前99),李陵出兵匈奴,兵败投降。司马迁因为李陵辩护,受腐刑。但隐忍苟活,发愤著书,完成了我国第一部纪传体通史《史记》。

报任安书[1]

太史公牛马走司马迁再拜言[2]:少卿足下[3],曩者辱赐书[4],教以慎于接物,推贤进士为务[5],意气勤勤恳恳[6],若望仆不相师[7],而用流俗人之言[8],仆非敢如此也。仆虽罢驽[9],亦尝侧闻长者之遗风矣[10]。顾自以为身残处秽[11],动而见尤[12],欲益反损[13],是以独抑郁而谁与语[14]。谚曰:"谁为为之!孰令听之[15]!"盖钟子期死,伯牙终身不复鼓琴[16]。何则?士为知己者用,女为说己者容[17]。若仆大质已亏缺矣[18],虽才怀随、和[19],行若由、夷[20],终不可以为荣,适足以发笑而自点耳[21]。书辞宜答[22],会东从上来[23],又迫贱事[24],相见日浅[25],卒卒无须臾之间得竭至意[26]。今少卿抱不测之罪[27],涉旬月[28],迫季冬[29],仆又薄从上雍[30],恐卒然不可为讳[31],是仆终已不得舒愤懑以晓左右[32],则长逝者魂魄私恨无穷[33]。请略陈固陋[34]。阙然久不报[35],幸勿为过[36]!

仆闻之：修身者，智之符也[37]；爱施者，仁之端也[38]；取予者，义之表也[39]；耻辱者，勇之决也[40]；立名者，行之极也[41]。士有此五者，然后可以托于世[42]，而列于君子之林矣。故祸莫憯于欲利[43]，悲莫痛于伤心，行莫丑于辱先[44]，诟莫大于宫刑[45]。刑余之人[46]，无所比数[47]，非一世也，所从来远矣。昔卫灵公与雍渠同载，孔子适陈[48]；商鞅因景监见，赵良寒心[49]；同子参乘，袁丝变色[50]，自古而耻之。夫中材之人[51]，事有关于宦竖[52]，莫不伤气[53]，而况于慷慨之士乎！如今朝廷虽乏人，奈何令刀锯之余，荐天下之豪俊哉！

仆赖先人绪业[54]，得待罪辇毂下[55]，二十余年矣。所以自惟[56]，上之不能纳忠效信，有奇策才力之誉，自结明主[57]；次之又不能拾遗补阙[58]，招贤进能，显岩穴之士[59]；外之不能备行伍[60]，攻城野战，有斩将搴旗之功[61]；下之不能积日累劳，取尊官厚禄，以为宗族交游光宠[62]。四者无一遂[63]，苟合取容[64]，无所短长之效[65]，可见于此矣。向者，仆亦尝厕下大夫之列[66]，陪奉外廷末议[67]，不以此时引纲维[68]，尽思虑，今以亏形为扫除之隶，在阘茸之中[69]，乃欲仰首伸眉，论列是非，不亦轻朝廷、羞当世之士邪！嗟乎！嗟乎！如仆尚何言哉！尚何言哉！

且事本末未易明也。仆少负不羁之才[70]，长无乡曲之誉[71]。主上幸以先人之故，使得奏薄技[72]，出入周卫之中[73]。仆以为戴盆何以望天[74]，故绝宾客之知[75]，亡室家之业[76]，日夜思竭其不肖之才力[77]，务一心营职[78]，以求亲媚于主上。而事乃有大谬不然者[79]！

夫仆与李陵[80]，俱居门下[81]，素非能相善也[82]。趋舍异路[83]，未尝衔杯酒[84]、接殷勤之余欢[85]；然仆观其为人，自守奇士。事亲孝，与士信，临财廉，取与义[86]，分别有让[87]，恭俭下人[88]，常思奋不顾身，以殉国家之急[89]。其素所蓄积也[90]，仆以为有国士之风[91]。夫人臣出万死不顾一生之计，赴公家之难[92]，斯已奇矣。今举事一不当[93]，而全躯保妻子之臣，随而媒孽其短[94]，仆诚私心痛之！且李陵提步卒不满五千[95]，深践戎马之地[96],足历王庭[97],垂饵虎口,横挑强胡,仰亿万之师[98],与单于连战十有余日,所杀过当[99]。虏救死扶伤不给[100],旃裘之君长咸震怖[101],乃悉征其左右贤王[102],举引弓之人,一国共攻而围之,转斗千里,矢尽道穷,救兵不至,士卒死伤如积,然陵一呼劳军[103],士无不起,躬自流涕,沫血饮泣[104],更张空弮[105],冒白刃,北向争死敌者。陵未没时,使有来报,汉公卿王侯皆奉觞上寿[106]。后数日,陵败书闻,主上为之食不甘味,听朝不怡,大臣忧惧,不知所出。仆窃不自料其卑贱,见主上惨怆怛悼[107],诚欲效其款款之愚[108]。以为李陵素与士大夫绝甘分少[109],能得人之死力,虽古之名将不能过也。身虽陷败,彼观其意,且欲得其当而报于汉[110]。事已无可奈何,其所摧败,功亦足以暴于天下矣[111]。仆怀欲陈之而未有路,适会召问,即以此指推言陵之功[112],欲以广主上之意,塞睚眦之辞[113]。未能尽明,明主不晓,以为仆沮贰师[114],而为李陵游说,遂下于理[115]。拳拳之忠,终不能自列[116],因为诬上[117],卒从吏议[118]。家贫,货赂不足以自赎[119],交游莫救视,左右亲近不为一言[120]。身非木石,独与法吏为伍,深幽囹圄之中[121],谁可告诉者[122]!此真少卿所亲见,仆行事岂不然乎?李陵既生降,隤其家声[123];而仆又佴之蚕室[124],重为天下观笑[125]。悲夫!悲夫!事未易一二为俗人言也。

仆之先,非有剖符丹书之功[126],文史星历[127],近乎卜祝之间[128],固主上所戏弄,倡优所畜[129],流俗之所轻也。假令仆伏法受诛,若九牛亡一毛,与蝼蚁何以异!而世俗又不能与死节者次比[130],特以为智穷罪极[131],不能自免,卒就死耳。何也?素所自树立使然也[132]。人固有一死,死或重于泰山,或轻于鸿毛,用之所趣异也[133]。太上不辱先[134],其次不辱身,其次不辱理色[135],其次不辱辞令[136],其次诎体受辱[137],其次易服受辱[138],其次关木索、被箠楚受辱[139],其次剔毛发、婴金铁受辱[140],其次毁肌肤、断肢体受辱,最下腐刑[141],极矣。传曰"刑不上大夫[142]",此言士节不可不勉励也[143]。猛虎在深山,百兽震恐,及在槛阱之中[144],摇尾而求食,积威约之渐也[145]。故士有画地为牢,势不可入[146];削木为吏,议不可对[147],定计于鲜也[148]。今交手足[149],受木索,暴肌肤[150],受榜箠[151],幽于圜墙之中[152],当此之时,见狱吏则头抢地[153],视徒隶则心惕息[154]。何者？积威约之势也。及以至是,言不辱者,所谓强颜耳[155],曷足贵乎！且西伯,伯也,拘于羑里[156];李斯,相也,具于五刑[157];淮阴,王也,受械于陈[158];彭越、张敖,南面称孤,系狱抵罪[159];绛侯诛诸吕,权倾五伯,囚于请室[160];魏其,大将也,衣赭衣,关三木[161];季布为朱家钳奴[162];灌夫受辱于居室[163]。此人皆身至王侯将相,声闻邻国,及罪至罔加[164],不能引决自裁[165],在尘埃之中,古今一体[166],安在其不辱也！由此言之,勇怯,势也;强弱,形也[167]。审矣,何足怪乎！夫人不能早自裁绳墨之外[168],以稍陵迟[169],至于鞭箠之间,乃欲引节[170],斯不亦远乎[171]！古人所以重施刑于大夫者[172],殆为此也[173]。

夫人情莫不贪生恶死[174],念父母,顾妻子。至激于义理者不然[175],乃有所不得已也。今仆不幸,早失父母,无兄弟之亲,独身孤立,少卿视仆于妻子何如哉[176]？且勇者不必死节,怯夫慕义,何处不勉焉[177]！仆虽怯懦欲苟活,亦颇识去就之分矣[178],何至自沉溺缧绁之辱哉！且夫臧获婢妾犹能引决[179],况仆之不得已乎！所以隐忍苟活,幽于粪土之中而不辞者[180],恨私心有所不尽[181],鄙陋没世而文采不表于后世也[182]。

古者富贵而名磨灭,不可胜记,唯倜傥非常之人称焉[183]。盖文王拘而演《周易》[184];仲尼厄而作《春秋》;屈原放逐,乃赋《离骚》;左丘失明,厥有《国语》;孙子膑脚,《兵法》修列[185];不韦迁蜀,世传《吕览》;韩非囚秦,《说难》、《孤愤》;《诗》三百篇,大底贤圣发愤之所为作也[186]。此人皆意有所郁结,不得通其道[187],故述往事,思来者[188]。乃如左丘无目,孙子断足,终不可用,退而论书策,以舒其愤,思垂空文以自见[189]。

仆窃不逊[190],近自托于无能之辞[191],网罗天下放失旧闻[192],略考其事,综其终始,稽其成败兴坏之纪[193],上计轩辕[194],下至于兹,为十表,本纪十二,书八章,世家三十,列传七十,凡百三十篇。亦欲以究天人之际[195]，通古今之变[196]，成一家之言。草创未就[197]，会遭此祸[198]，惜其不成，是以就极刑而无愠色[199]。仆诚以著此书，藏之名山，传之其人[200]，通邑大都[201]，则仆偿前辱之责[202]，虽万被戮[203]，岂有悔哉！然此可为智者道，难为俗人言也。

且负下未易居[204]，下流多谤议[205]，仆以口语遇遭此祸[206]，重为乡党所戮笑[207]，以污辱先人，亦何面目复上父母之丘墓乎[208]！虽累百世，垢弥甚耳！是以肠一日而九回，居则忽忽若有所亡，出则不知其所往。每念斯耻，汗未尝不发背沾衣也。身直为闺阁之臣[209]，宁得自引深藏岩穴邪？故且从俗浮沉，与时俯仰，以通其狂惑[210]。今少卿乃教以推贤进士，无乃与仆私心刺谬乎[211]？今虽欲自雕琢[212]，曼辞以自饰[213]，无益于俗，不信[214]，适足取辱耳。要之死日[215]，然后是非乃定。书不能悉意[216]，略陈固陋。谨再拜。

【注释】

〔1〕 此书作于汉武帝太始四年（前92）十一月。任安字少卿，荥阳人。曾任益州刺史、北军使者护军，与司马迁相友善。此前他曾写信劝司马迁要"推贤进士"，司马迁相隔很久才作此书回报。其时任安正因事下狱，状况危急。任安后虽遇赦，但终因他事被杀。司马迁在信中以回答任安的希望为线索，表白了自己为自己的著述而决心忍辱含垢的痛苦心情。

〔2〕 牛马走：像牛马一样供人支使的仆隶。这里是自谦之辞，犹如文内自称"仆"。

〔3〕 足下：对对方的敬称。

〔4〕 曩（nǎng攮）者：从前。辱赐书：您不以给我写信为羞辱，是自谦的说法。书：信。

〔5〕 接物：对待人和事。推贤进士：推举保荐贤能的士人。务：事务，任务。

〔6〕 意：信的用意、情意。气：信中的语气。勤勤恳恳：诚恳，恳切。

〔7〕 望：怨。不相师：不采纳并效法您的意见。

〔8〕 用：采纳。流俗人：世俗之人。

〔9〕 罢驽:自谦之词,比喻自己无能。罢,通"疲"。驽,劣马。

〔10〕 侧闻:谦词,从旁听说。长者:品德高尚的人。

〔11〕 顾:但,特。身残:身体残缺,指遭受腐刑。处秽:处于可耻污秽的境地。

〔12〕 动:动辄,动不动。见尤:被指责。尤,过错。

〔13〕 益:有益。

〔14〕 抑郁:压抑愁闷。

〔15〕 谁为(wèi 喂)为(wéi 围)之:即为谁为之,为什么人做这样的事呢?孰令听之:即令孰听之,让谁听这些话呢?指没有知音。

〔16〕 钟子期、伯牙:皆春秋时楚国人。伯牙善弹琴,钟子期从他的琴声中能辨别出高山之音和流水之音。后钟子期死,伯牙毁其琴,终身不再弹奏。鼓琴:弹琴。

〔17〕 容:修饰打扮。

〔18〕 大质:身体。亏损:不完整,指受腐刑。

〔19〕 才怀随、和:怀随和之才。随,随侯之珠。和,和氏之璧。二者皆是战国时的珍宝,此喻才能的宝贵。

〔20〕 行:品行。由、夷:即许由和伯夷,两人都是传说中有德行的高人。这里比喻品行的高尚。

〔21〕 适:正好。自点:自取污辱。点,玷污。

〔22〕 书辞:指任安的来信。

〔23〕 会:恰好遇上。东从上来:跟从皇帝从东方归来。这封信写于汉武帝太始四年(前93),这一年汉武帝东巡泰山等地,司马迁随行。上,天子,指汉武帝。

〔24〕 迫:急,忙于。贱事:谦词,指繁杂的事务。

〔25〕 浅:少。

〔26〕 卒(cù 促)卒:匆忙急促的样子。须臾:片刻。得:得以,能够。竭至意:详尽地表达自己内心的意旨。

〔27〕 不测:结果难以测度。

〔28〕 涉:过。旬月:一整月。

〔29〕 迫:近。季冬:十二月。汉朝法律规定每年十二月处决犯人。

〔30〕 薄:迫近。从上雍:意即跟随皇帝到雍地去。雍,地名。在今陕西省凤翔县南,有汉代设立的祭天神的五畤。

〔31〕卒然:猝然,突然。不可为讳:谓死。此为委婉语。

〔32〕是:因此。终已:终于。舒:倾吐。晓:明告。左右:指任安。自谦不敢直指其人,而说告诉他左右的人。

〔33〕长逝者:死者,指任安死后。私恨:指因没有得到回信而抱恨。

〔34〕固陋:谦辞,指自己的固塞浅陋的意见。

〔35〕阙然:指时间相隔很久。报:回信。

〔36〕过:责备。

〔37〕符:信,凭信。

〔38〕爱:关爱人。施:施与,对人有好处。端:首。指首要条件。

〔39〕取予:何所取何所予。表:标志。

〔40〕耻辱:以受辱为羞耻。决:先决条件。

〔41〕极:远大的目标。

〔42〕托:托身立足。

〔43〕憯(cǎn惨):同"惨"。欲利:贪欲私利。

〔44〕先:祖先。

〔45〕诟:耻辱。

〔46〕刑余之人:受刑之后的人。即下文"刀锯之余"。

〔47〕无所比数:谓没有人愿将其视为同类。

〔48〕卫灵公:春秋时卫国君主,名允。雍渠:卫灵公的宦官。同载:同乘一辆车。据《文选》李善注云:"《家语》曰:'孔子居卫月余,灵公与夫人同车出,令宦者雍渠参乘,孔子次乘,游过市。孔子耻之,去卫,过曹。'"此言孔子适陈,未详。

〔49〕景监:秦孝公的宦官。据说商鞅投靠景监,让他推荐自己。赵良:当时秦国的一位贤人。寒心:失望,戒惕。

〔50〕同子:指汉文帝时宦官赵谈。因与司马迁父司马谈同名,为避讳故称"同"。参乘:陪乘。袁丝:袁盎,字丝,汉文帝时任郎中官,以敢于直谏闻名。变色:改变脸色,指发怒。据《汉书·爰盎晁错传》载,文帝乘车去朝见他母亲,使赵谈参乘,袁盎伏在车前说:"臣闻天子所与共六尺舆者,皆天下豪英。今汉虽乏人,陛下独奈何与刀锯之余共载?"于是文帝笑令赵谈下,谈泣下车。

〔51〕中材之人:才能一般的人,普通人。

〔52〕宦竖:对宦官的贱称。竖,卑贱者,奴仆。

〔53〕伤气:志气颓丧。

〔54〕 赖:依靠。绪业:先人遗留下来的事业。

〔55〕 待罪辇毂(gǔ 古)下:是在皇帝身边做官的委婉说法。辇毂下,皇帝车驾左右。

〔56〕 自惟:自思。

〔57〕 自结明主:取得明主的欢心和信任。

〔58〕 拾遗补阙:拾取一些小的遗漏,弥补一些欠缺。

〔59〕 岩穴之士:指山林隐逸之人。

〔60〕 备行(háng 杭)伍:参加军队。

〔61〕 斩将搴旗之功:指战功。搴,拔取。

〔62〕 宗族:亲属。交游:朋友。光宠:光荣,光耀。

〔63〕 遂:成功,成就。

〔64〕 苟合取容:勉强求合于时世以取得容身之地。

〔65〕 短长:大小。效:贡献。

〔66〕 向者:从前。厕(cè 侧):杂列于其中。下大夫:汉官秩千石、八百石、六百石相当于古制的上中下大夫。太史令秩俸六百石,相当于下大夫。

〔67〕 外廷:即外朝。汉代官员分为外朝官(自丞相以下至六百石)和中朝官(大司马、左右前后将军、侍中、常侍、散骑、诸吏)。汉代凡遇疑难事则令群臣于外廷讨论。末议:谦辞,指自己发表一些微不足道的、无关紧要的议论。

〔68〕 引:援引。纲维:犹言纲领,指国家的法令。

〔69〕 闒(tà 踏)茸:微贱低劣。这里指卑贱之人。

〔70〕 负:恃。不羁(jī 机):不受约束。

〔71〕 乡曲:乡里。誉:好评。

〔72〕 奏:进献。薄技:微薄的技能,谦词,即下文所说的"文史星历"。

〔73〕 周卫:指宫禁。皇帝的周围有周密的护卫,故云。

〔74〕 戴盆何以望天:头上戴着盆,就不能望见天,指二者不可得兼之事。这里指自己一心忙于公务,无暇他顾。

〔75〕 绝:断。指不交结宾客。

〔76〕 亡:抛弃。指不治理家业。

〔77〕 不肖:自谦之辞。

〔78〕 营职:勤于职守。

〔79〕 大谬:大错。不然:不是想象的那样。

〔80〕 李陵:字少卿,汉景帝、武帝时名将李广的孙子,善骑射。武帝时,

任骑都尉,曾率兵与匈奴作战,被包围,矢尽粮绝,战败投降匈奴,封右校王。后病死匈奴。

〔81〕 门下:指侍中曹。司马迁与李陵俱官侍中,故云。

〔82〕 相善:互相结交友好。

〔83〕 趋舍:追求与舍弃。异路:不同。

〔84〕 衔杯酒:在一起饮酒。

〔85〕 余欢:很少的欢乐。

〔86〕 事亲:侍奉父母。与士:结交士人。临财:面对财物。取与:选取与舍弃。

〔87〕 分别有让:懂得长幼尊卑的区别,谦让有礼。

〔88〕 恭俭下人:指能谦恭自约,甘居人下。

〔89〕 殉:舍身从事某事。

〔90〕 蓄积:指平时的言行志向。

〔91〕 国士:国内所重的人才。

〔92〕 公家:指国家朝廷。

〔93〕 当:适当。

〔94〕 媒蘖(niè 聂):蘖,通"糵",本指酿酒用的酒曲。此用作动词。谓借端构陷,酿成其罪。短:罪。

〔95〕 提:带领。

〔96〕 深践:深入。

〔97〕 王庭:匈奴单于所居之所。

〔98〕 仰:仰攻,面对。亿万之师:形容匈奴兵多。

〔99〕 所杀过当:指所杀的敌人超过了自己军队的总人数。

〔100〕 救死扶伤:搬运救护死伤的士兵。不给:来不及。

〔101〕 旃(zhān 沾)裘之君长:这里指匈奴的首领。旃裘,用毛皮制成的衣服,主要是北方少数民族穿用。咸:都。

〔102〕 左右贤王:匈奴官员。

〔103〕 劳军:慰问部队。

〔104〕 沬(huì 汇)血:血流满面。饮泣:含泪。

〔105〕 弮(quān 圈阴平):弩弓。

〔106〕 奉觞上寿:举杯说祝福的话。此谓举杯向皇上祝贺李陵进军的胜利。

〔107〕 惨怆怛(dá达)悼:极度悲伤的样子。

〔108〕 款款:恳切忠实。

〔109〕 绝甘:指将美味的东西尽让与人,自己一点不取。分少:指分领财物时自己只取最少的部分。

〔110〕 得其当:寻找合适的时机。报:报效。

〔111〕 暴:暴露,昭示。

〔112〕 指:意旨,想法。推言:论说,叙说。

〔113〕 睚眦(yá zì崖字)之辞:指平日和李陵有怨仇的人说的一些关于李陵的坏话。睚眦,怒目而视,指有仇怨。

〔114〕 沮:诋毁。贰师:指武帝宠妃李夫人的哥哥贰师将军李广利。李广利本为这次出师的主力,李陵乃偏师。武帝本欲借这次出征来提拔李广利,但他未能立功。司马迁极力强调李陵的战功,无形中等于贬低了李广利,因而触怒武帝。

〔115〕 下于理:即交给司法部门处理。理,执法官,狱官。

〔116〕 自列:自己表白、陈述。

〔117〕 因为诬上:于是就成为欺罔皇帝的罪名。

〔118〕 吏议:狱吏所判决的罪名。

〔119〕 货赂:家财。自赎:汉朝法律规定,自己可以出钱赎罪。

〔120〕 左右亲近:指皇帝周围的亲近之臣。

〔121〕 囹圄(líng yǔ灵宇):监狱。

〔122〕 告诉:诉说冤屈。

〔123〕 颓:毁败。家声:家族的名声。

〔124〕 佴(èr二):随后,居次。之:到。蚕室:狱室名,为受宫刑者所居。受宫刑者畏风须暖,其室温密而似养蚕之室,故名。

〔125〕 重(chóng虫):复,又。

〔126〕 剖符丹书:汉代对功臣的特殊待遇。把竹子剖成两半做成信符,皇帝与功臣各执一半,上面载有同样的誓词,写着永久信任,永不改变其爵位。再做铁券,用朱砂在上面写誓词,装在石函里,藏之宗庙。凡受剖符丹书者,后人有罪可以赦免。

〔127〕 文史星历:史籍和天文历法,这是太史令职掌的内容。

〔128〕 卜祝:占卜和祭祀。

〔129〕 倡优所畜:谓皇帝像对待倡优一样地对待他的先人。言其地位低

下。倡优,乐工伶人,社会地位很低。畜,养。

〔130〕 死节者:为守节操而死。比:并列,相提并论。

〔131〕 智穷罪极:自保之智穷尽而罪过极大。

〔132〕 素所自树立:指自己平素所从事的职业。

〔133〕 用:因。之:死。

〔134〕 太上:最好的,第一位的。

〔135〕 理色:指道理和颜面。

〔136〕 不辱辞令:指不在言辞上受侮辱。辞令,言辞。

〔137〕 诎体:谓身体被捆绑起来。诎,同"屈"。

〔138〕 易服:指换上罪犯的服装。

〔139〕 关木索:带上刑具。关,通"贯",指戴上。木索,刑具。木,指项枷、手梏、足桎。索,绳索。被:遭受。箠楚:用板杖和荆条拷打。

〔140〕 剔(tì 剃)毛发、婴金铁:指受到髡刑和钳刑。髡刑是剃去头发,钳刑是用铁圈束颈。剔,同"剃"。婴,绕。

〔141〕 最下:最坏的。

〔142〕 传(zhuàn 赚):古书。这里指《礼记》。刑不上大夫:意思是大夫及以上的官员犯了法,可以不受刑罚。大夫,爵位的一种,各个朝代级别不同,这里泛指有官爵的人。引文见《礼记·曲礼上》。

〔143〕 士节:士人的气节。

〔144〕 槛:关野兽的笼子。阱:捕野兽的陷坑。

〔145〕 积:长期。威约:威力制约。渐:渐渐变化。

〔146〕 "故士有"二句:即使只是在地上画个圈子作监牢,也决不要进去。言监牢之可怕。

〔147〕 "削木"二句:即使只是削一块木头当作狱吏,也不要去面对他。言狱吏之凶残。

〔148〕 定计:做打算。鲜:态度鲜明。

〔149〕 交手足:指手足相交着被捆绑。

〔150〕 暴:暴露。指受刑时被脱去衣服。

〔151〕 榜:鞭打。

〔152〕 幽:禁闭。圜(yuán 圆)墙:指监狱。

〔153〕 头抢地:叩头触地。

〔154〕 惕息:战战兢兢,不敢喘息。

〔155〕 强颜:厚着脸皮。

〔156〕 西伯:指周文王。伯,一方诸侯的首领。羑(yǒu有)里:地名,在今河南省汤阴县境内。殷纣王曾拘文王于羑里。

〔157〕 具五刑:受遍了五刑。据《汉书·刑法志》:"汉兴之初……其大辟尚有夷三族之令。令曰:'当三族者,皆先黥,劓,斩左右趾,笞杀之。'枭其首,菹其骨肉于市。其诽谤詈诅者,又先断舌,故谓之具五刑。"

〔158〕 淮阴:淮阴侯韩信,曾被封为楚王。有人告发他谋反,汉高祖用陈平计伪称将游云梦,会诸侯于陈,韩信来见,因令武士缚之。械:拘束手足的刑具。陈:地名。

〔159〕 彭越:汉初功臣,封梁王。张敖:张耳之子,继承父亲的爵位为赵王。二人都因被诬谋反,下狱治罪。南面称孤:即南面称王。孤,春秋战国时诸侯王自称之辞。

〔160〕 绛侯:汉初功臣周勃。诸吕:吕太后家族吕禄、吕产等人。汉惠帝死后,诸吕欲作乱,周勃与陈平等诛灭诸吕,迎立文帝。倾:陵驾。五伯:春秋五霸。请室:大臣待罪之室。周勃被人诬告谋反,下廷尉治罪。出狱后说:"吾尝将百万军,安知狱吏之贵也。"

〔161〕 魏其(jī机):魏其侯窦婴,景帝时任大将军。武帝时为救灌夫,与丞相田蚡有隙,下狱判决死罪。赭衣:赭色衣服,为罪犯之服。三木:加在颈、手、脚三处的刑具。

〔162〕 季布:楚国人,好任侠。曾为项羽将领,多次困辱汉高祖。项羽败死,汉高祖悬赏重金购求季布。季布被迫变姓名,髡钳为奴,卖身于鲁国大侠朱家,借以藏身。后遇赦,官至河东太守。

〔163〕 灌夫:汉武帝时官太仆,与魏其侯窦婴相善,得罪了当时丞相田蚡,被劾下狱。居室:汉代官署名,是当时贵族犯罪后拘留之所。

〔164〕 罔:通"网"。指法网。

〔165〕 引决自裁:自杀。

〔166〕 一体:一样。

〔167〕 "勇怯"四句:见于《孙子兵法》,意即勇怯强弱是随客观形势的变化而变化的。

〔168〕 绳墨之外:施用刑罚之前。绳墨,指法律。

〔169〕 以:因此。稍:渐渐。陵迟:同"陵夷",衰败。

〔170〕 引节:自杀殉节。

〔171〕远:这里引申为"晚"。

〔172〕重:慎重。

〔173〕殆:大概。

〔174〕恶(wù悟):讨厌。

〔175〕激于义理:为义理所激励。

〔176〕妻子:妻子儿女。何如:怎么样。

〔177〕何处不勉:意即在任何情况下都勉励自己。

〔178〕去就之分:何去何从的原则,即舍生取义。

〔179〕臧获:古代对奴婢的贱称。奴曰臧,婢曰获。

〔180〕辞:推辞。

〔181〕私心有所不尽:内心想做的事业尚未完成。

〔182〕鄙陋没世:终生庸庸碌碌。文采:才华。表:表露。

〔183〕倜傥(tì tǎng替淌):卓越特出,才气豪迈。

〔184〕演:推演。

〔185〕修列:逐条纂写。

〔186〕大底:大抵,大致。发愤:抒发胸中激愤。

〔187〕通其道:行其道,实现理想。

〔188〕思来者:希望将来之人能看到并了解自己的心志。

〔189〕垂:流传。空文:文章,因不同于现实功业,故称空文。自见(xiàn陷):表现自己。

〔190〕窃不逊:谦辞。犹言不自量。

〔191〕无能之辞:义同上文"空文"。

〔192〕放失(yì义)旧闻:散乱失传的文献史闻。失,通"佚"。

〔193〕稽:考察,探究。

〔194〕轩辕:即黄帝。传说中的五帝之一。

〔195〕究天人之际:探究自然宇宙与社会人生之间的关系。

〔196〕通古今之变:贯通古今之演进变化。

〔197〕就:成。

〔198〕会:恰巧,适逢。

〔199〕就:靠近,这里是"受"的意思。极刑:指宫刑。愠(yùn运):怨恨,恼怒。

〔200〕其人:那个人,特指能领会、流传自己的书的人。

〔201〕 通邑大都:四通八达的大都市。

〔202〕 责:同"债"。

〔203〕 戮:杀;羞辱。

〔204〕 负下:谓负罪之下。未易居:不容易居处。

〔205〕 下流:喻卑贱的身份与地位。

〔206〕 口语:指为李陵辩护。

〔207〕 乡党:相传周制以五百家为党,一万二千五百家为乡。后因以乡党泛指乡里。

〔208〕 "亦何"句:指无颜面对父母丘墓。

〔209〕 直:当,担当。闺阁之臣:指皇帝内廷里由宦官充任的官。

〔210〕 通:舒泄。狂惑:自贬之辞,知善不行为狂,知恶不改为惑。

〔211〕 无乃:难道不是。剌(là 辣)谬:违背,非谬。

〔212〕 自雕琢:自我装饰,自我美化。

〔213〕 曼辞:美丽动听的语言。

〔214〕 不信:不被别人相信。

〔215〕 要之:总之。

〔216〕 悉:尽。

卷 六

刘 邦

刘邦(前256—前195),字季,沛县丰邑(今江苏丰县)人,汉朝开国皇帝。秦二世元年(前209)陈胜起义后,刘邦于沛县响应起义,称沛公。公元前206年,刘邦进驻灞上,秦王子婴投降,秦朝灭亡。之后与西楚霸王项羽展开"楚汉之争",历时五年,于公元前202年统一天下,建立汉朝。在位时期,实行中央集权统治,同时休养生息,恢复生产,社会经济得以进一步发展。

高帝求贤诏[1]

盖闻王者莫高于周文[2],伯者莫高于齐桓[3],皆待贤人而成名[4]。今天下贤者、智能,岂特古之人乎[5]?患在人主不交故也,士奚由进[6]?今吾以天之灵,贤士大夫定有天下,以为一家,欲其长久,世世奉宗庙亡绝[7]。贤人已与我共平之矣,而不与吾共安利之,可乎?贤士大夫有肯从我游者[8],吾能尊显之。布告天下,使明知朕意。御史大夫昌下相国[9],相国酂侯下诸侯王[10],御史中执法下郡守[11]。其有意称明德者[12],必身劝[13],为之驾,遣诣相国府[14],署行、义、年[15]。有而弗言,觉,免[16]。年老癃病[17],勿遣。

【注释】

〔1〕 本文是汉高祖十一年(前196)发的一个求贤诏令,先写古人用贤成就功业,继之以自己用贤平定天下,再表达欲安定天下继续求贤的诚意和急

迫心情,词意恳切谦恭,环环紧扣,结构严密。高帝,即汉高祖刘邦。

〔2〕 周文:即周文王姬昌。

〔3〕 伯(bà 爸):通"霸",诸侯的盟主。齐桓:即齐桓公。

〔4〕 待:通"恃",依靠。

〔5〕 特:只,仅。

〔6〕 奚:何。

〔7〕 亡:通"无"。

〔8〕 从我游:意指跟我一起共事。

〔9〕 御史大夫:汉朝中枢机构的最高长官之一,掌管机要文书和监察事务。昌:周昌。下:下达。相国:后称丞相,处理国家政事的最高行政长官。

〔10〕 酂(zàn 赞)侯:指萧何。

〔11〕 御史中执法:又称"御史中丞",地位仅次于御史大夫,掌对外郡的督察。郡守:郡的最高长官。

〔12〕 意:通"懿",美好。称(chèn 趁):相副。明德:美德。

〔13〕 身劝:亲自劝勉。

〔14〕 诣:到。

〔15〕 署行、义、年:记录表现、容貌和年龄。署,题写。行,事迹,表现。义,通"仪",相貌。

〔16〕 "有而"三句:有贤才而郡守不报告,发觉后就罢免其官。

〔17〕 癃(lóng 隆):衰老病弱。

刘 恒

刘恒(前202—前157),汉高祖刘邦之子。公元前196年,刘邦封其为代王。公元前180年,吕后死,太尉周勃、丞相陈平等臣将诸吕一网打尽,并迎代王入京为帝,是为汉文帝。文帝即位后,励精图治,百姓富裕,社会安定,汉朝进入强盛时期。文帝与其子景帝统治时期合称为"文景之治"。

文帝议佐百姓诏[1]

间者数年比不登[2],又有水旱疾疫之灾,朕甚忧之。愚而不明,未达其咎[3]。意者[4],朕之政有所失而行有过与[5]?乃天道有不顺[6]、地利或不得,人事多失和,鬼神废不享与[7]?何以致此?将百官之奉养或费[8],无用之事或多与?何其民食之寡乏也?夫度田非益寡[9],而计民未加益,以口量地,其于古犹有余,而食之甚不足者,其咎安在?无乃百姓之从事于末以害农者蕃[10],为酒醪以靡谷者多[11],六畜之食焉者众与[12]?细大之义,吾未能得其中[13]。其与丞相、列侯、吏二千石、博士议之[14],有可以佐百姓者,率意远思[15],无有所隐。

【注释】

[1] 本文属于诏令类的古文。西汉初年,社会十分贫困,人口减少很多,农业生产恢复很慢,再加上连年水旱灾害,粮食短缺问题十分严重。这篇诏书就是针对这些问题而发。全文分别从政府和百姓两方面反复设问,探求民众疾苦的原因,表达了关心民瘼的迫切心情。佐,帮助。

〔2〕 间:近来。比:频繁,屡屡。登:作物的成熟和收获。

〔3〕 达:通晓。咎(jiù就):过失,罪过。

〔4〕 意者:疑问词,置于句首表示猜想。

〔5〕 朕(zhèn震):我,秦始皇以后,皇帝自称。与:通"欤",疑问语气词。下同。

〔6〕 天道:天时,自然界的变化规律。

〔7〕 废:抛弃,指神对人。享:享用供品。

〔8〕 将:还是,选择连词。或:也许,选择连词。费:靡费,用财过多。

〔9〕 度(duó夺):计算,丈量。益寡:更加少。

〔10〕 无乃:恐怕,只怕。末:指工商业,相对农业而言。蕃:多。

〔11〕 醪(láo劳):酒酿,浊酒。靡(mí迷):浪费。

〔12〕 六畜:即马、牛、羊、鸡、犬、豕。

〔13〕 中(zhòng众):恰当,适中。

〔14〕 其:语气词,表祈求、命令。列侯:汉制,群臣异姓诸侯者称列侯或彻侯,为当时爵位中最高者。二千石:汉代对郡守的通称。郡守的俸禄为二千石。博士:学官名。秦及汉初立博士,掌管古今史事待问及书籍典守。到汉武帝时,设五经博士,置弟子员,此后博士专掌经学传授。

〔15〕 率意:悉心尽意。远思:深远思考。

刘 启

刘启(前188—前141),文帝刘恒的长子,公元前157年即皇帝位,是为汉景帝。在位十六年,政治上采取了一系列行之有效的措施。削减诸侯封地,平定吴楚七国之乱,进一步巩固中央集权统治。经济方面重农抑商,轻徭薄赋,减轻刑罚,重视文教事业的发展,极大地促进了社会经济的稳定和发展。他继续发展了其父文帝的事业,又为其子武帝的"汉武盛世"奠定了良好基础,在西汉历史上具有重要地位。

景帝令二千石修职诏[1]

雕文刻镂[2],伤农事者也;锦绣纂组[3],害女红者也[4]。农事伤,则饥之本也;女红害,则寒之原也。夫饥寒并至,而能无为非者寡矣。朕亲耕,后亲桑,以奉宗庙粢盛祭服[5],为天下先。不受献[6],减太官[7],省徭赋,欲天下务农蚕,素有畜积[8],以备灾害。强毋攘弱[9],众毋暴寡[10],老者以寿终[11],幼孤得遂长[12]。今岁或不登[13],民食颇寡,其咎安在?或诈伪为吏,吏以货赂为市,渔夺百姓[14],侵牟万民[15]。县丞[16],长吏也[17],奸法与盗盗[18],甚无谓也。其令二千石修其职。不事官职耗乱者[19],丞相以闻,请其罪[20]。布告天下,使明知朕意。

【注释】

〔1〕 本文是一篇整顿吏治的文告。全文先指出百姓饥寒的原因及其危害,接着发出民食缺少的设问,指出病根在于官吏,并就此下达了整顿吏治的

命令。二千石,汉代对郡守的通称。郡守的俸禄为二千石。修职,整顿吏治,使其尽忠职守。

〔2〕 雕文刻镂(lòu漏):指在器物上雕刻文采。文,花纹。镂,雕刻。

〔3〕 纂:赤色丝带。组:系印的绶带。

〔4〕 女红(gōng工):即女工,指纺织、刺绣、缝纫等事。

〔5〕 粢盛(zī chéng资成):古时盛在祭器内以供祭祀的谷物。

〔6〕 献:赋税之外的贡献。

〔7〕 太官:掌管宫廷膳食的官。

〔8〕 素:平素。畜积:蓄积。畜,通"蓄",积储。

〔9〕 攘:夺取。

〔10〕 暴:欺凌,侵害。

〔11〕 耆(qí其):古代六十岁以上的人称耆。这里泛指老年人。

〔12〕 遂长:成长。

〔13〕 岁:指年成。或:又。登:庄稼成熟。这里指丰收。

〔14〕 渔夺:掠夺。

〔15〕 侵牟:侵夺,贪取。牟,吃苗根的害虫,引申为侵夺、贪取。

〔16〕 县丞:辅佐县令的官员,掌文书及仓狱。

〔17〕 长吏:指县丞为吏的首领。

〔18〕 奸法:因法作奸。与盗盗:和盗一起为盗。

〔19〕 耗(mào冒)乱:昏乱不明。耗,通"眊",不明,混乱。

〔20〕 请:问,追究。

刘 彻

刘彻(前156—前87),景帝子,公元前140年即皇帝位,即汉武帝。武帝是中国历史上一位雄才大略的皇帝,承"文景之治",在位五十四年间,文化上罢黜百家,独尊儒术,既重文事,又重文治,立乐府,用文士,喜辞赋,影响到汉代文学的发展。经济上将冶铁、煮盐、铸钱收归官营,征收商人资产税,同时兴修水利,移民西北屯田,促进了经济发展。政治军事上打击割据势力,进一步稳固中央集权。通西域,打击匈奴,保障了西南及北方经济文化的发展。武帝在位期间,是汉朝的全面繁荣时期,但由于其迷信神仙,大兴土木,急征敛,重刑诛,也埋下了许多社会隐患。

武帝求茂材异等诏[1]

盖有非常之功,必待非常之人,故马或奔踶而致千里[2],士或有负俗之累而立功名[3]。夫泛驾之马[4],跅弛之士[5],亦在御之而已[6]。其令州郡察吏民有茂材异等[7],可为将相及使绝国者[8]。

【注释】

〔1〕 本文选自《汉书·武帝纪》。元封五年(前106),大将军卫青死,又置刺史治理十三州,朝中人材匮乏,汉武帝因此下了这道求贤诏,表达他不拘一格任用人材的愿望,体现了一个有所作为的皇帝的魄力。

〔2〕 奔踶(dì地):人乘则奔走,立则踢人,指烈性马。踶,踢。

〔3〕 负俗:被世人讥讽议论。

〔4〕 泛(fěng讽)驾:犹言覆驾,翻车。谓不受驾驭。《汉书·武帝纪》颜师古注:"泛,覆也……覆驾者,言马有逸气,而不循轨辙也。"泛同"覂"。

〔5〕 跅(tuò 唾)弛:放荡不循规矩。

〔6〕 御:驾御,制御。

〔7〕 茂材:即秀才。《汉书》避光武帝刘秀讳改。此指优异之才。

〔8〕 使:出使。绝国:绝远之国。

贾 谊

贾谊(前200—前168),汉初洛阳(今河南洛阳)人,世称"贾生"。少有文名,二十多岁被汉文帝召为博士,不久升为太中大夫。他指陈时弊,对制度的改革多所建议,主张对内削减地方王侯权势,重视发展农业,安定人民生活,对外抗击匈奴侵扰。由于受朝中权贵的排斥,被贬为长沙王太傅;四年后,又被召为梁怀王太傅。怀王坠马身亡,贾谊忧伤自责,郁郁而死,年仅三十三岁。贾谊是汉初重要的思想家和杰出的文学家,后人辑其文为《贾长沙集》,另有《新书》十卷传世。

过秦论上[1]

秦孝公据崤函之固[2],拥雍州之地[3],君臣固守,以窥周室[4],有席卷天下、包举宇内、囊括四海之意[5],并吞八荒之心[6]。当是时也,商君佐之[7],内立法度,务耕织,修守战之具[8];外连衡而斗诸侯[9]。于是秦人拱手而取西河之外[10]。

孝公既没,惠文、武、昭蒙故业[11],因遗策[12],南取汉中[13],西举巴蜀[14],东割膏腴之地,收要害之郡[15]。诸侯恐惧,会盟而谋弱秦[16],不爱珍器重宝、肥饶之地,以致天下之士[17],合从缔交,相与为一[18]。当此之时,齐有孟尝[19],赵有平原[20],楚有春申[21],魏有信陵[22]。此四君者,皆明智而忠信,宽厚而爱人,尊贤而重士,约从离横[23],兼韩、魏、燕、赵、宋、卫、中山之众[24]。于是六国之士[25],有宁越、徐尚、苏秦、杜赫之属为之谋[26],齐明、周最、陈轸、召滑、楼缓、翟景、苏厉、乐毅之徒通其意[27],吴起、孙膑、带佗、兒良、王廖、田忌、廉颇、赵奢之伦制其兵[28]。尝以什倍之地，百万之众[29]，叩关而攻秦[30]，秦人开关而延敌[31]，九国之师遁逃而不敢进[32]。秦无亡矢遗镞之费[33]，而天下诸侯已困矣[34]。于是从散约解[35]，争割地而赂秦。秦有余力而制其弊[36]，追亡逐北[37]，伏尸百万，流血漂橹[38]。因利乘便[39]，宰割天下，分裂河山。强国请服[40]，弱国入朝[41]。

施及孝文王、庄襄王[42]，享国之日浅[43]，国家无事。

及至始皇，奋六世之余烈[44]，振长策而御宇内[45]，吞二周而亡诸侯[46]，履至尊而制六合[47]，执敲扑以鞭笞天下[48]，威振四海。南取百越之地[49]，以为桂林、象郡[50]；百越之君，俛首系颈，委命下吏[51]。乃使蒙恬北筑长城而守藩篱[52]，却匈奴七百余里[53]，胡人不敢南下而牧马，士不敢弯弓而报怨[54]。于是废先王之道[55]，燔百家之言[56]，以愚黔首[57]。隳名城[58]，杀豪俊[59]，收天下之兵[60]，聚之咸阳[61]，销锋镝[62]，铸以为金人十二[63]，以弱天下之民。然后践华为城[64]，因河为池[65]，据亿丈之城[66]，临不测之溪以为固[67]。良将劲弩，守要害之处；信臣精卒[68]，陈利兵而谁何[69]！天下已定，始皇之心，自以为关中之固[70]，金城千里[71]，子孙帝王万世之业也[72]。

始皇既没，余威震于殊俗[73]。然而陈涉[74]，瓮牖绳枢之子[75]，氓隶之人[76]，而迁徙之徒也[77]。材能不及中庸[78]，非有仲尼、墨翟之贤[79]，陶朱、猗顿之富[80]。蹑足行伍之间[81]，俛起阡陌之中[82]，率罢弊之卒[83]，将数百之众，转而攻秦。斩木为兵[84]，揭竿为旗[85]，天下云集而响应[86]，赢粮而景从[87]，山东豪俊遂并起而亡秦族矣[88]。

且夫天下非小弱也[89]，雍州之地、殽函之固自若也[90]。陈涉之位，不尊于齐、楚、燕、赵、韩、魏、宋、卫、中山之君也；锄耰棘矜[91]，不铦于钩戟长铩也[92]；谪戍之众[93]，非抗于九国之师也[94]；深谋远虑，行军用兵之道，非及曩时之士也[95]。然而成败异变[96]，功业相反[97]。试使山东之国与陈涉度长絜大[98]，比权量力，则不可同年而语矣。然秦以区区之地致万乘之权[99]，招八州而朝同列[100],百有余年矣[101]。然后以六合为家[102],殽函为宫[103]。一夫作难而七庙隳[104],身死人手[105],为天下笑者,何也? 仁义不施,而攻守之势异也[106]。

【注释】

〔1〕 《过秦论》是批评秦王朝的过失的,是贾谊《新书》中的名篇。本文旨在通过分析秦王朝的兴亡(重点是灭亡)原因,劝谏文帝以秦为鉴戒,以求得汉帝国的长治久安。文章疏直峻切,气势雄伟,对比鲜明,且感情充沛,历来为人们所传诵。

〔2〕 秦孝公(前381—前338):秦献公之子,名渠梁,二十一岁即位,即位三年,用商鞅变法修刑,内务耕稼,外劝战死之赏罚,数年之后,秦国开始富强。殽(xiáo 淆)函:殽,即殽山,函,即函谷关,在今河南灵宝南,是秦的东方门户,东自殽山,西至潼津,深险如函,故名函谷。

〔3〕 拥:拥有。雍州:古九州之一。在今陕西、甘肃、青海大部地区。为秦的封地所在。

〔4〕 窥:窥测。周室:指东周王朝。

〔5〕 包举:统括,全部占有。囊括:包罗。义近包举。

〔6〕 八荒:八方极远之地。

〔7〕 商君:即商鞅。

〔8〕 修:治。守战之具:防守与出战的各种准备。具,一作"备"。

〔9〕 连衡:即连横。斗诸侯:使诸侯之间互相争斗。诸侯,指战国时的各国。

〔10〕 拱手:两手合在一起,表示毫不费力。西河:本战国魏地,今陕西东部黄河西岸地区。据《史记·商君列传》说,秦孝公使商鞅伐魏,魏使公子卬迎战,商鞅以与魏结盟为口实,诈骗公子卬,在会盟饮酒时,袭掠公子卬,又攻其军,魏大败,魏惠王乃派使者割河西之地献于秦,以求和。

〔11〕 惠文:即秦惠文王。武:即秦武王。昭:即秦昭襄王。一本作"昭襄"。蒙故业:蒙受、继承秦孝公的旧有事业。

〔12〕 因遗策:遵循孝公留下的政策方略。

〔13〕 南取汉中:据《史记·秦本纪》载:秦惠文王后元十三年(前311),"又攻楚汉中,取地六百里,置汉中郡"。

〔14〕 举:攻克,拔取。巴、蜀:古代国名,在今四川境内。

〔15〕膏腴之地：即肥沃的土地，当指韩国的宜阳（今属河南），魏的河东之地。要害之郡：当指成皋（今属河南）。一本"收"前有"北"字。

〔16〕会盟而谋弱秦：指六国联合而谋划削弱秦国。

〔17〕致：招纳。

〔18〕"合从"二句：言六国采取合纵的策略，缔结同盟，互助援助，成为一体。南北曰纵，六国联合抗秦叫合纵。合从，同"合纵"。

〔19〕孟尝：即孟尝君田文。《史记》有传。

〔20〕平原：即平原君赵胜。《史记》有传。

〔21〕春申：即春申君黄歇。《史记》有传。

〔22〕信陵：即信陵君魏无忌。《史记》有传。此四人为战国时代的"四公子"，均蓄养大量的门客。

〔23〕约从离横：缔约合纵，离散连横。横，一本作"衡"。

〔24〕兼：一作"并"，又加，兼有。韩、魏、燕、赵、宋、卫、中山：皆战国时地处山西、河南、河北等地的诸侯国，受秦威胁最大。

〔25〕六国：指楚、齐、燕、韩、魏、赵。这是居于秦之东或东南的六大国，一时曾合纵而抗秦，但未见多少成效。

〔26〕宁越：赵国人。徐尚：未详。苏秦：东周洛阳人，《史记》有传。杜赫：周人。

〔27〕齐明：东周之臣。周最：周君之子。陈轸：楚国人。召（shào绍）滑：一作"昭滑"，楚臣。楼缓：魏国丞相。翟景：未详。苏厉：苏秦之弟，亦苏代之弟，先游说于燕，后奉燕质子入齐。齐王怨苏秦，欲囚苏厉。燕质子为谢，后苏代、苏厉皆归齐，而为齐臣。事见《史记·苏秦列传》。乐毅：本魏臣，使于燕，燕昭王以客礼待之，遂委质于燕，为燕之亚卿，懂兵法，为燕将，攻下齐七十二城。《史记》有传。通其意：沟通六国的意图。

〔28〕吴起：卫人，闻魏文侯贤，事魏文侯以为将，是战国著名军事家之一，《史记》有传。孙膑：战国著名军事家，入齐后为齐威王的将军。事见《史记·孙子吴起列传》。带佗：楚将。兒良、王廖：皆为军事家。兒，通"倪"。田忌：齐国大将。廉颇：赵国的名将。赵奢：赵国的大将，秦伐韩，赵惠文王曾令他将兵救韩，大破秦军。赐号马服君。之伦：之辈。

〔29〕什：同"十"。百万之众：《史记》作"百万之师"。

〔30〕叩关：叩击函谷关。叩关，一作"仰关"，此依《史记》。

〔31〕延敌：将敌人引入。

〔32〕 九国之师:李善注:"九国,谓齐、楚、韩、魏、燕、赵、宋、卫、中山也。"遁逃:一本作"逡巡",犹豫不前。

〔33〕 矢:指箭。镞:箭头。

〔34〕 困:指处于困境。

〔35〕 从散约解:指六国"合纵"之约瓦解。

〔36〕 制其弊:利用六国的弱点而分别控制它们。

〔37〕 逐北:追击败北之敌。北,犹"败"。

〔38〕 橹:大盾牌。

〔39〕 因利乘便:乘着有利与方便的时机。

〔40〕 请服:请求臣服。

〔41〕 入朝:指入秦朝拜秦王。

〔42〕 施(yì义):延续。一本作"延"。孝文王:昭襄王之子,名柱,即位三天而卒。庄襄王:孝文王之子,名子楚,即位三年(前249—前247)而卒。

〔43〕 浅:指时间短。

〔44〕 奋:发扬。六世:指孝公、惠文王、武王、昭王、孝文王、庄襄王。余烈:遗留的功业。

〔45〕 "振长策"句:以御马喻统治天下。振,挥动。长策,长鞭。御,驾御,控制。宇内,天下。

〔46〕 吞:吞并。二周:指西周、东周。西周建都洛阳西,东周建都巩(今河南巩义),分别在公元前256和前249年为秦所灭。亡诸侯:指灭六国等诸侯国。

〔47〕 履至尊:指登上帝位。履,足登其位。按:秦始皇于公元前246年继位,称秦王。二十六年后,始称始皇帝。六合:上下四方,实指普天之下。

〔48〕 敲扑:棍棒。李善注引臣瓒曰:"短曰敲,长曰扑。"鞭笞:鞭打,引申为统治。

〔49〕 百越:一称"百粤",我国古代越族部落的总称,散居于今浙江、福建、广东、广西等地。越族支系繁多,除越国外,尚有瓯越、闽越、南越、骆越等,故称百越。此处之"百越",主要指广东、广西及越南北部地区。

〔50〕 桂林:郡名,在今广西僮族自治区北部。象郡:郡名,在今广西南部,广东西南部。二郡为秦始皇时代新置。

〔51〕 俛(fǔ府):通"俯"。委命下吏:委身听命于秦的下级官吏。

〔52〕 蒙恬:秦始皇的将军。藩篱:本指篱笆,此代指边塞。

〔53〕 却匈奴:使匈奴退却。据《史记·匈奴列传》载,秦始皇使蒙恬将十万之众北击胡,悉收河南地。匈奴单于头曼,因不能胜秦而北徙。

〔54〕 士:指匈奴的军士。弯弓:把弓张开,喻采取军事行动。报怨:报驱逐之仇。

〔55〕 先王之道:指夏、商、周三代圣王的重礼义、仁政的治道。

〔56〕 燔(fán 烦):烧。一本作"焚"。百家之言:《诗》、《书》、诸子百家之言。焚书事见《史记·秦始皇本纪》。

〔57〕 以愚黔首:使百姓愚昧无知。秦代称百姓为黔首。

〔58〕 隳(huī 灰):毁坏。

〔59〕 豪俊:英雄豪杰。一本作"豪杰"。

〔60〕 兵:指兵器。

〔61〕 咸阳:秦之都城,在今陕西咸阳东北。

〔62〕 销锋镝(dí 递):熔化各种兵器。锋,指带刀刃的武器。镝,一作"镝",箭头。

〔63〕 "铸以为"句:《史记·秦始皇本纪》:始皇二十六年,"收天下后,聚之咸阳,销以为钟镰,金人十二,重各千石,置廷宫中"。

〔64〕 践华为城:据华山以为城郭。践,登,引申为据。

〔65〕 因河为池:依黄河为护城河。

〔66〕 亿丈之城:形容华山为城之高。

〔67〕 不测之谿:指深不可测的黄河。谿,河谷,一作"渊"。固:坚固可守。

〔68〕 信臣:忠诚可靠之臣。

〔69〕 谁何:呵问是谁,即盘问之义。

〔70〕 关中:秦以函谷关为门户,关中为秦的根据地,也是它的京畿地区。

〔71〕 金城:喻城郭的坚固如铁。

〔72〕 帝王:作动词用,称帝称王。万世之业:《史记·秦始皇本纪》:"朕为始皇帝,后世以计数,二世三世至于万世,传之无穷。"

〔73〕 殊俗:指风俗不同于中原的边远少数民族地区。

〔74〕 陈涉:即陈胜,涉为其字。公元前209年,与吴广率戍卒九百人在大泽乡起义,震撼全国。

〔75〕 瓮牖(yǒu 有):用破瓮作窗。绳枢:用绳子拴门轴。

〔76〕 氓隶:古代对农民的贱称。

〔77〕迁徙之徒:指被罚而服劳役的人。

〔78〕材:一本作"才"。中庸:中等智力之人。一本作"中人"。

〔79〕仲尼:孔子,字仲尼。墨翟:墨家创始人,著有《墨子》。

〔80〕陶朱:即陶朱公范蠡,他辅佐越王勾践灭吴后,以为勾践可以共患难,不可共富贵,辞官至陶(今山东定陶)经商,自号陶朱公。猗(yǐ已)顿:鲁国的富翁。

〔81〕蹑足:涉足,插脚。行伍:军队。此处指戍卒队伍。

〔82〕俛起:俯仰,指劳作。一本作"而倔起"。阡陌:田间小路。此指农田。

〔83〕罢弊:疲劳不堪。罢,通"疲"。

〔84〕斩木:砍断木棍。兵:兵器,武器。

〔85〕揭竿:举竿。

〔86〕云集:如云之集合。形容众多。响应:如响之应声,形容迅速。

〔87〕赢粮:担粮。景从:如影之随形。景,同"影"。

〔88〕山东豪俊:指项羽、刘邦等起义抗秦者。山东,指崤山之东。秦族:指嬴氏之族。

〔89〕天下非小弱:指秦之天下并未减少疆土、削弱力量。

〔90〕自若:自如,和从前一样。

〔91〕锄櫌(yōu幽)棘矜:代指陈涉起义时所用的武器。锄櫌,即锄头。棘矜,带刺的木棍。

〔92〕不铦(xiān先):不能匹敌。不,一作"非"。铦,锋利。钩戟:带钩的戟。长铩(shā杀):大矛。钩戟长铩是当时作战的正式武器。

〔93〕谪戍之众:指陈涉吴广所率领的九百戍卒。

〔94〕"非抗"句:不是九国军队的对手。

〔95〕曩时:过去,指战国时代。一本作"向时"。士:指战国时九国的军事家、政治家。

〔96〕异变:异乎寻常的变化。

〔97〕功业相反:谓力量与功业成反比。一本此后有"何也"二字。

〔98〕山东之国:指战国时代处于秦国东边的诸侯国。度长:比量长短。絜(xié协)大:比粗细。絜,用绳围量。

〔99〕区区:小小。致:达到,引申为获得。万乘之权:指天子的权势。权,一作"势"。周制,天子兵车万乘,诸侯兵车千乘。

〔100〕 招八州：攻取天下州郡。意犹主宰天下。招，攻取。一作"序"。八州：古时天下分为九州，秦据雍州，秦以外还有八州。朝同列：使同列来朝拜。同列，指原先与秦地位平等的六国。

〔101〕 百有余年：秦统治天下不足二十年，说百有余年不确，百，或为"十"之误。如从秦末上推百余年，当在秦孝公、惠文王之世，但此时秦虽开始富强，并无"招八州而朝同列"之事。

〔102〕 以六合为家：即以天下为家。喻秦搞中央集权，把天地四方看作嬴姓的天下。

〔103〕 殽函为宫：把殽山和函谷关以西的广大地区视作宫室。这是极力形容秦的私欲与占有欲。

〔104〕 一夫作难：指陈涉一人首先发难反秦。七庙隳：七代祖先的宗庙被毁，实指秦王朝的灭亡。

〔105〕 身死人手：指秦王子婴投降后为项羽所杀。

〔106〕 攻守之势异也：言以武力取天下和守成，形势是不同的。守成需施仁义，而秦用暴政，所以速亡。同时含告诫汉代皇帝，要广施仁义，天下能在马上得之，但不能马上治之。以上为上篇。

治安策一[1]

夫树国固[2]，必相疑之势[3]，下数被其殃[4]，上数爽其忧[5]，甚非所以安上而全下也。今或亲弟谋为东帝[6]，亲兄之子西乡而击[7]，今吴又见告矣[8]。天子春秋鼎盛[9]，行义未过，德泽有加焉，犹尚如是，况莫大诸侯[10]，权力且十此者乎！然而天下少安[11]，何也？大国之王幼弱未壮，汉之所置傅相方握其事[12]。数年之后，诸侯之王大抵皆冠[13]，血气方刚，汉之傅相称病而赐罢，彼自丞尉以上遍置私人[14]，如此，有异淮南、济北之为邪[15]！此时而欲为治安，虽尧舜不治。

黄帝曰："日中必熭[16]，操刀必割。"今令此道顺而全安[17]，甚易，不肯早为，已乃堕骨肉之属而抗刭之[18]，岂有异秦之季世乎[19]！夫以天子之位，乘今之时，因天之助，尚惮以危为安[20]，以乱为治,假设陛下居齐桓之处[21],将不合诸侯而匡天下乎[22]?臣又知陛下有所必不能矣。假设天下如曩时[23],淮阴侯尚王楚[24],黥布王淮南[25],彭越王梁[26],韩信王韩[27],张敖王赵[28],贯高为相[29],卢绾王燕[30],陈豨在代[31],令此六七公者皆亡恙[32],当是时而陛下即天子位,能自安乎?臣有以知陛下之不能也。天下殽乱[33],高皇帝与诸公并起[34],非有仄室之势以豫席之也[35]。诸公幸者乃为中涓[36],其次廑得舍人[37],材之不逮至远也。高皇帝以明圣威武即天子位,割膏腴之地以王诸公,多者百余城,少者乃三四十县,德至渥也[38],然其后七年之间,反者九起[39]。陛下之与诸公,非亲角材而臣之也[40],又非身封王之也,自高皇帝不能以是一岁为安,故臣知陛下之不能也。

然尚有可诿者[41],曰疏,臣请试言其亲者。假令悼惠王王齐[42],元王王楚[43],中子王赵[44],幽王王淮阳[45],共王王梁[46],灵王王燕[47],厉王王淮南[48],六七贵人皆亡恙,当是时陛下即位,能为治乎?臣又知陛下之不能也。若此诸王,虽名为臣,实皆有布衣昆弟之心[49],虑亡不帝制而天子自为者[50]。擅爵人[51],赦死罪,甚者或戴黄屋[52],汉法令非行也。虽行不轨如厉王者[53],令之不肯听,召之安可致乎?幸而来至,法安可得加!动一亲戚,天下圜视而起[54],陛下之臣虽有悍如冯敬者[55],适启其口,匕首已陷其胸矣。陛下虽贤,谁与领此[56]?故疏者必危,亲者必乱,已然之效也[57]。其异姓负强而动者,汉已幸胜之矣,又不易其所以然[58]。同姓袭是迹而动[59],既有征矣,其势尽又复然。殃祸之变,未知所移,明帝处之尚不能以安,后世将如之何!

屠牛坦一朝解十二牛[60],而芒刃不顿者[61],所排击剥割[62],皆众理解也[63]。至于髋髀之所[64],非斤则斧[65]。夫仁义恩厚,人主之芒刃也;权势法制,人主之斤斧也。今诸侯王,皆众髋髀也,释斤斧之用,而欲婴以芒刃[66],臣以为不缺则折。胡不用之淮南、济北?势不可也。

臣窃迹前事[67],大抵强者先反。淮阴王楚最强,则最先反;韩信倚胡[68],则又反;贯高因赵资,则又反;陈豨兵精,则又反;彭越用梁,则又反;黥布用淮南,则又反;卢绾最弱,最后反。长沙乃在二万五千户耳[69],功少而最完,势疏而最忠,非独性异人也,亦形势然也。曩令樊、郦、绛、灌据数十城而王[70],今虽以残,亡可也;令信、越之伦列为彻侯而居[71],虽至今存,可也。然则天下之大计可知已。欲诸王之皆忠附,则莫若令如长沙王;欲臣子之勿菹醢[72],则莫若令如樊、郦等;欲天下之治安,莫若众建诸侯而少其力[73]。力少则易使以义[74],国小则亡邪心。令海内之势,如身之使臂,臂之使指,莫不制从[75],诸侯之君不敢有异心,辐凑并进而归命天子[76],虽在细民[77],且知其安,故天下咸知陛下之明。割地定制,令齐、赵、楚各为若干国,使悼惠王、幽王、元王之子孙毕以次各受祖之分地[78],地尽而止,及燕、梁他国皆然。其分地众而子孙少者,建以为国,空而置之,须其子孙生者,举使君之。诸侯之地,其削颇入汉者[79],为徙其侯国及封其子孙也[80],所以数偿之[81]。一寸之地,一人之众,天子亡所利焉,诚以定治而已,故天下咸知陛下之廉。地制一定,宗室子孙莫虑不王,下无倍畔之心[82],上无诛伐之志,故天下咸知陛下之仁。法立而不犯,令行而不逆,贯高、利几之谋不生[83],柴奇、开章之计不萌[84],细民乡善[85],大臣致顺,故天下咸知陛下之义。卧赤子天下之上而安[86],植遗腹[87],朝委裘[88],而天下不乱,当时大治,后世诵圣。一动而五业附[89],陛下谁惮而久不为此?

天下之势方病大瘇[90]。一胫之大几如要[91],一指之大几如股[92],平居不可屈信[93],一二指搐[94],身虑无聊[95],失今不治,必为锢疾[96],后虽有扁鹊[97],不能为已。病非徒瘇也,又苦蹠戾[98]。元王之子,帝之从弟也,今之王者,从弟之子也。惠王,亲兄子也,今之王者,兄子之子也。亲者或亡分地以安天下[99],疏者或制大权以偪天子[100],臣故曰非徒病瘇也,又苦蹠戾。可痛哭者,此病是也。

【注释】

〔1〕 本文选自《汉书·贾谊传》,又名《陈政事疏》。本文是《治安策》中

的一部分,主要针对诸侯与中央之间矛盾而发。贾谊提出"众建诸侯而少其力"的建议,以削弱诸侯王势力,保证中央政权的集中与统一。这个建议被汉文帝采纳,后来的晁错、主父偃等人在一定程度上是其延续,到汉武帝时终于战胜了诸侯王的分裂割据势力,使统一的汉帝国更加巩固。

〔2〕 树国:建立诸侯国。固:强大。

〔3〕 相疑:指朝廷与所封诸侯国相互疑忌。

〔4〕 数(shuò硕):屡次。

〔5〕 爽:受伤害。

〔6〕 亲弟谋为东帝:指汉文帝弟淮南厉王刘长。汉文帝六年(前174),刘长谋反,事败自杀。东帝,淮南国都寿春(今安徽寿县),在长安东,故曰"东帝"。

〔7〕 "亲兄"句:指汉文帝兄刘肥之子济北王刘兴居,他趁文帝抗击匈奴时,欲起兵西去荥阳,失败自杀。乡(xiàng向),通"向"。

〔8〕 吴:指吴王刘濞(bì必),汉高祖刘邦的侄子,诸侯王中实力较强。见告:被告发。

〔9〕 春秋:年龄。鼎盛:正当壮年。

〔10〕 莫大:最大。

〔11〕 少:稍,略。

〔12〕 傅:中央派到诸侯国的藩王辅弼之官。相:中央派到诸侯国的国相。

〔13〕 冠:成年。古时男子二十岁行冠礼。

〔14〕 丞尉:县的文武官吏。

〔15〕 邪:通"耶",疑问助词。

〔16〕 熭(wèi卫):暴晒。

〔17〕 道:道理。这里指机不可失的道理。

〔18〕 堕(huī灰):同"隳",毁。抗刭(jǐng景):杀头。

〔19〕 季世:末世。

〔20〕 惮:担心,畏难。指下不了决心采取抑制诸侯的措施。以危为安:把危险转为平安。

〔21〕 齐桓:即齐桓公。

〔22〕 匡:正。

〔23〕 曩(nǎng攮):从前,指汉高祖统一天下的初期。

〔24〕 淮阴侯:韩信,汉初封楚王,后贬为淮阴侯,最后以谋反被杀。王(wàng 望):统治,称王。楚:在今江苏境内。

〔25〕 黥布:即英布,汉初封为淮南王,后以谋反被杀。淮南:在今安徽境内。

〔26〕 彭越:汉初封为梁王,后以谋反被杀。梁:在今河南境内。

〔27〕 韩信:指韩王信,战国时韩国后代,后勾结匈奴谋反被杀。

〔28〕 张敖王赵:赵王张耳之子,刘邦女婿,张耳死后继位为赵王。后因其相贯高谋刺刘邦,降为宣平侯。赵:在今河北邯郸一带。

〔29〕 贯高为相:为张敖相,因谋刺刘邦被捕,自杀。

〔30〕 卢绾(wǎn 晚):汉初封燕王,后被疑谋反逃往匈奴。燕:在今北京一带。

〔31〕 陈豨(xī 西):汉初封为阳夏侯,统帅赵、代两地军队。高祖十二年(前195)自立为王,兵败被杀。代:在今河北蔚县一带。

〔32〕 亡(wú 无)恙:无恙,没有病。这里是健在的意思。

〔33〕 殽(xiáo 淆)乱:混乱。

〔34〕 高皇帝:汉高祖刘邦。

〔35〕 仄室:非正妻所生之子。这里泛指亲戚。豫:预先。席:凭借。

〔36〕 中涓:皇帝的近侍官员。

〔37〕 厪:通"仅",才。舍人:地位仅次于中涓的近侍官员。

〔38〕 渥:厚。

〔39〕 反者九起:自高祖五年(前202)至高祖十二年(前195)初,前后七年间,黥布、彭越、韩王信、卢绾、陈豨、韩信、贯高、利几、藏荼等九人先后反。

〔40〕 角材:比较才能。臣:动词,封官。

〔41〕 诿(wěi 伟):推脱。

〔42〕 悼惠王:齐悼惠王刘肥,汉高祖刘邦长子。

〔43〕 元王:楚元王刘交,刘邦弟。

〔44〕 中子:赵隐王刘如意,刘邦第三子。

〔45〕 幽王:赵幽王刘友,刘邦子。原为淮阳王,后徙赵。

〔46〕 共(gōng 工)王:赵共王刘恢。原为梁王,后徙赵。

〔47〕 灵王:燕灵王刘建,刘邦子。

〔48〕 厉王:淮南王刘长,刘邦子。

〔49〕 布衣昆弟:像平民百姓中的兄弟关系。

〔50〕 虑:思。亡:无不。帝制:皇帝的仪制。

〔51〕 擅:专,擅自。爵人:授爵位于人。

〔52〕 黄屋:皇帝专用的黄缯车盖。

〔53〕 不轨:不遵守法度。轨,法度。

〔54〕 圜(yuán元)视:瞪眼怒视。圜,通"圆"。

〔55〕 冯敬:御史大夫,曾揭发淮南王刘长谋反而被刺杀。

〔56〕 领:治理。此:指诸侯王。

〔57〕 已然:已经变成的事实。效:证明。

〔58〕 所以然:指造成"危"、"乱"的条件和根源。

〔59〕 同姓:即同姓诸侯王。

〔60〕 屠牛坦:春秋时的一位宰牛人,名坦。

〔61〕 芒刃:利刃。顿:通"钝"。

〔62〕 排击剥割:剖牛的各种动作。排,批,分开。

〔63〕 众:集中。理:肌肉纹理。解:关节缝隙。

〔64〕 髋(kuān宽):胯骨。髀(bì必):大腿骨。

〔65〕 斤:古代伐木工具,与斧相似,比斧小而刃横。

〔66〕 婴:加,引申为用。

〔67〕 窃:用于表示个人意见的谦词。迹:考察,追寻。

〔68〕 韩信倚胡:指韩王信投降匈奴。倚,依靠。

〔69〕 长沙:指长沙王吴芮。

〔70〕 樊:樊哙(kuài快),汉初封舞阳侯,后升右丞相。郦:郦商,封曲周侯,后升右丞相。绛:周勃,封绛侯,汉文帝时为右丞相。灌:灌婴,封颍阴侯,官至太尉、丞相。这四人在封地内只收租税而无行政权。

〔71〕 彻侯:是秦汉爵位中最高的一级,后因避汉武帝讳,改称通侯。

〔72〕 菹醢(zǔ hǎi祖海):古代一种把人剁成肉酱的酷刑。

〔73〕 "莫若"句:不如多封些诸侯国,而削弱他们的势力。

〔74〕 义:道义,这里指汉朝的法令。

〔75〕 制从:服从。

〔76〕 辐(fú福)凑:车辐集中于车毂。这里比喻各诸侯国都听命于天子。辐,车轮中间的直木,一头集中在车毂上,一头插在车辋上。凑,聚集。

〔77〕 细民:小民。

〔78〕 分地:受封之地。

〔79〕 削:汉制,诸侯有罪,根据罪行轻重,有的削减封地,有的全部削除封地,被削的封地收归中央,并入郡县中。颇:渐渐地。

〔80〕 徙:迁移。

〔81〕 "所以"句:按照被削减或剥夺的土地数量偿还给诸侯的子孙。

〔82〕 倍畔:通"背叛"。

〔83〕 利几:原项羽部下,降汉封颍川侯,后反叛被杀。

〔84〕 柴奇、开章:两人都是淮南王刘长的谋士。

〔85〕 乡:通"向"。

〔86〕 赤子:幼儿。这里指年幼的皇帝。

〔87〕 植:立。遗腹:遗腹子。

〔88〕 朝委裘:朝见已故皇帝的衣裘。委,放置。

〔89〕 五业:指上文所说明、廉、仁、义、圣。

〔90〕 瘇(zhǒng 肿):脚肿。

〔91〕 胫(jìng 镜):小腿。几:几乎。要:通"腰"。

〔92〕 股:大腿。

〔93〕 信(shēn 身):通"伸"。

〔94〕 搐(chù 触):抽动。

〔95〕 无聊:无所依靠,难以支撑。

〔96〕 锢疾:久治不愈的顽症。

〔97〕 扁鹊:姓秦,名越人,战国时名医。

〔98〕 蹠(zhí 直):脚掌。戾(lì 立):扭折。

〔99〕 亲者:指汉文帝的近亲,即他自己的子孙。

〔100〕 疏者:指汉文帝的远亲,如上文所举的"从弟之子"、"兄子之子"。偪:通"逼"。

晁　错

晁错(约前200—前154),颍川(今河南禹州)人。少从张恢学申不害、商鞅的法家学说,以文学为太常掌故。文帝时为太子舍人、门大夫、家令,以其辩得幸太子(即位后为景帝),号曰"智囊"。数次上书文帝,言削诸侯及更定法令事。景帝即位,先为内史,后迁为御史大夫,请上削诸侯之地。吴楚七国反,要求诛晁错以谢天下。景帝被逼,处死晁错。晁错是位政论家,所著《论募民徙塞下书》、《论贵粟疏》等,议论犀利,分析深刻。《汉书·艺文志》法家类著录《晁错》三十一篇,已佚,今有清马国翰等人的辑本。

论贵粟疏[1]

圣王在上[2],而民不冻饥者,非能耕而食之[3],织而衣之也[4],为开其资财之道也[5]。故尧、禹有九年之水[6],汤有七年之旱[7],而国无捐瘠者[8],以畜积多而备先具也[9]。今海内为一,土地人民之众不避禹汤[10],加以亡天灾数年之水旱,而畜积未及者[11],何也?地有余利,民有余力,生谷之土未尽垦[12],山泽之利未尽出也,游食之民未尽归农也[13]。

民贫,则奸邪生。贫生于不足,不足生于不农[14],不农则不地著[15],不地著则离乡轻家,民如鸟兽[16],虽有高城深池,严法重刑,犹不能禁也[17]。夫寒之于衣,不待轻暖[18];饥之于食,不待甘旨[19];饥寒至身,不顾廉耻。人情,一日不再食则饥,终岁不制衣则寒。夫腹饥不得食,肤寒不得衣,虽慈母不能保其子[20],君安能以有其民哉[21]？明主知其然也，故务民于农桑[22]，薄赋敛[23]，广畜积，以实仓廪[24]，备水旱，故民可得而有也。

民者，在上所以牧之[25]，趋利如水走下，四方无择也[26]。夫珠玉金银，饥不可食，寒不可衣，然而众贵之者，以上用之故也[27]。其为物轻微易臧[28]，在于把握[29]，可以周海内而亡饥寒之患[30]。此令臣轻背其主[31]，而民易去其乡，盗贼有所劝[32]，亡逃者得轻资也[33]。粟米布帛生于地，长于时，聚于力，非可一日成也。数石之重[34]，中人弗胜[35]，不为奸邪所利；一日弗得而饥寒至[36]。是故明君贵五谷而贱金玉。

今农夫五口之家，其服役者不下二人[37]，其能耕者不过百亩。百亩之收，不过百石[38]。春耕夏耘，秋获冬臧，伐薪樵[39]，治官府[40]，给徭役[41]；春不得避风尘，夏不得避暑热，秋不得避阴雨，冬不得避寒冻，四时之间，无日休息[42]。又私自送往迎来，吊死问疾，养孤长幼在其中[43]。勤苦如此，尚复被水旱之灾，急政暴虐[44]，赋敛不时，朝令而暮改当具[45]。有者半贾而卖，亡者取倍称之息[46]，于是有卖田宅、鬻子孙以偿债者矣[47]。而商贾大者积贮倍息[48]，小者坐列贩卖，操其奇赢[49]，日游都市，乘上之急[50]，所卖必倍[51]。故其男不耕耘，女不蚕织，衣必文采，食必粱肉；亡农夫之苦，有仟伯之得[52]。因其富厚，交通王侯，力过吏势[53]，以利相倾[54]，千里游敖[55]，冠盖相望[56]，乘坚策肥[57]，履丝曳缟[58]。此商人所以兼并农人，农人所以流亡者也。今法律贱商人[59]，商人已富贵矣；尊农夫，农夫已贫贱矣。故俗之所贵[60]，主之所贱也；吏之所卑[61]，法之所尊也[62]。上下相反，好恶乖迕[63]，而欲国富法立，不可得也。

方今之务[64]，莫若使民务农而已矣[65]。欲民务农，在于贵粟。贵粟之道，在于使民以粟为赏罚[66]。今募天下入粟县官[67]，得以拜爵[68]，得以除罪[69]。如此，富人有爵，农民有钱，粟有所渫[70]。夫能入粟以受爵，皆有余者也。取于有余，以供上用，则贫民之赋可损[71]，所谓损有余，补不足，令出而民利者也。顺于民心，所补者三[72]：一曰主用足[73]，二曰民赋少，三曰劝农功[74]。今令[75]：

"民有车骑马一匹者[76],复卒三人[77]。"车骑者,天下武备也,故为复卒。神农之教曰[78]:"有石城十仞[79],汤池百步[80],带甲百万,而亡粟,弗能守也。"以是观之,粟者,王者大用[81],政之本务[82]。令民入粟受爵,至五大夫以上[83],乃复一人耳[84],此其与骑马之功相去远矣[85]。爵者,上之所擅[86],出于口而亡穷[87];粟者,民之所种,生于地而不乏。夫得高爵与免罪,人之所甚欲也。使天下人人粟于边,以受爵免罪,不过三岁,塞下之粟必多矣[88]。

【注释】

〔1〕 《论贵粟疏》是晁错上给汉文帝的奏疏。载《汉书·食货志上》,标题为后人所加。此疏是为解决谷贱伤农和本末倒置这些新问题而发。

〔2〕 圣王:君主时代对帝王的尊称。犹"圣主"。

〔3〕 食(sì四)之:给人饭吃。食,作动词用。

〔4〕 衣之:给人衣服穿。衣,作动词用。

〔5〕 "为开"句:为民开辟生财的路子。

〔6〕 尧、禹有九年之水:据《尚书·尧典》说,尧时洪水怀山襄陵,浩浩滔天,尧乃问四岳,派谁治水合适。四岳共推鲧,鲧治水九年,"绩用弗成"。后舜摄行天子政之后,乃殛鲧于羽山,举鲧子禹治水。禹治水"居外十三年,过家门不敢入"。

〔7〕 汤有七年之旱:相传汤时有七年大旱灾。

〔8〕 捐瘠:因饥饿而死。

〔9〕 备先具:备灾之粟在灾前已准备好。

〔10〕 不避:不让于,不亚于。

〔11〕 未及者:没有达到禹、汤的水平。

〔12〕 生谷之土:长庄稼的土地,可耕之地。垦:开垦。

〔13〕 游食之民:无业游民。

〔14〕 不农:不从事农业劳动。

〔15〕 地著(zhuó浊):即土著(zhù住),指定居而不迁徙,使劳动力附着在土地上。

〔16〕 民如鸟兽:老百姓像鸟兽一样居无定所。

〔17〕 不能禁也:指不能禁止农民的流亡与干奸邪之事。

〔18〕 不待轻暖:不等待有了轻裘暖衣而后穿,即"寒不择衣"之义。

〔19〕 不待甘旨：不等待有了精美的食物而后吃，即"饥不择食"之义。

〔20〕 保其子：保护、保有她的儿子。

〔21〕 有其民：保有他的人民。

〔22〕 务民于农桑：尽力使人民种地养蚕。

〔23〕 薄赋敛：少收赋税，减轻农民负担。

〔24〕 以实仓廪：以便充实粮食仓库。仓廪，储藏米谷的仓库。谷藏曰仓，米藏曰廪。一说方库曰仓，圆库曰廪。

〔25〕 上：指人君。牧：统治。

〔26〕 "趋利"二句：言民之追逐利益如同水向低处流，对于东西南北的方向是无所选择的。

〔27〕 以上用之故：因君主使用珠玉金银的缘故。之，指代上文的珠玉金银。

〔28〕 其：指代珠玉金银。易臧：易藏。臧，通"藏"。

〔29〕 把握：可以一把握在手中。指珠玉金银便于携带。

〔30〕 周海内：即走遍天下。此句言珠玉金银的货币价值。

〔31〕 轻背其主：轻易背叛他的主上。

〔32〕 劝：鼓励。指珠玉等对盗贼有诱惑力。

〔33〕 轻资：轻便的资财。指珠玉金钱。

〔34〕 石：此指重量单位，一石为一百二十斤。

〔35〕 中人弗胜：中等体力的人不能胜任。

〔36〕 一日弗得：指一天得不到粟米布帛。

〔37〕 服役：从事于官府的劳役。

〔38〕 石：容量单位，一石为十斗。一石约一百斤。

〔39〕 伐薪樵：砍伐木柴作烧柴。

〔40〕 治官府：建造官府衙门。从事某种活动叫治。

〔41〕 给徭役：出劳力给官府服劳役。

〔42〕 无日：没有一天。

〔43〕 养孤：赡养孤老。长(zhǎng掌)幼：使幼儿成长，即培育幼儿。长，作动词用。

〔44〕 急政暴虐：用急暴的手段征取赋税。政，通"征"。

〔45〕 朝令而暮改当具：言所征之物早晨下令要晚上又改变了所应备办之物。具，备办。陈中凡先生《汉魏六朝散文选》认为此句的"改"字为衍文，

即早晨下令要的东西晚上就要准备好。亦可通。

〔46〕 "有者"二句：言有粮的人不得不以半价贱卖，无粮的人不得不以加倍的利息以求借贷。贾，同"价"。倍称，取一偿二。

〔47〕 鬻(yù 欲)：卖。

〔48〕 倍息：成倍的利息。

〔49〕 操其奇(jī 机)赢：从事牟取暴利之事。奇赢，赢余。

〔50〕 乘上之急：趁君王急用之时。

〔51〕 所卖必倍：所卖的粮食价钱必定加倍。

〔52〕 仟伯：同"阡陌"，本指田间小路，此代指田地。

〔53〕 力过吏势：经济实力超过官吏的势力。

〔54〕 以利相倾：为赢利而互相倾轧。

〔55〕 游敖：同"游邀"，游乐。作奔走周旋解亦可通。

〔56〕 冠盖相望：本指仕官者络绎不绝。此指商人前后不绝。冠盖，仕官者的官服和车盖。

〔57〕 乘坚：乘坐坚固的车子。策肥：鞭策着肥壮的马。策，以鞭击马。

〔58〕 履丝：穿着丝织品的鞋子。曳缟：拖着丝织白绢的精美衣服。

〔59〕 法律贱商人：史载汉初之法律是贱视商人的。

〔60〕 俗之所贵：指农人。当时四民的排位是士、农、工、商，这就体现出世人的贵农人而贱商人。

〔61〕 吏之所卑：官吏所卑视的。实指农民。

〔62〕 法之所尊：法律所尊重的。亦指农民。

〔63〕 乖迕(wǔ 午)：乖违，矛盾。

〔64〕 务：致力、从事的根本。

〔65〕 莫若：莫如，不如。

〔66〕 以粟为赏罚：用粮食作为赏罚的手段。

〔67〕 募：征集，招募。入粟：纳粮。县官：即朝廷，也专指皇帝。

〔68〕 拜爵：授官爵。

〔69〕 除罪：免罪，实际是纳粟赎罪。

〔70〕 渫(xiè 谢)：分散，疏散。

〔71〕 损：减少。

〔72〕 所补者三：即可带来三个好处。补，裨益。

〔73〕 主用足：皇上的用度充足。

〔74〕劝农功：鼓励人从事农业生产。

〔75〕今令：现在的法令。

〔76〕车骑马：似指既能驾战车又能作战马的两用马。车骑，指战车战马。

〔77〕复卒三人：当为卒者免三人，不当为卒者免三人的役钱（用《汉书》颜师古注）。复，免，除。

〔78〕神农：上古传说中的帝王，始教民为耒耜，兴农业，故称神农氏。

〔79〕石城：用石筑起的城墙。喻城之坚固，犹"金城"。仞：长度单位，一仞为周尺八尺，汉尺七尺。

〔80〕汤池：以沸汤为池，不能接近。喻其严固。百尺：指汤池之宽。

〔81〕王者大用：对统治天下的帝王用处最大。

〔82〕政之本务：治政的根本急务。

〔83〕五大夫：爵位名。春秋时始置，至秦代为二十等爵的第九级，地位在左庶长之下。汉代与秦同。

〔84〕复一人：即复卒一人。见注〔77〕"复卒三人"注。

〔85〕骑马之功：指上文所言出"车骑马一匹者"的功劳，复卒三人。

〔86〕擅：专有。

〔87〕"出于口"句：言皇帝一开口便可封官，可不受名额限制。按：滥加封爵，亦不可取。

〔88〕塞下之粟：指供边塞用的军粮。

邹　阳

邹阳,西汉齐(郡治在今山东东部)人,生卒年不详。文帝时,为吴王刘濞的门客。吴王称疾不朝,"阴有邪谋",邹阳上书劝阻,但不为采纳,因与枚乘等去吴之梁,做了景帝之弟梁孝王的门客。梁孝王是窦太后的少子,备受朝廷恩宠,曾自恃太后溺爱和助景帝平息吴楚七国之乱有功,"上书愿赐客车之地,径至长乐宫,自使梁国士众筑作甬道朝太后",但遭到大臣爰盎等人的反对和景帝的拒绝,因而怀恨于心,派人杀了爰盎,引起景帝的怀疑和责询,遂与"羊胜、公孙诡有谋"。在梁孝王周围无人敢言的情况下,独邹阳一人"争以为不可",遂为羊胜等人谗害下狱,险被处死。邹阳在狱中"恐死而负累",上书梁孝王,自明心迹。梁孝王见书,释其出狱,并尊为上客。有文七篇,今存《上书吴王》和《狱中上梁王书》两篇。

狱中上梁王书[1]

邹阳从梁孝王游。阳为人有智略,慷慨不苟合,介于羊胜、公孙诡之间[2]。胜等疾阳[3],恶之孝王[4]。孝王怒,下阳吏[5]。将杀之。阳乃从狱中上书曰:

臣闻忠无不报,信不见疑,臣常以为然[6],徒虚语耳。昔荆轲慕燕丹之义[7],白虹贯日,太子畏之[8];卫先生为秦画长平之事[9],太白食昴[10],昭王疑之。夫精变天地,而信不谕两主,岂不哀哉!今臣尽忠竭诚,毕议愿知,左右不明,卒从吏讯[11],为世所疑。是使荆轲、卫先生复起,而燕、秦不寤也[12]。愿大王熟察之[13]。昔玉人献宝,楚王诛之[14];李斯竭忠,胡亥极刑[15]。是以箕子阳狂[16],接舆避世[17],恐遭此患也。愿大王察玉人、李斯之意,而后楚王、胡亥之听,毋使臣为箕子、接舆所笑。臣闻比干剖心[18],子胥鸱夷,臣始不信,乃今知之。愿大王孰察,少加怜焉!

语曰:"有白头如新,倾盖如故[19]。"何则?知与不知也。故樊於期逃秦之燕[20],借荆轲首以奉丹事;王奢去齐之魏[21],临城自刭,以却齐而存魏。夫王奢、樊於期非新于齐、秦而故于燕、魏也,所以去二国死两君者[22],行合于志,慕义无穷也。是以苏秦不信于天下,为燕尾生[23];白圭战亡六城[24],为魏取中山[25]。何则?诚有以相知也。苏秦相燕,人恶之燕王,燕王按剑而怒,食以駃騠[26];白圭显于中山,人恶之于魏文侯,文侯赐以夜光之璧。何则?两主二臣,剖心析肝相信,岂移于浮辞哉[27]!

故女无美恶,入宫见妒;士无贤不肖,入朝见嫉。昔司马喜膑脚于宋,卒相中山[28];范雎拉胁折齿于魏,卒为应侯[29]。此二人者,皆信必然之画,捐朋党之私[30],挟孤独之交,故不能自免于嫉妒之人也。是以申徒狄蹈雍之河[31],徐衍负石入海[32],不容于世,义不苟取比周于朝[33],以移主上之心。故百里奚乞食于道路,缪公委之以政;宁戚饭牛车下,桓公任之以国[34]。此二人者,岂素宦于朝[35],借誉于左右,然后二主用之哉?感于心,合于行,坚如胶漆,昆弟不能离,岂惑于众口哉?故偏听生奸,独任成乱。昔鲁听季孙之说逐孔子[36],宋任子冉之计囚墨翟[37]。夫以孔、墨之辩,不能自免于谗谀,而二国以危。何则?众口铄金,积毁销骨也[38]。秦用戎人由余而伯中国[39],齐用越人子臧而强威、宣[40]。此二国岂系于俗,牵于世,系奇偏之浮辞哉[41]?公听并观,垂明当世。故意合则胡越为兄弟,由余、子臧是矣;不合则骨肉为仇敌,朱、象、管、蔡是矣[42]。今人主诚能用齐、秦之明,后宋、鲁之听,则五伯不足侔[43],而三王易为也[44]。

是以圣王觉寤,捐子之之心[45],而不说田常之贤[46],封比干之后,修孕妇之墓[47],故功业覆于天下。何则?欲善无厌也[48]。夫晋文亲其仇[49],强伯诸侯;齐桓用其仇[50],而一匡天下。何则?慈仁殷勤,诚加于心,不可以虚辞借也。至夫秦用商鞅之法,东弱韩、魏,立强天下,卒车裂之;越用大夫种之谋,禽劲吴而伯中国,遂诛其身。是以孙叔敖三去相而不悔[51],於陵子仲辞三公为人灌园[52]。今人主诚能去骄傲之心,怀可报之意,披心腹,见情素[53],堕肝胆[54],施厚德,终与之穷达[55],无爱于士,则桀之犬可使吠尧[56],跖之客可使刺由[57],何况因万乘之权[58],假圣王之资乎?然则荆轲湛七族[59],要离燔妻子[60],岂足为大王道哉?

臣闻明月之珠,夜光之璧,以暗投人于道,众莫不按剑相眄者[61]。何则?无因而至前也。蟠木根柢,轮囷离奇[62],而为万乘器者,以左右先为之容也[63]。故无因而至前,虽出随珠、和璧[64],怨结而不见德;有人先游[65],则枯木朽株,树功而不忘。今夫天下布衣穷居之士,身在贫羸[66],虽蒙尧舜之术,挟伊管之辩[67],怀龙逢、比干之意[68],而素无根柢之容,虽极精神,欲开忠于当世之君,则人主必袭按剑相眄之迹矣。是使布衣之士,不得为枯木朽株之资也。是以圣王制世御俗,独化于陶钧之上[69],而不牵乎卑乱之语,不夺乎众多之口。故秦皇帝任中庶子蒙嘉之言以信荆轲[70],而匕首窃发;周文王猎泾渭,载吕尚归,以王天下[71]。秦信左右而亡,周用乌集而王[72]。何则?以其能越挛拘之语[73],驰域外之议,独观乎昭旷之道也。今人主沉谄谀之辞,牵帷墙之制[74],使不羁之士与牛骥同皂[75],此鲍焦所以愤于世也[76]。

臣闻盛饰入朝者[77],不以私污义;砥厉名号者[78],不以利伤行。故里名"胜母",曾子不入[79];邑号"朝歌",墨子回车[80]。今欲使天下寥廓之士,笼于威重之权,胁于位势之贵,回面污行,以事谄谀之人,而求亲近于左右,则士有伏死掘穴岩薮之中耳[81],安有尽忠信而趋阙下者哉[82]!

【注释】

〔1〕 本文是邹阳在狱中写给梁孝王的信。虽然被囚狱中,身罹杀身之祸,但邹阳并不迎合媚上,哀求乞怜,而是在上书中继续谏诤,字里行间,气盛语壮。信中列举历史事实,借古喻今,揭示偏听谗毁之词则危、信任忠直之士则兴的道理。梁王,梁孝王刘武,汉文帝次子,景帝弟。

〔2〕介于：出于，夹在。羊胜、公孙诡：都是梁孝王门客。

〔3〕疾：嫉恨。

〔4〕恶：谗毁。

〔5〕吏：指掌司法的官吏。

〔6〕常：通"尝"，曾经。

〔7〕荆轲：战国末年刺客，卫国人。燕丹：燕太子丹。太子丹曾在秦国作人质，秦王很不尊重他，他逃回燕国后，厚养荆轲，让他去刺杀秦王。传说荆轲的精诚感动了上天，出现了白虹贯日的景象。义：指善养士。

〔8〕太子畏之：指荆轲临行前因等候朋友而未速行，太子丹曾担心荆轲中途变卦，不敢去行刺秦王。畏，怕，担心。

〔9〕卫先生：秦人。画：谋画。长平之事：秦将白起伐赵，在长平（今山西高平西北）大败赵军，为乘胜灭赵，派秦人卫先生去说服秦昭王增兵益粮。

〔10〕太白：金星。昴（mǎo 卯）：星宿名，二十八宿之一。古人认为昴宿在赵国分野，太白星侵犯昴宿，预示赵国将受到军事打击。

〔11〕卒从吏讯：最后把他下狱审讯。

〔12〕寤（wù 物）：通"悟"，觉悟。

〔13〕熟：仔细，周密。

〔14〕"昔玉人"二句：指楚人卞和。相传卞和在楚山下得到一块璞石，献给楚武王，楚王以为是块普通石头，便砍掉卞和左脚；文王即位后，卞和又献，被砍掉右脚。后来成王即位，卞和抱着璞石在楚山下哭了三天三夜，成王令玉匠凿开璞石，果然得到一块宝玉，世称"和氏璧"。玉人，诛，惩罚。这里指砍脚。

〔15〕"李斯"二句：秦相李斯曾辅佐秦始皇统一中国。后来，秦二世胡亥即位，荒淫无道，李斯忠心进谏，反而被诬陷谋反，被腰斩。

〔16〕箕子：商纣王的叔父，纣荒淫无道，箕子为避杀身之祸而假装疯癫。阳：通"佯"，假装。

〔17〕接舆：春秋时楚国隐士，佯狂避世。

〔18〕比干：殷纣王叔父，因谏纣王被剖心。

〔19〕白头如新：指相互交往到头发都白了，还是好像新认识的那样互不了解。倾盖如故：指二人在路上相遇，停车而谈，初次见面就好像一见如故。盖，车上的伞盖，二车相遇，车主交谈，伞盖就倾斜。

〔20〕樊於期：原为秦将，因得罪秦王，逃亡到燕国，受到太子丹礼遇。秦

王以千金、万户邑悬赏捉拿樊於期。荆轲入秦行刺,建议献樊於期的头以取得秦王信任,樊於期知情后,慷慨自刎而死。

〔21〕 王奢:战国时齐大臣,因得罪齐王,逃到魏国。当魏国遭到齐国的征伐时,以不愿连累魏而自杀。

〔22〕 死两君者:为两国君主而死。

〔23〕 "是以"二句:苏秦游说六国联合抵制秦国,为纵约长,挂六国相印。后秦国利用六国间的矛盾,破坏合纵之约。苏秦失信于诸国,只有燕国仍信用他。苏秦就与燕王相约,假装得罪了燕王而逃到齐国去,设法从内部削弱齐国以增强燕国,后来苏秦为此在齐国死于车裂。尾生,鲁国人,传说他曾与一女子约定桥下见面,女子未到而洪水涨起,于是抱桥柱被淹死。古人认为他是守信的典范。这里用尾生来比喻苏秦以生命守信于燕。

〔24〕 白圭:战国初中山国之将,连失六城,中山国君要治他死罪,他逃到魏国,魏文侯厚待他,于是他助魏攻灭了中山国。

〔25〕 中山:春秋时建,战国初建都于顾(今河北定县),魏文侯十七年(前429)被魏所灭。

〔26〕 食(sì 四):给人吃。駃騠(jué tí 决提):良马。这句话的意思是说燕王不听旁人讲苏秦的坏话,反而给他很好的待遇。

〔27〕 浮辞:没有根据的流言。

〔28〕 司马喜:战国时人,传说在宋国受到膑刑,后来先后三次作中山国的相。膑:古代的一种酷刑,剔除膝盖骨。

〔29〕 范雎:原是战国时魏人,因被怀疑向齐国泄露情报而遭酷刑,后逃到秦国为相,封应侯。拉胁折齿:腋下的肋骨和牙齿都被打折。拉,拉断。

〔30〕 捐:抛弃。

〔31〕 申徒狄:殷末人。蹈:跳入。雍:古代黄河的支流。之:到。河:黄河。

〔32〕 徐衍:史书无传,相传是周末人。

〔33〕 比周:结党营私。

〔34〕 宁戚:春秋时卫国人。宁戚到齐国经商,夜里边喂牛边敲着牛角唱歌,齐桓公听了,知是贤者,交谈后受到赏识,被任为大夫。

〔35〕 素宦:一向做官。

〔36〕 "昔鲁"句:鲁定公十四年(前496),孔子由大司寇代理国相,齐国选送能歌善舞的美女八十人送给鲁定公,鲁大夫季孙收下了女乐,致使鲁君怠

于政事,三日不听政,孔子为此弃官离开鲁国。季孙,季孙氏,春秋末年鲁国上卿,又称季桓子。

〔37〕 墨翟:即墨子。"宋任子冉之计囚墨翟",事迹不详。

〔38〕 "众口"二句:众人的谣言足以使金子熔化,无数诽谤足以使骨头销蚀。铄(shuò 硕),镕化。

〔39〕 由余:春秋时西戎的官吏,祖先本是晋国人,早年逃亡到西戎。戎王派他到秦国去观察,秦穆公发现他有才干,用计把他拉拢过来。后来依靠他伐西戎,灭国十二,开地千里,从而称霸一时。伯(bà 霸):通"霸"。

〔40〕 子臧:越人,事迹不详。威、宣:指齐威王、齐宣王,是春秋时齐国两位比较有作为的君主。

〔41〕 奇偏:片面。

〔42〕 朱:丹朱,尧的儿子,相传他顽凶不肖,因而尧禅位给舜。象:舜的同父异母弟,常想杀舜而不可得。管、蔡:管叔,蔡叔,皆周武王之弟。武王死后,子成王年幼,由周公摄政。管叔、蔡叔与纣王之子武庚一起叛乱,周公东征,诛武庚、管叔,放逐蔡叔。

〔43〕 五伯:指齐桓公、晋文公、秦穆公、宋襄公、楚庄王。伯,通"霸"。侔(móu 谋):相比。

〔44〕 三王:指夏、商、周三代的开创者夏禹、商汤、周文王与武王。

〔45〕 子之:战国时燕王哙的丞相,曾骗取燕王哙的信任,使燕王哙让位于他,致使燕国大乱。齐国乘机伐燕,燕王哙与子之被杀。

〔46〕 说(yuè 月):通"悦"。田常:即陈恒,春秋时齐简公的臣下,齐简公很赏识他,他却杀了简公,篡夺齐国政权。

〔47〕 修孕妇之墓:商纣王残暴无道,曾剖孕妇之腹以观胎儿。周武王灭殷后,为被残杀的孕妇修了墓。

〔48〕 厌:满足,止境。

〔49〕 "夫晋文"句:指晋文公重耳为公子时,其父晋献公听信骊姬之言,派宦者勃鞮杀重耳,重耳跳墙逃脱,履鞮斩下他的衣袖。后来重耳回晋国即位后,大臣吕甥、郤芮策划谋杀他,勃鞮告密,重耳不念旧恶接见了他,及时识破吕甥、郤芮的阴谋。

〔50〕 "齐桓"句:指桓公与异母兄弟公子纠争王位时,管仲辅佐公子纠,曾欲杀桓公,结果射中带钩而未死。桓公继位后,听从鲍叔牙荐贤,重用管仲为大夫。

〔51〕 孙叔敖:春秋时楚国人。楚庄王时三度为相而不喜,三度免相而不怨。去:离职。

〔52〕 於(wū 乌)陵:在今山东邹平东南。子仲:即陈仲子,战国时齐国人,楚王重金聘他为相,他却举家出逃为人灌园。三公:泛指朝廷要职。周代以太师、太傅、太保为三公,汉代以丞相、太尉、御史大夫为三公。

〔53〕 见(xiàn 县):通"现",显露。情素:真挚的感情。素,通"愫",真诚。

〔54〕 堕(huī 灰):通"隳",毁坏,引申为剖开。

〔55〕 穷达:指仕途上的不顺和通达。

〔56〕 桀:夏朝末代君主,昏庸残暴。尧:传说上古的贤明君主。

〔57〕 跖:相传为春秋时期的大盗。由:许由,尧舜时的贤人。相传尧要让天下给他,他不受,洗耳于颍水之滨。

〔58〕 万乘(shèng 胜):周制只有天子可拥有兵车万乘,所以以万乘代指帝王。

〔59〕 轲:荆轲。湛(chén):通"沉",灭。七族:从曾祖到曾孙。

〔60〕 要离:春秋时吴国勇士。要离要替吴国公子光刺杀吴王僚的儿子庆忌,便假装得罪吴王,要公子光斩断自己的右手,并烧死自己妻子儿女,然后逃到庆忌那里,取得信任,最后将庆忌杀死,自己也伏剑自尽。燔(fán 烦):烧。

〔61〕 盻(miǎn 免):斜视。

〔62〕 轮囷(qūn 逡):盘绕屈曲的样子。

〔63〕 容:装饰打扮。

〔64〕 随珠:春秋时随侯救活了一条受伤的大蛇,后来大蛇衔来一颗明珠报答他的恩惠。后世称为随珠,非常珍贵。和璧:和氏璧。参见本文注释〔14〕。

〔65〕 游:宣扬推荐。

〔66〕 羸(léi 雷):瘦弱。

〔67〕 伊管:指伊尹、管仲。二人皆为贤相,伊尹辅佐商汤灭夏建商,管仲辅佐齐桓公称霸。

〔68〕 龙逢(páng 庞):关龙逢,夏末贤臣,因忠谏夏桀,被囚杀。

〔69〕 陶钧:制陶器所用的转轮。比喻政权。

〔70〕 中庶子:官名,太子的属官。蒙嘉:秦王的宠臣。荆轲至秦,先以千金之礼厚赂蒙嘉,秦王才同意接见荆轲。

〔71〕"周文王"三句：周文王出猎泾水、渭水间，在渭水北岸遇到吕尚，带回来予以重用，后来吕尚辅佐武王灭商，建立周朝。

〔72〕用：因为。乌集：乌鸦聚集在一起。这里指文王与吕尚素不相识，偶然相遇，如乌鸦聚集。

〔73〕挛拘：拳曲。这里指狭隘偏执的言论。

〔74〕帷：床帐，喻指妃妾。墙：宫墙，喻指近臣。

〔75〕皂：通"槽"，喂牛马的食槽。

〔76〕鲍焦：春秋时齐国人，廉洁的高士，耕田而食，穿井而饮，非妻所织不穿，子贡讥之，抱木而死。

〔77〕盛饰入朝：穿戴整齐的礼服到朝廷上议事。这里指忠于国事。

〔78〕底厉：通"砥砺"，磨刀石。这里作动词，磨练修养的意思。

〔79〕曾子：春秋时鲁国人，名参，孔子弟子，以纯孝著名。有个地方叫"胜母"，他认为有违孝道，就过而不入。

〔80〕朝歌：殷代后期都城，在今河南淇县。墨子：春秋时墨家学派思想家，主张"非乐"，认为"朝歌"不合自己的主张，回车不入。

〔81〕掘（kū哭）：通"窟"。薮（sǒu 擞）：湖泽。

〔82〕阙下：宫阙之下，喻指君王。

司马相如

司马相如(约前179—前118),字长卿,成都(今属四川)人。汉代著名的文学家。景帝时为武骑常侍。后游梁,为梁孝王门客。武帝即位,读其《子虚赋》而大加赞赏,召见他并任命为郎。曾奉命出使西南,安慰当地人心。晚年因不得志常称病闲居,元狩五年(前118)病卒。司马相如以辞赋著称,《汉书·艺文志》著录有二十九篇,今多不传。《子虚》、《上林》为其代表作。除其辞赋外,司马相如政论杂文也是历代传诵的作品,代表作有《喻巴蜀檄》、《上书谏猎》等。

上书谏猎[1]

相如从上至长杨猎[2]。是时天子方好自击熊豕[3],驰逐野兽。相如因上疏谏曰:

臣闻物有同类而殊能者,故力称乌获[4],捷言庆忌[5],勇期贲、育[6]。臣之愚,窃以为人诚有之[7],兽亦宜然[8]。今陛下好陵阻险[9],射猛兽,卒然遇逸材之兽[10],骇不存之地[11],犯属车之清尘[12],舆不及还辕[13],人不暇施巧[14],虽有乌获、逢蒙之技不得用[15],枯木朽株尽为难矣[16]。是胡越起于毂下,而羌夷接轸也[17],岂不殆哉[18]!虽万全而无患,然本非天子之所宜近也[19]。

且夫清道而后行[20],中路而驰[21],犹时有衔橛之变[22]。况乎涉丰草,骋丘虚[23],前有利兽之乐[24],而内无存变之意[25]。其为害也,不难矣。夫轻万乘之重不以为安[26],乐出万有一危之涂以为娱[27],臣窃为陛下不取[28]。

盖明者远见于未萌[29],而知者避危于无形[30],祸固多藏于隐微而发于人之所忽者也[31]。故鄙谚曰[32]:"家累千金,坐不垂堂。"[33]此言虽小,可以喻大[34]。臣愿陛下留意幸察。

【注释】

[1] 本文选自《汉书·司马相如传》。司马相如曾随从武帝到长杨射猎,因武帝喜好亲自击熊豕,驰逐野兽,相如认为很不安全,因此上书劝谏。

[2] 上:指汉武帝。长杨:汉宫殿名,其址在今陕西周至。

[3] 豕:这里指野猪。以上是《汉书》对写作背景的交代,以下为奏章本文。

[4] 乌获:战国时秦国大力士,传说能举千斤之重。

[5] 庆忌:吴王僚之子,传说比马跑得都快。

[6] 贲(bēn 奔)、育:古代勇士孟贲和夏育。

[7] 诚:确实。

[8] 亦宜然:也会是这样。

[9] 陵:登。阻险:指陡峻的山道。

[10] 卒然:猝然,突然。逸材之兽:有特殊才能的兽,特别凶猛的兽。

[11] 骇:惊起。不存之地:来不及考虑、察看的境地。指野兽因受到围困而惊吓。

[12] 犯:冒犯。属车:跟随皇帝的车驾。这里不便直言皇帝,故婉称属车。清尘:车行时扬起的尘土。

[13] 舆:车。还辕:回车,此借调头返回。

[14] 施巧:施用技艺。

[15] 逢(páng 庞)蒙:夏代善于射箭的人,学射于羿。

[16] 枯木朽株:指道上的枯树老桩。为难:成为障碍。

[17] "是胡越"二句:胡越、羌夷,这里用以指代敌人。当时武帝对匈奴(胡)、南粤(越)和西南夷(包括羌)用兵,所以这些少数民族被汉朝指为敌人,这里用以作比喻。毂(gǔ 古)下:车驾之下。接轸,跟在车后。轸(zhěn 枕),车后横木。

[18] 殆:危险。

[19] 近:接近。

[20] 清道:古代帝王出行,先使卫士搜查警戒,叫做清道。

〔21〕中路而驰:指走上大路,路熟马调,然后让马奔驰。

〔22〕衔橛之变:指马嚼子断裂伤人。衔橛,两种马嚼子,用来控制马。

〔23〕丘虚:即丘墟,土包。虚,通"墟"。

〔24〕利兽之乐:可以捕获野兽的快乐。利兽,以获兽为利。

〔25〕存变之意:应付突发事变的准备。

〔26〕万乘(shèng 剩):指天子。

〔27〕万有一危:有万一之危。

〔28〕不取:不可采取这种行为。

〔29〕未萌:尚未发生之时。

〔30〕知者:即智者。无形:尚未形成之际。

〔31〕隐微:隐蔽,指不易发现。忽:忽略,轻视。

〔32〕鄙谚:俗谚。

〔33〕累:积。坐不垂堂:不坐近堂边檐下,因为怕檐瓦坠落伤人,是古人的一种忌讳,见《论衡·四讳》。垂堂,靠近堂边檐下。

〔34〕喻:说明,使明白。

李 陵

李陵(？—前74),字少卿,陇西成纪(今甘肃秦安)人。西汉将领,汉初名将李广之孙。历任侍中建章监,骑都尉等职。武帝天汉二年(前99),李陵率领五千步卒袭击匈奴,陷入匈奴八万骑兵的包围。激战到弹尽粮绝,最终因寡不敌众被迫投降。匈奴拜其为右校王。居匈奴二十余年,昭帝元平元年(前74),病死于匈奴。

答苏武书[1]

子卿足下[2]:勤宣令德[3],策名清时[4],荣问休畅[5],幸甚幸甚!远托异国[6],昔人所悲,望风怀想[7],能不依依[8]!昔者不遗,远辱还答[9],慰诲勤勤,有逾骨肉。陵虽不敏[10],能不慨然!

自从初降,以至今日,身之穷困,独坐愁苦。终日无睹,但见异类[11]。韦韝毳幕[12],以御风雨;羶肉酪浆[13],以充饥渴。举目言笑,谁与为欢?胡地玄冰[14],边土惨裂,但闻悲风萧条之声。凉秋九月,塞外草衰,夜不能寐,侧耳远听,胡笳互动[15],牧马悲鸣,吟啸成群,边声四起[16],晨坐听之,不觉泪下。嗟乎,子卿!陵独何心[17],能不悲哉!

与子别后,益复无聊,上念老母,临年被戮[18];妻子无辜,并为鲸鲵[19];身负国恩,为世所悲。子归受荣,我留受辱,命也何如!身出礼义之乡,而入无知之俗;违弃君亲之恩,长为蛮夷之域,伤已!令先君之嗣[20],更成戎狄之族[21],又自悲矣!功大罪小,不蒙明察,孤负陵心区区之意[22]。每一念至,忽然忘生。陵不难刺心以自明[23],刎颈以见志,顾国家于我已矣[24],杀身无益,适足增羞。故每攘臂忍辱[25],辄复苟活。左右之人,见陵如此,以为不入耳之欢,来相劝勉。异方之乐,只令人悲,增忉怛耳[26]!嗟乎,子卿!人之相知,贵相知心,前书仓卒,未尽所怀,故复略而言之。

昔先帝授陵步卒五千[27],出征绝域[28],五将失道[29],陵独遇战。而裹万里之粮,帅徒步之师,出天汉之外[30],入强胡之域,以五千之众,对十万之军,策疲乏之兵,当新羁之马[31]。然犹斩将搴旗[32],追奔逐北,灭迹扫尘,斩其枭帅[33],使三军之士,视死如归。陵也不才,希当大任[34],意谓此时,功难堪矣[35]。

匈奴既败,举国兴师。更练精兵,强逾十万。单于临阵[36],亲自合围。客主之形,既不相如[37];步马之势[38],又甚悬绝。疲兵再战,一以当千,然犹扶乘创痛[39],决命争首[40]。死伤积野,余不满百,而皆扶病,不任干戈[41],然陵振臂一呼,创病皆起,举刃指虏,胡马奔走。兵尽矢穷,人无尺铁,犹复徒首奋呼[42],争为先登。当此时也,天地为陵震怒,战士为陵饮血[43]!单于谓陵不可复得,便欲引还[44]。而贼臣教之[45],遂使复战,故陵不免耳。

昔高皇帝以三十万众,困于平城[46]。当此之时,猛将如云,谋臣如雨,然犹七日不食,仅乃得免。况当陵者[47],岂易为力哉?而执事者云云[48],苟怨陵以不死。然陵不死,罪也。子卿视陵,岂偷生之士而惜死之人哉?宁有背君亲、捐妻子,而反为利者乎?然陵不死,有所为也。故欲如前书之言,报恩于国主耳。诚以虚死不如立节[49],灭名不如报德也[50]。昔范蠡不殉会稽之耻[51],曹沫不死三败之辱[52],卒复勾践之仇[53],报鲁国之羞[54],区区之心,窃慕此耳。何图志未立而怨已成,计未从而骨肉受刑,此陵所以仰天椎心而泣血也[55]。

足下又云:"汉与功臣不薄。"子为汉臣,安得不云尔乎!昔萧樊囚絷[56],韩彭菹醢[57],晁错受戮[58],周魏见辜[59];其余佐命立功之士,贾谊亚夫之徒[60],皆信命世之才[61],抱将相之具[62],而受小人之谗,并受祸败之辱,卒使怀才受谤,能不得展。彼二子之遐举[63],谁不为之痛心哉!陵先将军功略盖天地[64],义勇冠三军,徒失贵臣之意[65],到身绝域之表[66],此功臣义士所以负戟而长叹者也[67]！何谓"不薄"哉？

且足下昔以单车之使,适万乘之虏[68]。遭时不遇,至于伏剑不顾[69],流离辛苦,几死朔北之野[70]。丁年奉使[71],皓首而归,老母终堂[72],生妻去帷[73]。此天下所希闻,古今所未有也。蛮貊之人尚犹嘉子之节[74],况为天下之主乎？陵谓足下当享茅土之荐[75],受千乘之赏[76]。闻子之归,赐不过二百万,位不过典属国[77],无尺土之封加子之勤[78]。而妨功害能之臣,尽为万户侯[79];亲戚贪佞之类,悉为廊庙宰[80]。子尚如此,陵复何望哉！且汉厚诛陵以不死[81],薄赏子以守节,欲使远听之臣望风驰命,此实难矣,所以每顾而不悔者也。陵虽孤恩[82],汉亦负德[83]。昔人有言:"虽忠不烈,视死如归[84]。"陵诚能安[85],而主岂复能眷眷乎[86]？男儿生以不成名,死则葬蛮夷中,谁复能屈身稽颡[87],还向北阙[88],使刀笔之吏弄其文墨邪[89]？愿足下勿复望陵。

嗟乎子卿！夫复何言！相去万里,人绝路殊。生为别世之人,死为异域之鬼。长与足下生死辞矣！幸谢故人[90],勉事圣君。足下胤子无恙[91],勿以为念。努力自爱。时因北风,复惠德音[92]。李陵顿首[93]。

【注释】

〔1〕 本文选自萧统编《昭明文选》,是李陵写给出使匈奴而被困的汉朝使节苏武的信。苏武,字子卿,西汉杜陵(今陕西西安东南)人。天汉元年(前100),苏武奉命出使匈奴被扣留,始终保持民族气节,在北海牧羊十九年之久,历经磨难,至昭帝始元六年(前81)始归汉。回汉后,苏武曾写信给李陵,劝他归汉,李陵以此信作答。信中主要是表白心迹,说明自己投降匈奴是迫不得已。这篇文章,《史记》、《汉书》均不见载,首见萧统《昭明文选》,署名李陵。但从唐代开始,就有很多人怀疑是后人伪托。从其文风来看,所疑甚是。

〔2〕 足下:对对方的尊称。

〔3〕 宣:发扬光大。令德:美德。令,美好。

〔4〕 策名:姓名写在官府的简策上。这里指做官。清时:政治清明的时世。

〔5〕荣问:好名声。问,通"闻"。休:美好。畅,通畅,流传。

〔6〕托:托身,寄身。异国:此指匈奴。

〔7〕风:此处指怀念对方的风采。

〔8〕依依:恋恋不舍的样子。

〔9〕辱:承蒙,书信中常用的谦词。还答:回答,指苏武的回信。

〔10〕不敏:谦词,愚钝。敏,聪慧。

〔11〕异类:古代对少数民族的贬称。此处指匈奴。

〔12〕韦韝(gōu 勾):皮革制的长袖套。毳(cuì 翠)幕:毛毡制成的帐篷。

〔13〕羶(shān 山)肉:带有腥骚气味的羊肉。酪(lào 涝)浆:牛羊的乳浆。

〔14〕玄冰:黑色的冰。冰结得厚实,颜色就深,玄冰形容天气极寒。玄,黑色。

〔15〕胡笳:古代北方民族吹奏的管乐器,其音悲凉。此处指胡笳吹奏的音乐。

〔16〕边声:边塞的各种声音,如风吼、马嘶、号角等。

〔17〕陵独何心:我难道有什么特别的心肠。独,反诘副词,难道。

〔18〕临年:达到一定的年龄。此处指已至暮年。临,到。

〔19〕鲸鲵(jīng ní 京尼):鲸鱼。鲸鱼雄的叫鲸,雌的叫鲵。这里比喻无辜被杀戮的人。

〔20〕先君:古人对自己已故父亲的尊称。嗣:后代。

〔21〕戎(róng 容)狄:古代对少数民族的贬称,这里指匈奴。

〔22〕孤负:通"辜负"。区区:微小。此处作诚恳理解。

〔23〕刺心:自刺心脏,意指自杀。

〔24〕顾:表示转折,然而,但是。已矣:表示绝望之辞。

〔25〕攘(ráng 壤)臂:捋起袖口,露出手臂,振奋或发怒的样子。

〔26〕忉怛(dāo dá 刀达):悲痛。

〔27〕先帝:已故的皇帝,指汉武帝。

〔28〕绝域:极远的地区。

〔29〕五将:五员将领,姓名不详。失道:迷路。这里指未能如约到达指定地点。

〔30〕天汉:汉朝疆域。

〔31〕当:抵挡,抵御。新羁之马:指刚刚出战的骑兵,与"疲乏之兵"

相对。

〔32〕 搴(qiān 千):拔取。

〔33〕 枭(xiāo 销)帅:骁勇的将帅。

〔34〕 希:通"稀",很少。

〔35〕 难堪:难以相比。堪,胜。

〔36〕 单(chán 蝉)于:汉时匈奴人对其君主的称号。

〔37〕 相如:相比。如,及,比。

〔38〕 步:步兵,指李陵军。马:骑兵,指匈奴军。

〔39〕 扶:支持,支撑。乘:凌驾,此处有不顾的意思。

〔40〕 决命争首:拼命争先。

〔41〕 任:胜任。干戈:此处指兵器。

〔42〕 徒首:不戴头盔。

〔43〕 饮血:血泪满面,流入口中。形容极度悲伤。

〔44〕 引还:领兵撤退。

〔45〕 贼臣:指叛徒管敢。管敢原为李陵部下的低级军官军侯,李陵军受到匈奴军重创,管敢投降了匈奴,把汉军情况泄露给匈奴单于,单于便再度攻击李陵。

〔46〕 困于平城:汉高祖七年(前200),汉高祖刘邦亲率大军三十万驻平城(今山西省大同东北),准备攻打匈奴,被冒顿单于带领四十万骑兵围困七日之久。后用陈平计,方得脱身。

〔47〕 当:如,像。

〔48〕 执事者:掌权者,此指汉朝廷大臣。

〔49〕 虚死:毫无价值的死。立节:树立名节。

〔50〕 灭名:使名声泯灭。这里仍指白白死去。

〔51〕 "昔范蠡(lǐ 里)"句:鲁哀公元年(前494),越王勾践兵败,率五千人被围在会稽山,向吴王夫差求和,范蠡作为人质前往吴国,并未因求和之耻自杀殉国。

〔52〕 "曹沫(mèi 妹)"句:春秋时鲁国大将曹沫与齐国作战,三战三败,只能割地求和,并不因屡次受辱而自杀身死。

〔53〕 "卒复"句:指越王勾践灭吴,吴王夫差自杀。

〔54〕 "报鲁国"句:此句指后来齐桓公与鲁庄公会盟时,曹沫以匕首劫持齐桓公,迫使桓公归还了侵占鲁国的土地。

〔55〕椎心而泣血:捶胸痛哭,流出血泪。形容极度悲痛。

〔56〕萧:萧何,汉初功臣,官至相国,封鄐侯。他曾因向汉高祖刘邦建议向百姓开放皇家园林上林苑而遭囚禁。樊:即樊哙。絷(zhí直):捆绑。

〔57〕韩:韩信,汉初封楚王,后贬为淮阴侯,最后以谋反被杀。

〔58〕晁错:汉景帝的重要谋臣,官至御史大夫,因建议削藩,遭到诸藩王的反对和仇恨。后吴楚等七国诸侯反,吴王刘濞等人提出"请诛晁错以清君侧",晁错被景帝诛杀。

〔59〕周:周勃,汉将军,封绛侯,曾被诬告欲造反而下狱。魏:魏其侯窦婴,平定吴楚七国之乱有功,封魏其侯。与灌夫为至交。汉武帝时,灌夫因与丞相田蚡结仇下狱,窦婴力图相救,受牵连而被诛。见:被。辜:罪。

〔60〕贾谊:汉初著名的文学家、政治家。文帝时任太中大夫。积极参与政事,并勇于针砭时弊,遭到贵臣攻击诬陷,抑郁不得志而死。亚夫:即周亚夫,周勃之子,封条侯。汉景帝时任太尉,率师平定七国叛乱。后因其子私买御物,被捕下狱,绝食五日而死。

〔61〕信:确实。命世之才:著名于当世的杰出人才。命世,即名世,闻名于世。

〔62〕具:才能。

〔63〕彼二子:指贾谊、周亚夫。遐举:远行,此处指死亡。

〔64〕陵先将军:指李陵已故的祖父李广,西汉名将,在景帝、武帝时多次击败匈奴侵扰,人称"飞将军"。

〔65〕贵臣:指卫青。卫青为大将军伐匈奴,李广为前将军,被遣出东道,因东道远而难行,迷惑失路,被卫青追逼问罪,含愤自杀。

〔66〕刎身:自刎而死。表:外。

〔67〕戟(jǐ几):古兵器,合戈矛为一体,可以直刺、横击。

〔68〕万乘(shèng):一万辆兵车。古代只有天子可拥有一万辆车。这里指军事力量强大。虏:古代对少数民族的贬称。此指匈奴。

〔69〕伏剑:以剑自杀。此指苏武在匈奴时受审前曾引剑自杀的事。

〔70〕朔北:北方。这里指匈奴地域。

〔71〕丁年:成丁的年龄,即成年。

〔72〕终堂:死在家里。终,死。

〔73〕去帷:改嫁。去,离开。

〔74〕蛮貊(mò末):泛指少数民族。这里指匈奴。蛮为南方少数民族,

貊为东北地区少数民族。

〔75〕 茅土之荐：指赐土地、封诸侯。古代帝王社祭之坛共有五色土，分封诸侯则按封地方向取坛上一色土，包以茅草授给受封的人，作为分得土地的象征。

〔76〕 千乘之赏：也指封诸侯之位。古代诸侯可以拥有一千辆兵车，称千乘之国。

〔77〕 典属国：掌管民族事务的官员。苏武回国后被任此职。

〔78〕 加：施。这里有奖赏之意。

〔79〕 万户侯：食邑万户之侯。文中指受重赏、居高位者。

〔80〕 廊庙：宫殿四周的廊和太庙，是帝王与大臣议论政事的地方，因此称朝廷为廊庙。宰：为首的官员。

〔81〕 厚诛：严重的惩罚。

〔82〕 孤恩：辜负恩情。此指降匈奴。

〔83〕 负德：指诛杀李陵全家。

〔84〕 "虽忠"二句：有忠心即使不曾死节，但也能做到视死如归。

〔85〕 能安：安于死，即视死如归之意。

〔86〕 眷眷：深切怀念。

〔87〕 稽颡（qǐ sǎng 起嗓）：古代一种跪拜礼，屈膝下拜，以额触地，表示极度的虔诚。

〔88〕 北阙：宫殿北面的门楼，是大臣等候朝见或上书奏事的地方。这里指朝廷。

〔89〕 刀笔之吏：主办案件的官吏。刀笔，古代在竹简上刻字记事，用刀子刮去错字，因此把有关案牍的事叫作刀笔。

〔90〕 幸：希望。谢：问，问候。故人：老朋友。此处指任立政、霍光、上官桀等人。

〔91〕 胤（yìn 印）子：儿子。苏武曾娶匈奴女为妻，生子名叫苏通国，此时仍留在匈奴。

〔92〕 惠：赐。德音：对别人言辞的敬称。

〔93〕 顿首：叩头，书信结尾常用作谦辞。

路温舒

路温舒,字长君,西汉巨鹿(今河北平乡)人。出身贫寒,后举孝廉,昭帝元凤中任署奏曹掾、守廷尉史。宣帝即位,上书主张"尚德缓刑","省法制,宽刑罚",请求改变重刑罚、重用酷吏的弊政。官至临淮太守,颇有政绩,卒于官。

尚德缓刑书[1]

昭帝崩[2],昌邑王贺废[3],宣帝初即位[4]。路温舒上书,言宜尚德缓刑。其辞曰:

"臣闻齐有无知之祸[5],而桓公以兴;晋有骊姬之难[6],而文公用伯[7]。近世赵王不终[8],诸吕作乱[9],而孝文为太宗[10]。由是观之,祸乱之作,将以开圣人也。故桓文扶微兴坏,尊文武之业,泽加百姓,功润诸侯[11],虽不及三王[12],天下归仁焉。文帝永思至德,以承天心,崇仁义,省刑罚,通关梁,一远近,敬贤如大宾,爱民如赤子,内恕情之所安,而施之于海内,是以囹圄空虚[13],天下太平。夫继变乱之后,必有隽异之恩[14],此贤圣所以昭天命也。往者,昭帝即世而无嗣[15],大臣忧戚,焦心合谋,皆以昌邑尊亲,援而立之。然天不授命,淫乱其心,遂以自亡。深察祸变之故,乃皇天之所以开至圣也。故大将军受命武帝[16],股肱汉国[17],披肝胆,决大计,黜亡义,立有德,辅天而行,然后宗庙以安,天下咸宁。

"臣闻《春秋》正即位[18],大一统而慎始也。陛下初登至尊,与天合符,宜改前世之失,正始受命之统,涤烦文,除民疾,存亡继绝,以应天意。

"臣闻秦有十失,其一尚存,治狱之吏是也。秦之时,羞文学,好武勇,贱仁义之士,贵治狱之吏,正言者谓之诽谤,遏过者谓之妖言[19]。故盛服先生不用于世,忠良切言,皆郁于胸,誉谀之声,日满于耳,虚美熏心[20],实祸蔽塞。此乃秦之所以亡天下也。方今天下,赖陛下恩厚,亡金革之危、饥寒之患,父子夫妻戮力安家[21],然太平未洽者,狱乱之也。夫狱者,天下之大命也,死者不可复生,绝者不可复属[22]。《书》曰:'与其杀不辜,宁失不经[23]。'今治狱吏则不然,上下相驱,以刻为明,深者获公名,平者多后患。故治狱之吏,皆欲人死,非憎人也,自安之道在人之死。是以死人之血流离于市,被刑之徒比肩而立,大辟之计岁以万数[24]。此仁圣之所以伤也。太平之未洽,凡以此也。夫人情安则乐生,痛则思死。棰楚之下[25],何求而不得?故囚人不胜痛,则饰辞以视之[26];吏治者利其然,则指道以明之;上奏畏却,则锻练而周内之[27]。盖奏当之成,虽咎繇听之[28],犹以为死有余辜。何则?成练者众,文致之罪明也。是以狱吏专为深刻,残贼而亡极,愉为一切[29],不顾国患,此世之大贼也。故俗语曰:'画地为狱议不入,刻木为吏期不对。'此皆疾吏之风,悲痛之辞也。故天下之患,莫深于狱,败法乱正,离亲塞道,莫甚乎治狱之吏。此所谓一尚存者也。

"臣闻乌鸢之卵不毁[30],而后凤凰集;诽谤之罪不诛,而后良言进。故古人有言:'山薮藏疾[31],川泽纳污,瑾瑜匿恶[32],国君含诟[33]。'唯陛下除诽谤以招切言,开天下之口,广箴谏之路,扫亡秦之失,尊文武之德,省法制,宽刑罚,以废治狱,则太平之风可兴于世,永履和乐,与天亡极,天下幸甚!"

上善其言。

【注释】

〔1〕 本文是路温舒在汉宣帝即位之初呈上的一篇奏章。作者建议废除诽谤之罪,广开箴谏之路,崇尚德治,放宽刑罚。

〔2〕 昭帝:汉昭帝刘弗陵,武帝的少子,公元前86年至前74年在位。

〔3〕 昌邑王:刘贺,武帝孙。昭帝死后,迎立刘贺即位,不久,因饮酒淫乐被废。

〔4〕 宣帝:汉宣帝刘询,武帝曾孙,公元前73年至前49年在位。

〔5〕 无知:公孙无知,春秋时齐人。公孙无知杀齐襄公自立,不久亦为国人所杀。

〔6〕 骊姬:春秋时晋献公宠妃。献公年老后,骊姬欲使亲生子即位,逼死太子申生,逼走公子重耳和夷吾。史称"骊姬之难"。

〔7〕 文公:晋文公重耳,公元前636年至前628年在位。伯:称霸。

〔8〕 赵王:赵王如意,汉高祖子,母戚夫人。高祖死后,被吕后毒杀。

〔9〕 诸吕:吕氏家族。汉惠帝死后,吕后专权,家族中多人封为列侯。吕后死,诸吕恐被诛伐,图谋叛乱,为太尉周勃、丞相陈平等铲除。

〔10〕 孝文:汉文帝刘恒。太宗:文帝的庙号。

〔11〕 润:润泽,惠及。

〔12〕 三王:指夏禹、商汤、周文王。

〔13〕 囹圄(líng yǔ 灵禹):牢狱。

〔14〕 隽异之恩:非常之恩。

〔15〕 即世:去世。

〔16〕 大将军:指霍光。武帝临终前,拜大司马大将军,受遗诏辅佐幼主。

〔17〕 股肱(gōng 工):大腿和手臂。此处意为辅佐。

〔18〕 正即位:帝王新即位,改朝换代,都要改正朔。

〔19〕 遏:阻止。

〔20〕 熏心:迷住心窍。

〔21〕 戮(lù 陆)力:合力,勉力。

〔22〕 绝:断。属:接。

〔23〕 不经:不合常法。

〔24〕 大辟:死刑。

〔25〕 棰:木棍。楚:荆杖。指刑法,施用刑法。

〔26〕 饰辞:虚浮不实之辞。视:通"示"。此处意为招供。

〔27〕 周内(nà 那):罗织罪名,陷人于罪。

〔28〕 咎繇(gāo yáo 高摇):即皋陶。相传为舜时掌刑法的官。

〔29〕 愉:通"偷",苟且。一切:权宜。

〔30〕 乌:乌鸦。鸢(yuān 渊):老鹰。

〔31〕 山薮(sǒu 擞)：山林湖泽。疾：毒蛇猛兽。

〔32〕 瑾瑜：美玉。

〔33〕 含诟：忍受诟骂。指忍辱负重。

杨 恽

杨恽(？—前54),字子幼。西汉华阴(今属陕西)人。昭帝时丞相杨敞子,司马迁的外孙。杨恽颇有才干,喜结豪俊诸儒,声名显于朝廷。宣帝时,因告发霍光子孙谋反,封平通侯,迁中郎将。为人轻财好义,但自矜节行,不能容人,好揭人阴私,树敌太多,太仆戴长乐怀疑杨恽在背地里暗算他,上书告发杨恽平日出言不敬,诽谤朝廷。杨恽被免为庶人。杨恽闲居在家期间,发生日食,有人上书诬告是他"骄奢不悔过"所致,宣帝将其收捕入狱,并搜出写给孙会宗的信,见其中多怨望语,于是以大逆不道罪腰斩于市。

报孙会宗书[1]

恽既失爵位家居,治产业,起室宅,以财自娱[2]。岁余,其友人安定太守西河孙会宗[3],知略士也[4],与恽书谏戒之。为言大臣废退,当阖门惶惧,为可怜之意,不当治产业,通宾客,有称誉。恽宰相子,少显朝廷,一朝晻昧[5],语言见废,内怀不服,报会宗书曰[6]:

恽材朽行秽[7],文质无所底[8],幸赖先人余业[9],得备宿卫[10]。遭遇时变[11],以获爵位。终非其任,卒与祸会[12]。足下哀其愚蒙[13],赐书教督以所不及[14],殷勤甚厚[15]。然窃恨足下不深推其终始[16],而猥随俗之毁誉也[17]。言鄙陋之愚心[18],若逆指而文过[19];默而息乎,恐违孔氏"各言尔志"之义[20]。故敢略陈其愚[21],唯君子察焉[22]。

恽家方隆盛时,乘朱轮者十人[23],位在列卿,爵为通侯[24],总领从官,与闻政事[25]。曾不能以此时有所建明[26],以宣德化,又不能与群僚同心并力,陪辅朝廷之遗忘[27],已负窃位素餐之责久矣[28]。怀禄贪势,不能自退,遭遇变故,横被口语[29],身幽北阙[30],妻子满狱[31]。当此之时,自以夷灭不足以塞责[32],岂意得全首领,复奉先人之丘墓乎?伏惟圣主之恩[33],不可胜量。君子游道[34],乐以忘忧;小人全躯,说以忘罪[35]。窃自私念,过已大矣,行已亏矣,长为农夫以没世矣。是故身率妻子,戮力耕桑[36],灌园治产[37],以给公上[38],不意当复用此为讥议也[39]。

夫人情所不能止者,圣人弗禁。故君父至尊亲[40],送其终也[41],有时而既[42]。臣之得罪,已三年矣[43]。田家作苦[44],岁时伏腊[45],烹羊炰羔[46],斗酒自劳[47]。家本秦也[48],能为秦声;妇赵女也,雅善鼓瑟[49]。奴婢歌者数人,酒后耳热,仰天拊缶[50],而呼乌乌[51]。其诗曰:"田彼南山,芜秽不治[52]。种一顷豆,落而为萁[53]。人生行乐耳,须富贵何时[54]!"是日也,拂衣而喜[55],奋袖低昂[56],顿足起舞,诚淫荒无度[57],不知其不可也[58]。恽幸有余禄,方籴贱贩贵[59],逐什一之利[60]。此贾竖之事[61],污辱之处,恽亲行之。下流之人,众毁所归,不寒而栗。虽雅知恽者,犹随风而靡,尚何称誉之有?董生不云乎[62]:"明明求仁义,常恐不能化民者,卿大夫意也;明明求财利,尚恐困乏者,庶人之事也[63]。"故道不同,不相为谋[64],今子尚安得以卿大夫之制而责仆哉[65]?

夫西河魏土[66],文侯所兴[67],有段干木、田子方之遗风[68],凛然皆有节概[69],知去就之分。顷者,足下离旧土[70],临安定[71]。安定山谷之间,昆戎旧壤[72],子弟贪鄙,岂习俗之移人哉[73]?于今乃睹子之志矣。方当盛汉之隆,愿勉旃[74],毋多谈。

【注释】

〔1〕 孙会宗是西汉西河(今内蒙古伊克昭盟)人,安定(今甘肃平凉一带)太守,杨恽的朋友。杨恽获罪闲居在家,仍广治产业,务农经商,歌舞自娱,孙会宗写信告诫他应谨慎自守,闭门思过。杨恽本来就对自己获罪不服,于是在回信中倾诉了自己心中的怨望不平与委屈,嬉笑怒骂,发为文章。本文文气

豪荡,语多讥刺,感情率真,不假雕饰,颇有其外公司马迁之遗风,历代颇受推赏。

〔2〕 以财自娱:以经营财产自为娱乐。

〔3〕 安定:郡名,治所在今宁夏平凉。西河:郡名,治所在今内蒙古伊盟。

〔4〕 知略士:有才智和谋略之人。

〔5〕 晻昧:埋没。

〔6〕 以上是陈述语,以下是杨恽的信。

〔7〕 材朽行秽:才能低劣,品行污秽。谦词。朽,腐朽。秽,丑陋。

〔8〕 文质:文采和品质。无所底:无所成就。底,至,达到。

〔9〕 先人:指他的父亲杨敞,官至丞相。

〔10〕 备:充数。宿卫:住在宫廷里担负皇帝警卫任务的侍从。谦词。

〔11〕 时变:指霍光子孙谋反的事。

〔12〕 卒:终。会:遭遇。

〔13〕 愚蒙:蒙昧无知。

〔14〕 书:信。教督:教育督责。

〔15〕 殷勤:情意恳切。

〔16〕 恨:遗憾。推:追问,推究。

〔17〕 猥:随随便便地。毁誉:偏义复词,指毁,诋毁。

〔18〕 鄙陋:庸俗浅陋。作者自指,谦词。

〔19〕 逆指:违背孙会宗来信之意。文过:掩饰过错。

〔20〕 孔氏:指孔子。各言尔志:见于孔子的《论语·公冶长》,孔子让他的学生说说各人的志向。在本文中意思是说,各人应该表达各自的想法。

〔21〕 陈:陈述。

〔22〕 唯:句首语气词,表示希望。君子:指孙会宗。

〔23〕 朱轮:指显贵者所乘的车。

〔24〕 通侯:汉代,刘姓子孙封侯者,谓之诸侯;异姓功臣封侯者,谓之彻侯。因避汉武帝刘彻的讳,改叫通侯。

〔25〕 从官:皇帝的侍从官。杨恽曾任光禄勋,所有侍从官都归他管,并负责监察弹劾群臣,所以说"总领从官"。与:预,参预。

〔26〕 曾:竟。建明:犹建白。指对国事有所建议和陈述。

〔27〕 陪辅:协助,辅佐。遗忘:缺失,遗漏,疏忽。

〔28〕窃位:居官位而不尽职。素餐:白吃,指不劳而食。这里指无功受禄。

〔29〕怀禄贪势:怀恋官禄,贪图权势。被:遭受。口语:言语。指被人告状一事。

〔30〕幽:拘囚。北阙:古代宫殿北面的门楼。汉代,上章奏事和被皇帝征召都到北阙。

〔31〕妻子:指妻子、儿女。

〔32〕夷灭:诛灭。塞责:抵偿罪责。

〔33〕伏惟:伏在地上想,敬词。

〔34〕游道:潜心于大道。

〔35〕说:通"悦"。

〔36〕戮(lù 路)力:共同尽力。

〔37〕灌园:指从事田园劳动。

〔38〕给:供给。此指缴纳赋税。公上:公家,主上。

〔39〕不意:没想到。用此:因此。为:被。

〔40〕君父至尊亲:古人认为父至亲,君至尊。

〔41〕送其终:指为君父服丧。

〔42〕既:尽。古代臣子为君父服三年丧,除丧后起居行动就不再受丧服的限制。

〔43〕"臣之"二句:言外之意是说,就是君父死了,三年过后也不能限制我,何况"得罪已三年",我的所作所为,更不能算违背臣礼了。

〔44〕田家:农家。作:劳作。苦:辛苦。

〔45〕岁时:一年四季。伏、腊:都是节日名。这里泛指一般节日。

〔46〕炰(páo 袍):裹起来烤。

〔47〕斗:古代的酒器。自劳(lào 涝):慰劳自己。

〔48〕秦:指今陕西一带,战国时为秦地。杨恽是华阴人,故云。

〔49〕雅:甚。

〔50〕缶(fǒu 否):一种瓦器,秦人用来作为乐器,唱歌时按节奏敲击。

〔51〕乌乌:唱歌的声音。

〔52〕"田彼"二句:讽刺朝廷荒乱。田,种植。芜秽,荒芜。治,整治。

〔53〕"种一"二句:比喻贤人被逐。萁(jī 机),豆茎。

〔54〕"人生"二句:写不要贪恋富贵,人生要及时行乐。须,等待。

〔55〕 拂(fú服)衣：提衣，振衣。

〔56〕 奋：振动。低昂：忽上忽下。

〔57〕 诚：确实。

〔58〕 "不知"句：我以为没有什么不可以的。

〔59〕 籴(dí敌)贱贩贵：贱的时候买下，贵的时候卖掉。籴，买进粮食。

〔60〕 逐：追求。什一：十分之一。

〔61〕 贾(gǔ古)竖：对商人的贱称。贾，坐商。

〔62〕 董生：指董仲舒。西汉的大儒。

〔63〕 "明明"六句：引自董仲舒《对贤良策》三，《汉书·董仲舒传》原文作："夫皇皇求财利，常恐乏匮者，庶人之意也；皇皇求仁义，常恐不能化民者，大夫之意也。"皇皇，即"遑遑"，急急忙忙的样子。庶人，普通人。

〔64〕 "故道"二句：主张不同，不相互商议。出自《论语》。谋，商议。

〔65〕 安：怎么，哪里。责：要求，督促。

〔66〕 西河魏土：战国时魏国的西河在今陕西郃阳一带，与汉代的西河郡不同地。杨恽这里是在讽刺孙会宗。

〔67〕 文侯：即魏文侯，名都。魏与韩、赵分晋后，至魏文侯始列为诸侯。魏文侯在当时被认为是贤君。兴：兴起。

〔68〕 段干木、田子方：都是魏文侯的老师，二人都是有德之士。

〔69〕 凛然：不可侵犯的样子。节概：节操。

〔70〕 旧土：家乡。

〔71〕 临：到达。安定：汉代郡名，故治在今甘肃省固原县。孙会宗当时任安定郡守。

〔72〕 昆戎：殷及西周时代西方的一个种族。

〔73〕 移人：指改变人的志向。这是对孙会宗的讽刺。移，改变。

〔74〕 隆：兴隆。旃(zhān沾)："之焉"的合音。

刘　秀

刘秀(前6—57),东汉王朝开国皇帝。王莽地皇三年(22),有着前朝血统的刘秀在赤眉和绿林农民大起义中乘势起兵,于更始三年(25)即帝位,是为东汉光武帝。经过长达十二年的南北征战,先后征服了地方割据政权,结束了军阀混战局面。在位三十三年,勤于政事,偃武修文,国势昌隆,历史上称其统治时期为"光武中兴"。

临淄劳耿弇[1]

车驾至临淄[2],自劳军,群臣大会。帝谓弇曰[3]:"昔韩信破历下以开基[4],今将军攻祝阿以发迹[5],此皆齐之西界,功足相方[6]。而韩信袭击已降[7],将军独拔勍敌[8],其功乃难于信也。又田横烹郦生[9],及田横降,高帝诏卫尉不听为仇[10]。张步前亦杀伏隆[11],若步来归命[12],吾当诏大司徒释其怨[13],又事尤相类也。将军前在南阳建此大策[14],常以为落落难合[15],有志者事竟成也。"

【注释】

〔1〕　本文为刘秀表彰大将军耿弇的一段话。他一方面高度评价和赞扬耿弇的卓著战功,以激励其他将领;同时又表示要效法汉高祖刘邦招纳田横的做法,以笼络在逃的敌方将领,体现了一代开国君主的器度和谋虑。临淄,地名,在今山东淄博西北。耿弇(yǎn演),字伯昭,光武帝大将。曾随刘秀起兵,屡建奇功,拜建威大将军,封好畤侯。

〔2〕 车驾:皇帝外出所乘之车。这里代指光武帝刘秀。

〔3〕 帝:汉光武刘秀。

〔4〕 历下:地名,在今山东济南市东。开基:开创基业。

〔5〕 祝阿:地名,在今山东历城西南。耿弇扫灭齐王张步是从攻取祝阿开始,所以说"发迹"于此。

〔6〕 相方:相比。

〔7〕 袭击已降:在韩信攻打齐国之前,汉高祖已派郦食其与齐王田广及其相国田横讲和,齐王撤除了防务,韩信知道此事,依然向齐进军,灭掉了齐国。

〔8〕 劲(qíng情)敌:劲敌。劲,强劲,强大。

〔9〕 田横烹郦生:当韩信袭历下时,田横认为郦食其出卖了自己,便将其烹杀。郦生,即郦食其,刘邦的谋士。

〔10〕 卫尉:西汉时掌宫门警卫,统领宫廷屯卫兵。这里指郦食其的弟弟郦商。不听:不允许。听,允许。

〔11〕 "张步"句:光武帝刘秀起兵时,张步在齐地拥兵自重。光武帝派光禄大夫伏隆拜张步为东海太守。刘永也遣使立张步为齐王,张步接受刘永的封号,杀了伏隆。

〔12〕 归命:归顺听命。

〔13〕 大司徒:官名,三公之一。相当于西汉的丞相。这里指伏湛,其子伏隆被张步所杀。

〔14〕 南阳:郡名,治所宛县在今河南南阳。大策:耿弇在南阳跟从刘秀,自请北收上谷兵,平定渔阳的彭宠,涿郡的张丰,东攻张步,平定齐地,刘秀同意了他的策略。

〔15〕 常:通"尝",曾经。落落难合:谓疏阔难以实现。

马　援

马援(前14—49),字文渊,扶风茂陵(今陕西兴平东北)人。新莽时期曾任新城大尹,后来改投陇右军阀隗嚣,最终归顺光武帝后,为东汉的统一战争立下了赫赫战功。建武十一年(35),平定陇西叛乱后,任陇西太守。十七年(41),拜伏波将军。

诫兄子严敦书[1]

援兄子严、敦并喜讥议[2],而通轻侠客[3]。援前在交阯[4],还书诫之曰[5]:

吾欲汝曹闻人过失[6],如闻父母之名,耳可得闻,口不可得言也。好议论人长短,妄是非正法,此吾所大恶也,宁死不愿闻子孙有此行也。汝曹知吾恶之甚矣,所以复言者,施衿结缡[7],申父母之戒,欲使汝曹不忘之耳。龙伯高敦厚周慎[8],口无择言,谦约节俭,廉公有威,吾爱之重之,愿汝曹效之。杜季良豪侠好义[9],忧人之忧,乐人之乐,清浊无所失,父丧致客,数郡毕至,吾爱之重之,不愿汝曹效之。效伯高不得,犹为谨敕之士[10],所谓"刻鹄不成尚类鹜"者也[11];效季良不得,陷为天下轻薄子[12],所谓"画虎不成反类狗"者也。讫今季良尚未可知[13],郡将下车辄切齿[14],州郡以为言,吾常为寒心[15],是以不愿子孙效也。

【注释】

〔1〕 本文是马援在交阯时针对他的侄子马严和马敦好议论人是非、结

交轻薄侠客的言行,作了谆谆的训诫。严,马严,字威卿,马援哥哥马余之子,好击剑,习骑射,王莽时曾任扬州牧。敦,马严弟,字孺卿。马援死后,二人俱归安陵,居钜下,以品行高尚著称于世,时称"钜下二卿"。

〔2〕 讥议:讽刺品评。

〔3〕 通:交通,往来。轻侠客:指轻生任侠的人。

〔4〕 交阯:郡名,治所在今越南河内西北。

〔5〕 还书:写回信。此句以上是《后汉书·马援传》本传中的叙述性文字,以下为马援书信。

〔6〕 欲:希望。汝曹:汝辈,你们。多用于尊长称小辈。

〔7〕 施衿结缡(lí离):古时礼俗,女子出嫁,临行前父母要给她系上佩带和佩巾,嘱咐她到夫家要当好媳妇。衿,佩带。缡,佩巾。

〔8〕 龙伯高:龙述,字伯高,京兆(今陕西西安)人。初为山都长,汉光武帝看到马援这封信,提升他为零陵太守。周慎:周密谨慎。

〔9〕 杜季良:杜保,字季良,京兆人。官越骑司马,因仇家告他"为行浮薄,乱群惑众",被光武帝刘秀罢官。

〔10〕 谨敕:谨慎而庄重。

〔11〕 刻鹄不成尚类鹜:此句比喻虽仿效不及,尚不失其大概。鹄(hú胡),天鹅。鹜,鸭子。

〔12〕 轻薄子:轻浮放荡的人。

〔13〕 讫:通"迄",到,至。

〔14〕 郡将:即郡守。汉代郡守都兼武事,所以称郡将。下车:指官员初到任。切齿:表示痛恨。

〔15〕 寒心:痛心。

诸葛亮

诸葛亮(181—234),字孔明,琅琊阳郡(今山东沂水南)人。早年避乱荆州,隐居躬耕,自比管仲、乐毅。二十七岁时,为刘备延请,出佐刘备。他审时度势,运用正确的斗争策略,为刘备西取益州,建立蜀汉政权。刘备称帝,拜为丞相。刘备死,受遗命辅佐后主刘禅。曾六次北伐中原,皆因时势所限,未能成功。最后病死五丈原军中。谥忠武。有《诸葛亮集》四卷传世。

前出师表[1]

臣亮言:先帝创业未半,而中道崩殂[2]。今天下三分[3],益州疲敝[4],此诚危急存亡之秋也。然侍卫之臣不懈于内,忠志之士忘身于外者,盖追先帝之殊遇[5],欲报之于陛下也[6]。诚宜开张圣听[7],以光先帝遗德,恢宏志士之气;不宜妄自菲薄,引喻失义,以塞忠谏之路也。宫中府中,俱为一体[8],陟罚臧否[9],不宜异同。若有作奸犯科及为忠善者,宜付有司论其刑赏[10],以昭陛下平明之治,不宜偏私,使内外异法也。

侍中、侍郎郭攸之、费祎、董允等[11],此皆良实,志虑忠纯,是以先帝简拔以遗陛下。愚以为宫中之事[12],事无大小,悉以咨之,然后施行,必能裨补阙漏[13],有所广益。将军向宠[14],性行淑均,晓畅军事,试用于昔日,先帝称之曰能,是以众议举宠以为督。愚以为营中之事,事无大小,悉以咨之,必能使行阵和睦[15],优劣得所。亲贤臣,远小人,此先汉所以兴隆也[16];亲小人,远贤臣,此后汉所以倾颓也[17]。先帝在时,每与臣论此事,未尝不叹息痛恨于桓、灵也[18]。侍中、尚书、长史、参军,此悉贞亮死节之臣[19],愿陛下亲之信之,则汉室之隆,可计日而待也。

臣本布衣[20],躬耕于南阳[21];苟全性命于乱世,不求闻达于诸侯[22]。先帝不以臣卑鄙[23],猥自枉屈[24],三顾臣于草庐之中,咨臣以当世之事,由是感激,遂许先帝以驱驰[25]。后值倾覆[26],受任于败军之际,奉命于危难之间,尔来二十有一年矣[27]。先帝知臣谨慎,故临崩寄臣以大事也。受命以来,夙夜忧叹,恐托付不效,以伤先帝之明。故五月渡泸[28],深入不毛[29]。今南方已定,兵甲已足,当奖帅三军[30],北定中原[31]。庶竭驽钝[32],攘除奸凶[33],兴复汉室,还于旧都[34]。此臣之所以报先帝,而忠陛下之职分也。至于斟酌损益[35],进尽忠言,则攸之、祎、允之任也[36]。愿陛下托臣以讨贼兴复之效;不效,则治臣之罪,以告先帝之灵。若无兴德之言,则责攸之、祎、允之咎,以彰其慢[37]。陛下亦宜自谋,以咨诹善道[38],察纳人言,深追先帝遗诏,臣不胜受恩感激。今当远离,临表涕零,不知所云。

【注释】

〔1〕 本文作于建兴五年(227)诸葛亮驻军汉中准备北伐曹魏之时。表中分析形势,提出内政建议,劝诫刘禅尊贤纳谏,剖明心迹,表明自己光大先帝遗业的决心,情真意切,感人至深。本文最初见于《三国志·诸葛亮传》,并无题目,《文选》录此文始题《出师表》,后因诸葛亮于建兴六年出兵散关前又上过一表,遂亦称此表为《前出师表》。表,古代臣下对君王进行陈述求请的一种文体。

〔2〕 中道:中途,半道。崩殂(cú 徂):古代皇帝死亡称崩,亦称殂。

〔3〕 天下三分:指魏、蜀、吴三国鼎立。

〔4〕 益州:当时中国版图分为十二州,益州即其中之一,相当今四川大部和云南、贵州的一部分。疲敝:困乏。

〔5〕 殊遇:特殊的恩遇。

〔6〕 陛下:此指刘禅。

〔7〕 开张圣听:广泛听取群臣的意见。圣,对皇帝的尊称。

〔8〕 宫中:指宫禁中侍奉皇帝的官员。府中:指丞相府中的官员。一体:意谓皇宫和丞相府都是国家的政权所在,不应分别对待。

〔9〕 陟(zhì制):升官。臧:善。否(pǐ匹):恶。

〔10〕 有司:官吏。古代设官分职,事各有专司,故谓之有司。

〔11〕 侍中、侍郎:均为官职名。郭攸之:字演长,南阳人,时为侍中。费祎(yī一):字文伟,江夏人,时任侍中。董允:字休昭,南郡枝江人,时任黄门侍郎。

〔12〕 愚:自我谦称。

〔13〕 裨(bì必)补:弥补。

〔14〕 向宠:字巨违,襄阳宜城人,刘备时为牙门将。当年刘备伐吴时遭到惨败,只有向宠的部队损失很少,诸葛亮认为向宠善于治军,临行留他掌管军事。

〔15〕 行(háng杭)阵:队伍行列,代指军队。

〔16〕 先汉:指西汉。

〔17〕 后汉:即东汉,实指东汉末年。

〔18〕 桓:汉桓帝刘志。他任用宦官单超等,朝政日败,陈蕃、李膺等上书进谏,他就大兴党锢之狱,正直的人都遭禁锢。灵:汉灵帝刘宏。他宠任宦官曹节等,杀陈蕃、李膺。

〔19〕 贞亮:忠贞清拔。一作"贞良"。

〔20〕 布衣:平民。

〔21〕 躬耕:亲自耕种。南阳:地名,在今河南省,诸葛亮曾避乱隐居于此。一说南阳指南阳郡。《三国志·诸葛亮传》注引《汉晋春秋》说:"亮家于南阳之邓县,在襄阳城西二十里,号曰隆中。"

〔22〕 闻达:扬名显达。诸侯:指当时有实力的政治集团。

〔23〕 卑鄙:谓出身卑微,识见鄙陋。

〔24〕 猥:谦辞,犹辱,承。枉屈:委屈,谓屈尊就卑。

〔25〕 驱驰:奔走效力。

〔26〕 倾覆:指建安十二年(207)刘备在当阳长坂被曹操打败一事。

〔27〕 尔来:从那以来。二十有一年:从建安十二年(207)诸葛亮遇刘备到建兴五年(227)上《出师表》,共二十一年。

〔28〕 五月渡泸:建兴元年(223),云南境内少数民族统治者发动变乱,诸葛亮为了巩固后方,于建兴三年(225)南征,恩威并施,平定了叛乱。泸,泸

〔29〕不毛:指荒芜没有开垦的地方。

〔30〕奖帅:鼓励、率领。

〔31〕中原:指北方的曹魏政权。

〔32〕庶:希望,愿意。竭:尽。驽钝:比喻自己的才能低下。驽,劣马。钝,刀刃不锋利。

〔33〕攘:排除,铲除。奸凶:曹魏代汉而立,故称为"奸凶"。

〔34〕旧都:指东汉都城洛阳。

〔35〕损益:得失。

〔36〕任:职责。

〔37〕彰:明,公布,暴露。慢:怠慢。

〔38〕咨诹(zōu邹)善道:咨询治国的好办法。咨诹,询问。

后出师表[1]

先帝虑汉贼不两立[2],王业不偏安[3],故托臣以讨贼也。以先帝之明,量臣之才,固知臣伐贼,才弱敌强也。然不伐贼,王业亦亡。惟坐而待亡,孰与伐之[4]?是故托臣而弗疑也。臣受命之日,寝不安席,食不甘味。思惟北征[5],宜先入南[6],故五月渡泸[7],深入不毛[8],并日而食[9]。臣非不自惜也,顾王业不可得偏安于蜀都[10],故冒危难以奉先帝之遗意也,而议者谓为非计[11]。今贼适疲于西[12],又务于东[13],兵法乘劳[14],此进趋之时也[15]。谨陈其事如左[16]:

高帝明并日月[17],谋臣渊深,然涉险被创[18],危然后安。今陛下未及高帝,谋臣不如良、平[19],而欲以长策取胜[20],坐定天下,此臣之未解一也[21]。

刘繇、王朗各据州郡[22],论安言计,动引圣人。群疑满腹,众难塞胸[23],今岁不战,明年不征,使孙策坐大[24],遂并江东,此臣之未解二也。

曹操智计,殊绝于人[25],其用兵也,仿佛孙、吴[26],然困于南阳[27]，险于乌巢[28]，危于祁连[29]，偪于黎阳[30]，几败北山[31]，殆死潼关[32]，然后伪定一时尔[33]。况臣才弱，而欲以不危而定之，此臣之未解三也。

曹操五攻昌霸不下[34]，四越巢湖不成[35]。任用李服而李服图之[36]，委任夏侯而夏侯败亡[37]。先帝每称操为能，犹有此失，况臣驽下[38]，何能必胜？此臣之未解四也。

自臣到汉中，中间期年耳[39]，然丧赵云、阳群、马玉、阎芝、丁立、白寿、刘郃、邓铜等及曲长、屯将七十余人[40]，突将无前[41]。賨叟、青羌散骑、武骑一千余人[42]，此皆数十年之内所纠合四方之精锐，非一州之所有。若复数年，则损三分之二也，当何以图敌？此臣之未解五也。

今民穷兵疲，而事不可息。事不可息[43]，则住与行劳费正等[44]，而不及今图之，欲以一州之地与贼持久，此臣之未解六也。

夫难平者[45]，事也。昔先帝败军于楚[46]，当此时，曹操拊手[47]，谓天下以定。然后先帝东连吴越[48]，西取巴蜀[49]，举兵北征，夏侯授首[50]，此操之失计，而汉事将成也。然后吴更违盟，关羽毁败[51]，秭归蹉跌[52]，曹丕称帝[53]。凡事如是，难可逆料。臣鞠躬尽力[54]，死而后已！至于成败利钝[55]，非臣之明所能逆睹也[56]。

【注释】

〔1〕 本文选自《三国志·诸葛亮传》裴松之注引《汉晋春秋》。在上《前出师表》之后的第二年，诸葛亮针对朝廷内部反对北伐曹魏的意见，再次上表，以坚定刘禅的决心，这就是《后出师表》。本文在说明蜀汉和曹魏实力悬殊、敌强我弱的局势后，陈述了乘时伐魏的必要性和迫切性。

〔2〕 先帝：指刘备。汉：指蜀汉。贼：指曹魏。

〔3〕 王业：指复兴汉室、统一中国的事业。偏安：偏处一方以自安。这里指蜀汉仅据益州之地，未能统一。

〔4〕 孰与：何如，表示选择。

〔5〕 惟：思量。北征：指北伐曹魏。

〔6〕 入南：指诸葛亮深入南中，平定四郡事。

〔7〕 泸：泸水，即金沙江。

〔8〕 不毛:不长树木和庄稼的地区,指未开发的荒凉地区。

〔9〕 并日而食:两天只吃一天的食物。

〔10〕 顾:只是,但。蜀都:此指蜀汉之境。

〔11〕 议者:蜀汉朝廷中议论朝政的官吏。非计:并非上计。

〔12〕 适疲于西:建兴六年(228)春,诸葛亮初出祁山(在今甘肃礼县东)时,曹魏西部的南安、天水、安定三郡叛变,关中震动。

〔13〕 又务于东:同年秋,东吴大将陆逊击败魏大司马曹休。务,致力。这里指战事。

〔14〕 乘劳:乘其疲劳。

〔15〕 进趋:进攻。

〔16〕 如左:如下,古代竖行书写,从右往左。

〔17〕 高帝:汉高祖刘邦。明:聪明。并:比。

〔18〕 然涉险被创:楚汉战争中,刘邦多次被楚军围困,高帝四年(前203)在广武(今河南荥阳)被项羽射伤胸部。汉朝初建时,刘邦因镇压各地的叛乱而多次出征,公元前200年在平城遭到匈奴的围困,公元前195年又曾被淮南王英布的士兵射中。被创,受创伤。

〔19〕 良、平:张良和陈平,均为刘邦的著名谋士。

〔20〕 长策:长期相持的战略。

〔21〕 未解:不能理解。

〔22〕 刘繇(yóu由):字正礼,东汉末年任扬州刺史。扬州州治寿春被袁术占领后,南渡长江,不久被孙策攻破,弃军而逃。王朗:字景兴,东汉末年为会稽(治所在今浙江绍兴)太守,孙策势力进入江浙时,兵败投降,后为曹操所征召,仕于曹魏。

〔23〕 难(nàn南去声):非议。

〔24〕 孙策:字伯符,孙权的长兄。为孙吴政权的建立打下基础,不久遇刺身亡。坐大:因此强大起来。

〔25〕 殊绝:远远超出。

〔26〕 孙、吴:指孙武和吴起,均为战国时军事家。

〔27〕 困于南阳:建安二年(197),曹操在宛城为张绣所败,身中流矢。南阳,东汉郡名,治所宛城,在河南南阳。

〔28〕 险于乌巢:建安五年(200),曹操与袁绍在官渡相持,因乏粮难支,在荀彧等人的劝说下,坚持不退,后焚烧掉袁绍在乌巢所屯的粮草,才得险胜。

乌巢,在今河南延津东南。

〔29〕 危于祁连:当指邺(在今河北省磁县东南)附近的祁山。建安九年(204),曹操围邺,袁绍少子袁尚败守祁山,操再败之,并还围邺城,险被袁将审配的伏兵所射中。

〔30〕 偪于黎阳:建安七年(202)五月,袁绍死,袁谭、袁尚固守黎阳(今河南浚县东),曹操连战不克。

〔31〕 几败北山:建安二十四年(219),夏侯渊为刘备所杀,曹操起兵长安,至阳平北山,与刘备战,不胜,退军长安。北山,在今陕西勉县西。

〔32〕 殆死潼关:建安十六年(211),曹操与马超、韩遂战于潼关,在黄河边与马超军遭遇,曹操避入舟中,马超骑兵沿河追射之。殆,几乎。

〔33〕 伪定一时:谓僭越定国号于一时。诸葛亮以蜀汉为正统,因斥曹魏为"伪"。尔:句尾助词,同"耳"。

〔34〕 五攻昌霸不下:建安五年(200),刘备袭取徐州,东海昌霸叛曹,郡县多归附刘备。曹操屡攻不下。

〔35〕 四越巢湖:曹魏以合肥为军事重镇,相邻的巢湖与吴接界,时孙权常遣兵围合肥,曹操屡次从巢湖进击孙权,多无功而返。

〔36〕 李服:生平不详。一说当为王服,曾参与谋杀曹操。图:谋反。

〔37〕 夏侯:指夏侯渊。曹操遣夏侯渊镇守汉中。后刘备出兵汉中,蜀将黄忠于阳平关定军山(今陕西省勉县东南)击杀夏侯渊。

〔38〕 驽:劣马。比喻才能低下。谦词。

〔39〕 中间:其中间隔。期(jī基)年:周年。

〔40〕 赵云:字子龙,蜀汉名将。阳群:蜀将,曾任巴西太守。马玉等六人生平不详。曲长、屯将:都是军官。曲、屯是军队的编制单位。

〔41〕 突将:冲锋陷阵之将。无前:所向无敌。

〔42〕 賨(cóng丛)叟、青羌:都是当时西南地区少数民族。散骑、武骑:都是骑兵的名号。

〔43〕 事:战事。

〔44〕 住与行:指守与战。劳费正等:劳力和费用正好相等。

〔45〕 平:通"评",评论。

〔46〕 败军于楚:指建安十三年(208),曹操大军南下,刘备在当阳长阪被击溃事。当阳属古楚地,故云。

〔47〕 拊(fǔ斧)手:拍手。

〔48〕 东连吴越:建安十三年(208),刘备遣诸葛亮去江东连和,孙刘联军在赤壁大破曹军。吴国包括古吴、越两国地。

〔49〕 西取巴蜀:建安十六年(211),刘备率军入巴蜀,后来攻下益州,取得巴蜀地区。

〔50〕 授首:交出头颅。

〔51〕 关羽:字云长,蜀汉大将,刘备入川时,镇守荆州。建安二十四年(219),关羽出击曹魏,攻克襄阳,擒于禁,斩庞德,威震中原。孙权趁机用吕蒙计谋偷袭荆州,擒杀关羽父子。

〔52〕 秭归蹉跌:章武二年(222),刘备因孙权背盟,袭取荆州,杀害关羽,亲自领兵伐吴,在秭归(在今湖北省宜昌市北)被吴将陆逊所败。蹉跌,跌倒,失坠,喻失败。

〔53〕 曹丕:字子桓,曹操之子。汉献帝延康元年(220),曹丕废汉献帝,建立魏国,自立为魏文帝。

〔54〕 鞠躬尽力:指为国事用尽全力。

〔55〕 利钝:喻顺利或困难。

〔56〕 逆睹:预知,预见。

卷 七

李 密

李密(224—287),一名虔,字令伯,晋犍为武阳(今四川新津)人。少孤,师从谯周,博览群经,有文名。仕蜀为尚书郎、大将军主簿、太子洗马等职。蜀亡后,晋武帝征召他为太子洗马,他因侍养祖母之故,辞不就职。祖母去世后,才出仕晋朝,历任尚书郎、河内温县令、益州大中正、汉中太守等职。后免官,卒于家。《晋书》、《三国志》有传。

陈情表[1]

臣密言:臣以险衅[2],夙遭闵凶[3]。生孩六月,慈父见背[4]。行年四岁,舅夺母志[5]。祖母刘,愍臣孤弱[6],躬亲抚养[7]。臣少多疾病,九岁不行。零丁孤苦,至于成立[8]。既无叔伯,终鲜兄弟。门衰祚薄[9],晚有儿息[10]。外无期功强近之亲[11],内无应门五尺之童[12]。茕茕孑立[13],形影相吊[14]。而刘夙婴疾病[15],常在床蓐[16]。臣侍汤药,未尝废离。

逮奉圣朝[17],沐浴清化[18]。前太守臣逵[19],察臣孝廉[20]。后刺史臣荣[21],举臣秀才[22]。臣以供养无主,辞不赴命。诏书特下,拜臣郎中[23]。寻蒙国恩[24],除臣洗马[25]。猥以微贱[26],当侍东宫[27],非臣陨首所能上报。臣具以表闻,辞不就职。诏书切峻[28],责臣逋慢[29]。郡县逼迫,催臣上道。州司临门[30],急于星火。臣欲奉诏奔驰,则以刘病日笃;欲苟顺私情,则告诉不许[31]。臣之进退,实为狼狈[32]。

伏惟圣朝以孝治天下,凡在故老,犹蒙矜育[33],况臣孤苦,特为尤甚。且臣少事伪朝[34]，历职郎署[35]，本图宦达，不矜名节[36]。今臣亡国贱俘，至微至陋，过蒙拔擢[37]，岂敢盘桓[38]，有所希冀[39]？但以刘日薄西山，气息奄奄[40]，人命危浅[41]，朝不虑夕。臣无祖母，无以至今日；祖母无臣，无以终余年。母孙二人，更相为命，是以区区不能废远[42]。臣密今年四十有四，祖母刘今年九十有六，是臣尽节于陛下之日长，报刘之日短也[43]。乌鸟私情[44]，愿乞终养。

臣之辛苦，非独蜀之人士，及二州牧伯[45]，所见明知，皇天后土[46]，实所共鉴。愿陛下矜愍愚诚，听臣微志。庶刘侥幸[47]，卒保余年。臣生当陨首，死当结草[48]。臣不胜犬马怖惧之情，谨拜表以闻。

【注释】

〔1〕 本表是作者写给晋武帝的奏表。文中叙述了作者和祖母刘氏相依为命的处境，申述了暂时不能应召赴职的衷情。陈，陈述。

〔2〕 险衅：险难和祸患，指命运不济。

〔3〕 夙：早，指幼年。闵凶：忧患凶丧之事，指父死母嫁。

〔4〕 慈父见背：父亲背弃了我，这是父亲死去的委婉说法。

〔5〕 舅夺母志：舅父逼母亲改嫁。志，指守节之志。

〔6〕 愍(mǐn 敏)：怜悯。愍，同"悯"。

〔7〕 躬亲：亲自。

〔8〕 成立：长大成人。

〔9〕 门衰祚薄：家门衰微，福分浅薄。祚，与"福"同义。

〔10〕 儿息：儿子。

〔11〕 期(jī 机)功强近之亲：指近亲。期，丧礼名，服丧一年。丧礼，祖父母、伯叔父母死，服期服，守丧一年。功，丧礼名，分大功、小功。曾祖父母、叔伯祖父母死，服小功服，守丧五个月；叔伯兄弟、姊妹死，服大功服，守丧九个月。强近，比较亲近。

〔12〕 应门：照应门户。童：同僮，仆人。

〔13〕 茕茕：孤独的样子。孑立：孤立。

〔14〕 形影相吊：只有自己的身子和影子互相安慰。吊，慰问。

〔15〕婴:缠绕。

〔16〕蓐(rù入):草席。

〔17〕逮:及,到。圣朝:指晋。

〔18〕清化:清明的教化。

〔19〕太守:郡的最高行政长官。逵:太守的名。

〔20〕察:选拔,荐举。孝廉:选举官吏的科目名。汉武帝时,令郡国每年荐举孝、廉各一人。孝,孝子;廉,廉洁之士。晋代沿袭此制度。

〔21〕刺史:州最高行政长官。此指益州刺史。荣:刺史名。

〔22〕秀才:举士科目名,即荐举有优秀才干的人。自汉以后,隋唐以前,州举秀才,郡举孝廉,是一种重要的选材制度。

〔23〕郎中:官名,尚书下属曹司的长官,权任待遇极为隆重,仅次于尚书令。

〔24〕寻:不久。

〔25〕除:改任。洗马:官名,太子属官,掌通接宾客,太子出行仪仗等事务。晋时为很有清誉的官职。

〔26〕猥:犹辱,承,谦词。

〔27〕东宫:太子所居之处。这里指太子。

〔28〕切峻:急切严峻。

〔29〕逋(bū晡)慢:谓怠慢不敬。

〔30〕州司:州官。

〔31〕告诉:向上禀告申诉。

〔32〕狼狈:形容进退两难。

〔33〕矜育:哀怜抚养。

〔34〕事:侍奉。一本作"仕"。伪朝:指蜀汉。

〔35〕郎署:指尚书台官署。李密在蜀汉时曾任尚书郎。

〔36〕矜:自夸。

〔37〕过:过分。拔擢:提拔晋升。一本此后多"宠命优渥"。

〔38〕盘桓:徘徊不进。

〔39〕希冀:指立名节。

〔40〕薄,迫近。奄奄:气息微弱将绝的样子。

〔41〕危浅:危急短促,指活不长久。

〔42〕区区:个人的私愿。废远:废养远离。

〔43〕 报:报答。一本作"报养"。

〔44〕 乌鸟:即乌鸦,据说一种叫慈乌的乌鸦能反哺其母,因此古人用以比喻人子孝养父母。

〔45〕 二州:指梁州、益州。牧伯:指州郡长官。

〔46〕 皇天后土:天地。

〔47〕 庶:或许,大概。

〔48〕 结草:春秋时晋大夫魏武子病时,嘱其子魏颗,待他死后,将其爱妾嫁出。临终时却要爱妾殉葬。而魏颗把她嫁了出去。后来,魏颗与秦将杜回作战,见一老人结草把杜回绊倒,遂擒获了杜回。夜间梦老人自称武子爱妾的父亲,特来报答不杀女儿之恩。见《左传·宣公十五年》。后因以"结草"为报恩之典。

王羲之

王羲之(321—376),字逸少,琅琊临沂(今山东临沂)人。居会稽山阴(今浙江绍兴),东晋著名书法家。出身于世家大族,历任秘书郎、征西将军、江西刺史、右军将军、会稽内史等职,人称"王右军"。其书法,早年从卫夫人(铄)学,后草书学张芝,正书学钟繇,集前代之大成,为后世所宗尚。

兰亭集序[1]

永和九年,岁在癸丑,暮春之初,会于会稽山阴之兰亭[2],修禊事也[3]。群贤毕至,少长咸集。此地有崇山峻岭,茂林修竹,又有清流激湍[4],映带左右[5],引以为流觞曲水[6],列坐其次[7],虽无丝竹管弦之盛,一觞一咏,亦足以畅叙幽情[8]。是日也,天朗气清,惠风和畅[9],仰观宇宙之大,俯察品类之盛[10],所以游目骋怀,足以极视听之娱,信可乐也。

夫人之相与[11],俯仰一世[12],或取诸怀抱[13],晤言一室之内[14];或因寄所托[15],放浪形骸之外[16];虽取舍万殊[17],静躁不同,当其欣于所遇,暂得于己,快然自足[18],曾不知老之将至[19];及其所之既倦[20],情随事迁,感慨系之矣!向之所欣,俛仰之间[21],已为陈迹,犹不能不以之兴怀;况修短随化[22],终期于尽[23]。古人云:"死生亦大矣。"[24]岂不痛哉!每览昔人兴感之由,若合一契[25],未尝不临文嗟悼,不能喻之于怀[26]。固知一死生为虚诞[27],齐彭、殇为妄作[28],后之视今,亦犹今之视昔,悲夫!故列叙时人,录其所述,虽世殊事异,所以兴怀,其致一也[29]。后之览者,亦将有感于斯文。

【注释】

〔1〕 东晋穆帝永和九年(353)农历三月初三日,王羲之和他的朋友谢安、孙绰等四十一人在兰亭聚会,畅饮赋诗,王羲之为这些诗作了这篇序,记述了宴集的盛况与观感,抒发了对人生短暂的感慨及对生命的执着。序的原稿是著名的书法作品。

〔2〕 会稽:郡名,东汉时郡治移至山阴。山阴:县名,在今浙江省绍兴县。兰亭:在今浙江省绍兴县西南,地名兰渚,有亭叫兰亭。

〔3〕 修禊(xì 戏):古人风俗。农历三月上旬的巳日(魏以后固定为三月三日),临水而祭,以消除不祥。

〔4〕 激湍:有漩涡的急流。

〔5〕 映带左右:形容景物互相映衬,彼此关联。

〔6〕 流觞:古代文人士大夫的一种饮酒娱乐活动,即将木制的酒杯,盛酒放在水上,随水流漂浮而下,杯停在谁面前谁就饮之。

〔7〕 其次:指水边。

〔8〕 幽情:深远高雅之情。

〔9〕 惠风:和风。

〔10〕 品类:谓世间万物。

〔11〕 相与:相处。

〔12〕 俯仰一世:谓度过一生。

〔13〕 怀抱:胸怀抱负。

〔14〕 晤言:面对面谈话。晤,一本作"悟"。

〔15〕 因寄所托:有所寄托。

〔16〕 放浪形骸:放浪不拘形迹。

〔17〕 万殊:千差万别。

〔18〕 快然:高兴貌。

〔19〕 曾:表示疑问,相当于"何"、"怎"。不知老之将至:《论语·述而》:"发愤忘食,乐以忘忧,不知老之将至云尔。"

〔20〕 所之既倦:对所向往爱好的事物已经厌倦。

〔21〕 俛(fǔ 府)仰:同"俯仰"。

〔22〕 修短:指人寿命的长短。化:造化,指生死变化的自然规律。

〔23〕 终期于尽:终归都要走到尽头。

〔24〕 死生亦大矣:《庄子·德充符》:"仲尼曰:'死生亦大矣,而不得与之变。'"

〔25〕 契:符契,分左右两半,双方各执其一,用时合对以做凭信。

〔26〕 喻:解,释。

〔27〕 一死生:把生和死看做一样。《庄子》中有许多处都表述了生死一致的道理。如《大宗师》云:"孰知生死存亡之一体者,吾与之友也。"

〔28〕 齐彭殇:谓长寿与短命是一样的。《庄子·齐物论》:"莫寿于殇子,而彭祖为夭。"齐,等齐,看做一样。彭,彭祖,相传寿七百岁。殇,夭折的儿童。

〔29〕 致:情致。

陶渊明

陶渊明(365—427),一名潜,字元亮,别号五柳先生。私谥靖节,浔阳柴桑(今江西九江)人。出身仕宦。曾任江州祭酒、镇军参军、建威参军、彭泽令。四十一岁辞官归隐,躬耕田园,直至去世。长于诗文辞赋,表现了对虚伪欺诈的官场的鄙弃,对自然、自由、和谐的人生理想和社会理想的追求。风格冲淡自然,真淳隽永。有《陶渊明集》。

归去来辞[1]

归去来兮,田园将芜胡不归[2]?既自以心为形役,奚惆怅而独悲[3]?悟已往之不谏,知来者之可追[4]。实迷途其未远[5],觉今是而昨非[6]。舟摇摇以轻飏,风飘飘而吹衣[7]。问征夫以前路[8],恨晨光之熹微[9]。乃瞻衡宇[10],载欣载奔[11]。僮仆欢迎,稚子候门。三径就荒,松菊犹存[12]。携幼入室,有酒盈樽[13]。引壶觞以自酌,眄庭柯以怡颜[14]。倚南窗以寄傲[15],审容膝之易安[16]。园日涉以成趣,门虽设而常关[17]。策扶老以流憩[18],时矫首而遐观[19]。云无心以出岫,鸟倦飞而知还[20]。景翳翳以将入[21],抚孤松而盘桓[22]。

归去来兮,请息交以绝游[23]。世与我而相遗,复驾言兮焉求[24]?悦亲戚之情话,乐琴书以消忧[25]。农人告余以春及[26],将有事于西畴[27]。或命巾车[28],或棹孤舟[29]。既窈窕以寻壑,亦崎岖而经丘[30]。木欣欣以向荣,泉涓涓而始流[31]。羡万物之得时[32],感吾生之行休[33]。

已矣乎!寓形宇内复几时[34]?曷不委心任去留[35]?胡为遑遑欲何之[36]?富贵非吾愿,帝乡不可期[37]。怀良辰以孤往,或植杖而耘耔[38]。登东皋以舒啸[39],临清流而赋诗[40]。聊乘化以归尽[41],乐夫天命复奚疑[42]!

【注释】

〔1〕"辞"是一种文体。此文为作者辞官归田时所作,作者时年四十一岁。辞文可以说是陶渊明与官场决裂的宣言书,是了解陶渊明生活情趣与思想的重要作品。《归去来辞》在艺术上有独到之处,语言清丽、简净,自然而又有韵味,千百年来,赢得许多人的称赞。

〔2〕胡:为何。

〔3〕"既自"二句:言既然违心做了官,为何不辞官归隐还要惆怅独自悲伤呢?心为形役,内心不想做官,为了糊口,违心做官,便是心被形体所役使。奚,为何。

〔4〕"悟已往"二句:言我已领悟到过去的事(指出仕)虽然无可挽回,但未来的事还来得及弥补。实即出仕已错,归隐不晚。

〔5〕迷途:迷路,指出仕。

〔6〕今是:指辞官归隐是正确的。昨非:过去出仕错了。

〔7〕"舟摇摇"二句:写归途中舟摇船行,风吹衣飘的水行情景。

〔8〕征夫:指行人。

〔9〕熹微:光线淡弱貌。

〔10〕乃:于是。瞻:望见。衡宇:衡门与屋宇。衡,即"横",横木为门,形容屋宇的简陋。

〔11〕载欣载奔:又是欢欣又是奔跑,意即加快步伐。载,语助词。

〔12〕"三径"二句:言自己家的庭院小路因出仕已经荒芜,可喜的是松树和菊花还在。三径,指庭间小路,用汉代蒋诩的典故:西汉末,王莽专权,兖州刺史蒋诩告病辞官,隐居乡里,于院中辟三径,唯与求仲、羊仲(皆为隐士)来往。事见晋人赵岐《三辅决录·逃名》。

〔13〕盈樽:满杯。樽,酒器。

〔14〕眄(miǎn免):闲视。庭柯:庭院中的树木。柯,一般指树枝,此指代树木。怡颜:和悦的容颜。

〔15〕寄傲:寄托高傲的怀抱。

〔16〕审:诚然,真正是。容膝:形容房屋矮小,仅能容纳双膝。

〔17〕"园日涉"二句:言每天到园中散步已培养出情趣,因宾客特少虽有门却常常关闭着。

〔18〕策:拄着。扶老:用扶竹做的手杖。流憩:步游或稍事休息。

〔19〕矫首:抬头。遐观:远望。

〔20〕"云无心"二句:写遐观之景。无心无知的白云从山中飘出,飞倦了的鸟儿还知道回它的老窝。岫(xiù 秀),本为山穴,此泛指山峰。

〔21〕景:指日光。翳翳:昏暗的样子。

〔22〕盘桓:徘徊。

〔23〕息交以绝游:谢绝世俗的交往。

〔24〕"世与我"二句:言世俗既与我相互遗忘,我再驾车外出还有什么可求呢?世,世俗,尘世。遗,忘。一本作"违"。驾言,即驾车。

〔25〕"悦亲戚"二句:言喜欢和亲戚聊天,乐于以弹琴读书来消愁解闷。

〔26〕春及:春天到了。

〔27〕事:指春耕春种之事。西畴:村西的田地。

〔28〕命:运用,使用。巾车:指有帷幕的车子。

〔29〕棹:本为划船用的桨,此作动词用。划动。

〔30〕"既窈窕"二句:言既在幽深的河谷中乘船,又在崎岖不平的山丘上经过。窈窕,幽深的样子。壑,河谷。

〔31〕涓涓:细水缓流貌。始流:开始流动。

〔32〕羡:羡慕。一本作"善"。得时:获得天时。时,指春时。

〔33〕行休:指生命将到尽头。

〔34〕寓形宇内:寄身于天地之中。

〔35〕委心:随着心意而自然行事。任去留:任性行事,想去则去,想留则留。

〔36〕胡为:为什么。一作"胡为乎"。遑遑:同"惶惶",心不安貌。

〔37〕帝乡:指神仙世界。期:期及,等待。

〔38〕"怀良辰"二句:言我只盼望能有个好天气,独自到田间,放下手杖,锄草、培土护苗。怀,想,盼望。良辰,美好的时光。孤往,独来独往。植杖,把手杖放在一旁。植,同"置"。耘耔(zǐ 子),锄草和培土护苗。

〔39〕皋:水畔高地。舒啸:舒气长啸。

〔40〕清流:指清澈的水流。赋诗:吟诗或写诗。

〔41〕 聊:姑且。乘化:顺随生命的自然变化。归尽:指死亡。

〔42〕 乐夫天命:即乐天知命。

桃花源记[1]

晋太元中[2],武陵人捕鱼为业[3]。缘溪行[4],忘路之远近。忽逢桃花林,夹岸数百步,中无杂树,芳草鲜美,落英缤纷[5]。渔人甚异之[6]。复前行,欲穷其林。林尽水源[7],便得一山。山有小口,仿佛若有光,便舍船从口入。初极狭,才通人;复行数十步,豁然开朗[8]。土地平旷,屋舍俨然[9],有良田、美池、桑竹之属[10]。阡陌交通[11],鸡犬相闻。其中往来种作、男女衣著,悉如外人。黄发垂髫并怡然自乐[12]。见渔人,乃大惊,问所从来,具答之。便要还家[13],设酒杀鸡作食。村中闻有此人,咸来问讯。自云先世避秦时乱[14],率妻子邑人来此绝境[15],不复出焉,遂与外人相隔。问今是何世,乃不知有汉[16],无论魏晋[17]。此人一一为具言所闻[18],皆叹惋[19]。余人各复延至其家[20],皆出酒食。停数日,辞去。此中人语云:"不足为外人道也[21]。"既出,得其船,便扶向路[22],处处志之[23]。及郡下,诣太守,说如此。太守即遣人随其往,寻向所志,遂迷[24],不复得路。南阳刘子骥[25],高尚士也,闻之,欣然规往[26];未果[27],寻病终[28]。后遂无问津者[29]。

【注释】

〔1〕 本文原配有诗歌,一般认为是作者晚年的作品。文中虚构了一个没有战乱、剥削和贫穷,人们和乐相处,淳朴宁静的理想世界,文笔朴实明净。

〔2〕 太元:晋孝武帝司马曜年号(376—396)。

〔3〕 武陵:郡名。郡治在今湖南常德市附近。

〔4〕 缘:沿着,顺着。

〔5〕 英:花。缤纷:纷繁杂芜的样子。

〔6〕 异之:以之为异,认为它很奇异。

〔7〕 林尽水源:桃花林的尽头是溪水的源头。

〔8〕 豁然:开阔的样子。
〔9〕 俨然:整齐的样子。
〔10〕 属:类。
〔11〕 阡陌:田间小路。交通:互相交叉连通。
〔12〕 黄发:指老人。因老年人发色变黄,故以黄发代指。垂髫(tiáo):儿童。古代幼儿垂发,稍大才总角,把头发绾起来。
〔13〕 要(yāo腰):同"邀",邀请。
〔14〕 秦时乱:指秦末的战乱。
〔15〕 妻子:妻子儿女。邑人:乡人。绝境:与外界隔绝的地方。
〔16〕 乃:竟然。
〔17〕 无论:更不用说。
〔18〕 所闻:所听说的(朝代更替)。
〔19〕 叹惋:惊叹惋惜。
〔20〕 延:请。
〔21〕 不足:不必。
〔22〕 扶:沿着。向路:先前的来路。
〔23〕 志:做标志。
〔24〕 迷:迷失。
〔25〕 南阳:郡名,治所在今河南南阳。刘子骥:字骥之,好游山水。高尚士:是说他也是一位隐士。高尚,指清高。
〔26〕 规往:计划前去。
〔27〕 未果:尚未实行。
〔28〕 寻:不久。
〔29〕 问津:询问渡口。指寻访桃花源。津,渡口。

五柳先生传[1]

先生不知何许人也[2],亦不详其姓字。宅边有五柳树,因以为号焉[3]。闲静少言,不慕荣利。好读书,不求甚解[4]。每有会意[5],便欣然忘食。性嗜酒,家贫不能常得。亲旧知其如此[6],或置酒而招之[7]。造饮辄尽[8],期在必醉[9]。既醉而退,曾不吝情去留[10]。环堵萧然[11],不蔽风日[12],短褐穿结[13],箪瓢屡空[14],晏如也[15]。常著文章自娱,颇示己志[16]。忘怀得失,以此自终[17]。

赞曰[18]:黔娄有言[19]:"不戚戚于贫贱[20],不汲汲于富贵[21]。"其言兹若人之俦乎[22]?衔觞赋诗[23],以乐其志。无怀氏之民欤?葛天氏之民欤[24]?

【注释】

〔1〕 这是一篇带有自传性的散文,但写法很特别,不写传主姓名、乡贯、家世,只写其性格、爱好、操守、情趣,是作者的自我画像。

〔2〕 何许:何处。

〔3〕 因以为号:因此把"五柳先生"作为自己的雅号。

〔4〕 甚解:犹"深解"。甚,深厚之义。

〔5〕 会意:领悟。

〔6〕 亲旧:亲戚故交。

〔7〕 招:招致,邀请。

〔8〕 造饮辄尽:一到亲旧处饮酒就把酒喝光。造,至。辄,就。

〔9〕 期:希望,期望。

〔10〕 曾:作副词用,加强语气,相当于"从来"。不吝情去留:不以去留为意。吝情,犹顾惜,顾念。

〔11〕 环堵萧然:形容屋无余物,室中空荡荡的。环堵,指屋的四面墙。萧然,空疏的样子。

〔12〕 不蔽风日:不能遮蔽风吹和日晒。

〔13〕 短褐:粗布短衣。古代贫贱者或小孩之服。"短"即"裋"的借字。穿结:谓衣服有破洞和补缀。

〔14〕 箪(dān 丹)瓢:盛饭食的箪和盛饮料的瓢。亦借指饮食。屡空:每每是空的。

〔15〕 晏如:安然自得。

〔16〕 颇示己志:略表自己的志向。

〔17〕 以此自终:以这样的生活一直到终老。

〔18〕 赞:多用于传末的一种文体,用以评价人物。

〔19〕 黔娄:春秋时鲁国(一说齐国)的隐士,不肯出仕,家贫,死时衾不

掩体。

〔20〕 戚戚：忧惧、忧伤的样子。

〔21〕 汲汲：心情急切的样子。

〔22〕 若人：这个人。指五柳先生。俦：类。"其"前一本多一"极"字。

〔23〕 衔觞：饮酒。

〔24〕 "无怀氏"二句：言五柳先生大概是上古时代无怀氏和葛天氏时代的人吧？无怀氏，传说中的上古帝王，在伏羲前。葛天氏，传说中的远古帝名。一说为远古时期的部落名。

孔稚珪

孔稚珪(447—501),字德璋,会稽山阴(今浙江绍兴)人。历仕宋、齐二朝,累官至都官尚书,迁太子詹事,加散骑常侍。为人博学能文,风韵清流,不乐世务。明人辑有《孔詹事集》。

北山移文[1]

钟山之英,草堂之灵[2],驰烟驿路[3],勒移山庭[4]。夫以耿介拔俗之标[5],潇洒出尘之想[6],度白雪以方洁[7],干青云而直上[8],吾方知之矣。若其亭亭物表[9],皎皎霞外[10],芥千金而不盼[11],屣万乘其如脱[12],闻凤吹于洛浦[13],值薪歌于延濑[14],固亦有焉[15]。岂期终始参差[16],苍黄反覆[17],泪翟子之悲[18],恸朱公之哭[19],乍回迹以心染[20],或先贞而后黩[21],何其谬哉!呜呼!尚生不存[22],仲氏既往[23],山阿寂寥[24],千载谁赏?

世有周子[25],隽俗之士[26]。既文既博,亦玄亦史[27]。然而学遁东鲁[28],习隐南郭[29]。窃吹草堂[30],滥巾北岳[31]。诱我松桂[32],欺我云壑。虽假容于江皋[33],乃缨情于好爵[34]。其始至也,将欲排巢父[35],拉许由[36],傲百氏[37],蔑王侯。风情张日[38],霜气横秋[39]。或叹幽人长往[40],或怨王孙不游[41]。谈空空于释部[42],核玄玄于道流[43]。务光何足比[44],涓子不能俦[45]。及其鸣驺入谷[46],鹤书赴陇[47],形驰魄散,志变神动。尔乃眉轩席次[48],袂耸筵上[49],焚芰制而裂荷衣[50],抗尘容而走俗状[51]。风云凄其带愤,石泉咽而下怆;望林峦而有失,顾草木而如丧[52]。

至其纽金章[53],绾墨绶[54],跨属城之雄[55],冠百里之首[56]。张英风于海甸[57],驰妙誉于浙右[58]。道帙长摈[59],法筵久埋[60]。敲扑喧嚣犯其虑[61],牒诉倥偬装其怀[62]。琴歌既断,酒赋无续[63]。常绸缪于结课[64],每纷纶于折狱[65]。笼张、赵于往图[66],架卓、鲁于前录[67]。希踪三辅豪[68],驰声九州牧[69]。使其高霞孤映,明月独举,青松落荫,白云谁侣?涧户摧绝无与归[70],石径荒凉徒延伫[71]。至于还飙入幕[72],写雾出楹[73],蕙帐空兮夜鹤怨,山人去兮晓猿惊[74]。昔闻投簪逸海岸[75],今见解兰缚尘缨[76]。

于是南岳献嘲,北陇腾笑,列壑争讥,攒峰竦诮[77]。慨游子之我欺,悲无人以赴吊[78]。故其林惭无尽,涧愧不歇,秋桂遣风,春萝摆月[79]。骋西山之逸议,驰东皋之素谒[80]。今又促装下邑[81],浪栧上京[82]。虽情投于魏阙[83],或假步于山扃[84]。岂可使芳杜厚颜[85],薜荔蒙耻[86],碧岭再辱,丹崖重滓[87],尘游躅于蕙路[88],污渌池以洗耳[89]?宜扃岫幌[90],掩云关[91],敛轻雾,藏鸣湍,截来辕于谷口[92],杜妄辔于郊端[93]。于是丛条瞋胆[94],叠颖怒魄[95],或飞柯以折轮[96],乍低枝而扫迹[97]。请回俗士驾,为君谢逋客[98]。

【注释】

〔1〕 本文拟托山灵口吻,嘻笑怒骂地讥讽故作高蹈,实则醉心利禄的假隐士。据《文选》吕向注云:南齐周颙初隐钟山,后应仕出任海盐县令(今浙江绍兴)。任满归南京,欲经钟山,孔稚珪写了这篇文章讽刺嘲戏他。钱锺书《管锥编》称,本文"以风物刻划之工,佐人事讥嘲之切,山水之清音与滑稽之雅谑,相得而益彰"。北山,即钟山,在今南京市东北。移文,一种古代官府文书,主要用于申明己意,晓喻对方。

〔2〕 英:英灵,神灵。草堂:隐士在山上搭建的茅屋。《文选》李善注引梁简文帝《草堂传》云,周颙曾在钟山建草堂寺。

〔3〕 驰烟:因驱驰而尘烟四起。驿路:供驿使传送文书的官道。

〔4〕 勒:刻。移:移文。山庭:山的前庭,即山前。

〔5〕 耿介:耿直。拔俗:超出于世人之上。标:风度,格调。

〔6〕 潇洒:洒脱,不受拘束。出尘:超脱世俗。想:情志,理想。

〔7〕 度:度量,比较。方:并,等同。

〔8〕 干:凌驾,上冲。

〔9〕 亭亭:耸立,高远。物表:万物之上。

〔10〕 皎皎:洁白。霞外:云霞之外。

〔11〕 芥(jiè介):小草,这里作"视……如草芥"讲。

〔12〕 "屣万乘"句:这句话是说舍弃天子之位就如脱掉一双鞋。《吕氏春秋》:"视舍天下若舍屣。"《孟子》:"舜视弃天下犹弃敝屣也。"屣(xǐ洗),鞋子,这里作"视……如鞋"讲。万乘(shèng剩),指天子或国君之位,古时天子拥有兵车万乘。

〔13〕 "闻凤"句:据《列仙传》载:周宣王太子晋喜吹笙作凤鸣,常游伊洛之间,久之仙去。

〔14〕 "值薪"句:据《文选》五臣注:苏门先生游于延濑,见一人砍柴,问曰:"子以此终乎?"砍柴人曰:"吾闻圣人无怀,以道德为心,何怪乎而为哀也。"遂为歌二章而去。值,遇到。延,长。濑,湍急的水。

〔15〕 固:本来。

〔16〕 岂期:不料。终始参差:前后不一,不能善始善终。

〔17〕 苍黄:青色和黄色。反覆:变化无常。

〔18〕 泪:流泪。翟(dí笛)子:墨翟。据《淮南子·说林训》,墨子见白丝而泣,因其可以染黄,亦可以染黑。

〔19〕 恸:悲痛。朱公之哭:杨朱见岔路而哭泣,因为其可以往南,也可以往北。

〔20〕 乍:初,刚。回迹:指隐居山林。心染:指心为名利所牵系。

〔21〕 贞:正直纯洁。黩(dú毒):玷污,污浊。

〔22〕 尚生:指西汉隐士尚子平,卖薪以供养自己。

〔23〕 仲氏:即东汉仲长统。据《后汉书》载,他曾经多次拒绝州郡征辟,醉心于游山玩水的生活。

〔24〕 山阿寂寥:因为这些真正的隐士都已逝去了,所以山林中显得很空寂。山阿,山的隐曲处。

〔25〕 周子:指周颙。

〔26〕 隽俗:卓异脱俗。

〔27〕 文:指有文才。博:博学。玄:玄学,老庄之道及易学。史:史学。

〔28〕 "然而"句:《庄子·让王》载:颜阖得道而隐居陋闾,鲁君使人送钱给他,被他拒绝。庄子认为颜阖是真心厌恶富贵的人。学,学习、模仿。遁,逃避,隐居。东鲁,这里指鲁国。

〔29〕 "习隐"句:《庄子·齐物论》:"南郭子綦隐几而坐,仰天嗒然,似丧其偶。"习,学习,模仿。隐(yìn 印),隐几,靠着桌子。南郭,此人乃著名隐士。

〔30〕 窃吹:与他人一起吹奏乐器。此即滥竽充数之意。

〔31〕 滥巾北岳:在北山中冒充隐士。滥,冒充。巾,戴着隐士的头巾。北岳,北山,指钟山。

〔32〕 诱:欺骗。我:这篇文章以钟山神灵的口吻所写,故曰"我",即山灵。

〔33〕 假容:装模作样。江皋:钟山在长江边,故称江皋。

〔34〕 缨情:系念,钟情,寄心。缨,缠绕。好爵:清显的官职。

〔35〕 排:排挤,推开。巢父:尧时隐士,在树上筑巢而居,人称巢父,尧欲让天下给他,他不受。

〔36〕 拉:摧折。

〔37〕 傲:瞧不起。百氏:诸子百家。

〔38〕 风情:神气情态。张日:遮蔽太阳。

〔39〕 霜气:凛冽之气,高洁情怀。横秋:弥漫秋野。

〔40〕 幽人:幽居之人,指隐士。长往:指隐而不返。潘岳《西征赋》:"悟山潜之逸士,悼长往而不反。"

〔41〕 王孙不游:《楚辞·招隐士》:"王孙游兮不归,春草生兮萋萋。"是要招隐士出山做官。本文反用诗意,是说周颙在隐居时抱怨王孙们不愿弃官归隐。

〔42〕 空空:佛教认为一切皆空,无须执着。空是假名,假名本身亦空,因称空空。释部:指佛家典籍。

〔43〕 核:研究,考察。玄玄:《老子》云:"玄之又玄,众妙之门。"后世遂以"玄玄"称道家义理。

〔44〕 务光:古代隐士。相传汤要把天下让给他,他不愿接受,后负石投水而死。

〔45〕 涓子:古代仙人名,好饵术,隐于宕山。见《列仙传》。俦:并列,匹敌。

〔46〕 鸣驺(zōu 邹):指皇帝征召的车马。鸣,车马铃声。一说喝道声。驺,骑马驾车的随从。

〔47〕 鹤书:又名鹤头书,古时征辟隐士的诏书用此种书体。陇:山丘,山冈。

〔48〕 尔乃:于是。轩:高仰,飞举。席次:席间。

〔49〕 袂(mèi 妹):衣袖。

〔50〕 芰(jì 记)制、荷衣:用荷叶制成的衣服,喻高洁。《九歌·少司命》:"荷衣兮蕙带,儵而来兮忽而逝。"又《离骚》:"制芰荷以为衣兮,集芙蓉以为裳。"

〔51〕 抗:高抬。尘容:俗气的面容。俗状:俗气的姿态。

〔52〕 "风云"四句:谓见周颙离去,山中泉石草木都感到沮丧和愤怒。怆,悲痛。丧,丧气,沮丧。

〔53〕 纽金章:挂上官印。

〔54〕 绾(wǎn 碗):系结。绶(shòu 授):丝带,用来系印环,古代常用不同颜色的绶带标识官吏的不同身份与品级。

〔55〕 跨:居于,位于。属城:指同一郡治下的各个县。雄:长。

〔56〕 冠:超出众人,位居第一。

〔57〕 张:扩张,传播。英风:美好的名声。海甸:近海地区。

〔58〕 浙右:即浙西,绍兴一带,周颙曾任山阴县令。

〔59〕 道帙(zhì 制):道家的书籍。帙,书套,函册。摈:抛弃。

〔60〕 法筵:佛家宣扬法理的讲席。

〔61〕 敲扑:鞭打罪犯。犯:冲击,影响。虑:思虑。

〔62〕 牒:书札,讼辞。诉:诉讼。倥偬(kǒng zǒng 孔总):困苦,急迫。

〔63〕 琴歌:乐府琴曲歌辞的一种,汉代司马相如作有《琴歌》二首。这里作弹琴唱歌讲亦可。酒赋:饮酒赋诗,或指前人所作《酒赋》亦通。

〔64〕 绸缪(chóu móu 愁谋):紧缠密绕。结课:统计赋税。

〔65〕 纷纶:众多,忙乱。折狱:断狱,判案。

〔66〕 笼:包举,笼罩。张、赵:张敞和赵广汉两人均为西汉著名吏能之臣。往图:历史上的图籍。

〔67〕 架:凌驾,超过。卓鲁:卓茂和鲁恭,两人均为东汉著名奉职守法的官吏。前录:历史记载。

〔68〕 希踪:有仿效追随之意。三辅:汉代称京兆、左冯翊、右扶风为三

辅。豪:指三辅长官。

〔69〕驰声:声名传播。九州牧:古代分天下为九州,各州地方长官为牧。

〔70〕硐户:在山中水涧边所建的屋舍。硐,水涧。摧绝:毁坏。

〔71〕延伫:长久地站立。

〔72〕还(xuán旋)飙:旋风。

〔73〕写:同"泻",吐,流泻,飘荡。楹:厅堂的前柱。

〔74〕蕙帐:指帐幕上有蕙草图案。蕙,一种香草。山人:隐士,这里指周颙。

〔75〕投簪:这里指弃官。簪,固冠用的簪子。逸:逃跑,隐遁。

〔76〕解兰:这里指放弃隐居生活。兰,隐士所佩的用兰草结成的饰物。缚:束缚。尘缨:比喻尘世的各种事务像绳索一般束缚人的自由。

〔77〕攒:聚集。诮:嘲笑,讥讽。

〔78〕游子:指出去做官的周颙。吊:哀悼,慰问。

〔79〕"故其林"四句:用拟人手法写北山林涧、秋桂、春萝都感到惭愧,无心吟风弄月。遣,赶走,驱散。

〔80〕骋、驰:迅速传播。西山、东皋:泛指隐士居住之地。逸议:隐者的议论。素谒:贫素有德之士的言论。素,素士,指布衣之士。谒,告,引申为议论。

〔81〕促装:整装。下邑:指周颙任县令的绍兴。

〔82〕浪栧(yì义):荡桨,坐船。上京:指当时齐都建康(今南京)。

〔83〕魏阙:古代宫门外的阙门,为宣布法令之所。后来遂以之代朝廷。

〔84〕假步:借道,转道。山扃(jiǒng迥):山门,代指北山。

〔85〕芳杜:即杜若,一种香草。

〔86〕薜荔:木本植物,又名木莲、木馒头。

〔87〕滓(zǐ子):污浊,污垢。

〔88〕"尘游"句:谓不可让周颙的车惊起的尘土污染了长着香草的山路。躅(zhuó浊),踏。

〔89〕"污渌池"句:谓不能让大家听了周颙的俗谈后去洗耳而污染了清澈的池水。污,污染。渌池,清池。

〔90〕宜:应。扃:关闭。岫(xiù秀)幌:山门。岫,山洞,峰峦。

〔91〕掩云关:用云作门而挡住路口。掩,掩闭。云关,云雾笼罩的关隘。

〔92〕辕:这里指车驾。

〔93〕 杜:堵住,拒绝。妄辔:狂妄的车马。

〔94〕 丛条:密集的树枝。瞋(chēn 嗔):怒。

〔95〕 叠颖:丛集的野草。颖,带芒刺的谷穗,这里指草的芒刺和花穗。

〔96〕 柯:枝条。

〔97〕 乍:迅速,猛然。迹:车辙痕迹。

〔98〕 回:回绝。俗士:指周颙。谢:拒绝。逋(bū 晡)客:指逃离山林的周颙。逋,逃亡。

魏　徵

魏徵(580—643),字玄成,馆陶(今属河北)人。少孤贫,落拓有大志,好读书,多所通涉。隋末李密起兵,召为典书记。密败归唐,自请安辑山东,复为窦建德所获,署为起居舍人。建德败,西入关,太子建成引为洗马。太宗即位,擢为谏议大夫,封巨鹿县男,拜尚书右丞。后进侍中,加左光禄大夫,进封郑国公,世因称"魏郑公"。卒赠司空、相州都督,谥文贞。徵辅佐太宗,每犯颜直谏,多所匡益,有"诤臣"之誉。贞观中诏修前代史,徵领其事,《隋书》之"序论"及《梁书》、《陈书》、《北齐书》之"总论"皆出其手。两《唐书》有传。

谏太宗十思疏[1]

臣闻求木之长者,必固其根本;欲流之远者,必浚其泉源[2];思国之安者,必积其德义。源不深而望流之远,根不固而求木之长,德不厚而思国之安,臣虽下愚[3],知其不可,而况于明哲乎?人君当神器之重,居域中之大[4],不念居安思危,戒奢以俭,斯亦伐根以求木茂,塞源而欲流长者也。凡昔元首[5],承天景命[6],善始者实繁,克终者盖寡[7],岂取之易守之难乎!盖在殷忧,必竭诚以待下;既得志,则纵情以傲物。竭诚则吴越为一体,傲物则骨肉为行路[8]。虽董之以严刑[9],振之以威怒,终苟免而不怀仁,貌恭而不心服[10]。怨不在大[11],可畏惟人[12]。载舟覆舟[13],所宜深慎。

诚能见可欲,则思知足以自戒[14];将有作[15],则思知止以安人[16];念高危,则思谦冲以自牧[17];惧满盈,则思江海下百川[18];

乐盘游[19]，则思三驱以为度[20]；忧懈怠，则思慎始而敬终；虑壅蔽，则思虚心以纳下；惧谗邪，则思正身以黜恶[21]；恩所加，则思无因喜以谬赏[22]；罚所及，则思无以怒而滥刑[23]。总此十思，宏兹九得[24]，简能而任之，择善而从之，则智者尽其谋，勇者竭其力，仁者播其惠，信者效其忠。文武并用，垂拱而治[25]，何必劳神苦思，代百司之职役哉[26]！

【注释】

[1] 贞观十一年(637)正月至七月，魏徵连上四疏，指陈时政得失。本文为第二疏，约作于本年四月。文从维护唐王朝长治久安出发，告诫李世民应居安思危，深所戒惧，修德推诚，简能择善，使群臣各尽所能，以期垂拱无为而天下大治。

[2] 浚：疏通。

[3] 下愚：极愚蠢的人。《论语·阳货》："唯上智与下愚不移。"

[4] 神器：本指代表国家政权的实施，如玉玺、宝鼎等，后用以指帝位、皇权。域中之大：指寰宇中至大者。

[5] 元首：国君，君主。

[6] 承天景命：禀受上天所付的帝王之命。景命，大命。

[7] "善始"二句：意谓有良好开始的很多，能够贯彻到底的却很少。

[8] "竭诚"二句：竭诚待人，那么像吴、越（这样的仇国）也会团结得如一人一样，以倨傲的态度待人，即使骨肉之亲也会变得形同路人。吴、越，春秋时两个诸侯国，曾因战争而结为仇雠。

[9] 董之以严刑：以严厉的刑罚去纠正。董，正。纠正、修正。

[10] "终苟免"二句：最终也不过是侥幸免于刑罚而不会心怀仁义，表面上显得恭顺而内心却不会服气。

[11] 怨不在大：《尚书·康诰》："怨不在大，亦不在小。"孔颖达疏："人之怨不在大事，或由小事而起。虽小事而起，亦不恒在小事，因小至大。"

[12] 惟人：《尚书·君奭》："惟人，在后嗣子孙。"孔颖达疏："惟今天下众人，共诚心存我后嗣子孙。"人，指众人。

[13] 载舟覆舟：《荀子·王制》："君者，舟也，庶人者，水也。水则载舟，水则覆舟。"语本之。

[14] 知足：《老子》四十四章："知足不辱。"

〔15〕 作:谓兴造宫室等。

〔16〕 知止:《老子》四十四章:"知止不殆。"

〔17〕 谦冲以自牧:以谦恭冲和修养自己的品德。谦冲,谦虚。冲,虚。自牧,自我修养。

〔18〕 江海下百川:《老子》六十六章:"江海所以为百谷王者,以其善下之。"下百川,居百川之下。

〔19〕 盘游:游乐。

〔20〕 三驱以为度:古王者田猎之制,谓田猎时须让开一面,三面驱赶,以示好生之德。此谓狩猎活动当有所节制。

〔21〕 黜恶:斥退邪恶之人。

〔22〕 无因喜以谬赏:不因个人的喜好而错加褒赏。

〔23〕 无以怒而滥刑:不因个人的愤怒而滥施刑罚。

〔24〕 九得:一作"九德",古所谓贤人所具备的九种品德。

〔25〕 垂拱而治:垂衣拱手,不亲理事务。

〔26〕 百司,百官。

骆 宾 王

骆宾王(约638—约684),婺州义乌(今浙江义乌)人。少有志节,善属文,与王勃、杨炯、卢照邻齐名,号称"四杰"。曾出为临海丞,故世称"骆临海"。不满武则天当政,入徐敬业幕府,为艺文令,随其起兵讨武,兵败被杀,一说逃亡后落发为僧。骆宾王长于七言歌行,尤工骈文。其诗多悲愤之词,其赋和四六骈文,词彩赡富,清新俊逸,在说理、叙事、抒情方面都达到很高成就。有《骆宾王文集》。

为徐敬业讨武曌檄[1]

伪临朝武氏者[2],性非和顺,地实寒微[3]。昔充太宗下陈[4],曾以更衣入侍[5]。洎乎晚节[6],秽乱春宫[7]。潜隐先帝之私[8],阴图后房之嬖[9]。入门见嫉[10],蛾眉不肯让人[11];掩袖工谗[12],狐媚偏能惑主[13]。践元后于翚翟[14],陷吾君于聚麀[15]。加以虺蜴为心[16],豺狼成性,近狎邪僻[17],残害忠良[18],杀姊屠兄[19],弑君鸩母[20]。人神之所同嫉[21],天地之所不容。犹复包藏祸心,窥窃神器[22]。君之爱子,幽之于别宫[23];贼之宗盟[24],委之以重任。呜呼!霍子孟之不作[25],朱虚侯之已亡[26]。燕啄皇孙[27],知汉祚之将尽[28];龙漦帝后[29],识夏庭之遽衰[30]。

敬业皇唐旧臣,公侯冢子[31]。奉先君之成业[32],荷本朝之厚恩[33]。宋微子之兴悲[34],良有以也[35];袁君山之流涕[36],岂徒然哉![37]是用气愤风云[38],志安社稷[39]。因天下之失望[40],顺宇内之推心[41],爰举义旗[42],以清妖孽。南连百越[43],北尽山

323

河^[44],铁骑成群,玉轴相接^[45]。海陵红粟^[46],仓储之积靡穷^[47];江浦黄旗^[48],匡复之功何远。班声动而北风起^[49],剑气冲而南斗平^[50]。喑呜则山岳崩颓^[51],叱咤则风云变色^[52]。以此制敌^[53],何敌不摧?以此图功,何攻不克^[54]?

公等或居汉地^[55],或叶周亲^[56],或膺重寄于话言^[57],或受顾命于宣室^[58]。言犹在耳,忠岂忘心?一抔之土未干^[59],六尺之孤何托^[60]!倘能转祸为福,送往事居^[61],共立勤王之勋^[62],无废大君之命^[63],凡诸爵赏,同指山河^[64]。若其眷恋穷城^[65],徘徊歧路,坐昧先几之兆^[66],必贻后至之诛^[67]。请看今日之域中^[68],竟是谁家之天下!

【注释】

〔1〕 光宅元年(684),武则天废中宗,杀戮李唐子孙,改政变制,立武氏七庙,准备自立,徐敬业遂在扬州起兵讨武氏。时骆宾王在军中为艺文令,为徐敬业写了这篇檄文。文中历数武后之罪,义正辞严,大加挞伐,但其中也有夸大失实之处。徐敬业,唐开国功臣徐勣(即徐世勣,因功赐姓李,后以避太宗讳,去"世"字,称徐勣)的长孙,曾任太仆少卿、眉州刺史,后因事贬为柳州司马。讨武兵败,被杀。檄(xí 习),古代用于晓喻、征召、声讨的文书。

〔2〕 伪:非法窃取政权者称伪。临朝:君临朝廷,当政。武氏:武则天,名曌(zhào 照),并州文水(今山西文水)人。中国历史上第一个亦是惟一的女皇帝。初为太宗才人,高宗立为皇后,后废中宗,立睿宗,以太后身份临朝称制。690 年,自立为帝,改国号为周。

〔3〕 地:地位、出身。

〔4〕 下陈:站在后列,指品级不高的侍妾。此指武则天曾为太宗之才人。

〔5〕 更衣入侍:《汉书·外戚传》言卫子夫出身微贱,曾在侍候汉武帝更衣之际被武帝宠幸。此言武氏曾得太宗宠幸。更衣,指如厕。

〔6〕 洎(jì 记):及,到。晚节:后来,晚年。

〔7〕 秽乱春宫:言与太子(即后之高宗)发生暧昧关系。春宫,太子所居之东宫。

〔8〕 "潜隐"句:指武则天于太宗死后为尼以掩盖为太宗才人事。潜隐,

隐藏,掩盖。先帝,已故的皇帝,指太宗。私,私情。

〔9〕 阴图:暗中图谋。后房:后宫。嬖(bì 必):宠幸。

〔10〕 入门见嫉:入宫时曾遭嫉妒。

〔11〕 蛾眉:如蚕蛾的触须般弯曲而细长的眉毛。后用以代指美女。

〔12〕 "掩袖":《战国策·楚策》载楚怀王妃郑袖见怀王宠幸新来的美人,对其言怀王不喜其鼻,令其掩鼻见王。王不解,郑袖说新人厌闻王之臭气。王怒,割新人之鼻。此处言武则天如郑袖一样善于在帝王跟前进谗,陷害其他妃嫔,谗害王皇后事见《新唐书·后妃传》。

〔13〕 狐媚:妖冶媚态。主:指唐高宗。

〔14〕 践:履,登上。元后:正宫皇后。翚翟(huī dí 灰笛):野鸡,五色皆备者称翚,长尾者称翟。皇后的车子礼服上常以此为装饰,这里比喻皇后之位。

〔15〕 聚麀(yōu 优):两头牡鹿共同占有一头母鹿。语出《礼记·曲礼上》:"夫惟禽兽无礼,故父子聚麀。"此指武则天先后为太宗、高宗父子的妃嫔。

〔16〕 虺(huǐ 毁):毒蛇的一种。蜴(yì 义):蜥蜴,四脚蛇,善于变换颜色。比喻武则天内心狠毒,诡变莫测。

〔17〕 近狎(xiá 霞):亲近。邪僻:邪恶的小人。此指李义府、许敬宗等人。

〔18〕 忠良:指长孙无忌、上官仪、褚遂良等人。

〔19〕 杀姊屠兄:武则天立为皇后之后,其侄儿惟良、怀运及其姐之女贺兰氏为其所杀;其兄武元庆、武元爽被流配而死。见《旧唐书·外戚传》。

〔20〕 弑君鸩(zhèn 震)母:杀死君主,毒死母亲。武则天弑君鸩母史书并无记载,一说鸩母指杀害王皇后。鸩,鸟名,其羽剧毒,用以浸酒,饮之则死。

〔21〕 嫉:痛恨。

〔22〕 神器:帝位,政权。

〔23〕 "君之"句:高宗次子睿宗李旦被武则天废为庐陵王,囚禁于别宫。见《新唐书·后妃传》。幽,囚禁。

〔24〕 贼之宗盟:指武氏宗族亲属武承嗣、武三思等及其党羽。

〔25〕 霍子孟:霍光,字子孟,汉武帝时大臣。后辅佐幼主昭帝,昭帝死,迎立昌邑王刘贺。因刘荒淫无道,废之而立宣帝,安定汉朝基业。见《汉书·霍光传》。作:兴起,出现。

〔26〕 朱虚侯:刘章,汉高祖时大臣,封为朱虚侯。高祖死,吕后当政。吕

后死,诸吕谋乱,刘章与周勃、陈平等合谋诛之,扶立文帝,保存了汉室江山。见《汉书·高五王传》。

〔27〕 燕啄皇孙:指汉成帝皇后赵飞燕因己无子,把其他妃子所生之皇子全都杀害。当时有"燕飞来,啄皇孙;皇孙死,燕啄矢"的童谣,见《汉书·五行志》。此指武则天先后废掉或杀害太子李忠、李弘、李贤之事。

〔28〕 汉祚(zuò 作):汉朝的帝运。此借指唐室命运。祚,皇统。

〔29〕 龙漦(chí 池,又读 sī 思):龙的唾沫。帝后:皇后。龙的唾沫化为皇后。此引褒姒故事:夏朝末期有二龙降于宫中,夏帝问卜于神,将龙的唾沫藏于木盒之中。周厉王时龙漦化为玄鼋,入后宫,一未成年宫女遇之而孕,生下褒姒。后周幽王立褒姒为后,废太子,召致犬戎之祸,西周遂亡。此以褒姒喻武则天。

〔30〕 夏庭:夏朝。此借指唐朝。遽(jù 剧):急速。

〔31〕 敬业:徐敬业。皇唐旧臣:徐敬业曾任太仆少卿、眉州刺史。公侯:指敬业之祖英国公徐勣。冢子:嫡系子孙。

〔32〕 奉:恭敬地接受。先君:父祖成业;已有的家业。

〔33〕 荷(hè 贺):承受、蒙受。

〔34〕 宋微子:殷纣王之庶兄微子启,周时封于宋地。殷亡后途经殷墟,感而作《麦秀歌》。兴:引起。这里以宋微子作比,说徐敬业不忘故国。

〔35〕 良:确实。以:原因。

〔36〕 袁君山:东汉袁安。袁安以外戚专权,言及国事,每喑鸣流涕。一作"桓君山"。

〔37〕 徒然:平白无故这样。

〔38〕 是用:因此。气愤风云:义愤之气激荡风云。

〔39〕 社稷(jì 记):国家。

〔40〕 因:依靠、凭借。失望:对武则天失望。

〔41〕 顺:顺应。宇内:全国。推心:推戴之心。

〔42〕 爰:于是。

〔43〕 百越:对南方各部族的总称。

〔44〕 山河:一作"三河",指河东、河内、河南。指古代帝王建都的中原地带。

〔45〕 铁骑(jì 记):强悍的骑兵。玉轴:玉饰的战车。一说指华贵的战船。

〔46〕 海陵:今江苏泰州,唐属扬州,即徐敬业起兵之地。红粟:陈年的米,因腐发酵而成红色。此言徐敬业粮食储备充足。

〔47〕 靡穷:无穷。

〔48〕 江浦:东南地区。黄旗:古时认为天空出现黄旗紫盖状云气,是为帝王之征兆。

〔49〕 班声:战马的鸣声。《左传·襄公十八年》:"有班马之声,齐师其遁。"

〔50〕 剑气:剑光。南斗:南斗星,在吴地的分野。平:清除。《晋书·张华传》载,斗、牛二星宿间常有紫气照射,后于丰城发掘出龙泉、太阿二宝剑,紫气遂消失。

〔51〕 喑呜(yīn wū 因屋):发怒。崩颓:倒塌。

〔52〕 叱咤(chì zhà 赤炸):发怒呼喝声。

〔53〕 制:制伏。

〔54〕 克:攻下。

〔55〕 公等:指唐朝的文武百官。

〔56〕 叶(xié):同"协",合。周亲:至亲。

〔57〕 膺:承受。重寄:重大的托付。话言:《骆临海集笺注》作"爪牙"。

〔58〕 顾命:帝王临死前对重臣的遗命。宣室:汉未央宫正殿室名。此借指唐朝皇宫。

〔59〕 "一抔(póu 掊)"句:指高宗安葬不久,其坟上之土还未干。抔,捧,把。

〔60〕 六尺之孤:幼少之君,此指中宗。

〔61〕 往:已逝者,指高宗。居:现存者,指中宗。

〔62〕 勤王:君主有难,臣下起兵解救。

〔63〕 废:废弃。

〔64〕 "凡诸"二句:凡勤王有功者,论功授予爵位,以山河为誓。汉高祖封爵誓词曰:"使河如带,泰山若厉,国以永宁,爰及苗裔。"

〔65〕 若其:假如。眷恋:留恋不舍。穷城:陷入绝境之孤城。

〔66〕 坐:因此。昧:不明白。先几(jī击)之兆:事前的征兆。

〔67〕 贻(yí夷):留下,引申为酿成。后至之诛:禹会群神于会稽,防风氏后至,被禹处死。见《国语·鲁语》。这里是说迟迟不响应者必受惩罚。

〔68〕 域中:国内。

王 勃

王勃(650—676),字子安,绛州龙门(今山西河津)人。早慧好学,应举及第时年未二十,授官朝散郎,入沛王府为修撰,后补虢州参军。因罪革职。后赴交趾探望父亲,返回时溺死。王勃与杨炯、卢照邻、骆宾王齐名,时称"四杰"。其存诗不多,精于五律。其文多为骈体,音律和协,对仗精切,显示出非凡的才华。今传有辑本《王子安集》。

滕王阁序[1]

南昌故郡[2],洪都新府[3],星分翼轸[4],地接衡庐[5]。襟三江而带五湖[6],控蛮荆而引瓯越[7]。物华天宝[8],龙光射牛斗之墟[9];人杰地灵,徐孺下陈蕃之榻[10]。雄州雾列[11],俊采星驰[12]。台隍枕夷夏之交[13],宾主尽东南之美[14]。都督阎公之雅望[15],棨戟遥临[16];宇文新州之懿范[17],襜帷暂驻[18]。十旬休假[19],胜友如云[20];千里逢迎[21],高朋满座[22]。腾蛟起凤[23],孟学士之词宗[24];紫电青霜[25],王将军之武库[26]。家君作宰[27],路出名区[28];童子何知,躬逢胜饯[29]。

时维九月[30],序属三秋[31]。潦水尽而寒潭清[32],烟光凝而暮山紫[33]。俨骖𫘧于上路[34],访风景于崇阿[35]。临帝子之长洲[36],得仙人之旧馆[37]。层峦耸翠,上出重霄;飞阁流丹,下临无地[38]。鹤汀凫渚[39],穷岛屿之萦回[40];桂殿兰宫[41],列冈峦之体势[42]。披绣闼[43],俯雕甍[44],山原旷其盈视[45],川泽纡其骇瞩[46]。闾阎扑地,钟鸣鼎食之家[47];舸舰迷津[48],青雀黄龙之轴[49]。虹销雨霁[50],彩彻云衢[51]。落霞与孤鹜齐飞,秋水共长天一色[52]。渔舟唱晚,响穷彭蠡之滨[53];雁阵惊寒[54],声断衡阳之浦[55]。

遥吟俯畅[56],逸兴遄飞[57]。爽籁发而清风生[58],纤歌凝而白云遏[59]。睢园绿竹[60],气凌彭泽之樽[61];邺水朱华[62],光照临川之笔[63]。四美具[64],二难并[65]。穷睇眄于中天[66],极娱游于暇日[67]。天高地迥[68],觉宇宙之无穷[69];兴尽悲来,识盈虚之有数[70]。望长安于日下[71],指吴会于云间[72]。地势极而南溟深[73],天柱高而北辰远[74]。关山难越[75],谁悲失路之人[76];萍水相逢[77],尽是他乡之客。怀帝阍而不见[78],奉宣室以何年[79]?

呜呼!时运不齐[80],命途多舛[81];冯唐易老[82],李广难封[83]。屈贾谊于长沙[84],非无圣主;窜梁鸿于海曲[85],岂乏明时?所赖君子安贫[86],达人知命[87]。老当益壮,宁知白首之心[88]?穷且益坚,不坠青云之志[89]。酌贪泉而觉爽[90],处涸辙以犹欢[91]。北海虽赊[92],扶摇可接[93];东隅已逝,桑榆非晚[94]。孟尝高洁,空怀报国之心[95];阮籍猖狂[96],岂效穷途之哭[97]?

勃,三尺微命[98],一介书生[99]。无路请缨[100],等终军之弱冠[101];有怀投笔[102],慕宗悫之长风[103]。舍簪笏于百龄[104],奉晨昏于万里[105]。非谢家之宝树[106],接孟氏之芳邻[107]。他日趋庭[108],叨陪鲤对[109],今晨捧袂[110],喜托龙门[111]。杨意不逢[112],抚凌云而自惜[113];钟期既遇[114],奏流水以何惭[115]?

呜呼!胜地不常,盛筵难再;兰亭已矣[116],梓泽丘墟[117]。临别赠言,幸承恩于伟饯[118];登高作赋[119],是所望于群公。敢竭鄙怀[120],恭疏短引[121];一言均赋,四韵俱成[122]:

滕王高阁临江渚,佩玉鸣鸾罢歌舞[123]。

画栋朝飞南浦云[124],朱帘暮卷西山雨。

闲云潭影日悠悠[125],物换星移几度秋。

阁中帝子今何在[126]?槛外长江空自流[127]。

【注释】

〔1〕 滕王阁为唐高祖之子滕王李元婴任洪州都督时所建。上元二年(675),王勃往交趾探父,途经洪州(今江西南昌),恰逢洪州都督于滕王阁大宴宾客,勃参与其会,即席而成此文。序文以滕王阁为中心,近瞻远瞩,俯仰古今,写景鲜明壮丽,中寓身世之感,兴会淋漓,意境高远。文用骈体,词采华茂,对仗细密,声律严谨,用典贴切而不冷僻,气势奔放自然,表现出骈文向格律化、通俗化发展的倾向。

〔2〕 南昌:一本作"豫章",汉郡名。因为汉代所置,故称"故郡"。

〔3〕 洪都:豫章郡唐时改称洪州,设都督府,故称"新府"。

〔4〕 星分翼轸(zhěn 枕):古人将二十八宿的位置与地面上州郡、方国的区域对应。就天文说,称作分星;就地面说,称作分野。翼、轸,二十八宿中的两个星宿名,古为楚之分野。豫章古属楚地。

〔5〕 衡庐:指衡山和庐山。

〔6〕 襟三江而带五湖:以三江为襟,以五湖为带。三江、五湖,泛指长江中下游与太湖流域一带。

〔7〕 控:控制。蛮荆:今湖北、湖南一带。因其地属荆州,且古为蛮族(南方少数民族)所居,故称。引:牵制。瓯(ōu 欧)越:今浙江一带。因其地春秋时属越国,境内有瓯江之故。

〔8〕 物华天宝:物的精华,发为冲天宝气。指下文所言之宝剑。

〔9〕 龙光:剑的光芒。牛、斗:二星宿名。墟:区域。《晋书·张华传》载张华夜观天象,见牛、斗二星宿间有紫气照射,后果在丰城掘得二宝剑,一名龙泉,一名太阿。

〔10〕 徐孺:徐稚字孺子,东汉时豫章名士。陈蕃:字仲举,东汉人,曾任豫章太守,不接待宾客,但为徐稚特设一榻,稚来放下,稚去悬起。见《后汉书·徐稚传》。

〔11〕 雄州:雄伟的大州,指洪州。雾列:如云雾般缥缈壮观。

〔12〕 俊采:指有才能的官吏。星驰:如群星奔驰般不断涌现。

〔13〕 台隍:城池。台,此处指城楼。隍,护城河。有水叫池,无水叫隍。枕:临。夷:蛮夷,指楚地。夏:华夏,指古扬州,今浙江、江苏一带。

〔14〕 东南之美:东南地区的俊杰。美,指杰出人才。语出《世说新语·言语》。

〔15〕 都督阎公:洪州都督,姓阎,名无考。雅望:清雅的声望。

〔16〕 棨(qǐ启)戟：有衣套的木戟，指古代官员出行时的仪仗。遥临：从遥远的地方来此为官。

〔17〕 宇文新州：复姓宇文的新州刺史，名不可考。新州：唐郡名，治所在今广东省新兴县。懿范：美好的风范。

〔18〕 襜(chān搀)帷：车上的帷帐，借指车驾。

〔19〕 十旬休假：十天为一旬日，唐制每逢旬日，百官休假，称为旬休。

〔20〕 胜友：良友。

〔21〕 千里逢迎：接待来自千里之外的朋友。

〔22〕 高朋：高贵的宾客。

〔23〕 腾蛟起凤：比喻文章精美，如蛟龙翻腾，凤凰飞舞。《西京杂记》卷二载扬雄梦吐凤凰，聚集其所著《太玄经》之上；董仲舒梦蛟龙入怀，乃作《春秋繁露》。

〔24〕 孟学士：一宾客，名不详。学士为其官名，掌文学撰述。词宗：文章大师。

〔25〕 紫电青霜：宝剑名。《古今注》载孙权六把宝剑中有名紫电者。《西京杂记》卷一记刘邦斩蛇剑光亮如霜雪。

〔26〕 王将军：座中宾客，名不详。武库：收藏兵器的仓库，借指王将军富有韬略。

〔27〕 家君：王勃称自己的父亲。作宰：任县令。

〔28〕 路出名区：路过名胜之地。

〔29〕 童子：后生、晚辈，王勃自称。躬：亲自。胜饯：盛大的送别宴会。

〔30〕 维：句中语气词，助判断。

〔31〕 序：时序，即春夏秋冬。三秋：农历七、八、九三月为秋季，分别称孟秋、仲秋、季秋。九月为季秋。

〔32〕 潦(lǎo老)水：雨后积水。

〔33〕 烟光：夕阳映照下的云霞发出的光辉。

〔34〕 俨：整齐貌。此指使整齐。骖騑(cān fēi 餐飞)：古时驾车的马。上路：大路。

〔35〕 崇阿(ē婀)：高的山陵。

〔36〕 帝子：帝王之子，指滕王。长洲：指阁前的沙洲。

〔37〕 仙人：指滕王。一本作"天人"。旧馆：指滕王阁。

〔38〕 "层峦耸翠"四句：语本王巾《头陀寺碑文》："层轩延袤，上出云霓；

飞阁流丹,下临无地。"翠,指台阁的顶瓦为绿色。重霄,高处的天空。飞阁,架在空中的高阁。流,流动。丹,丹漆,彩绘。无地,极言阁之高峻。

〔39〕 汀(tīng厅):水边平地。凫(fú浮):野鸭。渚(zhǔ拄):水中的小洲。

〔40〕 穷:极尽。萦回:回环曲折。

〔41〕 桂殿兰宫:用桂树和木兰建成的宫殿。

〔42〕 列:随着。一本作"即"。冈峦:山峦。体势:高低起伏的态势。

〔43〕 披:推开。绣闼(tà踏):装饰艳丽的门。

〔44〕 俯:俯视。雕甍(méng蒙):雕镂精致的屋脊。

〔45〕 旷:广阔。盈视:满眼。

〔46〕 川泽:河流。纡(yū迂):曲折。骇瞩:看起来令人惊奇。

〔47〕 闾阎:里巷的门,此指房屋。扑地:遍地。钟鸣鼎食:古代显贵人家击钟列鼎而食,形容富豪。

〔48〕 舸(gě葛):大船。舰:板屋舟。迷:分辨不清,极言船多。津:渡口,此指江面。

〔49〕 青雀黄龙:船头装制成雀形和龙形。轴:通舳(zhú逐),船尾。此代船。

〔50〕 虹:一本作"云"。销:散。霁(jì记):雨止。

〔51〕 彩:阳光。彻:穿透。衢:大路。一本作"区"。

〔52〕 "落霞"二句:语本庾信《马射赋》:"落花与芝盖齐飞,杨柳共春旗一色。"落霞,晚霞。鹜(wù务),野鸭。

〔53〕 响:歌声。穷:直到。彭蠡(lí离):湖名,即今之鄱阳湖。

〔54〕 雁阵:排列成阵的大雁。

〔55〕 衡阳:地名,今湖南衡阳,相传雁飞至此地而止。浦:水滨。

〔56〕 遥吟俯畅:遥望高吟,俯视低唱。一本作"遥襟甫畅。"

〔57〕 逸兴:超逸的兴致。遄(chuán船):急速。飞:飞扬。

〔58〕 爽籁:参差不齐的箫管。爽,参差;一说作"清"解。

〔59〕 纤歌:余音袅袅的歌声。白云遏:形容歌声美妙。《列子·汤问》载秦青抚节悲歌,"响遏行云"。遏(è饿),停滞。

〔60〕 睢(suī虽)园绿竹:西汉梁孝王刘武在睢阳(今属河南)的苑园,园内多竹,刘武常在此宴客赋诗。

〔61〕 气:饮酒赋诗的豪气。凌:压倒,超过。彭泽:晋诗人陶渊明,曾任

彭泽(今属江西)令。樽:酒杯。渊明性嗜酒,故言。

〔62〕 邺水:地名,今河北省临漳县,曹操父子在此聚集众多有名文士。朱华:芙蓉,借指文采。

〔63〕 临川:江西省临川县,谢灵运曾任临川太守。此借指谢灵运。

〔64〕 四美:良辰、美景、赏心、乐事。谢灵运《拟魏太子邺中集诗序》谓此"四者难并"。

〔65〕 二难:主贤、客佳。

〔66〕 穷:极目。睇眄(dì miàn 递面):斜着眼睛看。引申为观赏。中天:泛指高远处。

〔67〕 极:尽情。娱游:娱乐游戏。暇日:闲暇之时。

〔68〕 迥(jiǒng 炯):远。

〔69〕 宇宙:天地四方曰宇,古往今来曰宙。

〔70〕 盈虚:得失、兴亡、成败、盛衰等发展变化的规律。数:定数,命定。

〔71〕 日下:形容遥远之地,亦是京都的代称。

〔72〕 指:向着。一本作"目"。吴会(kuài 快):吴郡和会稽郡,今江苏、浙江一带。云间:吴郡松江县的别称,亦指遥远的云雾之中。据《世说新语·排调》记载,荀隐与陆云初次见面,陆自我介绍:"云间陆士龙。"荀对曰:"日下荀鸣鹤。"

〔73〕 地势极:大地的尽头。南溟:南海。

〔74〕 天柱:《神异经》载昆仑山上有一铜柱,其高入天。北辰:北极星。

〔75〕 关山:关隘山岭。

〔76〕 失路之人:仕途失意,不得志之人。

〔77〕 萍水相逢:偶然相聚,然后各自东西。萍水,一作"沟水"。古乐府《白头吟》:"今日斗酒会,明旦沟水头,蹀躞御沟上,沟水东西流。"

〔78〕 帝阍(hūn 昏):原指给天帝守门之人。借指京城。

〔79〕 奉:侍奉,引申为被君主召见。宣室:汉未央宫正殿名,借指朝廷。

〔80〕 呜呼:一作"嗟呼"。不齐:不具备,不好。

〔81〕 舛(chuǎn 喘):不顺,乖戾。

〔82〕 冯唐:西汉人,汉文帝时为郎中署长,拜车骑都尉,景帝时免官。武帝求贤,人荐冯唐,惜已年老,无法任职。

〔83〕 李广:汉武帝时名将,抗击匈奴,屡立战功,终其一生,未曾封侯。

〔84〕 贾谊:汉文帝时政治家、文学家。文帝召为博士,迁太中大夫。然

遭权贵排挤,出为长沙王傅。

〔85〕 窜:逃隐。梁鸿:东汉名士,作《五噫歌》讽刺宫廷华丽,百姓受苦,怕章帝问罪,隐姓埋名,逃隐于齐鲁一带。海曲:海滨。

〔86〕 赖:依仗。安贫:一本作"见机"。

〔87〕 达人:通达事理的人。知命:知天安命。

〔88〕 白首:指年老。

〔89〕 穷且益坚:《后汉书·马援传》:"丈夫为志,穷当益坚,老当益壮。"穷,穷困不得志。青云之志:高洁的志向。

〔90〕 酌:饮。贪泉:传说广州市郊有贪泉,清廉之人饮之亦会变得贪婪。晋朝吴隐之为广州刺史,特地饮贪泉之水,却始终保持廉洁的节操。见《晋书·吴隐之传》。

〔91〕 涸辙(hé zhé 河哲):水干后的车辙,喻困境。

〔92〕 赊:远。

〔93〕 扶摇:自下而上的大旋风。

〔94〕 "东隅"二句:《后汉书·冯异传》:"可谓失之东隅,收之桑榆。"东隅,日出之处,喻青春。桑榆,日落之处,喻晚年。

〔95〕 孟尝:东汉人,字伯周,曾任合浦太守,清廉有政绩,却未被重用。见《后汉书·循吏传》。怀:一本作"余"。心:一本作"情"。

〔96〕 阮籍:晋诗人,字嗣宗,竹林七贤之一。不满现实,不拘礼法,常驾车出游,走到路之尽头辄恸哭而返。见《晋书·阮籍传》。猖狂:放荡不羁。

〔97〕 效:仿效。

〔98〕 三尺:士的礼服下垂的带子长三尺。微命:卑微的性命。

〔99〕 一介:一个。介,微小。

〔100〕 请缨:指主动要求杀敌报国。缨,拘系人的绳子。

〔101〕 终军:字子云,汉武帝遣其出使南越,说服南越王和亲。终军请求给其长绳,绑缚南越王至阙下。弱冠:二十岁。终军出使时年仅二十。见《汉书·终军传》。

〔102〕 投:抛弃。汉班超投笔从戎。见《后汉书·班超传》。

〔103〕 宗悫(què 却):南朝宋人,少有志,其叔父问其志向,答曰:"愿乘长风,破万里浪。"见《宋书·宗悫传》。

〔104〕 簪笏(hù 护):官员的冠簪、手版。代指官职。百龄:百年,指终生。

〔105〕 奉晨昏:早晚向父母请安。《礼记·曲礼上》记为人子之礼要"昏定而晨省"。

〔106〕 谢家之宝树:《世说新语·言语》载东晋谢安问诸子侄:"子弟亦何预人事,而正欲使其佳?"谢玄答曰:"譬如芝兰玉树,欲使其生于庭阶耳。"后喻佳子弟。

〔107〕 孟氏之芳邻:孟子之母为使其子受到好的影响,多次迁居,以选择好的邻居。

〔108〕 他日:不久。趋庭:快步走过庭院。

〔109〕 叨(tāo 涛):忝、辱,自谦之词。鲤:孔子之子,从孔子面前经过时,孔子教诲他要学《诗》、学《礼》。

〔110〕 晨:一本作"兹",当是,因为前文有"落霞与孤鹜齐飞"句,时当傍晚。捧袂(mèi 妹):捧起长者的衣袖行礼,表示恭敬。

〔111〕 托:投足,登。龙门:传说鲤鱼跃过龙门即能化为龙,后以登龙门喻忽然获得荣耀或因名人荐赏而身价百倍。

〔112〕 杨意:杨得意,汉武帝时任狗监,引荐司马相如做官。不逢:没有遇到。

〔113〕 抚:持,拿。凌云:汉武帝看了司马相如的《大人赋》后说:"飘飘有凌云之气,似游天地之间。"此以喻自己的创作。

〔114〕 钟期:钟子期,春秋时人。俞伯牙鼓琴,钟子期能言所奏何意。《列子·汤问》载,伯牙鼓琴,志在高山,钟子期曰:"善哉!峨峨兮若泰山。"志在流水,钟子期曰:"善哉!洋洋兮若江河。"

〔115〕 奏流水:钟期奏乐,即指作此序。

〔116〕 兰亭:亭名,在浙江绍兴西南之兰渚山上。东晋穆帝永和九年(353)三月三日上巳节,王羲之与谢安、孙绰等四十一人在兰亭行祓禊之礼,会上各人作诗,并由羲之作序。

〔117〕 梓(zǐ子)泽:地名,在今河南洛阳。晋石崇在此建有金谷园,以宴宾客。丘墟:变成废墟荒地。

〔118〕 临别赠言:《说苑·杂言》:"子路将行,辞于仲尼。曰:'赠汝以车乎?以言乎?'子路曰:'请以言。'"幸:荣幸。承恩:承受恩惠。伟饯:盛大的送别宴会。

〔119〕 登高作赋:《韩诗外传》卷七:"孔子曰:'君子登高必赋。'"

〔120〕 竭:尽。鄙怀:自己卑微的心怀,自谦之词。

〔121〕恭:恭敬。疏:分条陈述,书写。引:序。

〔122〕"一言"二句:各人分别得到一字作为韵脚赋诗,以四韵八句成篇。此后一本尚有"请洒潘江,各倾陆海云尔。"

〔123〕"佩玉"句:写宴会结束后,歌舞停歇。鸾,车上的铃。

〔124〕南浦:地名,在南昌西南。

〔125〕潭影:指倒映在潭中的云影。

〔126〕帝子:指滕王李元婴。

〔127〕槛:栏杆。

李 白

李白(701—762),字太白,自号青莲居士,故世称"李青莲"。祖籍陇西成纪(今甘肃秦安)。开元十二年(724)出蜀,广游天下。天宝元年(742)应诏入京,供奉翰林,故世称"李供奉"、"李翰林"。往见贺知章,贺奇其文才风骨,呼为"谪仙人",故世称"李谪仙"。后遭谗去职,浪迹天涯,诗酒自适。"安史之乱"爆发,参加永王璘幕。永王兵败,坐罪长流夜郎,中途遇赦。晚年飘泊于东南一带,病卒于当涂。李白诗作重在抒发激昂情怀,他与杜甫并称"李杜",代表了我国古典诗歌的最高成就。有《李太白集》。

与韩荆州书[1]

白闻天下谈士相聚而言曰[2]:生不用万户侯,但愿一识韩荆州。何令人之景慕一至于此[3]?岂不以周公之风,躬吐握之事[4],使海内豪俊奔走而归之,一登龙门[5],则声价十倍!所以龙蟠凤逸之士[6],皆欲收名定价于君侯[7],君侯不以富贵而骄之,寒贱而忽之[8]。则三千之中有毛遂,使白得颖脱而出,即其人焉[9]。白陇西布衣,流落楚汉[10]。十五好剑术,遍干诸侯[11];三十成文章,历抵卿相[12]。虽长不满七尺,而心雄万夫,皆王公大人许与气义[13],此畴曩心迹[14],安敢不尽于君侯哉[15]?

君侯制作侔神明[16],德行动天地,笔参造化,学究天人。幸愿开张心颜[17],不以长揖见拒[18]。必若接之以高宴,纵之以清谈[19],请日试万言,倚马可待[20]。今天下以君侯为文章之司命[21],人物之权衡[22],一经品题[23],便作佳士。而今君侯何惜阶前盈尺之地,不使白扬眉吐气,激昂青云耶[24]?

昔王子师为豫州,未下车即辟荀慈明,既下车又辟孔文举[25]。山涛作冀州,甄拔三十余人[26],或为侍中尚书,先代所美。而君侯亦一荐严协律[27],入为秘书郎[28],中间崔宗之、房习祖、黎昕、许莹之徒[29],或以才名见知,或以清白见赏。白每观其衔恩抚躬[30],忠义奋发,白以此感激[31],知君侯推赤心于诸贤之腹中[32],所以不归他人而愿委身国士[33]。倘急难有用,敢效微躯[34]。

且人非尧舜,谁能尽善?白谟猷筹画[35],安敢自矜[36]?至于制作,积成卷轴,则欲尘秽视听[37],恐雕虫小技[38],不合大人。若赐观刍荛[39],请给纸笔,兼之书人[40],然后退扫闲轩[41],缮写呈上。庶青萍结绿[42],长价于薛卞之门[43]。幸推下流[44],大开奖饰,唯君侯图之[45]。

【注释】

〔1〕 韩荆州,即韩朝宗,初仕左拾遗,累迁荆州长史,开元二十二年以荆州长史兼判襄州长史、山南东道采访处置使,两《唐书》有传。朝宗喜识拔奖掖后进,当时士流咸归之。本文是作者向韩朝宗写的自荐书。

〔2〕 谈士:游说之士,辩士。此指当时一些为功名而奔走活动的人。

〔3〕 景慕:景仰羡慕。

〔4〕 "岂不"句:难道不是因为您的身上具有周公的遗风,能躬行"一饭三吐哺"、"一沐三握发"吗?

〔5〕 登龙门:东汉李膺,享有盛名,为士人所宗尚,时以得到李膺接纳为荣,称为"登龙门"。此处把韩朝宗比作李膺。

〔6〕 龙蟠凤逸:谓龙盘踞以待时,时机一到就会像凤一样飞翔。这里比喻怀才隐居而等待时机的人。

〔7〕 收名定价:得到名声,确定身价。君侯:对达官显贵的敬称。此指韩朝宗。

〔8〕 "君侯"句:希望韩朝宗不要因为自己富贵而傲视士人,也不要因为士人贫贱而轻视之。

〔9〕 "则三千"三句:谓如果三千宾客中有毛遂那样颖脱而出的,我李白

就是那样的人。三千,指战国时赵国平原君的食客。毛遂,平原君的门客。颖,锥尖。《史记·平原君列传》载,秦围赵之邯郸,赵王派平原君入楚求救。平原君准备带二十个有勇力且文武备具的食客去,但仅得十九人。门下有毛遂者,请求同去。"平原君曰:'夫贤士之处世也,譬若锥之处囊中,其末立见。今先生处胜之门下三年于此矣,左右未有所称诵,胜未有所闻,是先生无所有也。先生不能,先生留。'毛遂曰:'臣乃今日请处囊中耳。使遂蚤得处囊中,乃颖脱而出,非特其末见而已。'"作者用此事,意谓只要给他机会,他就会像毛遂那样颖脱而出,建立功勋。

〔10〕 "白陇西"二句:陇西布衣,李氏郡望为陇西,故云。楚汉,指古楚地及汉水流域。时白困顿于安陆,故云"流落楚汉"。

〔11〕 遍干诸侯:干谒各地的地方长官。干,干谒。诸侯,这里指州郡地方官。

〔12〕 历抵卿相:拜访遍所有朝廷达官。历抵,普遍干谒。白此前曾一入长安,故云。

〔13〕 许与气义:赞许以气概与道义。

〔14〕 畴曩:犹往日。

〔15〕 尽:完全表露。

〔16〕 "君侯"句:此赞美韩朝宗的政绩。制作,"制礼作乐"的省称。这里指政绩。下文的"制作",指诗文。侔,相等。

〔17〕 开张心颜:犹言坦开心扉,和颜相待。

〔18〕 "不以"句:不要因为礼节简慢而拒绝。长揖,即拱手礼。双手拱而高举,自上而下行礼。

〔19〕 "必若"句:指以盛大的宴会接待,任其纵情而谈。高宴,盛宴。

〔20〕 倚马可待:《世说新语·文学》:"桓宣武(温)北征,袁虎时从,被责免官。会须露布文,唤袁倚马前令作,手不辍笔,俄得七纸,殊可观。"此比喻文思敏捷。

〔21〕 司命:星名,即文昌第四星。旧时传说主文运,俗称为文曲星或文星。

〔22〕 权衡:此为衡量、评定的意思。

〔23〕 品题:品评。

〔24〕 激昂青云:犹言激励奋发,豪气干云。

〔25〕 王子师:名允,东汉时人。下车:旧称官员初到任为下车。辟:征

聘。荀慈明:名爽。孔文举:名融。荀、孔二人皆东汉名士。

〔26〕 山涛:字巨源,西晋人。"竹林七贤"之一。

〔27〕 严协律:或为严武。协律,官名,太常寺属官,正八品上,掌和律吕。武字季鹰,华阴(今属陕西)人,两《唐书》有传,然未载其任协律职。

〔28〕 秘书郎:秘书省属官,从六品上,掌经籍图书。

〔29〕 "中间"句:崔宗之,宰相崔日用子,袭封齐国公,好学,宽博有风检,与白为知交。事迹见《新唐书·崔日用传》。黎昕、房习祖、许莹,事迹未详。

〔30〕 衔恩抚躬:谓感其恩而思忖如何报答。衔恩,感恩。躬,自身。

〔31〕 感激:犹感动。

〔32〕 "知君侯"句:意谓韩朝宗能以诚待人。

〔33〕 国士:此指韩朝宗。

〔34〕 敢效微躯:愿贡献自己的生命。微躯,谦辞,指自己。

〔35〕 谟猷:谋略。

〔36〕 自矜:自负,自夸。

〔37〕 尘秽视听:谦辞。意谓自己的作品可能会玷污韩荆州的耳目。尘秽,脏东西。此做动词用。

〔38〕 雕虫小技:扬雄《法言·吾子》:"或问:'吾子少而好赋?'曰:'然。童子雕虫篆刻。'俄而曰:'壮夫不为也。'"西汉学童必习秦书八体,其中虫书、刻符是两体,纤巧难工。扬雄以之喻作赋,谓与童子雕琢虫书、篆写刻符相似,都是童子所习的技巧。后以喻小道,亦常指辞章之学。

〔39〕 刍荛(chú ráo 除饶):割草打柴的人。这里是李白自谦之辞。

〔40〕 书人:指抄写的人。

〔41〕 闲轩:空闲的屋子。

〔42〕 青萍:宝剑名。结绿:美玉名。

〔43〕 薛卞:薛烛与卞和。薛烛,春秋时越人,善相剑。卞和,春秋楚人,善识玉。其发现玉璞先后献楚厉王、楚武王,皆误为欺诈而刖双足。后文王使人琢之,得宝玉,命为"和氏璧"。事见《韩非子·和氏》。

〔44〕 幸推下流:希望能够礼敬在下者。推,一作"惟",有推奖的意思。下流,处下位者。此白自指。

〔45〕 图:犹考虑,思考。

春夜宴桃李园序[1]

夫天地者,万物之逆旅[2];光阴者,百代之过客[3]。而浮生若梦[4],为欢几何?古人秉烛夜游,良有以也[5]。况阳春召我以烟景[6],大块假我以文章[7]。会桃李之芳园,序天伦之乐事[8]。群季俊秀[9],皆为惠连[10];吾人咏歌,独惭康乐[11]。幽赏未已,高谈转清。开琼筵以坐花[12],飞羽觞而醉月[13]。不有佳作,何伸雅怀[14]?如诗不成,罚依金谷酒数[15]。

【注释】

〔1〕 这是李白的一篇著名的抒情短文,约于开元二十一年(733)前后作于安陆。作者以清新自然的笔触,写一个春夜里与诸从弟在桃李园饮宴、幽赏、清谈、赋诗的赏心乐事,景、情、思融合成一种极美的意境,有层次,有变化,语短意长,增人思致。

〔2〕 逆旅:客舍。

〔3〕 光阴:时间。过客:过往的客人。李白《拟古十二首》其九:"生者为过客。"

〔4〕 浮生若梦:人生飘浮不定,犹如一场梦。浮生,人生。

〔5〕 秉烛夜游:谓及时行乐,作长夜之游。《古诗十九首》:"昼短苦夜长,何不秉烛游。"曹丕《与吴质书》:"少壮真当努力,年一过往,何可攀援?古人思秉烛夜游,良有以也。"

〔6〕 阳春:温暖的春天。召:召唤。烟景:春天的美景。

〔7〕 大块:大地,亦指大自然。假:借给,提供。文章:指自然景物如锦绣交织成的花纹一样美丽。

〔8〕 序:叙。天伦:兄弟。《穀梁传·隐公元年》:"兄弟,天伦也。"

〔9〕 群季:诸弟。

〔10〕 惠连:谢惠连,谢灵运族弟,工诗文。这里喻指诸弟有才华。

〔11〕 康乐:谢灵运,袭康乐公,世称谢康乐。此句作者自谦无谢灵运之才。

〔12〕 琼筵:华贵珍美的筵席。坐花:坐在花丛中,即在花丛中开宴。

〔13〕 飞羽觞:谓杯盏频传。羽觞,两侧有耳的酒杯。这里泛指酒杯。醉月:谓醉酒月下。

〔14〕 佳作:一本作"佳咏"。伸:抒发。雅怀:高雅的情怀。

〔15〕 "罚依"句:晋石崇宴客金谷园中,当席赋诗,不成者罚酒三杯。见《世说新语·品藻》注引石崇《金谷诗序》。

李 华

李华(715—774),字遐叔,赵州赞皇(今河北赞皇)人。开元二十三年进士。官至监察御史,因弹劾不法,为权贵所嫉,徙右补阙。安史乱时为叛军所获,被迫授伪职。乱后贬为杭州司户参军。李华以文章著称,与萧颖士齐名,世称"萧李"。主张恢复古文,开中唐古文运动先河。有《李遐叔集》。

吊古战场文[1]

浩浩乎[2],平沙无垠[3],夐不见人[4]。河水萦带[5],群山纠纷[6]。黯兮惨悴[7],风悲日曛[8]。蓬断草枯,凛若霜晨[9]。鸟飞不下[10],兽铤亡群[11]。亭长告余曰[12]:"此古战场也。常覆三军[13],往往鬼哭,天阴则闻。"伤心哉!秦欤汉欤?将近代欤[14]?

吾闻夫齐魏徭戍[15],荆韩召募[16]。万里奔走,连年暴露[17]。沙草晨牧[18],河冰夜渡[19]。地阔天长[20],不知归路[21]。寄身锋刃[22],腷臆谁诉[23]?秦汉而还[24],多事四夷[25]。中州耗斁[26],无世无之[27]。古称戎夏[28],不抗王师[29]。文教失宣[30],武臣用奇[31]。奇兵有异于仁义[32],王道迂阔而莫为[33]。呜呼噫嘻[34]!

吾想夫北风振漠[35],胡兵伺便[36],主将骄敌,期门受战[37]。野竖旄旗[38],川回组练[39]。法重心骇[40],威尊命贱[41]。利镞穿骨[42],惊沙入面[43]。主客相搏[44],山川震眩[45]。声析江河[46],

势崩雷电[47]。至若穷阴凝闭[48],凛冽海隅[49],积雪没胫[50],坚冰在须。鸷鸟休巢[51],征马踟蹰[52],缯纩无温[53],堕指裂肤[54]。当此苦寒,天假强胡[55],凭陵杀气[56],以相剪屠[57]。径截辎重[58],横攻士卒,都尉新降[59],将军覆没[60]。尸填巨港之岸[61],血满长城之窟[62]。无贵无贱,同为枯骨,可胜言哉[63]!鼓衰兮力尽[64],矢竭兮弦绝[65],白刃交兮宝刀折,两军蹙兮生死决[66]。降矣哉[67],终身夷狄[68],战矣哉,骨暴沙砾[69]。鸟无声兮山寂寂,夜正长兮风淅淅[70]。魂魄结兮天沉沉[71],鬼神聚兮云幂幂[72]。日光寒兮草短,月色苦兮霜白,伤心惨目,有如是耶!

　　吾闻之:牧用赵卒[73],大破林胡[74],开地千里,遁逃匈奴[75]。汉倾天下[76],财殚力痡[77],任人而已[78],其在多乎?周逐猃狁[79],北至太原[80],既城朔方[81],全师而还,饮至策勋[82],和乐且闲[83],穆穆棣棣[84],君臣之间。秦起长城,竟海为关[85],荼毒生灵[86],万里朱殷[87]。汉击匈奴,虽得阴山[88],枕骸遍野[89],功不补患[90]。苍苍蒸民[91],谁无父母?提携捧负[92],畏其不寿[93]。谁无兄弟,如足如手[94];谁无夫妇,如宾如友[95]?生也何恩[96],杀之何咎[97]?其存其没[98],家莫闻知;人或有言,将信将疑。悁悁心目[99],寝寐见之[100]。布奠倾觞[101],哭望天涯。天地为愁,草木凄悲。吊祭不至,精魂何依。必有凶年[102],人其流离[103]。呜呼噫嘻!时耶命耶[104]!从古如斯,为之奈何!守在四夷[105]。

【注释】

〔1〕 本篇是骈文中的名篇,当作于作者任监察御史时。文章由古战场的空旷荒凉,想象昔日战争的惨烈,抚今慨昔,表达了对阵亡者的痛惜、对穷兵黩武的不满以及对和平的祈盼。笔调哀婉,感情真挚,有极强的艺术感染力。

〔2〕 浩浩乎:广大的样子。

〔3〕 垠(yín 银):边际。

〔4〕 敻(xiòng 诇):远。

〔5〕 萦带:像带子一样环绕。萦,环绕。

〔6〕 纠纷:杂乱交错。

〔7〕 黯:暗淡无光。悴:忧伤。

〔8〕 曛:落日的余光。这里指昏暗不明。

〔9〕 凛:寒冷。

〔10〕 不下:不敢下落。

〔11〕 铤(tǐng 挺):快跑。亡群:失群。

〔12〕 亭长:乡村小吏。

〔13〕 覆:被消灭。三军:古代天子拥兵六军,诸侯三军,故以三军代指军队。

〔14〕 将:抑或,还是。

〔15〕 齐魏:战国时的齐、魏两国,与下文"荆韩"泛指战国时的各诸侯国。徭戍:征兵守边境。

〔16〕 荆:楚国。

〔17〕 暴(pù 曝)露:置身于露天之下。

〔18〕 沙草晨牧:早晨在多沙的草地上放牧战马。

〔19〕 河冰夜渡:夜晚渡过结冰的河流。

〔20〕 地阔天长:路途遥远,日子漫长。

〔21〕 归路:回家的道路。

〔22〕 寄身锋刃:将身体交给箭锋和刀刃。

〔23〕 膈臆(bì yì 必义):情绪郁结。

〔24〕 而还:以来。

〔25〕 多事:多战事。四夷:古时对四方边境外族的蔑称。夷:泛指东方各少数民族。

〔26〕 中州:中原。耗斁(dù 渡):损耗破坏。

〔27〕 无世无之:没有哪个朝代没有这种情况。

〔28〕 戎:原指西方各族,此代指四方边境。夏:中原地区。

〔29〕 王师:帝王的军队。

〔30〕 文教:以礼乐仁义等教化臣民。失宣:不再宣扬、提倡。

〔31〕 用奇:用兵诡诈,使人不测。《老子》第五十七章:"以奇用兵。"

〔32〕 有异:不同。

〔33〕 王道:施文教,行仁义的统治方法。迂阔:迂远而不切实际。莫为:不再施行。

〔34〕 噫嘻:感叹词。

〔35〕 振漠:卷起大漠黄沙。

〔36〕 胡兵:西北方少数民族的军队。伺便:窥伺可乘之机。

〔37〕 期门:官名,汉武帝时设,掌执兵出入护卫。泛指军官。

〔38〕 旄(máo毛)旗:用牦牛尾巴装饰的战旗。

〔39〕 川:平原。组练:组甲、被练。古代步卒衣甲以帛(绸带)连缀,称被练;本卒衣甲以组(丝带)连缀,称组甲。此引申为军队。

〔40〕 法重心骇:军法森严,令人心惊。

〔41〕 威尊命贱:将帅的军威严峻,士卒的生命轻贱。

〔42〕 镞(zú族):箭头。

〔43〕 惊沙:狂风卷起的沙土。入面:扑面。

〔44〕 主客相搏:两军交战。《老子》第六十九章:"用兵者有言:'吾不敢为主,而为客。'"

〔45〕 眩(xuàn绚):昏乱。

〔46〕 声析江河:声响可使江河断裂。

〔47〕 势崩雷电:威势如同巨雷闪电。

〔48〕 至若:至于。穷阴凝闭:天空阴沉,乌云四合,凝聚不散。

〔49〕 凛冽:寒冷。海隅(yú鱼):海边。此泛指边塞。

〔50〕 胫(jìng径):小腿。

〔51〕 鸷鸟:鹰鹞之类性情凶猛的鸟。休巢:待在巢中不出。

〔52〕 踟蹰(chí chú池厨):徘徊不前。

〔53〕 缯(zēng增):丝织品的总称。纩(kuàng旷):丝棉。

〔54〕 堕指裂肤:手指冻掉,皮肤皲裂。

〔55〕 假:借,引申为赐与。

〔56〕 凭陵:侵凌,进逼。杀气:严冬肃杀之气。

〔57〕 剪屠:剪灭屠杀。

〔58〕 径截:拦路抢劫。辎(zī资)重:军用物资的统称。

〔59〕 都尉:武官名。

〔60〕 覆没:也被消灭。

〔61〕 巨港:大河。

〔62〕 窟(kū哭):洞穴。

〔63〕 可胜(shēng生)言哉:指不可尽言。

〔64〕鼓衰:鼓声低弱。

〔65〕矢:箭。竭:尽。弦:弓弦。绝:断。

〔66〕蹙(cù 促):接触,逼近。

〔67〕降(xiáng 详):投降。

〔68〕终身夷狄:终身成为异族的俘虏。

〔69〕沙砾:沙漠荒野。砾,小石子。

〔70〕浙浙:风声。

〔71〕结:聚集。

〔72〕幂(mì 密)幂:阴沉惨淡。

〔73〕牧:李牧,战国时赵国名将。

〔74〕林胡:匈奴的一支。

〔75〕遁逃匈奴:使匈奴逃跑,意为赶走了匈奴。

〔76〕倾天下:用尽全国的财力和人力。

〔77〕殚(dàn 但):尽。痡(pū 扑):病,引申为疲敝。

〔78〕任人:用人得当,知人善任。

〔79〕猃狁(xiǎn yǔn 显允):周代北方的少数民族,即汉时的匈奴。

〔80〕太原:今宁夏固原县北。

〔81〕"既城"句:出自《诗经·小雅·出车》:"天子命我,城彼朔方。"城,筑城。朔方,古北方的地名。

〔82〕饮至:古代诸侯朝、会、盟、伐完毕,回到宗庙饮酒庆贺的一种典礼。策勋:把功劳记在简策上。

〔83〕闲:安闲,闲适。

〔84〕穆穆:端庄恭敬的样子。棣(dì 第)棣:雍容闲雅的样子。

〔85〕竟海:一直到海边。

〔86〕荼(tú 图)毒:残害,毒害。生灵:百姓。

〔87〕朱:血色鲜红。殷:紫黑色的血。

〔88〕阴山:山名,在今内蒙古自治区界内。

〔89〕骸:尸骨。

〔90〕补:补偿。患:祸害、损失。

〔91〕苍苍:青黑色,原指草木众多,此形容人多。蒸民:众民。蒸通"烝"。

〔92〕提携:牵扶。捧负:抱着、背着。

〔93〕 不寿:夭折,活不长。

〔94〕 "谁无"二句:《梁书》卷二十三载梁邵陵王萧纶写信对元帝说:"唯余与尔……岂可手足肱支,自相屠害?"比兄弟如手足。

〔95〕 "谁无"二句:《左传·僖公三十三年》:"初,臼季使,过冀,见冀缺耨,其妻馌之,敬,相待如宾。"

〔96〕 生也何恩:百姓本来在世上活着,帝王对其没有什么恩惠。

〔97〕 杀之何咎(jiù 就):百姓因战争而死,又犯有什么罪过?

〔98〕 存:生存。没(mò 默):死亡。

〔99〕 悁(juān 娟)悁:忧闷的样子。

〔100〕 寝寐:睡梦中。

〔101〕 布奠:陈设祭品。倾觞:把酒杯中的酒洒在地上。

〔102〕 凶年:灾荒之年。《老子》第三十章:"大军之后,必有凶年。"

〔103〕 流离:流转离散。

〔104〕 时:时势。命:命运。

〔105〕 守在四夷:天子行王道,使四方各族之民各守其土,则无征战之苦。语出《左传·昭公二十三年》:"古者天子,守在四夷。"

刘禹锡

刘禹锡(772—842),字梦得,匈奴后裔,自称中山(今河北正定)人,落籍洛阳(今河南洛阳)。贞元九年(793)进士及第,又登博学鸿辞科。贞元末任监察御史时,参加王叔文、王伾领导的革新运动,任屯田员外郎。革新失败后,贬朗州司马,迁连州刺史,后任夔州、和州刺史。太和二年(828)征还,拜主客郎中。复出为苏州、汝州、同州刺史,迁太子宾客分司东都,世称"刘宾客"。卒,赠户部尚书。工诗善文,有《刘梦得文集》传世。

陋室铭[1]

山不在高,有仙则名;水不在深,有龙则灵。斯是陋室,惟吾德馨[2]。苔痕上阶绿,草色入帘青。谈笑有鸿儒[3],往来无白丁[4]。可以调素琴[5],阅金经[6]。无丝竹之乱耳,无案牍之劳形[7]。南阳诸葛庐[8],西蜀子云亭[9]。孔子云:"何陋之有[10]!"

【注释】

〔1〕《陋室铭》具体写作年代不详,或以为作者贬谪和州时作。文章形象生动地描述陋室生活,表达了作者洁身自好,穷且益坚,自得其乐的生活态度。铭文短小精悍,音韵铿锵,久已脍炙人口。铭,一种文体,内容大多是颂扬或警戒的,刻写在器物上,一般为韵文。

〔2〕 德馨:德行美好。馨,香。

〔3〕 鸿儒:学识渊博的学者。鸿,大。

〔4〕 白丁:无官职的平民。这里指没有文化的人。

〔5〕 调:这里是演奏的意思。素琴:不加装饰的琴。

〔6〕 金经:用金粉写的佛经。

〔7〕 案牍:指公文、文书。形:指身体。

〔8〕 南阳诸葛:诸葛亮出山前,曾隐居南阳隆中。

〔9〕 西蜀:指四川成都。子云:即扬雄,字子云,成都人。子云亭指扬雄宅草玄堂。

〔10〕 何陋之有:《论语·子罕》:"子曰:'君子居之,何陋之有?'"

杜　牧

　　杜牧(803—853)，字牧之，京兆万年(今陕西西安)人。祖居长安南樊川，世称"杜樊川"。文宗大和二年(828)进士，又登贤良方正直言极谏科，授弘文馆校书郎。曾长期在外任幕职，后历任监察御史、左补阙，出为黄、池、睦三州刺史。再入为司勋员外郎，因称"杜司勋"。复出为湖州刺史，官终中书舍人，世称"杜舍人"。因中书舍人尝称紫微舍人，故又称"杜紫微"。杜牧为晚唐著名诗人，与李商隐齐名，并称"小李杜"。其文以议论见长，多有为而作，笔力雄健，自成一家。有《樊川文集》。

阿房宫赋[1]

　　六王毕[2]，四海一[3]。蜀山兀[4]，阿房出[5]。覆压三百余里[6]，隔离天日[7]。骊山北构而西折[8]，直走咸阳[9]。二川溶溶[10]，流入宫墙。五步一楼，十步一阁。廊腰缦回[11]，檐牙高啄[12]。各抱地势[13]，钩心斗角[14]。盘盘焉[15]，囷囷焉[16]，蜂房水涡[17]，矗不知其几千万落[18]。长桥卧波[19]，未云何龙[20]？复道行空[21]，不霁何虹[22]？高低冥迷[23]，不知西东。歌台暖响，春光融融[24]；舞殿冷袖，风雨凄凄[25]。一日之内，一宫之间，而气候不齐。

　　妃嫔媵嫱[26]，王子皇孙，辞楼下殿[27]，辇来于秦[28]，朝歌夜弦，为秦宫人。明星荧荧[29]，开妆镜也[30]；绿云扰扰[31]，梳晓鬟也[32]；渭流涨腻[33]，弃脂水也[34]；烟斜雾横，焚椒兰也[35]；雷霆乍惊[36]，宫车过也；辘辘远听[37]，杳不知其所之也[38]。一肌一容[39]，尽态极妍[40]，缦立远视[41]，而望幸焉[42]。有不得见者，三十六年[43]。燕、赵之收藏,韩、魏之经营,齐、楚之精英[44],几世几年[45],取掠其人[46],倚叠如山[47]。一旦不能有,输来其间[48]。鼎铛玉石[49],金块珠砾[50],弃掷逦迤[51],秦人视之,亦不甚惜。

嗟呼!一人之心[52],千万人之心也[53]。秦爱纷奢,人亦念其家。奈何取之尽锱铢[54],用之如泥沙?使负栋之柱[55],多于南亩之农夫[56];架梁之椽[57],多于机上之工女;钉头磷磷[58],多于在庾之粟粒[59];瓦缝参差,多于周身之帛缕[60];直栏横槛[61],多于九土之城郭[62];管弦呕哑[63],多于市人之言语。使天下之人,不敢言而敢怒。独夫之心[64],日益骄固[65]。戍卒叫[66],函谷举[67],楚人一炬[68],可怜焦土。

呜呼!灭六国者,六国也,非秦也。族秦者[69],秦也,非天下也。嗟乎!使六国各爱其人,则足以拒秦。使秦复爱六国之人,则递三世可至万世而为君[70],谁得而族灭也?秦人不暇自哀[71],而后人哀之;后人哀之而不鉴之[72],亦使后人而复哀后人也。

【注释】

[1] 本文作于唐敬宗宝历元年(825),旨在借古讽今,针砭时弊。作者自言:"宝历大起宫室,广声色,故作《阿房宫赋》。"(《上知己文章启》)文章借秦之阿房宫之兴废,意在讽谏统治者的奢靡。在写法上,叙议结合,极铺张扬厉之能事,又出之以深沉感喟,骈散相间,气势遒健,艺术性和思想性兼胜。阿房(ē páng 婀庞)宫,秦宫苑名,旧址在今陕西省西安市西南阿房村、古城村、胊家庄一带。秦始皇三十五年(前212)动工,至秦亡尚未完工。项羽进驻秦地后,下令将其焚毁。

[2] 六王:战国末齐、楚、燕、赵、韩、魏六国国王。毕:结束,此指灭亡。

[3] 四海:古时认为中国四境有海环绕,故四海之内即指中国。一:统一。

[4] 蜀山:四川一带的山。兀(wù 悟):原指高而上平,此引申为光秃。

[5] 出:出现。

[6] 覆压:掩盖。

[7] 隔离:遮蔽。

[8] 骊山:在今陕西省临潼县东南。北构:从北边建造。西折:折向

西面。

〔9〕 走：抵达。咸阳：秦都城，旧址在今陕西省咸阳市东。

〔10〕 二川：指樊川和渭水。溶溶：河水盛大的样子。

〔11〕 廊腰：连接宫殿楼阁的回廊，如同腰带环绕，故名。缦（màn 慢）回：曲折回环的样子。

〔12〕 檐牙：屋檐尖角高高翘起，像牙齿一般，故名。啄：像鸟伸长脖子用嘴取物。

〔13〕 各抱地势：各种建筑依照不同的地势而建造。抱，依凭。

〔14〕 钩心：指各建筑物向一个中心攒聚。斗角：指屋角彼此相向，像兵戈相斗。

〔15〕 盘盘：回环曲折的样子。

〔16〕 囷（qūn 逡）囷：曲折回旋的样子。

〔17〕 蜂房：比喻建筑物像蜂房一样多而密。水涡：比喻建筑物如水涡一样盘曲回旋。

〔18〕 矗（chù 触）：高耸。落：人聚居处。此为座、所之意。

〔19〕 长桥卧波：长桥横卧在水面上。

〔20〕 未云何龙：《周易·乾卦》："云从龙。"此以龙形容长桥。

〔21〕 复道：楼阁间架在空中的通道。

〔22〕 霁（jì 记）：雨过天晴。虹：此以彩虹形容复道。

〔23〕 冥迷：朦胧不清。

〔24〕 "歌台"二句：谓台上歌声荡漾，如同春光一样给人以温暖之感。

〔25〕 "舞殿"二句：谓殿中舞袖飘拂，如凄风苦雨般令人感到寒冷。

〔26〕 妃嫔媵嫱（fēi pín yìng qiáng 飞贫硬墙）：泛指六国国王的妻妾宫女。

〔27〕 辞楼下殿：离开六国的楼阁宫殿。辞，告别。

〔28〕 辇（niǎn 撵）：帝、后所乘之车，此作动词，乘坐之意。

〔29〕 明星荧荧：像星光一样闪烁。

〔30〕 开妆镜：宫女打开梳妆用的镜子。

〔31〕 绿云：指黑而稠密的头发。扰扰：纷乱的样子。

〔32〕 晓：早上。鬟（huán 环）：环形发髻。

〔33〕 涨腻：浮着一层油腻。

〔34〕 脂水：含有胭脂香粉的洗脸水。

〔35〕椒兰:两种作香料的植物。
〔36〕乍:突然。
〔37〕辘(lù 路)辘:车声。远听:越听越远。
〔38〕杳(yǎo 咬):远而无踪。之:到。
〔39〕一肌一容:每一处肌肤,每一种容颜。
〔40〕尽态极妍:美丽到了极点。妍,姿容美好。
〔41〕缦立:久久地站立。远视:向远处张望。
〔42〕幸:古时帝王到某处或得到皇帝宠幸曰"幸"。
〔43〕三十六年:秦始皇在位三十六年,此处夸张地说有些宫女一辈子未见皇帝之面。
〔44〕收藏、经营、精英:指六国宫中的金玉珠宝。
〔45〕几世几年:不知经过了多少年代。
〔46〕取掠其人:从他们的百姓手中抢劫掠夺而来。取掠,一作"剽掠"。
〔47〕倚叠:堆积。
〔48〕输来:运来。其间:指阿房宫。
〔49〕鼎铛(chēng 撑)玉石:把宝鼎当作铁锅,把美玉当作石头。
〔50〕金块珠砾(lì 立):把黄金当作土块,把珍珠当作砂砾。砾,碎石子。
〔51〕弃掷:扔掉,抛弃。逦迤(lǐ yǐ 里以):接连不断。
〔52〕一人:指秦始皇。
〔53〕千万人:指天下百姓。
〔54〕奈何:为什么。锱(zī 姿)铢:古代重量单位,六铢为一锱,四锱为一两,此形容极微小的数量。
〔55〕负栋之柱:支撑大梁的柱子。
〔56〕南亩:古时田土多向南开辟,故称农田为南亩。
〔57〕椽(chuán 船):放在檩上架着屋面板和瓦的木条。
〔58〕磷磷:色泽鲜明的样子。
〔59〕庾(yǔ 雨):谷仓。
〔60〕周身:全身。帛:丝织品的总称。缕(lǚ 屡):丝线。
〔61〕直栏横槛:纵横交错的栏杆。
〔62〕九土:九州之土,指全国。城郭:城邑,内城为城,外城为郭。
〔63〕管弦:泛指各种乐器。呕哑:嘈杂声。
〔64〕独夫:众叛亲离,极端孤立的统治者,指秦始皇。

〔65〕 日益骄固：一天比一天傲慢顽固。

〔66〕 戍卒：戍守边境的士兵。此指秦末陈胜、吴广的起义队伍。

〔67〕 函谷举：指刘邦攻下函谷关。函谷关在今河南省灵宝市。举，攻占。

〔68〕 楚人一炬：指项羽火烧阿房宫。项羽为楚将项燕之后，故称楚人。

〔69〕 族：合族被灭。

〔70〕 三世：秦始皇，二世胡亥，三世子婴。

〔71〕 暇：空闲。

〔72〕 鉴：原义为镜子，此用作动词，以之为借鉴，从中吸取教训。

韩　愈

韩愈(768—824),字退之,河南河阳(今河南孟州)人,郡望昌黎,故世称"韩昌黎"。幼孤力学,贞元八年(792)进士及第。任监察御史时,因直言触怒权贵,被贬阳山令。元和十二年(817),以行军司马从裴度征讨淮西吴元济之乱,因功升为刑部侍郎,十四年,又因谏迎佛骨,触怒宪宗,贬潮州刺史,量移袁州。后回朝历官国子祭酒、兵部侍郎、吏部侍郎、京兆尹等职,世称"韩吏部"。卒谥文,世又称"韩文公"。韩愈是中唐古文运动的倡导者,韩孟诗派的代表人物,苏轼称其"文起八代之衰,而道济天下之溺"。有《昌黎先生集》。

原道[1]

博爱之谓仁[2],行而宜之之谓义[3],由是而之焉之谓道,足乎己、无待于外之谓德[4]。仁与义为定名,道与德为虚位[5]。故道有君子小人[6],而德有凶有吉[7]。老子之小仁义[8],非毁之也,其见者小也。坐井而观天[9],曰天小者,非天小也。彼以煦煦为仁[10],孑孑为义[11],其小之也则宜。其所谓道,道其所道,非吾所谓道也。其所谓德,德其所德,非吾所谓德也[12]。凡吾所谓道德云者,合仁与义言之也,天下之公言也[13]。老子之所谓道德云者,去仁与义言之也,一人之私言也[14]。

周道衰,孔子没,火于秦[15],黄老于汉[16],佛于晋、魏、梁、隋之间[17],其言道德仁义者,不入于杨,则入于墨[18];不入于老,则入于佛。入于彼,必出于此。入者主之,出者奴之;入者附之,出者污之[19]。噫！后之人其欲闻仁义道德之说,孰从而听之？老者曰:孔子,吾师之弟子也[20]。佛者曰:孔子,吾师之弟子也[21]。为孔子者,习闻其说,乐其诞而自小也,亦曰:吾师亦尝师之云尔。不惟举之于其口,而又笔之于其书。噫！后之人虽欲闻仁义道德之说,其孰从而求之？甚矣！人之好怪也！不求其端,不讯其末,惟怪之欲闻。古之为民者四[22],今之为民者六[23];古之教者处其一[24],今之教者处其三[25];农之家一,而食粟之家六;工之家一,而用器之家六;贾之家一,而资焉之家六。奈之何民不穷且盗也？

古之时,人之害多矣。有圣人者立,然后教之以相生相养之道。为之君,为之师,驱其虫蛇禽兽而处之中土。寒,然后为之衣,饥,然后为之食;木处而颠[26],土处而病也,然后为之宫室。为之工,以赡其器用;为之贾[27],以通其有无;为之医药,以济其夭死,为之葬埋祭祀,以长其恩爱;为之礼[28],以次其先后;为之乐,以宣其湮郁[29];为之政,以率其怠倦[30];为之刑,以锄其强梗[31]。相欺也,为之符玺、斗斛、权衡以信之[32];相夺也,为之城郭甲兵以守之。害至而为之备,患生而为之防。今其言曰:"圣人不死,大盗不止。剖斗折衡,而民不争。"[33]呜呼！其亦不思而已矣！如古之无圣人,人之类灭久矣。何也？无羽毛鳞介以居寒热也,无爪牙以争食也。是故君者,出令者也;臣者,行君之令而致之民者也;民者,出粟米麻丝、作器皿、通货财,以事其上者也。君不出令,则失其所以为君;臣不行君之令而致之民,则失其所以为臣;民不出粟米麻丝、作器皿、通货财,以事其上,则诛[34]。今其法曰:必弃而君臣[35],去而父子,禁而相生相养之道,以求其所谓清净寂灭者。呜呼！其亦幸而出于三代之后,不见黜于禹、汤、文、武、周公、孔子也;其亦不幸而不出于三代之前,不见正于禹、汤、文、武、周公、孔子也[36]。

帝之与王,其号虽殊,其所以为圣一也[37]。夏葛而冬裘,渴饮而饥食,其事虽殊,其所以为智一也。今其言曰:曷不为太古之无事[38]？是亦责冬之裘者曰:曷不为葛之之易也？责饥之食者曰:曷不为饮之之易也。传曰[39]:"古之欲明明德于天下者,先治其国;欲治其国者,先齐其家;欲齐其家者,先修其身;欲修其身者,先正其心;

欲正其心者,先诚其意。"[40]然则古之所谓正心而诚意者,将以有为也[41]。今也欲治其心,而外天下国家,灭其天常;子焉而不父其父,臣焉而不君其君,民焉而不事其事[42]。孔子之作《春秋》也,诸侯用夷礼,则夷之;进于中国,则中国之[43]。经曰[44]:"夷狄之有君,不如诸夏之亡。"[45]《诗》曰:"戎狄是膺,荆舒是惩。"[46]今也,举夷狄之法,而加之先王之教之上,几何其不胥而为夷也[47]!

夫所谓先王之教者,何也?博爱之谓仁,行而宜之之谓义,由是而之焉之谓道,足乎己、无待于外之谓德。其文《诗》、《尚书》、《易》、《春秋》,其法礼、乐、刑、政,其民士、农、工、贾;其位君臣、父子、师友、宾主、昆弟、夫妇,其服麻、丝,其居宫、室;其食粟米、果蔬、鱼肉。其为道易明,而其为教易行也。是故以之为己,则顺而祥;以之为人,则爱而公;以之为心,则和而平;以之为天下国家,无所处而不当。是故生则得其情,死则尽其常[48]。郊焉而天神假,庙焉而人鬼飨[49]。曰:斯道也,何道也?曰:斯吾所谓道也,非向所谓老与佛之道也。尧以是传之舜,舜以是传之禹,禹以是传之汤,汤以是传之文、武、周公,文、武、周公传之孔子,孔子传之孟轲;轲之死,不得其传焉。荀与杨也[50],择焉而不精,语焉而不详。由周公而上,上而为君,故其事行[51];由周公而下,下而为臣,故其说长[52]。

然则如之何而可也?曰:不塞不流,不止不行。人其人[53],火其书[54],庐其居[55]。明先王之道以道之[56],鳏寡孤独废疾者有养也[57]。其亦庶乎其可也。

【注释】

[1] 韩愈有"五原"(《原道》、《原性》、《原毁》、《原人》、《原鬼》)之作,约作于德宗贞元末、其任四门博士之前。本篇是"五原"中系统阐述儒家思想、排斥佛、老最重要的作品。"原道"就是探求道的本源,即篇中反复陈述并强调的儒家"仁义"之道。作者以此为理论武器,批判老子的"去仁与义"之道和释氏的"弃君臣、去父子、禁生养"的"夷狄之道"。文章立言正大而布置谨严,条分缕析,说理极其透彻。

[2] 博爱:义同爱人、泛爱等儒家思想。《论语·颜渊》:"樊迟问仁,子

曰:'爱人。'"

〔3〕 义:儒家之行为规范,即符合儒家仁爱之道而恰到好处之行为。

〔4〕 "由是"三句:意谓按此标准而进行修养便是道,发自内心而无待于外力去实行仁义便是德。

〔5〕 "仁与义"二句:定名,即实,意谓仁义有具体所指,故为定名(实);虚位,即无所实指,意谓道德须待仁义充实才有实际内涵,故为虚。

〔6〕 "故道有"句:谓道有大小之别。君子之道为大,为儒家之道;小人之道为小,为老子之道。《易·泰》:"君子道长,小人道消也。"《礼记·中庸》:"君子之道暗然而日章,小人之道的然而日亡。"

〔7〕 "而德"句:吉德、凶德,即君子、小人之德。《左传·文公十八年》:"孝敬忠信为吉德,盗贼藏奸为凶德。"

〔8〕 小仁义:以仁义为小。

〔9〕 坐井而观天:语出《尸子》:"自井中视星,所见不过数星;自丘上以望,则见始出也。非明益也,势使然也。"

〔10〕 煦煦:小惠貌。

〔11〕 孑孑:琐细貌。

〔12〕 "其所谓道"六句:《老子》又称《道德经》,故云。

〔13〕 公言:公众的言论。

〔14〕 私言:一家之言。

〔15〕 火于秦:谓秦始皇焚书坑儒。

〔16〕 黄老:黄帝与老子。战国至西汉初期,一些学者托名黄帝,提倡老子思想,"言治道贵清静而民自治",主张无为而治,世人遂称之为黄老之术或黄老学派。

〔17〕 "佛于晋"句:东汉明帝时,佛教自印度传入中国,盛于南北朝间。

〔18〕 杨、墨:谓杨朱与墨翟。杨朱,战国时魏人,字子君,又称杨子,时代后于墨翟而前于孟子,其说重在爱己,不以物累,不拔一毛而利天下。墨翟,即墨子。

〔19〕 "入者"二句:附,增益。污,卑下。

〔20〕 "老者曰"三句:老者,指学老子者。《史记·孔子世家》:孔子"适周,问礼,盖见老子云。"《史记·老庄申韩列传》及《孔子家语》俱有孔子问礼于老子的记载。

〔21〕"佛者曰"三句：佛教尝妄称孔子、老子、颜回为佛门三弟子。《海录碎事》卷十三上引《清静法行经》："佛遣三弟子震旦教化。儒童菩萨，彼称孔丘；净光菩萨，彼称颜回；摩诃迦叶，彼称老子。"

〔22〕为民者四：指士、农、工、商。

〔23〕为民者六：士农工商之外再加僧、道为六。

〔24〕古之教者：施教育于人者，此指士。处其一：谓士处四民之一。

〔25〕今之教者：此指士与僧、道。处其三：谓士、僧、道处六民之三。

〔26〕木处而颠：传说远古之民穴居野处，有巢氏乃教民构木为巢，居于树上。见《韩非子·五蠹》。

〔27〕贾(gǔ 古)：商贾贸易。

〔28〕礼：行为准则及道德规范。

〔29〕乐：音乐。湮(yān 烟)郁：义同"抑郁"。

〔30〕率：督促，劝勉。怠倦：疲倦、懈怠。

〔31〕强梗：骄横跋扈。

〔32〕符玺：契约、印信。斗斛：量器。权衡：衡器。

〔33〕"圣人"四句：语见《庄子·胠箧》。

〔34〕诛：责、罚。

〔35〕而：同"尔"、"汝"。下同。

〔36〕"呜呼"数句：幸与不幸，分别就佛老与儒家而言。佛老之说出于三代之后，禹、汤、文、武、周公、孔子不得及见而黜之，故能孳生繁盛，是为佛老之幸；而佛老之说出于三代之后，禹、汤、文、武、周公、孔子不得见而正之，致使其扰乱中国，是为儒家之不幸。

〔37〕"帝之"三句：帝，指尧、舜。王，指禹、汤、文、武。意谓帝与王名号虽异，然其有功德于民间则同。

〔38〕"今其言"二句：概括老子"为无为，事无事"及"老死不相往来"、回归原始时代的主张。

〔39〕传：儒家称五经之外解释经典的著作为传。此指《礼记》。

〔40〕"古之欲明"十句：语出《礼记·大学》。明德，光明之德。儒家以为人皆有明德，但为气禀所拘，人欲所蔽，故教人者须遂其理使明其明德。治其国，使其国得以治理。齐其家，教育并整治其家庭。修身，修成自身道德。正心、诚意，谓心术正、意念诚。皆是修身之先决。

〔41〕"然则"二句：意谓古人其所以强调正心诚意者，在于其为修身、齐

家、治国、明明德之始端，而后乃有大作为。

〔42〕 "今也"六句：意谓佛者亦欲教人治心，但却以天下国家为外，灭人天常，使人子不子、臣不臣、民不民。天常，即天伦。

〔43〕 "孔子"五句：意谓孔子为《春秋》，下字谨严，凡中国诸侯用夷礼，其书中则以夷视之，而夷人能向慕中国之礼者，其书中则以中国视之。

〔44〕 经：此指《论语》。至东汉，五经之外，增《公羊》、《论语》为七经。

〔45〕 "夷狄"二句：语出《论语·八佾》。意谓夷狄虽有君长而无礼义，中国虽偶无君，如周召共和之时，而礼义不废。诸夏，义同中国。

〔46〕 "戎狄"二句：语出《诗·鲁颂·閟（bì 闭）宫》。戎狄，指西北方少数民族。膺，抵御。荆舒，南方二国。荆指楚国，舒约在今安徽庐江一带。惩，讨伐。

〔47〕 "今也"四句：意谓今之佛者、老者以夷狄之法施之于中国，不须几时中国民众将皆为夷狄。胥，皆。

〔48〕 "是故"二句：意谓人生则得父母之养，得师友、宾主、昆弟、夫妇之爱；死则得医药之济，终其天年。

〔49〕 "郊焉"二句：意谓祭天则天神降临，祭祖则祖宗享受祭品。古时皇帝祭天曰郊，祭祖曰庙。假，通"格"，降临。人鬼，谓祖宗。飨，通享。

〔50〕 荀与杨：荀卿与扬雄。

〔51〕 周公而上：指尧、舜、禹、汤、文、武。句谓以其说为君，则政事畅通。

〔52〕 周公而下：指周公、孔、孟。句谓以其说为臣，则流传长远。

〔53〕 人其人：谓使僧道之徒还俗并尽其出粟米、麻丝、作器皿等义务。

〔54〕 火其书：焚其（佛道）经典。

〔55〕 庐其居：谓改其寺观庙宇为房屋庐舍。

〔56〕 道之：导引民众。"道"同"导"。

〔57〕 "鳏寡"句：《孟子·梁惠王下》："老而无妻曰鳏，老而无夫曰寡，老而无子曰独，幼而无父曰孤。此四者，天下之穷民而无告者，文王发政施仁，必先斯四者。"鳏寡孤独皆有所养，即"生则得其情"之急迫者。

原毁[1]

古之君子[2]，其责己也重以周[3]，其待人也轻以约[4]。重以周,故不怠;轻以约,故人乐为善。闻古之人有舜者,其为人也,仁义人也。求其所以为舜者,责于己曰:"彼,人也;予,人也。彼能是,而我乃不能是[5]!"早夜以思,去其不如舜者,就其如舜者。闻古之人有周公者,其为人也,多才与艺人也[6]。求其所以为周公者,责于己曰:"彼,人也;予,人也。彼能是,而我乃不能是!"早夜以思,去其不如周公者,就其如周公者。舜,大圣人也,后世无及焉;周公,大圣人也,后世无及焉。是人也[7],乃曰:"不如舜,不如周公,吾之病也。"是不亦责于身者重以周乎? 其于人也,曰:"彼人也,能有是,是足为良人矣。能善是,是足为艺人矣。"取其一,不责其二;即其新,不究其旧[8]。恐恐然惟惧其人之不得为善之利[9]。一善易修也。一艺易能也。其于人也,乃曰:"能有是,是亦足矣。"曰:"能善是,是亦足矣。"不亦待于人者轻以约乎?

今之君子则不然[10]。其责人也详,其待己也廉[11]。详,故人难于为善;廉,故自取也少[12]。己未有善,曰:"我善是,是亦足矣。"己未有能,曰:"我能是,是亦足矣。"外以欺于人,内以欺于心[13],未少有得而止矣。不亦待其身者已廉乎[14]? 其于人也,曰:"彼虽能是,其人不足称也。彼虽善是,其用不足称也。"举其一,不计其十;究其旧,不图其新。恐恐然惟惧其人之有闻也。是不亦责于人者已详乎? 夫是之谓不以众人待其身[15],而以圣人望于人,吾未见其尊己也。

虽然,为是者有本有原:怠与忌之谓也[16]。怠者不能修[17],而忌者畏人修。吾尝试之矣。尝试语于众曰:"某良士,某良士。"其应者,必其人之与也[18];不然,则其所疏远不与同其利者也;不然,则其畏也。不若是,强者必怒于言[19],懦者必怒于色矣。又尝语于众曰:"某非良士,某非良士。"其不应者,必其人之与也;不然,则其所疏远不与同其利者也;不然,则其畏也。不若是,强者必说于言[20],懦者必说于色矣。是故事修而谤兴,德高而毁来。呜呼! 士之处此世,而望名誉之光[21]、道德之行,难已!

将有作于上者,得吾说而存之,其国家可几而理欤!

【注释】

〔1〕 本篇揭露并批判当时社会在人才问题上存在的不正之风,即怠与忌的心理,很有针对性。文章通篇排比,古之君子与今之君子,责己与待人,详(重以周)与廉(轻以约),作为全文的两扇,句与句、段与段、意与意皆相对,在比较中展开议论,最后归结到怠与忌,变化中不失其整齐,愈排比而愈古。又能曲尽人情,摹写世俗,如闻如见。原毁,即探讨毁谤之本源。

〔2〕 古之君子:泛指古之贤者。此为立论方便而设,不必有所专指。

〔3〕 重以周:严格而全面。

〔4〕 轻以约:宽松而简约。按:此即孔子"躬自厚而薄责于人"(《论语·卫灵公》)之意。

〔5〕 "责于己"七句:《孟子·滕文公上》有:"颜渊曰:'舜何人也?予何人也?有为者亦若是。'"文义出于此。

〔6〕 多才与艺:是周公自谓,见《尚书·金縢》:"予,仁若考,能多材多艺,能事鬼神。"材、才通。

〔7〕 是人也:这个人,即"古之君子"。

〔8〕 "即其新"二句:意谓关注其现在,不追究其从前。

〔9〕 恐恐然:忧惧貌。

〔10〕 今之君子:泛指当世之人。与前"古之君子"相对。

〔11〕 "其责人"二句:详,多,即"重以周"之义;廉,少,即"轻以约"之义。

〔12〕 自取也少:个人所得甚少。

〔13〕 "外以欺"二句:即自欺欺人之意。欺,蒙骗。

〔14〕 已廉:甚少。已,甚词。

〔15〕 众人:当为"圣人"之误。

〔16〕 怠:懈怠。忌:忌妒。

〔17〕 修:修身,提高道德修养。

〔18〕 与:同伙、交好者。

〔19〕 怒于言:言辞激烈表示反对。

〔20〕 说:同"悦"。下同。

〔21〕 光:光大。

获麟解[1]

麟之为灵昭昭也[2],咏于《诗》[3],书于《春秋》[4],杂出于传记、百家之书,虽妇人小子,皆知其为祥也。然麟之为物,不畜于家[5],不恒有于天下[6]。其为形也不类[7],非若马牛犬豕豺狼麋鹿然[8]。然则,虽有麟,不可知其为麟也。角者吾知其为牛,鬣者吾知其为马[9],犬豕豺狼麋鹿吾知其为犬豕豺狼麋鹿,惟麟也不可知。不可知,则其谓之不祥也亦宜。虽然,麟之出,必有圣人在乎位。麟为圣人出也。圣人者,必知麟,麟之果不为不祥也[10]。又曰,麟之所以为麟者,以德不以形。若麟之出,不待圣人,则谓之不祥也亦宜。

【注释】

〔1〕 本文作者以麒麟自喻,通过辨析其"祥"与"不祥",最后提出唯有圣人了解麒麟,在没有圣人之时出现就会被称为不祥之兽,抒发了自己生不逢时,怀才不遇之情。文笔委婉含蓄,寓意深远。麟,麒麟,古代传说中的一种动物,其性柔和,是吉祥的象征。解,文体名,议论文的一种。

〔2〕 灵:灵异之物。昭昭:明明白白。

〔3〕 咏于《诗》:《诗经·周南》有《麟之趾》篇。

〔4〕 书于《春秋》:《春秋·哀公十四年》有"西狩获麟"的记载。

〔5〕 畜:饲养。

〔6〕 恒:常。

〔7〕 不类:不好归类。这里指不像这样,也不像那样。

〔8〕 麋(mí 迷):麋鹿,鹿属。

〔9〕 鬣(liè 列):马颈上的长毛。

〔10〕 果:确实,果然。

杂说一[1]

龙嘘气成云[2],云固弗灵于龙也[3]。然龙乘是气,茫洋穷乎玄间[4],薄日月[5],伏光景[6],感震电[7],神变化[8],水下土[9],汩陵谷[10]。云亦灵怪矣哉!

云,龙之所能使为灵也[11]。若龙之灵,则非云之所能使为灵也。然龙弗得云,无以神其灵矣[12]。失其所凭依,信不可欤[13]!

异哉,其所凭依,乃其所自为也。《易》曰:"云从龙[14]。"既曰龙,云从之矣。

【注释】

〔1〕 韩愈的《杂说》是一组杂感式的小品文,共四篇,这里选的是第一篇。本文以龙和云的关系来说明君臣之间必须相互依赖,贤臣不可没有圣君,圣君也须依靠贤臣才能有所作为。但文章写得很含蓄委婉,其真正用意在文中始终没有明确点出。文章短小精炼,曲折回环,富于变化。杂说,论说文的一种。

〔2〕 嘘气:吐气。

〔3〕 固:原来。灵:神奇灵通。

〔4〕 茫洋:浩渺无际的样子。玄间:太空,古代有"天地玄黄"之说。玄是青黑色。

〔5〕 薄(bó博):迫近。

〔6〕 伏:藏匿,这里是遮蔽的意思。景(yǐng影):通"影",日光。

〔7〕 感(hàn汉):通"撼",动摇。

〔8〕 神:变幻莫测。

〔9〕 水:用作动词,浸润。下土:土地。

〔10〕 汨(gǔ古):汨没,淹没。

〔11〕 使为灵:即"使之为灵",中间省去指代云的"之"。

〔12〕 神:作动词用。这里是显示的意思。

〔13〕 信:确实。

〔14〕 云从龙:见于《易经·乾卦·文言》。从,跟随。

杂说 四[1]

世有伯乐[2],然后有千里马[3]。千里马常有,而伯乐不常有。故虽有名马,祗辱于奴隶人之手[4],骈死于槽枥之间[5],不以千里称也[6]。马之千里者,一食或尽粟一石[7],食马者[8],不知其能千里而食也。是马也[9],虽有千里之能,食不饱,力不足,才美不外见[10],且欲与常马等不可得[11],安求其能千里也[12]。策之不以其道[13],食之不能尽其材[14],鸣之而不能通其意,执策而临之曰[15]:"天下无马[16]。"呜呼,其真无马邪,其真不知马也。

【注释】

〔1〕 本文是《杂说》组文的第四篇,是托物喻意的佳作,感叹人才难遇知音。篇幅短小,曲折变化,感慨深沉。

〔2〕 伯乐:姓孙名阳,春秋时秦国人。伯乐原本为掌天马的星名。因孙阳善于相马,所以用伯乐来称呼。

〔3〕 千里马:日行千里的好马。

〔4〕 祇(zhǐ只):即"衹",只。奴隶人:指奴仆和从役两种人,亦即饲养者和驾御者。

〔5〕 骈死:(与其他马)一起死。骈,并列。槽:马槽,盛草料喂马的器具。枥:拴马的木桩。

〔6〕 "不以"句:谓不用千里马来称它。称,称呼。

〔7〕 一食:每一顿饭。或:也许,能。

〔8〕 食(sì寺)马者:喂养马的人。食,作动词用,喂养。

〔9〕 是:这。

〔10〕 才美:才能美质。外见(xiàn现):表现出来。

〔11〕 且:或许。欲与常马等:希望和普通马一样,达到普通马的水平。

〔12〕 安求:怎么能要求。

〔13〕 策:原义为马鞭,这里指鞭打驾驭。其道:指适合千里马的方法。

〔14〕 尽其材:指满足千里马材质所需。

〔15〕 执:拿着。策:马鞭。临之:面对它。

〔16〕 马:指千里马,好马。

卷 八

师 说[1]

古之学者必有师。师者,所以传道、受业、解惑也[2]。人非生而知之者[3],孰能无惑?惑而不从师,其为惑也,终不解矣。生乎吾前,其闻道也,固先乎吾,吾从而师之;生乎吾后,其闻道也,亦先乎吾,吾从而师之。吾师道也[4],夫庸知其年之先后生于吾乎[5]?是故无贵无贱,无长无少,道之所存,师之所存也。

嗟乎!师道之不传也久矣[6]!欲人之无惑也难矣!古之圣人,其出人也远矣,犹且从师而问焉;今之众人,其下圣人也亦远矣,而耻学于师;是故圣益圣,愚益愚,圣人之所以为圣,愚人之所以为愚,其皆出于此乎?

爱其子,择师而教之;于其身也,则耻师焉。惑矣[7]!彼童子之师,授之书而习其句读者也,非吾所谓传其道解其惑者也。句读之不知[8],惑之不解,或师焉,或不焉,小学而大遗[9],吾未见其明也。

巫、医、乐师、百工之人[10],不耻相师;士大夫之族,曰师、曰弟子云者,则群聚而笑之。问之,则曰:"彼与彼年相若也,道相似也[11]。"位卑则足羞,官盛则近谀[12]。呜呼!师道之不复可知矣。巫、医、乐师、百工之人,君子不齿[13],今其智乃反不能及,其可怪也欤!

圣人无常师[14]。孔子师郯子、苌弘、师襄、老聃[15]。郯子之徒,其贤不及孔子。孔子曰:"三人行,则必有我师。"[16]是故弟子不必不如师,师不必贤于弟子,闻道有先后,术业有专攻,如是而已。

李氏子蟠[17],年十七,好古文,六艺经传[18],皆通习之;不拘于时,学于余。余嘉其能行古道,作《师说》以贻之[19]。

【注释】

〔1〕 德宗贞元十八年(802)韩愈为国子监四门博士时作。此文虽因李蟠从其为师而作,实则借此抨击当时以世族士大夫为代表的知识阶层自恃门第高贵、骄傲自满、耻于从师并轻视巫、医、乐师、百工之人的恶习。文中还对师、弟子之道有精辟论述,鼓吹从师的重要性,提高师的尊严,以扭转社会不良风习。

〔2〕 传道、受业、解惑:此三项为师的职业工作。

〔3〕 "人非"句:《论语·季氏》:"生而知之者上也,学而知之者次也。"句出此而用意略有不同。

〔4〕 吾师道:犹言我所师从的是道。

〔5〕 庸知:岂知,何必知。

〔6〕 师道:为师和从师之道。

〔7〕 惑矣:犹言真糊涂啊。此处的"惑"作动词,与前"解惑"不同。

〔8〕 句读(dòu 豆):古人指文辞休止和停顿处。文辞语意已尽为句,语意未尽而须停顿处为读。

〔9〕 小学而大遗:意谓小惑而从师,大惑则不从师。

〔10〕 百工之人:各种从事手工技艺者。

〔11〕 年相若:谓年龄相仿佛。道相似:谓学问相同。

〔12〕 位卑、官盛:谓职位低下和官职很高。皆指所从之师。

〔13〕 不齿:不与同列。不齿一作"鄙之",是瞧不起的意思,较为妥当。

〔14〕 无常师:无固定专一之师。

〔15〕 郯(tán 坛)子:春秋时郯国国君。鲁昭公十七年,郯子来鲁,昭公问郯子少皞氏以鸟名名官之事,孔子听说,见于郯子而学之。见《左传·昭公十七年》。苌(cháng 常)宏:春秋时周敬王大夫,孔子尝问乐于苌宏,见《孔子家语·观周》。师襄:鲁国乐师,孔子尝学琴于师襄,见《史记·孔子世家》。老聃(dān 丹):即老子,孔子尝问礼于老子。

〔16〕 "三人行"二句:见《论语·述而》:"子曰:'三人行,必有我师焉。择其善者而从之,其不善者而改之。'"

〔17〕 李蟠:贞元十九年进士。

〔18〕 六艺:即《诗》、《尚书》、《礼》、《易》、《乐》、《春秋》,又称六经。此

处泛指儒家经典。经传:分指六艺本文和后世儒者阐释六艺之书,如《礼》为经,《礼记》为传;《春秋》为经,《左传》、《公羊》、《穀梁》为传。

〔19〕 贻:赠送。

进学解[1]

国子先生晨入太学[2],招诸生立馆下[3],诲之曰:"业精于勤[4],荒于嬉;行成于思[5],毁于随[6]。方今圣贤相逢[7],治具毕张[8]。拔去凶邪[9],登崇俊良[10]。占小善者率以录[11],名一艺者无不庸[12]。爬罗剔抉[13],刮垢磨光[14]。盖有幸而获选[15],孰云多而不扬[16]?诸生业患不能精,无患有司之不明[17];行患不能成,无患有司之不公。"

言未既[18],有笑于列者曰:"先生欺余哉!弟子事先生,于兹有年矣[19]。先生口不绝吟于六艺之文,手不停披于百家之编[20]。纪事者必提其要[21];纂言者必钩其玄[22]。贪多务得[23],细大不捐[24]。焚膏油以继晷[25],恒兀兀以穷年[26]。先生之业,可谓勤矣。觝排异端[27],攘斥佛、老[28];补苴罅漏[29],张皇幽眇[30];寻坠绪之茫茫[31],独旁搜而远绍[32]。障百川而东之[33],回狂澜于既倒[34],先生之于儒,可谓劳矣[35]。沉浸酰郁[36],含英咀华[37]。作为文章[38],其书满家[39]。上规姚、姒[40],浑浑无涯[41]。周诰殷盘[42],佶屈聱牙[43];《春秋》谨严[44],《左氏》浮夸[45];《易》奇而法[46],《诗》正而葩[47];下逮《庄》、《骚》[48],太史所录[49];子云、相如[50],同工异曲[51]。先生之于文,可谓闳其中而肆其外矣[52]。少始知学,勇于敢为;长通于方[53],左右具宜。先生之于为人,可谓成矣[54]。然而公不见信于人,私不见助于友。跋前疐后[55],动辄得咎[56]。暂为御史[57],遂窜南夷[58]。三年博士[59],冗不见治[60]。命与仇谋[61],取败几时[62]。冬暖而儿号寒[63],年丰而妻啼饥。头童齿豁[64],竟死何裨[65]?不知虑此,反教人为[66]!"

先生曰:"吁[67]!子来前。夫大木为杗[68],细木为桷[69],欂、栌、侏儒[70],椳闑扂楔[71],各得其宜,施以成室者[72],匠氏之工也[73]。玉札丹砂,赤箭、青芝[74],牛溲马勃,败鼓之皮[75],俱收并蓄[76],待用无遗者,医师之良也。登明选公[77],杂进巧拙[78],纡余为妍[79],卓荦为杰[80],校短量长[81],惟器是适者[82],宰相之方也[83]。昔者[84],孟轲好辩[85],孔道以明[86],辙环天下[87],卒老于行[88]。荀卿守正[89],大论是宏[90],逃谗于楚,废死兰陵[91]。是二儒者,吐辞为经[92],举足为法[93],绝类离伦[94],优入圣域[95],其遇于世何如也?今先生学虽勤而不由其统[96],言虽多而不要其中[97],文虽奇而不济于用[98],行虽修而不显于众。犹且月费俸钱[99],岁靡廪粟[100],子不知耕,妇不知织,乘马从徒[101],安坐而食,踵常途之役役[102],窥陈编以盗窃[103]。然而圣主不加诛[104],宰臣不见斥[105],非其幸欤?动而得谤,名亦随之[106]。投闲置散[107],乃分之宜。若夫商财贿之有亡[108],计班资之崇庳[109],忘己量之所称[110],指前人之瑕疵[111]。是所谓诘匠氏之不以杙为楹[112],而訾医师以昌阳引年[113],欲进其豨苓也[114]。"

【注释】

〔1〕 本文是元和八年(813)春韩愈任国子博士时所作。文章假托师生对话,辩析了学习与前途的关系,抒发了自己怀才不遇的怨情。强调了在学习问题上"业精于勤荒于嬉"、"行成于思毁于随"的道理。进学,使学业有所进益。解,对疑难问题的辨析。

〔2〕 国子先生:韩愈自称。作者时任国子博士。太学:这里指国子监。

〔3〕 诸生:指在太学的众弟子。馆:指国子馆,为国子监的一部分,是培养贵族子弟的学校,有国子生八十人。

〔4〕 业:学业。

〔5〕 行:品行。思:深思熟虑。

〔6〕 随:随意,率性而为,因循。

〔7〕 圣贤:指圣主贤臣。

〔8〕 治具:法令。毕:都,完全。张:设置,实施。

〔9〕 凶邪:残暴邪恶的人。

〔10〕 登:升,进用。崇:推崇,推重。俊良:指优秀人才。

〔11〕 占(zhàn 站):具有。率:大都。以:通"已"。录:录用,任用。

〔12〕 名:闻名,知名。庸:用,任用。

〔13〕 爬罗剔抉:指搜罗挑选(人才)。爬,整理。罗,搜罗。剔,剔除。抉,挑选。

〔14〕 刮垢磨光:指训练造就(人才)。刮垢,刮除污垢。磨光,打磨光亮。

〔15〕 幸:侥幸。获选:得到任用。

〔16〕 孰云:谁说。多:指才能高。扬:扬举,指任用。

〔17〕 有司:指主管的官吏。

〔18〕 既:完,尽。

〔19〕 于:到。兹:今,现在。有年:多年。

〔20〕 披:打开,翻阅。百家之编:诸子百家的著作。编,著作。

〔21〕 纪事者:指记事类的书。提其要:提取书中的要点。

〔22〕 纂(zuǎn 缵)言者:指理论类的书。钩其玄:探求书中的精义。钩,钩取,探求。玄,深奥,此指深微的道理。

〔23〕 务:一定,必。

〔24〕 细:小。捐:舍弃。

〔25〕 焚膏油:指点油灯(学习)。晷(guǐ 鬼):日影。此指白天。

〔26〕 兀(wù 雾)兀:勤奋不止的样子。穷年:整年。

〔27〕 觝(dǐ 底)排:抵制排斥。异端:不合孔孟儒家正统的思想学说。

〔28〕 攘斥:排斥。佛老:指佛教和道教。

〔29〕 苴(jū 菊):本义为鞋里垫的草,此处用作动词,补充。罅(xià 夏)漏:缺漏。

〔30〕 张皇:发扬光大。幽眇(miǎo 渺):深微的义理。眇,通"渺"。

〔31〕 坠绪:指将失落的儒家道统。茫茫:茫无头绪的样子。

〔32〕 旁搜:多方面搜求。远绍:远继,指继承久远"不得其传"的儒家道统。绍,继续。

〔33〕 障:阻挡。东之:使水向东流。

〔34〕 回:挽回,挽转。狂澜:巨浪。既倒:已倒。指巨浪横飞的情势。

〔35〕 劳:功劳,功绩。

〔36〕 酕郁:浓郁深厚的香气。此指文章的精华。

〔37〕 英、华:指花,文章的精华。咀(jǔ举):咀嚼,品味。

〔38〕 作为:写成,写作。

〔39〕 其书:指韩愈的著作。满家:堆满家中。

〔40〕 规:取法。姚姒:指《尚书》中的《虞书》和《夏书》。姚,虞舜的姓。姒(sì似),夏禹的姓。

〔41〕 浑浑:深博的样子。

〔42〕 周诰:指《尚书·周书》内的《大诰》、《康诰》、《洛诰》、《酒诰》等篇。殷盘:指《尚书·商书》中的《盘庚》上、中、下三篇。

〔43〕 佶(jí吉)屈聱(áo敖)牙:指文章艰涩难读。佶屈,曲折。聱牙,拗口。

〔44〕 《春秋》:孔子编修删定的一部鲁国编年断代史,文辞简约,常以一字褒贬,表达作者的立场、评价。

〔45〕 《左氏》:即《左氏春秋传》。浮夸:指文辞铺张,夸大其辞。

〔46〕 《易》:指《周易》。奇而法:奇妙而有规则。

〔47〕 《诗》:指《诗经》。正而葩(pā趴):指思想纯正而文辞华美。葩,华美。

〔48〕 逮:到,至。《庄》:指《庄子》。《骚》:指《离骚》。

〔49〕 太史所录:指太史公马迁所著的《史记》。

〔50〕 子云:指西汉文学家扬雄,子云是他的字。相如:指汉武帝时的文学家司马相如。二人都以辞赋著名。

〔51〕 同工异曲:比喻以上著作体例风格有不同,成就却都很高。工,精巧。

〔52〕 闳(hóng宏):大,宏大。中:指思想内容。肆:不受拘束。外:指文章形式。

〔53〕 长:年长,长大。方:道理,礼义。

〔54〕 成:成熟,完美。

〔55〕 跋前疐(zhì至)后:前进有困难,后退有阻碍。化用《诗经·豳风·狼跋》:"狼跋其胡,载疐其尾。"

〔56〕 咎:罪过。

〔57〕 御史:监察御史。

〔58〕 窜:放逐。南夷:南方少数民族聚居地区。此指韩愈被贬至阳山县(今广东阳山)。

〔59〕 三年博士:"年"一作"为"。指韩愈从唐宪宗元年至四年做了三年国子监博士。又据新、旧《唐书》本传所载,此文为第三次为博士时作(元和七年至八年)。

〔60〕 冗(rǒng 荣上声)不见(xiàn 现)治:指做这种闲散官吏,没有什么政绩可表现。冗,闲散。

〔61〕 命:命运。仇:仇敌。谋:相合,相伴。

〔62〕 取败:倒霉,受挫。几时:不多时,很快。

〔63〕 号寒:在寒冷中号叫。

〔64〕 头童:头发脱落。齿豁:牙齿掉了,露出豁口。

〔65〕 竟死:直到死。裨:益处。

〔66〕 为:语气助词,表示反诘。

〔67〕 吁(xū 虚):叹词。

〔68〕 宗(máng 忙):栋梁。

〔69〕 桷(jué 决):方形的椽(chuán 船)子。

〔70〕 欂栌(bó lú 博卢):指支撑栋梁的方形短木,即斗拱。侏儒:原指矮人,此指梁上的短柱。

〔71〕 椳(wèi 喂):门枢臼。闑(niè 聂):门中央的短木,用以阻止门扇。扂(diàn 店):门闩。楔(xiē 歇):竖在门左右的短木。阻止车辆出入碰坏门。

〔72〕 施:用。

〔73〕 匠氏:工匠。工:精巧。

〔74〕 "玉札"二句:四种都是名贵药物,古人认为服食可以延年益寿。玉札,玉屑,供药用。一说为地榆,植物名。丹砂,朱砂。赤箭,天麻,草本植物,其根可入药。青芝,植物名,青色的灵芝。

〔75〕 "牛溲"二句:三种都是粗贱药物。牛溲,一指牛尿,一指牛遗,即车前草。马勃,菌类植物,可治恶疮。败鼓之皮,破烂的鼓皮。

〔76〕 俱收并蓄:都收藏起来。后用作成语,作"兼收并蓄"。

〔77〕 登:升用。明:指不受蒙蔽,公平无欺。

〔78〕 杂:不纯,不一律。

〔79〕 纡余:连绵词,屈曲的样子,这里指人的气质含蓄从容。妍:美好。

〔80〕 卓荦(luò 洛):特出,指超群出众。杰:才能出类拔萃。

〔81〕 校短量长:比较其优劣。校,通"较"。

〔82〕 器:指才具。

〔83〕方:道,治国之术。

〔84〕昔者:过去,古时候。

〔85〕孟轲:即孟子,儒家学说的代表人物之一。

〔86〕孔道:孔子的学说。明:彰明。

〔87〕辙(zhé 哲):车轮痕迹。环:环绕。

〔88〕卒:终于。老:年老而终。

〔89〕荀卿:名况,战国时赵人,是孟轲之后的儒学大师。守正:恪守正道。

〔90〕大论:博大的学说。

〔91〕"逃谗"二句:是说荀子在齐国讲学,很受敬重,成为学术界的泰斗。可是齐人为此而嫉恨、毁谤他。他逃往楚国避祸,楚国相国黄歇(春申君)任命他为兰陵令。黄歇失势死去,他被免职。从此住在兰陵,著书立说,直到死去。谗,毁谤。废,被废去官职。

〔92〕吐辞:指言语。经:经典。

〔93〕举足:指行动。法:法则。

〔94〕绝类离伦:指超越了同辈。

〔95〕优:有余,指进入圣人领域绰绰有余。

〔96〕统:道统。

〔97〕要(yāo 邀):约束,束缚。中(zhòng 众):指儒家的中庸之道。

〔98〕济:有所补益。用:实用。

〔99〕犹且:尚且,还。俸钱:俸禄。

〔100〕縻:同"靡",耗费。廪:官家米仓。

〔101〕从徒:跟随仆从。

〔102〕踵:跟随。常途:世俗之路。役役:辛苦的样子。

〔103〕窥:偷看。陈编:旧书,指古人的著作。盗窃:剽窃,抄袭。

〔104〕圣主:指明君。诛:责罚。

〔105〕宰臣:宰相。斥:革职。

〔106〕名:狂名,名声。

〔107〕投闲置散:指安置于闲散的职位。

〔108〕若夫:至于。商:计较,讨价还价。财贿:财物,指俸禄。亡:同"无"。

〔109〕计:计较。班资:班列资格,官职地位。崇庳(bēi 卑):高低。

〔110〕己量:自己的能力。称(chèn 趁):符合,相当。

〔111〕瑕疵(xiá cī 霞刺阴平):缺点。

〔112〕杙(yì 义):小木桩。楹(yíng 蝇):柱子。

〔113〕訾(zǐ 子):诋毁。昌阳:菖蒲,中药材,据说可以延年益寿。引年:延年。

〔114〕进:进用。豨(xī 希)苓:中药名,又称猪苓,泻药,多食伤身。

圬者王承福传[1]

圬之为技,贱且劳者也。有业之,其色若自得者。听其言,约而尽[2]。问之,王其姓,承福其名,世为京兆长安农夫[3]。天宝之乱[4],发人为兵[5],持弓矢十三年,有官勋,弃之来归。丧其土田,手镘衣食[6],余三十年,舍于市之主人[7],而归其屋食之当焉[8]。视时屋食之贵贱,而上下其圬之佣以偿之[9];有余,则以与道路之废疾饿者焉。

又曰:粟,稼而生者也。若布与帛,必蚕绩而后成者也[10]。其他所以养生之具,皆待人力而后完也。吾皆赖之。然人不可遍为,宜乎各致其能以相生也。故君者,理我所以生者也[11],而百官者,承君之化者也[12]。任有大小,惟其所能,若器皿焉[13]。食焉而怠其事,必有天殃,故吾不敢一日舍镘以嬉。夫镘易能,可力焉,又诚有功,取其直[14],虽劳无愧,吾心安焉。夫力易强而有功也,心难强而有智也[15]。用力者使于人[16],用心者使人,亦其宜也。吾特择其易为而无愧者取焉[17]。嘻!吾操镘以入富贵之家有年矣。有一至者焉,又往过之,则为墟矣;有再至三至者焉[18],而往过之,则为墟矣。问之其邻,或曰:噫!刑戮也。或曰:身既死而其子孙不能有也。或曰:死而归之官也。吾以是观之,非所谓食焉怠其事而得天殃者邪?非强心以智而不足,不择其才之称否而冒之者邪[19]?非多行可愧,知其不可而强为之者邪?将富贵难守[20],薄功而厚飨之者邪[21]?抑丰悴有时,一去一来而不可常者邪[22]？吾之心悯焉，是故择其力之可能者行焉。乐富贵而悲贫贱，我岂异于人哉？

又曰：功大者，其所以自奉也博。妻与子皆养于我者也，吾能薄而功小，不有之可也。又吾所谓劳力者，若立吾家而力不足，则心又劳也。一身而二任焉，虽圣者不可为也。

愈始闻而惑之，又从而思之，盖贤者也，盖所谓"独善其身"者也[23]。然吾有讥焉[24]，谓其自为也过多，其为人也过少。其学杨朱之道者邪？杨之道，不肯拔我一毛而利天下[25]。而夫人以有家为劳心，不肯一动其心以畜其妻子[26]，其肯劳其心以为人乎哉！虽然，其贤于世之患不得之而患失之者[27]，以济其生之欲，贪邪而亡道[28]，以丧其身者，其亦远矣！又其言有可以警余者，故余为之传，而自鉴焉[29]。

【注释】

〔1〕 本文是韩愈为泥瓦匠王承福所作的传记。通过对王承福自食其力的赞赏，讽刺了社会上那种本无才能，却又不自量力、贪图官禄富贵的人。圬（wū 乌）者，泥瓦匠人。

〔2〕 约而尽：简约而周详。约，简约。尽，详尽。

〔3〕 京兆：府名，治所在长安，为唐代首都，在今陕西西安。

〔4〕 天宝之乱：天宝十四载（755），安禄山、史思明起兵叛唐，史称"安史之乱"。天宝，唐玄宗李隆基的年号（742—756）。

〔5〕 发：征伐，招募。人：民。因唐太宗名世民，唐人避讳，用"人"代"民"。"安史之乱"爆发后，唐玄宗曾命荣王李琬为元帅，在京师招募士兵十一万讨伐安禄山。

〔6〕 手镘（màn 慢）：拿起镘子。镘，粉刷墙壁的工具。衣食：这里指获取衣食。

〔7〕 舍（shè 社）：居住。市之主人：指他的雇主家里。

〔8〕 屋食：房租和伙食费。当：与……相当的钱。

〔9〕 上下：增加或减少。佣：佣金，工钱。

〔10〕 绩：把麻、丝等搓捻成线或绳，这里指纺织。

〔11〕 理：治。因唐高宗名治，唐人避讳，用"理"代"治"。

〔12〕 承：奉行。化：教化。

〔13〕 器皿（mǐn 敏）：饮食用具，如杯、盘及尊彝之类。后泛指盛东西的日常用具。

〔14〕 直：通"值"，这里指工钱。

〔15〕 力：指体力劳动。心：指脑力劳动。强（qiǎng 抢）：勉强。

〔16〕 使：使用，引申为统治。

〔17〕 特：只是，不过。

〔18〕 再：第二次。

〔19〕 称（chèn 趁）：适合。

〔20〕 将：表示选择，还是。

〔21〕 薄功而厚飨：功劳不大而享受很丰厚。飨（xiǎng 想），通"享"。

〔22〕 抑：表示选择，或者，还是。丰悴（cuì 萃）：繁盛和衰弱。常：长久。

〔23〕 独善其身：指修身养性，保全己身，不管世事。语出《孟子·尽心上》"穷则独善其身，达则兼善天下"。

〔24〕 讥：批评，指责。

〔25〕 "不肯"句：《孟子·尽心上》"杨子取为我，拔一毛而利天下不为也"。

〔26〕 畜（xù 蓄）：养。

〔27〕 患不得之而患失之：即患得患失。没有的时候忧虑得不到，得到的时候又忧虑会失去。

〔28〕 亡（wú 无）：通"无"。

〔29〕 自鉴：自己对照检查。鉴，镜子。

讳辩〔1〕

愈与李贺书〔2〕，劝贺举进士〔3〕。贺举进士有名，与贺争名者毁之，曰："贺父名晋肃，贺不举进士为是，劝之举者为非。"听者不察也，和而倡之〔4〕，同然一辞。皇甫湜曰〔5〕："若不明白，子与贺且得罪〔6〕。"愈曰："然。"

律曰〔7〕："二名不偏讳〔8〕。"释之者曰〔9〕："谓若言'征'不称

'在',言'在'不称'征'是也。"律曰:"不讳嫌名[10]。"释之者曰:"谓若'禹'与'雨'、'丘'与'蓲'之类是也。"今贺父名晋肃,贺举进士,为犯二名律乎？为犯嫌名律乎？父名晋肃,子不得举进士,若父名仁,子不得为人乎？

夫讳始于何时？作法制以教天下者,非周公、孔子欤[11]？周公作诗不讳[12],孔子不偏讳二名[13],《春秋》不讥不讳嫌名[14]。康王钊之孙,实为昭王[15]。曾参之父名晳,曾子不讳"昔"[16]。周之时有骐期[17],汉之时有杜度[18],此其子宜如何讳？将讳其嫌,遂讳其姓乎？将不讳其嫌者乎？汉讳武帝名"彻"为"通"[19],不闻又讳车辙之"辙"为某字也。讳吕后名"雉"为"野鸡"[20],不闻又讳治天下之"治"为某字也。今上章及诏,不闻讳"浒"、"势"、"秉"、"机"也[21]。惟宦官宫妾,乃不敢言"谕"及"机"[22],以为触犯。士君子立言行事,宜何所法守也？今考之于经,质之于律,稽之以国家之典,贺举进士为可邪？为不可邪？

凡事父母,得如曾参,可以无讥矣；作人得如周公孔子,亦可以止矣。今世之士,不务行曾参、周公、孔子之行,而讳亲之名,则务胜于曾参、周公、孔子,亦见其惑也。夫周公、孔子、曾参,卒不可胜。胜周公、孔子、曾参,乃比于宦者宫妾[23]。则是宦者宫妾之孝于其亲,贤于周公、孔子、曾参者邪！

【注释】

〔1〕 按古代传统礼法,对君主或者尊亲的名字不能直接称说或书写,须要回避,或改用其他字代替,叫作"避讳"。但是读音相近的字也要回避,给人们的言论与行动造成了很多束缚。李贺的父亲名晋肃,"晋"与"进士"的"进"同音,因此按照当时礼法,李贺应该避讳,不能参加科举考试。韩愈对此十分愤慨,于是写下本文支持李贺参加科举考试。文中引经据典,辩驳有力,有很强的说服力。但李贺依然未能参加进士科考试。韩愈也因为这篇文章,而遭到众人的非议。

〔2〕 李贺(790—816):字长吉,唐代著名诗人,因避父讳,终身未能参加进士科考试,只做过奉礼郎一类的小官。著有《昌谷集》。

〔3〕 举进士:参加进士科考试。

〔4〕 和(hè贺)而倡之:一唱一和,互相呼应。倡,通"唱"。

〔5〕 皇甫湜(shí时):字持正,中唐时期文学家,曾从韩愈学习古文。

〔6〕 子:古人对自己老师的称呼。且:将。

〔7〕 律:此指《礼记》。下面两处引文均见《礼记·曲礼上》。

〔8〕 二名不偏讳:二字之名在用到其中某一字时不避讳。偏,遍,全部。另外一种说法认为偏是一半的意思,这句话的意思是名有二字的不能只避讳一个字,两个字都须要避讳。按照文意,韩愈文中应为前一种说法。

〔9〕 释之者:指为《礼记》作注的汉代人郑玄。下面引文见于《礼记·曲礼上》郑玄注所举的例子。"徵在"是孔子母亲的名字。孔子在说"徵"时不连用"在",在说"在"时不连用"徵"。意即只要不连用,就用不着避讳。

〔10〕 嫌名:指与名字中所用字音相近的字。

〔11〕 周公:相传周朝的礼乐典章制度都是他主持制订的。

〔12〕 "周公"句:《诗经·周颂》中的《噫嘻》、《雍》等篇,相传为周公所作,其中有"克昌厥后"、"骏发尔私"等句,而周公之父文王名昌,周公之兄武王名发,所以说"周公作诗不讳"。

〔13〕 "孔子"句:孔子不避单独用的"徵"或"在"字。如:《论语·八佾》中孔子曾说"杞不足徵也……宋不足徵也",《论语·卫灵公》中又说"某在斯"。

〔14〕 讥:讥刺,贬斥。

〔15〕 "康王"二句:周康王名钊,其孙继位,谥昭。"钊"与"昭"同音,《春秋》并没有加以讽刺。根据《史记·周本纪》,昭王实为康王之子,而不是孙。

〔16〕 曾子:即曾参(shēn身),孔子弟子,以孝行著称。其父名晳,也是孔子弟子。不讳昔:《论语·泰伯》记曾子说:"昔者吾友尝从事于斯矣"。"昔"与"晳"同音,所以韩愈说曾子不讳"昔"。

〔17〕 骐期:春秋时楚国人。

〔18〕 杜度:东汉章帝时人,字伯度,为齐相。

〔19〕 汉武帝:汉武帝姓刘名彻,当时为避讳,将"彻侯"改成"通侯","蒯(kuǎi)彻"改为"蒯通"。

〔20〕 吕后:汉高祖刘邦的皇后,名雉(zhì至),当时为避讳,改"雉"为"野鸡"。

〔21〕 浒、势、秉、机:这四个字与唐朝太祖、太宗、世祖、玄宗的名同音,太

祖名"虎",太宗名"世民",世祖名"昞",玄宗名"隆基"。

〔22〕 谕:与唐代宗李豫的名同音。

〔23〕 比:等同。

争臣论[1]

或问谏议大夫阳城于愈[2],可以为有道之士乎哉?学广而闻多,不求闻于人也。行古人之道[3],居于晋之鄙[4]。晋之鄙人,薰其德而善良者几千人[5]。大臣闻而荐之[6],天子以为谏议大夫。人皆以为华,阳子不色喜[7]。居于位五年矣,视其德如在野,彼岂以富贵移易其心哉!

愈应之曰:是《易》所谓"恒其德贞而夫子凶"者也[8]。恶得为有道之士乎哉[9]?在《易·蛊》之上九云[10]:"不事王侯,高尚其事。"《蹇》之六二则曰[11]:"王臣蹇蹇,匪躬之故。"夫亦所以所居之时不一,而所蹈之德不同也[12]。若《蛊》之上九,居无用之地,而致匪躬之节;以《蹇》之六二,在王臣之位,而高不事之心,则冒进之患生[13],旷官之刺兴[14]。志不可则[15],而尤不终无也[16]。今阳子在位,不为不久矣。闻天下之得失,不为不熟矣,天子待之,不为不加矣[17],而未尝一言及于政。视政之得失,若越人视秦人之肥瘠[18],忽焉不加喜戚于其心[19]。问其官,则曰谏议也;问其禄,则曰下大夫之秩也[20];问其政,则曰我不知也。有道之士,固如是乎哉?

且吾闻之:"有官守者,不得其职则去;有言责者,不得其言则去[21]。"今阳子以为得其言乎哉?得其言而不言,与不得其言而不去,无一可者也。阳子将为禄仕乎?古之人有云:仕不为贫,而有时乎为贫,谓禄仕者也。宜乎辞尊而居卑,辞富而居贫,若抱关击柝者可也。盖孔子尝为委吏矣,尝为乘田矣,亦不敢旷其职,必曰会计当而已矣,必曰牛羊遂而已矣[22]。若阳子之秩禄,不为卑且贫,章章明矣[23],而如此其可乎哉?

或曰:否,非若此也。夫阳子恶讪上者[24],恶为人臣招其君之过而以为名者[25]，故虽谏且议，使人不得而知焉。《书》曰："尔有嘉谟嘉猷，则入告尔后于内，尔乃顺之于外，曰：'斯谟斯猷，惟我后之德[26]。'"夫阳子之用心，亦若此者。

愈应之曰：若阳子之用心如此，滋所谓惑者矣[27]。入则谏其君，出不使人知者，大臣宰相者之事，非阳子之所宜行也。夫阳子，本以布衣隐于蓬蒿之下[28]，主上嘉其行谊[29]，擢在此位[30]。官以谏为名，诚宜有以奉其职，使四方后代，知朝廷有直言骨鲠之臣[31]，天子有不僭赏、从谏如流之美[32]。庶岩穴之士闻而慕之[33]，束带结发，愿进于阙下而伸其辞说[34]，致吾君于尧舜，熙鸿号于无穷也[35]。若《书》所谓则大臣宰相之事，非阳子之所宜行也。且阳子之心，将使君人者恶闻其过乎[36]？是启之也。

或曰：阳子之不求闻而人闻之，不求用而君用之，不得已而起，守其道而不变，何子过之深也？

愈曰：自古圣人贤士，皆非有求于闻用也。闵其时之不平[37]，人之不乂[38]，得其道，不敢独善其身，而必以兼济天下也。孜孜矻矻[39]，死而后已。故禹过家门不入[40]，孔席不暇暖而墨突不得黔[41]。彼二圣一贤者[42]，岂不知自安佚之为乐哉[43]？诚畏天命而悲人穷也。夫天授人以贤圣才能，岂使自有余而已？诚欲以补其不足者也。耳目之于身也，耳司闻而目司见。听其是非，视其险易，然后身得安焉。圣贤者，时人之耳目也；时人者，圣贤之身也。且阳子之不贤，则将役于贤以奉其上矣；若果贤，则固畏天命而闵人穷也，恶得以自暇逸乎哉？

或曰：吾闻君子不欲加诸人[44]，而恶讦以为直者[45]。若吾子之论，直则直矣，无乃伤于德而费于辞乎？好尽言以招人过[46]，国武子之所以见杀于齐也[47]，吾子其亦闻乎？

愈曰：君子居其位，则思死其官；未得位，则思修其辞以明其道。我将以明道也，非以为直而加人也。且国武子不能得善人，而好尽言于乱国，是以见杀。《传》曰[48]："惟善人能受尽言。"谓其闻而能改之也。子告我曰"阳子可以为有道之士也"，今虽不能及已，阳子将不得为善人乎哉？

【注释】

〔1〕 阳城出任谏官五年,对朝政不闻不问,人以为贤。韩愈则认为身为谏官却不问朝政得失,是放弃职守的行为,因此写了这篇文章进行讽谕。争(zhèng 正)臣,即诤臣,直言谏诤之臣。争,通"诤",进谏,直言劝告。

〔2〕 谏议大夫:官名,掌侍从规谏的官,唐代隶属门下省。阳城:人名,字亢宗,宁州北平(今河北完县东南)人,曾隐居中条山(今山西南部),后徙居陕州夏县(今山西运城东北),有贤德之名。唐德宗时召为谏议大夫。

〔3〕 行古人之道:指隐居山林,不慕名利。

〔4〕 晋之鄙:指山西夏县。阳城所隐居的中条山、夏县,都属于晋国所辖地区。鄙:边远的地方。

〔5〕 薰:熏陶。几(jī 讥):将近,几乎。

〔6〕 大臣:指李泌。唐德宗贞元三年(787),李泌为相,次年举阳城为谏议大夫。

〔7〕 阳子:即阳城。子,古代对男子的尊称。色喜:喜形于色。

〔8〕 "恒其"句:见于《易·恒》"六五",原文为"恒其德贞。妇人吉,夫子凶"。意思是说,坚守其德,常守贞节。妇人这样做,吉;男子这样做,则凶。

〔9〕 恶(wū 乌):哪里。

〔10〕《蛊》:卦名,下文《蹇》同。上九:《易》共六十四卦,每卦六爻(yáo 尧),每爻有爻题和爻辞。这里"上九"即爻题,指《蛊》卦自下而上的第六个爻,即最上面的爻,为阳爻。下引"不事王侯,高尚其事"即该条爻辞。

〔11〕《蹇》之六二:指《蹇》卦自下而上的第二个爻,为阴爻,"王臣蹇蹇,匪躬之故"为爻辞,意思是说王臣不避艰险去解救君主的困难,不是为了自身的利益。蹇(jiǎn 捡)蹇,忠心的样子。匪,通"非"。躬,自身。

〔12〕 蹈:践,这里是履行、实行的意思。

〔13〕 冒进:指贪求仕宦。

〔14〕 旷官:荒废职守。旷,空缺,荒废。刺:讥刺,指责。

〔15〕 则:法则,这里指效法。

〔16〕 尤不终无:终不免有过失。尤,过失。

〔17〕 加:厚待,重用。

〔18〕 越、秦:周时两个诸侯国,相隔甚远。秦在西北,今陕西一带,越在东南,今浙江一带。瘠,瘦。

〔19〕 忽焉：轻忽，不在意。

〔20〕 下大夫之秩：唐代谏议大夫为正五品，相当于古代的下大夫。秩，古代官吏的俸禄。

〔21〕 "有官守"四句：引文出自《孟子·公孙丑下》。

〔22〕 "仕不为"十一句：引文摘自《孟子·万章下》。抱关，守关门。击柝(tuò 拓)，打更。柝，打更用的梆子。委吏，管粮仓的小官。乘(shèng 剩)田，管畜牧的小官。会(kuài 快)计，掌管财务及出纳。当(dàng 荡)，合适。遂，成功，顺利。引申为长成。

〔23〕 章章：明显的样子。

〔24〕 恶(wù 务)：憎恶。讪(shàn 善)：讥笑。

〔25〕 招(qiáo 乔)：举，揭举。

〔26〕 "尔有"五句：引文出自《尚书·周书·君陈》，文字稍有出入。嘉，美、善。谟(mó 摩)，计谋。猷(yóu 由)，谋略。后，君主。

〔27〕 滋：益，更。

〔28〕 布衣：平民。古代没有官职的人都穿粗布衣服，所以称布衣。蓬蒿之下：犹言野草之中，指隐士所居山野。蓬蒿，蓬草、蒿草。

〔29〕 行谊：品行和道义。谊，通"义"。

〔30〕 擢(zhuó 卓)：提拔，提升。

〔31〕 骨鲠(gěng 耿)：比喻个性正直、刚健。

〔32〕 僭(jiàn 建)赏：不得当的奖励。僭，过分。

〔33〕 庶：庶几，表示希望。岩穴之士：指隐居之士。

〔34〕 阙：古代宫门两旁的高台，后代指宫殿。伸：通"申"，陈述。

〔35〕 熙：明。鸿号：伟大的名声。

〔36〕 君人者：做君主者。君，这里作动词。

〔37〕 闵：通"悯"，忧虑。

〔38〕 乂(yì 义)：治理。

〔39〕 孜(zī 资)孜矻(kū 哭)矻：勤奋不懈的样子。

〔40〕 禹过家门不入：相传大禹治水时，十三年中三过家门而不入。

〔41〕 "孔席"句：出自班固《答宾戏》。意思是说，孔子回家，连席子都没坐暖和便走了；墨子回来，连烟囱都没烧黑，又离开了家。形容为自己的事业而勤奋不懈。突，烟囱。黔，黑色。

〔42〕 二圣一贤：儒家尊禹和孔子为圣人，而认为墨子只能算贤人。

〔43〕佚:通"逸",安逸,安乐。

〔44〕君子不欲加诸人:语本《论语·公冶长》。加,强加,凌驾。

〔45〕恶讦(jié洁)以为直:语本《论语·阳货》。讦,攻击别人。

〔46〕尽言:说话没有保留。

〔47〕国武子:名佐,春秋时齐国国卿。因为直言斥责齐灵公之母与人私通之事,被齐灵公所杀。

〔48〕"《传》曰"以下:引文见《国语·周语下》。《国语》又称《春秋外传》。

后十九日复上宰相书[1]

二月十六日[2],前乡贡进士韩愈[3],谨再拜言相公阁下[4]:

向上书及所著文[5],后待命凡十有九日,不得命。恐惧不敢逃遁,不知所为。乃复敢自纳于不测之诛[6],以求毕其说,而请命于左右[7]。

愈闻之,蹈水火者之求免于人也[8],不惟其父兄子弟之慈爱[9],然后呼而望之也。将有介于其侧者[10],虽其所憎怨,苟不至乎欲其死者,则将大其声,疾呼而望其仁之也[11]。彼介于其侧者,闻其声而见其事,不惟其父兄子弟之慈爱,然后往而全之也。虽有所憎怨,苟不至乎欲其死者,则将狂奔尽气,濡手足[12],焦毛发,救之而不辞也。若是者何哉?其势诚急而其情诚可悲也。

愈之强学力行有年矣。愚不惟道之险夷[13],行且不息,以蹈于穷饿之水火,其既危且亟矣[14],大其声而疾呼矣,阁下其亦闻而见之矣。其将往而全之欤,抑将安而不救欤?有来言于阁下者曰,有观溺于水而爇于火者[15],有可救之道而终莫之救也。阁下且以为仁人乎哉?不然,若愈者,亦君子之所宜动心者也。

或谓愈,子言则然矣,宰相则知子矣,如时不可何?愈窃谓之不知言者,诚其材能不足当吾贤相之举耳。若所谓时者,固在上位者之为耳,非天之所为也。前五六年时,宰相荐闻[16],尚有自布衣蒙抽擢者[17]，与今岂异时哉？且今节度、观察使及防御、营田诸小使等[18]，尚得自举判官[19]，无间于已仕未仕者[20]，况在宰相，吾君所尊敬者，而曰不可乎？古之进人者，或取于盗[21]，或举于管库[22]。今布衣虽贱，犹足以方乎此[23]。情隘辞蹙[24]，不知所裁，亦惟少垂怜焉[25]。愈再拜。

【注释】

〔1〕 德宗贞元八年(792)，韩愈登进士第，之后三次参加博学鸿词科考试均告失利，不得已只好走上上书干谒之路。他在贞元十一年初三次上书宰相求仕，本文是其中的第二封。信中期望当政者能不拘一格提拔人才，情词恳切，用语婉转，不卑不亢，甚至不惜自比为"盗贼"、"管库"，亦毫无扭捏之态。后十九日，首次写信是在正月二十七日，这封信写于二月十六日，中间相距正十九天。

〔2〕 二月十六日：唐德宗贞元十一年(785)二月十六日。古人书信格式，多将时间、写信人姓名、收信人姓名写在信的最前面。

〔3〕 乡贡进士：唐代由州县荐举出来参加科举考试而考中进士的人称乡贡进士。

〔4〕 再拜：指一拜而又拜，表示恭敬的礼节。古人用在书信中表示对收信人的尊重。阁下：即阁下，写信时对对方的尊称。

〔5〕 向：以前。

〔6〕 诛：责备，处罚。

〔7〕 左右：书信中对对方的称呼，对人不直称其名，只称左右，以表示尊敬。

〔8〕 蹈：踩，陷。

〔9〕 惟：因为。

〔10〕 介：次，处在。

〔11〕 仁之：对人发仁爱之心和行仁爱之道。

〔12〕 濡(rú 如)：沾湿，润泽。

〔13〕 惟：思。夷：平坦。

〔14〕 亟(jí 急)：急迫。

〔15〕 溺：淹没。爇(ruò 若)：焚烧。

〔16〕 荐闻：向上推荐。

〔17〕 抽擢(zhuó 卓):提拔。

〔18〕 节度:即节度使,负责掌管边疆地区军事、民政和财务的官员。观察使:掌管州县官吏政绩和民事的长官。防御:即防御使,是唐代设于军事重地的官吏,多以刺史担任。营田:即营田使,唐代边区专掌屯田的官吏。

〔19〕 判官:唐代节度使、观察使、防御使等的属官。

〔20〕 无间:无论。间,区别。

〔21〕 取于盗:《礼记·杂记下》中记载管仲曾在盗贼中提拔两人为官。

〔22〕 举于管库:《礼记·檀弓下》中记载春秋末年晋国的赵文子在管仓库的人中提拔了七十多人。韩愈用这两个典故比喻要不拘一格选用人才。

〔23〕 方:比拟,相比。

〔24〕 隘(ài 爱):窘迫。辞蹙(cù 促):急促。

〔25〕 少:稍。垂:敬辞,用于别人对自己的行动。

后廿九日复上宰相书[1]

三月十六日,前乡贡进士韩愈,谨再拜言相公阁下。

愈闻周公之为辅相,其急于见贤也,方一食,三吐其哺,方一沐,三握其发[2]。当是时,天下之贤才,皆已举用;奸邪谗佞欺负之徒[3],皆已除去;四海皆已无虞[4];九夷八蛮之在荒服之外者[5],皆已宾贡[6];天灾时变、昆虫草木之妖[7],皆已销息;天下之所谓礼乐刑政教化之具[8],皆已修理;风俗皆已敦厚;动植之物,风雨霜露之所沾被者[9],皆已得宜;休征嘉瑞[10],麟凤龟龙之属[11],皆已备至。而周公以圣人之才,凭叔父之亲,其所辅理承化之功[12],又尽章章如是[13]。其所求进见之士,岂复有贤于周公者哉?不惟不贤于周公而已,岂复有贤于时百执事者哉[14]?岂复有所计议,能补于周公之化者哉?然而周公求之如此其急,惟恐耳目有所不闻见,思虑有所未及,以负成王托周公之意,不得于天下之心。如周公之心,设使其时辅理承化之功,未尽章章如是,而非圣人之才,而无叔父之亲,则将不暇食与沐矣,岂特吐哺握发为勤而止哉[15]?维其如是[16],故于今颂成王之德,而称周公之功不衰。

今阁下为辅相亦近耳[17]。天下之贤才,岂尽举用?奸邪谗佞欺负之徒,岂尽除去?四海岂尽无虞?九夷八蛮之在荒服之外者,岂尽宾贡?天灾时变、昆虫草木之妖,岂尽销息?天下之所谓礼乐刑政教化之具,岂尽修理?风俗岂尽敦厚?动植之物,风雨霜露之所沾被者,岂尽得宜?休征嘉瑞,麟凤龟龙之属,岂尽备至?其所求进见之士,虽不足以希望盛德,至比于百执事,岂尽出其下哉?其所称说[18],岂尽无所补哉?今虽不能如周公吐哺握发,亦宜引而进之,察其所以而去就之[19],不宜默默而已也。

愈之待命,四十余日矣。书再上,而志不得通[20]。足三及门,而阍人辞焉[21]。惟其昏愚,不知逃遁,故复有周公之说焉,阁下其亦察之。

古之士,三月不仕则相吊[22],故出疆必载质[23]。然所以重于自进者,以其于周不可,则去之鲁;于鲁不可,则去之齐;于齐不可,则去之宋、之郑、之秦、之楚也[24]。今天下一君,四海一国,舍乎此则夷狄矣,去父母之邦矣。故士之行道者[25],不得于朝,则山林而已矣。山林者,士之所独善自养,而不忧天下者之所能安也。如有忧天下之心,则不能矣。故愈每自进而不知愧焉,书亟上[26],足数及门,而不知止焉。宁独如此而已,惴惴焉惟不得出大贤之门下是惧[27],亦惟少垂察焉。渎冒威尊[28],惶恐无已。愈再拜。

【注释】

〔1〕 本文是韩愈两次上书都久久未回音而写给宰相的第三封信。不同于前两封,这封信是在失望和愤慨越来越强的情况下所写,所以言辞比较尖刻激烈,同时也充分体现了韩愈积极入世、鲠直无忌的个性。

〔2〕 "方一食"四句:传说周公辅佐成王时,唯恐失天下贤才,只要有人来访便立刻接待。他曾在一顿饭之中为接待来访的人而三次吐出含在口中的食物,在洗一次头之间,三次停下来握起头发接见客人。哺,口中所含的食物。沐,这里指洗头发。

〔3〕 谗(chán 蝉):说人坏话。佞(nìng 泞):用花言巧语谄媚。欺:骗人。负:背信弃义,不守诺言。

〔4〕 虞:忧虑。

〔5〕 九夷八蛮:泛指古代少数民族。荒服:古代以王城为中心,把天下按远近划分为五等,即五服:甸服、侯服、绥服、要服、荒服。荒服是最边远的地区。

〔6〕 宾:客,这里指归顺服从。贡:向朝廷进献贡品。

〔7〕 天灾时变:指大自然出现的与时令不符的自然现象。昆虫草木之妖:指昆虫草木等物的一些变异和反常现象。古人认为,这些都是上天将要降下灾祸的不祥征兆,所以称为"妖"。

〔8〕 具:制度。

〔9〕 沾:沾湿,滋润。被:覆盖。

〔10〕 休征嘉瑞:休,美好;征,迹象。嘉,吉祥;瑞,征兆。

〔11〕 麟凤龟龙:都是预示吉祥的动物。麟,麒麟。凤,凤凰。龟,灵龟。龙,蛟龙。

〔12〕 辅理承化:辅佐治理,承继教化。

〔13〕 章章:明显的样子。

〔14〕 百执事:指公卿百官。百,言其多。执事,执掌职事的人。

〔15〕 特:只,仅。

〔16〕 维:通"唯"。

〔17〕 近:指与周公的地位相近似。

〔18〕 称说:主张,建议。

〔19〕 去就:或去或就,犹言去留。

〔20〕 通:上达。

〔21〕 阍(hūn 昏)人:看门人。辞:谢绝。

〔22〕 "三月"句:三个月没有官职就要彼此慰问。吊,慰问。

〔23〕 出疆:离开国家。质:通"贽",古代初次求见所赠的礼物。

〔24〕 鲁、齐、宋、郑、秦、楚:都是春秋时诸侯国名。

〔25〕 行道者:推行某种政治主张的人。

〔26〕 亟(qì 气):多次,屡次。

〔27〕 惴(zhuì 坠)惴焉:恐惧的样子。

〔28〕 渎(dú 读):轻慢,对人不恭敬。冒:冒犯。

与于襄阳书[1]

七月三日[2],将仕郎守国子四门博士韩愈[3],谨奉书尚书阁下[4]。

　　士之能享大名,显当世者,莫不有先达之士[5],负天下之望者,为之前焉[6]。士之能垂休光[7],照后世者,亦莫不有后进之士,负天下之望者,为之后焉[8]。莫为之前,虽美而不彰;莫为之后,虽盛而不传。是二人者,未始不相须也[9],然而千百载乃一相遇焉。岂上之人无可援[10]、下之人无可推欤[11]?何其相须之殷[12],而相遇之疏也?其故在下之人负其能不肯谄其上[13],上之人负其位不肯顾其下。故高材多戚戚之穷[14],盛位无赫赫之光[15]。是二人者之所为,皆过也。未尝干之[16],不可谓上无其人;未尝求之,不可谓下无其人。愈之诵此言久矣[17],未尝敢以闻于人[18]。

　　侧闻阁下抱不世之才[19],特立而独行[20],道方而事实,卷舒不随乎时[21],文武唯其所用,岂愈所谓其人哉?抑未闻后进之士[22],有遇知于左右[23],获礼于门下者[24],岂求之而未得邪?将志存乎立功,而事专乎报主,虽遇其人,未暇礼也?何其宜闻而久不闻也?

　　愈虽不材,其自处不敢后于恒人[25]。阁下将求之而未得欤,古人有言:"请自隗始[26]。"愈今者惟朝夕刍米仆赁之资是急[27],不过费阁下一朝之享而足也[28]。如曰:"吾志存乎立功,而事专乎报主,虽遇其人,未暇礼焉",则非愈之所敢知也。世之龊龊者既不足以语之[29],磊落奇伟之人,又不能听焉,则信乎命之穷也[30]。谨献旧所为文一十八首[31],如赐览观,亦足知其志之所存。愈恐惧再拜。

【注释】

〔1〕 唐德宗贞元十七年(801)冬,韩愈被任命署理国子监四门博士,正式在京师做官。博士职乃是闲官,地位不高,很难施展抱负,为此,他给于襄阳写信请求引荐。于襄阳名頔(dí 迪),字允元,河南洛阳人,唐德宗贞元十四年(798)由工部尚书徙任山东道节度使。由于做过襄阳大都督,故称于襄阳。

〔2〕 七月三日:贞元十八年(802)七月三日。

〔3〕 将仕郎:官名,唐代的文职散官,从九品。守:唐代品级较低的人担任较高官职的叫守。国子:即国子监,中央教育机构。四门博士:即四门馆教

授,为国子监所统辖,其中设博士若干人。

〔4〕 尚书:官名,这里指于襄阳。

〔5〕 莫:没有人。先达之士:德行高、学问深的前辈。

〔6〕 为之前:为之做前导。

〔7〕 垂:流传。休光:盛美的光华,比喻美德或勋业。

〔8〕 后:后继。

〔9〕 未始:未尝。相须:相依,互相配合。

〔10〕 援:引荐。

〔11〕 推:推荐。

〔12〕 殷:殷切,恳切。

〔13〕 负:倚恃,自恃。诌:奉承,巴结。

〔14〕 戚戚:忧虑的样子。

〔15〕 赫赫:显耀的样子。

〔16〕 干:求。

〔17〕 诵:念,这里指揣摩思考。

〔18〕 敢:表示谦敬,这里有"冒昧"的意思。

〔19〕 不世:非凡,罕有。

〔20〕 特、独:出众,不随波逐流。

〔21〕 "道方"二句:道德方正处事务实,进退不随流俗。卷舒,卷缩舒展,这里是进退的意思。

〔22〕 抑:表转折,然而。

〔23〕 遇知:受到赏识。左右:书信中对对方的称呼,对人不直称其名,只称左右,以表示尊敬。

〔24〕 获礼:获得以礼相待。

〔25〕 恒人:常人。恒,平常,普通。

〔26〕 请自隗(wěi 伟)始:意谓请先从我开始礼遇,以吸引其他贤士。隗,郭隗,战国时燕人。燕昭王招贤纳士,欲报齐国之仇,往见郭隗,郭隗说:"今王欲致士,先从隗始,隗且见事,况贤于隗者乎?岂远千里哉?"于是燕王为郭隗筑宫而师事之,果然各国的贤士源源而来。

〔27〕 刍:喂牲口的草。赁(lìn 吝):租用。

〔28〕 一朝(zhāo 招)之享:一顿早餐的费用。享,通"飨",用酒食款待人。

〔29〕 龊(chuò 绰)龊:器量狭小,拘束于小节。语(yù 玉):告诉。
〔30〕 信:确实,真是。
〔31〕 首:篇。

与陈给事书〔1〕

愈再拜:愈之获见于阁下有年矣。始者亦尝辱一言之誉〔2〕。贫贱也,衣食于奔走〔3〕,不得朝夕继见。其后阁下位益尊,伺候于门墙者日益进〔4〕。夫位益尊,则贱者日隔;伺候于门墙者日益进,则爱博而情不专。愈也道不加修〔5〕,而文日益有名。夫道不加修,则贤者不与〔6〕;文日益有名,则同进者忌。始之以日隔之疏,加之以不专之望〔7〕,以不与者之心,而听忌者之说。由是阁下之庭,无愈之迹矣。

去年春,亦尝一进谒于左右矣〔8〕。温乎其容,若加其新也〔9〕;属乎其言〔10〕,若闵其穷也〔11〕。退而喜也,以告于人。其后如东京取妻子〔12〕,又不得朝夕继见。及其还也,亦尝一进谒于左右矣。邈乎其容〔13〕,若不察其愚也〔14〕;悄乎其言,若不接其情也〔15〕。退而惧也,不敢复进。

今则释然悟〔16〕,翻然悔曰〔17〕:其邈也,乃所以怒其来之不继也;其悄也,乃所以示其意也。不敏之诛〔18〕,无所逃避〔19〕。不敢遂进,辄自疏其所以〔20〕,并献近所为《复志赋》以下十首为一卷,卷有标轴〔21〕。《送孟郊序》一首〔22〕,生纸写〔23〕,不加装饰,皆有揩字注字处〔24〕,急于自解而谢〔25〕,不能俟更写〔26〕,阁下取其言,而略其礼可也。愈恐惧再拜。

【注释】

〔1〕 本文是韩愈写给陈京的信。陈京,字庆复,京兆万年(今陕西西安)人。唐德宗贞元十九年(803)由考功员外郎升为给事中,因此称陈给事。这封信叙述了与陈京多年来的交往,分析了二人后来疏远的原因,委婉地表述了对陈给事的不满。全文波澜层叠,姿态横生,笔笔入妙,至诚动人。给事,即

给事中,门下省主管驳正政令得失的官员。

〔2〕 辱:谦词,承蒙。誉:赞誉,夸奖。

〔3〕 衣食于奔走:"奔走于衣食"的倒装。

〔4〕 伺候:等候,这里有"依附"的意思。门墙:旧时指师长之门。这里指尊者的门下。

〔5〕 道:道德,品行。

〔6〕 与:赏识,赞赏。

〔7〕 望:怨恨,责怪。

〔8〕 进谒:进见,拜见。

〔9〕 加:对待。新:新交的朋友。

〔10〕 属(zhǔ 主):连续不断。这里形容话很多,很热情。

〔11〕 闵:通"悯",怜悯。

〔12〕 如:到。东京:即今河南洛阳。

〔13〕 邈(miǎo 秒):远,形容表情疏远而冷淡。

〔14〕 愚:谦词,这里指自己的心情。

〔15〕 不接其情:指感情疏远。

〔16〕 释然:疑虑消除的样子。

〔17〕 翻然:迅速改变的样子。

〔18〕 诛:责备。

〔19〕 无所:没有什么地方、处所。

〔20〕 辄(zhé 哲):就。疏:分条陈述。

〔21〕 标轴:卷轴上作有标记。古代把纸或帛写的书做成卷子,中心安轴,一卷也作一轴。

〔22〕 孟郊:字东野,唐代诗人,韩愈的朋友。

〔23〕 生纸:未经煮捶或涂蜡的纸。唐代书写纸分生、熟两种,生纸一般用于草稿或丧事中。韩愈为了急于自解谢罪,所以不暇选择熟纸重写。

〔24〕 揩字:涂抹的字。注字:添加的字。

〔25〕 谢:道歉。

〔26〕 俟(sì 四):等待。

应科目时与人书[1]

月日,愈再拜[2]:天池之滨[3],大江之濆[4],曰有怪物焉[5],盖非常鳞凡介之品汇匹俦也[6]。其得水，变化风雨，上下于天不难也；其不及水，盖寻常尺寸之间耳[7]。无高山大陵旷途绝险为之关隔也[8]，然其穷涸[9]，不能自致乎水，为獱獭之笑者[10]，盖十八九矣[11]。如有力者，哀其穷而运转之，盖一举手、一投足之劳也。然是物也，负其异于众也[12]，且曰："烂死于沙泥，吾宁乐之[13]。若俛首贴耳、摇尾而乞怜者，非我之志也。"是以有力者遇之，熟视之若无睹也，其死其生，固不可知也。今又有有力者当其前矣。聊试仰首一鸣号焉[14]，庸讵知有力者不哀其穷[15]，而忘一举手、一投足之劳，而转之清波乎？其哀之，命也；其不哀之，命也；知其在命，而且鸣号之者[16]，亦命也。愈今者，实有类于是。是以忘其疏愚之罪[17]，而有是说焉。阁下其亦怜察之[18]。

【注释】

〔1〕 本文是韩愈在贞元九年（793）参加博学宏词科考试时写给别人的一封自荐信。在信中韩愈写了一个"非常鳞凡介"的"怪物"，并以此自喻，暗示自己有才能，但得不到推荐而处境窘迫，希望对方能帮助自己，以获得提拔。应科目，即参加科目考试。

〔2〕 愈再拜：一作"应博学宏词前进士韩愈谨再拜上书舍人阁下"。

〔3〕 天池：寓言中的海名。《庄子·逍遥游》中说"南冥者，天池也"。

〔4〕 濆（fén 坟）：水边。

〔5〕 怪物：指龙。

〔6〕 常鳞凡介：指普通的水生动物。鳞，有鳞的水族，如鱼、龙之类。介，有甲的水族，如龟、鳖之类。品汇：品类。匹、俦：都是相比的意思。

〔7〕 寻常尺寸：古代以八尺为寻，二寻为常。此指范围狭小。

〔8〕 陵：大土山。旷途：远路。绝险：极险而不可逾越。关隔：阻隔。

〔9〕 穷涸（hé 禾）：指被干涸所困。穷，困厄。涸，水干枯。

〔10〕 獱（bīn 宾）：即猵（biān 边），小獭。獭（tǎ 塔）：生活在水边的小兽，善游泳，捕鱼为食。

〔11〕 十八九：十分之八九，形容多。

〔12〕 负：依恃。

〔13〕 宁：宁可，甘愿。

〔14〕 聊:姑且。
〔15〕 庸讵(jù句):哪里,怎么。
〔16〕 且:副词,表示就要,将。
〔17〕 疏愚:粗鄙愚昧。
〔18〕 其:语气词,表示希望。

送孟东野序[1]

　　大凡物不得其平则鸣[2]。草木之无声,风挠之鸣[3]。水之无声,风荡之鸣[4]。其跃也,或激之[5];其趋也,或梗之[6];其沸也,或炙之[7]。金石之无声[8],或击之鸣。人之于言也亦然,有不得已者而后言。其歌也有思,其哭也有怀[9]。凡出乎口而为声者,其皆有弗平者乎!

　　乐也者[10],郁于中而泄于外者也[11],择其善鸣者而假之鸣[12]。金、石、丝、竹、匏、土、革、木八者[13],物之善鸣者也。维天之于时也亦然,择其善鸣者而假之鸣。是故以鸟鸣春,以雷鸣夏,以虫鸣秋,以风鸣冬,四时之相推敚[14],其必有不得其平者乎?

　　其于人也亦然。人声之精者为言,文辞之于言,又其精也,尤择其善鸣者而假之鸣。其在唐、虞[15],咎陶、禹[16],其善鸣者也[17],而假以鸣。夔弗能以文辞鸣[18],又自假于《韶》以鸣[19]。夏之时,五子以其歌鸣[20]。伊尹鸣殷[21],周公鸣周。凡载于《诗》、《书》六艺,皆鸣之善者也。周之衰,孔子之徒鸣之,其声大而远。《传》曰:"天将以夫子为木铎"[22]。其弗信矣乎?其末也,庄周以其荒唐之辞鸣[23]。楚,大国也,其亡也,以屈原鸣。臧孙辰、孟轲、荀卿[24],以道鸣者也[25]。杨朱、墨翟、管夷吾、晏婴、老聃、申不害、韩非、慎到、田骈、邹衍、尸佼、孙武、张仪、苏秦之属[26],皆以其术鸣。秦之兴,李斯鸣之。汉之时,司马迁、相如、扬雄,最其善鸣者也[27]。其下魏、晋氏,鸣者不及于古,然亦未尝绝也。就其善者,其声清以浮[28],其节数以急[29],其辞淫以哀[30],其志弛以肆[31],其为言也,乱杂而无章[32]。将天丑其德[33],莫之顾邪?何为乎不鸣其善鸣者也?

唐之有天下,陈子昂、苏源明、元结、李白、杜甫、李观,皆以其所能鸣[34]。其存而在下者,孟郊东野始以其诗鸣。其高出魏、晋,不懈而及于古,其他浸淫乎汉氏矣[35]。从吾游者[36],李翱、张籍其尤也[37]。三子者之鸣信善矣[38]。抑不知天将和其声而使鸣国家之盛邪[39]?抑将穷饿其身[40]、思愁其心肠[41],而使自鸣其不幸邪?三子者之命,则悬乎天矣[42]。其在上也奚以喜[43]?其在下也奚以悲?东野之役于江南也[44],有若不释然者[45],故吾道其命于天者以解之[46]。

【注释】

〔1〕 本文为贞元十八年(802)韩愈为孟郊所作的送别之序。文中表达了对孟郊怀才不遇的同情,对统治者不重用人才的不满,提出了"不平则鸣"的观点。孟郊(751—814),字东野,中唐著名诗人。一生穷愁潦倒,中年三次赴考,才中进士。五十岁才被任命为溧阳县尉。是韩愈的挚友。

〔2〕 大凡:大概。平:平衡,常态等。鸣:发声。

〔3〕 挠(náo 铙):摇动。

〔4〕 荡:激荡,振荡。

〔5〕 "其跃"二句:《孟子·告子上》:"今夫水,搏而跃之,可使过颡;激而行之,可使在山。"跃,飞溅。激,水势因受阻而溅涌。

〔6〕 趋:快走,指水流。梗:阻塞。

〔7〕 沸:沸腾,水开。炙:烧。

〔8〕 金石:指钟、磬之类乐器。

〔9〕 怀:哀伤。

〔10〕 乐:指音乐。

〔11〕 郁:郁结。

〔12〕 假:借助。

〔13〕 "金、石"句:古代制作乐器的八种材料,此处代指八种乐器。金,钟、镈(bó 搏)之属;石,磬之属;丝,琴、瑟之属;竹,管、箫之属;匏(páo 袍),笙、竽之属;土,埙(xūn 薰)之属;革,鼓之属;木,柷(zhù 祝)、敔(yǔ 雨)之属。

〔14〕 推敓：推移变化。敓，同"夺"。

〔15〕 唐：尧的国号。虞：舜的国号。

〔16〕 咎陶（gāo yáo 高尧）：一作"皋陶"，又作"咎繇"，虞舜的臣，掌司法。禹：原为舜臣，被派遣治水，后继舜而立。

〔17〕 善鸣：今文《尚书》有《皋陶谟》，伪古文《尚书》有《大禹谟》，善鸣指此。

〔18〕 夔（kuí 魁）：人名，舜时乐官。

〔19〕 韶：乐名，相传为舜时乐曲，夔制。

〔20〕 五子：夏王太康的五个弟弟。太康沉于游乐致失国，五子因而怨恨太康，作《五子之歌》，陈述大禹的警戒。此歌已经亡佚。《尚书》所载《五子之歌》，系后人伪托。

〔21〕 伊尹：商代著名贤臣，曾经助汤伐桀。

〔22〕 "天将"句：仪封人（仪，地名。封人，古代管理边防的官）称赞孔子之语。见《论语·八佾》："二三子何患于丧乎？天下之无道也久矣，天将以夫子为木铎。"夫子，是对孔子的尊称。木铎（duó 夺），装有木舌的铃，古代宣布政策教令摇木铎召集百姓来听。

〔23〕 荒唐之辞：《庄子·天下篇》有"荒唐之言"（广大无边，任意发挥，旨趣深奥、难以理解的话）。

〔24〕 臧孙辰：即臧文仲。《左传·襄公二十四年》："鲁有先大夫曰臧文仲，既没，其言立。"

〔25〕 道：指儒家学说。

〔26〕 管夷吾：字仲，春秋时齐桓公宰相。有《管子》可见其思想言论。晏婴：字平仲，春秋时齐景公的宰相，后人采其行事及言论辑为《晏子春秋》。申不害：战国时韩人，著有《申子》二篇。慎到：战国时赵人，法家，学黄老之术，著有《慎子》四十二篇。田骈：战国时齐人，道家，有《田子》二十五篇。邹衍：阴阳家，战国时齐人，著有《终始》、《大圣》等。尸佼（jiǎo 铰）：战国时鲁人，杂家，有《尸子》二十篇。孙武：战国时齐人，军事家，著有《孙子》。属：类、辈。

〔27〕 扬雄：字子云，西汉文学家，著作除辞赋外，还有《太玄》、《法言》等。

〔28〕 清以浮：清丽而浮夸。

〔29〕 节：节奏、节拍。数（shuò 硕）：频繁，细密。

〔30〕 淫：放荡，放纵。

〔31〕 弛:松懈,放松。肆:放肆。

〔32〕 无章:没有章法,没有法度。

〔33〕 将:大概,或者。丑:意动用法,以……为丑。德:德行。莫之顾:不顾惜他们。

〔34〕 陈子昂:字伯玉,初唐著名诗人,有《陈伯玉集》。苏源明:字弱夫,与杜甫、元结友善,唐时有盛名。元结:字次山,盛唐文学家,有《元次山集》。李观:字元宾,韩愈友人,有《李元宾集》。

〔35〕 浸淫:渐次接近,逐渐渗透。

〔36〕 从吾游:指跟从我学习。

〔37〕 李翱、张籍:二人都曾向韩愈学诗、古文。李翱(字习文)是古文运动的积极参加者。张籍(字文昌)擅长写作古风和乐府,是著名诗人。尤:特别突出,杰出。

〔38〕 信:实在,确实。善:好。

〔39〕 和:使和畅。

〔40〕 抑:或者,又还是。穷饿:使动用法,使困顿饥饿。

〔41〕 思愁:使动用法,使怨思愁苦。

〔42〕 悬:系,决定于。

〔43〕 奚以:何以,何为。

〔44〕 役:服役,此指任职。

〔45〕 不释然:不高兴、郁郁不乐的样子。

〔46〕 解:劝解。

送李愿归盘谷序[1]

太行之阳有盘谷[2]。盘谷之间,泉甘而土肥。草木丛茂,居民鲜少[3]。或曰[4]:谓其环两山之间,故曰盘。或曰:是谷也,宅幽而势阻[5],隐者之所盘旋[6]。友人李愿居之。

愿之言曰:"人之称大丈夫者[7],我知之矣。利泽施于人[8],名声昭于时[9]。坐于庙朝[10],进退百官[11],而佐天子出令。其在外,则树旗旄[12],罗弓矢[13],武夫前呵[14],从者塞途[15],供给之人,各执其物,夹道而疾驰[16]。喜有赏、怒有刑。才畯满前[17],道古今而誉盛德,入耳而不烦。曲眉丰颊[18],清声而便体[19],秀外而惠中[20]。飘轻裾[21],翳长袖[22]。粉白黛绿者[23],列屋而闲居,妒宠而负恃[24],争妍而取怜[25]。大丈夫之遇知于天子[26],用力于当世者之所为也。吾非恶此而逃之[27],是有命焉,不可幸而致也[28]。

"穷居而野处,升高而望远,坐茂树以终日,濯清泉以自洁。采于山,美可茹[29]。钓于水,鲜可食。起居无时,惟适之安[30]。与其有誉于前,孰若无毁于其后[31]。与其有乐于身,孰若无忧于其心。车服不维[32],刀锯不加[33]。理乱不知[34],黜陟不闻[35]。大丈夫不遇于时者之所为也,我则行之。

"伺候于公卿之门[36],奔走于形势之途[37]。足将进而趑趄[38],口将言而嗫嚅[39]。处污秽而不羞,触刑辟而诛戮[40],侥幸于万一[41],老死而后止者,其于为人贤不肖何如也[42]。"

昌黎韩愈[43],闻其言而壮之[44]。与之酒,而为之歌曰:"盘之中,维子之宫[45]。盘之土,可以稼[46]。盘之泉,可濯可沿[47]。盘之阻[48],谁争子所。窈而深[49],廓其有容[50]。缭而曲[51],如往而复。嗟盘之乐兮[52],乐且无央[53]。虎豹远迹兮[54],蛟龙遁藏[55]。鬼神守护兮,呵禁不祥[56]。饮且食兮寿而康[57],无不足兮奚所望[58],膏吾车兮秣吾马[59],从子于盘兮,终吾生以徜徉[60]。"

【注释】

〔1〕 贞元十七年(801),隐士李愿归盘谷,韩愈写这篇序文送他。文章借李愿之口,刻画了三种人——达官贵人、高洁隐士、无耻之徒。通过对比,表达了作者对隐逸生活的向往之心和对现实生活的愤激之情。李愿,隐士,号盘谷子。盘谷,地名,在河南省济源境内,因处两山之间,所以称谷。序,文体名。唐人把送别赠言一类文章称为序。

〔2〕 太行(háng杭):太行山,位于今河北、河南省平原与山西省高原之间。阳:山的南面。

〔3〕 鲜(xiǎn 显)少:很少。

〔4〕 或曰:有人说。

〔5〕 宅:处于。幽:幽深偏僻的地方。势阻:山势险阻。

〔6〕 盘旋:盘桓,往来。

〔7〕 大丈夫:指才能出众的人,此处有讽刺之意。

〔8〕 利泽:利益恩泽。

〔9〕 昭:显耀,昭彰。

〔10〕 坐于庙朝:指在朝廷做高官。庙朝,宗庙、朝廷。

〔11〕 进退:升降,任免。

〔12〕 树旗旄(máo 毛):立起旗帜。旄,以牛尾饰于旗杆的一种旗帜。

〔13〕 罗弓矢:罗列弓箭。

〔14〕 武夫:武士。呵:喝道。

〔15〕 塞途:塞满了道路。

〔16〕 夹道:在路的两旁。

〔17〕 才畯:才学出众的人。畯,通"俊"。

〔18〕 丰颊(jiá 戛):丰满的面颊。

〔19〕 便(pián 蹁)体:体态轻灵闲雅。

〔20〕 秀外而惠中:外表秀丽而内心聪慧。惠,通"慧"。

〔21〕 轻裾:轻软的衣裙。裾,衣服的前襟,这里指衣服。

〔22〕 翳(yì 义):遮蔽、掩映。

〔23〕 粉白黛绿:面敷粉而白,眉施黛而青。黛,古代女子用来画眉的黑绿色颜料。

〔24〕 负恃:倚仗。

〔25〕 妍(yán 颜):美。怜:爱。

〔26〕 遇知:被赏识,受重用。

〔27〕 恶(wù 悟):厌恶。

〔28〕 幸:侥幸。致:取得。

〔29〕 茹:吃。

〔30〕 惟适之安:只求安适。

〔31〕 孰若:何如,宁可。

〔32〕 车服:古代车服制度随官品高下而有差别,这里用车服来指代官职与功名利禄。维:大绳子,引申为束缚。

〔33〕 刀锯:刑具,此指杀戮。加:施加。

〔34〕 理乱:治理与混乱。

〔35〕 黜陟(chù zhì 触治):贬官升官。

〔36〕 公卿:指高官权要。

〔37〕 奔走:为某种目的而进行活动。形势:地位与权势。

〔38〕 趑趄(zī jū 姿居):走动困难,不能前进,踌躇的样子。

〔39〕 嗫嚅(niè rú 聂如):想说话而不敢出口的样子。

〔40〕 辟:法。诛戮(lù 路):杀死。

〔41〕 万一:万分之一,形容机会很少。

〔42〕 不肖:不贤。

〔43〕 昌黎韩愈:韩愈世居颍川,常据先世郡望自称昌黎人。

〔44〕 壮:意动用法,以……为壮,认为(其言)豪迈。

〔45〕 维:是。子:你,指李愿。宫:房屋、住宅。

〔46〕 稼(gǔ 古):播种五谷。顾炎武《诗本音》:"稼,古音古。"与上句"土"叶韵,这里读作"古"。

〔47〕 濯:洗涤。沿:沿泉水行走。

〔48〕 阻:险阻。

〔49〕 窈(yǎo 咬):幽远。

〔50〕 廓其有容:土地广阔而物产丰富。

〔51〕 缭:缠绕,此指曲折回环。

〔52〕 嗟(jiē 揭):赞叹声。

〔53〕 无央:没有穷尽。

〔54〕 远迹,远远逃走。

〔55〕 遁藏,逃遁躲藏。

〔56〕 呵:呵斥。不祥:不吉祥的东西。

〔57〕 寿而康:长寿安康。

〔58〕 奚:什么,疑问代词。

〔59〕 膏(gào 告):用为动词,在车轴上摩擦部分涂油。秣(mò 默):饲马之料。文中用为动词,喂养。

〔60〕 徜徉(cháng yáng 常扬):自在地流连不去。

送董邵南序[1]

燕赵古称多感慨悲歌之士[2]。董生举进士,连不得志于有司,怀抱利器[3],郁郁适兹土,吾知其必有合也。董生勉乎哉!夫以子之不遇时,苟慕义强仁者皆爱惜焉[4],矧燕赵之士出乎其性者哉[5]!

然吾尝闻风俗与化移易,吾恶知其今不异于古所云邪[6]?聊以吾子之行卜之也。董生勉乎哉!

吾因子有所感矣。为我吊望诸君之墓[7],而观于其市,复有昔时屠狗者乎[8]?为我谢曰[9]:"明天子在上,可以出而仕矣!"

【注释】

〔1〕 董邵南,寿州安丰(故址在今安徽寿县西)人,本是个既耕且读而不免于贫困的下层知识分子,因科场连连失利,遂决意往河北另寻出路。当时藩镇中有所谓"河北三镇"(卢龙、成德、魏博,据有今河北北部、西北部和中部一带),最为强悍,不服王命。韩愈是坚决反对分裂、拥护中央集权的,他既同情董的遭遇,又不愿董去为藩镇效力,故为此序,措辞上极费斟酌。

〔2〕 燕赵:指战国时燕、赵二国,约有今河北北部、河北西部一带。感慨悲歌之士:谓荆轲、高渐离之属。

〔3〕 利器:精良的工具。此以喻杰出才能。

〔4〕 慕义强仁者:仰慕仁义并勉力去实行的人。

〔5〕 矧(shěn 审):何况。

〔6〕 恶(wū 乌)知:焉知,怎知。

〔7〕 望诸君:指战国时乐毅。乐毅中山灵寿(今属河北)人,初在赵,燕昭王时入燕,任亚卿,大败齐军,下齐七十余城。惠王即位,齐施反间计,毅出奔至赵,赵封毅为望诸君。《史记》有传。

〔8〕 屠狗者:隐于市井的豪侠之士。战国时荆轲至燕,爱燕之狗屠及善击筑者高渐离,日饮于燕市,酒酣相乐。事见《史记·刺客列传》。

〔9〕 谢:告知、告诉。

送杨少尹序[1]

昔疏广、受二子[2],以年老,一朝辞位而去。于时公卿设供张[3],祖道都门外[4],车数百两[5]。道路观者,多叹息泣下,共言其贤。汉史既传其事[6],而后世工画者又图其迹[7],至今照人耳目,赫赫若前日事[8]。

国子司业杨君巨源[9],方以能《诗》训后进[10],一旦以年满七十,亦白丞相去归其乡[11]。世常说古今人不相及,今杨与二疏,其意岂异也?

予忝在公卿后[12],遇病不能出。不知杨侯去时[13],城门外送者几人,车几两,马几匹?道旁观者,亦有叹息知其为贤与否?而太史氏又能张大其事[14],为传继二疏踪迹否?不落莫否[15]?见今世无工画者,而画与不画,固不论也[16]。然吾闻杨侯之去,丞相有爱而惜之者,白以为其都少尹[17],不绝其禄。又为诗歌以劝之。京师之长于诗者,亦属而和之[18]。又不知当时二疏之去,有是事否?古今人同不同未可知也。

中世士大夫[19],以官为家,罢则无所于归[20]。杨侯始冠[21],举于其乡[22],歌《鹿鸣》而来也[23]。今之归,指其树曰:"某树吾先人之所种也[24],某水某丘,吾童子时所钓游也。"乡人莫不加敬,诫子孙以杨侯不去其乡为法[25]。古之所谓乡先生[26],没而可祭于社者[27],其在斯人欤[28]?其在斯人欤?

【注释】

〔1〕 杨少尹,名巨源,唐蒲州(今山西永济市蒲州镇)人,官至国子监司业。辞官返乡后又赠任河东郡少尹。杨巨源辞官返乡时,韩愈写了这篇序文送给他。文中将他与汉代的疏广、疏受相比,衷心赞誉他不贪恋爵禄的美德。文章表意含蓄而叙述明白流畅,抑扬婉转。少尹,唐朝中期所置的官,相当于郡守的副手。

〔2〕 疏广、受：西汉兰陵（今山东枣庄东）人。疏广曾为太子太傅，疏受是疏广的侄子，同时为太子少傅。在职五年，叔侄二人同时称病告退，回到家乡后将皇帝所赐黄金遍散乡里。

〔3〕 供张（gòng zhàng 共帐）：即供帐，陈设帷帐等用具。供，陈设。张，即"帐"，帷帐。

〔4〕 祖道：古代在道旁设宴饯行的一种仪式。祖，祭祀道神。都门：指长安城东门。

〔5〕 两（liàng 辆）：通"辆"，量词，用于车辆。

〔6〕 汉史：指班固《汉书》，中有《疏广传》。

〔7〕 工：擅长。图：画。

〔8〕 赫赫：显赫的样子。

〔9〕 国子司业：即国子监的副主管官。

〔10〕 方：正。《诗》：即《诗经》。训：教诲。后进：后辈。指国子监诸生。

〔11〕 白：禀告。

〔12〕 忝（tiǎn 舔）：有愧于，用作谦词。公卿后：时韩愈为吏部侍郎，为吏部尚书的副职，所以这么说。

〔13〕 侯：古时士大夫之间的尊称。

〔14〕 太史氏：指史官。张大：广泛宣扬。

〔15〕 落莫：冷落。莫，通"寞"。

〔16〕 固：通"姑"，姑且。

〔17〕 白：此指向朝廷禀告。以为：即以之为。其都：指其家乡河中。

〔18〕 属（zhǔ 主）：作文章。和（hè 贺）：应和。

〔19〕 中世：中古时候。士大夫：古代对官僚阶层的称呼。

〔20〕 于：动词词头，无实义。

〔21〕 冠（guàn 贯）：古代男子二十岁时，行冠礼以示成年。

〔22〕 举于其乡：被乡里举荐参加进士考试。

〔23〕 《鹿鸣》：《诗经·小雅》的一篇，是宴飨宾客时所用的诗歌。唐代乡举考试后，州县长官宴请中举的人，宴会上歌《鹿鸣》之诗。

〔24〕 先人：祖先，先辈。

〔25〕 法：仿效。

〔26〕 乡先生：古时称辞官乡居或在乡任教的老年人。

〔27〕 没（mò 末）：通"殁"，死。社：土地神，这里指祭祀社神的地方。

〔28〕 斯人:此人,指杨巨源。欤:疑问语气词,表示推测、估计的语气。

送石处士序[1]

河阳军节度、御史大夫乌公[2],为节度之三月,求士于从事之贤者[3]。有荐石先生者。公曰:"先生何如?"曰:"先生居嵩邙瀍谷之间[4],冬一裘[5],夏一葛[6],食朝夕,饭一盂[7],蔬一盘。人与之钱,则辞;请与出游,未尝以事免;劝之仕,不应。坐一室,左右图书。与之语道理,辨古今事当否,论人高下,事后当成败,若河决下流而东注,若驷马驾轻车就熟路[8],而王良、造父为之先后也[9],若烛照数计而龟卜也[10]。"大夫曰:"先生有以自老,无求于人,其肯为某来邪[11]?"从事曰:"大夫文武忠孝,求士为国,不私于家[12]。方今寇聚于恒[13],师环其疆,农不耕收,财粟殚亡[14]。吾所处地,归输之途,治法征谋[15],宜有所出。先生仁且勇,若以义请而强委重焉,其何说之辞?"于是譔书词[16],具马币[17],卜日以授使者[18],求先生之庐而请焉。

先生不告于妻子,不谋于朋友,冠带出见客,拜受书礼于门内。宵则沐浴,戒行李[19],载书册,问道所由,告行于常所来往。晨则毕至,张上东门外[20]。酒三行且起[21],有执爵而言者曰[22]:"大夫真能以义取人,先生真能以道自任,决去就[23]。为先生别。"又酌而祝曰:"凡去就出处何常?惟义之归[24]。遂以为先生寿。"又酌而祝曰:"使大夫恒无变其初,无务富其家而饥其师,无甘受佞人而外敬正士[25],无昧于谄言[26],惟先生是听。以能有成功,保天子之宠命。"又祝曰:"使先生无图利于大夫[27],而私便其身图。"先生起拜祝辞曰:"敢不敬蚤夜以求从祝规[28]!"于是东都之人士[29],咸知大夫与先生果能相与以有成也。遂各为歌诗六韵[30],遣愈为之序云[31]。

【注释】

〔1〕 石处士,名洪,河阳(今河南孟县南)人。曾做过黄州录事参军,后

回到河阳,隐居十年之久。乌重胤到河阳后,召他做幕僚,又奉诏为昭应尉、集贤校理。这篇序文就是在欢送石处士前往乌重胤处就职所写。序中韩愈道明原委,期望乌重胤与石洪能以道义为归依,同舟并济,并祝两人合作成功,兼寓箴规之意。全文以议论行叙事,层层转折,意义深刻。

〔2〕 河阳军:治所在今河南孟县南,因节度使的辖区也是军区,故称河阳军。节度:节度使的省称。御史大夫:官名,主管弹劾纠察和掌管图籍文书。乌公:即乌重胤。唐元和五年,升任河阳节度使、御史大夫。

〔3〕 士:古时指有节操、有学问的人。从事:古时由州府长官自行招募任免的僚属称"从事"。

〔4〕 嵩:山名,五岳之一,在今河南登封县北。邙(máng 忙):山名,在河南洛阳东北。瀍(chán 蝉):水名,源出于河南洛阳市西北,流入洛水。谷:水名,源出河南陕县东部,在洛阳西南与洛水会合。

〔5〕 裘:用毛皮做的衣服。

〔6〕 葛:用葛织布做的衣服。

〔7〕 盂:一种圆口的器皿。

〔8〕 驷马:拉同一辆车的四匹马。

〔9〕 王良:春秋时晋国善于驾车的人。造父:周代善于驾车的人,曾为周穆王驾车。先后:如"左右",这里是辅助的意思。

〔10〕 烛照:烛光照耀,比喻见事之明。数计:用蓍(shī 尸)草计数算卦。龟卜:用龟甲占卜。

〔11〕 其:表示疑问的语气词。某:乌公自称。

〔12〕 家:古时大夫所领属的称"家"。这里指乌公不是为自己谋利。

〔13〕 恒:指恒州,治所在今河北正定,属当时成德军。元和四年,成德节度使王士真死,其子王承宗反叛,第二年唐宪宗被迫任命王承宗为成德节度使。

〔14〕 殚(dān 丹):尽。亡(wú 无):通"无"。

〔15〕 治法征谋:治乱的方法,惩判的谋略。征,通"惩"。

〔16〕 谡:通"撰",写作。

〔17〕 具:备办。币:帛。古人常用以相互赠送,因此作为礼物的通称。

〔18〕 卜日:占卜选择日期,表示郑重其事。

〔19〕 戒:准备。

〔20〕 张(zhàng 帐):供张,指设席钱行。上东门:洛阳城北门。

〔21〕 酒三行：三巡，行酒三遍，即席间巡行劝饮三杯。

〔22〕 爵：酒器。

〔23〕 去就：或去或就，犹言去留。

〔24〕 归：归向，依据。

〔25〕 甘受：指内心喜欢。佞(nìng 泞)人：擅长以巧言献媚的人。外敬：外表敬重。正士：正直之士。

〔26〕 昧：昏暗。谄言：奉承的话。

〔27〕 图：谋取。

〔28〕 祝：祝愿。规：规劝。

〔29〕 东都：指洛阳。

〔30〕 歌诗六韵：古诗一般隔行押韵，六韵即十二句诗。

〔31〕 云：用在全篇最后一句的末尾，表示全篇的结束。

送温处士赴河阳军序[1]

伯乐一过冀北之野[2]，而马群遂空。夫冀北马多天下，伯乐虽善知马，安能空其群邪？解之者曰："吾所谓空，非无马也，无良马也。伯乐知马，遇其良，辄取之，群无留良马焉。苟无良，虽谓无马，不为虚语矣。"

东都，固士大夫之冀北也。恃才能深藏而不市者[3]，洛之北涯曰石生[4]，其南涯曰温生。大夫乌公以铁钺镇河阳之三月[5]，以石生为才，以礼为罗[6]，罗而致之幕下。未数月也，以温生为才，于是以石生为媒[7]，以礼为罗，又罗而致之幕下。东都虽信多才士[8]，朝取一人焉，拔其尤[9]；暮取一人焉，拔其尤。自居守河南尹[10]，以及百司之执事[11]，与吾辈二县之大夫[12]，政有所不通，事有所可疑，奚所咨而处焉[13]？士大夫之去位而巷处者，谁与嬉游？小子后生，于何考德而问业焉？缙绅之东西行过是都者[14]，无所礼于其庐[15]。若是而称曰：大夫乌公，一镇河阳，而东都处士之庐无人焉。岂不可也？

夫南面而听天下[16]，其所托重而恃力者，惟相与将耳。相为天子得人于朝廷,将为天子得文武士于幕下,求内外无治,不可得也。愈縻于兹[17],不能自引去[18],资二生以待老[19]。今皆为有力者夺之,其何能无介然于怀邪[20]?生既至,拜公于军门[21],其为吾以前所称,为天下贺,以后所称,为吾致私怨于尽取也。留守相公[22],首为四韵诗歌其事[23],愈因推其意而序之。

【注释】

〔1〕 本文与前面的《送石处士序》为姊妹篇。温处士名造,字简舆,并州祁(今山西太原西南)人,当时隐居在洛阳附近,与韩愈、石处士石洪都是好朋友,往来密切。石处士被河阳军节度使乌重胤征聘去之后过了几个月,温处士温造也被乌重胤征聘而去。序文主要赞扬了温处士出众的才能和乌大夫善于识人、用人的德才,表达了为朝廷得到人才而欣慰以及自己失友的惋惜心情。

〔2〕 冀:古九州之一,指今河北省一带。相传冀州出产良马。

〔3〕 市:做买卖,这里指出仕,求官。

〔4〕 石生:即石洪,参见本书前选韩愈《送石处士序》注〔1〕。

〔5〕 乌公:即乌重胤。铁钺(fǔ yuè 斧月):通"斧钺",本是古代的两种兵器,后成为象征道义、具有刑罚、杀戮之权的标志。此处指节度使。

〔6〕 罗:罗网,这里用来比喻招纳贤士的手段。

〔7〕 媒:媒介,中介。

〔8〕 信:的确,确实。

〔9〕 尤:特异的,突出的。

〔10〕 居守:指东都留守。河南尹:河南府的长官。

〔11〕 百司之执事:指各部门长官。司,官署。

〔12〕 二县:指东都城下的洛阳县,河南县,当时韩愈任河南县令。

〔13〕 奚所:哪里,什么地方。咨:咨询。处:处理。

〔14〕 缙绅:也作"搢绅"。古时官员上朝时把手里拿着的笏版插在腰带上。这里指官员。缙,插。绅,腰带。

〔15〕 礼:这里指谒见,拜访。

〔16〕 南面:这里指皇帝。古代以坐北朝南为尊位,皇帝见群臣时面南而坐。听:治理。

〔17〕 縻(mí 迷):系住,这里指束缚,羁留。

〔18〕 引去:引退,辞去。

〔19〕 资:依赖,借助。

〔20〕 介然:耿耿于心。

〔21〕 军门:军营的门,指幕府。

〔22〕 相公:对宰相的敬称。当指东都留守郑余庆曾两度为相,故称相公。

〔23〕 四韵:古诗一般隔行押韵,四韵即八句诗。

祭十二郎文[1]

年月日[2],季父愈闻汝丧之七日[3],乃能衔哀致诚[4],使建中远具时羞之奠[5],告汝十二郎之灵。

呜呼,吾少孤[6]。及长,不省所怙[7],惟兄嫂是依[8]。中年,兄殁南方,吾与汝俱幼。从嫂归葬河阳[9]。既又与汝就食江南[10]。零丁孤苦[11],未尝一日相离也。吾上有三兄,皆不幸早世。承先人后者,在孙惟汝,在子惟吾。两世一身,形单影只。嫂尝抚汝指吾而言曰:"韩氏两世,惟此而已。"汝时尤小,当不复记忆。吾时虽能记忆,亦未知其言之悲也。

吾年十九,始来京城。其后四年,而归视汝。又四年,吾往河阳省坟墓[12],遇汝从嫂丧来葬。又二年,吾佐董丞相于汴州[13],汝来省吾,止一岁,请归取其孥[14]。明年,丞相薨[15],吾去汴州[16],汝不果来。是年,吾佐戎徐州[17]。使取汝者始行,吾又罢去,汝又不果来。吾念汝从于东[18],东亦客也,不可以久。图久远者,莫如西归。将成家而致汝[19]。呜呼,孰谓汝遽去吾而殁乎[20]!吾与汝俱少年,以为虽暂相别,终当久相与处[21]。故舍汝而旅食京师[22],以求斗斛之禄[23]。诚知其如此,虽万乘之公相[24],吾不以一日辍汝而就也[25]。

去年,孟东野往,吾书与汝曰[26]:"吾年未四十,而视茫茫[27],而发苍苍,而齿牙动摇。念诸父与诸兄,皆康强而早世[28],如吾之衰者，其能久存乎？吾不可去，汝不肯来，恐旦暮死，而汝抱无涯之戚也[29]。"孰谓少者殁而长者存，强者夭而病者全乎！呜呼，其信然邪[30]？其梦邪？其传之非其真邪？信也，吾兄之盛德而夭其嗣乎[31]？汝之纯明而不克蒙其泽乎[32]？少者强者而夭殁，长者衰者而存全乎？未可以为信也。梦也，传之非其真也，东野之书，耿兰之报[33]，何为而在吾侧也？呜呼，其信然矣！吾兄之盛德而夭其嗣矣。汝之纯明宜业其家者[34]，不克蒙其泽矣。所谓天者诚难测，而神者诚难明矣。所谓理者不可推，而寿者不可知矣。虽然，吾自今年来，苍苍者[35]，或化而为白矣。动摇者，或脱而落矣。毛血日益衰，志气日益微[36]，几何不从汝而死也[37]？死而有知，其几何离[38]？其无知，悲不几时，而不悲者无穷期矣。汝之子始十岁。吾之子始五岁。少而强者不可保，如此孩提者，又可冀其成立邪[39]？呜呼哀哉！呜呼哀哉！

汝去年书云："比得软脚病[40]，往往而剧[41]。"吾曰："是疾也，江南之人，常常有之。"未始以为忧也。呜呼，其竟以此而殒其生乎[42]，抑别有疾而致斯乎？汝之书，六月十七日也。东野云汝殁以六月二日，耿兰之报无月日。盖东野之使者，不知问家人以月日，如耿兰之报，不知当言月日。东野与吾书，乃问使者，使者妄称以应之耳，其然乎，其不然乎？

今吾使建中祭汝，吊汝之孤[43]，与汝之乳母。彼有食可守以待终丧[44]，则待终丧而取以来[45]。如不能守以终丧，则遂取以来。其余奴婢，并令守汝丧。吾力能改葬。终葬汝于先人之兆[46]，然后惟其所愿[47]。

呜呼！汝病吾不知时，汝殁吾不知日，生不能相养以共居，殁不能抚汝以尽哀，敛不凭其棺[48]，窆不临其穴[49]。吾行负神明，而使汝夭。不孝不慈，而不得与汝相养以生，相守以死。一在天之涯，一在地之角。生而影不与吾形相依，死而魂不与吾梦相接。吾实为之，其又何尤[50]！彼苍者天，曷其有极[51]！自今以往，吾其无意于人世矣。当求数顷之田于伊颍之上[52]，以待余年，教吾子与汝子，幸其成[53]；长吾女与汝女[54]，待其嫁，如此而已。

呜呼！言有穷而情不可终,汝其知也邪,其不知也邪！呜呼哀哉！尚飨[55]。

【注释】

〔1〕 本文一反祭文要用韵语的常规,面对死者之灵,韩愈回忆早年患难与共之往事,诉说叔侄生离死别之情,悲叹家境零落、世路坎坷的不幸遭遇,用口头语,道家常事,深沉真挚,凄楚动人,被誉为祭文中的"千古绝调"。十二郎,名老成,是韩愈次兄韩介的儿子、长兄韩会的继子。老成正当年轻之时,于贞元十九年五月死于江南。因其在韩氏家族中排行十二,故称十二郎。

〔2〕 年月日:祭文有的写明年月日,也有并不写明的。《文苑英华》作"贞元十九年五月二十六日"。

〔3〕 季父:叔父,兄弟排行以伯、仲、叔、季为次序。

〔4〕 衔哀:含哀。致诚:表达诚意。

〔5〕 建中:人名,似为韩愈家中仆人。远具:远地备办。时羞:应时的食物。羞,馐。奠:此指祭品。

〔6〕 少孤:韩愈三岁丧父。幼而失父曰孤。

〔7〕 省(xǐng醒):知道。怙(hù护):恃,依靠。

〔8〕 惟兄嫂是依:即"惟依兄嫂",全靠兄嫂抚养。

〔9〕 河阳:韩氏祖坟所在地,在今河南省孟州市西。

〔10〕 就食江南:唐德宗建中二年(781),北方藩镇作乱,社会动荡不安。韩愈随嫂迁居宣州(今安徽宣城市),因为那里有韩氏置的土地住宅。

〔11〕 零丁:孤独无依靠。

〔12〕 省(xǐng醒):探望。省坟墓即祭扫坟墓。

〔13〕 佐:辅佐。董丞相:指董晋。汴州:治所在今河南省开封市。

〔14〕 孥(nú奴):儿女。

〔15〕 薨(hōng轰):古代诸侯或高级官员死称薨。

〔16〕 去:离开。

〔17〕 佐戎:助理军务。

〔18〕 东:指汴州和徐州。汴、徐二州因在韩愈故乡孟县之东。故有此称。

〔19〕 成家:安置家室。致汝:接你来。

〔20〕 孰谓:谁知道。遽(jù剧):突然。殁(mò默):死。

〔21〕久相与处:长久地住在一块。

〔22〕旅食:寄居他乡谋生。

〔23〕斗斛(hú 胡):微薄的俸禄。

〔24〕万乘(shèng 剩)之公相:泛指高官。

〔25〕辍(chuò 啜):停止,此指离开。

〔26〕书:写信。

〔27〕视茫茫:看东西模糊不清。

〔28〕康强:身体健康强壮。早世:过早去世。

〔29〕涯:边际。戚:悲哀,忧伤。

〔30〕信:真实。

〔31〕盛德:德行美好。夭:使……夭折。

〔32〕纯明:心地纯正,天资聪明。不克:不能。蒙:承受。泽:恩泽,遗泽。

〔33〕耿兰:人名,可能是韩老成的家仆。

〔34〕业其家:继承先人事业。

〔35〕苍苍者:指头发。动摇者:指牙齿。

〔36〕志气:精神。

〔37〕几何:多久。

〔38〕其几何离:即"其离几何",分离还有多久,即指分离的时间不长了。

〔39〕孩提:幼儿。因依靠父母提抱,故曰孩提。冀:希望。成立:长大成材。

〔40〕比(bì 必):近来。软脚病:指脚气病。

〔41〕剧:厉害、严重。

〔42〕殒(yǔn 允):死亡。

〔43〕吊:慰问,表示同情。

〔44〕有食可守:指能维持生活。终丧:丧期终了。

〔45〕取以来:接过来。

〔46〕先人之兆:祖先的墓地。

〔47〕惟其所愿:指其余奴婢的去留听其自便。

〔48〕敛:今作"殓",穿衣入棺。凭:依靠,靠着。

〔49〕窆(biǎn 贬):安葬,下棺入土。穴:墓穴。

〔50〕 何尤：怨恨谁。

〔51〕 彼苍者天：出自《诗经·秦风·黄鸟》。人在痛苦至极时，往往呼天诘问。曷其有极：出自《诗经·唐风·鸨羽》。曷，何时。极，尽头。

〔52〕 伊、颍：二水名。伊水出河南卢氏县东南，注入洛水。颍水出河南登封县西境颍谷，东南流入安徽，注入淮河，是淮河最大的支流。伊、颍之上，指韩愈家乡。

〔53〕 幸：希望。

〔54〕 长：使成长，养育。

〔55〕 尚飨（xiǎng 响）：希望死者享受祭品。古代祭文均以此作结。

祭鳄鱼文[1]

维年月日[2]，潮州刺史韩愈，使军事衙推秦济[3]，以羊一、猪一投恶溪之潭水，以与鳄鱼食，而告之曰：

昔先王既有天下，列山泽[4]，罔绳擉刃[5]，以除虫蛇恶物为民害者，驱而出之四海之外。及后王德薄，不能远有，则江、汉之间，尚皆弃之以与蛮夷楚越，况潮，岭海之间[6]，去京师万里哉！鳄鱼之涵淹卵育于此，亦固其所。今天子嗣唐位，神圣慈武，四海之外，六合之内，皆抚而有之；况禹迹所掩[7]，扬州之近地[8]，刺史、县令之所治，出贡赋以供天地宗庙百神之祀之壤者哉！鳄鱼其不可与刺史杂处此土也！

刺史受天子命，守此土，治此民，而鳄鱼睅然不安溪潭，据处食民畜、熊、豕、鹿、麞，以肥其身，以种其子孙[9]，与刺史亢拒[10]，争为长雄。刺史虽驽弱，亦安肯为鳄鱼低首下心，伈伈睍睍[11]，为民吏羞，以偷活于此邪？且承天子之命以来为吏，固其势不得不与鳄鱼辨。鳄鱼有知，其听刺史言：

潮之州，大海在其南，鲸鹏之大，虾蟹之细，无不容归，以生以食，鳄鱼朝发而夕至也。今与鳄鱼约：尽三日，其率丑类南徙于海[12]，以避天子之命吏。三日不能至五日，五日不能至七日，七日不能，是终不肯徙也,是不有刺史、听从其言也;不然,则是鳄鱼冥顽不灵,刺史虽有言,不闻不知也。夫傲天子之命吏,不听其言,不徙以避之,与冥顽不灵而为民物害者,皆可杀。刺史则选材技吏民,操强弓毒矢,以与鳄鱼从事,必尽杀乃止。其无悔!

【注释】

〔1〕 作于宪宗元和十四年(819)四月,时韩愈莅潮州刺史任未久。本文是韩愈体恤百姓疾苦之作。韩愈驱鳄,至今在潮州传为美谈,但面对冥顽不灵的鳄鱼,而以大道理呪它(或嘱咐它),作成一篇大文章,韩愈的行为多少显得有些滑稽。可以设想,当作为刺史的韩愈在实施"驱鳄"(或杀鳄)的政府行为时,文学家的韩愈的本性"复活"了:何不写一篇文章以助其兴趣呢?所以此文仍带有"以文为戏"的成分。但毕竟是好文章,辞严义正,腕下凛然生风霜。

〔2〕 年月日:一本作元和十四年四月二十四日。

〔3〕 军事衙推:刺史属吏。

〔4〕 列:同"烈",焚烧。

〔5〕 罔绳擉(chuō 戳)刃:用网绳捕捉,用刃刺杀。罔,同"网",擉,同"戳"。

〔6〕 岭海之间:谓潮州处于五岭与南海之间。

〔7〕 禹迹所掩:大禹治水足迹所到之处。

〔8〕 "扬州"句:大禹治水时,分天下为九州,扬州为其一。潮州古属扬州。

〔9〕 种:繁衍。

〔10〕 亢拒:抗拒。亢,同"抗"。

〔11〕 伈(xǐn 寝)伈睨(sì 四)睨:怯惧胆小貌。

〔12〕 丑类:同族、族类。

柳子厚墓志铭[1]

子厚讳宗元。七世祖庆为拓跋魏侍中,封济阴公[2]。曾伯祖奭为唐宰相[3],与褚遂良、韩瑗俱得罪武后,死高宗朝[4]。皇考讳镇[5]，以事母弃太常博士，求为县令江南[6]；其后以不能媚权贵失御史[7]，权贵人死，乃复拜侍御史[8]；号为刚直，所与游皆当世名人[9]。

子厚少精敏，无不通达。逮其父时，虽少年，已自成人，能取进士第，崭然见头角[10]。众谓柳氏有子矣。其后以博学宏词授集贤殿正字[11]。俊杰廉悍，议论证据今古，出入经史百子，踔厉风发[12]，率常屈其座人[13]。名声大振，一时皆慕与之交。诸公要人争欲令出我门下，交口荐誉之。贞元十九年，由蓝田尉拜监察御史[14]。顺宗即位，拜礼部员外郎[15]。遇用事者得罪，例出为刺史[16]；未至，又例贬州司马[17]。

居闲益自刻苦[18]，务记览，为词章泛滥停蓄[19]，为深博无涯涘[20]，而自肆于山水间[21]。元和中，尝例召至京师，又偕出为刺史，而子厚得柳州[22]。既至，叹曰："是岂不足为政邪？"因其土俗，为设教禁[23]，州人顺赖。其俗以男女质钱，约不时赎，子本相侔，则没为奴婢[24]。子厚与设方计[25]，悉令赎归。其尤贫力不能者，令书其佣[26]，足相当，则使归其质[27]。观察使下其法于他州[28]，比一岁，免而归者且千人。衡湘以南为进士者[29]，皆以子厚为师，其经承子厚口讲指画为文词者，悉有法度可观。

其召至京师而复为刺史也，中山刘梦得禹锡亦在遣中[30]，当诣播州。子厚泣曰："播州非人所居，而梦得亲在堂，吾不忍梦得之穷，无辞以白其大人[31]；且万无母子俱往理。"请于朝，将拜疏[32]，愿以柳易播，虽重得罪[33]，死不恨。遇有以梦得事白上者[34]，梦得于是改刺连州[35]。呜呼！士穷乃见节义。今夫平居里巷相慕悦，酒食游戏相征逐[36]，诩诩强笑语以相取下[37]，握手出肺肝相示[38]，指天日涕泣，誓生死不相背负，真若可信；一旦临小利害，仅如毛发比，反眼若不相识；落陷阱，不一引手救，反挤之又下石焉者，皆是也。此宜禽兽夷狄所不忍为，而其人自视以为得计。闻子厚之风，亦可以少愧矣。

子厚前时少年，勇于为人[39]，不自贵重顾籍[40]，谓功业可立就，故坐废退。既退，又无相知有气力得位者推挽[41]，故卒死于穷裔〔42〕，材不为世用，道不行于时也。使子厚在台省时〔43〕，自持其身，已能如司马刺史时，亦自不斥；斥时，有人力能举之，且必复用不穷。然子厚斥不久，穷不极，虽有出于人，其文学辞章，必不能自力以致必传于后如今，无疑也。虽使子厚得所愿，为将相于一时，以彼易此，孰得孰失，必有能辨之者。

　　子厚以元和十四年十一月八日卒，年四十七。以十五年七月十日归葬万年先人墓侧〔44〕。子厚有子男二人：长曰周六，始四岁；季曰周七，子厚卒乃生；女子二人，皆幼。其得归葬也，费皆出观察使河东裴君行立〔45〕。行立有节概〔46〕，重然诺〔47〕，与子厚结交，子厚亦为之尽〔48〕，竟赖其力。葬子厚于万年之墓者，舅弟卢遵〔49〕。遵，涿人〔50〕，性谨慎，学问不厌。自子厚之斥，遵从而家焉，逮其死不去。既往葬子厚，又将经纪其家〔51〕，庶几有始终者。铭曰：

　　是惟子厚之室，既固既安，以利其嗣人。

【注释】

〔1〕　柳宗元字子厚。韩愈为柳宗元写墓志，称字而不称官衔，表示作者与墓主是知交。此篇墓志，作者全力发明柳宗元的文学风义而略于世系政绩。凡叙及人情世态及柳宗元遭遇处，笔端每挟感情，或顿挫盘郁，慷慨淋漓，或婉曲缠绵，小心回护，无限爱惜，皆能感人至深。

〔2〕　"七世祖"二句：柳宗元《先侍御史府君神道表》云："六代祖讳庆，后魏侍中平齐公。五代祖讳旦，周中书侍郎济阴公。"韩愈此处所记有误。侍中，门下省长官，掌传达皇帝的命令。北魏时侍中位同宰相。拓跋魏，北魏国君姓拓跋（后改姓元），故称。

〔3〕　"曾伯祖"句：柳奭（shì 事）字子邵，唐高宗永徽四年（653）代褚遂良为中书令（宰相）。按：奭为柳宗元父之曾伯祖，见柳宗元《神道表》，此处亦误。

〔4〕　"与褚"二句：永徽五年（654），高宗欲废王皇后，立武则天为皇后，柳奭、韩瑗、褚遂良等力争，不许，后废，贬柳奭象州刺史。许敬宗等构奭通宫掖，与韩、褚等朋党，奭被杀，褚遂良贬潭州，韩瑗贬振州。褚遂良，字登善，高宗时为吏部尚书、同中书门下三品；韩瑗，字伯玉，官至侍中。

〔5〕　皇考：对亡父的尊称。

〔6〕"以事"二句：天宝间，柳镇任长安主簿时，居母丧，服除，吏部命为太常博士，镇以有尊老孤弱在吴，愿为宣城(今属安徽)令。太常博士：太常寺属官，掌宗庙祭祀等。

〔7〕"其后"句：肃宗时，镇上书言事，擢右卫率府兵曹。佐郭子仪朔方府，三迁至殿中侍御史，以事触窦参，贬夔州司马。权贵，此指窦参，时为御史中丞。

〔8〕"权贵"二句：窦参贞元五年(789)以中书侍郎同中书门下平章事，贞元八年以交结中外，贬郴州别驾，再贬骥州司马，未至，赐死。

〔9〕"号为"二句：柳宗元《先君石表阴先友记》列其父之友六十八人，知名当世者有二十余人。

〔10〕"能取"二句：柳宗元以贞元九年(793)进士第。见，同"现"。

〔11〕"其后"句：柳宗元以贞元十四年(798)中博学宏词科，授集贤殿正字。博学宏词，唐代制科名目之一，由吏部主持(进士科由礼部主持)。

〔12〕踔(chuō 戳)厉风发：谓议论纵横不歇。

〔13〕率常：常常。屈其座人：使人折服。

〔14〕监察御史：御史台属官，掌纠察百官、巡察刑狱。

〔15〕礼部员外郎：礼部属官，掌礼乐、学校、图书等。

〔16〕"遇用"二句：永贞元年(805)八月，宪宗即位，贬王叔文渝州司户，宗元与同辈七人同贬，宗元贬邵州(今湖南邵阳)刺史。用事者，指王叔文。例出，循例出为刺史。

〔17〕"未至"二句：同年十一月，宪宗加重对"永贞党人"的处罚：王叔文赐死，柳宗元等贬为远州司马。宗元为永州(即今湖南零陵)司马。其时宗元尚在赴邵州途中，故曰"未至"。

〔18〕居闲：指州司马职务清闲。

〔19〕泛滥停蓄：形容柳宗元文笔汪洋恣肆而深厚含蓄。

〔20〕深博无涯涘：深厚博大无边际。此亦用来形容柳宗元文笔。

〔21〕"而自肆"句：谓柳宗元放情于山水间，为"永州八记"等山水文章。

〔22〕"元和"四句：宪宗元和十年(815)春正月，因坐王叔文党人谪官者十年不得量移，执政有怜其才而欲进之者，遂悉召至京师；然终不为所用，再出为偏远州刺史。柳宗元为柳州(今属广西)，刘禹锡为播州(故址在今贵州遵义附近)。

〔23〕教禁：教导与禁止的法令。

〔24〕"其俗"四句:唐时岭南一带有所谓典贴男女的风俗,即良民百姓以身作抵押(充奴仆)偿还债务。穷苦人家因天灾人祸,或因赋税迫急,窘困之中将儿女质钱入富户为奴,至期再以钱赎出。逾期无钱赎出,则永沦为奴隶。子本相侔,利息与本金相等。

〔25〕设方计:筹划计策。

〔26〕书其佣:计算其为佣所应得的报酬。

〔27〕质:人质,即没入为奴的男女。

〔28〕观察使:即观察处置使。唐初置十道(玄宗开元间增为十五道。道是州郡以上的更大的行政区划),每道设采访处置使;安史乱后,易采访处置使为观察处置使,简称观察使。观察使有很大的行政权力。

〔29〕为进士者:指习进士业者。

〔30〕中山:古国名,约在今河北正定东北。刘禹锡自称郡望为中山。

〔31〕大人:此指刘禹锡母亲。

〔32〕拜疏:向皇帝上奏章。

〔33〕重(chóng 虫)得罪:再加一重罪。

〔34〕"遇有"句:谓御史中丞裴度及户部侍郎崔群。《新唐书·刘禹锡传》:"御史中丞裴度为言播极远,猿狖所宅,禹锡母八十余,不能往,当与其子死诀,恐伤陛下孝治,请稍内迁。乃易连州。"崔群亦上疏言及此。

〔35〕连州:即今广东连阳。

〔36〕相征逐:互相召唤追随。形容往来密切。

〔37〕诩诩:笑貌。以相取下:表示谦恭居下。

〔38〕出肺肝相示:形容坦诚,似乎要掏出肝肺来。

〔39〕勇于为人:即勇于助人。

〔40〕顾籍:顾惜。

〔41〕推挽:荐引。

〔42〕穷裔:穷荒僻远之地。此指柳州。

〔43〕台省:指御史台及尚书省礼部。柳宗元先为监察御史,属御史台;再为礼部员外郎,属尚书省。

〔44〕万年:县名。唐长安辖两县,西为长安,东为万年。

〔45〕河东:唐时区划名,开元时十五道之一,治蒲州(故址在今山西永济西南)。河东为裴姓郡望。裴行立:元和十二年为桂管观察使,柳州为其所辖。

〔46〕 节概:气概、气节。

〔47〕 重然诺:注重信用。

〔48〕 为之尽:为之尽心尽力。按,此指柳宗元为其下属,尽心尽力做出政绩。

〔49〕 舅弟:表弟。柳宗元母亲姓卢。

〔50〕 涿:今河北涿州。

〔51〕 经纪:照料,经管。

卷 九

柳 宗 元

柳宗元(773—819),字子厚,祖籍河东(今山西永济),世称"柳河东"。德宗贞元九年(793)进士及第。因积极参加王叔文革新集团,永贞革新失败后被贬为永州(今属湖南)司马。宪宗元和十年(815)正月召回京师,三月又出为柳州(今属广西)刺史,十四年卒于任所,世称"柳柳州"。柳宗元和韩愈同是古文运动的倡导者,并称"韩柳",为唐宋八大家之一。

驳复仇议[1]

臣伏见天后时[2],有同州下邽人徐元庆者[3],父爽为县尉赵师韫所杀[4],卒能手刃父仇,束身归罪。当时谏臣陈子昂建议诛之而旌其闾[5],且请编之于令,永为国典。臣窃独过之[6]。

臣闻礼之大本,以防乱也。若曰无为贼虐[7],凡为子者杀无赦。刑之大本,亦以防乱也。若曰无为贼虐,凡为治者杀无赦。其本则合,其用则异,旌与诛莫得而并焉。诛其可旌,兹谓滥,黩刑甚矣[8];旌其可诛,兹谓僭[9],坏礼甚矣。果以是示于天下,传于后代,趋义者不知所向,违害者不知所立[10]。以是为典,可乎?盖圣人之制[11],穷理以定赏罚,本情以正褒贬,统于一而已矣。向使刺谳其诚伪[12],考正其曲直,原始而求其端[13],则刑礼之用,判然离矣[14]。何者?若元庆之父不陷于公罪,师韫之诛,独以其私怨,奋其吏气[15],虐于非辜[16],州牧不知罪[17],刑官不知问,上下蒙冒[18],吁号不闻[19]。而元庆能以戴天为大耻[20],枕戈为得礼[21],处心积虑,以冲仇人之胸,介然自克[22],即死无憾,是守礼而行义也。执事者宜有惭色,将谢之不暇[23],而又何诛焉?

其或元庆之父不免于罪,师韫之诛,不愆于法[24],是非死于吏也,是死于法也。法其可仇乎?仇天子之法,而戕奉法之吏[25],是悖骜而凌上也[26]。执而诛之,所以正邦典[27],而又何旌焉?

且其议曰[28]:"人必有子,子必有亲,亲亲相仇[29],其乱谁救?"是惑于礼也甚矣。礼之所谓仇者,盖其冤抑沉痛而号无告也,非谓抵罪触法,陷于大戮[30]。而曰彼杀之,我乃杀之,不议曲直,暴寡胁弱而已[31]。其非经背圣,不亦甚哉!《周礼》[32]:"调人[33],掌司万人之仇,凡杀人而义者,令勿仇,仇之则死。有反杀者[34],邦国交仇之。"《春秋公羊传》曰[35]:"父不受诛[36],子复仇可也。父受诛,子复仇,此推刃之道[37],复仇不除害。"今若取此以断两下相杀,则合于礼矣。且夫不忘仇,孝也;不爱死[38],义也。元庆能不越于礼,服孝死义,是必达理而闻道者也。夫达理闻道之人,岂其以王法为敌仇者哉?议者反以为戮,黩刑坏礼,其不可以为典,明矣。请下臣议附于令[39],有断斯狱者,不宜以前议从事。谨议。

【注释】

〔1〕 本文是针对初唐陈子昂《复仇议》而作的奏议。全文观点鲜明,逻辑严密,说理清楚,是一篇说服力很强的文章。

〔2〕 伏见:看到。"伏"是俯伏在地之意,和下文的都是旧时下对上有所陈述时的表敬之辞。天后:即武则天(624—705)。

〔3〕 同州:唐代州名,州治在今陕西省大荔县一带。下邽(guī 规):县名,在今陕西省渭南县。

〔4〕 县尉:执掌一县军事治安的官员。

〔5〕 旌(jīng 京):表彰。闾:里巷的大门,这里代指乡里。

〔6〕 过:过错。这里是意动用法,意为"以……为错"。

〔7〕 贼虐:逞凶害人。

〔8〕 黩(dú 读)刑:滥用刑法。黩,轻率。

〔9〕 僭(jiàn 建):过分,超出本分。

〔10〕 违害者:躲避邪恶的人。不知所立:不知何去何从。

〔11〕 制:法式,原则。

〔12〕刺:探察。谳(yàn 雁):审判定罪。

〔13〕原:推究。端:原因。

〔14〕判然:分辨明白的样子。离:区别。

〔15〕奋其吏气:指大发其官威。

〔16〕非辜:无辜。

〔17〕州牧:州的行政长官。

〔18〕蒙冒:蒙蔽,包庇。

〔19〕吁(yu 预):呼。

〔20〕戴天:头上顶着天,意即和仇敌共同生活在一个天地里。

〔21〕枕戈:睡觉时枕着兵器,形容时刻准备报仇。语出《礼记》"居父母之仇,侵苫枕戈,不仕,弗与共天下也"。

〔22〕介然:坚定的样子。自克:自我克制。

〔23〕谢:认错,道歉。

〔24〕愆(qiān 千):过失。

〔25〕戕(qiāng 枪):杀害。

〔26〕悖骜(bèi ào 辈傲):桀骜不驯。悖,违背。骜,傲慢。凌上:犯上。

〔27〕正邦典:严肃国法。

〔28〕议:指陈子昂所写《复仇议》。

〔29〕亲亲相仇:指各人为爱自己的父母而相互报仇。前一"亲"字是动词,亲近爱护之意。后一"亲"指双亲。

〔30〕大戮:指死刑。

〔31〕暴寡胁弱:侵害孤寡威胁弱小。

〔32〕《周礼》:又名《周官》、《周官经》,儒家经典之一。内容是汇编周王室的官制和战国时代各国的制度等历史资料。这段引文见于《周礼·地官》。

〔33〕调人:周代官名,掌管排解纠纷。

〔34〕反杀:指别人有正当的理由杀死自己的亲人,自己还要反过来去杀死别人报仇。

〔35〕《春秋公羊传》:儒家经典之一。相传为公羊高所撰。

〔36〕不受诛:未犯死罪却被处死。

〔37〕推刃:往来仇杀不止。

〔38〕不爱死:不惜死。爱,吝惜。

〔39〕下:发下。附于令:附在法令之后。

桐叶封弟辨[1]

古之传者有言[2]:成王以桐叶与小弱弟戏[3],曰:"以封汝[4]。"周公入贺。王曰:"戏也。"周公曰:"天子不可戏。"乃封小弱弟于唐[5]。

吾意不然。王之弟当封邪,周公宜以时言于王,不待其戏而贺以成之也。不当封邪,周公乃成其不中之戏[6],以地以人与小弱者为之主,其得为圣乎?且周公以王之言不可苟焉而已[7],必从而成之邪?设有不幸,王以桐叶戏妇寺[8],亦将举而从之乎?凡王者之德,在行之何若。设未得其当,虽十易之不为病;要于其当,不可使易也,而况以其戏乎?若戏而必行之,是周公教王遂过也[9]。

吾意周公辅成王,宜以道,从容优乐[10],要归之大中而已[11],必不逢其失而为之辞[12]。又不当束缚之,驰骤之[13],使若牛马然,急则败矣。且家人父子,尚不能以此自克,况号为君臣者邪?是直小丈夫缺缺者之事[14],非周公所宜用,故不可信。

或曰封唐叔[15],史佚成之[16]。

【注释】

〔1〕 "桐叶封弟"的故事见《史记·晋世家》。其中心旨在宣扬帝王神圣,皇帝说话是金口玉言,不能更改。历来无人对这个故事进行批判,也没人怀疑这个故事的真伪。柳宗元的这篇文章敢于提出自己独到的见解,他认为君主应当按照实际效果反复修正自己的言行,而辅臣则不能用花言巧语逢迎君主。同时,柳宗元对这则故事的真实性展开质疑,指出周公不可能促成此事。

〔2〕 传(zhuàn)者:书传。这里指《吕氏春秋·重言》和刘向《说苑·君道》所载周公促成桐叶封弟的故事。

〔3〕 成王:姓姬名诵,西周初期君主,周武王之子。即位时年幼,由叔父周公摄政。小弱弟:指周成王之弟叔虞。

〔4〕 封:帝王赐给臣下爵位或土地。

〔5〕 唐:古国名,在今山西省翼城县一带。

〔6〕 不中(zhòng 众)之戏:不适当的游戏。

〔7〕 苟:轻率,随便。

〔8〕 妇寺:宫中的妇人和宦官。寺,即寺人,宦官。

〔9〕 遂:成。

〔10〕 从容:此指举止言行。优乐:嬉戏,娱乐。

〔11〕 大中:一种无过不及、恰如其分的境界。

〔12〕 逢:逢迎,迎合。辞:解释,掩饰。

〔13〕 驰骤:指被迫奔跑。

〔14〕 直:只是。小丈夫:指庸俗而识见不高的人。缺缺:耍小聪明的样子。

〔15〕 唐叔:即叔虞,因封于唐,故称唐叔。

〔16〕 史佚:周武王时太史尹佚。史佚促成桐叶封弟的说法,见《史记·晋世家》。

箕子碑[1]

凡大人之道有三[2]:一曰正蒙难[3],二曰法授圣[4],三曰化及民[5]。殷有仁人曰箕子,实具兹道以立于世,故孔子述六经之旨,尤殷勤焉[6]。

当纣之时,大道悖乱[7],天威之动不能戒[8],圣人之言无所用。进死以并命[9],诚仁矣,无益吾祀[10],故不为。委身以存祀[11],诚仁矣,与亡吾国[12],故不忍。具是二道,有行之者矣。是用保其明哲[13],与之俯仰,晦是谟范[14],辱于囚奴。昏而无邪,隤而不息[15],故在《易》曰"箕子之明夷[16]"。正蒙难也。及天命既改,生人以正[17],乃出大法,用为圣师。周人得以序彝伦而立大典[18],故在《书》曰"以箕子归作《洪范》[19]。"法授圣也。及封朝鲜[20],推道训俗,惟德无陋,惟人无远,用广殷祀,俾夷为华[21],化及民也。率是大道[22],丛于厥躬[23],天地变化,我得其正,其大人欤?

於虖[24]!当其周时未至,殷祀未殄[25],比干已死,微子已去,向使纣恶未稔而自毙[26],武庚念乱以图存[27],国无其人,谁与兴理?是固人事之或然者也。然则先生隐忍而为此,其有志于斯乎?

唐某年,作庙汲郡[28],岁时致祀,嘉先生独列于《易》象,作是颂云[29]。

【注释】

〔1〕 箕子是商纣王的叔父,名胥余,太师。因封国于箕地(今山西太谷北),所以叫箕子。商纣荒淫无道,箕子为避杀身之祸而假装疯癫,被囚为奴。周灭商后,远到朝鲜推行教化。箕子历来被认为是忠贞智慧的贤臣,受到士大夫推崇。唐代甚至建立祠庙来祭祀他。柳宗元这篇文章就是为祠庙中的箕子碑作的碑文。

〔2〕 大人:指道德高尚的人。

〔3〕 正蒙难:蒙受患难而能坚持正道。

〔4〕 法授圣:把法典教给圣王。

〔5〕 化及民:将教化施及人民。

〔6〕 殷勤:言辞恳切;多次提到。

〔7〕 悖(bèi 贝)乱:颠倒混乱。悖,违背。

〔8〕 天威之动:上天的震怒。泛指天文、气象方面的异常现象。戒:警戒。

〔9〕 进死以并命:这里指比干。比干,商王朝宗室大臣,因直言劝谏商纣王,被杀死。并,通"屏",舍弃。

〔10〕 祀:祭祀。这里指宗族。

〔11〕 委身以存祀:这里指微子。微子名启,纣王的庶兄,因多次劝谏不被采纳而出走。周武王灭商后,封于宋,致使殷商不绝祀。

〔12〕 与:参与。亡:灭亡。

〔13〕 是用:因此。明哲:明智。

〔14〕 晦:昏暗,引申为隐藏。谟:谋划。范:法,原则。

〔15〕 隤(tuí 颓):跌倒。

〔16〕 箕子之明夷:语出《周易·明夷》,象征昏君在上,明臣在下,明臣隐藏着自己的智慧。

〔17〕 生人:即生民,意谓教育抚育人民。唐代避唐太宗李世民讳,改"民"为"人"。

〔18〕 彝伦:即伦常,指封建社会中人与人的道德关系。彝,长规。伦,人伦。

〔19〕 洪范:《尚书》篇名。相传为禹时文献,箕子予以增订并授给周武王的"天地之大法",内容是关于帝王统治人民的各项政治经济原则。

〔20〕 及封朝鲜:《史记》记载周武王伐纣,封箕子于朝鲜。《汉书·地理志》记载箕子见殷道衰微,于是离开殷商前往朝鲜。到了朝鲜之后,箕子教当地人民种田、养蚕,讲习礼义,并为他们制定了八条大法。

〔21〕 俾:使。夷:东方的少数民族。

〔22〕 率:遵循。

〔23〕 丛:聚集。厥:其,他的。躬:身体。

〔24〕 於虖:通"呜呼"。

〔25〕 殄(tiǎn 舔):灭绝。

〔26〕 向使:假如。稔(rěn 忍):谷物成熟,这里指罪恶发展到极点。

〔27〕 武庚:商纣王之子。周武王灭商后,被封为殷君。周成王时,发动叛乱,被周公所杀。

〔28〕 汲郡:治所在今河南汲县西南。

〔29〕 颂:古代文体的一种,用于颂赞。原文后有近百字的颂文,这里未录。

捕蛇者说[1]

永州之野产异蛇[2],黑质而白章[3],触草木尽死,以啮人,无御之者[4]。然得而腊之以为饵[5],可以已大风、挛踠、瘘、疠[6],去死肌[7],杀三虫[8]。其始[9],太医以王命聚之[10],岁赋其二[11],募有能捕之者[12],当其租入[13]。永之人争奔走焉[14]。

有蒋氏者,专其利三世矣[15]。问之,则曰:"吾祖死于是[16],吾父死于是,今吾嗣为之十二年[17],几死者数矣[18]。"言之,貌若甚戚者[19]。余悲之,且曰:"若毒之乎[20]?余将告于莅事者[21],更若役[22],复若赋[23],则何如?"蒋氏大戚[24],汪然出涕曰[25]:"君将哀而生之乎[26]?则吾斯役之不幸[27],未若复吾赋不幸之甚也[28]。向吾不为斯役[29],则久已病矣[30]。自吾氏三世居是乡[31],积于今六十岁矣[32],而乡邻之生日蹙[33]。殚其地之出[34],竭其庐之入[35],号呼而转徙[36],饥渴而顿踣[37],触风雨,犯寒暑[38],呼嘘毒疠[39],往往而死者相藉也[40]。曩与吾祖居者[41],今其室十无一焉[42];与吾父居者,今其室十无二三焉;与吾居十二年者,今其室十无四五焉,非死而徙尔[43],而吾以捕蛇独存。悍吏之来吾乡[44],叫嚣乎东西[45],隳突乎南北[46],哗然而骇者[47],虽鸡狗不得宁焉[48]。吾恂恂而起[49],视其缶[50],而吾蛇尚存,则弛然而卧[51]。谨食之[52],时而献焉[53]。退而甘食其土之有[54],以尽吾齿[55]。盖一岁之犯死者二焉[56],其余则熙熙而乐[57],岂若吾乡邻之旦旦有是哉[58]!今虽死乎此[59],比吾乡邻之死则已后矣,又安敢毒耶[60]?"

余闻而愈悲。孔子曰:"苛政猛于虎也[61]。"吾尝疑乎是[62],今以蒋氏观之,犹信[63]。呜呼!孰知赋敛之毒[64],有甚是蛇者乎[65]!故为之说[66],以俟夫观人风者得焉[67]。

【注释】

〔1〕《捕蛇者说》当写于贬谪永州的后期。文章通过捕蛇者的叙述,揭露了"赋敛之毒有甚是蛇者"的残酷现实,表达了作者对人民的同情。说,古代文体,用于论说某一种见解,写法比较自由,类似于今天的杂文。

〔2〕 永州:治所在今湖南省零陵县。野:郊外。异:特别。

〔3〕 质:物之本体,此指底色。章:花纹。

〔4〕 御:抵挡,此指医治。

〔5〕 腊(xī西):干肉。此作动词,意为风干。饵:药饵。

〔6〕 已:治愈。大风:麻风病。挛踠(luán wǎn 栾碗):手脚弯曲不能伸直之病。瘘(lòu 漏):脖子肿大。疠(lì 立):恶疮。

〔7〕 去:去除,治好。死肌:腐烂、失去机能的肌肉。

〔8〕 三虫:道家谓人的脑、胸、腹为"三尸",寄生于"三尸"使人得病之虫即为"三虫",此泛指人体内的寄生虫。

〔9〕 其始:最初。

〔10〕 太医:皇宫中的医官,又称御医。聚:征集。

〔11〕岁:每年。赋:征收。
〔12〕募:招募。
〔13〕当(dàng荡):抵作。租入:应交纳的赋税。
〔14〕焉:于是,指捕蛇一事。
〔15〕专其利:独占捕蛇的好处。三世:三代。
〔16〕死于是:死在捕蛇这件事上,指因捕蛇而死。
〔17〕嗣(sì寺):继承。为之:做这件事。
〔18〕几死者:险些死去。数(shuò硕):多次。
〔19〕貌:脸色,表情。戚:悲伤,难过。
〔20〕若:你。毒之:怨恨这件事。
〔21〕莅(lì立)事者:掌管此事的官吏。
〔22〕更若役:更换你的差役。
〔23〕复若赋:恢复你的赋税。
〔24〕大戚:很悲伤。
〔25〕汪然:眼泪汪汪的样子。涕:眼泪。
〔26〕哀而生之:可怜我并使我活下去。哀,可怜,怜悯。生,使……活。之,我。
〔27〕斯役:这一差事,指捕蛇。
〔28〕未若:不如。不幸之甚:更加不幸。
〔29〕向:假使。为:做。
〔30〕病:困苦不堪。
〔31〕吾氏:我家。
〔32〕积于今:累积到现在。
〔33〕生:生计,生活。日蹙(cù促):一天比一天窘迫。
〔34〕殚(dān丹):尽。出:生产。
〔35〕竭:尽。庐:房屋,家里。入:收入。
〔36〕转徙(xǐ喜):迁移,流亡。
〔37〕顿踣(bó勃):困顿倒毙。
〔38〕犯:冒。
〔39〕呼嘘:呼吸。毒疠:毒气,此指南方使人致病的瘴气。
〔40〕藉(jiè借):枕,垫。
〔41〕曩(nǎng攘):从前。

〔42〕 室十无一:十家中不剩一家。
〔43〕 非……而:不是……就是。而,即。
〔44〕 悍(hàn 汉):凶暴。
〔45〕 叫嚣(xiāo 消):大声喧哗。东西:与下文"南北"均指到处。
〔46〕 隳(huī 灰)突:骚扰冲撞。
〔47〕 哗然而骇:喧叫嘈杂令人心惊。
〔48〕 虽:即使。
〔49〕 恂(xún 寻)恂:小心谨慎的样子。
〔50〕 缶(fǒu 否):瓦罐。
〔51〕 弛然:放心的样子。
〔52〕 谨:小心。食(sì 寺):喂养。
〔53〕 时:到规定时间。献:进献,交纳。
〔54〕 退:回来。甘食:香甜地吃着。
〔55〕 尽吾齿:过完我的一生。齿,年龄。
〔56〕 犯死者:冒死亡的危险。
〔57〕 熙(xī 西)熙:指快乐的样子。
〔58〕 岂若:哪像。旦旦:每天。是:指死亡的威胁。
〔59〕 死乎此:死在捕蛇这件事上。
〔60〕 安敢:怎么做。
〔61〕 苛政猛于虎:暴政比老虎还要凶残可怕。语出《礼记·檀弓》。
〔62〕 疑乎是:对此表示怀疑。
〔63〕 犹:尚,还。
〔64〕 孰:谁。
〔65〕 甚:厉害。
〔66〕 故为之说:所以我写了这篇《捕蛇者说》。
〔67〕 俟(sì 寺):等待,等候。夫:那。观人风:即"观民风"。唐太宗名李世民,唐人避真名讳,将"民"改称为"人"。

种树郭橐驼传[1]

郭橐驼,不知始何名。病偻[2],隆然伏行[3],有类橐驼者[4],故乡人号之"驼"[5]。驼闻之曰:"甚善,名我固当[6]。"因舍其名,亦自谓橐驼云[7]。其乡曰丰乐乡,在长安西。驼业种树[8],凡长安豪家富人为观游及卖果者[9],皆争迎取养[10]。视驼所种树,或迁徙[11],无不活,且硕茂,蚤实以蕃[12]。他植者虽窥伺效慕[13],莫能如也。

有问之,对曰:"橐驼非能使木寿且孳也[14],能顺木之天[15],以致其性焉尔[16]。凡植木之性,其本欲舒,其培欲平,其土欲故,其筑欲密[17]。既然已,勿动勿虑,去不复顾[18]。其莳也若子[19],其置也若弃[20],则其天者全而其性得矣。故吾不害其长而已,非有能硕茂之也;不抑耗其实而已[21],非有能蚤而蕃之也。他植者则不然,根拳而土易,其培之也,若不过焉则不及[22]。苟有能反是者[23],则又爱之太殷[24],忧之太勤,旦视而暮抚,已去而复顾。甚者爪其肤以验其生枯,摇其本以观其疏密,而木之性日以离矣[25]。虽曰爱之,其实害之;虽曰忧之,其实仇之。故不我若也[26]。吾又何能为哉!"

问者曰:"以子之道,移之官理[27],可乎?"驼曰:"我知种树而已,官理,非吾业也。然吾居乡,见长人者好烦其令[28],若甚怜焉[29],而卒以祸[30]。旦暮吏来而呼曰:'官命促尔耕[31],勖尔植[32],督尔获[33],蚤缫而绪[34],蚤织而缕[35],字而幼孩[36],遂而鸡豚[37]。'鸣鼓而聚之,击木而召之。吾小人辍飧饔以劳吏者[38],且不得暇,又何以蕃吾生而安吾性邪[39]?故病且怠[40]。若是,则与吾业者其亦有类乎?"

问者嘻曰:"不亦善夫[41]!吾问养树,得养人术[42]。"传其事以为官戒也[43]。

【注释】

〔1〕 此篇前半写橐驼之命名、种树技能高超及种树之法,娓娓述来,貌似游戏笔墨,涉笔成趣,曲尽种树之妙。后半借种树以喻居官治民,关乎政教至理,寓言而出之,以箴牧民者无违于民,大有深意,与《捕蛇者说》同一机杼。橐(tuó 驼):骆驼。

〔2〕 病偻:患了驼背的病。偻,佝偻,驼背。

〔3〕 隆然:高高突起的样子。伏行:俯下身子走路。

〔4〕 类:类似,相像。

〔5〕 号之:给他起外号、名号。

〔6〕 名我固当:这样称呼对我确实恰当。名,称呼。固,的确,确实。当,恰当。

〔7〕 舍:舍弃。自谓:自称。

〔8〕 业:以……为职业。

〔9〕 豪家富人:一本作"豪富人"。观游:观赏游览之地。

〔10〕 争迎取养:争着把他迎接到家里奉养,即争相雇请他。

〔11〕 迁徙:移植,迁种。一本作"移徙"。

〔12〕 蚤实以蕃(fán 烦):早结果实并且还多。蚤,通"早",下同。

〔13〕 窥伺效慕:暗中观察效仿。

〔14〕 寿且孳(zī 资):活得长久并且繁殖茂盛。孳,繁殖,生育。

〔15〕 天:自然规律。

〔16〕 致其性:使它按照自己的习性生长。致,通至。尽,极。焉尔,罢了,句末语气词连用,起加强语气的作用。

〔17〕 "其本"四句:意谓它的根要舒展,它的培土要均匀,它的土要是旧的,给它筑土要紧密。本,树根。欲,要。舒,舒展。培,培土。故,指用树木原生长地的土。筑,捣土。密,结实。

〔18〕 "既然"三句:意谓这样做了之后,就不要再去动它,也不必担心它,离开时不要再回顾。

〔19〕 "其莳"句:意谓如果栽种时就像对待子女一样。其,连词,表示假设。如果,假如。莳(shì 试),移栽,种植。

〔20〕 "其置"句:意谓如果栽好以后像丢弃了一样不管,即顺其本性,使之自由生长。置,指栽好以后。

〔21〕 不抑耗其实:不抑制、损耗它的果实(的成熟过程)。

〔22〕 "根拳"三句:意谓种树时使树根蜷曲,又换上新土,培土时,不是过紧就是过松。根拳,使树根拳曲。土易,更换新土。过,超过。及,不够。

〔23〕 苟:如果,假使。反是者:与此相反的人。

〔24〕 殷:爱护,深厚。一本作"恩"。

〔25〕 "甚者"三句:意谓更过分的做法是抓破树皮来察看它是死是活,

摇动树干来观察栽得是松是紧,这样树的生长天性就与实际一天天地相背离了。爪,用指甲划。肤,此指树皮。生枯,活着还是枯死。离,背离。

〔26〕 不我若:即"不若我",不像我一样。

〔27〕 官理:为官治民。理,即治,唐人避高宗李治名讳,改称"治"为"理"。

〔28〕 长(zhǎng 掌)人者:做官的。长,此指各级地方官吏。好:喜欢。烦其令:使他的命令繁多。烦,繁多,繁杂。

〔29〕 若:好像。甚:很。怜:爱怜。

〔30〕 卒以祸:以祸卒,以祸(民)结束。卒,结束。

〔31〕 促尔耕:催促你们耕田。

〔32〕 勖(xù 序)尔植:勉励你们种植。勖,勉励。

〔33〕 督尔获:督促你们收获。

〔34〕 蚤缫(sāo 骚)而绪:早点缫好你们的丝。缫,抽茧出丝。绪,丝头。

〔35〕 蚤织而缕:早点纺好你们的线。缕,线。

〔36〕 字而幼孩:养育好你们的孩子。字,哺育,养育。

〔37〕 遂而鸡豚:喂养好你们的鸡和猪。遂,生长,养育。

〔38〕 小人:平民百姓,指被统治者。辍飧饔(sūn yōng 孙拥):不吃饭。辍,停止。飧,晚饭。饔,早饭。劳:慰劳,招待。

〔39〕 "又何"句:意谓我们又靠什么来繁衍生息、安居乐业呢?

〔40〕 病且怠:困苦倦怠。

〔41〕 嘻:感叹声。夫:用于句末表感叹。

〔42〕 养人术:治理百姓的方法。

〔43〕 传(zhuàn 撰):记载。

梓人传[1]

裴封叔之第[2],在光德里[3]。有梓人款其门[4],愿佣隙宇而处焉[5]。所职寻引规矩绳墨[6],家不居砻斫之器[7]。问其能,曰:"吾善度材[8]。视栋宇之制,高深圆方短长之宜,吾指使而群工役焉。舍我,众莫能就一宇[9]。故食于官府[10],吾受禄三倍;作于私家,吾收其直大半焉[11]。"他日,入其室,其床阙足而不能理[12],曰:"将求他工。"余甚笑之,谓其无能而贪禄嗜货者[13]。

其后,京兆尹将饰官署[14],余往过焉。委群材[15],会众工。或执斧斤,或执刀锯,皆环立向之。梓人左持引,右执杖,而中处焉。量栋宇之任[16],视木之能举[17],挥其杖曰"斧!"彼执斧者奔而右。顾而指曰:"锯!"彼执锯者趋而左。俄而斤者斫,刀者削,皆视其色,俟其言,莫敢自断者。其不胜任者,怒而退之,亦莫敢愠焉[18]。画宫于堵[19],盈尺而曲尽其制,计其毫厘而构大厦,无进退焉[20]。既成,书于上栋曰:"某年某月某日某建"。则其姓字也,凡执用之工不在列。余圜视大骇[21],然后知其术之工大矣[22]。

继而叹曰:彼将舍其手艺[23],专其心智,而能知体要者欤[24]?吾闻劳心者役人,劳力者役于人,彼其劳心者欤?能者用而智者谋,彼其智者欤?是足为佐天子相天下法矣[25],物莫近乎此也。

彼为天下者,本于人。其执役者,为徒隶[26],为乡师、里胥[27]。其上为下士[28],又其上为中士,为上士,又其上为大夫,为卿,为公[29]。离而为六职[30],判而为百役[31]。外薄四海[32],有方伯连率[33]。郡有守[34],邑有宰[35],皆有佐政[36]。其下有胥吏[37],又其下皆有啬夫版尹[38],以就役焉,犹众工之各有执伎以食力也。彼佐天子相天下者,举而加焉[39],指而使焉,条其纲纪而盈缩焉[40],齐其法制而整顿焉,犹梓人之有规矩绳墨以定制也。择天下之士,使称其职;居天下之人[41],使安其业。视都知野,视野知国[42],视国知天下,其远迩细大[43],可手据其图而究焉,犹梓人画宫于堵而绩于成也[44]。能者进而由之[45],使无所德;不能者退而休之,亦莫敢愠。不炫能[46],不矜名[47],不亲小劳[48],不侵众官[49]。日与天下之英才,讨论其大经[50],犹梓人之善运众工而不伐艺也[51]。夫然后相道得而万国理矣[52]。

相道既得,万国既理,天下举首而望曰:"吾相之功也!"后之人循迹而慕曰:"彼相之才也!"士或谈殷周之理者,曰伊傅周召[53],其百执事之勤劳而不得纪焉,犹梓人自名其功而执用者不列也。大哉相乎!通是道者,所谓相而已矣。

其不知体要者反此。以恪勤为公[54],以簿书为尊[55],炫能矜名,亲小劳,侵众官,窃取六职百役之事,听听于府庭[56],而遗其大者远者焉,所谓不通是道者也。犹梓人而不知绳墨之曲直,规矩之方圆,寻引之短长,姑夺众工之斧斤刀锯,以佐其艺,又不能备其工[57],以至败绩。用而无所成也,不亦谬欤?

或曰:"彼主为室者,倘或发其私智,牵制梓人之虑[58],夺其世守而道谋是用[59]。虽不能成功,岂其罪耶?亦在任之而已。"

余曰不然。夫绳墨诚陈,规矩诚设,高者不可抑而下也,狭者不可张而广也。由我则固,不由我则圮[60]。彼将乐去固而就圮也,则卷其术,默其智,悠尔而去。不屈吾道,是诚良梓人耳。其或嗜其货利,忍而不能舍也;丧其制量,屈而不能守也,栋桡屋坏[61],则曰非我罪也,可乎哉?可乎哉?

余谓梓人之道类于相,故书而藏之。梓人,盖古之审曲面势者[62],今谓之都料匠云[63]。余所遇者,杨氏,潜,其名。

【注释】

〔1〕 本文前半部分记叙了木匠杨潜精湛娴熟的技艺和组织施工方面的才能。但这篇文章不是单纯的人物传记,文章的后半段才是重点,梓人杨潜指挥工匠各司其职和宰相指挥百官治国的道理是相通的,宰相的工作重点应该是抓大事,顾全局,举贤任能,不必事必躬亲,陷入事务和文牍中去。柳宗元借木匠杨潜的技艺来比喻,新颖独特,发人深省。梓人,指木工,建筑工匠。

〔2〕 裴封叔:名墐,柳宗元妹夫,河东闻喜(今山西闻喜)人,曾做过长安县令。第:宅第。

〔3〕 光德里:长安里巷名,旧址在今西安市西南郊。

〔4〕 款:叩。

〔5〕 佣:雇佣,这里指以劳力抵房租。隙宇:空闲的房子。处:居住。

〔6〕 职:掌管,这里有随身带着的意思。寻引:都是古代长度单位,八尺为寻,十丈为引。规矩:古代木工工具,规校正圆形,矩校正方形。绳墨:用来画直线的工具。

〔7〕 居:存放。砻斫(lóng zhuó 龙浊)之器:磨砺砍削的工具,如磨石、斧斤刀锯之类。砻,磨。斫,砍、削。

〔8〕度材:度量木材。度,计量、测算。

〔9〕就:成就,造成。

〔10〕食于官府:即受官府雇用。

〔11〕直:通"值"。

〔12〕阙:通"缺",残缺。

〔13〕货:钱币,财物。

〔14〕京兆尹:唐代以长安及其周围地区为京兆府,京兆尹是京兆府的行政长官。饰:装修。

〔15〕委群材:堆积了许多木材。委,积聚。

〔16〕栋宇之任:房屋的规模。任,担当,承受。

〔17〕举:承担。

〔18〕愠(yùn 韵):怨恨。

〔19〕宫:房屋。这里指房屋的设计图。堵:墙壁。

〔20〕进退:指出入。

〔21〕圜(huán 环)视:环视。圜,环绕。

〔22〕工大:技巧精深博大。

〔23〕将:或许。

〔24〕体要:大体和纲要,指事物的关键。

〔25〕相(xiàng 象):治理。法:效法。

〔26〕徒隶:服役的犯人。这里泛指社会底层从事各种劳动的人。

〔27〕乡师:一乡之长。里胥:一里之长。唐代以一百户为一里,五里为一乡。这里泛指各基层小官吏。

〔28〕士:商、周时最低一级的贵族。

〔29〕大夫、卿、公:古代在国君之下有卿、大夫、士三级。它们与上文的上士、中士、下士,在这里泛指各种大小官僚。

〔30〕离:分。六职:指王公、士大夫、百工、商旅、农夫、妇功六种职别。

〔31〕判:细分。

〔32〕薄:迫近,靠近。四海:指国家的四方边境。

〔33〕方伯:殷周时,一方诸侯的领袖。连率:即连帅,十国诸侯的领袖。这里以方伯、连率泛指地方长官。

〔34〕守:太守,一郡的最高行政长官。

〔35〕邑:这里指县。宰:指县令,一县的最高行政长官。

〔36〕佐政:指郡县等的副长官。

〔37〕胥吏:办理文书的小吏。

〔38〕啬夫:辅助县令管理赋税、诉讼等事物的乡官。版尹:主官户籍的官吏。

〔39〕举而加焉:选拔出来而加以任命。

〔40〕条:条理,这里用作动词。纲纪:法纪。盈缩:增减。

〔41〕居:安置。

〔42〕野:郊野。国:古代诸侯王的封地,这里代指州郡。

〔43〕迩(ěr耳):近。

〔44〕绩于成:谓功业完成。

〔45〕由:用。

〔46〕炫:炫耀。

〔47〕矜:夸耀。

〔48〕不亲小劳:不亲自去做细小具体的事务。

〔49〕不侵众官:不侵犯其他官吏的权限。

〔50〕大经:大的原则、法则。

〔51〕伐:自我夸耀。

〔52〕相道:当宰相的方法。万国:万方,指整个国家。理:治。

〔53〕伊:伊尹。傅:傅说(yuè月)。周:周公旦。召:召(shào哨)公。

〔54〕恪(kè克)勤:谨慎勤恳。这里指忙碌于小事。

〔55〕簿书:官府文书簿册。这里指陷入具体事务。

〔56〕听(yín银)听:通"龂龂",争辩的样子。

〔57〕备:具备。工:指精熟的技艺。

〔58〕虑:思考,谋划。

〔59〕世守:世代遵守的法则。道谋:与过路人商量。筑室道谋是指造房子时请教来往的过路人,过路人一人一个意见,最后房子也造不成。

〔60〕圮(pǐ匹):倒塌。

〔61〕桡(náo挠):弯曲变形。

〔62〕审曲面势:审察木材的曲直和向背形势。

〔63〕都料匠:负责房屋建筑的设计和指挥任务的工匠头。

愚溪诗序[1]

灌水之阳[2],有溪焉,东流入于潇水。或曰:"冉氏尝居也,故姓是溪为冉溪[3]。"或曰:"可以染也,名之以其能,故谓之染溪。"余以愚触罪[4],谪潇水上,爱是溪,入二三里,得其尤绝者家焉[5]。古有愚公谷[6],今余家是溪,而名莫能定,士之居者犹龂龂然[7],不可以不更也,故更之为愚溪。

愚溪之上,买小丘为愚丘。自愚丘东北行六十步,得泉焉,又买居之,为愚泉。愚泉凡六穴[8],皆出山下平地,盖上出也。合流屈曲而南[9],为愚沟。遂负土累石,塞其隘为愚池[10]。愚池之东为愚堂。其南为愚亭。池之中为愚岛。嘉木异石错置[11],皆山水之奇者,以余故,咸以愚辱焉[12]。

夫水,智者乐也[13]。今是溪独见辱于愚,何哉?盖其流甚下,不可以灌溉;又峻急[14],多坻石[15],大舟不可入也;幽邃浅狭,蛟龙不屑,不能兴云雨。无以利世[16],而适类于余[17],然则虽辱而愚之,可也[18]。宁武子"邦无道则愚"[19],智而为愚者也;颜子"终日不违如愚"[20],睿而为愚者也,皆不得为真愚。今余遭有道,而违于理,悖于事[21],故凡为愚者莫我若也[22]。夫然,则天下莫能争是溪,余得专而名焉[23]。

溪虽莫利于世,而善鉴万类[24],清莹秀澈,锵鸣金石[25],能使愚者喜笑眷慕,乐而不能去也。余虽不合于俗,亦颇以文墨自慰,漱涤万物[26],牢笼百态[27],而无所避之。以愚辞歌愚溪,则茫然而不违[28],昏然而同归[29],超鸿蒙[30],混希夷[31],寂寥而莫我知也[32]。于是作《八愚诗》,记于溪石上[33]。

【注释】

[1] 本文作于元和五年(810)永州司马任上,是作者为他的《八愚诗》所写的序。本文陈述作者写作《八愚诗》的旨趣,借描摹自然风景来托物兴辞。

通篇以"愚"字统贯,描摹了清莹秀澈的愚溪景色。全文结构严谨,夹叙夹议,借愚溪无人能赏,寄托着自己有志难伸、备遭冷落的愤懑和深慨。

〔2〕 灌水:源出于广西灌阳西南,东北流至全州合于湘水,流经零陵。阳:山的南面或水的北面,此处指灌水的北面。

〔3〕 "或曰"三句:或,有的人。尝,曾经。姓,作动词,给……命姓。

〔4〕 以:因为。触罪:触犯……而获罪。

〔5〕 家焉:相当于"居住在那里了"。家,安家,居住。焉,指示代词兼语气词。

〔6〕 愚公谷:在今山东淄博西。汉刘向《说苑·政理》:"齐桓公出猎,逐鹿而走入山谷之中,见一老公而问之曰:'是为何谷?'对曰:'为愚公之谷。'桓公曰:'何故?'对曰:'以臣名之……臣故畜牸牛,生子而大,卖之而买驹。少年曰:牛不能生马!遂持驹去。傍邻闻之,以臣为愚,故名此谷为愚公之谷。'"后以喻隐居之地。

〔7〕 龂(yín银)龂:争辩貌。

〔8〕 凡:表总括,总计,总共。穴:此指水道。

〔9〕 屈曲:弯曲,曲折。

〔10〕 隘:险要处此指水从高处奔泄的出口。

〔11〕 错置:错落有致。

〔12〕 "以余"二句:意谓因为我的缘故,都被愚的名字所玷辱。

〔13〕 "夫水"句:出自《论语·雍也》:"智者乐水,仁者乐山。"乐(旧读yào要),喜爱。

〔14〕 峻急:湍急。

〔15〕 坻(chí池)石:水中的石头堆积形成的小高地。坻,水中小洲或高地。

〔16〕 无以:没有什么可以拿来,与"有以"相对。

〔17〕 适类于余:适合像我这样的人。

〔18〕 "然则"二句:意谓那么用"愚"的名字来玷辱它,也是可以的了。

〔19〕 宁武子:春秋卫大夫宁俞,谥武子。《论语·公冶长》:"子曰:'宁武子,邦有道则知,邦无道则愚。'"后以宁武子为国家有道则进以用其能、无道则佯愚以全身的智者典型。

〔20〕 颜子:即颜回(前521—前481),春秋末鲁国人。字子渊,亦称颜渊,孔子弟子。《论语·为政》:"子曰:'吾与回言终日,不违,如愚。退而省其

私,亦足以发,回也不愚。'"终日不违如愚:谓颜回整天不提反对意见和疑问,好像个蠢人。

〔21〕 "今余"三句:意谓我现在正逢国家政治清明的时候,然而(自己)却违背道理,办错事情。有道,政治清明。

〔22〕 莫我若:即"莫若我",没有谁像我一样。

〔23〕 "夫然"三句:意谓既然如此,那么天下之人没有谁能和我争夺这条溪,我能够拥有并给它命名为愚溪。

〔24〕 鉴:照。万类:万物。

〔25〕 锵:金、玉的撞击之声,此形容流水之声。

〔26〕 漱涤:洗涤,此引申为留意,欣赏。

〔27〕 牢笼:包笼,包罗。

〔28〕 茫然:模糊不清,混沌成一体的样子。违:分开。

〔29〕 昏然:模糊不清,不能分开的样子。同归:交融在一起。

〔30〕 超鸿蒙,即出世之意。鸿蒙,自然的元气,这里指混沌蒙昧的时代。

〔31〕 混希夷:即与自然混同、物我不分的境界。希夷,无色无音,指虚寂玄妙的境界。

〔32〕 寂寥:无声无形。

〔33〕 记:指书写。

永州韦使君新堂记[1]

将为穹谷嵁岩渊池于郊邑之中[2],则必辇山石[3],沟涧壑[4],陵绝险阻[5],疲极人力,乃可以有为也。然而求天作地生之状,咸无得焉。逸其人,因其地,全其天[6],昔之所难,今于是乎在。

永州实惟九疑之麓[7]。其始度土者[8],环山为城。有石焉,翳于奥草[9];有泉焉,伏于土涂[10]。蛇虺之所蟠[11],狸鼠之所游。茂树恶木,嘉葩毒卉[12],乱杂而争植,号为秽墟[13]。

韦公之来,既逾月,理甚无事[14]。望其地,且异之。始命芟其芜[15],行其涂[16]。积之丘如[17],蠲之浏如[18],既焚既酾[19],奇势迭出。清浊辨质,美恶异位。视其植,则清秀敷舒;视其蓄[20],则溶漾纡余[21]。怪石森然，周于四隅[22]。或列或跪，或立或仆。窍穴逶邃[23]，堆阜突怒[24]。乃作栋宇，以为观游。凡其物类，无不合形辅势，效伎于堂庑之下[25]。外之连山高原，林麓之崖，间厕隐显[26]，迩延野绿[27]，远混天碧，咸会于谯门之内[28]。

已，乃延客入观[29]，继以宴娱。或赞且贺曰："见公之作，知公之志。公之因土而得胜，岂不欲因俗以成化？公之择恶而取美[30]，岂不欲除残而佑仁？公之蠲浊而流清，岂不欲废贪而立廉？公之居高以望远，岂不欲家抚而户晓[31]？"夫然，则是堂也，岂独草木土石水泉之适欤？山原林麓之观欤？将使继公之理者，视其细，知其大也。

宗元请志诸石[32]，措诸壁[33]，编以为二千石楷法[34]。

【注释】

〔1〕 本文作于柳宗元谪居永州年间。韦使君即韦宙，京兆万年（今陕西西安）人，元和七年至八年（812—813）间任永州刺史。韦使君新上任不久，便组织人力建起一座厅堂皆备的园林。新堂落成之际，柳宗元写了这篇记文，文章记叙了新堂建设的始末，歌颂了韦使君所施行的顺应民情，铲除贪暴，保护贤良和裕民的政策，表达了作者勤政安民、清廉正直的政治主张。

〔2〕 为(wéi唯)：这里指人工营造。穹谷：深谷。嵌(kān刊)岩：峭壁。渊池：深地。

〔3〕 辇(niǎn捻)：运载，搬运。

〔4〕 沟：开凿。

〔5〕 陵绝：超越。

〔6〕 "逸其人"三句：不用耗费人力，因地制宜，保存天然之美。

〔7〕 惟：为，是。九疑：九疑山，又名苍梧山，在今湖南宁远县南。麓：山脚。

〔8〕 度(duó夺)：计算，测量。

〔9〕 翳(yì益)：遮蔽。奥草：深草。

〔10〕 涂：污泥。

〔11〕 虺(huǐ悔)：一种毒蛇。蟠：盘屈而伏。

〔12〕 葩(pā趴)：花。卉(huì会)：草。

〔13〕秽墟:污秽荒废的废墟。

〔14〕理:治理。

〔15〕芟(shān 山):割除。芜:荒草。

〔16〕行:流通,流动。这里是疏导的意思。

〔17〕积之:指把草和土堆积起来。丘如:像山的样子。

〔18〕蠲(juān 捐):清洁,使动用法。泂如:水流清澈的样子。

〔19〕釃(shī 诗):疏导。

〔20〕蓄:指积蓄的湖水。

〔21〕溶漾:水波荡漾的样子。纡(yū 迂)余:曲折萦绕的样子。

〔22〕周:环绕。四隅:四角,这里指四方。

〔23〕窍穴:山洞。逶邃(suì 遂):曲折幽深。

〔24〕堆阜:土山。突怒:拔地而起的样子。

〔25〕效伎:献伎,指各呈姿态。庑(wǔ 舞):堂下四周的屋子。

〔26〕间厕:参差错杂。

〔27〕迩(ěr 耳)延:从近处向远处延伸。迩,近。

〔28〕谯(qiáo 桥)门:城门上的瞭望楼。

〔29〕延:邀请。

〔30〕择:选出,挑出,这里是剔除的意思。

〔31〕家抚而户晓:指安抚晓谕百姓。

〔32〕志诸石:刻在石碑上。诸,是"之于"的合音。

〔33〕措:安放。这里是嵌置的意思。

〔34〕编:指编入书籍。二千石:汉代郡守的俸禄为二千石,后来习惯也称州郡一级的长官为二千石,这里指州刺史。楷法:典范,楷模。

钴鉧潭西小丘记[1]

得西山后八日[2],寻山口西北道二百步[3],又得钴鉧潭。西二十五步,当湍而浚者,为鱼梁[4]。梁之上有丘焉,生竹树。其石之突怒偃蹇[5],负土而出[6],争为奇状者,殆不可数[7]。其嵚然相累而下者[8],若牛马之饮于溪;其冲然角列而上者[9],若熊罴之登于山[10]。

丘之小不能一亩[11]，可以笼而有之[12]。问其主，曰："唐氏之弃地，货而不售[13]。"问其价，曰："止四百[14]。"余怜而售之[15]。李深源、元克己时同游[16]，皆大喜，出自意外。即更取器用[17]，铲刈秽草[18]，伐去恶木[19]，烈火而焚之[20]。嘉木立，美竹露，奇石显。由其中以望，则山之高，云之浮，溪之流，鸟兽之遨游，举熙熙然回巧献技[21]，以效兹丘之下[22]。枕席而卧[23]，则清泠之状与目谋[24]，瀯瀯之声与耳谋[25]，悠然而虚者与神谋[26]，渊然而静者与心谋[27]。不匝旬而得异地者二[28]，虽古好事之士[29]，或未能至焉。

噫！以兹丘之胜[30]，致之沣、镐、鄠、杜[31]，则贵游之士争买者[32]，日增千金而愈不可得。今弃是州也，农夫渔父过而陋之[33]，价四百[34]，连岁不能售。而我与深源、克己独喜得之，是其果有遭乎[35]！书于石，所以贺兹丘之遭也。

【注释】

〔1〕 本文为"永州八记"的第三篇。作者以新颖形象的语言，精致地描绘了小丘的奇特风光。同时借题发挥，以小丘虽奇却连年不售，隐微曲折地表现了自己长期被贬荒州，有才无法施展，渴望得到重用的心境。文章短小精粹，含义深永。钴𬭁(gǔ mǔ 古母)潭，在今零陵县柳侯祠附近的愚溪中，因潭的形状像熨斗而得名。

〔2〕 得：发现。

〔3〕 道：行走。

〔4〕 湍(tuān 团阴平)：急流。浚(jùn 俊)：深。鱼梁：阻水的石堰，中间留有缺口，安放竹制的捕鱼器具。

〔5〕 突怒：突起挺立的样子。偃蹇(yǎn jiǎn 眼减)：盘曲起伏的样子。

〔6〕 负土而出：从泥土里冒出来。

〔7〕 殆(dài 代)：几乎。

〔8〕 嵚(qīn 侵)然：山势耸立的样子。相累：相互重叠。下：向下倾斜。

〔9〕 冲然：向上突起的样子。角列：像兽角一样排列。

〔10〕 罴(pí 皮)：熊的一种，又称人熊或马熊。

〔11〕 不能:不到,不足。

〔12〕 笼而有之:整个占有它。笼,包举。

〔13〕 货:出售。售:卖出。

〔14〕 止:仅仅,只有。

〔15〕 售:买入。

〔16〕 李深源、元克己:柳宗元之友,时均在永州。时:当时。

〔17〕 更:轮流。器用:器具。

〔18〕 刈(yì义):割。秽草:杂草。

〔19〕 伐:砍。恶木:不成材的树木。

〔20〕 烈火:燃起旺火。焚:烧。

〔21〕 举:全,都。熙熙然:和乐的样子。回巧献技:呈献出各种技巧。回,运。

〔22〕 效:呈现。兹:这。

〔23〕 枕席:以石为枕,以地为席。

〔24〕 清泠(líng灵):清凉明净。谋:合。

〔25〕 潆(yíng蝇)潆:水流声。

〔26〕 悠然:闲适,自在。虚:冲淡,空灵。神:精神,思想。

〔27〕 渊然:深沉静默的样子。

〔28〕 不匝(zā咂)旬:不满十天。异地者二:两处胜景,指西山和钴鉧潭西之小丘。异地,胜地。

〔29〕 好(hào耗)事之士:喜游历山水之人。

〔30〕 胜:美景。

〔31〕 致之:把它搬到。沣(fēng风):水名,一说鄷的借字,古地名,为周文王的都城。今陕西户县东。镐(hào耗):地名,今西安西南。鄠(hù户):地名,今陕西省户县。杜:地名,今西安市东南。以上四处均为唐都附近豪门贵族聚居之地。

〔32〕 贵游之士:爱游山玩水的王公贵族子弟。

〔33〕 过:经过。陋:轻视。

〔34〕 价:价钱。

〔35〕 遭:际遇,运气。

小石城山记[1]

自西山道口径北[2],逾黄茅岭而下[3],有二道:其一西出,寻之无所得;其一少北而东[4],不过四十丈,土断而川分[5],有积石横当其垠[6]。其上为睥睨梁欐之形[7],其旁出堡坞[8],有若门焉[9]。窥之正黑,投以小石,洞然有水声[10],其响之激越[11],良久乃已[12]。环之可上[13],望甚远。无土壤而生嘉树美箭[14],益奇而坚[15],其疏数偃仰,类智者所施设也[16]。

噫!吾疑造物者之有无久矣[17]。及是愈以为诚有[18]。又怪其不为之于中州,而列是夷狄[19],更千百年不得一售其伎[20],是固劳而无用[21],神者倘不宜如是[22]。则其果无乎[23]?或曰:"以慰夫贤而辱于此者[24]。"或曰:"其气之灵,不为伟人,而独为是物,故楚之南少人而多石[25]。"是二者[26],余未信之。

【注释】

〔1〕 本文为"永州八记"的最后一篇,约作于元和七年(812)前后。文章的前半描写小石城山之奇异景色,后半藉景抒情,以佳胜之地湮没不彰,隐喻自己徒有经邦济世之才却横遭贬逐,蛰居蛮荒无用武之地。字里行间,隐含一股郁勃不平之气。小石城山,在今湖南零陵西北。

〔2〕 径北:一直向北。径:直接,一直。

〔3〕 逾(yú 榆):亦作"踰"。越过,经过。黄茅岭:在永州潇水西岸,今名芝山。小石城山在黄茅岭西北方向。

〔4〕 少北:稍微偏向北。少,稍稍,略微。

〔5〕 土断:此指黄茅岭从愚溪起向北延伸至小石城山处山势中断,形成陡壁,故谓之土断。川:指桃江,汉代水名。属涿郡。川分:被桃江分开。

〔6〕 "有积"句:意谓有块巨大的石头横挡在道路的旁边。垠(yín 银),界限,边际。

〔7〕 "其上"句:意谓石头上面的山势像城墙上的短墙和房屋大梁的形状。睥睨(bì nì 婢昵),城墙上锯齿形的短墙,女墙。梁欐(lì 利),房屋的

栋梁。

〔8〕 堡坞(wù误):小型城堡。此指堆积的石头像堡坞形状。

〔9〕 有若:如同,好像。

〔10〕 洞然:象声词,形容石子击水的声音。

〔11〕 激越:形容声音高亢清远。

〔12〕 良久:很久。乃已:才停止。

〔13〕 环之可上:指回环盘旋着可以上去。

〔14〕 箭:竹名。细小而劲实,可作箭杆。

〔15〕 益奇而坚:更加显得形状奇特材质坚硬。

〔16〕 "其疏"二句:意谓竹木分布疏密有致、高低参差,好像是人工特意布置的。疏,稀疏。数(cù醋),细密,稠密。偃仰,俯仰。施设,布置,设计。

〔17〕 造物者:即天地万物的主宰。

〔18〕 及是:等到这。诚:的确,确实。

〔19〕 "又怪"二句:意谓但又奇怪造物者为何不把这小石城山安放到(人烟辐辏的)中原地区去,却把它摆在这荒僻遥远的蛮夷之地。中州,指中原地区。列,呈现。夷狄,指边远少数民族地区,此指永州地区。

〔20〕 "更千"句:谓即使经过千百年也没有一次可以显示自己奇异景色的机会。更,历经。伎,同"技"。

〔21〕 固:的确。劳而无用:白耗力气而毫无用处。

〔22〕 神者:即前指"造物者"。倘:或许,可能。不宜如是:不应该这样做。

〔23〕 "则其"句:意谓那么上帝果真没有的吧?

〔24〕 "以慰"句:意谓造物者安排这美景是为了安慰那些被贬逐在此地的贤人的。

〔25〕 "其气"四句:意谓这地方的钟灵之气不孕育伟人,而唯独凝聚成了奇山胜景,所以楚地南部少出瑰伟之人而多产奇峰怪石。

〔26〕 是:指示代词"这"。二者:即指以上两种说法。

贺进士王参元失火书[1]

得杨八书[2],知足下遇火灾[3],家无余储。仆始闻而骇[4],中而疑,终乃大喜,盖将吊而更以贺也[5]。道远言略,犹未能究知其状,若果荡焉泯焉而悉无有,乃吾所以尤贺者也。

足下勤奉养,乐朝夕,惟恬安无事是望也[6]。今乃有焚炀赫烈之虞[7],以震骇左右[8],而脂膏滫瀡之具[9],或以不给,吾是以始而骇也。

凡人之言皆曰:盈虚倚伏[10],去来之不可常。或将大有为也,乃始厄困震悸,于是有水火之孽[11],有群小之愠。劳苦变动,而后能光明,古之人皆然。斯道辽阔诞漫[12],虽圣人不能以是必信[13],是故中而疑也。

以足下读古人书,为文章,善小学[14],其为多能若是,而进不能出群士之上,以取显贵者,盖无他焉[15]。京城人多言足下家有积货,士之好廉名者,皆畏忌不敢道足下之善,独自得之,心蓄之,衔忍而不出诸口[16]。以公道之难明,而世之多嫌也。一出口,则嗤嗤者以为得重赂[17]。

仆自贞元十五年[18],见足下之文章,蓄之者盖六七年未尝言。是仆私一身而负公道久矣,非特负足下也。及为御史、尚书郎[19],自以幸为天子近臣,得奋其舌[20],思以发明足下之郁塞[21]。然时称道于行列[22],犹有顾视而窃笑者。仆良恨修己之不亮[23],素誉之不立[24],而为世嫌之所加,常与孟几道言而痛之[25]。乃今幸为天火之所涤荡,凡众之疑虑,举为灰埃。黔其庐[26],赭其垣[27],以示其无有。而足下之才能,乃可以显白而不污。其实出矣,是祝融、回禄之相吾子也[28]。则仆与几道十年之相知,不若兹火一夕之为足下誉也。宥而彰之[29],使夫蓄于心者,咸得开其喙[30],发策决科者[31],授子而不栗[32]。虽欲如向之蓄缩受侮[33],其可得乎?于兹吾有望于子,是以终乃大喜也。

古者列国有灾,同位者皆相吊。许不吊灾,君子恶之[34]。今吾之所陈若是,有以异乎古,故将吊而更以贺也。颜、曾之养[35],其为乐也大矣,又何阙焉?

【注释】

〔1〕 本文是朋友王参元家里遭到火灾后柳宗元写的一封祝贺信。朋友

失火,不安慰反而祝贺,似乎有悖常理,但在作者具体叙述了听到友人家里失火之后由骇而疑、由疑而喜、由喜而贺的心理变化过程后,就觉得合情合理了。本文从一个侧面反映了当时官员选举任用中贿赂盛行和清廉官员受到诬陷排挤的现实。王参元,濮阳(今河南濮阳)人。

〔2〕 杨八:名敬之,柳宗元的亲戚,王参元的好朋友。唐人对人常称排行,杨敬之在同辈兄弟中排行八,故称"杨八"。

〔3〕 足下:敬辞,尊称对方。古代上对下或同辈之间都可称"足下"。

〔4〕 仆:对人自称的谦词,即"我"。

〔5〕 吊:对遭遇不幸者的慰问。更:改变。

〔6〕 恬(tián 甜):安静。

〔7〕 炀(yáng 阳):焚烧。赫烈:形容火势猛烈。虞:忧虑。

〔8〕 左右:书信中对对方的称呼,对人不直称其名,只称左右,以表示尊敬。

〔9〕 脂膏潃瀡(xiǔ suǐ 朽髓):泛指日常生活用品。脂膏,油脂。潃,淘米水。瀡,古时把使菜肴柔滑的作料叫"滑",齐国人称之为"瀡"。

〔10〕 盈虚:满和空。倚伏:出自《老子》"祸兮福之所倚,福兮祸之所伏。"意为祸是福依托之所,福又是祸隐藏之所,祸福可以互相转化。

〔11〕 孽:灾祸。

〔12〕 诞漫:荒诞不经。

〔13〕 必信:必定能实现。信,守信,引申为实现。

〔14〕 小学:旧时对文字学、音韵学、训诂学的总称。

〔15〕 无他焉:没有别的原因。

〔16〕 衔:含。

〔17〕 嗤(chī 痴)嗤:轻蔑冷笑的样子。

〔18〕 贞元:唐德宗李适年号(785—805)。贞元十五年至柳宗元参与永贞革新,中间大概有六七年。

〔19〕 御史:指监察御史。尚书郎:指尚书省礼部员外郎。

〔20〕 奋其舌:这里指对皇帝劝谏、上疏等。奋,鼓动。

〔21〕 发明:表明。郁塞:指怀才不遇,其才能不为天下所知者。

〔22〕 行列:指同僚。

〔23〕 良:很。修己之不亮:自己修养不能为世人所见。亮,显露,展示。

〔24〕 素誉:清廉的名声。

〔25〕孟几道：孟简,字几道,德州平昌(今山东平昌)人,擅长写诗,尚节好义,是柳宗元的好朋友。

〔26〕黔(qián 钱)其庐：房子烧得焦黑。黔,黑,这里用作动词。

〔27〕赭(zhě者)其垣：墙壁烧得红赤。赭,红,这里用作动词。

〔28〕祝融、回禄：都是传说中的火神名。相(xiàng象)：辅助。

〔29〕宥(yòu又)：通"祐",保佑。

〔30〕喙(huì会)：鸟兽的嘴。这里借指人的嘴。

〔31〕发策：在科举考试中制定试题。决科：决定考试成绩,评定等第。

〔32〕栗：恐惧,害怕。

〔33〕蓄缩：畏缩,退缩。

〔34〕"许不"二句：据《左传》记载,鲁昭公十八年(前520),宋、卫、陈、郑四国发生火灾,许国没有去慰问,当时的有识之士据此推测许国将要灭亡。许,春秋时国名,在今河南许昌一带。

〔35〕颜、曾：指颜回、曾参,都是孔子的弟子。养：这里指自处和奉养的意思。

王禹偁

王禹偁(954—1001),字符之,巨野(今山东巨野)人。宋太宗太平兴国八年(983)进士。历官左司谏、知制诰、翰林学士,人品文章,皆为时所称道。其所作诗文,风格简淡,对扭转当时文风,起了一定的推动作用,是宋代古文运动的先驱之一。有《小畜集》、《小畜外集》。《宋史》有传。

待漏院记[1]

天道不言[2],而品物亨、岁功成者[3],何谓也?四时之吏[4]、五行之佐[5],宣其气矣[6]。圣人不言[7],而百姓亲[8]、万邦宁者[9],何谓也?三公论道[10],六卿分职[11],张其教矣[12]。是知君逸于上[13],臣劳于下[14],法乎天也[15]。古之善相天下者[16],自咎、夔至房、魏[17],可数也。是不独有其德,亦皆务于勤耳[18]。况夙兴夜寐[19],以事一人,卿大夫犹然[20],况宰相乎?朝廷自国初[21],因旧制[22],设宰相待漏院于丹凤门之右[23],示勤政也。乃若北阙向曙[24],东方未明,相君启行[25],煌煌火城[26]。相君至止,哕哕銮声[27]。金门未辟[28],玉漏犹滴[29]。撤盖下车[30],于焉以息[31]。待漏之际,相君其有思乎?其或兆民未安[32],思所泰之[33];四夷未附,思所来之[34];兵革未息[35],何以弭之[36];田畴多芜,何以辟之;贤人在野,我将进之;佞人立朝[37],我将斥之;六气不和[38],灾眚荐至[39],愿避位以禳之[40];五刑未措[41],欺诈日生,请修德以厘之[42]。忧心忡忡[43],待旦而入[44]。九门既启[45],四聪甚迩[46]。相君言焉,时君纳焉。皇风于是乎清夷[47],苍生以之而富庶。若然,则总百官[48],食万钱[49],非幸也,宜也。其或私仇未复,思所逐之;旧恩未报,思所荣之;子女玉帛[50],何以致之;车马玩器,何以取之;奸人附势,我将陟之[51];直士抗言,我将黜之[52]。三时告灾[53],上有忧色,构巧词以悦之[54];群吏弄法,君闻怨言,进谄容以媚之[55]。私心慆慆[56],假寐而坐[57],九门既开,重瞳屡回[58]。相君言焉,时君惑焉。政柄于是乎隳哉[59],帝位以之而危矣。若然,则死下狱[60],投远方[61],非不幸也,亦宜也。是知一国之政,万人之命,悬于宰相,可不慎欤?复有无毁无誉,旅进旅退[62],窃位而苟禄[63],备员而全身者[64],亦无所取焉。

棘寺小吏王禹偁为文[65],请志院壁[66],用规于执政者[67]。

【注释】

〔1〕 本文作于太宗淳化(990—994)初年王禹偁兼任大理寺判官时期。全文通篇运用对比手法,劝说宰相应当勤政爱民,而不可私欲膨胀,媚君固位,败乱国政,或尸位素餐,庸碌无为。待漏院,百官早晨入宫等待朝见皇帝的地方。漏指滴漏,古代计时工具,这里代指时间。

〔2〕 天道:大自然的运行变化。

〔3〕 品物亨:指万物蓬勃生长。品物,众物,万物。亨,通达顺利。岁功成:指一年的农产品丰收。岁功,一年农事的收获。

〔4〕 四时之吏:指司四时之神,他们助天为治,故曰吏。

〔5〕 五行之佐:指掌管金、木、水、火、土之神。

〔6〕 宣其气:泄导阴阳四时之气。

〔7〕 圣人:皇帝。

〔8〕 亲:亲和。

〔9〕 万邦宁:万国安宁,天下太平。

〔10〕 三公:周代三公有两说,一说是司马、司徒、司空;一说是太师、太傅、太保。西汉以丞相(大司徒)、太尉(大司马)、御史大夫(大司空)合称三公。东汉以太尉、司徒、司空合称"三公",为共同负责军政的最高长官。唐宋仍沿此称,惟已无实际职务。论道:讨论治国的方略。

〔11〕 六卿:《周礼》将执政大臣分为六官,即天官、地官、春官、夏官、秋官、冬官,亦称六卿。后世往往称吏、户、礼、兵、刑、工六部尚书为六卿。此指

朝廷各部主事的长官。

〔12〕张:施行,举用。教:教导,感化。

〔13〕君逸于上:人君高高在上,无为而治。逸:闲适、安乐。

〔14〕臣劳于下:人臣勤于王事,十分辛苦。

〔15〕法乎天:效法天地自然之理。

〔16〕善相(xiàng向)天下者:善于辅佐君王治理天下的大臣。相,辅佐。

〔17〕咎:通"皋",即皋陶(yáo姚)。夔:后夔。二人均为帝舜的贤臣。房、魏:唐太宗时的著名宰相房玄龄和贤臣魏征。

〔18〕务于勤:忠于职守,勤奋工作。

〔19〕夙兴夜寐:起早贪黑地工作。《诗经·卫风·氓》:"夙兴夜寐,靡有朝矣。"

〔20〕卿大夫:指朝廷高级官吏。犹然:尚且如此,指夙兴夜寐,勤于王事。

〔21〕国初:宋朝初年。

〔22〕因旧制:承袭旧制,此指承袭唐代制度。据李肇《唐国史补》,待漏院建于唐宪宗元和初年。

〔23〕丹凤门:宋朝汴京皇城的南门。原名明德,宋太宗时改为丹凤。

〔24〕北阙:古代宫殿北面的门楼,此指宫殿。

〔25〕相君:对宰相的尊称。

〔26〕火城:旧时百官上朝,须在夜间即出门,其仆从以灯笼照明,由于朝臣众多,灯笼数量也很可观,而且多用灯笼围绕聚集在一起,故称火城。可参阅李肇《唐国史补》的相关记载。

〔27〕哕(huì会)哕:象声词,徐缓而有节奏的车铃声。鸾,铃,系于马衔两边。

〔28〕金门:又称金马门,汉代官署门旁有铜马,故名。借指宋朝宫门。辟:开启。

〔29〕玉漏犹滴:计时的漏壶水尚未滴完,指天未明。

〔30〕撤:除去。盖:车盖。

〔31〕于焉以息:在此休息。

〔32〕兆民:万民,指百姓。

〔33〕泰之:使其(指百姓)安定、幸福。

〔34〕来:招徕。

〔35〕 兵革:战争。息:停止。

〔36〕 弭:停止,消除。

〔37〕 佞人:善于花言巧语、阿谀奉承的人。

〔38〕 六气不和:天时不正。六气,阴、阳、风、雨、晦、明六种自然现象。

〔39〕 眚(shěng 省):原义为日食或月食,后引申为灾异。荐至,接连而来。荐,一再、屡次。

〔40〕 "愿避位"句:愿意让位于贤才以消除灾祸。禳(ráng 瓤),除邪消灾的祭祀。

〔41〕 五刑未措:各种刑罚还不能弃置不用。五刑,古代的五种刑罚,此处泛指各种刑罚。

〔42〕 修德以厘之:以德化人。德,德行,德政。厘,治理。

〔43〕 忧心忡忡:满心忧虑的样子,此指时刻关怀国家大事。

〔44〕 待旦而入:指到了天明后入朝。

〔45〕 九门既启:指天子所居皇宫的大门被打开。

〔46〕 四聪:能远闻四方的听觉,一般用来称赞皇帝明了下情,这里代指皇帝。迩:近。

〔47〕 皇风:朝廷的风气。清夷:清平。

〔48〕 总百官:统领百官,此为宰相的职责。

〔49〕 食万钱:指俸禄优厚。

〔50〕 子女玉帛:此指荣华富贵。

〔51〕 陟之:此处指提拔、进用。

〔52〕 黜之:此处指降职、贬谪。

〔53〕 三时:春、夏、秋三个农忙季节。告灾:通报灾情。

〔54〕 构巧词:编造好听的话。

〔55〕 谄容:谄媚的姿态。

〔56〕 慆(tāo 滔)慆:纷乱不息的样子。

〔57〕 假寐:不解衣冠而小睡。

〔58〕 重瞳屡回:皇帝屡屡关注。《史记》上说舜目中有重瞳子(两个瞳仁),后世常以重瞳代指天子。

〔59〕 隳(huī 灰):崩毁,毁坏。

〔60〕 死下狱:死于狱中。

〔61〕 投远方:贬谪到边远地区。

〔62〕旅进旅退：同进同退，此处指随大流，无所作为。
〔63〕苟禄：无功而受禄。
〔64〕备员：充数。全身：保全自身。
〔65〕棘寺小吏：作者自称。棘寺，大理寺，亦称廷尉，古代最高刑狱机关。时作者任大理寺判官。
〔66〕志：记载，此处指书写或镌刻。
〔67〕规：规劝，劝诫。

黄冈竹楼记[1]

黄冈之地多竹，大者如椽[2]。竹工破之，刳去其节[3]，用代陶瓦。比屋皆然[4]，以其价廉而工省也。

子城西北隅[5]，雉堞圮毁[6]，蓁莽荒秽[7]，因作小楼二间，与月波楼通[8]。远吞山光[9]，平挹江濑[10]，幽阒辽夐[11]，不可具状[12]。夏宜急雨，有瀑布声；冬宜密雪，有碎玉声。宜鼓琴，琴调和畅；宜咏诗，诗韵清绝；宜围棋，子声丁丁然[13]；宜投壶[14]，矢声铮铮然：皆竹楼之所助也。

公退之暇[15]，被鹤氅衣[16]，戴华阳巾[17]，手执《周易》一卷，焚香默坐，消遣世虑[18]。江山之外，第见风帆沙鸟烟云竹树而已[19]。待其酒力醒，茶烟歇，送夕阳，迎素月，亦谪居之胜概也[20]。

彼齐云、落星[21]，高则高矣！井幹、丽谯[22]，华则华矣！止于贮妓女，藏歌舞[23]，非骚人之事[24]，吾所不取。吾闻竹工云："竹之为瓦，仅十稔[25]，若重覆之，得二十稔。"噫！吾以至道乙未岁[26]，自翰林出滁上[27]，丙申移广陵[28]；丁酉，又入西掖[29]。戊戌岁除日[30]，有齐安之命[31]。己亥闰三月到郡[32]。四年之间，奔走不暇；未知明年又在何处！岂惧竹楼之易朽乎？后之人与我同志，嗣而葺之[33]，庶斯楼之不朽也[34]。

【注释】

〔1〕 本文是作者任黄州刺史时所写。文章通过记叙修建黄冈竹楼的印象与感慨,表现了作者达观的心态、文人的雅趣,同时也对自己不断迁官、四处奔波而不被重用,表露出强烈的牢骚与不平。

〔2〕 椽(chuán 船):椽子,放在檩子上架屋面板和瓦的木条。

〔3〕 刳(kū 哭):剖开。

〔4〕 比屋:家家户户。

〔5〕 子城:大城所属的小城,又名月城、瓮城。

〔6〕 雉堞(dié 碟):城墙上排列如齿状的矮墙。圮(pǐ 痞)毁:坍塌。

〔7〕 榛(zhēn 真)莽:即榛莽,丛生的草木。荒秽:荒凉而杂乱。

〔8〕 月波楼:黄州城的一座城楼。

〔9〕 远吞山光:远处的山光尽收眼底。吞,容纳,实指望见。

〔10〕 平挹江濑:平视时江流近在咫尺,似可舀取。挹,汲取。濑,从沙石上流过的激流。

〔11〕 阒(qù 去):寂静。夐(xiòng 凶去声):辽阔。

〔12〕 具状:完全描写出来。

〔13〕 丁(zhēng 争)丁:象声词。

〔14〕 投壶:古代游戏,投矢入壶口,以中多者为胜。

〔15〕 公退:办完公务之后。

〔16〕 被:同"披"。鹤氅(chǎng 敞):用鸟羽做成的外套。

〔17〕 华阳巾:道士的一种帽子。

〔18〕 消遣:这里指打消、排遣。世虑:世俗的想法。

〔19〕 第见:只见,但见。

〔20〕 胜概:佳境,良好的状况。

〔21〕 齐云:楼名,在今江苏苏州市,唐代曹恭王所建。落星:楼名,在今江苏南京市,东吴时孙权所建。

〔22〕 井幹(hán 寒):楼名,在今陕西西安,汉武帝所建。丽谯:魏王曹操所建。《白帖》:"魏武有丽谯楼。"

〔23〕 歌舞:指歌舞艺人。

〔24〕 骚人:诗人。

〔25〕 十稔(rěn 忍):十年。谷物一熟为一稔,引申为一年。

〔26〕 至道乙未岁:宋太宗至道元年(995)。

〔27〕 "自翰林"句:由翰林学士被贬为滁州刺史。

〔28〕 丙申:宋太宗至道二年(996)。移广陵:调到广陵(今江苏扬州)任职。

〔29〕 丁酉:宋太宗至道三年(997)。西掖:中书省。此年作者被召入朝任刑部郎中、知制诰。

〔30〕 "戊戌"句:宋真宗咸平元年(998)除夕。

〔31〕 "有齐安"句:被任命为黄州刺史。齐安,即黄州。

〔32〕 己亥:宋真宗咸平二年(999)。

〔33〕 嗣而葺(qì 气)之:继续修缮它。葺,修。

〔34〕 庶:表示希望的语气词。

李 格 非

李格非(约1048—约1108),字文叔,济南(今山东济南)人。留意经学,著《礼记精义》十六卷。神宗熙宁九年(1076)进士,调济州司户参军,试学官,为郓州教授。入补太学录,转太学博士。以文受知于苏轼。绍圣时编元祐奏章,累官礼部员外郎、提点京东路刑狱等职,以党籍罢。工词章,著有《洛阳名园记》一卷。《宋史》有传。

书《洛阳名园记》后[1]

洛阳处天下之中,挟崤、黾之阻[2],当秦、陇之襟喉[3],而赵、魏之走集[4],盖四方必争之地也。天下当无事则已;有事,则洛阳必先受兵[5]。予故尝曰:洛阳之盛衰,天下治乱之候也[6]。

唐贞观、开元之间[7],公卿贵戚开馆列第于东都者[8],号千有余邸[9]。及其乱离[10],继以五季之酷[11],其池塘竹树,兵车蹂躏,废而为丘墟,高亭大榭[12],烟火焚燎,化而为灰烬,与唐共灭而俱亡者,无余处矣。予故尝曰:园囿之兴废,洛阳盛衰之候也。

且天下之治乱,候于洛阳之盛衰而知[13];洛阳之盛衰,候于园囿之兴废而得;则《名园记》之作,予岂徒然哉[14]?

呜呼!公卿大夫方进于朝[15],放乎一己之私[16],自为之而忘天下之治忽[17],欲退享此[18],得乎?唐之末路是已。

【注释】

〔1〕 本文又题为《洛阳名园记论》,是一篇总结性的跋文,说明他写《洛

阳名园记》的意图。这篇序文认为洛阳的盛衰是天下治乱的标志,而洛阳园林的兴废是洛阳盛衰的标志,最后推断洛阳园林的兴废关系着天下的治乱,士大夫们要保有园林就必须关心国家政局。书后,文体的一种,即跋,放在书的末尾。

〔2〕 挟:夹持,靠着。崤:即崤山。黾(méng 萌):古时"九塞"之一,在现在河南信阳西南的平靖关。阻:险阻。

〔3〕 当:正处于。秦:指秦地,今陕西省一带。陇:今陕西省西部和甘肃省一带。襟喉:衣襟和咽喉,比喻地势险要(洛阳是通往秦、陇的要道)。

〔4〕 走集:交通要冲。

〔5〕 受兵:遭遇战事。

〔6〕 候:征兆,标志。

〔7〕 贞观:唐太宗年号(627—649)。开元:唐玄宗年号(713—741)。

〔8〕 东都:唐朝以长安为国都,洛阳为东都。

〔9〕 邸(dǐ 抵):指官员的住宅。

〔10〕 乱离:遭乱而流离失所。

〔11〕 五季:五代,即后梁、后唐、后晋、后汉、后周。酷:指惨重的兵祸。

〔12〕 大榭:高大的楼台。榭指建造在高台上的敞屋。

〔13〕 候:观察。

〔14〕 "予岂"句:我难道是白白地写作此文吗?是说《洛阳名园记》别有寄托。

〔15〕 进:进用。此处指入朝为官。

〔16〕 放:放纵。

〔17〕 自为:随心所欲。治忽:治乱。指国家政治的好或坏。忽,轻慢怠惰。

〔18〕 退:退隐,指不做官。

范仲淹

范仲淹(989—1052),字希文,苏州吴县(今江苏苏州)人。北宋著名政治家。幼年生活贫困,勤奋好学,立志"以天下国家为己任"。宋真宗大中祥符八年(1015)举进士第,官至枢密副使、参知政事。在朝为官期间,积极主张改革,在守卫西北边疆时也有突出业绩。其文学成就亦可观,散文、词皆有名作传世。谥号文正。有《范文正公文集》。

严先生祠堂记[1]

先生,光武之故人也,相尚以道。及帝握赤符,乘六龙[2],得圣人之时,臣妾亿兆[3],天下孰加焉?惟先生以节高之[4]。既而动星象[5],归江湖,得圣人之清,泥涂轩冕,天下孰加焉?惟光武以礼下之[6]。

在《蛊》之上九,众方有为,而独"不事王侯,高尚其事"[7],先生以之[8]。在《屯》之初九,阳德方亨,而能"以贵下贱,大得民也"[9],光武以之。盖先生之心,出乎日月之上;光武之量,包乎天地之外。微先生不能成光武之大[10],微光武岂能遂先生之高哉[11]?而使贪夫廉[12],懦夫立[13],是大有功于名教也[14]。仲淹来守是邦,始构堂而奠焉[15],乃复为其后者四家,以奉祠事[16]。又从而歌曰:云山苍苍[17],江水泱泱[18]。先生之风,山高水长。

【注释】

[1] 严先生即严光,字子陵,少与汉光武帝刘秀同学。刘秀称帝后,严

光变姓名隐遁,刘秀觅访征召至京,曾共睡卧,严光以足加光武帝腹上,次日,"太史奏客星犯御坐甚急。帝笑曰:'朕故人严子陵共卧耳。'"后辞官不受,退隐于富春山(今浙江桐庐),后人称其所居之地为严陵濑。范仲淹于宋仁宗明道年间出知睦州(辖境相当于今浙江桐庐、建德、淳安),始构严先生祠堂,使其后人奉祀,并作此记。

〔2〕 赤符:新莽末年谶纬家所造符箓,谓刘秀上应天命,当继汉统为帝。汉为火德,火色赤,故称。后亦泛指帝王受命的符瑞。六龙:古代天子的车驾为六马,马八尺称龙,因以为天子车驾的代称。

〔3〕 臣妾:古时对奴隶的称谓。男曰臣,女曰妾,后亦泛指统治者所役使的民众和藩属。这里是使之为奴,引申为统治、管辖。亿兆:指庶民百姓。

〔4〕 "惟先生"句:意谓严光能以节操为高,平交光武帝而不卑不亢。

〔5〕 动星象:即刘秀与严光共卧,严光以足加秀腹上,次日"太史奏客星犯御坐甚急"事。参见注〔1〕。

〔6〕 "惟光武"句:谓只有光武帝能以礼屈身降尊平等对待严光。

〔7〕 "不事王侯"二句:语见《易·蛊》卦辞:"上九:不事王侯,高尚其事。"孔颖达《正义》:"不复以世事为心,不系累于职位,故不承事王侯,但自尊高慕尚其清虚之事,故云'高尚其事'也。"

〔8〕 以:运用,使用。之:上引《蛊》上九卦辞所揭示的道理。

〔9〕 "《屯》之初九"数句:《易·屯》初九《象辞》曰:"以贵下贱,大得民也。"孔颖达《正义》:"贵谓阳也,贱谓阴也。言初九之阳在三阴之下,是'以贵下贱'……既能'以贵下贱',所以大得民心也。"

〔10〕 微:无,没有。

〔11〕 遂:成就。

〔12〕 廉:不苟取。

〔13〕 立:指立志。

〔14〕 名教:指以正名定分为主的儒家礼教。

〔15〕 奠:谓置祭品祭祀。

〔16〕 祠事:祭礼,祭祀之事。

〔17〕 苍苍:茫无边际。

〔18〕 泱泱:水深广貌。

岳阳楼记[1]

庆历四年春[2],滕子京谪守巴陵郡[3]。越明年[4],政通人和[5],百废具兴[6]。乃重修岳阳楼,增其旧制[7],刻唐贤、今人诗赋于其上,属予作文以记之[8]。

予观夫巴陵胜状[9],在洞庭一湖。衔远山,吞长江[10],浩浩汤汤[11],横无际涯;朝辉夕阴[12],气象万千。此则岳阳楼之大观也,前人之述备矣[13]。然则北通巫峡[14],南极潇、湘[15],迁客骚人[16],多会于此,览物之情,得无异乎[17]?

若夫霪雨霏霏[18],连月不开[19],阴风怒号,浊浪排空;日星隐耀[20],山岳潜形[21];商旅不行,樯倾楫摧[22];薄暮冥冥[23],虎啸猿啼。登斯楼也[24],则有去国怀乡[25],忧谗畏讥[26],满目萧然[27],感极而悲者矣。

至若春和景明[28],波澜不惊[29],上下天光,一碧万顷[30];沙鸥翔集[31],锦鳞游泳[32];岸芷汀兰[33],郁郁青青[34]。而或长烟一空[35],皓月千里,浮光耀金[36],静影沉璧[37];渔歌互答,此乐何极!登斯楼也,则有心旷神怡[38],宠辱皆忘[39],把酒临风,其喜洋洋者矣。

嗟夫[40],予尝求古仁人之心[41],或异二者之为[42]。何哉?不以物喜,不以己悲[43]。居庙堂之高[44],则忧其民;处江湖之远[45],则忧其君;是进亦忧[46],退亦忧[47]。然则何时而乐耶?其必曰先天下之忧而忧[48],后天下之乐而乐欤[49]!噫[50]!微斯人[51],吾谁与归[52]!

【注释】

[1] 作于宋仁宗庆历六年(1046),作者贬知邓州时。全文通过描写洞庭湖壮美之景色引发感慨,继而托出以天下为己任的志向和抱负,文章层层展开,匠心独运,表现出作者难能可贵的精神境界。岳阳楼,指湖南岳阳市西门

城楼,面对洞庭湖,相传是唐朝初年建筑的。

〔2〕 庆历四年:即公元1044年。庆历,宋仁宗赵祯的年号(1041—1048)。

〔3〕 滕子京:名宗谅,字子京,与范仲淹为同年进士,原任庆州知州,被人诬告,贬知岳州。岳州,古称巴陵郡。

〔4〕 越明年:到了第二年。

〔5〕 政通:一切政务都办得很妥善。

〔6〕 百废具兴:原来被废弃的许多事情,现在一齐兴办起来了。具,通"俱"。

〔7〕 增:扩建。旧制:原来的规模。

〔8〕 属:通"嘱"。

〔9〕 夫(fú 福):语助词。胜状:美好的景色。

〔10〕 "衔远"二句:迎着远山,吸纳长江。

〔11〕 浩浩汤(shāng 商)汤:形容水大的样子。

〔12〕 朝辉夕阴:早晨的阳光和傍晚的昏暗,泛指一天中天气的种种变化。

〔13〕 前人之述:指上面说到的"唐贤、今人诗赋"。备:详尽。滕宗谅在给范仲淹的求记信中提到:"乃分命僚属,于韩(愈)、柳(宗元)、刘(禹锡)、白(居易)、二张(张说、张九龄)、二杜(杜甫、杜牧)逮诸大人集中,摘出登临寄咏,或古或律,歌咏并赋七十八首,暨本朝大笔如太师吕公(端)、侍郎丁公(谓)、尚书夏公(竦)之众作,榜于梁栋间。"(见《全宋文》卷三九六)。

〔14〕 巫峡:长江三峡之一,在湖北巴东西。

〔15〕 极:远通。潇、湘:潇水和湘水,潇水流入湘水,合流后,又北入洞庭湖。

〔16〕 迁客:贬职外调的官吏。骚人:诗人。

〔17〕 "览物"二句:只怕因景物的不同而心情也有所不同吧?得无,表示推测语气。

〔18〕 若夫:发语词。霪(yín 银)雨:连绵不断的雨。

〔19〕 不开:不放晴。

〔20〕 隐耀:隐没了光辉。

〔21〕 潜形:被掩没了形体。

〔22〕 樯(qiáng 墙):船桅。倾:倒。楫(jí 急):船桨。摧:断。

〔23〕薄暮:傍晚。

〔24〕斯:这个、此。

〔25〕去国:离开京城。

〔26〕忧谗:担心受到诽谤。

〔27〕萧然:萧条凄凉的样子。

〔28〕景:阳光。

〔29〕不惊:平静。

〔30〕万顷:形容江面的阔大。

〔31〕翔集:有时飞翔,有时停下聚集。

〔32〕锦鳞:鱼的代称。锦,形容鳞的光彩鲜明。

〔33〕岸芷汀(tīng厅)兰:岸上的香芷和岸边平处的香兰。汀,岸边平的地方。

〔34〕郁郁:形容香气很浓。青青:茂盛的样子。

〔35〕而或:或者。

〔36〕浮光耀金:月光映在波动的水面上泛出金光。

〔37〕静影沉璧:静静的月影映在水中,犹如白玉沉在水底。

〔38〕心旷神怡:心胸开朗,精神畅快。

〔39〕宠辱:荣宠和耻辱。

〔40〕嗟(jiē街)夫:感叹词。

〔41〕求:探索。仁人:泛指爱国爱民、品德高尚的人。

〔42〕或异二者之为:或有不同于上述两种精神状态的。

〔43〕不以物喜,不以己悲:此句意谓不因外在环境的不同(令人喜或令人悲)而感到喜乐或悲伤。按:这里使用了互文的修辞手法。

〔44〕庙堂:代指朝廷。

〔45〕江湖:代指民间。

〔46〕进:进用。

〔47〕退:退隐。

〔48〕天下:指天下的人。

〔49〕欤(yú鱼):语末助词。

〔50〕噫(yī依):感叹词。

〔51〕微:若不是。斯人:这样的人,指"古仁人"。

〔52〕吾谁与归:我与谁一道呢? 归,同一趋向。

司马光

司马光(1019—1086),字君实,陕州夏县(今山西夏县)人。宋仁宗时中进士。神宗时任御史中丞,是王安石变法的反对者。哲宗即位,他任尚书左仆射、门下侍郎,主持朝政,废除了新法。司马光在政治上倾向于保守,但在史学方面,有一定贡献。病卒后,赠太师、温国公。有《司马文正公集》传世。

谏院题名记[1]

古者谏无官,自公卿大夫至于工商,无不得谏者。汉兴以来,始置官[2]。夫以天下之政,四海之众[3],得失利病,萃于一官使言之[4],其为任亦重矣。居是官者,常志其大[5],舍其细,先其急,后其缓,专利国家,而不为身谋。彼汲汲于名者[6],犹汲汲于利也,其间相去何远哉!

天禧初[7],真宗诏置谏官六员,责其职事。庆历中[8],钱君始书其名于版[9]。光恐久而漫灭[10],嘉祐八年[11],刻著于石。后之人将历指其名而议之曰[12]:某也忠,某也诈,某也直,某也曲。呜呼!可不惧哉!

【注释】

〔1〕 本文通过把谏官姓名刻在石上,留待后人评说一事,说明谏官的责任重大,敦促谏官们为后世留下忠直的清名,此外还强调谏官必须抓住大事,忽略小节,分清缓急,大公无私。本文短句整齐并列富有节奏感,议论叙事融

为一体,简洁朴实,不事雕琢,笔锋犀利,正气浩然。谏院,谏官官署,以左右谏议大夫为官署长官。题名,把谏官的姓名刻于石上。

〔2〕 "汉兴"二句:西汉设置谏大夫,属光禄勋,无定员,掌议论,东汉改称谏议大夫。从汉代开始始有专职谏官,后代延续。

〔3〕 四海:指全国。古以中国四境皆有海环绕。

〔4〕 萃:集中。

〔5〕 常:记。

〔6〕 汲汲:心情急切的样子。

〔7〕 天禧:宋真宗赵恒年号(1017—1021)。

〔8〕 庆历:宋仁宗赵祯年号(1041—1048)。

〔9〕 钱君:名未详。一说为钱惟演,字希圣,博学能文,受到真宗赏识。一说为钱惟演之侄钱明逸,字子飞,庆历四年为右正言,谏院供职。一说为钱公辅,曾任天章阁待制。版:木板。

〔10〕 漫灭:磨蚀消失。

〔11〕 嘉祐八年:公元1063年。嘉祐,宋仁宗赵祯最后一个年号(1056—1063)。

〔12〕 历:依次。

钱公辅

钱公辅,字君倚,武进(今江苏常州)人。仁宗皇祐元年(1049)进士及第,历越州通判、集贤校理、知明州,擢知制诰。英宗即位,上书《治平十议》。神宗立,拜天章阁待制,知谏院。熙宁四年(1071),因反对王安石,被罢免谏院职务,出知江宁府,后因病辞官。《宋史》有传。

义田记[1]

范文正公,苏人也[2],平生好施与,择其亲而贫、疏而贤者,咸施之。

方贵显时,置负郭常稔之田千亩[3],号曰义田,以养济群族之人。日有食,岁有衣,嫁娶凶葬皆有赡[4]。择族之长而贤者主其计,而时共出纳焉[5]。日食,人一升;岁衣,人一缣[6];嫁女者五十千[7],再嫁者三十千;娶妇者三十千,再娶者十五千。葬者如再嫁之数,葬幼者十千。族之聚者九十口,岁入给稻八百斛[8],以其所入,给其所聚,沛然有余而无穷[9]。屏而家居俟代者与焉[10];仕而居官者罢莫给。此其大较也[11]。

初,公之未贵显也,尝有志于是矣,而力未逮者二十年[12]。既而为西帅[13],及参大政[14],于是始有禄赐之入,而终其志。公既殁,后世子孙修其业,承其志,如公之存也。公虽位充禄厚[15],而贫终其身。殁之日,身无以为敛[16],子无以为丧。惟以施贫活族之义,遗其子而已[17]。

昔晏平仲敝车羸马[18]。桓子曰[19]:"是隐君之赐也。"晏子曰："自臣之贵,父之族,无不乘车者;母之族,无不足于衣食者;妻之族,无冻馁者。齐国之士,待臣而举火者三百余人。如此,而为隐君之赐乎？彰君之赐乎[20]？"于是齐侯以晏子之觞而觞桓子[21]。

予尝爱晏子好仁,齐侯知贤,而桓子服义也[22]。又爱晏子之仁有等级,而言有次第也[23]。先父族,次母族,次妻族,而后及其疏远之贤。孟子曰："亲亲而仁民,仁民而爱物[24]。"晏子为近之。今观文正公之义田,贤于平仲,其规模远举,又疑过之。

呜呼！世之都三公位[25],享万钟禄[26],其邸第之雄,车舆之饰,声色之多,妻孥之富[27],止乎一己而已。而族之人不得其门者,岂少也哉？况于施贤乎！其下为卿,为大夫,为士[28],廪稍之充[29],奉养之厚,止乎一己而已。而族之人,操壶瓢为沟中瘠者[30],又岂少哉？况于他人乎！是皆公之罪人也。

公之忠义满朝廷,事业满边隅,功名满天下,后世必有史官书之者,予可无录也。独高其义,因以遗其世云。

【注释】

〔1〕 本文选自《范文正公集》附录《褒贤祠记》二。义田指为救济贫困而置的田地,多为官府建立,以私人之力建义田并能行之有效的,似从范仲淹开始。钱公辅这篇文章记载了范仲淹设置义田的经过,赞扬了他乐善好施的品格。

〔2〕 范文正公:即范仲淹。苏人:吴县是北宋苏州府的治所,所以称范仲淹为苏人。

〔3〕 负郭:靠近城郭。负,倚靠。常稔(rěn忍)之田:常熟之田,良田。稔,庄稼成熟。

〔4〕 赡:周济,帮助。

〔5〕 出纳:指收付财物。

〔6〕 缣:量词。唐制布帛四丈为一匹,也称为一缣。

〔7〕 五十千:即五十贯。古代将钱穿成一串,每千个为一贯。

〔8〕 斛:古代容量单位,十斗为一斛。

〔9〕 沛然:充盛貌。

〔10〕 屏(bǐng饼):退隐。俟(sì四):等待。

〔11〕 大较:大略,大概。

〔12〕 逮:达到。

〔13〕 为西帅:指范仲淹曾出任陕西经略安抚招讨副使。

〔14〕 参大政:指范仲淹曾任参知政事。

〔15〕 充:高。

〔16〕 敛:给死者穿衣,入棺,也作"殓"。

〔17〕 遗(wèi畏):留给。

〔18〕 晏平仲:晏婴。敝车羸马:破车瘦马。

〔19〕 桓子:姓田,名无宇,齐景公时大夫。

〔20〕 彰:彰显。

〔21〕 齐侯:指齐景公,名杵臼,公元前547年至前490年在位。觯:古代酒器。后面的"觯"字,是罚酒的意思。

〔22〕 服义:在正确的道理或正义面前,表示心服。这里指桓子受觯而不辞。

〔23〕 次第:次序。

〔24〕 "亲亲"二句:引文见《孟子·尽心上》。意思是能够亲近亲人,才能施仁爱给人民,能施仁爱给人民,才能爱惜万物。亲亲,亲爱其亲人。仁,爱。

〔25〕 都:居。三公:泛指朝廷要职。周代以太师、太傅、太保为三公,汉代以丞相、太尉、御史大夫为三公。

〔26〕 万钟禄:形容俸禄优厚。钟,古代容量单位,六斛四斗为一钟。

〔27〕 孥(nú奴):子女。

〔28〕 "为卿"三句:古代在国君之下有卿、大夫、士三级。这里借指不同等级的官职。

〔29〕 廪稍:公家给予的粮食。

〔30〕 沟中瘠者:因贫困而死在沟渠中的人。瘠,瘦弱。

李 觏

李觏(1009—1059),字泰伯,建昌军南城(今江西南城)人。他在南城江边创建盱江书院,故世称"盱江先生"。皇祐初,以范仲淹荐,授将仕郎、试太学助教。嘉祐三年(1058),任太学说书,同年七月,除通州海门主簿。四年,权管勾太学,八月卒。一生著述丰富,有《直讲李先生文集》三十七卷,今人整理有《李觏集》(中华书局1981年版)。《宋史》有传。

袁州州学记[1]

皇帝二十有三年,制诏州县立学[2]。惟时守令,有哲有愚。有屈力殚虑,祗顺德意;有假官借师,苟具文书[3]。或连数城,亡诵弦声[4]。倡而不和,教尼不行[5]。

三十有二年,范阳祖君无泽知袁州[6]。始至,进诸生,知学宫阙状[7]。大惧人材放失,儒效阔疏,亡以称上意旨。通判颍川陈君佖闻而是之,议以克合[8]。

相旧夫子庙狭隘不足改为[9],乃营治之东。厥土燥刚,厥位面阳,厥材孔良[10]。殿堂门庑,黝垩丹漆,举以法,故生师有舍,庖廪有次[11]。百尔器备,并手偕作[12]。工善吏勤,晨夜展力。

越明年成,舍菜且有日[13]。盱江李觏谂于众曰[14]:"惟四代之学,考诸经可见已[15]。秦以山西鏖六国[16],欲帝万世,刘氏一呼[17],而关门不守,武夫健将,卖降恐后,何耶? 诗书之道废,人惟见利而不闻义焉耳[18]。孝武乘丰富,世祖出戎行,皆孳孳学术[19]。俗化之厚,延于灵、献[20]。草茅危言者,折首而不悔[21];功烈震主者,闻命而释兵[22];群雄相视,不敢去臣位,尚数十年,教道之结人心如此[23]。今代遭圣神,尔袁得圣君,俾尔由庠序,践古人之迹[24]。天下治,则谭礼乐以陶吾民;一有不幸,犹当仗大节,为臣死忠,为子死孝[25]。使人有所赖,且有所法。是惟朝家教学之意。若其弄笔以徼利达而已[26],岂徒二三子之羞,抑亦为国者之忧。"

【注释】

〔1〕 本文作于仁宗至和元年(1054),在文中李觏以秦、汉为例,力证儒学对一国兴亡的重要作用。他指出儒学可以"结人心",可以存忠义大节。

〔2〕 "皇帝"二句:皇帝二十有三年,宋仁宗庆历四年(1044)。本年三月诏州县立学,这是"庆历新政"的一个方面。

〔3〕 "有屈"四句:屈(jué决)力,穷尽力量。屈,竭尽,穷尽。殚虑,竭尽思虑。祇顺,敬顺。假官借师,意谓地方官员只是假官、师之名,却未能真正做到选贤任能。苟具文书,所有的设施都停留在字面上(指未落到实处)。

〔4〕 诵弦:诵读弦歌。《礼记·文王世子》:"春诵,夏弦。"泛指吟咏诵读。

〔5〕 "倡而不和"二句:意谓上面倡导而地方不响应,使得教令受阻,无法推行。尼(nì腻),阻止,阻拦。

〔6〕 "三十有二年"二句:三十二年,即仁宗皇祐五年(1053)。祖无泽(?—1085),字择之,上蔡人。宝元元年(1038)登进士第,累官至左谏议大夫。神宗熙宁年间,因反对新法,被贬黜,不久,复任光禄卿,元丰八年(1085)卒。《宋史》有传。

〔7〕 阙:通"缺"。

〔8〕 通判:官名,州府设通判,与知府共理政事。陈侁(shēn伸):不详。

〔9〕 相:察看。

〔10〕 "厥土"三句:意谓东北一角土地干燥坚硬,地势朝南,建筑材料非常优良,非常适合建设学校。

〔11〕 "殿堂"五句:意谓学馆的大门、房廊等各种设施,颜色都完全合乎法度。庑,走廊。黝垩(yǒu è有恶),涂以黑色和白色。丹漆,用朱漆涂饰。举以法,谓全部按规矩办理。庖,厨房。廪,粮仓。

〔12〕 百尔器备:各种材料准备好了。百,泛指多。并手偕作:大家一起建设(房屋)。

〔13〕 越明年:第二年。舍(shì 是)菜:即释菜。古代学子入学以苹蘩之属祭祀先圣先师叫舍菜。这里指开学。

〔14〕 谂(shěn 审):劝告。

〔15〕 "惟四代"二句:意谓虞、夏、商、周四代办学的事情,在经书上有记载。

〔16〕 "秦以山西"句:山西,战国、秦、汉时崤山、华山以西地区,又称关西。《史记·太史公自序》:"萧何填抚山西。"张守节正义:"谓华山之西也。"苏辙《六国论》:"窃怪天下之诸侯,以五倍之地,十倍之众,发愤西向,以攻山西千里之秦,而不免于灭亡。"鏖,激战、苦战。

〔17〕 刘氏:即刘邦(前256—前195),字季,沛县人。起兵反秦,率先攻破咸阳,又击败项羽,建立汉朝。一呼:一声号召。

〔18〕 "而关门不守"六句:意谓秦国将士纷纷投降刘邦,是因为秦国废弃了诗书之教,故人人重利而不重义。

〔19〕 "孝武"三句:孝武,即汉武帝刘彻。世祖,即东汉光武帝刘秀。孳孳,勤勉,不懈息。

〔20〕 灵、献:汉灵帝(156—189)刘宏和汉献帝(181—234)刘协。

〔21〕 草茅:民间。危言:直言。折首:斩首,指被杀。

〔22〕 功烈:功勋业绩。释兵:放弃兵权。

〔23〕 "群雄"四句:东汉后期,群雄割据,但都在名义上尊奉汉室,不敢称帝,李觏认为这都是儒家教化的影响。

〔24〕 "今代"四句:意谓时逢圣君,袁州又幸遇贤明长官,定能通过学校教育,追随古代圣贤遗迹。

〔25〕 "天下治"六句:天下太平时,宣传凡乐能陶冶百姓性情;天下有变时,可以使人坚守节操,为忠臣孝子。谭(tán 谈),同"谈",谈论,宣讲。

〔26〕 徼(yāo 邀),招致,求取。利达,犹显达。

欧阳修

欧阳修(1007—1072),字永叔,号醉翁,晚年又号六一居士,庐陵(今江西吉安)人。仁宗天圣八年(1030)进士。庆历初年担任谏官,积极参与了由范仲淹、韩琦、富弼等人推行的"庆历新政",提出了改革吏治、军事、贡举等主张,因而遭致政敌忌恨打击,屡遭贬谪。后官至枢密副使、参知政事。王安石推行新法,欧阳修曾对青苗法提出异议。卒,谥文忠。有《欧阳文忠公集》、《六一词》。

朋党论[1]

臣闻朋党之说自古有之,惟幸人君辨其君子、小人而已[2]。

大凡君子与君子以同道为朋[3],小人与小人以同利为朋,此自然之理也。然臣谓小人无朋,惟君子则有之,其故何哉?小人所好者利禄也[4],所贪者货财也。当其同利之时,暂相党引以为朋者[5],伪也。及其见利而争先,或利尽而交疏,则反相贼害[6],虽其兄弟亲戚不能相保。故臣谓小人无朋,其暂为朋者,伪也。君子则不然,所守者道义[7],所行者忠信,所惜者名节。以之修身,则同道而相益,以之事国,则同心而共济[8],终始如一。此君子之朋也。故为人君者,但当退小人之伪朋[9],用君子之真朋,则天下治矣。

尧之时[10],小人共工、驩兜等四人为一朋[11],君子八元、八恺十六人为一朋[12]。舜佐尧退四凶小人之朋[13],而进元、恺君子之朋[14],尧之天下大治。及舜自为天子,而皋、夔、稷、契等二十二人并立于朝[15]，更相称美，更相推让，凡二十二人为一朋，而舜皆用之，天下亦大治。《书》曰："纣有臣亿万，惟亿万心；周有臣三千，惟一心[16]。"纣之时，亿万人各异心，可谓不为朋矣，然纣以亡国。周武王之臣，三千人为一大朋，而周用以兴[17]。后汉献帝时[18]，尽取天下名士囚禁之，目为党人[19]。及黄巾贼起[20]，汉室大乱，后方悔悟，尽解党人而释之[21]，然已无救矣。唐之晚年，渐起朋党之论。及昭宗时[22]，尽杀朝之名士，或投之黄河，曰："此辈清流，可投浊流[23]。"而唐遂亡矣。

夫前世之主，能使人人异心不为朋，莫如纣；能禁绝善人为朋，莫如汉献帝；能诛戮清流之朋，莫如唐昭宗之世。然皆乱亡其国。更相称美推让而不自疑，莫如舜之二十二臣，舜亦不疑而皆用之，然而后世不诮舜为二十二人朋党所欺，而称舜为聪明之圣者，以能辨君子与小人也。周武之世，举其国之臣三千人共为一朋，自古为朋之多且大莫如周。然周用此以兴者，善人虽多而不厌也[24]。

嗟呼！治乱兴亡之迹[25]，为人君者，可以鉴矣[26]。

【注释】

〔1〕 本文是欧阳修于庆历四年（1044）写给仁宗皇帝的一封奏章。景祐三年（1036）范仲淹、欧阳修等因议论朝政，倡导改革，被吕夷简等视为朋党，加以贬逐。自此"朋党之论"一直延续多年，阻碍着所涉人员的重新任用。庆历三年（1043）宋仁宗启用范仲淹等推行新政，政敌再次攻击范仲淹等为朋党，欧阳修作此文回击。朋党，人们因某种相同的志趣、目的和利害关系而聚结在一起，古代使用时往往含有贬义。

〔2〕 幸：希望。

〔3〕 同道：在道义上彼此一致。

〔4〕 禄：俸禄。古代当官才能得到俸禄，这里引申为官位。

〔5〕 党引：勾结。

〔6〕 贼害：伤害。

〔7〕 守：信奉，坚持。

〔8〕 共济：共同干一番事业。济，成事。

〔9〕 但：仅，只。退：罢斥。

〔10〕 尧:上古明君,三皇之一。

〔11〕 共工、驩(huān 欢)兜:尧时奸臣,与三苗、鲧一起被称作"四凶"。

〔12〕 八元:指上古高辛氏的八个有才德的儿子。八恺:指上古高阳氏的八个有才德的儿子。元、恺,都是善良的意思。

〔13〕 佐:辅助。

〔14〕 进:任用。

〔15〕 皋(gāo 高)、夔(kuí 奎)、稷(jì 记)、契(xiè 谢):都是舜时贤臣,分掌刑法、音乐、农事和教育。

〔16〕 "纣有"四句:见《尚书·泰誓上》,相传为周武王伐纣时的誓言。纣,商朝亡国之君帝辛。亿万,极言人数众多。

〔17〕 用以:因此。

〔18〕 汉献帝:刘协,东汉最后一个皇帝,189 年至 220 年在位。

〔19〕 目:作动词用,看作。

〔20〕 黄巾贼起:指汉末张角为首的农民起义,义军以黄巾裹头,故称黄巾军。贼,统治阶级对起义军的蔑称。

〔21〕 解:解除罪名。

〔22〕 昭宗:唐昭宗李晔,公元 889 年至 904 年在位。

〔23〕 "此辈"二句:唐天祐二年(905),李振以"此辈常自谓清流,宜投之黄河,使为浊流"等话,唆使奸臣朱温杀死裴枢等朝臣三十多人,投入黄河。清流,指德行高洁的人。浊流,指黄河水。

〔24〕 厌:满足。

〔25〕 迹:迹象,事物发展变化的线索。

〔26〕 鉴:鉴戒。

纵囚论[1]

信义行于君子,而刑戮施于小人。刑入于死者,乃罪大恶极,此又小人之尤甚者也。宁以义死,不苟幸生[2],而视死如归,此又君子之尤难者也。

方唐太宗之六年[3],录大辟囚三百余人[4],纵使还家,约其自归以就死[5],是以君子之难能,期小人之尤者以必能也。其囚及期,而卒自归无后者[6]，是君子之所难，而小人之所易也。此岂近于人情哉？或曰："罪大恶极，诚小人矣。及施恩德以临之，可使变而为君子。盖恩德入人之深而移人之速，有如是者矣。"

曰：太宗之为此，所以求此名也。然安知夫纵之去也，不意其必来以冀免[7]，所以纵之乎？又安知夫被纵而去也，不意其自归而必获免，所以复来乎？夫意其必来而纵之，是上贼下之情也[8]；意其必免而复来，是下贼上之心也。吾见上下交相贼以成此名也[9]，乌有所谓施恩德与夫知信义者哉[10]！不然，太宗施德于天下，于兹六年矣，不能使小人不为极恶大罪，而一日之恩，能使视死如归而存信义，此又不通之论也。

然则何为而可？曰：纵而来归，杀之无赦；而又纵之，而又来，则可知为恩德之致尔。然此必无之事也。若夫纵而来归而赦之，可偶一为之尔。若屡为之，则杀人者皆不死，是可为天下之常法乎？不可为常者，其圣人之法乎？是以尧、舜、三王之治[11]，必本于人情，不立异以为高，不逆情以干誉[12]。

【注释】

〔1〕 本文是欧阳修对唐太宗纵放死囚一事的评论。所谓纵囚是指唐太宗贞观六年，释放了三百九十九名死囚犯回家，并与他们约定第二年秋天再回来受刑，结果到期所有死囚都自觉回归，太宗感其信义，于是全部赦免死罪。这件事历来被当做君主取信于民的历史例证。但是欧阳修从情和理两方面论证了这件事是现实中不大可能存在的事情，即使事情发生过，也只能是上下互相欺骗沽名钓誉之举，不足取法。

〔2〕 苟：苟且。幸：侥幸。

〔3〕 唐太宗之六年：即唐太宗贞观六年(632)。

〔4〕 录：登记。大辟(bì 必)：死刑。

〔5〕 约：约定。就死：赴死刑。

〔6〕 无后者：指没有囚犯超过期限。

〔7〕 意：估计，预料。冀：希望。

〔8〕 贼：偷窃，引申为窥测。

〔9〕 此名：指"恩德入人深"的名声。

〔10〕 施恩德:指唐太宗释死囚之死。知信义:指死囚自觉归来。
〔11〕 三王,指夏、商、周三代的开创者夏禹、商汤、周文王与武王。
〔12〕 逆情:违背人情。干誉:求取名誉。

释秘演诗集序[1]

予少以进士游京师[2],因得尽交当世之贤豪。然犹以谓国家臣一四海[3],休兵革[4],养息天下以无事者四十年[5],而智谋雄伟非常之士[6],无所用其能者,往往伏而不出,山林屠贩[7],必有老死而世莫见者。欲从而求之,不可得,其后得吾亡友石曼卿[8]。

曼卿为人,廓然有大志[9]。时人不能用其材,曼卿亦不屈以求合。无所放其意[10],则往往从布衣野老[11],酣嬉淋漓,颠倒而不厌[12]。予疑所谓伏而不见者,庶几狎而得之[13],故尝喜从曼卿游,欲因以阴求天下奇士[14]。

浮屠秘演者[15],与曼卿交最久,亦能遗外世俗[16],以气节相高。二人欢然无所间[17]。曼卿隐于酒,秘演隐于浮屠,皆奇男子也,然喜为歌诗以自娱。当其极饮大醉,歌吟笑呼,以适天下之乐[18],何其壮也。一时贤士,皆愿从其游,予亦时至其室。十年之间,秘演北渡河[19],东之济、郓[20],无所合,困而归[21]。曼卿已死,秘演亦老病。嗟夫!二人者,予乃见其盛衰,则予亦将老矣。

夫曼卿诗辞清绝,尤称秘演之作,以为雅健有诗人之意。秘演状貌雄杰,其胸中浩然[22],既习于佛,无所用;独其诗可行于世,而懒不自惜,已老。胠其橐[23],尚得三四百篇,皆可喜者。

曼卿死,秘演漠然无所向[24]。闻东南多山水,其巅崖崛峍[25],江涛汹涌,甚可壮也,欲往游焉,足以知其老而志在也。于其将行,为叙其诗[26],因道其盛时以悲其衰。

【注释】

〔1〕 本文是欧阳修为朋友释秘演诗集所作的序。释秘演为北宋诗僧，与欧阳修、石曼卿皆为知交好友。欧阳修的这篇序文并未集中写释秘演诗歌的特色，而是别出机杼，将笔墨放在释秘演与石曼卿的独特性格、人生遭际上。其重点即在于抒发怀才不遇的感慨，并或隐或现地抒发了自己的身世之感。构思巧妙，词淡情深。释，指僧人、和尚。

〔2〕 京师:指北宋都城汴梁,在今河南开封。

〔3〕 以谓:以为。臣一:臣服统一。四海:指全国。古以中国四境皆有海环绕。

〔4〕 休兵革:停止战争。兵,武器。革,将士作战用的甲盾。

〔5〕 养息:休养生息。四十年:从宋太宗雍熙二年(982)宋朝征辽战败求和,到宋仁宗天圣八年(1021)欧阳修中进士,正是四十年时间。

〔6〕 非常:不同寻常。

〔7〕 山林屠贩:指隐居山林的人和屠夫、商贩。

〔8〕 石曼卿:名延年,宋州宋城(今河南商丘)人,北宋诗人。累举进士不第,真宗时为大理寺丞。与欧阳修交厚,诗为欧阳修所推重。

〔9〕 廓然:远大貌。

〔10〕 放:抒发。

〔11〕 布衣:平民。古代没有官职的人都穿粗布衣服,所以称布衣。野老:乡村老人。

〔12〕 颠倒:指酒醉后神志恍惚,身体七倒八歪。

〔13〕 庶几:或许可以。狎:亲近,亲密。

〔14〕 阴求:暗中寻求。

〔15〕 浮屠:梵文佛陀的音译,也作"浮图",这里指和尚。

〔16〕 遗外:超脱。即抛弃世俗的功名富贵。

〔17〕 间:隔阂。

〔18〕 适:达到。

〔19〕 河:黄河。

〔20〕 济:济州,治所在今山东钜野。郓(yùn 韵):郓州,治所在今山东东平。

〔21〕 困:指境遇艰难窘迫。

〔22〕 浩然:正大刚直之气。

〔23〕 胠(qū区):打开。橐(tuó驼):袋子。
〔24〕 漠然:茫然寂寞貌。
〔25〕 崛峍(jué lù 绝律):高峻陡峭。
〔26〕 叙:序。

卷 十

梅圣俞诗集序[1]

予闻世谓诗人少达而多穷[2],夫岂然哉？盖世所传诗者,多出于古穷人之辞也。凡士之蕴其所有[3],而不得施于世者,多喜自放于山巅水涯之外[4],见虫鱼草木、风云鸟兽之状类,往往探其奇怪;内有忧思感愤之郁积,其兴于怨刺[5],以道羁臣寡妇之所叹[6],而写人情之难言。盖愈穷则愈工。然则非诗之能穷人,殆穷者而后工也。

予友梅圣俞,少以荫补为吏[7],累举进士,辄抑于有司[8],困于州县,凡十余年。年今五十[9],犹从辟书[10],为人之佐。郁其所蓄,不得奋见于事业。其家宛陵[11],幼习于诗,自为童子,出语已惊其长老。既长,学乎六经仁义之说。其为文章,简古纯粹,不求苟说于世[12],世之人徒知其诗而已。然时无贤愚[13],语诗者必求之圣俞;圣俞亦自以其不得志者,乐于诗而发之,故其平生所作,于诗尤多。世既知之矣,而未有荐于上者。昔王文康公尝见而叹曰[14]:"二百年无此作矣!"虽知之深,亦不果荐也[15]。若使其幸得用于朝廷,作为雅颂以歌咏大宋之功德[16],荐之清庙[17],而追商、周、鲁《颂》之作者,岂不伟欤！奈何使其老不得志而为穷者之诗,乃徒发于虫鱼物类、羁愁感叹之言？世徒喜其工,不知其穷之久而将老也,可不惜哉！

圣俞诗既多,不自收拾。其妻之兄子谢景初[18],惧其多而易失也,取其自洛阳至于吴兴以来所作[19],次为十卷[20]。予尝嗜圣俞诗,而患不能尽得之,遽喜谢氏之能类次也[21],辄序而藏之。其后十五年,圣俞以疾卒于京师[22]。余既哭而铭之[23],因索于其家,得其遗稿千余篇,并旧所藏,掇其尤者六百七十七篇[24],为一十五卷。呜呼!吾于圣俞诗,论之详矣[25],故不复云。

【注释】

〔1〕 本文是欧阳修为梅圣俞诗集写的序。梅圣俞即北宋著名诗人梅尧臣,是欧阳修的知交好友。欧阳修这篇序文对梅尧臣穷困的一生表示深切的痛惜和不平,对他的诗给予了很高的评价。本文明白晓畅,平易简洁,舒纡婉转,情深绵邈,较能体现欧阳修散文的特点。

〔2〕 达:显达,得志。穷:政治境遇窘迫,不得志。

〔3〕 蕴:蕴藏,怀抱。所有:这里指才华、抱负。

〔4〕 放:放纵,放浪。

〔5〕 兴于怨刺:产生怨恨、讽刺的念头。

〔6〕 羁(jī基)臣:宦游或贬谪在异乡做官的人。

〔7〕 荫(yìn印):指子孙靠前辈的功勋而蒙受恩赐得官。梅尧臣因叔父梅询而受荫,出任河南主簿。

〔8〕 辄:每每,总是。抑于有司:被主考官所压制。有司,这里指主考官。

〔9〕 今:即,立刻。

〔10〕 辟(bì必)书:招聘文书。指应地方官的招聘,为人幕僚。

〔11〕 宛陵:今安徽宣城。

〔12〕 说(yuè月):通"悦",取悦。

〔13〕 无:无论。

〔14〕 王文康公:即王曙,字晦叔,河南人,谥号文康,宋仁宗时任宰相。

〔15〕 不果荐:终于没有推荐。果,成为事实。

〔16〕 雅颂:《诗经》中"雅"、"颂"一类的作品。这里指歌颂盛德宏业的诗作。

〔17〕 荐:奉献。清庙:即宗庙。

〔18〕 谢景初:字师厚,富阳(今属浙江)人。

〔19〕 吴兴:今浙江湖州。梅尧臣曾先后居住于洛阳、吴兴两地。

〔20〕 次:编。

〔21〕 遽(jù聚):立刻,顿时。类次:分类编次。

〔22〕 京师:指北宋都城汴梁,在今河南开封。

〔23〕 哭而铭之:欧阳修有《梅圣俞墓志铭》。铭,动词,做墓志铭。

〔24〕 掇(duō多)其尤者:选取其中最好的。掇,选取。

〔25〕 论之详矣:欧阳修在《书梅圣俞稿后》等文和《六一诗话》一中,对梅诗有较为详尽的论述。

送杨寘序^[1]

予尝有幽忧之疾^[2],退而闲居,不能治也。既而学琴于友人孙道滋^[3],受宫声数引^[4],久而乐之,不知其疾之在体也。夫琴之为技小矣,及其至也,大者为宫,细者为羽^[5],操弦骤作,忽然变之。急者凄然以促,缓者舒然以和,如崩崖裂石,高山出泉,而风雨夜至也;如怨夫寡妇之叹息^[6],雌雄雍雍之相鸣也^[7]。其忧深思远,则舜与文王、孔子之遗音也^[8];悲愁感愤,则伯奇孤子、屈原忠臣之所叹也^[9]。喜怒哀乐,动人必深。而纯古淡泊,与夫尧舜三代之言语、孔子之文章、《易》之忧患、《诗》之怨刺无以异^[10]。其能听之以耳,应之以手,取其和者,道其湮郁^[11],写其幽思^[12],则感人之际,亦有至者焉。

予友杨君,好学有文。累以进士举,不得志。及从荫调^[13],为尉于剑浦^[14]。区区在东南数千里外^[15],是其心固有不平者。且少又多疾,而南方少医药,风俗饮食异宜。以多疾之体,有不平之心,居异宜之俗,其能郁郁以久乎?然欲平其心以养其疾,于琴亦将有得焉。故予作《琴说》以赠其行,且邀道滋酌酒,进琴以为别。

【注释】

〔1〕 本文是欧阳修为朋友杨寘送行所写的一篇赠序。杨寘怀才不遇,屡试不第,因为恩荫才获得偏远地方的一名县尉官职,欧阳修很理解他的处境与心情。所以当他将要去赴任的时候,欧阳修送了他一把琴,并写本文劝其以琴自随,弹琴自娱,借琴来寄托情怀,排遣愁绪,以更好地面对人生逆境。

〔2〕 幽忧:过度忧伤。

〔3〕 孙道滋:作者的朋友,生平未详。

〔4〕 宫声:我国古代为五声音阶:宫、商、角、徵(zhǐ只)、羽。宫为五声第一。这里泛指五声,以代指音乐。引:乐曲体裁之一。这里是琴曲的数量单位,相当于支、首。

〔5〕 "大者"二句:宫是最低音,羽是最高音。宫声宏大而低沉,羽声尖细而高。

〔6〕 怨夫:即旷夫,成年而没有妻室的男子。

〔7〕 雍雍:鸟和鸣声。

〔8〕 "舜与"二句:相传舜弹五弦琴以歌《南风》,周文王作琴曲《拘幽操》,孔子曾作《龟山操》、《猗兰操》等琴曲。

〔9〕 伯奇:周宣王大臣尹吉甫的儿子,本来很孝顺,由于后娘谗害,被尹吉甫驱逐出去。伯奇很伤心,弹琴作《履霜操》,曲终,投河而死。

〔10〕 《易》之忧患:《易·系辞下》:"作易者,其有忧患乎!"《诗》之怨刺:《毛诗大序》:"乱世之音怨以怒","上以风化下,下以风刺上"。

〔11〕 道:通"导",疏导。湮(yīn因)郁:阻塞。

〔12〕 写:通"泻",抒发。

〔13〕 荫(yìn印):指子孙靠前辈的功勋而蒙受恩赐得官。

〔14〕 尉:官名,县尉。剑浦:县名,在今福建南平县内。

〔15〕 区区:指卑微的官职。

五代史伶官传序[1]

呜呼,盛衰之理,虽曰天命,岂非人事哉[2]!原庄宗之所以得天下[3],与其所以失之者,可以知之矣。

世言晋王之将终也[4],以三矢赐庄宗而告之曰[5]:"梁,吾仇也[6];燕王,吾所立[7];契丹与吾约为兄弟[8],而皆背晋以归梁。此三者,吾遗恨也。与尔三矢,尔其无忘乃父之志[9]!"庄宗受而藏之于庙。其后用兵,则遣从事以一少牢告庙[10],请其矢[11],盛以锦囊,负而前驱[12],及凯旋而纳之。方其系燕父子以组[13],函梁君臣之首[14],入于太庙,还矢先王而告以成功,其意气之盛,可谓壮哉!及仇雠已灭[15],天下已定,一夫夜呼,乱者四应[16],仓皇东出[17],

未及见贼,而士卒离散,君臣相顾,不知所归,至于誓天断发,泣下沾襟,何其衰也!岂得之难而失之易欤?抑本其成败之迹而皆自于人欤[18]?

《书》曰:"满招损,谦得益[19]。"忧劳可以兴国,逸豫可以亡身[20],自然之理也。故方其盛也,举天下之豪杰莫能与之争[21];及其衰也,数十伶人困之[22],而身死国灭[23],为天下笑。夫祸患常积于忽微[24],而智勇多困于所溺[25],岂独伶人也哉!

【注释】

〔1〕 本文是欧阳修为《新五代史·伶官传》作的序。文章总结了后唐庄宗李存勖得天下而后失天下的历史教训,阐明了国家盛衰取决于人事,即"忧劳可以兴国,逸豫可以亡身"的道理,告诫北宋统治者力戒骄奢、防微杜渐、励精图治。伶官,封建时代称演戏的人为伶,在宫廷中授有官职的伶人,叫做伶官。序,一种说明性文体。

〔2〕 人事:为人之事,指人的主观努力。

〔3〕 原:推究,考察。庄宗:后唐开国之君李存勖,公元923年至926年在位。因贪图游乐,宠信伶官,终于覆灭。

〔4〕 晋王:庄宗李存勖之父李克用。本是西突厥沙陀人,因出兵助唐朝镇压黄巢起义有功,受封为晋王。

〔5〕 矢:箭。

〔6〕 梁:指后梁王朱温。朱温原来是黄巢部将,投降唐朝,赐名全忠,后受封为梁王。唐僖宗时,他设计谋杀李克用,李克用也屡次上表请求讨伐他。从此,梁、晋之间战争不息,仇恨颇深。

〔7〕 燕王:唐末,刘仁恭借助李克用的力量占据幽州,李克用推举他为卢龙节度使。后刘仁恭归附梁朝,梁封他儿子刘守光为燕王。这里概指刘氏父子。

〔8〕 "契丹"句:李克用和契丹首领耶律阿保机订立盟约,结为兄弟,希望共同举兵攻打朱全忠。后来阿保机背盟,派人和朱全忠通好。

〔9〕 其:副词,表示祈使语气,相当于"应当"、"一定"。乃:你。

〔10〕 从事:官名,泛指一般属官。少牢:羊、猪各一头。古代祭祀用牛、羊、猪各一头叫"太牢",用羊、猪各一头叫"少牢"。牢:本来是养牲畜的圈,这里指祭祀用的牲畜。告庙:天子或诸侯出巡、遇兵戎等重大事件而祭告祖庙。

〔11〕 请其矢:取出他父亲(留下)的箭。"请",与下文的"纳",都带有表示恭敬的意味。

〔12〕 前驱:走在前面,开路的意思。

〔13〕 "方其"句:公元912年,李存勖派兵攻破幽州,俘获刘仁恭及其家族;刘守光逃到沧州,仍被捕获,父子都被处死。方,正当。组,丝带,这里泛指绳索。

〔14〕 "函梁"句:公元923年,李存勖攻破后梁首都开封。朱温之子梁末帝朱友贞和他的部将皇甫麟均自杀,李存勖得其首级而归。函,木匣。这里用作动词,意思为用木匣装着。

〔15〕 仇雠(chóu chú):仇人。

〔16〕 "一夫"二句:公元926年唐庄宗部下皇甫晖勾结党羽作乱,拥立指挥使赵在礼为帅,攻入邺都(今河南安阳)。而邢州(今河北邢台)、沧州(今河北沧州东南)驻军也相继作乱。

〔17〕 仓皇东出:皇甫晖作乱以后,唐庄宗从洛阳往东走,到了万胜镇(今河南中牟境内),听说李嗣源(李克用的养子,当时已叛变)已经占据大梁(今河南开封)。唐庄宗神色沮丧,立刻下令把军队开回去。一路上士兵叛逃,最后剩下的诸将一百多人相对号泣,都截断头发誓死以报。

〔18〕 抑:或者。本:推究。

〔19〕 "《书》曰"三句:见《尚书·大禹谟》,原作"满招损,谦受益"。

〔20〕 逸豫:安乐。指庄宗喜好音乐,宠爱伶人。

〔21〕 举:全,所有的。

〔22〕 "数十"句:伶人郭从谦乘庄宗已处于众叛亲离的境地,起兵作乱。庄宗率兵抵御,被乱箭射死。

〔23〕 国灭:庄宗死后,李嗣源(明宗)即位,群臣中有人主张自建国号,此事虽未实行,但是庄宗死后,李克用嫡亲子孙都被杀,也可以说是"国灭"。

〔24〕 忽微:微小的事。忽,一寸的十万分之一。微,一寸的百万分之一。

〔25〕 所溺:所喜爱的事物。

五代史宦者传论[1]

自古宦者乱人之国,其源深于女祸[2]。女,色而已;宦者之害,非一端也。盖其用事也近而习[3]，其为心也专而忍。能以小善中人之意[4]，小信固人之心，使人主必信而亲之。待其已信，然后惧以祸福而把持之[5]。虽有忠臣硕士列于朝廷[6]，而人主以为去己疏远，不若起居饮食、前后左右之亲为可恃也。故前后左右者日益亲，则忠臣硕士日益疏，而人主之势日益孤。势孤，则惧祸之心日益切，而把持者日益牢。安危出其喜怒，祸患伏于帷闼[7]，则向之所谓可恃者[8]，乃所以为患也。

患已深而觉之，欲与疏远之臣图左右之亲近[9]，缓之则养祸而益深，急之则挟人主以为质[10]。虽有圣智，不能与谋。谋之而不可为，为之而不可成，至其甚，则俱伤而两败。故其大者亡国，其次亡身，而使奸豪得借以为资而起，至抉其种类[11]，尽杀以快天下之心而后已。此前史所载宦者之祸常如此者，非一世也。

夫为人主者，非欲养祸于内，而疏忠臣硕士于外，盖其渐积而势使之然也。夫女色之惑，不幸而不悟，而祸斯及矣。使其一悟，捽而去之可也[12]。宦者之为祸，虽欲悔悟，而势有不得而去也，唐昭宗之事是已[13]。故曰深于女祸者，谓此也。可不戒哉！

【注释】

〔1〕 本文选自《新五代史·宦者传》，题目为后人所加。本文高度揭示了宦官对国家政权严重的危害性。

〔2〕 女祸：古代把由宠幸女子或女主执政败坏国事称为女祸。女人是祸水，这是夫权社会所形成的历史偏见。

〔3〕 近：接近皇帝。习：狎，亲密。

〔4〕 中（zhòng 众）：合，迎合。

〔5〕 把持：控制。

〔6〕 硕士：贤能之士，学问渊博的人。

〔7〕 帷闼（tà 踏）：比喻宫室之内，皇帝身边。帷，帐幕。闼，宫中小门。

〔8〕 向：以前。

〔9〕 亲近：这里指整天在皇帝周围的宦官。

〔10〕 质：作抵押的人或物，这里指人质。

〔11〕 抉（jué 绝）：挖出。种类：指全部宦官。

〔12〕捽(zuó昨):揪,抓。

〔13〕唐昭宗之事:指唐昭宗意图抑制宦官势力,结果反被宦官刘季述等幽禁,第二年才复位的事。唐昭宗,李晔,公元889年至904年在位。

相州昼锦堂记[1]

仕宦而至将相,富贵而归故乡。此人情之所荣,而今昔之所同也。盖士方穷时[2],困厄闾里[3],庸人孺子,皆得易而侮之[4]。若季子不礼于其嫂[5],买臣见弃于其妻[6]。一旦高车驷马[7],旗旄导前[8],而骑卒拥后,夹道之人相与骈肩累迹[9],瞻望咨嗟[10],而所谓庸夫愚妇者,奔走骇汗[11],羞愧俯伏,以自悔罪于车尘马足之间。此一介之士[12],得志于当时,而意气之盛,昔人比之衣锦之荣者也[13]。

惟大丞相魏国公则不然[14]。公,相人也[15]。世有令德[16],为时名卿。自公少时,已擢高科[17],登显士[18]。海内之士,闻下风而望余光者[19],盖亦有年矣[20]。所谓将相而富贵,皆公所宜素有,非如穷厄之人,侥幸得志于一时,出于庸夫愚妇之不意,以惊骇而夸耀之也。然则高牙大纛[21],不足为公荣;桓圭衮裳[22],不足为公贵。惟德被生民[23],而功施社稷[24],勒之金石[25],播之声诗[26],以耀后世而垂无穷,此公之志,而士亦以此望于公也。岂止夸一时而荣一乡哉!

公在至和中[27],尝以武康之节[28],来治于相,乃作昼锦之堂于后圃。既又刻诗于石,以遗相人[29]。其言以快恩仇、矜名誉为可薄[30],盖不以昔人所夸者为荣,而以为戒。于此见公之视富贵为何如,而其志岂易量哉!故能出入将相[31],勤劳王家,而夷险一节[32]。至于临大事,决大议,垂绅正笏[33],不动声色,而措天下于泰山之安[34],可谓社稷之臣矣[35]。其丰功盛烈[36],所以铭彝鼎而被弦歌者[37],乃邦家之光[38],非闾里之荣也。余虽不获登公之堂,幸尝窃诵公之诗,乐公之志有成,而喜为天下道也。于是乎书。

【注释】

〔1〕 本文是为韩琦相州昼锦堂所作的记。文中赞扬了韩琦不以个人荣华富贵为荣,志在建功立业,安邦定国的品德。

〔2〕 士:当,正。穷:与"达"相对,旧指仕途不得意。

〔3〕 困厄:困苦,苦难。闾(lú 驴)里:乡里。

〔4〕 易:轻视。侮:欺侮。

〔5〕 季子:即苏秦。据《战国策·秦策一》记载,苏秦游说秦国失败后回到家里,嫂嫂不为他做饭。参见本书《苏秦以连横说秦》。

〔6〕 买臣:即朱买臣,西汉人。据《汉书·朱买臣传》记载,朱买臣家里很穷,砍柴为生,妻子不耐贫困,离婚另嫁。

〔7〕 高车驷马:指以四匹马拉、车盖高敞的车,为古时显贵者的车乘。

〔8〕 旄(máo 毛):竿顶用旄牛尾作为装饰的旗。

〔9〕 骈肩:并肩。骈,并列。累迹:足迹重叠,形容人群拥挤。

〔10〕 咨嗟:赞叹。

〔11〕 骇汗:因惶恐害怕而出汗。

〔12〕 一介:一个。有轻视或自谦之意。

〔13〕 衣(yì 意)锦之荣:身穿锦绣衣服,比喻荣耀。衣,穿。

〔14〕 大丞相魏国公:指韩琦,字稚圭,北宋相州安阳(今属河南)人。英宗时封魏国公。神宗即位后,任司徒,兼任相州、大名府等知府。

〔15〕 相:相州,在今河南安阳。

〔16〕 世有令德:世代积善德。令,善美。

〔17〕 擢(zhuó 卓):擢第,科举考试登第。高科:科举中的高等科目,如进士科。韩琦于天圣五年(1027)中进士,年仅二十岁。

〔18〕 显士:显赫的官职。

〔19〕 闻下风:闻风钦佩之意。下风,风向的下方,比喻下位。望余光:求益之意。

〔20〕 有年:多年。

〔21〕 高牙大纛(dào 到):象牙羽毛装饰的大旗,用在军队或仪仗队中。牙,牙旗。纛,古代仪仗队或军队的大旗。

〔22〕 桓圭:古代帝王、三公祭祀朝聘时所执玉器。衮裳:古代帝王及上公的礼服,绣有龙形。帝王之衮,龙首向上;上公之衮,龙首向下。

〔23〕 德被生民:把恩德施给人民。被,施加。
〔24〕 社稷:本指土神和谷神,用以象征国家。
〔25〕 勒:雕刻。金石:金属器物和石碑。
〔26〕 播:传。声诗:指乐歌。
〔27〕 至和:宋仁宗赵祯年号(1054—1056)。
〔28〕 武康之节:韩琦曾任武康军节度使,兼并州知州,并州治所在今山西太原。
〔29〕 遗(wèi 魏):赠给,留给。
〔30〕 矜:夸耀。薄:鄙薄。
〔31〕 出入将相:在外为将,在朝为相。
〔32〕 夷:指太平时。险:指处于危难之际。一节:一致。
〔33〕 垂绅正笏(hù 户):沉着稳重的样子。绅,官服上的大带。笏,大臣上朝时所执的手版,以便记事。
〔34〕 措:安排。泰山之安:比喻安稳如泰山。
〔35〕 社稷之臣:关系国家安危的重臣。
〔36〕 盛烈:大业。烈,功业。
〔37〕 铭:刻。彝(yí 夷)鼎:这里是古代青铜器的通称。被弦歌:谱入歌乐。
〔38〕 邦家:国家。

丰乐亭记[1]

修既治滁之明年,夏,始饮滁水而甘[2]。问诸滁人[3],得于州南百步之近[4]。其上则丰山耸然而特立[5],下则幽谷窈然而深藏[6],中有清泉,滃然而仰出[7]。俯仰左右,顾而乐之。于是疏泉凿石,辟地以为亭,而与滁人往游其间。

滁于五代干戈之际,用武之地也。昔太祖皇帝尝以周师破李景兵十五万于清流山下,生擒其将皇甫晖、姚凤于滁东门之外,遂以平滁[8]。修尝考其山川,按其图记[9],升高以望清流之关[10],欲求晖、凤就擒之所,而故老皆无在者。盖天下之平久矣。自唐失其政[11],海内分裂,豪杰并起而争,所在为敌国者,何可胜数! 及宋受天命,圣人出而四海一[12]。向之凭恃险阻[13],划削消磨[14],百年之间,漠然徒见山高而水清。欲问其事,而遗老尽矣。

今滁介江淮之间,舟车商贾、四方宾客之所不至。民生不见外事,而安于畎亩衣食[15],以乐生送死[16]。而孰知上之功德,休养生息,涵煦百年之深也[17]!

修之来此,乐其地僻而事简,又爱其俗之安闲。既得斯泉于山谷之间,乃日与滁人仰而望山,俯而听泉。掇幽芳而荫乔木[18],风霜冰雪,刻露清秀[19],四时之景无不可爱。又幸其民乐其岁物之丰成,而喜与予游也。因为本其山川,道其风俗之美,使民知所以安此丰年之乐者,幸生无事之时也。

夫宣上恩德,以与民共乐,刺史之事也[20]。遂书以名其亭焉。

【注释】

〔1〕 本文作于庆历六年(1046),时作者任滁州知州。本文围绕建造丰乐亭一事来肯定历史由乱而治的转变,其中虽有为宋王朝歌功颂德之意,但主要还是抒发与民同乐之情。丰乐亭,在今安徽滁州西部丰山北麓。苏轼曾将此文书刻于碑。

〔2〕 "修既"三句:作者《与韩忠献王书》:"山川穷绝,比乏水泉,昨夏秋之初,偶得一泉于(滁)州城之西南丰山之谷中,水味甘冷,因爱其山势回抱,构小亭于泉侧。"又有《幽谷泉》诗。明年,第二年,即庆历六年。

〔3〕 诸:之于。

〔4〕 得于州南百步之近:据《与韩忠献王书》,这年夏天,在滁州城西南丰山的幽谷中发现一眼泉,水味甘冷。

〔5〕 特:突出。

〔6〕 窈然:深幽的样子。

〔7〕 滃(wěng 蓊)然:形容水盛。

〔8〕 "昔太祖"三句:宋太祖赵匡胤在后周时官殿前都虞候,据《资治通鉴》后周纪三,世宗显德三年(956),"上命太祖皇帝倍道袭清流关,皇甫晖等阵于山下,方与前锋战。太祖皇帝引兵出山后,晖等大惊,走入滁州,欲断桥自守。太祖皇帝跃马麾兵涉水,直抵城下。……晖整众而出,太祖皇帝拥马颈突

阵而入,大呼曰:吾止取皇甫晖,他人非吾敌也。手剑击晖中脑,生擒之,并擒姚凤,遂克滁州"。李景,南唐中主,原名璟,避周庙讳改景。

〔9〕 图记:地图和文字记载。

〔10〕 升高:登高。清流之关:清流关,在滁州西北清流山上。

〔11〕 失其政:失去统治能力。

〔12〕 圣人:指宋太祖。

〔13〕 向之凭恃险阻:如先前那些凭借险阻之人。

〔14〕 划(chǎn产)削消磨:铲削、侵蚀,这里指互相争斗互相削弱。

〔15〕 畎(quǎn犬):田地。

〔16〕 乐生送死:生者快乐、礼葬死者。形容生活富裕安定。

〔17〕 涵煦(xù序):滋润覆育。

〔18〕 掇(duō多)幽芳:写春景。掇,拾取。荫乔木:指夏景,在大树底下乘凉。荫,荫庇。乔木,高大的树木。

〔19〕 "风霜"二句:写秋、冬之景,与上句写春、夏之景笔法有所变化。刻露清秀,指经风霜冰雪后草木凋零,山岩裸露之状。

〔20〕 刺史:汉唐州郡一级的长官。宋代州郡级长官,称为"知州"。宋代常用"刺史"作代称。

醉翁亭记[1]

环滁皆山也[2]。其西南诸峰,林壑尤美,望之蔚然而深秀者[3],琅琊也[4]。山行六七里,渐闻水声潺潺,而泻出于两峰之间者,酿泉也[5]。峰回路转[6],有亭翼然临于泉上者[7],醉翁亭也。作亭者谁?山之僧智仙也。名之者谁[8]?太守自谓也[9]。太守与客来饮于此,饮少辄醉[10],而年又最高[11],故自号曰醉翁也。醉翁之意不在酒,在乎山水之间也。山水之乐,得之心而寓之酒也[12]。

若夫日出而林霏开[13],云归而岩穴暝[14];晦明变化者,山间之朝暮也。野芳发而幽香[15],佳木秀而繁阴[16],风霜高洁[17],水落而石出者,山间之四时也[18]。朝而往,暮而归,四时之景不同,而乐亦无穷也。

至于负者歌于途,行者休于树,前者呼,后者应,伛偻提携[19],往来而不绝者,滁人游也。临溪而渔,溪深而鱼肥;酿泉为酒,泉香而酒洌[20];山肴野蔌[21],杂然而前陈者,太守宴也。宴酣之乐,非丝非竹[22];射者中[23],弈者胜[24];觥筹交错[25],坐起而喧哗者,众宾欢也。苍颜白发,颓乎其中者[26],太守醉也。

已而夕阳在山[27],人影散乱,太守归而宾客从也。树林阴翳[28],鸣声上下,游人去而禽鸟乐也。然而禽鸟知山林之乐,而不知人之乐;人知从太守游而乐,而不知太守之乐其乐也[29]。醉能同其乐,醒能述以文者,太守也。太守谓谁?庐陵欧阳修也[30]。

【注释】

〔1〕 本文作于庆历六年(1046)作者贬知滁州时。文章通过描写醉翁亭周围的环境、山中四季之景物及太守的宴乐情况,表现了当地人们生活的快乐,反衬出作者为政卓有成绩,流露出所谓"与民同乐"的思想情绪。醉翁亭,在安徽滁州西南七里。

〔2〕 "环滁"句:《朱子语类》卷一百三十九:"欧公文,亦多是修改到妙处。顷有人买得他《醉翁亭记》稿,初说滁州四面有山,凡数十字,末后改定,只曰'环滁皆山也'五字而已。"此句实是夸张的写法,滁州只在州的西南部有丛山。钱锺书先生《管锥编》引郎瑛《七修类稿》卷三:"孟子曰:'牛山之木尝美矣。'欧阳子曰:'环滁皆山也。'余亲至二地,牛山乃一岗石小山,全无土木,恐当时亦难以养木;滁州四望无际,只西有琅琊。不知孟子、欧阳何以云然?"又引何绍基《东洲草堂诗钞》卷十八《王少鹤、白兰岩招集慈仁寺拜欧阳文忠公生日》第六首:"野鸟溪云共往还,《醉翁》一操落人间。如何陵谷多迁变,今日环滁竟少山!"

〔3〕 蔚(wèi 卫)然:草木茂盛的样子。

〔4〕 琅琊(láng yá 狼牙):琅琊山,在滁州西南十里。东晋元帝以琅琊王渡江,曾驻滁州,所以滁州溪山都有琅琊之名。

〔5〕 酿泉:即琅琊泉,因泉水适于酿酒而得名。

〔6〕 峰回路转:山势回环,山路也跟着转弯。

〔7〕 有亭翼然:有座亭子四角向上翘起,好像鸟儿展翅欲飞的样子。

〔8〕 名之:给它(亭子)题名。

〔9〕 太守:地方行政长官的古称,这里是作者自指。

〔10〕 饮少:稍许喝一点酒。辄(zhé 哲)醉:立刻就醉了。

〔11〕 年:年纪。

〔12〕 "山水之乐"二句:游山玩水的乐趣,心领神会,而又寄托在饮酒之中。寓,寄托。

〔13〕 若夫:至于。日出而林霏(fēi 飞)开:太阳升起后,林间雾气就消散了。霏,雾气。

〔14〕 云归:云烟聚集。归,此指云回到山中。暝(míng 明):昏暗。

〔15〕 芳:花。

〔16〕 秀:长出新叶。繁阴:浓郁的树阴。

〔17〕 风霜高洁:秋高气爽,霜色洁白。

〔18〕 四时:四季。

〔19〕 伛偻(yǔ lǚ 雨屡):俯身躬背的样子,这里指老年人。提携:搀手领着走,这里指小孩。

〔20〕 洌(liè 列):通"冽",清醇。

〔21〕 山肴(yáo 摇):野味。蔌(sù 速):蔬菜。

〔22〕 丝、竹:泛指音乐。丝,弦乐器。竹,管乐器。

〔23〕 射:古代一种投壶的游戏,用箭状的筹棒去投长颈形的壶,按投中的次数来分胜负。

〔24〕 弈(yì 义):下围棋。

〔25〕 觥(gōng 弓):酒器。筹:酒筹,用来行酒令或饮酒计数的签子。交错:交互错杂。

〔26〕 颓:形容酒后昏沉欲倒的样子。其中:在诸位宾客中间。

〔27〕 已而:过后。

〔28〕 阴翳:树阴覆盖着。翳(yì 义),遮蔽。

〔29〕 乐其乐:乐其所乐。谓太守有其自己的快乐,它既包括有与宾客同游之乐,又有不为众人所知的快乐。

〔30〕 庐陵:今江西吉安,是欧阳修的祖籍。

秋声赋[1]

欧阳子方夜读书,闻有声自西南来者[2],悚然而听之[3],曰:

"异哉！初淅沥以萧飒[4]，忽奔腾而砰湃[5]，如波涛夜惊，风雨骤至，其触于物也，鏦鏦铮铮[6]，金铁皆鸣；又如赴敌之兵，衔枚疾走[7]，不闻号令，但闻人马之行声。予谓童子："此何声也？汝出视之。"童子曰："星月皎洁，明河在天[8]，四无人声，声在树间。"

予曰："噫嘻悲哉[9]！此秋声也，胡为乎来哉[10]？盖夫秋之为状也[11]：其色惨淡，烟霏云敛[12]；其容清明，天高日晶[13]；其气栗冽，砭人肌骨[14]；其意萧条，山川寂寥[15]。故其为声也：凄凄切切，呼号奋发。丰草绿缛而争茂，佳木葱茏而可悦[16]；草拂之而色变，木遭之而叶脱。其所以摧败零落者，乃一气之余烈[17]。夫秋，刑官也[18]，于时为阴[19]，又兵象也，于行为金[20]；是谓天地之义气[21]，常以肃杀而为心。天之于物，春生秋实。故其在乐也，商声主西方之音[22]；夷则为七月之律[23]。商，伤也，物既老而悲伤；夷，戮也，物过盛而当杀。嗟乎！草木无情，有时飘零。人为动物，惟物之灵[24]，百忧感其心，万事劳其形，有动于中，必摇其精[25]。而况思其力之所不及，忧其智之所不能，宜其渥然丹者为槁木[26]，黟然黑者为星星[27]；奈何非金石之质[28]，欲与草木而争荣。念谁为之戕贼[29]，亦何恨乎秋声？"

童子莫对，垂头而睡。但闻四壁虫声唧唧，如助予之叹息。

【注释】

〔1〕 写于嘉祐四年（1059）。较之前人同类作品，此赋在思想和艺术上都独具特色。在纷纭复杂的人世，保持一种清旷、恬静的情怀，使内心世界有一个精神支点。这是作者对人生的思考探求。全文骈散结合，错落有致，形成一种抑扬顿挫之美；它保留了传统赋铺张扬厉的特色，对秋声作了绘声绘色的描写；主客问答形式的灵活运用，又以起合转折之势，使作品结构上别具曲折变化之美。

〔2〕 欧阳子：作者自称。方：正在。西南：《太平御览》卷九引《易纬》："立秋，凉风至。"注："西南方风。"

〔3〕 悚然：惊惧貌。

〔4〕 淅沥：雨声。萧飒：风声。以：而。

〔5〕 砰湃：波涛汹涌声。

〔6〕 钅从(cōng 匆)钅从铮铮:金属相击的声音。

〔7〕 衔枚:古人行军时,为防喧哗,嘴里含着木棍。《汉书》颜师古注:"衔枚者,止言语欢嚣,欲令敌人不知其来也。"

〔8〕 明河:银河。

〔9〕 噫嘻悲哉:叹息声。宋玉《九辩》:"悲哉,秋之为气也!"

〔10〕 胡为:何为。

〔11〕 盖夫:发语词。

〔12〕 烟霏云敛:烟雾飘散。敛,收敛,消失。

〔13〕 晶:明亮。

〔14〕 栗冽:寒冷。砭(biān 鞭):刺。

〔15〕 寂寥:冷落。

〔16〕 缛:茂盛。葱茏:青翠繁茂。

〔17〕 一气:秋气。余烈:余威。

〔18〕 夫秋,刑官也:上古设官,以四时为名,称刑部为秋官。

〔19〕 于时为阴:古以阴阳二气配合四时,春夏属阳,秋冬为阴。

〔20〕 于行为金:行,指五行:金、木、水、火、土。古人认为四季的变化是五行相生的结果,并把五行分配于四季,秋属金。

〔21〕 天地之义气:《礼记·乡饮酒义》:"天地严凝之气,始于西南,而盛于西北,此天地之尊严气也,此天地之义气也。"孔颖达疏:"西南象秋始。"

〔22〕 "商声"句:古以宫、商、角、徵、羽五音和方位配合四时,秋天为商声,主西方。

〔23〕 "夷则"句:古以十二律(黄钟、大吕、太簇、夹钟、姑洗、中吕、蕤宾、林钟、夷则、南吕、无射、应钟)分配十二月,夷则与七月对应。《史记·律书》:"七月也,律中夷则。夷则,言阴气之贼万物也。"

〔24〕 惟物之灵:《尚书·周书·泰誓上》:"惟人万物之灵。"

〔25〕 "百忧"四句:《庄子·在宥》:"必静必清,无劳女形,无摇女精,乃可以长生。"从反面立说。精,精神。

〔26〕 "渥然"句:红润的容颜变得枯槁衰老。"渥然丹者"语出《诗经·秦风·终南》:"颜如渥丹。"

〔27〕 "黟(yí移)然"句:谓黑发变白。黟,黑貌。星星,喻头发花白。谢灵运《游南亭》:"戚戚感物叹,星星白发垂。"

〔28〕 金石之质:坚固不坏的品质。

〔29〕 戕贼：残害。

祭石曼卿文[1]

维治平四年七月日[2]，具官欧阳修，谨遣尚书都省令史李敭至于太清[3]，以清酌庶羞之奠[4]，致祭于亡友曼卿之墓下，而吊之以文曰：

呜呼曼卿！生而为英[5]，死而为灵！其同乎万物生死，而复归于无物者，暂聚之形；不与万物共尽，而卓然其不朽者，后世之名[6]。此自古圣贤，莫不皆然；而著在简册者[7]，昭如日星。

呜呼曼卿！吾不见子久矣[8]，犹能仿佛子之平生[9]。其轩昂磊落[10]，突兀峥嵘[11]，而埋藏于地下者，意其不化为朽壤，而为金玉之精；不然，生长松之千尺，产灵芝而九茎[12]。奈何荒烟野蔓，荆棘纵横，风凄露下，走磷飞萤[13]，但见牧童樵叟，歌吟而上下[14]；与夫惊禽骇兽[15]，悲鸣踯躅而咿嘤[16]。今固如此；更千秋而万岁兮，安知其不穴藏狐貉与鼯鼪[17]？此自古圣贤亦皆然兮，独不见夫累累乎旷野与荒城[18]！

呜呼曼卿！盛衰之理，吾固知其如此，而感念畴昔[19]，悲凉凄怆，不觉临风而陨涕者[20]，有愧夫太上之忘情[21]！尚飨[22]！

【注释】
〔1〕 治平四年（1067）写于亳州（今安徽亳州），是为悼念亡友石曼卿而作的祭文，时作者以尚书左丞出为亳州知州。石曼卿，一生遭遇冷落，欧阳修曾为其写《墓表》和《祭文》，表示悼惜之情。

〔2〕 维：发语词。

〔3〕 具官：官爵品级的省写。唐宋以后，官吏在公文函牍或其他应酬文字上，常把应写明的官爵品级简写为具官，又称具位。尚书都省：管理全国行政的衙门。令史：管理文书工作的官。敭：音 yì。太清：在今河南商丘南，石曼卿的故乡墓地。

〔4〕 清酌：美酒。庶羞：肴馔。语出《仪礼·公食大夫礼》："上大夫庶

〔5〕 英:不平凡的人才。《礼记·礼运》:"大道之行也,与三代之英。"郑玄注:"英,俊选之尤者。"

〔6〕 "其同"六句:谓化为乌有的是身躯,不朽的是声名。卓然,出类拔萃的样子。

〔7〕 简册:指史书。简,古时用来写字的竹板。

〔8〕 子:你,指石曼卿。

〔9〕 仿佛:依稀,大致记得。平生:指石曼卿过去的一切。

〔10〕 轩昂:形容人的气度不凡。磊落:心地光明坦率。

〔11〕 突兀(wù 悟):高而不平。峥嵘(zhēng róng 争荣):高峻。这里指人才的特异优秀。

〔12〕 "而埋"六句:石曼卿的尸体埋在地下,一定化为金、玉或长松、灵芝,绝不会跟普通事物一样变成烂泥的。灵芝,菌类,古人把它看做表示吉祥的植物。九茎,形容灵芝的茎很多。

〔13〕 走磷:旧时指鬼火,实际是夜间空旷地飘荡着的青色火花(因磷氧化而产生)。飞萤:古人认为腐草可以化为萤火虫。此处亦代指鬼火。

〔14〕 上下:在墓前来回地走。

〔15〕 与夫:连接词,以及,还有。

〔16〕 踯躅(zhí zhú 直逐):徘徊不前。咿嘤(yī yīng 依英):哭声,这里指禽兽悲鸣的声音。

〔17〕 貉(hé 河):一种像狐狸的野兽。鼯(wú 无):飞鼠。鼪(shēng 生):黄鼠狼。

〔18〕 累累:重叠相连的样子。城:指坟墓。

〔19〕 畴(chóu 愁)昔:从前。

〔20〕 陨涕:落泪。

〔21〕 太上之忘情:《世说新语·伤逝篇》引王戎语:"圣人忘情,最下不及情;情之所钟,正在我辈。"太上,最上,指圣人。

〔22〕 尚飨:请鬼神享用祭品。这是祭文结尾的套语。

泷冈阡表[1]

呜呼!惟我皇考崇公[2]卜吉于泷冈之六十年[3],其子修始克表于其阡[4]。非敢缓也,盖有待也[5]。

　　修不幸,生四岁而孤[6]。太夫人守节自誓[7],居穷[8],自力于衣食[9],以长以教[10],俾至于成人[11]。太夫人告之曰:"汝父为吏廉,而好施与[12],喜宾客。其俸禄虽薄,常不使有余,曰:'毋以是为我累。'故其亡也,无一瓦之覆、一垄之植,以庇而为生。吾何恃而能自守耶?吾于汝父,知其一二,以有待于汝也。自吾为汝家妇,不及事吾姑[13],然知汝父之能养也[14]。汝孤而幼,吾不能知汝之必有立[15],然知汝父之必将有后也。吾之始归也[16],汝父免于母丧方逾年[17]。岁时祭祀[18],则必涕泣曰:'祭而丰不如养之薄也[19]。'间御酒食[20],则又涕泣曰:'昔常不足而今有余,其何及也!'吾始一二见之,以为新免于丧适然耳[21]。既而,其后常然,至其终身未尝不然。吾虽不及事姑,而以此知汝父之能养也。汝父为吏,尝夜烛治官书[22],屡废而叹[23]。吾问之,则曰:'此死狱也[24],我求其生不得尔[25]。'吾曰:'生可求乎?'曰:'求其生而不得,则死者与我皆无恨也。矧求而有得耶[26]?以其有得,则知不求而死者有恨也。夫常求其生,犹失之死,而世常求其死也。'回顾乳者抱汝而立于旁,因指而叹曰:'术者谓我岁行在戌将死[27],使其言然,吾不及见儿之立也,后当以我语告之。'其平居教他子弟[28],常用此语,吾耳熟焉,故能详也。其施于外事,吾不能知;其居于家无所矜饰[29],而所为如此,是真发于中者邪[30]。呜呼!其心厚于仁者耶[31],此吾知汝父之必将有后也。汝其勉之!夫养不必丰,要于孝[32];利虽不得博于物[33],要其心之厚于仁。吾不能教汝,此汝父之志也[34]。"修泣而志之,不敢忘。

　　先公少孤力学[35],咸平三年进士及第[36],为道州判官[37],泗、绵二州推官[38],又为泰州判官[39]。享年五十有九,葬沙溪之泷冈[40]。太夫人姓郑氏,考讳德仪[41],世为江南名族。太夫人恭俭仁爱而有礼,初封福昌县太君[42],进封乐安、安康、彭城三郡太君。自其家少微时[43],治其家以俭约,其后常不使过之。曰:"吾儿不能苟合于世[44],俭薄所以居患难也。"其后修贬夷陵[45],太夫人言笑自若[46],曰:"汝家故贫贱也,吾处之有素矣[47]。汝能安之,吾亦安矣。"

自先公之亡二十年[48]，修始得禄而养。又十有二年，列官于朝，始得赠封其亲[49]。又十年，修为龙图阁直学士、尚书吏部郎中，留守南京[50]。太夫人以疾终于官舍[51]，享年七十有二。又八年，修以非才入副枢密[52]，遂参政事[53]。又七年而罢[54]。自登二府[55]，天子推恩，褒其三世，盖自嘉祐以来[56]，逢国大庆，必加宠锡[57]。皇曾祖府君累赠金紫光禄大夫、太师、中书令[58]。曾祖妣累封楚国太夫人[59]。皇祖府君累赠金紫光禄大夫、太师、中书令兼尚书令。祖妣累封吴国太夫人。皇考崇公累赠金紫光禄大夫、太师、中书令兼尚书令。皇妣累封越国太夫人。今上初郊[60]，皇考赐爵为崇国公，太夫人进号魏国。

于是小子修泣而言曰："呜呼！为善无不报，而迟速有时[61]，此理之常也。惟我祖考，积善成德，宜享其隆，虽不克有于其躬[62]，而赐爵受封，显荣褒大，实有三朝之锡命。是足以表见于后世[63]，而庇赖其子孙矣[64]。"乃列其世谱，具刻于碑。既又载我皇考崇公之遗训，太夫人之所以教而有待于修者，并揭于阡，俾知夫小子修之德薄能鲜[65]，遭时窃位，而幸全大节不辱其先者，其来有自。

熙宁三年[66]，岁次庚戌，四月辛酉朔，十有五日乙亥，男推诚保德崇仁翊戴功臣、观文殿学士、特进、行兵部尚书、知青州军州事、兼管内劝农使、充京东东路安抚使、上柱国、乐安郡开国公[67]，食邑四千三百户，食实封一千二百户修表[68]。

【注释】

〔1〕 本文是欧阳修为亡父母所写的一篇追悼文章。作者怀着深沉的感情，以细腻生动的笔触，通过记述日常琐事，昭示了父亲的清廉、仁厚，母亲的节俭、安贫，以及父母对作者为人处世的教诲，从而表达了作者继承父母遗训，为官作宰决不苟合于世的思想和志向。泷（shuāng 双）冈，地名，在江西永丰的凤凰山上。阡表，即墓碑。阡，墓道。

〔2〕 皇考：亡父称考，皇是尊称。崇公：欧阳修的父亲名观，后追封为崇国公。

〔3〕 卜吉:占卜以择吉地,指安葬。

〔4〕 克:能够。表于其阡:树立墓前碑文。

〔5〕 有待:有所待。指希望自己有所成就能够显荣其亲。

〔6〕 孤:幼年丧父。

〔7〕 太夫人:指欧阳修的母亲郑氏。古时列侯之妻称夫人,列侯死后,子称其母为"太夫人"。

〔8〕 居穷:处境贫困。

〔9〕 衣食:指生活。

〔10〕 长(zhǎng 掌):养育。

〔11〕 俾:使。

〔12〕 施与:以资财帮助别人。

〔13〕 姑:婆母,这里指欧阳修的祖母。

〔14〕 养:指欧阳观能侍养其母。

〔15〕 立:成才,建树。

〔16〕 归:古代称女子出嫁。

〔17〕 免于母丧:母亲死后,守丧期满。旧时父母去世,儿子须谢绝人事,做官的解除职务,在家守丧。免,期满。

〔18〕 岁时祭祀:逢年过节时祭奠祖先。

〔19〕 "祭而丰"句:意思是,死后祭祀丰厚,不如活着时即使微薄却很虔敬地奉养。养,指诚心地奉养。

〔20〕 间(jiàn 件):有时。御:进,用。

〔21〕 适然:偶然这样。

〔22〕 治:处理。官书:官府的文书,这里指刑狱案件。

〔23〕 屡废而叹:屡次放下文书叹息。

〔24〕 狱:案件。

〔25〕 求其生不得:指无法免除他的死刑。

〔26〕 矧:况且。

〔27〕 术者:占卜算命的人。岁行在戌:岁星运行到戌年。岁,即木星。

〔28〕 平居:平时。

〔29〕 矜饰:夸耀。

〔30〕 中:内心。

〔31〕 厚:注重,重视。

〔32〕 要：重点。

〔33〕 博：普及，遍及。

〔34〕 志：期望。

〔35〕 先公：指作者的父亲。先，对去世者的尊称。

〔36〕 咸平三年：公元1000年。咸平，宋真宗年号（998—1003）。

〔37〕 道州：治所在今河南道县。判官：州郡长官僚属，掌管文书。

〔38〕 泗、绵二州：泗州治所在今安徽泗县，绵州治所在今四川绵阳县。推官：州郡长官僚属，掌管审案、刑狱事务。

〔39〕 泰州：治所在今江苏泰州市。

〔40〕 沙溪：地名，在江西永丰县凤凰山北，欧阳修的家乡。

〔41〕 考讳德仪：欧阳修之母的父亲名叫德仪。讳，古时对帝王将相或尊长不敢直呼其名，叫避讳。因而也用"讳"字指称他们的名字。

〔42〕 县太君：古代妇女封号。

〔43〕 少微：年轻时家境贫寒。

〔44〕 苟合：无原则的附和、迎合。

〔45〕 修贬夷陵：宋仁宗景祐三年（1036），范仲淹因反对保守派吕夷简而被贬官，欧阳修为之抗争，斥责谏官高若讷，遂被贬为夷陵（今湖北宜昌）县令。

〔46〕 自若：如常。

〔47〕 素：平素，经常。

〔48〕 "自先公"句：天圣八年（1030），欧阳修考取进士后，任西京留守推官，进入仕途，获取俸禄，距其父去世（1010）恰好二十年。

〔49〕 "又十有二年"三句：又十有二年，又过了十二年，即庆历元年（1041），欧阳修在朝任官，亲属得到封赠。

〔50〕 龙图阁直学士：是职名，并无实际职事，是一种荣誉官名。宋仁宗皇祐元年（1049）八月欧阳修官此职。尚书吏部郎中：欧阳修于皇祐二年（1050）十月任此职。留守南京：欧阳修于皇祐二年（1050）七月知应天府兼南京留守。

〔51〕 "太夫人"句：欧阳修母亲死于皇祐四年（1052）。

〔52〕 "又八年"二句：又八年，指宋仁宗嘉祐五年（1060），此年，欧阳修任枢密副使。

〔53〕 参政事：做参知政事，即副宰相。

〔54〕"又七年"句:欧阳修在宋英宗治平四年(1067)被罢免参知政事。

〔55〕二府:宋代枢密院主管军事,中书省主管政事,并称"二府"。

〔56〕嘉祐:宋仁宗年号(1056—1063)。

〔57〕锡:通"赐"。

〔58〕府君:旧时子孙对其祖先的敬称。累赠:累加封赠。

〔59〕曾祖妣:曾祖母。

〔60〕今上:指宋神宗。初郊:宋神宗于熙宁元年(1068)登基,同年十一月首次举行祭天大典。郊,祭天。

〔61〕迟速:早晚。

〔62〕躬:亲身。

〔63〕见:同"现"。

〔64〕庇赖:护佑。

〔65〕鲜(xiǎn险):少。

〔66〕熙宁:宋神宗年号(1068—1077)。

〔67〕功臣:是朝廷赐予的美名,作为对文武臣僚的嘉奖。此处"推诚保德崇仁翊戴"即欧阳修获得的功臣号。观文殿学士:为职名。特进:为散官阶,正二品。行:官员散官品级高于本官品级,则本官前带"行"字。兵部尚书:为本官阶,表示俸禄品级,为正三品。知青州军州事、兼管内劝农使、充京东东路安抚使:这些职务是"差遣",是表示其实际履行的职责。上柱国:是"勋名",为酬赏勤劳之用。乐安郡开国公:是爵位,封爵都同时授"食邑"。

〔68〕食邑:享用其封地的租税。食实封:实际封给的食邑。

苏　洵

苏洵(1009—1066),字明允,号老泉,眉山(今四川眉山)人。嘉祐初,与子苏轼、苏辙同至京师谒见欧阳修,因得其赏识而文名大盛。嘉祐五年,除秘书省校书郎。北宋文学家,与其二子合称"三苏",同列"唐宋八大家"。苏洵长于散文,尤擅策论,其文具有《孟子》、《战国策》的论辩风格,笔势雄健,博辩宏伟。有《嘉祐集》传世。

管仲论[1]

管仲相威公,霸诸侯,攘夷狄,终其身齐国富强,诸侯不敢叛[2]。管仲死,竖刁、易牙、开方用[3]。威公薨于乱,五公子争立,其祸蔓延,讫简公,齐无宁岁[4]。

夫功之成,非成于成之日,盖必有所由起;祸之作,不作于作之日,亦必有所由兆[5]。故齐之治也,吾不曰管仲,而曰鲍叔[6];及其乱也,吾不曰竖刁、易牙、开方,而曰管仲。何则?竖刁、易牙、开方三子,彼固乱人国者,顾其用之者,威公也。夫有舜而后知放四凶[7],有仲尼而后知去少正卯[8]。彼威公何人也?顾其使威公得用三子者,管仲也。

仲之疾也,公问之相。当是时也,吾意以仲且举天下之贤者以对。而其言乃不过曰竖刁、易牙、开方三子,非人情,不可近而已[9]。呜呼!仲以为威公果能不用三子矣乎?仲与威公处几年矣,亦知威公之为人矣乎?威公声不绝于耳,色不绝于目,而非三子者则无以遂其欲。彼其初之所以不用者,徒以有仲焉耳。一日无仲,则三子者,可以弹冠而相庆矣[10]。仲以为将死之言,可以絷威公之手足耶[11]?夫齐国不患有三子,而患无仲。有仲,则三子者三匹夫耳。不然,天下岂少三子之徒哉?虽威公幸而听仲,诛此三人,而其余者,仲能悉数而去之耶?呜呼!仲可谓不知本者矣。因威公之问,举天下之贤者以自代,则仲虽死,而齐国未为无仲也。夫何患?三子者不言可也。

五伯莫盛于威、文[12]。文公之才不过威公,其臣又皆不及仲。灵公之虐不如孝公之宽厚[13],文公死,诸侯不敢叛晋,晋袭文公之余威,犹得为诸侯之盟主百余年[14]。何者?其君虽不肖,而尚有老成人焉[15]。威公之薨也,一败涂地。无惑也,彼独恃一管仲,而仲则死矣。夫天下未尝无贤者,盖有有臣而无君者矣[16]。威公在焉,而曰天下不复有管仲者,吾不信也。仲之书有记其将死,论鲍叔、宾胥无之为人,且各疏其短[17],是其心以为是数子者皆不足以托国。而又逆知其将死[18],则其书诞谩不足信也[19]。

吾观史䲡以不能进蘧伯玉而退弥子瑕,故有身后之谏[20];萧何且死,举曹参以自代[21]。大臣之用心,固宜如此也。夫国以一人兴,以一人亡。贤者不悲其身之死,而忧其国之衰,故必复有贤者而后可以死。彼管仲者,何以死哉!

【注释】

〔1〕 本文意在论证举贤任能的重要性。本文指出齐之治,功在鲍叔,而其败,罪在管仲。

〔2〕 "管仲"五句:据《管子·小匡》,桓公任用管仲之后,齐国九合诸侯,伐山戎,攘白狄之地,遂至西河,故中国诸侯莫不宾服。威公,即齐桓公。原作"桓",因避宋钦宗赵桓讳而改。攘,抵御,驱逐。

〔3〕 竖刁:齐国人,为了接近桓公,自阉入宫。易牙:精于调味,善于奉迎,曾将自己的儿子烹制为羹,进献桓公。开方:本卫国公子,抛弃家庭,入齐臣事齐桓公。用:受到任用。

〔4〕 "威公"五句:管仲卒后,齐桓公任用竖刁等人的第二年,桓公病重,易牙、竖刁相与作乱,塞宫门,筑高墙,禁止出入。桓公连食物都得不到,羞愤而死。《史记·齐太公世家》:"桓公病,五公子各树党争立。及桓公卒,遂相攻",内乱不断,直到齐简公执政时,已经是齐桓公后的第九代君主,齐国内

忧外患仍然不断。

〔5〕 由兆：征兆。由，原因。兆，本义为甲骨上可以预示吉凶的裂纹，引申为事件发生前的迹象。

〔6〕 "齐之治也"三句：《史记·管晏列传》："少时常与鲍叔牙游，鲍叔知其贤……已而鲍叔事齐公子小白，管仲事公子纠。及小白立为桓公，公子纠死，管仲囚焉。鲍叔遂进管仲。管仲既用，任政于齐，齐桓公以霸，九合诸侯，一匡天下。"而"鲍叔既进管仲，以身下之"，于是"天下不多管仲之贤而多鲍叔能知人也"。

〔7〕 放四凶：将共工、驩兜、三苗、鲧这四凶流放。

〔8〕 "有仲尼"句：《史记·孔子世家》："定公十四年，孔子年五十六，由大司寇行摄相事，有喜色。……于是诛鲁大夫乱政者少正卯。"少正卯，春秋鲁大夫。

〔9〕 "仲之疾也"七句：《史记·齐太公世家》："管仲病，桓公问曰：'群臣谁可相者？'管仲曰：'知臣莫如君。'"桓公于是举竖刁等三人，管仲以为竖刁自宫，易牙杀子，开方背家，皆非近人情之举，劝桓公不要任用他们。

〔10〕 弹冠而相庆：因即将出仕做官而互相庆贺。

〔11〕 絷：束缚。

〔12〕 五伯：指齐桓公、晋文公、楚庄王、宋襄公、秦穆公。伯，同"霸"。文：晋文公重耳。

〔13〕 "灵公之虐"句：晋文公死后，襄公立，襄公之后为灵公。灵公贪暴荒淫，厨师熊掌没有做熟，灵公就将其杀死。孝公，即齐孝公，名昭，为桓公之子，承内乱之余，尚能宽厚待人。

〔14〕 "文公死"四句：文公之后，晋国依然保持着强大的实力，其兴盛达百余年。

〔15〕 老成人：指经验丰富，练达世事之人。

〔16〕 有臣而无君：有贤能的臣子，而没有知人善用的君王。

〔17〕 "仲之书"三句：指《管子》里有对鲍叔、宾胥无的评价。

〔18〕 逆知：预知。

〔19〕 诞谩：荒诞虚妄。

〔20〕 "吾观史䲡"二句：史䲡即卫国大夫史鱼，或作"史鳅"。《韩诗外传》卷七："卫大夫史鱼病且死，谓其子曰：'我数言蘧伯玉之贤而不能进，弥子瑕不肖而不能退。为人臣，生不能进贤而退不肖，死不当治丧正堂，殡我于室，

足矣。'卫君问其故,子以父言闻,君造然召蘧伯玉而贵之,而退弥子瑕,徙殡于正堂,成礼而后去。生以身谏,死以尸谏,可谓直矣。"

〔21〕 萧何:汉沛人,为汉丞相,临终时举荐与自己不合的曹参为相。曹参:汉沛人,继萧何为相,"一遵萧何约束"。

辨奸论[1]

事有必至,理有固然[2]。惟天下之静者[3],乃能见微而知著。月晕而风[4],础润而雨[5],人人知之。人事之推移,理势之相因[6],其疏阔而难知[7],变化而不可测者,孰与天地阴阳之事[8]?而贤者有不知,其故何也?好恶乱其中,而利害夺其外也[9]。

昔者,山巨源见王衍曰[10]:"误天下苍生者,必此人也。"郭汾阳见卢杞曰[11]:"此人得志,吾子孙无遗类矣!"自今而言,其理固有可见者。以吾观之,王衍之为人,容貌言语,固有以欺世而盗名者,然不忮不求[12],与物浮沉。使晋无惠帝[13],仅得中主[14],虽衍百千,何从而乱天下乎?卢杞之奸,固足以败国,然而不学无文,容貌不足以动人,言语不足以眩世[15]。非德宗之鄙暗[16],亦何从而用之?由是言之,二公之料二子,亦容有未必然也[17]。

今有人[18],口诵孔、老之言,身履夷、齐之行[19],收召好名之士、不得志之人,相与造作言语,私立名字,以为颜渊、孟轲复出[20],而阴贼险狠,与人异趣。是王衍、卢杞合而为一人也,其祸岂可胜言哉!夫面垢不忘洗,衣垢不忘浣[21],此人之至情也。今也不然,衣臣虏之衣[22],食犬彘之食[23],囚首丧面[24],而谈诗书,此岂其情也哉?凡事之不近人情者,鲜不为大奸慝[25],竖刁、易牙、开方是也。以盖世之名,而济其未形之患,虽有愿治之主,好贤之相,犹将举而用之,则其为天下患,必然而无疑者,非特二子之比也。

孙子曰[26]:"善用兵者,无赫赫之功[27]。"使斯人而不用也,则吾言为过,而斯人有不遇之叹,孰知祸之至于此哉!不然,天下将被其祸[28],而吾获知言之名[29],悲夫!

【注释】

〔1〕 本文不见于《嘉祐集》,历来争议颇多。争议主要集中在两个方面,即讥刺的对象是否是王安石,作者是否真为苏洵。清人蔡上翔《王荆公年谱考略》之后,论者多疑为南宋邵伯温为攻击王安石而假托苏洵之名所写。抛开这些争论,本文论点明确,举例贴切,推论合理,论说精妙,亦足以发人深省。

〔2〕 理:情理。

〔3〕 静者:指静心观察事物的有识之士。

〔4〕 月晕而风:月亮周围出现白色的光带,便预示天要起风了。月晕,月亮周围的光环。

〔5〕 础润而雨:房中柱下的基石潮湿了,便预示着天要下雨了。础,房柱下的基石。

〔6〕 理势:情理和形势。相因:相互袭承。

〔7〕 疏阔:宽大广阔。这里指渺茫难以捉摸。

〔8〕 孰与:表示选择,哪里比得上。天地阴阳之事:指自然界的一切现象。

〔9〕 夺:干扰,牵制。

〔10〕 山巨源:即山涛,字巨源,西晋人,曾任吏部尚书、太子少傅、右仆射等。"竹林七贤"之一。王衍:字夷甫。晋惠帝时任宰相,但他终日清谈,不理政事,后被石勒所杀。

〔11〕 郭汾阳:即郭子仪,唐代名将。因平定安史之乱有功,被封为汾阳郡王。卢杞:字子良。唐德宗时任宰相,容貌丑陋,心地险恶。

〔12〕 不忮(zhì 至)不求:不忌恨,不贪求。

〔13〕 使:假使。惠帝:晋惠帝司马衷,公元290年至306年在位。以痴呆著名。在位期间,其妻贾后专权,酿成"八王之乱"。

〔14〕 中主:中等才能的皇帝。

〔15〕 眩:迷惑,惑乱。

〔16〕 德宗:唐德宗李适(kuò 括),公元780年至805年在位。鄙暗:鄙陋昏庸。

〔17〕 容:或许。

〔18〕 今有人:一说指王安石。

〔19〕 履:实行。夷齐:指伯夷、叔齐,商朝末年孤竹国国君之子。商亡

后,二人隐居首阳山,不食周粟而死。

〔20〕 颜渊:即颜回。孟轲:即孟子。

〔21〕 浣(huàn 换):洗。

〔22〕 臣虏:奴仆。

〔23〕 彘(zhì 至):猪。

〔24〕 囚首丧面:形容邋遢不注意修饰。囚首,头发散乱如同囚犯。丧面,头不梳脸不洗如同居丧的人。

〔25〕 鲜(xiǎn 显):少。慝(tè 特):奸邪,邪恶。

〔26〕 孙子:名武,战国时齐人。著有《孙子兵法》十三篇。

〔27〕 "善用"二句:此二句不见今本《孙子兵法》。

〔28〕 被:遭受。

〔29〕 知言之名:善于知人富于远见的名声。

心 术[1]

为将之道,当先治心。泰山崩于前而色不变,麋鹿兴于左而目不瞬[2],然后可以制利害[3],可以待敌。

凡兵上义[4],不义,虽利勿动。非一动之为利害,而他日将有所不可措手足也。夫惟义可以怒士[5],士以义怒,可与百战。

凡战之道,未战,养其财;将战,养其力;既战,养其气;既胜,养其心。谨烽燧[6],严斥堠[7],使耕者无所顾忌,所以养其财;丰犒而优游之[8],所以养其力;小胜益急,小挫益厉,所以养其气;用人不尽其所欲为,所以养其心。故士常蓄其怒、怀其欲而不尽。怒不尽则有余勇,欲不尽则有余贪[9]。故虽并天下[10],而士不厌兵[11]。此黄帝之所以七十战而兵不殆也[12]。不养其心,一战而胜,不可用矣。

凡将欲智而严,凡士欲愚。智则不可测,严则不可犯,故士皆委己而听命,夫安得不愚?夫惟士愚,而后可与之皆死。

凡兵之动,知敌之主,知敌之将,而后可以动于险[13]。邓艾缒兵于蜀中[14],非刘禅之庸[15],则百万之师可以坐缚,彼固有所侮而动也[16]。故古之贤将,能以兵尝敌[17],而又以敌自尝,故去就可以决[18]。

凡主将之道，知理而后可以举兵[19]，知势而后可以加兵[20]，知节而后可以用兵[21]。知理则不屈，知势则不沮，知节则不穷[22]。见小利不动，见小患不避。小利小患，不足以辱吾技也，夫然后有以支大利大患[23]。夫惟养技而自爱者，无敌于天下。故一忍可以支百勇，一静可以制百动。

兵有长短，敌我一也。敢问："吾之所长，吾出而用之，彼将不与吾校[24]；吾之所短，吾蔽而置之，彼将强与吾角[25]，奈何？"曰："吾之所短，吾抗而暴之[26]，使之疑而却；吾之所长，吾阴而养之，使之狎而堕其中[27]。此用长短之术也。"

善用兵者，使之无所顾，有所恃。无所顾，则知死之不足惜；有所恃，则知不至于必败。尺箠当猛虎[28]，奋呼而操击；徒手遇蜥蜴[29]，变色而却步，人之情也。知此者，可以将矣。袒裼而案剑[30]，则乌获不敢逼[31]；冠胄衣甲[32]，据兵而寝[33]，则童子弯弓杀之矣。故善用兵者以形固[34]。夫能以形固，则力有余矣。

【注释】

〔1〕 本文论述了用兵的方法，包括治心、尚义、养士、智愚、料敌、审势、出奇、守备八个方面，而以治心为核心，所以标题叫"心术"。

〔2〕 麋：鹿类的一种。兴：跳起。左：左右。瞬：眨眼。

〔3〕 制：控制，掌握。利害：指战争形势对己有利或有害的变化状况。

〔4〕 上：通"尚"，崇尚。

〔5〕 怒士：激起士兵的愤怒。

〔6〕 谨烽燧：指认真做好警戒。烽燧，古代报警用的烽火，白天称燧，晚上称烽。

〔7〕 严斥堠（hòu 后）：指加强对敌情的瞭望。斥堠，探望敌情的土堡，这里指瞭望。

〔8〕 优游之：使之悠游。悠游，悠然自得。之，指代士兵。

〔9〕 有余贪：指欲望尚未满足仍有追求。

〔10〕 并：吞并，统一。

〔11〕 厌兵：厌恶战争。

〔12〕 黄帝：即轩辕氏，传说是中原各族的共同祖先。相传黄帝和炎帝之

间曾发生三次大的战争,将其大败,又杀死作乱的蚩尤。殆:通"怠",懈怠。

〔13〕 动于险:指冒险用兵。

〔14〕 邓艾:三国时魏国将领,魏元帝景元四年(263),他率兵从一条艰险的山路进攻蜀汉,山高谷深,士兵都用绳子系着放下山去,邓艾自己也用毡布裹着身体,滑下山去。兵至成都城下,蜀汉后主刘禅投降,蜀汉灭亡。缒(zhuì 坠):系在绳子上放下去。

〔15〕 刘禅:三国时蜀后主,小名阿斗,刘备之子,公元223年至263年在位。

〔16〕 侮:轻视。

〔17〕 尝敌:试探敌军。

〔18〕 去就:指率军离开或者进攻。

〔19〕 理:指战争的基本规律。

〔20〕 势:指战争双方的形势。

〔21〕 节:分寸,时机。

〔22〕 穷:指陷入困境。

〔23〕 支:撑,对付。

〔24〕 校(jiào 叫):较量。

〔25〕 角:角斗。

〔26〕 抗而暴之:指故意将短处暴露出来。抗,举。暴,显露。

〔27〕 狎:忽视。堕:落入。

〔28〕 箠(chuí 垂):通"棰",短木棍。

〔29〕 蜥蜴:一种爬行动物,形似壁虎,俗称"四脚蛇"。

〔30〕 袒裼(tǎn xī 坦西):脱衣露体。案:通"按"。

〔31〕 乌获:秦国力士,传说能举千钧之重。

〔32〕 冠胄衣甲:戴着头盔,穿着铠甲。胄,盔。冠、衣,都用作动词。

〔33〕 据兵:拿着或靠着兵器。兵,兵器。

〔34〕 以形固:指利用各种有利形势来巩固自己。以,凭借,利用。形,指各种有利的形式和条件。固,巩固。

张益州画像记[1]

至和元年秋[2],蜀人传言,有寇至边[3]。边军夜呼,野无居人[4]。妖言流闻,京师震惊[5]。方命择帅,天子曰:"毋养乱,毋助变。众言朋兴[6],朕志自定。外乱不足,变且中起[7]。既不可以文令[8],又不可以武竞[9],惟朕一二大吏,孰为能处兹文武之间,其命往抚朕师。"乃推曰:"张公方平其人。"天子曰:"然。"公以亲辞[10],不可,遂行。冬十一月,至蜀。至之日,归屯军,撤守备[11]。使谓郡县:"寇来在吾,无尔劳苦。"明年正月朔旦[12],蜀人相庆如他日,遂以无事。又明年,正月,相告留公像于净众寺[13],公不能禁。

眉阳苏洵言于众曰[14]:"未乱易治也,既乱易治也。有乱之萌,无乱之形,是谓将乱。将乱难治,不可以有乱急[15],亦不可以无乱弛[16]。惟是元年之秋,如器之欹[17],未坠于地。惟尔张公,安坐于其旁,颜色不变,徐起而正之。既正,油然而退[18],无矜容[19]。为天子牧小民不倦[20],惟尔张公。尔繄以生[21],惟尔父母。且公尝为我言:'民无常性,惟上所待。人皆曰:"蜀人多变。"于是待之以待盗贼之意,而绳之以绳盗贼之法[22]。重足屏息之民[23],而以砥斧令[24],于是民始忍以其父母妻子之所仰赖之身,而弃之于盗贼,故每每大乱。夫约之以礼,驱之以法,惟蜀人为易。至于急之而生变,虽齐鲁亦然[25]。吾以齐鲁待蜀人,而蜀人亦自以齐鲁之人待其身。若夫肆意于法律之外,以威劫齐民[26],吾不忍为也。'呜呼!爱蜀人之深,待蜀人之厚,自公而前,吾未始见也。"皆再拜稽首曰:"然。"

苏洵又曰:"公之恩在尔心,尔死,在尔子孙,其功业在史官,无以像为也。且公意不欲,如何?"皆曰:"公则何事于斯?虽然,于我心有不释焉[27]。今夫平居闻一善[28],必问其人之姓名,与其邻里之所在,以至于其长短大小美恶之状。甚者,或诘其平生所嗜好[29],以想见其为人。而史官亦书之于其传,意使天下之人,思之于心,则存之于目。存之于目,故其思之于心也固。由此观之,像亦不为无助。"苏洵无以诘,遂为之记。

公,南京人[30],为人慷慨有大节,以度量雄天下。天下有大事,公可属[31]。系之以诗曰:

天子在祚[32],岁在甲午。西人传言[33],有寇在垣[34]。庭有武臣,谋夫如云。天子曰嘻[35],命我张公。公来自东,旗纛舒舒[36]。西人聚观,于巷于涂。谓公暨暨[37],公来于于[38]。公谓西人,安尔室家,无敢或讹[39]。讹言不祥,往即尔常。春尔条桑[40],秋尔涤场。西人稽首,公我父兄。公在西囿,草木骈骈[41]。公宴其僚,伐鼓渊渊[42]。西人来观,祝公万年。有女娟娟[43],闺闼闲闲[44]。有童哇哇,亦既能言。昔公未来,期汝弃捐。禾麻芃芃[45],仓庾崇崇[46]。嗟我妇子,乐此岁丰。公在朝廷,天子股肱[47]。天子曰归,公敢不承?作堂严严[48],有庑有庭。公象在中,朝服冠缨。西人相告,无敢逸荒[49]。公归京师,公像在堂。

【注释】

〔1〕 张益州即张方平(1006—1091),字安道,曾任益州知州,故称张益州。这篇文章记叙了张方平治理益州的功绩,表现了他宽政爱民的思想。全文平实质朴,文末用四言诗概括始末,高古典雅,富含感情。

〔2〕 至和元年:公元1054年。至和,宋仁宗年号(1054—1056)。

〔3〕 有寇至边:据《宋史·张方平传》记载,至和元年,蜀地盛传侬智高将来进犯,官府惊慌失措,百姓惊恐不安。

〔4〕 野:郊外,这里指乡村。

〔5〕 京师:指北宋都城汴梁,在今河南开封。

〔6〕 众言朋兴:指各种说法同时兴起。

〔7〕 且:将。

〔8〕 以文令:指颁布公文命令制止骚乱。

〔9〕 以武竞:以动用军队平定骚乱。

〔10〕 以亲辞:用养老双亲的理由推辞官职。

〔11〕 "归屯军"二句:指张方平判定侬智高来侵是谣言,在赴益州途中,就将援军遣归,上任后又撤去守备,从而未动干戈就使局势很快稳定下来。

〔12〕 朔:阴历初一。

〔13〕 净众寺:又名万福寺,在成都西北。

〔14〕 眉阳:指眉州眉山县(今属四川)。

〔15〕 急:急迫。这里指采取过激措施。

〔16〕 弛:松懈。这里指放松戒备。

〔17〕 敧(qī七):倾侧。

〔18〕 油然:舒缓貌。

〔19〕矜容：居功自傲的神态。

〔20〕牧：治理。

〔21〕尔繄(yī医)以生：指百姓靠张公才生存下来。繄，相当于"此"、"助"。

〔22〕绳：约束。

〔23〕重(chóng虫)足屏息：指因恐惧叠足而立不敢移动，不敢呼吸。重足，并起双脚。

〔24〕碪(zhēn真)斧：砧板和刀斧，古代用来行刑的工具。碪，通"砧"。

〔25〕齐鲁：指春秋战国时期两个在山东的诸侯国。这里泛指山东一带。

〔26〕齐民：指平民百姓。

〔27〕不释：放不下。

〔28〕平居：平日，平素。

〔29〕诘：盘问。

〔30〕南京：今河南商丘一带。

〔31〕属(zhǔ主)：托付。

〔32〕祚(zuò做)：指皇位。

〔33〕西人：蜀人。

〔34〕垣：墙。这里指边境。

〔35〕嘻：感叹词，表示赞美。

〔36〕舒舒：伸展飘扬的样子。

〔37〕暨暨：果敢刚毅的样子。

〔38〕于于：舒缓从容的样子。

〔39〕或：语助词，无义。讹：谣言。这里用作动词，指传播谣言。

〔40〕条：修剪。

〔41〕骈骈：茂盛的样子。

〔42〕渊渊：象声词，敲鼓的声音。

〔43〕娟娟：美好的样子。

〔44〕闺闼：女子住的内屋。闲闲：娴静从容的样子。

〔45〕芃(péng朋)芃：茂盛的样子。

〔46〕庾：露天的谷仓。崇崇：高峻的样子。

〔47〕股肱(gōng工)：比喻帝王左右的得力大臣。股，大腿。肱，臂。

〔48〕严严：庄严肃穆的样子。

〔49〕逸荒：逸豫荒怠。

苏　轼

苏轼(1037—1101),字子瞻,号东坡居士,眉山(今四川眉山)人。仁宗嘉祐二年(1057)进士及第。苏轼自幼奋厉有天下志,入仕之后,主张改革弊政。因不赞成王安石的变法主张,先后通判杭州,历知密州、徐州和湖州,后又被贬为黄州团练副使。哲宗即位,旧党执政,升任翰林学士、兼侍读。因不同意完全废除新法,与执政者发生分歧,自请出知杭州、颍州等地。新党再度执政,被远贬惠州、儋州。后遇赦北还,卒于常州,谥文忠。苏轼一生,政治上极不得意,然而在文学艺术上,他是一位具有多方面才能的"全才作家"。在诗、词和散文方面,都代表着北宋文学的最高成就。著作有诗、文、词集与《仇池笔记》、《志林》等。

刑赏忠厚之至论[1]

尧、舜、禹、汤、文、武、成、康之际[2],何其爱民之深,忧民之切,而待天下以君子长者之道也[3]。有一善,从而赏之,又从而咏歌嗟叹之,所以乐其始而勉其终。有一不善,从而罚之,又从而哀矜惩创之[4],所以弃其旧而开其新。故其吁俞之声[5],欢休惨戚[6],见于《虞》、《夏》、《商》、《周》之书[7]。成、康既没,穆王立而周道始衰[8],然犹命其臣吕侯而告之以祥刑[9]。其言忧而不伤,威而不怒,慈爱而能断,恻然有哀怜无辜之心[10],故孔子犹有取焉。

传曰[11]:"赏疑从与,所以广恩也;罚疑从去,所以慎刑也。"当尧之时,皋陶为士[12]。将杀人,皋陶曰"杀之"三。尧曰"宥之"三[13]。故天下畏皋陶执法之坚,而乐尧用刑之宽。四岳曰[14]:"鲧可用[15]。"尧曰:"不可,鲧方命圮族[16]。"既而曰:"试之。"何尧之不听皋陶之杀人,而从四岳之用鲧也? 然则圣人之意,盖亦可见矣。《书》曰:"罪疑惟轻,功疑惟重。与其杀不辜,宁失不经[17]。"呜呼,尽之矣! 可以赏,可以无赏,赏之过乎仁;可以罚,可以无罚,罚之过乎义。过乎仁,不失为君子;过乎义,则流而入于忍人[18]。故仁可过也,义不可过也。

古者,赏不以爵禄,刑不以刀锯。赏之以爵禄,是赏之道行于爵禄之所加,而不行于爵禄之所不加也;刑以刀锯,是刑之威施于刀锯之所及,而不施于刀锯之所不及也。先王知天下之善不胜赏,而爵禄不足以劝也;知天下之恶不胜刑,而刀锯不足以裁也。是故疑则举而归之于仁,以君子长者之道待天下,使天下相率而归于君子长者之道[19]。故曰"忠厚之至"也。

《诗》曰:"君子如祉,乱庶遄已。君子如怒,乱庶遄沮[20]。"夫君子之已乱[21],岂有异术哉? 时其喜怒,而无失乎仁而已矣。《春秋》之义,立法贵严,而责人贵宽。因其褒贬之义以制赏罚[22],亦忠厚之至也。

【注释】

〔1〕 本文是苏轼于宋仁宗嘉祐二年(1057)应进士时所作的策论,文章以忠厚立论,从刑罚和爵赏各自的本来功能出发,援引古仁者施行刑赏以忠厚为本的范例,推究出古代圣君无论赏罚均以爱民忧民为本,坚持宁宽勿苛的忠厚之至原则,阐发了儒家的仁政思想。

〔2〕 尧、舜、禹:唐尧、虞舜、夏禹,传说中的上古治世君主。汤:商汤,商代开国君主。文、武、成、康:指周文王、武王、成王、康王。

〔3〕 君子长者之道:指仁爱宽恕的品德。

〔4〕 哀矜:怜悯。惩创:惩罚。

〔5〕 吁:表示不以为然的叹息声。俞:表示赞许、应允的声音。

〔6〕 休:喜悦。戚:悲戚。

〔7〕 《虞》、《夏》、《商》、《周》之书:《尚书》的四个部分,《尚书》是记录上古政治文诰和部分古代事迹的书。

〔8〕 穆王:周穆王,康王孙,在位五十五年,喜游乐,周朝开始衰落。

〔9〕 吕侯:即甫侯,周穆王时任司寇。周穆王曾采纳他的建议,修正刑法,布告天下。祥刑:即详刑,谨慎用刑。

〔10〕 恻然:悲伤的样子。

〔11〕 传:解说经义的文字,这里指《尚书》孔安国传。

〔12〕 皋陶:传说虞舜时的司法官。士:执法官。

〔13〕 宥:宽容,饶恕,赦免。

〔14〕 四岳:传说为尧、舜时四方部落首领。

〔15〕 鲧(gǔn 滚):传说是夏禹的父亲。

〔16〕 方命圮(pǐ 匹)族:违抗命令,伤害同类。方,违抗。圮,毁坏,伤害。

〔17〕 《书》:指《尚书》。以下引文见《尚书·大禹谟》。意思是罪有疑处时,从轻处置;功有疑处时,从重奖赏,与其杀无辜的人,宁可失刑,不合常规。经,成规,原则。

〔18〕 忍人:残忍之人。

〔19〕 相率:相继,一个接一个。

〔20〕 "君子"四句:见《诗经·小雅·巧言》。祉(zhǐ 只):福,引申为喜悦。庶:大概。遄(chuán 船):速。已:止。沮:停止。

〔21〕 已乱:平息动乱。

〔22〕 因:依。制:控制。

范增论[1]

汉用陈平计,间疏楚君臣[2]。项羽疑范增与汉有私,稍夺其权。增大怒曰:"天下事大定矣,君王自为之,愿赐骸骨归卒伍。"归未至彭城,疽发背死[3]。

苏子曰:增之去善矣,不去,羽必杀增。独恨其不早耳,然则当以何事去?增劝羽杀沛公,羽不听,终以此失天下,当于是去耶?曰:否。增之欲杀沛公,人臣之分也。羽之不杀,犹有君人之度也。增曷为以此去哉?《易》曰:"知几其神乎[4]!"《诗》曰:"相彼雨雪,先集维霰[5]。"增之去,当于羽杀卿子冠军时也[6]。

陈涉之得民也，以项燕、扶苏[7]。项氏之兴也，以立楚怀王孙心[8]。而诸侯叛之也，以弑义帝[9]。且义帝之立，增为谋主矣。义帝之存亡，岂独为楚之盛衰，亦增之所与同祸福也，未有义帝亡而增独能久存者也。羽之杀卿子冠军也，是弑义帝之兆也。其弑义帝，则疑增之本也。岂必待陈平哉？物必先腐也，而后虫生之；人必先疑也，而后谗入之。陈平虽智，安能间无疑之主哉？

吾尝论义帝，天下之贤主也。独遣沛公入关，不遣项羽[10]；识卿子冠军于稠人之中，而擢以为上将，不贤而能如是乎？羽既矫杀卿子冠军，义帝必不能堪。非羽弑帝，则帝杀羽，不待智者而后知也。增始劝项梁立义帝，诸侯以此服从，中道而弑之，非增之意也。夫岂独非其意，将必力争而不听也[11]。不用其言而杀其所立，羽之疑增，必自是始矣。

方羽杀卿子冠军，增与羽比肩而事义帝[12]，君臣之分未定也。为增计者，力能诛羽则诛之，不能则去之，岂不毅然大丈夫也哉？增年已七十，合则留，不合则去。不以此时明去就之分，而欲依羽以成功名，陋矣！虽然，增，高帝之所畏也[13]，增不去，项羽不亡。呜呼！增亦人杰也哉！

【注释】

〔1〕 范增，秦末居鄹（今安徽巢湖）人，年七十，辅项羽霸诸侯，项羽尊称为"亚父"。后项羽中刘邦反间计，疑增有二心，增愤而离去，中途病死。苏轼认为项羽早已和范增貌合神离，其关系的结束，不待陈平使用反间计。文章翻空出奇，伸缩自如，体现了苏轼早期文字好论辩古今的特色。

〔2〕 陈平：阳武人，数次出奇计帮助刘邦。《史记·项羽本纪》："（刘邦）乃用陈平计间项王。项王使者来，为太牢具，举欲进之。见使者，详惊愕曰：'吾以为亚父使者，乃反项王使者。'更持去，以恶食食项王使者。使者归报项王，项王乃疑范增与汉有私，稍夺之权。"

〔3〕 疽：结成块状的毒疮。

〔4〕 "知几"句：语见《易·系辞下》。几，征兆。

〔5〕 "《诗》曰"句：语见《诗经·小雅·頍弁》："如彼雨雪，先集维霰。"即下雪之前都是先有小雪珠降落。雨，作动词，降，下。霰（xiàn线），小雪珠。

〔6〕 卿子冠军：即宋义。裴骃集解云："卿子,时人相褒尊之辞,犹言公子也。上将,故言冠军。"《史记·项羽本纪》："（楚王）召宋义与计事而大说之,因置以为上将军,项羽为鲁公,为次将,范增为末将,救赵。诸别将皆属宋义,号为卿子冠军。行至安阳,留四十六日不进。"这时,项羽请进兵,不许,于是即晨朝而杀之,自为上将军,领兵救赵。

〔7〕 项燕：楚名将,后为秦将王翦所围,自杀。扶苏：始皇长子,受陷害,自尽。陈涉起义后,曾以扶苏、项燕的名义号召天下并得到响应。

〔8〕 "项氏"二句：项梁采纳范增的建议,于民间遍寻楚怀王之孙熊心,立其为义帝,仍号楚怀王,以号召天下。典见《史记·项羽本纪》。

〔9〕 弑义帝：灭秦之后,项羽自立为西楚霸王,并暗中派人将义帝杀死。见《史记·项羽本纪》。

〔10〕 "独遣沛公"二句：据《史记·高祖本纪》,其时楚怀王（即义帝）与诸将约定,先入关者王关中。在分派任务的时候,考虑到项羽残暴,刘邦仁厚,为安定关中人民,故派刘邦向西方进攻。

〔11〕 "夫岂"二句：项羽之杀义帝,范增是否力争,史无明文,这是苏轼的推测之辞。

〔12〕 比肩：比喻声望、地位相等。

〔13〕 高帝：即刘邦,死后庙号为高祖。

留侯论[1]

古之所谓豪杰之士,必有过人之节[2],人情有所不能忍者。匹夫见辱[3],拔剑而起,挺身而斗,此不足为勇也。天下有大勇者,卒然临之而不惊,无故加之而不怒[4],此其所挟持者甚大[5],而其志甚远也。

夫子房受书于圯上之老人也,其事甚怪[6]。然亦安知其非秦之世有隐君子者[7],出而试之？观其所以微见其意者,皆圣贤相与警戒之义。而世不察,以为鬼物[8],亦已过矣。且其意不在书[9]。当韩之亡,秦之方盛也,以刀锯鼎镬待天下之士[10],其平居无事夷灭者[11],不可胜数。虽有贲、育[12],无所获施。夫持法太急者,其锋不可犯,而其势未可乘。子房不忍忿忿之心,以匹夫之力,而逞于一击之间。当此之时,子房之不死者,其间不能容发,盖亦危矣[13]。千金之子,不死于盗贼,何哉? 其身可爱,而盗贼之不足以死也[14]。子房以盖世之才,不为伊尹、太公之谋,而特出于荆轲、聂政之计[15],以侥幸于不死,此圯上老人所为深惜者也。是故倨傲鲜腆而深折之[16],彼其能有所忍也,然后可以就大事,故曰:"孺子可教也。"

楚庄王伐郑,郑伯肉袒牵羊以迎。庄王曰:"其主能下人,必能信用其民矣。"遂舍之[17]。勾践之困于会稽,而归臣妾于吴者,三年而不倦[18]。且夫有报人之志[19],而不能下人者,是匹夫之刚也。夫老人者,以为子房才有余而忧其度量之不足,故深折其少年刚锐之气,使之忍小忿而就大谋。何则? 非有平生之素[20],卒然相遇于草野之间,而命以仆妾之役,油然而不怪者,此固秦皇之所不能惊,而项籍之所不能怒也。

观夫高祖之所以胜,项籍之所以败者,在能忍与不能忍之间而已矣。项籍唯不能忍,是以百战百胜,而轻用其锋。高祖忍之,养其全锋而待其敝[21],此子房教之也。当淮阴破齐,而欲自王,高祖发怒,见于词色[22]。由是观之,犹有刚强不能忍之气,非子房其谁全之[23]?

太史公疑子房以为魁梧奇伟,而其状貌乃如妇人女子,不称其志气[24]。呜呼! 此其所以为子房欤!

【注释】

[1] 这是嘉祐六年(1061)苏轼应制科时所上的策论之一。主要论述成大事者要能"忍",不能争一时之忿。要善于"养其全锋而待其弊",以柔韧克刚强,以谋略胜武力。留侯,即张良,字子房。他辅佐刘邦灭秦、楚,因功封于留,称留侯。

[2] 节:气节,操守。

[3] 匹夫:平民。这里指和豪杰之士相对的一般人。

[4] "卒然"二句:这两句是说突然遇到变故也不惊慌,无端触犯也不

愤怒。卒,通"猝"。

〔5〕 挟持:依仗,恃以自重。这里指志向,抱负。

〔6〕 "夫子房受书"二句:据《史记·留侯世家》,张良在下邳曾遇到一个老人故意将鞋扔到桥下,让张良捡起替他穿上。张良照办,老人说:"孺子可教",约他五日后再见。连续两次,张良都较老人晚到,招致老人的批评,第三次他半夜出发,终于先老人而到。老人于是给他一本兵书,并说自己就是黄石公。圯(yí 移),桥。老人,即黄石公。

〔7〕 隐君子:指隐居的贤士。

〔8〕 鬼物:王充《论衡·自然》:"或曰……张良游泗水之上,遇黄石公,授太公书。盖天佐汉诛秦,故命神石为鬼书授人。"

〔9〕 意不在书:指老人的主要目的不是将书给张良,言外之意是说老人用这种方式考察张良的忍耐力。

〔10〕 鼎镬(huò 获):本为古代的烹饪器,用鼎镬以烹人,是古代的一种酷刑。

〔11〕 平居:平时,平素。夷灭:消除,消灭。

〔12〕 贲、育:孟贲、夏育,古代著名力士。

〔13〕 "子房不忍"七句:据《史记·留侯世家》,张良家族五世相韩,秦灭韩后,张良要为韩报仇,后得一个能使百二十斤大铁椎的力士。当秦始皇东巡时,张良与刺客狙击秦始皇,但误中副车。行刺失败且遭皇帝通缉,差点丧命。

〔14〕 盗贼:指像盗贼一样鲁莽的行为。

〔15〕 聂政:战国时人,为严仲子刺杀韩相侠累,在不能逃脱的情况下,毁形自杀。

〔16〕 倨傲:傲慢自大。鲜腆:无耻。鲜,少。腆,惭愧。折:摧折、侮辱。

〔17〕 郑伯:即郑襄公。肉袒:脱去上衣,裸露肢体,在谢罪时表示惶惧。下人:居于人下,指谦卑而能忍受屈辱。舍之:楚庄王退兵,允许郑国复国。事见《左传·宣公十二年》。

〔18〕 "勾践"三句:据《史记·越王句践世家》,吴王夫差攻打越国,句践困守会稽,使文种前去请降,对吴王说:"君王亡臣句践使陪臣种敢告下执事:句践请为臣,妻为妾。"勾践,即句践。

〔19〕 报人:向人报复。报,报仇。

〔20〕 "非有"句:指向来不熟悉。

〔21〕 敝:疲敝。

〔22〕 "当淮阴破齐"四句：韩信平定齐地，派人向刘邦请求封他为"假王"。当时刘邦正被项羽围困在荥阳，见到韩信使者的书信，怒而骂之。后经张良、陈平提醒分析汉方当时的形势，便忍怒并派遣张良前往，立韩信为齐王，征其兵击楚。典见《史记·淮阴侯列传》。淮阴，即韩信，封淮阴侯。

〔23〕 全：保全。

〔24〕 "太史公"三句：司马迁在《史记·留侯世家》中说："余以为其人计魁梧奇伟，至见其图，状貌如妇人好女。盖孔子曰：'以貌取人，失之子羽。'留侯亦云。"称，符合。

贾谊论[1]

非才之难[2]，所以自用者实难[3]。惜乎！贾生，王者之佐[4]，而不能自用其才也。

夫君子之所取者远，则必有所待；所就者大，则必有所忍。古之贤人，皆负可致之才[5]，而卒不能行其万一者，未必皆其时君之罪，或者其自取也。

愚观贾生之论，如其所言，虽三代何以远过[6]？得君如汉文[7]，犹且以不用死。然则是天下无尧舜，终不可有所为耶？仲尼圣人，历试于天下，苟非大无道之国，皆欲勉强扶持[8]，庶几一日得行其道[9]。将之荆[10]，先之以冉有[11]，申之以子夏。君子之欲得其君，如此其勤也。孟子去齐，三宿而后出昼[12]，犹曰："王其庶几召我。"君子之不忍弃其君，如此其厚也。公孙丑问曰[13]："夫子何为不豫[14]？"孟子曰："方今天下，舍我其谁哉？而吾何为不豫？"君子之爱其身，如此其至也。夫如此而不用，然后知天下果不足与有为，而可以无憾矣。若贾生者，非汉文之不能用生，生之不能用汉文也。

夫绛侯亲握天子玺而授之文帝[15]，灌婴连兵数十万[16]，以决刘吕之雌雄，又皆高帝之旧将。此其君臣相得之分[17]，岂特父子骨肉手足哉？贾生，洛阳之少年，欲使其一朝之间，尽弃其旧而谋其新[18]，亦已难矣。为贾生者，上得其君，下得其大臣，如绛、灌之属，优游浸渍而深交之[19]，使天子不疑，大臣不忌，然后举天下而唯吾之所欲为[20]，不过十年，可以得志。安有立谈之间，而遽为人"痛哭"哉！观其过湘，为赋以吊屈原[21]，萦纡郁闷[22]，趯然有远举之志[23]。其后以自伤哭泣，至于夭绝。是亦不善处穷者也[24]。夫谋之一不见用，则安知终不复用也？不知默默以待其变，而自残至此！呜呼，贾生志大而量小，才有余而识不足也。

古之人，有高世之才，必有遗俗之累[25]。是故非聪明睿智不惑之主[26]，则不能全其用[27]。古今称苻坚得王猛于草茅之中[28]，一朝尽斥去其旧臣，而与之谋。彼其匹夫略有天下之半[29]，其以此哉！愚深悲生之志，故备论之。亦使人君得如贾生之臣，则知其有狷介之操[30]，一不见用，则忧伤病沮[31]，不能复振。而为贾生者，亦谨其所发哉[32]！

【注释】

〔1〕 本文批评贾谊不能自用奇才，志大而量小，才有余而识不足，求成操之过急。并借此提出自己的观点，政治家要从事宏大事业，就必须能经受得住逆境的折磨。在提出自己的观点后，文章就以孔子、孟子的行动作正面发挥，再将贾谊的事迹与之进行对比，正反结合，辨析详明，说理透辟，雄辩有力。

〔2〕 非才之难：一个人有才并不难。

〔3〕 自用：发挥自己的才能。

〔4〕 王者之佐：辅佐帝王的人才。

〔5〕 致：成就功业。

〔6〕 三代：指夏、商、周三个朝代。

〔7〕 汉文：汉文帝刘恒。

〔8〕 勉强：勉力去做。

〔9〕 庶几：也许可以，表示希望。

〔10〕 荆：楚国。

〔11〕 冉有：和下文的子夏都是孔子弟子。

〔12〕 昼：齐地，在今山东淄博一带。

〔13〕 公孙丑：战国时齐国人，孟子的学生。

〔14〕 豫:高兴。

〔15〕 绛侯:周勃,秦末随刘邦起事,多有军功,封绛侯(今山西曲沃县西南)。吕氏死,诸吕企图夺取刘氏政权,以周勃、灌婴、陈平为首的刘邦老臣,平定了诸吕之乱,立代王刘恒为帝,是为文帝。在刘恒回京途中,周勃向他献上天子印玺。

〔16〕 灌婴:西汉初大臣,官至太尉、丞相,封颍阴侯。与周勃等共谋与齐王联合,平定诸吕,拥立文帝。

〔17〕 分:情分。

〔18〕 "尽弃"句:贾谊为太中太夫时,曾向汉文帝提出更定法令、易服色、改正朔、定官名、兴礼乐、列侯就国等意见。

〔19〕 优游:从容不迫的样子。浸渍(zì字):慢慢渗透。

〔20〕 举:全。唯:只有。

〔21〕 "为赋"句:贾谊被贬长沙就任太傅,在路过湘水时曾作《吊屈原赋》。

〔22〕 萦纡:盘旋弯曲,回旋曲折。

〔23〕 趯(tì替)然:形容心绪激荡的样子。远举:高飞,这里意思是退隐。

〔24〕 处穷:处于困窘的环境。

〔25〕 遗:弃,脱离。俗:世俗。累:忧患,忧虑。

〔26〕 睿智:见识卓越,富有远见。

〔27〕 全:保全。

〔28〕 苻坚:南北朝时前秦皇帝。王猛:字景略。年轻时贩卖畚箕,隐居华山,后受苻坚征召,执掌政权,细心辅佐,官至丞相。草茅:比喻草野、民间。

〔29〕 略:夺取,这里指占有。

〔30〕 狷(juàn倦)介:正直孤傲。

〔31〕 病沮(jǔ举):灰心丧气。

〔32〕 所发:所为,这里的意思是处世。

晁错论[1]

天下之患,最不可为者,名为治平无事,而其实有不测之忧。坐观其变,而不为之所,则恐至于不可救。起而强为之,则天下狃于治平之安而不吾信[2]。惟仁人君子豪杰之士,为能出身为天下犯大难[3],以求成大功。此固非勉强期月之间[4],而苟以求名之所能也。

天下治平,无故而发大难之端,吾发之,吾能收之,然后有辞于天下。事至而循循焉欲去之[5],使他人任其责,责天下之祸,必集于我。

昔者晁错尽忠为汉,谋弱山东之诸侯[6]。山东诸侯并起,以诛错为名,而天子不以察,以错为之说[7]。天下悲错之以忠而受祸,不知有以取之也。

古之立大事者,不惟有超世之才,亦必有坚忍不拔之志。昔禹之治水,凿龙门[8],决大河[9],而放之海。方其功之未成也,盖亦有溃冒冲突可畏之患[10]。惟能前知其当然,事至不惧,而徐为之图[11],是以得至于成功。夫以七国之强,而骤削之,其为变岂足怪哉?错不于此时捐其身,为天下当大难之冲[12],而制吴楚之命,乃为自全之计,欲使天子自将而己居守。

且夫发七国之难者谁乎[13]?己欲求其名,安所逃其患?以自将之至危,与居守之至安,己为难首,择其至安,而遣天子以其至危,此忠臣义士所以愤怨而不平者也。当此之时,虽无袁盎[14],亦未免于祸。何者?己欲居守,而使人主自将。以情而言,天子固已难之矣,而重违其议,是以袁盎之说,得行于其间。使吴楚反,错以身任其危,日夜淬砺[15],东向而待之[16],使不至于累其君,则天子将恃之以为无恐,虽有百盎,可得而间哉?

嗟夫!世之君子,欲求非常之功,则无务为自全之计。使错自将而讨吴楚,未必无功,惟其欲自固其身,而天子不悦。奸臣得以乘其隙,错之所以自全者,乃其所以自祸欤!

【注释】

〔1〕 西汉景帝年间,御史大夫晁错建议景帝"削藩"以加强中央集权,被采纳。吴、楚等七国借"诛晁错以清君侧"为名,发动叛乱。在七国的压力下,汉景帝无奈杀死了晁错。本文认为晁错之所以被杀,是由于缺乏坚忍不

拔、临危不惧的精神,在危急之际,谋报自身安全,而置天子于险境。文章先从道理上立论,然后引出所论事实,两相对照,说服力强。

〔2〕 狃(niǔ):习以为常。

〔3〕 犯:冒犯。

〔4〕 期(jī基)月:一个月。这里形容时间短促。

〔5〕 循循:循序渐进。

〔6〕 山东:秦汉时称崤山或华山以东的地区为山东。七国叛乱就发生在这里。诸侯:指当时的诸侯王。

〔7〕 说:通"悦",高兴。这里是使动用法,即使七国诸侯满意。

〔8〕 龙门:山名,在今山西河津西北。相传大禹治水,把龙门山从中凿断,使黄河从中间流过。

〔9〕 决:疏通。大河:指黄河。

〔10〕 溃冒冲突:洪水冲破堤防,奔腾泛滥,不可遏止。

〔11〕 徐:缓慢,这里有从容之意。

〔12〕 冲:交通要道,这里指要害。

〔13〕 发难:这里指冒引起危险的意思。

〔14〕 袁盎:历任齐相、吴相,因与吴王刘濞有关系,经晁错告发,被贬为庶民。七国叛乱时,他建议景帝杀晁错。

〔15〕 淬(cuì翠):铸刀剑时把刀剑烧红,浸入水中,使之坚韧。砺:磨刀剑。

〔16〕 东向:面向东。七国都在京城长安的东或东南边。

卷十一

上梅直讲书[1]

轼每读《诗》至《鸱鸮》[2],读《书》至《君奭》[3],常窃悲周公之不遇。及观《史》,见孔子厄于陈、蔡之间,而弦歌之声不绝。颜渊、仲由之徒,相与问答。夫子曰:"'匪兕匪虎,率彼旷野[4]',吾道非耶,吾何为于此?"颜渊曰:"夫子之道至大,故天下莫能容。虽然,不容何病[5],不容然后见君子。"夫子油然而笑曰:"回,使尔多财,吾为尔宰[6]。"夫天下虽不能容,而其徒自足以相乐如此。乃今知周公之富贵,有不如夫子之贫贱。夫以召公之贤,以管、蔡之亲[7],而不知其心,则周公谁与乐其富贵? 而夫子之所与共贫贱者,皆天下之贤才,则亦足以乐乎此矣!

轼七八岁时,始知读书。闻今天下有欧阳公者[8],其为人如古孟轲、韩愈之徒;而又有梅公者[9],从之游而与之上下其议论[10]。其后益壮,始能读其文词,想见其为人,意其飘然脱去世俗之乐[11],而自乐其乐也。方学为对偶声律之文[12],求升斗之禄[13],自度无以进见于诸公之间。来京师逾年,未尝窥其门[14]。今年春,天下之士群至于礼部[15],执事与欧阳公实亲试之[16],轼不自意,获在第二。既而闻之,执事爱其文,以为有孟轲之风,而欧阳公亦以其能不为世俗之文也而取,是以在此。非左右为之先容[17],非亲旧为之请属[18],而向之十余年间,闻其名而不得见者,一朝为知己。退而思之,人不可以苟富贵[19],亦不可以徒贫贱[20],有大贤焉而为其徒,则亦足恃矣。苟其侥一时之幸,从车骑数十人,使闾巷小民聚观而赞叹之,亦何以易此乐也! 传曰:"不怨天,不尤人[21]。"盖"优哉游哉,可以卒岁[22]"。执事名满天下,而位不过五品,其容色温然而不怒[23],其文章宽厚敦朴而无怨言,此必有所乐乎斯道也。轼愿与闻焉!

【注释】

〔1〕 宋仁宋嘉祐二年(1067)苏轼进士及第,当时的主考官为欧阳修,参评官为梅尧臣。苏轼考中后,写了这封信表示自己对欧阳修、梅尧臣的感激之情。梅直讲,即梅尧臣,字圣俞,北宋诗人,时任国子监直讲。

〔2〕 《鸱鸮(chī xiāo 痴萧)》:《诗经·豳风》中的一篇。古人认为这首诗是周公写给成王的,以表明他东征管、蔡之志。

〔3〕 《君奭(shì 是)》:《尚书》中的一篇。古人认为这是周公写给召(shào 哨)公,以表明自己心意。奭,召公姬奭,周文王庶子,与周公共佐成王。

〔4〕 "匪兕"二句:见《诗经·小雅·何草不黄》,意思是说不是犀牛,不是老虎,却在旷野上奔跑。匪,通"非"。兕(sì 四),犀牛一类的野兽。率,沿,引申为来回奔跑。

〔5〕 病:怨恨。

〔6〕 宰:这里指家臣。

〔7〕 管、蔡:即管叔、蔡叔。管叔名鲜,蔡叔名度,都是周公的亲弟弟,因怀疑周公摄政的名义篡权,于是发动叛乱被杀。

〔8〕 欧阳公:指欧阳修。

〔9〕 梅公:指梅尧臣。

〔10〕 从之游:同欧阳修交游。与:参与。上下:原指增减,这里指互相讨论,或发挥,或商榷。

〔11〕 飘然:高超的样子。

〔12〕 对偶声律之文:指诗赋。

〔13〕 升斗之禄:指小官吏。禄,古代官吏的俸给。

〔14〕 未尝窥其门:意思是还不敢拜梅尧臣为师。

〔15〕 礼部:六部之一。主管礼制、科举、学校等事。

〔16〕 执事:原指侍从左右供使令的人。旧时书信里,不直呼对方,而以执事指代,表示尊敬。

〔17〕 左右:指欧、梅身边亲近的人。先容:先为推荐,打通关节。

〔18〕 属(zhǔ 主):嘱托。

〔19〕 苟富贵:苟且于富贵之中。

〔20〕 徒贫贱：徒然安于一般庸碌的贫贱处境。
〔21〕 "不怨天"二句：见《论语·宪问》。尤，怨恨。
〔22〕 "优哉"二句：见《左传·襄公二十一年》引《诗经》句。卒，度完。
〔23〕 温然：温和的样子。

喜雨亭记[1]

亭以雨名，志喜也[2]。古者有喜，则以名物，示不忘也。周公得禾，以名其书[3]；汉武得鼎，以名其年[4]；叔孙胜敌，以名其子[5]。其喜之大小不齐，其示不忘一也。

予至扶风之明年[6]，始治官舍，为亭于堂之北，而凿池其南，引流种树，以为休息之所。是岁之春，雨麦于岐山之阳[7]，其占为有年[8]。既而弥月不雨[9]，民方以为忧。越三月，乙卯乃雨[10]，甲子又雨[11]，民以为未足；丁卯大雨[12]，三日乃止。官吏相与庆于庭，商贾相与歌于市，农夫相与忭于野[13]，忧者以喜，病者以愈，而吾亭适成。

于是举酒于亭上以属客[14]，而告之曰："五日不雨，可乎？"曰："五日不雨则无麦。""十日不雨，可乎？"曰："十日不雨，则无禾。"无麦无禾，岁且荐饥[15]，狱讼繁兴，而盗贼滋炽。则吾与二三子，虽欲优游以乐于此亭，其可得耶？今天不遗斯民，始旱而赐之以雨，使吾与二三子，得相与优游而乐于此亭者，皆雨之赐也。其又可忘耶？

既以名亭，又从而歌之。曰：使天而雨珠，寒者不得以为襦[16]；使天而雨玉，饥者不得以为粟。一雨三日，伊谁之力[17]？民曰太守[18]，太守不有。归之天子，天子曰不然。归之造物[19]，造物不自以为功，归之太空[20]。太空冥冥[21]，不可得而名，吾以名吾亭。

【注释】

〔1〕 本文作于嘉祐七年（1063）。苏轼于嘉祐六年十二月到凤翔佥判任，第二年作此文。喜雨亭在凤翔府城东北。这篇文章，抓住"喜雨"两字，从

一种亭子,引出与民同忧乐的道理,又不着痕迹。

〔2〕 志:记。

〔3〕 "周公"二句:唐叔得禾,进献给周成王,成王命唐叔转送给周公。周公得禾后,作《嘉禾》。

〔4〕 "汉武"二句:据《史记·孝武本纪》,汉武帝元狩七年(前116)六月,汾阳发现宝鼎,于是迎鼎至甘泉宫,改年号为元鼎。

〔5〕 "叔孙"二句:据《左传·文公二十一年》载,狄人入侵鲁国,鲁文公使叔孙得臣率兵击败狄人,并俘虏其首领侨如,于是叔孙得臣将自己儿子宣伯改名侨如。

〔6〕 扶风:旧郡名,三国魏置,旧址在今陕西凤翔。

〔7〕 雨麦:天上落下麦子。一说播种麦子。岐山,山名。在今陕西省岐山县境,上古称"岐"。阳,山的南边为阳。

〔8〕 占:占卜,引申指征兆。有年:丰年。

〔9〕 弥月:整整一个月。

〔10〕 乙卯:阴历三月八日。

〔11〕 甲子:三月十七日。

〔12〕 丁卯:三月二十日。

〔13〕 忭(biàn 变):喜悦。

〔14〕 属(zhǔ 主)客:向客人敬酒。

〔15〕 荐饥:连年饥荒。

〔16〕 襦(rú 如):短衣、短袄。

〔17〕 伊(yī 衣):助词,表语气。

〔18〕 太守:官名。秦置郡守,宋以后改郡为府或州,太守已非正式官名,只用作知府、知州的别称。

〔19〕 造物:又称"造物者",生有万物的主宰者。

〔20〕 太空:形成万物的最初的东西。

〔21〕 冥冥:高远的样子。

凌虚台记[1]

国于南山之下[2],宜若起居饮食与山接也[3]。四方之山,莫高于终南；而都邑之丽山者[4]，莫近于扶风[5]。以至近求最高，其势必得，而太守之居，未尝知有山焉。虽非事之所以损益，而物理有不当然者[6]。此凌虚之所为筑也。

方其未筑也，太守陈公杖履逍遥于其下[7]。见山之出于林木之上者，累累如人之旅行于墙外而见其髻也[8]，曰："是必有异。"使工凿其前为方池，以其土筑台，高出于屋之檐而止。然后人之至于其上者，恍然不知台之高，而以为山之踊跃奋迅而出也。公曰："是宜名凌虚。"以告其从事苏轼[9]，而求文以为记。

轼复于公曰："物之废兴成毁，不可得而知也。昔者荒草野田，霜露之所蒙翳[10]，狐虺之所窜伏[11]。方是时，岂知有凌虚台耶？废兴成毁，相寻于无穷[12]，则台之复为荒草野田，皆不可知也。尝试与公登台而望，其东则秦穆之祈年、橐泉也[13]，其南则汉武之长杨、五柞[14]，而其北则隋之仁寿、唐之九成也[15]。计其一时之盛，宏杰诡丽，坚固而不可动者，岂特百倍于台而已哉！然而数世之后，欲求其仿佛，而破瓦颓垣，无复存者，既已化为禾黍荆棘丘墟陇亩矣[16]，而况于此台欤！夫台犹不足恃以长久，而况于人事之得丧，忽往而忽来者欤！而或者欲以夸世而自足，则过矣。盖世有足恃者，而不在乎台之存亡也。"

既以言于公，退而为之记。

【注释】

〔1〕 本文是苏轼为其上司凤翔太守陈希亮所造高台撰写的记文。文中感叹人事万物的变化无常，从而发挥议论，指出人世间有"足恃"和"不足恃"的东西。

〔2〕 国：指都市，城邑。这里用作动词，建城。南山：终南山的简称。在今陕西西安南。

〔3〕 宜若：似乎，好像。

〔4〕 丽：附着，靠近。

〔5〕 扶风：宋称凤翔府，治所在今陕西凤翔县。这里沿用旧称。

〔6〕 物理：事物的道理。

〔7〕 陈公：当时的知府陈希亮。公，对人的尊称。杖履：这里指持杖著

履出游。

〔8〕 累累:重叠连接的样子。髻(jì 记):挽束在头顶上的发。

〔9〕 从事:属吏。当时苏轼是陈希亮的下属。

〔10〕 蒙翳(yì 意):掩蔽。

〔11〕 虺(huǐ 毁):毒虫,毒蛇。窜伏:潜藏,伏匿。

〔12〕 相寻:接连不断。

〔13〕 秦穆:即秦穆公。祈年、橐(tuó 驼)泉:春秋时秦国的两座宫名。

〔14〕 汉武:即汉武帝刘彻。长杨、五柞(zuò 做):均为汉代宫名。

〔15〕 仁寿:隋宫名。九成:宫名。唐贞观五年改仁寿宫为九成宫。

〔16〕 陇:通"垄"。

超然台记[1]

凡物皆有可观。苟有可观,皆有可乐,非必怪奇伟丽者也。铺糟啜醨皆可以醉[2],果蔬草木皆可以饱。推此类也,吾安往而不乐[3]。夫所为求福而辞祸者[4],以福可喜而祸可悲也。人之所欲无穷,而物之可以足吾欲者有尽。美恶之辨战于中[5],而去取之择交乎前,则可乐者常少,而可悲者常多,是谓求祸而辞福。夫求祸而辞福,岂人之情也哉,物有以盖之矣[6]。彼游于物之内[7],而不游于物之外。物非有大小也,自其内而观之,未有不高且大者也。彼挟其高大以临我[8],则我常眩乱反覆[9],如隙中之观斗,又乌知胜负之所在[10]。是以美恶横生[11],而忧乐出焉。可不大哀乎。

予自钱塘移守胶西[12],释舟楫之安[13],而服车马之劳[14],去雕墙之美[15],而庇采椽之居[16],背湖山之观,而行桑麻之野[17],始至之日,岁比不登[18],盗贼满野,狱讼充斥[19],而斋厨索然[20],日食杞菊[21]。人固疑予之不乐也[22]。处之期年[23],而貌加丰[24],发之白者,日以反黑[25]。予既乐其风俗之淳[26],而其吏民亦安予之拙也[27],于是治其园囿[28],洁其庭宇[29],伐安丘、高密之木以修补破败[30],为苟完之计[31]。而园之北,因城以为台者旧矣[32],稍葺而新之[33]。时相与登览[34],放意肆志焉[35]。南望马耳、常山[36],出没隐见[37],若近若远,庶几有隐君子乎[38]?而其东则卢山,秦人卢敖之所从遁也[39]。西望穆陵[40],隐然如城郭[41],师尚父、齐桓公之遗烈[42],犹有存者。北俯潍水[43],慨然大息[44],思淮阴之功[45],而吊其不终[46]。台高而安,深而明,夏凉而冬温。雨雪之朝,风月之夕,予未尝不在,客未尝不从。撷园疏[47],取池鱼,酿秫酒[48],瀹脱粟而食之[49],曰:乐哉游乎!

予弟子由适在济南[50],闻而赋之[51],且名其台曰"超然",以见予之无所往而不乐者,盖游于物之外也。

【注释】

〔1〕 本文为神宗熙宁八年(1075)作者知密州时所作。全文无论叙事、描写、议论、抒情都围绕"超然"二字,表达了作者超然物外、无往不乐的旷达的人生态度。超然台,故址在今山东诸城北城上。

〔2〕 餔(bǔ 捕)糟啜(chuò 辍)醨:吃酒糟,喝薄酒。餔,食。糟,酒糟,滤酒后的渣滓。啜,饮。醨,薄酒。

〔3〕 安往:去哪里。

〔4〕 所为:即"所谓"。辞祸:避祸。

〔5〕 中:内心。

〔6〕 盖:蒙蔽。

〔7〕 游:游心,涉想。

〔8〕 挟:倚仗。临:居高处朝向低处。

〔9〕 眩乱反覆:头晕目眩,分不清真假、是非。

〔10〕 乌:如何。

〔11〕 横生:洋溢而出,充分显露出来。

〔12〕 钱塘:县名。即今浙江杭州。胶西:汉置胶西国或胶西郡,治所在今高密,辖境在今山东胶河以西、高密以北地区。这里指密州。

〔13〕 释:放下,舍弃。

〔14〕 服:从事于。

〔15〕 去:舍弃。雕墙:经过装饰的墙壁。此代指豪华的住房。

〔16〕 庇:托庇于,此指居住。一作"蔽"。采椽:一说"采"为木名,即栎树;一说自山上采来的椽,不施斧斤,形容房子的粗朴。语出《韩非子·五蠹》:"采椽不斫。"

〔17〕背:离开。行:到。桑麻之野:指密州。《汉书·地理志》谓鲁国"颇有桑麻之业"。密州属古鲁地。以上六句以交通、居住、环境三项来说明密州不如杭州。

〔18〕岁比不登:连年收成不好。

〔19〕狱讼:指诉讼案件。

〔20〕斋厨:厨房。此代指饮食。索然:寂寞,无生气。这句是说饮食不好。

〔21〕杞菊:枸杞、菊花。同时所作《后杞菊赋》的序称,他拿枸杞、菊花作口粮。

〔22〕固:必,一定。

〔23〕期(jī击)年:满一年。

〔24〕貌加丰:从外表上看比以前更加丰腴。

〔25〕日:一天天。反:同"返"。

〔26〕淳:质朴敦厚。

〔27〕拙:笨拙。作者自谦之辞。

〔28〕治:修整。

〔29〕洁:清扫。

〔30〕安丘:县名,在今山东潍县南。

〔31〕苟完:近于完备。

〔32〕因:凭借,倚靠。

〔33〕葺(qì气):修补。新之:使之变新。

〔34〕时:经常。相与:与他人一起。

〔35〕放意肆志:放纵情志,纵性而为。

〔36〕马耳、常山:二山名。皆在密州南。

〔37〕见:同"现"。

〔38〕庶几:大概。隐君子:隐士。

〔39〕卢山:在诸城南。传说卢敖为秦朝博士,隐居此山,后得道成仙。后世因名此山为卢山。遁:隐遁。

〔40〕穆陵:关名。故址在今山东临朐东南大岘山上。

〔41〕隐然:模糊不清。

〔42〕师尚父:吕尚,即姜太公。遗烈:尚未湮灭的丰功伟迹。

〔43〕潍水:潍河。源出今山东五莲西南之箕屋山,流经诸城,至昌邑入

莱州湾。

〔44〕 大(tài泰)息:叹息。

〔45〕 淮阴:指韩信,他于汉初被封为淮阴侯。韩信伐齐,楚派二十万兵救齐,两军隔潍水为阵,韩信最终取胜。

〔46〕 吊其不终:哀悼他(韩信)不得善终。《史记·淮阴侯列传》载,韩信后来以谋反汉朝之嫌,被吕后设计斩杀于长乐宫。

〔47〕 撷(xié携):摘取。疏:通"蔬"。

〔48〕 秫(shú熟)酒:高粱酒。也指糯米酿成的酒。

〔49〕 瀹(yuè月):煮。脱粟:糙米。

〔50〕 "予弟"句:当时苏辙(字子由)任齐州掌书记。济南,即齐州,治所在历城(今山东济南)。

〔51〕 赋之:苏辙曾作《超然台赋》,见《栾城集》卷十七。

放鹤亭记[1]

熙宁十年秋[2],彭城大水[3]。云龙山人张君之草堂[4],水及其半扉[5]。明年春,水落,迁于故居之东,东山之麓[6]。升高而望,得异境焉,作亭于其上。彭城之山,冈岭四合,隐然如大环,独缺其西一片,而山人之亭,适当其缺。春夏之交,草木际天;秋冬雪月,千里一色;风雨晦明之间,俯仰百变。山人有二鹤,甚驯而善飞[7]。旦则望西山之缺而放焉,纵其所如,或立于陂田[8],或翔于云表,暮则傃东山而归[9]。故名之曰"放鹤亭"。

郡守苏轼,时从宾佐僚吏往见山人[10],饮酒于斯亭而乐之。挹山人而告之曰[11]:"子知隐居之乐乎?虽南面之君[12],未可与易也。《易》曰:'鸣鹤在阴,其子和之[13]。'《诗》曰:'鹤鸣于九皋,声闻于天[14]。'盖其为物清远闲放,超然于尘埃之外,故《易》、诗人以比贤人君子。隐德之士,狎而玩之[15],宜若有益而无损者,然卫懿公好鹤则亡其国[16]。周公作《酒诰》[17],卫武公作《抑》戒[18],以为荒惑败乱,无若酒者,而刘伶、阮籍之徒[19],以此全其真而名后世[20]。嗟夫!南面之君,虽清远闲放如鹤者,犹不得好,好之则亡其国。而山林遁世之士,虽荒惑败乱如酒者,犹不能为害,而况于鹤乎?由此观之,其为乐未可以同日而语也。"

山人欣然而笑曰:"有是哉!"乃作《放鹤招鹤之歌》曰:"鹤飞去兮西山之缺,高翔而下览兮择所适。翻然敛翼宛将集兮,忽何所见矫然而复击。独终日于涧谷之间兮[21],啄苍苔而履白石。鹤归来兮,东山之阴。其下有人兮,黄冠草履[22],葛衣而鼓琴[23]。躬耕而食兮,其余以汝饱。归来归来兮,西山不可以久留。"

【注释】

〔1〕 本文是苏轼于宋神宗熙宁十一年(1078)任徐州知州时所作。全文塑造了一个超凡出群的隐士形象,并且多次写鹤,刻画鹤清远闲放的形象,以比贤人君子,象征隐士,突出隐居之乐。

〔2〕 熙宁十年:公元1077年。熙宁,宋神宗年号(1068—1077)。

〔3〕 彭城:县名,治所在今江苏徐州。

〔4〕 云龙:山名,在今徐州市云龙区。山人:隐士的称号。张君:即张天骥,隐居于云龙山,自称云龙山人。

〔5〕 扉:门扇。

〔6〕 麓:山脚。

〔7〕 驯:驯服。

〔8〕 陂(bēi卑):水边。

〔9〕 愫(sù素):向,向着。

〔10〕 宾佐僚吏:这里泛指苏轼的宾客僚属。

〔11〕 挹(yì意):酌酒。

〔12〕 南面:古代以坐北朝南为尊位,皇帝见群臣时面南而坐,故称居帝位为南面。

〔13〕 "鸣鹤"二句:见《易经·中孚》。

〔14〕 "鹤鸣"二句:见《诗经·小雅·鹤鸣》。九皋,深泽。

〔15〕 狎(xiá侠):亲近。

〔16〕 卫懿公:春秋时卫国国君。平时很喜欢鹤,甚至给鹤封爵,让鹤乘大夫车。后来狄人攻打卫国,卫国士兵因国君爱鹤甚于爱民,都不愿出战,卫国遂亡。事见《左传·鲁闵公二年》。

〔17〕 《酒诰》:《尚书》中的一篇,传说是周公所作,用来告诫康叔。

〔18〕《抑》:《诗经·大雅》中的一篇,相传是卫武公用来自我警戒之作。

〔19〕 刘伶、阮籍:西晋"竹林七贤"中的两个人,以嗜酒闻名,经常纵酒沉醉,掩盖自己的政治态度,以保全性命。

〔20〕 全其真:保全其真性。名后世:传名后世。

〔21〕 涧(jiàn 建):两山之间的水流。

〔22〕 黄冠:黄色帽子,古时为道士所戴。

〔23〕 葛衣:葛布做的衣服。葛,藤本植物,可织成葛布。

石钟山记[1]

《水经》云[2]:"彭蠡之口[3],有石钟山焉。"郦元以为"下临深潭,微风鼓浪,水石相搏,声如洪钟[4]"。是说也[5],人常疑之。今以钟磬置水中[6],虽大风浪不能鸣也,而况石乎？至唐李渤[7],始访其遗踪,得双石于潭上。扣而聆之[8],南声函胡[9],北音清越[10],枹止响腾[11],余韵徐歇[12],自以为得之矣。然是说也,余尤疑之。石之铿然有声者[13],所在皆是也,而此独以"钟"名,何哉？

元丰七年六月丁丑[14],余自齐安舟行[15],适临汝[16],而长子迈将赴饶之德兴尉[17],送之至湖口,因得观所谓"石钟"者。寺僧使小童持斧,于乱石间,择其一二,扣之硿硿焉[18],余固笑而不信也。至其夜月明,独与迈乘小舟,至绝壁下。大石侧立千尺,如猛兽奇鬼,森然欲搏人[19];而山上栖鹘[20],闻人声亦惊起,磔磔云霄间[21];又有若老人欬且笑于山谷中者,或曰:"此鹳鹤也[22]。"余方心动欲还,而大声发于水上,噌吰如钟鼓不绝[23],舟人大恐。徐而察之,则山下皆石穴罅[24],不知其浅深,微波入焉,涵澹澎湃而为此也[25]。舟回至两山间,将入港口,有大石当中流,可坐百人,空中而多窍[26],与风水相吞吐,有窾坎镗鞳之声[27],与向之噌吰者相应,如乐作焉。因笑谓迈曰:"汝识之乎？噌吰者,周景王之无射也[28];窾坎镗鞳者,魏庄子之歌钟也[29]。古之人不余欺也。"

事不目见耳闻而臆断其有无,可乎？郦元之所见闻,殆与余同,而言之不详；士大夫终不肯以小舟夜泊绝壁之下,故莫能知；而渔工水师[30],虽知而不能言,此世所以不传也。而陋者乃以斧斤考击而求之[31],自以为得其实。余是以记之,盖叹郦元之简,而笑李渤之陋也。

【注释】

〔1〕 元丰七年(1084)苏轼由黄州赴汝州,途经江西湖口,访石钟山,写下这篇文章,记述了石钟山的特点,考察了山名石钟的由来。作者先列举前人对石钟山命名的解释,提出疑问；然后记述自己亲历其境实地考察的见闻和所获得的结论；最后引出议论,批评了那种对客观事物不认真调查而单凭主观臆断下结论的作风。全文描写与叙述、议论相结合,具有吸引力和说服力。石钟山,在今江西湖口。

〔2〕 《水经》:我国古代第一部记述江水河道分布情况的地理书。

〔3〕 彭蠡(lǐ里):即鄱阳湖,在江西北部。

〔4〕 郦(lì立)元:郦道元。北魏范阳涿(今河北涿州南)人。所著《水经注》四十卷在地理学和文学上都有相当价值。苏轼所引《水经》两句和《水经注》四句(即"下临深潭"以下四句)今本均无。苏轼转引自李渤《辨石钟山记》。

〔5〕 是说:这个说法。

〔6〕 磬(qìng庆):古代一种用玉和石制成的乐器。

〔7〕 李渤:唐洛阳(今河南洛阳)人,曾任江州(今江西九江一带)刺史,治理湖水,筑堤七百步。新、旧《唐书》均有传。

〔8〕 扣:敲击。聆(líng灵):听。

〔9〕 南声函胡:南边那块石头声音模糊不清。

〔10〕 北音清越:北边那块石头声音清脆响亮。

〔11〕 枹(fú福)止响腾:停下鼓槌,响声还在腾播。

〔12〕 余韵徐歇:余音很久才慢慢地静止下来。

〔13〕 铿(kēng坑)然:金属的声音。

〔14〕 丁丑:古人常以干支纪年、纪月或纪日,元丰七年六月丁丑,是六月初九(1084年7月4日)。

〔15〕 齐安:今湖北黄冈。

〔16〕 适:往。临汝:今河南临汝。当时苏轼由黄州团练副使改官汝州。

〔17〕 迈:苏迈,字伯达,苏轼长子。饶之德兴:饶州府德兴县(今江西德兴)。尉:县尉,县的副长官。

〔18〕 硿(kōng 空)硿焉:击石声。

〔19〕 森然:阴森森地。搏:扑击。

〔20〕 栖(qī 欺):宿息。鹘(hú 狐):一种凶猛的鸟。

〔21〕 磔(zhé 哲)磔:鸟飞腾的声音。

〔22〕 鹳(guàn)鹤:鸟名。像鹤而无红顶,颈长嘴尖,全身灰白,翅尾黑色,在高树上结巢。

〔23〕 噌吰(chēng hóng 撑红):响亮厚重的钟声。

〔24〕 穴罅(xià 下):洞孔和裂缝。

〔25〕 涵澹(hán dàn 含但):大水流动的样子。澎湃(péng pài 彭派):波涛奔腾的样子。

〔26〕 空中:(石的)里面是空的。窍:小孔。

〔27〕 窾坎(kuǎn kǎn 款砍):击物声。镗鞳(tāng tà 淌踏):钟鼓声。

〔28〕 无射(yì 义):钟名。《左传·昭公二十一年》:"春,天王(周景王)将铸无射。"孔颖达疏:"无射,钟名,其声于律应无射之管,故以律名名钟。"

〔29〕 魏庄子:魏绛,春秋时晋国大夫,谥庄子。歌钟:又叫编钟,用十六口钟按音阶排列而成。据《左传·襄公十一年》记载,郑国送给晋悼公两套编钟,晋悼公"以乐之半赐魏绛"。

〔30〕 渔工:渔人。水师:船夫。

〔31〕 陋者:见识低下的人。斧斤:斧头之类工具。考击:敲击。

潮州韩文公庙碑[1]

匹夫而为百世师,一言而为天下法[2],是皆有以参天地之化[3],关盛衰之运,其生也有自来,其逝也有所为。故申、吕自岳降[4],傅说为列星[5],古今所传,不可诬也。孟子曰:"我善养吾浩然之气[6]。"是气也,寓于寻常之中,而塞乎天地之间。卒然遇之[7],则王公失其贵,晋、楚失其富[8],良、平失其智[9],贲、育失其勇[10],仪、秦失其辩[11]。是孰使之然哉?其必有不依形而立,不恃力而行,不待生而存,不随死而亡者矣。故在天为星辰,在地为河岳,幽则为鬼神[12],而明则复为人[13]。此理之常,无足怪者。

自东汉以来,道丧文弊,异端并起[14]。历唐贞观、开元之盛,辅以房、杜、姚、宋而不能救[15]。独韩文公起布衣,谈笑而麾之[16],天下靡然从公[17],复归于正,盖三百年于此矣。文起八代之衰[18],而道济天下之溺,忠犯人主之怒[19],而勇夺三军之帅[20],此岂非参天地,关盛衰,浩然而独存者乎?盖尝论天人之辨,以谓人无所不至,惟天不容伪。智可以欺王公,不可以欺豚鱼[21];力可以得天下,不可以得匹夫匹妇之心。故公之精诚,能开衡山之云[22],而不能回宪宗之惑[23];能驯鳄鱼之暴[24],而不能弭皇甫镈、李逢吉之谤[25];能信于南海之民,庙食百世[26],而不能使其身一日安于朝廷之上。盖公之所能者,天也;其所不能者,人也。

始,潮人未知学,公命进士赵德为之师[27]。自是潮之士,皆笃于文行,延及齐民[28],至于今,号称易治。信乎孔子之言:"君子学道则爱人,小人学道则易使也[29]。"潮人之事公也,饮食必祭,水旱疾疫,凡有求必祷焉。而庙在刺史公堂之后,民以出入为艰。前太守欲请诸朝作新庙,不果。元祐五年[30],朝散郎王君涤来守是邦[31],凡所以养士治民者,一以公为师。民既悦服,则出令曰:"愿新公庙者听[32]。"民欢趋之,卜地于州城之南七里,期年而庙成。

或曰:"公去国万里,而谪于潮,不能一岁而归[33],没而有知,其不眷恋于潮也审矣。"轼曰:"不然!公之神在天下者,如水之在地中,无所往而不在也。而潮人独信之深,思之至,焄蒿凄怆[34],若或见之。譬如凿井得泉,而曰水专在是,岂理也哉?"元丰元年[35],诏封公昌黎伯,故榜曰"昌黎伯韩文公之庙"。潮人请书其事于石,因作诗以遗之[36],使歌以祀公。其辞曰:

公昔骑龙白云乡,手抉云汉分天章[37],天孙为织云锦裳[38]。飘然乘风来帝旁,下与浊世扫粃糠[39],西游咸池略扶桑[40]。草木衣被昭回光[41],追逐李、杜参翱翔[42],汗流籍、湜走且僵[43],灭没倒影不能望[44]。作书诋佛讥君王,要观南海窥衡、湘,历舜九疑吊英、皇[45]。祝融先驱海若藏,约束蛟鳄如驱羊[46]。钧天无人帝悲伤[47],讴吟下招遣巫阳[48],犦牲鸡卜羞我觞[49]。于餐荔丹与蕉黄[50],公不少留我涕滂,翩然被发下大荒[51]。

【注释】

〔1〕 此文对韩愈的评价高屋建瓴,核心在于一个"气"字,这既是对韩愈的精到评价,也是宋代知识分子主体精神高扬的写照。韩文公,即韩愈,"文"是他的谥号。潮州,今广东潮安。

〔2〕 匹夫:庶人,平民。百世师:可为百代师表的人。法:仿效的标准、原则。

〔3〕 参天地之化:《中庸》:"可以赞天地之化育,则可以与天地参矣。"朱熹注:"赞,犹助也。与天地参,谓与天地并立为三也。"

〔4〕 申、吕:指周宣王时的大臣申伯和周穆王时的大臣吕侯(一作甫侯)。自岳降:《诗经·崧高》:"维岳降神,生甫及申。"朱熹注:"甫,甫侯也。即穆王时作《吕刑》者。……申,申伯也。皆姜姓之国也。……言岳山高大,而降其神灵和气,以生甫侯、申伯。"此句以申、吕为例,说明"生也有自来"。

〔5〕 傅说:殷相,辅佐武丁成就殷商之中兴。传说傅说死后,其精神跨于箕、尾二宿之间,为傅说星。见《庄子·大宗师》。

〔6〕 "我善养"句:语见《孟子·公孙丑上》。

〔7〕 卒:通"猝"。

〔8〕 晋、楚:春秋战国时的两个大国。

〔9〕 良、平:张良和陈平,辅佐刘邦的谋臣,两人都以智谋见长。

〔10〕 贲、育:孟贲、夏育,战国时大力士。

〔11〕 仪、秦:张仪、苏秦,战国时的纵横家,以善辩著称。

〔12〕 幽:幽冥之处。指在阴间。

〔13〕 明:人世间。

〔14〕 道:儒家之道。文:文章创作。异端:古代儒家称其他学说、学派为异端,这里指佛、道。

〔15〕 房、杜:房玄龄和杜如晦,是太宗朝的名相,所谓"贞观之治"的功臣。姚、宋:姚崇和宋璟,在玄宗朝先后为相,是"开元之治"的功臣。

〔16〕 麾:通"挥",招手,指挥。

〔17〕 靡然:倒下的样子,此指纷然顺从。

〔18〕 八代:指汉、魏、晋、宋、齐、梁、陈、隋。

〔19〕"忠犯"句:唐宪宗欲迎佛骨入宫,韩愈上《谏迎佛骨表》触怒宪宗,被贬为潮州刺史。

〔20〕勇夺三军之帅:指韩愈宣抚镇州兵变之事。唐穆宗时,镇州兵变,镇将王廷凑杀主帅田弘正自立,且进围深州,韩愈奉命前往宣谕,折之以大义,使叛军归顺。

〔21〕豚鱼:泛指小动物。

〔22〕"公之"二句:韩愈有《谒衡岳庙遂宿岳寺题门楼》诗,云:"五岳祭秩皆三公,四方环镇嵩当中。……喷云泄雾藏半腹,虽有绝顶谁能穷。我来正逢秋雨节,阴气晦昧无清风。潜心默祷若有应,岂非正直能感通。须臾静扫众峰出,仰见突兀撑青空。"衡山,五岳之一,在湖南。

〔23〕回宪宗之惑:这里指宪宗信佛。回,劝回。惑,迷惑。

〔24〕"能驯"句:韩愈初到潮州时,溪中鳄鱼为患,于是作《祭鳄鱼文》,令鳄鱼迁走,当夜暴风雷电起溪中,数日而溪水涸,西徙六十里,自此潮州无鳄鱼之患。见《新唐书·韩愈传》。

〔25〕"而不能弭"二句:韩愈贬潮州后,上表给皇帝,宪宗看了后很感动,想将其召回,为皇甫镈所阻拦。唐穆宗时宰相李逢吉故意制造韩愈和李绅之间的矛盾,然后以此为借口,对他们进行打击。见《新唐书·韩愈传》。弭(mǐ米),停止。皇甫镈,宪宗时宰相。

〔26〕庙食:死后得立庙,享受祭祀。

〔27〕赵德:号天水先生,通经能文。韩愈有《潮州请置乡校牒》一文推荐他。

〔28〕齐民:平民。《管子·君臣下》:"齐民食于力,则作本。"

〔29〕"君子"二句:语见《论语·阳货》。指君子学了道就会爱百姓,而一般百姓学了道,就容易役使了。使,驱使。

〔30〕元祐五年:公元1090年。元祐,宋哲宗赵煦年号(1086—1094)。

〔31〕朝散郎:阶官名,用以表示品位、俸禄等级。王涤:据《广东通志》卷二百三十八:"王涤,字长源,莱州人。元祐五年知潮州。"

〔32〕新:这里用做动词,重建的意思。

〔33〕不能一岁:不满一年。韩愈于元和十四年(819)正月贬潮州,同年十月改任袁州刺史,在潮州仅七月。

〔34〕焄(xūn薰)蒿:香气散发。这里指祭祀。焄,同"薰",香气。蒿,香气蒸腾的样子。

〔35〕 元丰元年：公元1078年。元丰，宋神宗赵顼的年号（1078—1085）。
〔36〕 遗：送。
〔37〕 抉：挑出。云汉：银河。天章：天上的文彩，即彩云。
〔38〕 天孙：即织女，传说是天帝的孙子。
〔39〕 粃糠：这里指异端。
〔40〕 "西游"句：屈原《离骚》："饮余马于咸池兮，总余辔乎扶桑。"这里借用，是说韩愈东西奔忙。咸池，神话中太阳沐浴之处。扶桑，神木名，传说太阳出其下。
〔41〕 "草木"句：这里指韩愈道德文章成就的光芒，泽及草木。衣被，加惠。昭回光，普照的光辉。
〔42〕 李、杜：李白和杜甫。
〔43〕 "汗流"句：这里说张籍和皇甫湜等人在韩愈后面追赶，奔跑流汗，没法赶上，指他们的成就没法和韩愈相比。籍、湜，张籍和皇甫湜（shí时）。走，奔跑。僵，倒下。
〔44〕 "灭没"句：指张籍、皇甫湜等人像易灭的倒影一样容易消失，无法企及韩愈的成就。
〔45〕 "作书"三句：指韩愈因谏佛骨而被贬潮州，一路上得以饱览衡山、湘水之景色，经过舜所葬之九疑山，凭吊死于沅、湘之间的娥皇、女英二妃。
〔46〕 "祝融"二句：天神和海神都提前逃走或藏起来，驱逐鳄鱼像赶走羊羔一样。祝融，南方天神。海若，海神。先驱，提前逃走。
〔47〕 钧天：天之中央。《吕氏春秋·有始》："中央曰钧天。"
〔48〕 巫阳：名叫阳的巫师。传说中的人名。
〔49〕 犦（bó勃）牲：以犦牛作为祭品。鸡卜，古代占卜之法。羞，进献。
〔50〕 "于餐"句：韩愈《柳州罗池庙碑》："荔子丹兮蕉黄，杂肴蔬兮进侯堂。"这句和上句是描写祭奠时的场面。
〔51〕 "翩然"句：借用韩愈《杂诗》"翩然下大荒，被发骑麒麟"诗句，写韩愈的灵魂离开人间到了天上。大荒，《山海经·大荒西经》："大荒之中，有山名大荒之山，日月之所出。"

乞校正陆贽奏议进御札子[1]

臣等猥以空疏[2]，备员讲读[3]。圣明天纵[4]，学问日新。臣等才有限而道无穷,心欲言而口不逮[5],以此自愧,莫知所为。窃谓人臣之纳忠[6],譬如医者之用药。药虽进于医手,方多传于古人。若已经效于世间,不必皆从于己出。

伏见唐宰相陆贽,才本王佐,学为帝师。论深切于事情,言不离于道德。智如子房而文则过[7],辩如贾谊而术不疏[8]。上以格君心之非[9],下以通天下之志。但其不幸,仕不遇时。德宗以苛刻为能[10],而贽谏之以忠厚;德宗以猜忌为术,而贽劝之以推诚;德宗好用兵,而贽以消兵为先;德宗好聚财,而贽以散财为急。至于用人听言之法,治边御将之方,罪己以收人心,改过以应天道,去小人以除民患,惜名器以待有功[11],如此之流,未易悉数。可谓进苦口之药石[12],针害身之膏肓[13]。使德宗尽用其言,则贞观可得而复[14]。

臣等每退自西阁[15],即私相告,以陛下圣明,必喜贽议论。但使圣贤之相契,即如臣主之同时。昔冯唐论颇、牧之贤,则汉文为之太息[16];魏相条晁、董之对,则孝宣以致中兴[17]。若陛下能自得师,莫若近取诸贽。夫六经三史、诸子百家[18],非无可观,皆足为治。但圣言幽远[19],末学支离[20],譬如山海之崇深,难以一二而推择。如贽之论,开卷了然。聚古今之精英,实治乱之龟鉴[21]。臣等欲取其奏议,稍加校正,缮写进呈。愿陛下置之坐隅[22],如见贽面;反复熟读,如与贽言。必能发圣性之高明,成治功于岁月。臣等不胜区区之意[23],取进止[24]。

【注释】

〔1〕 本文是苏轼任端明殿学士兼翰林侍读学士、礼部尚书时,与同僚吕希哲、范祖禹等共同请求校正唐代陆贽奏议,上呈宋哲宗的奏章。陆贽,字敬舆,唐德宗时官至宰相,为人耿直,办事干练,敢于直言诤谏。后因受人诬陷而被贬。札子,奏疏的一种,宋代开始出现,即臣属写给皇帝的书信。

〔2〕 猥(wěi伟):鄙贱,自谦词。空疏:指学问浅薄。

〔3〕 备员:充数,凑数。谦词,指任职。讲读:指翰林院的侍讲学士和端明殿的侍读学士。

〔4〕 天纵:天禀,常用来称赞帝王。

〔5〕 逮:到,及。

〔6〕 窃:表示自谦的意思。纳忠:进献忠言。

〔7〕 子房:即张良。

〔8〕 疏:疏阔,空疏。

〔9〕 格:正。

〔10〕 德宗:唐德宗李适(kuò 括),公元779年至805年在位。

〔11〕 名器:古代表示统治者等级、地位的爵位、车服仪制等。

〔12〕 药石:治兵的药物和砭(biān 边)石。这里泛指药物。

〔13〕 针:这里用作动词,针刺治疗。膏肓(huāng 荒):古代医学把心尖脂肪称膏,心脏和隔膜之间称肓,认为是药物无法达到的地方。这里指难以医治的疾病。

〔14〕 贞观:唐太宗李世民年号(627—649),这里指"贞观之治"。这一时期经济繁荣,政治清明,国力强盛。

〔15〕 西阁:宋朝皇帝听讲的地方。

〔16〕 冯唐:西汉文帝时任中郎署长。颇:廉颇,战国时赵国名将。牧:李牧,战国时赵国名将。冯唐曾向汉文帝称道战国时名将廉颇和李牧,汉文帝刘恒慨叹道:"嗟乎!吾独不得廉颇、李牧为将"。

〔17〕 魏相:汉宣帝时宰相,封高平侯,主张整顿吏治,考核实效。所呈奏疏中往往引用汉代晁错、董仲舒的言论。条:列举。晁:晁错。董:董仲舒。

〔18〕 三史:指《史记》、《汉书》、《后汉书》三部史学著作。

〔19〕 圣言:圣人之言,指六经。

〔20〕 末学:与经学相对而言,指诸子的书和史书。

〔21〕 龟鉴:借鉴。龟,古代用龟甲占卜,以辨吉凶。鉴,即镜子。

〔22〕 坐:通"座"。

〔23〕 区区:愚拙,凡庸。谦词。

〔24〕 取进止:听从裁处。取,听任。进止,进退。是古时公文末尾的常用语。

前赤壁赋[1]

壬戌之秋[2],七月既望[3],苏子与客泛舟,游于赤壁之下[4]。清风徐来,水波不兴。举酒属客[5],诵明月之诗[6],歌窈窕之章[7]。

少焉,月出于东山之上,徘徊于斗牛之间[8]。白露横江,水光接天。纵一苇之所如[9],凌万顷之茫然。浩浩乎如冯虚御风[10],而不知其所止;飘飘乎如遗世独立[11],羽化而登仙[12]。

于是饮酒乐甚,扣舷而歌之。歌曰:"桂棹兮兰桨[13],击空明兮溯流光[14],渺渺兮予怀[15],望美人兮天一方[16]。"客有吹洞箫者[17],依歌而和之[18]。其声呜呜然,如怨如慕,如泣如诉,余音嫋嫋[19],不绝如缕[20],舞幽壑之潜蛟,泣孤舟之嫠妇[21]。

苏子愀然[22],正襟危坐而问客曰[23]:"何为其然也?"客曰:"'月明星稀,乌鹊南飞',此非曹孟德之诗乎[24]?西望夏口[25],东望武昌[26],山川相缪[27],郁乎苍苍[28],此非孟德之困于周郎者乎[29]?方其破荆州,下江陵[30],顺流而东也,舳舻千里[31],旌旗蔽空,酾酒临江[32],横槊赋诗[33],固一世之雄也[34],而今安在哉?况吾与子渔樵于江渚之上[35],侣鱼虾而友麋鹿[36];驾一叶之扁舟,举匏樽以相属[37]。寄蜉蝣于天地[38],渺沧海之一粟[39]。哀吾生之须臾,羡长江之无穷。挟飞仙以遨游,抱明月而长终[40]。知不可乎骤得,托遗响于悲风[41]。"

苏子曰:"客亦知夫水与月乎?逝者如斯[42],而未尝往也[43];盈虚者如彼[44],而卒莫消长也。盖将自其变者而观之,则天地曾不能以一瞬[45];自其不变者而观之,则物与我皆无尽也[46]。而又何羡乎?且夫天地之间,物各有主,苟非吾之所有,虽一毫而莫取。惟江上之清风,与山间之明月,耳得之而为声,目遇之而成色,取之无禁,用之不竭,是造物者之无尽藏也[47],而吾与子之所共适[48]。"

客喜而笑,洗盏更酌,肴核既尽[49],杯盘狼藉[50],相与枕藉乎舟中[51],不知东方之既白。

【注释】

〔1〕 本文以即景抒感、主客问答的手法,曲折地反映了作者被贬黄州期间思想上的矛盾和痛苦,突出体现了他身处逆境,不以得失为怀,善自排遣的旷达胸襟和乐观的人生态度。

〔2〕 壬戌:宋神宗元丰五年(1082),岁次壬戌。

〔3〕 既望：旧历每月的十六日。既，过了。望，十五日。

〔4〕 赤壁：此指苏轼所游的湖北黄冈县城外的赤壁矶，非三国时"赤壁之战"的旧址。作者在此乃借赤壁之名吊古抒怀而已。

〔5〕 属(zhǔ 拄)：劝酒。

〔6〕 明月之诗：即下文客所言曹孟德(曹操)之诗《短歌行》（"月明星稀"）。

〔7〕 窈窕之章：指《诗经·陈风·月出》。首章有"月出皎兮，佼人僚兮，舒窈纠(jiǎo 皎)兮"。窈纠，即窈窕。

〔8〕 少焉：一会儿。徘徊：踌躇不前。斗牛：星宿名，指斗宿和牛宿。

〔9〕 纵一苇之所如：任凭小船在江面上飘荡。纵，听任。一苇，喻小船。《诗经·卫风·河广》："谁谓河广？一苇杭之。"如，往。

〔10〕 冯(píng 凭)虚御风：腾空驾风而行。冯，同"凭"。乘着，依仗。虚，太空。御，驾驭。《庄子·逍遥游》："列子御风而行。"

〔11〕 遗世：遗弃人世。

〔12〕 羽化：道家认为人飞升成仙叫羽化。登仙：飞升仙境。

〔13〕 桂棹兰桨：划船工具的美称。桂木、木兰，均为香木。

〔14〕 空明：江水明澈。沂：同"溯"，逆流而上。流光：水面上闪动的月光。

〔15〕 渺渺：悠远貌。

〔16〕 美人：借指自己倾慕的人。

〔17〕 客：后人多谓指道士杨世昌。

〔18〕 依歌：一本作"倚歌"，指顺着音乐。

〔19〕 嫋(niǎo 鸟)嫋：一作"袅袅"，形容声音婉转悠长。

〔20〕 缕：指细丝。

〔21〕 舞、泣：均使动用法。使之舞、使之泣之意。幽壑：深涧。嫠(lí 梨)妇：寡妇。

〔22〕 愀(qiǎo 巧)然：忧愁变色貌。

〔23〕 正襟危坐：整好衣襟，端坐。语出《史记·日者列传》。

〔24〕 孟德：曹操字。

〔25〕 夏口：故址在今武汉市黄鹄山上。

〔26〕 武昌：今湖北鄂城。

〔27〕 缪(liáo 辽)：通"缭"，缭绕。

〔28〕 郁:草木茂盛。苍:苍翠。

〔29〕 周郎:周瑜。因其任建威中郎将时仅二十四岁,吴中皆呼为周郎,该句指建安十三年(208),吴将周瑜在赤壁之战中击溃曹操号称八十万大军一事。

〔30〕 荆州:汉时荆州治所在今湖北襄阳。下:攻下。江陵:今湖北江陵县。赤壁之战前,曹操曾攻陷荆州,再克江陵,而后进军赤壁。

〔31〕 舳舻(zhú lú 逐卢):大船。

〔32〕 酾(shāi 筛)酒:斟酒。

〔33〕 槊:长矛。

〔34〕 固一世之雄:本是一代的豪杰。

〔35〕 江渚:江中的小洲。渔、樵:打鱼、砍柴。皆用作动词。

〔36〕 侣、友:与……做伴侣、做朋友。麋:鹿的一种。

〔37〕 匏:葫芦的一种。樽:酒器。

〔38〕 蜉蝣:昆虫名。夏秋间生长水边,往往只能活几小时,用以喻人生短暂。

〔39〕 沧海:大海。粟:谷子。此句喻人极其渺小。

〔40〕 挟:腋下夹着,此指伴随。遨游:游玩。长终:永远的意思。

〔41〕 遗响:余音,指箫声。悲风:秋风。

〔42〕 逝者如斯:语出《论语·子罕》:"子在川上曰:'逝者如斯夫!不舍昼夜。'"斯,这(江水)。

〔43〕 未尝往:没有消失。

〔44〕 盈:满。虚:缺。彼:那(月亮)。

〔45〕 盖:句首助词。曾:竟然。一瞬:眨眼间,言变化之速。

〔46〕 无尽:永恒不尽。

〔47〕 造物者:大自然。无尽藏:此喻指大自然乃无尽的宝藏。

〔48〕 适:快适,欢乐。引申为享受。

〔49〕 肴核:菜肴和果品。

〔50〕 狼藉:杂乱貌。

〔51〕 相与:彼此。枕藉:交错躺着。

后赤壁赋

是岁十月之望[1],步自雪堂[2],将归于临皋[3]。二客从予过黄泥之坂[4]。霜露既降,木叶尽脱。人影在地,仰见明月。顾而乐之,行歌相答[5]。

已而叹曰[6]:"有客无酒,有酒无肴;月白风清,如此良夜何?"客曰:"今者薄暮[7],举网得鱼,巨口细鳞,状似松江之鲈[8]。顾安所得酒乎?"归而谋诸妇[9]。妇曰:"我有斗酒,藏之久矣,以待子不时之需[10]。"

于是携酒与鱼,复游于赤壁之下。江流有声,断岸千尺[11],山高月小,水落石出[12]。曾日月之几何,而江山不可复识矣!予乃摄衣而上[13],履巉岩[14],披蒙茸[15],踞虎豹[16],登虬龙[17];攀栖鹘之危巢[18],俯冯夷之幽宫[19]。盖二客不能从焉。划然长啸[20],草木震动,山鸣谷应,风起水涌。予亦悄然而悲,肃然而恐,凛乎其不可留也[21]。返而登舟,放乎中流,听其所止而休焉[22]。时夜将半,四顾寂寥。适有孤鹤,横江东来。翅如车轮,玄裳缟衣[23],戛然长鸣[24],掠予舟而西也。

须臾客去,予亦就睡。梦一道士,羽衣蹁跹[25],过临皋之下,揖予而言曰:"赤壁之游乐乎?"问其姓名,俛而不答。呜呼噫嘻[26],我知之矣!"畴昔之夜[27],飞鸣而过我者,非子也耶?"道士顾笑,予亦惊寤[28]。开户视之,不见其处。

【注释】

〔1〕 是岁:承前篇而言,指元丰五年(1082)。苏轼此次重游赤壁,离前次只有三个月。一样风月,两种境界。前赋字字秋色,此篇句句冬景,皆具诗情画意。作者通过月夜游赏的见闻和奇异的梦境,渲染了一种寥落幽峭的气氛,寄托了作者超尘绝世的思想。

〔2〕 雪堂:苏轼在黄冈东坡建筑的住所。据其《雪堂记》云,堂是在大雪中筑成的,四壁绘有雪景,故名。

〔3〕 临皋:即临皋亭,苏轼在黄州曾寓居于此。

〔4〕 坂:山坡。黄泥坂是雪堂临皋间往来的必经之路。作者有《黄泥坂词》。

〔5〕 行歌相答:边走边唱、互相应和。

〔6〕 已而:过了一会儿。

〔7〕 薄暮:傍晚。薄,迫近。

〔8〕 松江之鲈:松江县(今属上海)以产四鳃鲈著名,无鳞,长仅五六寸,味甚鲜美。

〔9〕 谋诸妇:和妻子商量。诸,之于。

〔10〕 不时之需:随时的需要。需,一作"须"。

〔11〕 断岸千尺:江岸峭壁陡立,高达千尺。

〔12〕 水落石出:语出欧阳修《醉翁亭记》:"风霜高洁,水落而石出。"

〔13〕 摄衣而上:撩起衣服登岸。

〔14〕 履巉(chán 蝉)岩:踏上险峻的山岩。

〔15〕 披蒙茸:拨开丛生的野草。

〔16〕 踞虎豹:蹲坐在像虎豹一样的山石上。

〔17〕 虬龙:古代传说中一种有角的小龙。此指盘曲、古老的树木。

〔18〕 栖:宿息。鹘(hú 狐):鹰之一种。危:高。巢在悬崖,故云。作者《赤壁记》:"断崖壁立,江水深碧,二鹘巢其上。"

〔19〕 冯(píng 凭)夷:神话传说的水神名,即河伯。幽宫:深宫。此指水府。

〔20〕 划然:形容声音洪亮有力。长啸:撮口发出清越而悠长的声音。

〔21〕 凛乎:恐惧貌。

〔22〕 "听其所止"句:任凭船漂流到哪里就停泊在哪里。

〔23〕 玄裳缟衣:黑裙白衣。玄,黑。裳,下裙。缟,白色丝织品。衣,上衣。鹤身上纯白,羽尾黑色,故云。据作者《为杨道士书帖》:"十月十五日与杨道士泛舟赤壁,饮醉。夜半,有一鹤自江南来,掠予舟而西,不知其为何祥也?"据此,孤鹤云云,当是据事实而引发的想象。

〔24〕 戛然:象声词。状鹤声尖利悠长。

〔25〕 羽衣:《汉书·郊祀志上》颜师古注:"羽衣,以鸟羽为衣,取其神仙飞翔之意也。"后世称道士为羽士,道服为羽衣。蹁(pián 骈)跹:飘然轻捷的样子。

〔26〕 呜呼噫嘻:均为感叹词。

〔27〕 畴昔之夜:昨夜。语见《礼记·檀弓上》。

〔28〕 惊寤:惊醒。

三槐堂铭[1]

　　天可必乎？贤者不必贵，仁者不必寿。天不可必乎？仁者必有后。二者将安取衷哉[2]？吾闻之申包胥曰："人定者胜天，天定亦能胜人[3]。"世之论天者，皆不待其定而求之，故以天为茫茫。善者以怠[4]，恶者以肆。盗跖之寿，孔、颜之厄，此皆天之未定者也。松柏生于山林，其始也困于蓬蒿，厄于牛羊，而其终也，贯四时阅千岁而不改者，其天定也。善恶之报，至于子孙，则其定也久矣。吾以所见所闻考之，而其可必也审矣[5]。国之将兴，必有世德之臣[6]，厚施而不食其报，然后其子孙能与守文太平之主共天下之福。故兵部侍郎晋国王公[7]，显于汉、周之际[8]，历事太祖、太宗，文武忠孝，天下望以为相，而公卒以直道不容于时。盖尝手植三槐于庭，曰："吾子孙必有为三公者[9]。"已而其子魏国文正公[10]相真宗皇帝于景德、祥符之间，朝廷清明、天下无事之时[11]，享其福禄荣名者十有八年。今夫寓物于人[12]，明日而取之，有得有否。而晋公修德于身，责报于天，取必于数十年之后，如持左契[13]，交手相付。吾是以知天之果可必也。吾不及见魏公，而见其子懿敏公[14]。以直谏事仁宗皇帝，出入侍从将帅三十余年，位不满其德[15]。天将复兴王氏也欤？何其子孙之多贤也？世有以晋公比李栖筠者[16]，其雄才直气，真不相上下。而栖筠之子吉甫、其孙德裕，功名富贵略与王氏等，而忠恕仁厚不及魏公父子。由此观之，王氏之福，盖未艾也[17]。懿敏公之子巩与吾游[18]，好德而文，以世其家，吾是以录之。铭曰：

　　呜呼休哉[19]！魏公之业，与槐俱萌。封植之勤[20]，必世乃成[21]。既相真宗，四方砥平。归视其家，槐阴满庭。吾侪小人，朝不及夕。相时射利[22]，皇恤厥德[23]。庶几侥幸，不种而获。不有君子，其何能国？王城之东，晋公所庐。郁郁三槐，惟德之符[24]。呜呼休哉！

【注释】

〔1〕 本文为元丰二年(1079)应王巩之请而作。王巩的曾祖父王祐曾手植三槐于院中,并说子孙定有能位至三公者,后其子王旦果然拜相,其子孙于是建三槐堂以为纪念。

〔2〕 取衷:折衷。

〔3〕 申包胥:春秋时楚国大夫。姓公孙,封于申,故号申包胥。作者所引申包胥之语见《史记·伍子胥列传》。

〔4〕 以:因此。

〔5〕 审:确实。

〔6〕 世德:世代流传功德。

〔7〕 晋国王公:即王祐,字景叔,大名人。晋国公是因其子王旦的功劳,死后受到的追封。

〔8〕 汉、周:指五代时的后汉、后周。

〔9〕 三公:辅助国君掌管军政大权的最高官员。

〔10〕 文正公:王旦(957—1017),字子明。真宗景德三年(1006)拜相。卒谥文正,赠魏国公。《宋史》有传。

〔11〕 景德:宋真宗年号。祥符:真宗年号"大中祥符"的省称。

〔12〕 寓:寄托。

〔13〕 左契:刻木为契,分为左右,双方各执一片。左片由债权人收执,作为凭证。

〔14〕 懿敏公:王旦之子王素,字仲仪,累官至兵部尚书,卒谥懿敏。

〔15〕 满:相称。

〔16〕 李栖筠:字贞一,唐赵郡人。唐代宗拟拜为相,为元载所阻止。栖筠子吉甫,字宏宪,宪宗时两度拜相。栖筠孙德裕,字文饶,武宗时为相。

〔17〕 艾:停止。

〔18〕 巩:王巩,王素之子,字定国。

〔19〕 休:美好。

〔20〕 封植:培养。

〔21〕 世:父子一辈为一世。此处指一生。

〔22〕 相:选择。射:追求。

〔23〕 皇:通"遑",闲暇。恤:顾惜。厥:指称代词。

〔24〕 符:吉祥的征兆。

方山子传[1]

方山子,光、黄间隐人也[2]。少时慕朱家、郭解为人[3],闾里之侠皆宗之[4]。稍壮,折节读书[5],欲以此驰骋当世,然终不遇。晚乃遁于光、黄间,曰岐亭[6]。庵居蔬食,不与世相闻。弃车马,毁冠服,徒步往来山中,人莫识也。见其所著帽,方耸而高,曰:"此岂古方山冠之遗像乎[7]?"因谓之方山子。

余谪居于黄,过岐亭,适见焉[8]。曰:"呜呼!此吾故人陈慥季常也!何为而在此?"方山子亦矍然问余所以至此者[9]。余告之故。俯而不答,仰而笑。呼余宿其家。环堵萧然[10],而妻子奴婢皆有自得之意。

余既耸然异之[11]。独念方山子少时,使酒好剑[12],用财如粪土。前十九年[13],余在岐山[14],见方山子从两骑,挟二矢,游西山。鹊起于前,使骑逐而射之,不获。方山子怒马独出[15],一发得之。因与余马上论用兵及古今成败,自谓一世豪士[16]。今几日耳,精悍之色犹见于眉间,而岂山中之人哉?

然方山子世有勋阀[17],当得官,使从事于其间,今已显闻[18]。而其家在洛阳,园宅壮丽,与公侯等[19]。河北有田,岁得帛千匹,亦足以富乐。皆弃不取,独来穷山中,此岂无得而然哉?

余闻光、黄间多异人[20],往往佯狂垢污[21],不可得而见,方山子倘见之欤[22]?

【注释】

[1] 本文是苏轼为其友人陈慥写的传记。文章通过对方山子人物形象的刻画,表现出其特立独行的性格和独特的人生取向,进而表达了苏轼对方山子的赞赏与肯定。方山子,即陈慥(zào造),字季常,太常少卿陈希亮之子。

[2] 光、黄:即光州和黄州。光州治所在今河南潢川,黄州治所在今湖北黄冈。光州和黄州邻接,宋时同属淮南西路。

〔3〕 朱家、郭解:二人都是西汉时的游侠,喜替人排忧解难。

〔4〕 闾里:乡里。宗:尊奉。

〔5〕 折节:改变以往的志向行为。

〔6〕 歧亭:镇名,在今湖北麻城西南。

〔7〕 方山冠:汉代祭祀宗庙时乐舞者所戴的帽子,用五彩丝织成。唐宋时,隐者常喜戴。

〔8〕 适:正巧。

〔9〕 矍(jué 绝)然:吃惊的样子。

〔10〕 环堵萧然:形容住所简陋,空无一物。堵,墙壁。萧然,空寂冷清的样子。

〔11〕 耸然:吃惊的样子。

〔12〕 使酒:因酒使性。

〔13〕 前十九年:一本作"前十有九年"。即嘉祐八年(1063),苏轼时任凤翔府签判。

〔14〕 岐山:地名,指凤翔,在今陕西岐山县。

〔15〕 怒马:犹言策马,使马急奔。

〔16〕 一时:当世。一本作"一世"。豪士:豪迈倜傥之人。

〔17〕 世有勋阀:世代有功勋。勋阀,功臣门第。

〔18〕 显闻:显贵闻达。

〔19〕 等:等同,相类似。

〔20〕 异人:有特别才能或性格的人。

〔21〕 佯狂:装疯,一本作"阳狂"。垢污:指个性有缺点。

〔22〕 傥:或许。一本作"倘"。

苏　辙

苏辙(1039—1112),字子由,眉山(今四川眉山)人。嘉祐二年(1057)与其兄苏轼同登进士科。他的政治思想和立场与其兄大致相同,故在仕途上与其兄同升并黜。晚年居颍川(今河南许昌),自号"颍滨遗老"。有《栾城集》。

六国论[1]

尝读六国世家[2],窃怪天下之诸侯以五倍之地[3],十倍之众,发愤西向,以攻山西千里之秦[4],而不免于死亡。常为之深思远虑[5],以为必有可以自安之计,盖未尝不咎其当时之士[6],虑患之疏而见利之浅,且不知天下之势也。

夫秦之所与诸侯争天下者,不在齐、楚、燕、赵也,而在韩、魏之郊[7];诸侯之所与秦争天下者,不在齐、楚、燕、赵也,而在韩、魏之野。秦之有韩、魏,譬如人之有腹心之疾也。韩、魏塞秦之冲而蔽山东之诸侯[8],故夫天下之所重者,莫如韩、魏也。昔者范雎用于秦而收韩,商鞅用于秦而收魏。昭王未得韩、魏之心而出兵以攻齐之刚、寿[9],而范雎以为忧,然则秦之所忌者可以见矣。秦之用兵于燕、赵,秦之危事也。越韩过魏,而攻人之国都,燕、赵拒之于前,而韩、魏乘之于后,此危道也。而秦之攻燕、赵,未尝有韩、魏之忧,则韩、魏之附秦故也。夫韩、魏诸侯之障,而使秦人得出入于其间,此岂知天下之势耶?委区区之韩、魏[10],以当强虎狼之秦,彼安得不折而入于秦哉[11]?韩、魏折而入于秦,然后秦人得通其兵于东诸侯,而使天下遍受其祸。

　　夫韩、魏不能独当秦,而天下之诸侯藉之以蔽其西,故莫如厚韩亲魏以摈秦。秦人不敢逾韩、魏以窥齐、楚、燕、赵之国,而齐、楚、燕、赵之国,因得以自完于其间矣。以四无事之国,佐当寇之韩、魏,使韩、魏无东顾之忧,而为天下出身以当秦兵。以二国委秦,而四国休息于内,以阴助其急,若此可以应夫无穷,彼秦者将何为哉?不知出此,而乃贪疆场尺寸之利,背盟败约,以自相屠灭,秦兵未出,而天下诸侯已自困矣。至于秦人得伺其隙以取其国[12],可不悲哉!

【注释】

〔1〕 本文探讨了战国时期与秦国抗衡的齐、楚、燕、韩、赵、魏六国相继灭亡的原因,可与其父苏洵的《六国论》并读。

〔2〕 世家:《史记》中传记的一体。六国在《史记》里均有"世家"。

〔3〕 天下之诸侯:指秦以外的六国诸侯。

〔4〕 山西:战国时通称殽山以西地区为山西。秦国地处殽山以西。

〔5〕 深思远虑:形容深入而周密地思考。

〔6〕 咎:责怪。

〔7〕 郊:邑外为郊。周制,离都城五十里为近郊,百里为远郊。下面的"野"也是指郊。这里是指韩、魏境内。

〔8〕 山东:崤山以东,六国均处于这一地区。后以此泛指秦以外的诸侯国。

〔9〕 昭王:即秦昭襄王。刚:齐地名,在今山东省兖州附近。寿:齐地名,在今山东省东平县北。

〔10〕 委:放弃。下文中的"委"是对付的意思。

〔11〕 折:屈服。

〔12〕 隙:空子,可乘之机。

上枢密韩太尉书[1]

　　太尉执事:辙生好为文,思之至深。以为文者气之所形[2],然文不可以学而能,气可以养而致。孟子曰:"我善养吾浩然之气[3]。"今观其文章,宽厚宏博,充乎天地之间,称其气之小大[4]。太史公行天下[5],周览四海名山大川,与燕、赵间豪俊交游[6],故其文疏荡,颇有奇气。此二子者,岂尝执笔学为如此之文哉?其气充乎其中而溢乎其貌,动乎其言而见乎其文,而不自知也[7]。

辙生年十有九矣,其居家所与游者,不过其邻里乡党之人。所见不过数百里之间,无高山大野可登览以自广。百氏之书虽无所不读,然皆古人之陈迹,不足以激发其志气。恐遂汩没[8],故决然舍去,求天下奇闻壮观,以知天地之广大。过秦、汉之故都,恣观终南、嵩、华之高,北顾黄河之奔流,慨然想见古之豪杰[9];至京师,仰观天子宫阙之壮与仓廪、府库、城池、苑囿之富且大也[10],而后知天下之巨丽;见翰林欧阳公[11],听其议论之宏辩,观其容貌之秀伟,与其门人贤士大夫游[12],而后知天下之文章聚乎此也。

太尉以才略冠天下,天下之所恃以无忧,四夷之所惮以不敢发[13]。入则周公、召公,出则方叔、召虎[14]。而辙也未之见焉。且夫人之学也,不志其大[15],虽多而何为?辙之来也,于山见终南、嵩、华之高,于水见黄河之大且深,于人见欧阳公,而犹以为未见太尉也,故愿得观贤人之光耀,闻一言以自壮,然后可以尽天下之大观而无憾者矣。

辙年少,未能通习吏事。向之来,非有取于斗升之禄[16]。偶然得之,非其所乐。然幸得赐归待选[17],使得优游数年之间,将以益治其文,且学为政。太尉苟以为可教而辱教之,又幸矣!

【注释】

〔1〕 这是嘉祐二年(1057)苏辙进士及第之后写给韩琦的一封信,希望得到他的接见和提携。枢密韩太尉,指韩琦,相州安阳人,字稚圭。仁宗时曾任陕西经略招讨使,与范仲淹主持西北边防,时称"韩范"。西夏议和后,入为枢密副使,嘉祐中官同中书门下平章事。苏辙写这封信的时候,韩琦为枢密使。太尉,代指主管军事的最高长官。宋代枢密院主管军事,故称韩琦为太尉。

〔2〕 气:气质。苏辙认为文章是人内在精神气度的体现。

〔3〕 "我善"句:见《孟子·公孙丑上》。浩然,宏大壮观,充实阳刚的样子。

〔4〕 称:相称。

〔5〕 太史公:即司马迁,曾任太史令,故称。

〔6〕 燕、赵:指战国时燕赵二国。即今黄河以北的河南、河北及山西北部地区。韩愈《送董邵南游河北序》云:"燕赵多感慨悲歌之士。"

〔7〕 "其气"三句:大意谓内在的精神气质培植到一定的程度后,自然会在日常言语、行动乃至文章中表现出来而不自知。

〔8〕 汩没:埋没,湮灭。

〔9〕 "过秦、汉"四句:苏辙嘉祐元年(1056)春随父兄离开家乡赴汴京,过长安,经骊山华清宫下,五月抵达。秦、汉之故都,秦都咸阳、西汉都长安、东汉都洛阳。恣观,纵情观览。终南,山名,秦岭主峰之一。在陕西省西安市南。嵩,即中岳嵩山,在河南省登封北。华,即西岳华山,在陕西省华阴市南。

〔10〕 宫阙:泛指帝王住所。仓廪(lǐn 凛):泛指仓库。苑囿:古代畜养禽兽供帝王玩乐的园林。

〔11〕 欧阳公:即欧阳修,时任翰林学士,故称翰林欧阳公。

〔12〕 门人贤士大夫:指欧阳修的门人和朋友,如曾巩、梅尧臣等人。

〔13〕 四夷:古代华夏族对四方少数民族的统称。

〔14〕 方叔:周宣王时卿士,受命北征狁,南征荆楚,有功于周。召虎:即召穆公。周宣王时,淮夷不服,宣王命召虎领兵抚平叛乱。

〔15〕 志:向慕,有志于。

〔16〕 斗升之禄:微薄的薪俸,比喻品级不高的官职。

〔17〕 待选:等待吏部的铨选。

黄州快哉亭记[1]

江出西陵[2],始得平地,其流奔放肆大,南合湘、沅,北合汉、沔[3],其势益张。至于赤壁之下[4],波流浸灌,与海相若。清河张君梦得,谪居齐安[5],即其庐之西南为亭,以览观江流之胜。而余兄子瞻名之曰"快哉"。

盖亭之所见，南北百里，东西一合[6]，涛澜汹涌，风云开阖。昼则舟楫出没于其前，夜则鱼龙悲啸于其下，变化倏忽[7]，动心骇目，不可久视。今乃得玩之几席之上[8]，举目而足。西望武昌诸山[9]，冈陵起伏，草木行列，烟消日出，渔夫樵父之舍，皆可指数。此其所以为"快哉"者也。至于长州之滨，故城之墟，曹孟德、孙仲谋之所睥睨[10]，周瑜、陆逊之所骋骛[11]，其风流遗迹，亦足以称快世俗。

　　昔楚襄王从宋玉、景差于兰台之宫[12]，有风飒然至者，王披襟当之[13]，曰："快哉，此风！寡人所与庶人共者耶？"宋玉曰："此独大王之雄风耳，庶人安得共之！"玉之言盖有讽焉。夫风无雄雌之异，而人有遇不遇之变。楚王之所以为乐，与庶人之所以为忧，此则人之变也，而风何与焉[14]？士生于世，使其中不自得[15]，将何往而非病[16]？使其中坦然，不以物伤性，将何适而非快？今张君不以谪为患，收会稽之余[17]，而自放山水之间[18]，此其中宜有以过人者。将蓬户瓮牖无所不快[19]，而况乎濯长江之清流[20]，挹西山之白云[21]，穷耳目之胜以自适也哉[22]！不然，连山绝壑，长林古木，振之以清风[23]，照之以明月，此皆骚人思士之所以悲伤憔悴而不能胜者，乌睹其为快也？

【注释】

〔1〕 全文围绕"快哉"二字着墨，先对快哉亭周围的壮丽景色进行描绘，突出观览江流之胜和凭吊古代遗迹的快意，然后点出"快哉"二字的出处，引发议论，强调只要心中"坦然"，就会无往而不快，情怀十分旷达。

〔2〕 西陵：西陵峡，长江三峡之一，又名巴峡。西起秭归香溪河口，东至宜昌市南津关，长江自此进入中游，视野豁然开朗。

〔3〕 "南合"二句：湘、沅，湘江和沅江。在湖南，流入洞庭湖，汇入长江。汉、沔，汉水，又名汉江。源出陕西，初出山时名漾水，东南经沔县为沔水，东经褒城县，合褒水，始称汉水，东南流，至武汉入长江。

〔4〕 赤壁：此处指湖北黄冈之赤鼻矶，不是赤壁古战场所在。

〔5〕 清河：属河北东路恩州。张君：即张梦得。齐安：黄州旧称。

〔6〕 合：当作"舍"，行军三十里为一舍。

〔7〕 倏忽：迅疾。

〔8〕 玩:欣赏,品味。

〔9〕 武昌:武昌郡,黄初二年(221)年,东吴孙权置,治所在武昌(今鄂州),宋为武昌县,与黄州隔江相望。

〔10〕 睥睨(bì nì 币逆):斜视,表示轻慢。

〔11〕 陆逊,字伯言,曾在夷陵大败刘备。后驻守武昌。骋骛,驰骋。

〔12〕 楚襄王:楚顷襄王,公元前298年至前263年在位。宋玉:曾为楚襄王大夫,善辞赋,据说是屈原弟子。景差:战国楚人,曾为楚襄王大夫,善为赋。兰台:宫名,故址在今湖北钟祥东。

〔13〕 披襟:敞开衣襟。当:承受。

〔14〕 与:相干。

〔15〕 中:指内心。自得:自觉满足。

〔16〕 病:忧虑。

〔17〕 会稽:张梦得在黄州任主簿,征收钱粮,故谓其工作为会稽。稽,通"计"。

〔18〕 放:恣纵,放任。

〔19〕 蓬户瓮牖:这里指居住条件的简陋。蓬户,编蓬为门。瓮牖,以破坛子为窗户。

〔20〕 濯:洗。

〔21〕 挹:舀,酌取。这里有观览、享受的意思。

〔22〕 穷:穷尽。

〔23〕 振:摇动。

曾 巩

曾巩(1019—1083),字子固,建昌南丰(今江西南丰)人。宋仁宗嘉祐二年(1057)进士。历任太平州司法参军、史馆修撰、中书舍人等职。曾巩是后世所称的"唐宋八大家"之一。著有《元丰类稿》。

寄欧阳舍人书[1]

去秋人还,蒙赐书及所撰先大父墓碑铭[2],反复观诵,感与惭并。

夫铭志之著于世,义近于史,而亦有与史异者。盖史之于善恶无所不书,而铭者,盖古之人有功德、才行、志义之美者[3],惧后世之不知,则必铭而见之。或纳于庙,或存于墓,一也。苟其人之恶,则于铭乎何有?此其所以与史异也。其辞之作,所以使死者无有所憾,生者得致其严[4]。而善人喜于见传,则勇于自立[5];恶人无有所纪,则以愧而惧。至于通材达识、义烈节士,嘉言善状,皆见于篇,则足为后法。警劝之道,非近乎史,其将安近?

及世之衰,人之子孙者,一欲褒扬其亲而不本乎理。故虽恶人,皆务勒铭以夸后世[6]。立言者,既莫之拒而不为,又以其子孙之请也,书其恶焉,则人情之所不得,于是乎铭始不实。后之作铭者,常观其人。苟托之非人,则书之非公与是,则不足以行世而传后。故千百年来,公卿大夫至于里巷之士,莫不有铭,而传者盖少,其故非他,托之非人,书之非公与是故也。

然则孰为其人,而能尽公与是欤?非畜道德而能文章者,无以为也。盖有道德者之于恶人,则不受而铭之;于众人则能辨焉。而人之行,有情善而迹非,有意奸而外淑,有善恶相悬而不可以实指,有实大于名,有名侈于实。犹之用人,非畜道德者,恶能辨之不惑,议之不徇。不惑不徇,则公且是矣。而其辞之不工,则世犹不传,于是又在其文章兼胜焉。故曰非畜道德而能文章者,无以为也,岂非然哉?

然畜道德而能文章者,虽或并世而有,亦或数十年、或一二百年而有之。其传之难如此,其遇之难又如此。若先生之道德文章,固所谓数百年而有者也。先祖之言行卓卓[7],幸遇而得铭其公与是,其传世行后无疑也。而世之学者,每观传记所书古人之事,至于所可感,则往往蠹然不知涕之流落也[8],况其子孙也哉?况巩也哉!其追睎祖德而思所以传之之由[9],则知先生推一赐于巩而及其三世。其感与报,宜若何而图之?抑又思若巩之浅薄滞拙[10],而先生进之;先祖之屯蹶否塞以死[11],而先生显之;则世之魁闳豪杰不世出之士[12],其谁不愿进于门?潜遁幽抑之士[13],其谁不有望于世?善谁不为?而恶谁不愧以惧?为人之父祖者,孰不欲教其子孙?为人之子孙者,孰不欲宠荣其父祖?此数美者,一归于先生。

既拜赐之辱,且敢进其所以然。所论世族之次[14],敢不承教而加详焉[15]。愧甚,不宣[16]。

【注释】

〔1〕 本文作于宋仁宗庆历七年(1047),时作者尚未入仕。本文开篇即点明作铭立言之难,通过比较铭志与史书的异同,说明铭志的劝诫作用及价值;进而从反面批评后世滥为铭志的做法,然后从正面论述只有"畜道德而能文章"者才能写出可以传世的铭志,最后表达对欧阳修的感谢。欧阳舍人,指欧阳修。舍人,官名。曾巩为此文时,欧阳修尚未任舍人,此因其庆历中曾同修起居注知制诰,故称"舍人"。

〔2〕 先大父:已故祖父。墓碑铭:墓铭和墓志。

〔3〕 功德:功业与德行。才行:才质行为。志义:犹志节。

〔4〕 严:尊敬,敬意。《孝经·纪孝行》:"祭则致其严。"

〔5〕 自立:依靠自己的力量有所建树。

〔6〕 勒铭:镌刻铭文。

〔7〕 卓卓:特立,高超出众。
〔8〕 嘒(xì 细)然:悲伤痛惜的样子。
〔9〕 追睎(xī 希):追念仰慕。
〔10〕 滞拙:迟钝笨拙。
〔11〕 屯蹶,谓艰难困顿。否塞,困厄。
〔12〕 魁闳:形容器宇不凡,气量宏大。
〔13〕 潜遁:隐退。幽抑:郁抑。
〔14〕 世族之次:欧阳修《与曾巩论氏族书》中对曾氏家族的世次有所考证,见《欧阳修全集》卷四十七。
〔15〕 承教:谦词,接受教诲之意。
〔16〕 不宣:不尽。书信末尾用语。

赠黎安二生序[1]

赵郡苏轼[2],予之同年友也[3]。自蜀以书至京师遗予,称蜀之士[4],曰黎生、安生者。既而黎生携其文数十万言[5],安生携其文亦数千言,辱以顾予[6]。读其文,诚闳壮隽伟[7],善反复驰骋,穷尽事理,而其材力之放纵,若不可极者也。二生固可谓魁奇特起之士[8],而苏君固可谓善知人者也。

顷之[9],黎生补江陵府司法参军[10]。将行,请予言以为赠。予曰:"予之知生,既得之于心矣[11],乃将以言相求于外邪?"黎生曰:"生与安生之学于斯文,里之人皆笑以为迂阔[12]。今求子之言,盖将解惑于里人。"予闻之,自顾而笑。夫世之迂阔,孰有甚于予乎?知信乎古,而不知合乎世;知志乎道[13],而不知同乎俗。此予所以困于今而不自知也。世之迂阔,孰有甚于予乎?今生之迂,特以文不近俗,迂之小者耳,患为笑于里之人。若予之迂大矣,使生持吾言而归,且重得罪,庸讵止于笑乎[14]?

然则若予之于生,将何言哉!谓予之迂为善,则其患若此。谓为不善,则有以合乎世,必违乎古;有以同乎俗,必离乎道矣。生其无急于解里人之惑,则于是焉,必能择而取之。

遂书以赠二生,并示苏君[15],以为何如也?

【注释】

〔1〕 本文是英宗治平四年(1067)曾巩应同年好友苏轼之请为黎、安二生所写的赠序。

〔2〕 赵郡:即赵州,治所在今河北赵县。苏轼因祖籍赵郡,所以这里称他为赵郡苏轼。

〔3〕 同年:科举考试中同科考中的人。曾巩和苏轼同为宋仁宗嘉祐二年(1057)进士。

〔4〕 称:赞扬。

〔5〕 既而:已而,不久。数十万言:数十万字。言,字。

〔6〕 辱:谦词。这里是屈尊的意思。顾:来访。

〔7〕 闳(hóng 红):宏大。隽(jùn 俊):通"俊"。

〔8〕 魁奇:杰出,特异。

〔9〕 顷之:不久。

〔10〕 补:充任。江陵:府名,治所在今湖北江陵。司法参军:掌刑法的官员。

〔11〕 得:契合。

〔12〕 里之人:同乡的人。迂阔:迂腐而不切实际。

〔13〕 道:指儒道。

〔14〕 庸讵(jù 句):岂,难道。

〔15〕 苏君:指苏轼。

王 安 石

王安石(1029—1086),字介甫,号半山,抚州临川(今江西临川)人。宋仁宗庆历二年(1042)进士。神宗熙宁年间为相,主持变法,推行新政,但最终因执行不力未能成功。王安石晚年退居江宁。王安石文学成就卓著,著有《临川先生文集》。

读孟尝君传[1]

世皆称孟尝君能得士[2],士以故归之[3],而卒赖其力以脱于虎豹之秦[4]。嗟乎!孟尝君特鸡鸣狗盗之雄耳[5],岂足以言得士!不然,擅齐之强[6],得一士焉,宜可以南面而制秦[7],尚何取鸡鸣狗盗之力哉?鸡鸣狗盗之出其门,此士之所以不至也。

【注释】

〔1〕 这篇短文是《史记·孟尝君列传》的读后感。用意是说明"士"必须具有经世济时的雄才大略,那些"鸡鸣狗盗"的欺诈之徒是不配这个高贵称号的,从侧面反映了作者自己的气魄和自负的态度。孟尝君,即田文,战国时齐国的贵族,齐相田婴的庶子。袭父封爵,封于薛(今山东滕州南),号孟尝君。

〔2〕 得士:指孟尝君能"礼贤下士",与士相得。参见《史记·孟尝君列传》。

〔3〕 归之:投奔他(孟尝君)。

〔4〕 虎豹之秦:像虎豹一样残暴的秦国。

〔5〕 特:不过。鸡鸣狗盗:据《史记·孟尝君列传》记载,孟尝君曾在秦国做人质,他求秦昭王的宠妃设法放他回国。那位宠妃要他拿早已送给昭王

的一件狐裘作为报酬。孟尝君手下一个会学狗叫的人,在夜里潜入宫中把狐裘偷了出来,献给那位宠妃,使他们得以释放、逃走。他们逃到函谷关,已是夜半,但按规定,关门要等鸡啼时才开,而后面追兵将到;这时,孟尝君手下另一个会学鸡叫的食客,骗得开启关门,他们便逃回齐国。雄:首领。耳:语气词,罢了,而已。

〔6〕 擅:拥有。

〔7〕 南面而制秦:使秦国的国王向齐国的国王朝拜称臣。南面,古代国君的座位是向南的,这里是称帝的意思。制,制服。

同学一首别子固[1]

江之南有贤人焉[2],字子固,非今所谓贤人者,予慕而友之。淮之南有贤人焉,字正之[3],非今所谓贤人者,予慕而友之。二贤人者,足未尝相过也[4],口未尝相语也,辞币未尝相接也[5]。其师若友,岂尽同哉?予考其言行,其不相似者何其少也!曰:学圣人而已矣。学圣人,则其师若友[6],必学圣人者,圣人之言行,岂有二哉?其相似也适然[7]。

予在淮南,为正之道子固,正之不予疑也。还江南,为子固道正之,子固亦以为然。予又知所谓贤人者,既相似又相信不疑也。子固作《怀友》一首遗予,其大略欲相扳以至乎中庸而后已[8]。正之盖亦尝云尔。夫安驱徐行,辀中庸之庭[9],而造于其室[10],舍二贤人者而谁哉?

予昔非敢自必其有至也,亦愿从事于左右焉尔,辅而进之其可也。噫!官有守[11],私有系[12],会合不可以常也。作《同学一首别子固》,以相警,且相慰云。

【注释】

〔1〕 本文是王安石读了曾巩写给他的《怀友》一文后而写。文中通过叙述孙侔和曾巩言行一致和志趣的相似,表现朋友之间的志同道合,情深意笃及互相劝勉。子固,即曾巩。

〔2〕 江:指长江。

〔3〕 淮:指淮河。正之:即孙侔。

〔4〕 未尝:不曾。过:拜访。

〔5〕 辞:言词,指书信。币:缯帛,古人常用作礼物。

〔6〕 若:与,和。

〔7〕 适然:当然。

〔8〕 扳(pān潘):通"攀",援引。中庸:儒家奉行的道德标准。指处理事情不偏不倚、无过与不及。

〔9〕 辚(lìn吝):车轮,这里用作动词。

〔10〕 造:往,到。

〔11〕 守:职守,工作岗位。

〔12〕 系:系念;牵制。

游褒禅山记[1]

褒禅山亦谓之华山,唐浮图慧褒始舍于其址[2],而卒葬之[3],以故其后名之曰"褒禅"[4]。今所谓慧空禅院者,褒之庐冢也[5]。距其院东五里,所谓华山洞者,以其乃华山之阳名之也[6]。距洞百余步[7],有碑仆道[8],其文漫灭[9],独其为文犹可识,曰"花山"[10]。今言"华"如"华实"之"华"者,盖音谬也[11]。

其下平旷,有泉侧出[12],而记游者甚众[13],所谓前洞也。由山以上五六里,有穴窈然[14],入之甚寒,问其深,则其好游者不能穷也[15],谓之后洞。予与四人拥火以入[16],入之愈深,其进愈难,而其见愈奇。有怠而欲出者[17],曰:"不出,火且尽[18]。"遂与之俱出。盖予所至,比好游者尚不能十一[19],然视其左右,来而记之者已少。盖其又深,则其至又加少矣。方是时[20],予之力尚足以入,火尚足以明也[21]。既其出,则或咎其欲出者[22],而予亦悔其随之,而不得极乎游之乐也[23]。

于是予有叹焉。古人之观于天地、山川、草木、虫鱼、鸟兽,往往有得[24],以其求思之深而无不在也[25]。夫夷以近[26],则游者众;

险以远,则至者少。而世之奇伟、瑰怪[27]、非常之观[28],常在于险远,而人之所罕至焉[29]。故非有志者,不能至也;有志矣,不随以止也,然力不足者,亦不能至也;有志与力,而又不随以怠,至于幽暗昏惑而无物以相之[30],亦不能至也。然力足以至焉[31],于人为可讥,而在己为有悔;尽吾志也而不能至者,可以无悔矣,其孰能讥之乎?此予之所得也。

予于仆碑,又有悲夫古书之不存[32],后世之谬其传而莫能名者,何可胜道也哉[33]!此所以学者不可以不深思而慎取之也[34]。

四人者:庐陵萧君圭君玉[35],长乐王回深父[36],予弟安国平父[37]、安上纯父[38]。

【注释】

〔1〕 本文写于宋仁宗至和元年(1054)七月,时王安石任舒州通判期满,离任赴京途中路过褒禅山,有感而发,写下此文。文章把记游和说理结合得紧密自然,既使抽象的道理生动、形象,又使具体的记事增加思想深度。褒禅山,在今安徽含山北。

〔2〕 浮图:梵文译音,也译作"浮屠",这里指佛教徒(和尚)。慧褒:唐朝著名的和尚。舍:作动词用,盖房子居住。

〔3〕 卒葬之:最终葬在那里。卒:跟上面的"始"字照应,作"最后"讲。

〔4〕 禅:原为梵文"禅那"的省称,后来泛指与佛教有关的人和物,如禅寺、禅院等。

〔5〕 庐冢(zhǒng 肿):庐舍(禅房)和坟墓。

〔6〕 阳:山的南面。

〔7〕 步:古代的一种长度单位,这里泛指脚步的步。

〔8〕 仆(pū 扑)道:倒在路上。

〔9〕 文:指成篇的文章。后面"其为文"的"文",指碑上残存的文字。漫灭:指碑文剥蚀,模糊不清。

〔10〕 "独其"二句:只有从碑文残留的个别文字中还可以辨认出"花山"两字。

〔11〕 "今言"二句:现在把"华山"的"华"念作"华实"的"华"(huá 滑),看来是读错了字音,应该读作"花"。盖,大概是。

〔12〕有泉侧出:有股泉水从平旷地旁边流出。

〔13〕记游者:指在洞壁上题字留念的人。

〔14〕窈(yǎo咬)然:幽深的样子。

〔15〕好(hào耗)游者:喜欢游览的人。穷:尽,指走到洞的尽头。

〔16〕予:我,一本作"余",下同。拥火:举着火把。

〔17〕怠:怠惰,指懒于前进。

〔18〕且:将要,快要。

〔19〕不能十一:不到十分之一。

〔20〕方是时:指当从洞里退出的时候。

〔21〕明:照明。

〔22〕咎(jiù救):责怪。

〔23〕极:尽,这里是尽兴的意思。

〔24〕有得:有心得。

〔25〕"以其"句:这是因为他们思考问题深刻而且处处都能深思的缘故。求思,探求,思索。而,且。

〔26〕夷以近:指道路平坦而且近。

〔27〕瑰(guī归)怪:壮丽奇异。

〔28〕非常之观:普通很难看到的景物。

〔29〕罕至:很少到达。

〔30〕无物以相(xiàng向)之:没有外物帮助他。相,辅助。

〔31〕然力足以至焉:然而能力足够达到。这句下面省去"而不能至"之类的话。

〔32〕有:一本作"以"。悲:感叹。

〔33〕"后世"二句:后世人以讹传讹,不能弄清真相的事情,哪里能说得完呢! 名:作动词用,把事理指明、称引出来。胜(shēng生):尽,完全。

〔34〕慎取:慎重采用。

〔35〕庐陵:今江西吉安。萧君圭君玉:萧君圭,字君玉,生平不详。

〔36〕长乐:郡治在今福建闽侯。王回深父:王回,字深父,宋朝理学家。

〔37〕安国平父:王安国,字平父。王安石的长弟。

〔38〕安上纯父:王安上,字纯父。王安石的幼弟。此后尚有"至和元年七月某日,临川王某记",盖是编选者所删。

泰州海陵县主簿许君墓志铭[1]

君讳平,字秉之,姓许氏。余尝谱其世家,所谓今泰州海陵县主簿者也[2]。君既与兄元相友爱称天下[3],而自少卓荦不羁[4],善辩说,与其兄俱以智略为当世大人所器。宝元时,朝廷开方略之选[5],以招天下异能之士,而陕西大帅范文正公、郑文肃公争以君所为书以荐[6]。于是得召试,为太庙斋郎[7],已而选泰州海陵县主簿。贵人多荐君有大才,可试以事,不宜弃之州县。君亦尝慨然自许,欲有所为。然终不得一用其智能以卒。噫!其可哀也已。

士固有离世异俗,独行其意,骂讥、笑侮、困辱而不悔,彼皆无众人之求而有所待于后世者也,其龃龉固宜[8]。若夫智谋功名之士,窥时俯仰,以赴势利之会,而辄不遇者,乃亦不可胜数。辩足以移万物,而穷于用说之时;谋足以夺三军,而辱于右武之国[9],此又何说哉?嗟乎!彼有所待而不悔者,其知之矣。

君年五十九,以嘉祐某年某月某甲子,葬真州之杨子县甘露乡某所之原[10]。夫人李氏。子男瓌,不仕;璋,真州司户参军;琦,太庙斋郎;琳,进士。女子五人,已嫁二人,进士周奉先、泰州泰兴令陶舜元[11]。

铭曰:有拔而起之,莫挤而止之。呜呼许君!而已于斯,谁或使之?

【注释】

〔1〕 本文是作者为墓主许平所写的墓志铭。除了起首略叙与许君交情之外,多用议论语句,作者认为人的富贵显达自有天命在,个人无须过分钻营追求。

〔2〕 "余尝"二句:谱其世家,墓主许平为唐睢阳太守许远六世孙,王安石曾作《许氏世谱》。海陵,宋代泰州治所(今江苏泰州)。主簿,掌管文书簿籍及监守印信的佐吏。

〔3〕 元:许元,字子春,《宋史》有传。

〔4〕 卓荦(luò 洛)不羁:特出,不甘受拘束。

〔5〕 方略之选:选拔有才能之人的科目。

〔6〕 范文正公:范仲淹。郑文肃:郑戬,谥文肃。

〔7〕 太庙斋郎:斋郎是皇帝致祭宗庙、郊社的办事人。宋承唐制,设太庙斋郎、郊社斋郎,以台省六品、诸司五品登朝第二任官子弟荫补。

〔8〕 龃龉(jǔ yǔ 举雨):上下牙齿参差不齐。比喻与世道不合。

〔9〕 右武:崇尚武功。

〔10〕 真州:治所在今江苏仪征。

〔11〕 泰兴:治所在今江苏泰兴。泰州属县。

卷十二

宋　濂

宋濂(1310—1381),字景濂,号潜溪,浦江(今浙江义乌)人。元末征为翰林院编修,以父母年老,固辞不就,隐居山中,潜心著述。入明后,应聘任江南儒学提举,历任《元史》修撰总裁、国子监司业、侍讲学士、翰林学士等职。因长孙宋慎牵涉胡惟庸一案,宋濂被贬茂州,死于途中。著作有《宋学士文集》。

送天台陈庭学序[1]

西南山水,惟川蜀最奇[2]。然去中州万里[3],陆有剑阁栈道之险[4],水有瞿唐、滟滪之虞[5]。跨马行,则竹间山高者,累旬日不见其巅际[6]。临上而俯视,绝壑万仞[7],杳莫测其所穷[8],肝胆为之掉栗[9]。水行,则江石悍利[10],波恶涡诡[11],舟一失势尺寸,辄糜碎土沉[12],下饱鱼鳖。其难至如此。故非仕有力者,不可以游;非材有文者,纵游无所得;非壮强者,多老死于其地。嗜奇之士恨焉。

天台陈君庭学,能为诗,由中书左司掾[13],屡从大将北征,有劳[14],擢四川都指挥司照磨[15],由水道至成都。成都,川蜀之要地,扬子云、司马相如、诸葛武侯之所居[16],英雄俊杰战攻驻守之迹,诗人文士游眺饮射、赋咏歌呼之所[17],庭学无不历览。既览必发为诗,以纪其景物时世之变,于是其诗益工。

越三年,以例自免归。会予于京师[18],其气愈充,其语愈壮,其志意愈高,盖得于山水之助者侈矣[19]。予甚自愧,方予少时,尝有志于出游天下,顾以学未成而不暇;及年壮可出,而四方兵起,无所投足。逮今圣主兴而宇内定,极海之际[20],合为一家,而予齿益加耄矣[21]。欲如庭学之游,尚可得乎?

然吾闻古之贤士,若颜回、原宪[22],皆坐守陋室,蓬蒿没户,而志意常充然,有若囊括于天地者。此其故何也?得无有出于山水之外者乎?庭学其试归而求焉?苟有所得,则以告予,予将不一愧而已也!

【注释】

〔1〕 本文是一篇赠序,开篇先叙川蜀山水之奇,突出游历川蜀之难,引出陈庭学之能游,继而叙述自己不能游,与前面作反衬,结尾更推进一步,强调必须探索"山水之外"的至理妙道。天台,府名,即今浙江天台。陈庭学,生平不详。

〔2〕 川蜀:即今四川。

〔3〕 中州:泛指中原。

〔4〕 剑阁:即大小剑山,在四川剑阁县东北,连山绝险,飞阁通衢,故谓之剑阁。栈道:在峭岩陡壁上搭木形成的道路。

〔5〕 瞿唐:今作瞿塘,长江三峡之一,在今四川奉节县东,地当四川江路的门户。滟滪:即滟滪堆,矗立在瞿塘峡口的一块巨石,后以整治航道炸去。

〔6〕 旬日:十天。巅际:峰顶。

〔7〕 仞:古代长度单位,一仞等于八尺。

〔8〕 杳:深广貌。

〔9〕 掉栗:抖动,颤抖。掉,颤动。

〔10〕 悍利:凶悍尖利。

〔11〕 波恶:谓惊涛骇浪。涡诡:谓水流不顺。诡,奇异多变。

〔12〕 糜碎:粉碎。

〔13〕 中书左司掾:中书省下所设左司的属官。明代中书省下置左右司。掾,属官的通称。

〔14〕 劳:功劳。

〔15〕 擢(zhuó 卓):提升,提拔。都指挥司:即都指挥使司,军事机构名称,隶属兵部。照磨:都指挥司下属官吏,掌管文书卷宗。

〔16〕 扬子云:扬雄,字子云,蜀郡成都人,西汉辞赋家、哲学家。司马相如:字长卿,蜀郡成都人,西汉辞赋家。诸葛武侯:即诸葛亮。

〔17〕射：射覆，酒令的一种。用相连的字句隐物为谜而使人猜测。
〔18〕京师：指明初京师应天，在今江苏南京。
〔19〕侈：大，多。
〔20〕极海：穷尽四海。
〔21〕齿：年龄。耄：年老。
〔22〕原宪：字子思。孔子死后隐居乡野，安于贫贱。

阅江楼记[1]

金陵为帝王之州[2]。自六朝迄于南唐[3]，类皆偏据一方[4]，无以应山川之王气[5]。逮我皇帝[6]，定鼎于兹[7]，始足以当之。由是声教所暨，罔间朔南[8]，存神穆清[9]，与天同体。虽一豫一游[10]，亦可为天下后世法。

京城之西北有狮子山[11]，自卢龙蜿蜒而来[12]。长江如虹贯，蟠绕其下[13]。上以其地雄胜，诏建楼于巅，与民同游观之乐。遂锡嘉名为"阅江"云[14]。登览之顷，万象森列，千载之秘，一旦轩露[15]。岂非天造地设以俟夫一统之君，而开千万世之伟观者欤？当风日清美，法驾幸临[16]，升其崇椒[17]，凭阑遥瞩，必悠然而动遐思。见江汉之朝宗[18]，诸侯之述职，城池之高深，关阨之严固[19]，必曰："此朕栉风沐雨[20]、战胜攻取之所致也。"中夏广广[21]，益思有以保之。见波涛之浩荡，风帆之上下，番舶接迹而来庭[22]，蛮琛联肩而入贡[23]，必曰："此朕德绥威服，罩及内外之所及也[24]。"四陲之远[25]，益思有以柔之[26]。见两岸之间，四郊之上，耕人有炙肤皲足之烦[27]，农女有捋桑行馌之勤[28]，必曰："此朕拔诸水火、而登于衽席者也[29]。"万方之民，益思有以安之。触类而思，不一而足。臣知斯楼之建，皇上所以发舒精神，因物兴感，无不寓其致治之思，奚止阅夫长江而已哉！

彼临春、结绮[30]，非不华矣；齐云、落星[31]，非不高矣。不过乐管弦之淫响，藏燕赵之艳姬[32]，不旋踵间而感慨系之，臣不知其为何说也。虽然,长江发源岷山[33],委蛇七千余里而始入海[34],白涌碧翻。六朝之时,往往倚之为天堑。今则南北一家,视为安流,无所事乎战争矣。然则,果谁之力欤?逢掖之士[35],有登斯楼而阅斯江者,当思圣德如天,荡荡难名,与神禹疏凿之功同一罔极[36]。忠君报上之心,其有不油然而兴耶?

臣不敏,奉旨撰记,欲上推宵旰图治之切者[37],勒诸贞珉[38]。他若留连光景之辞,皆略而不陈,惧亵也。

【注释】

〔1〕 朱元璋称帝后,下诏于南京狮子山顶修建阅江楼。宋濂奉旨撰写此记。文章开篇由叙述金陵山川王气,引出对当今皇帝的歌功颂德,同时规劝皇帝居安思危,励精图治,勉励臣下要感恩戴德,忠君报上。

〔2〕 金陵:地名,即今南京。

〔3〕 六朝:三国的东吴、东晋、宋、齐、梁、陈相继建都建康(南京),历史上称为六朝。南唐:五代十国之一,建都金陵(南京)。

〔4〕 类:大抵,大都。偏据一方:六朝和南唐的统治区域都只有江南的一部分和长江中下游地区。称帝于一方,而无全国统治之权。

〔5〕 王气:旧时认为帝王受命于天,有统治天下的气运,谓之王气。

〔6〕 我皇帝:指明太祖朱元璋。

〔7〕 定鼎:即建都之意。兹:此,指南京。

〔8〕 罔间朔南:不分北南。朔南,北方和南方。

〔9〕 穆:淳和。清:清明。

〔10〕 豫:出游。

〔11〕 狮子山:在今江苏江宁北。

〔12〕 卢龙:山名,在江苏江宁西北。蜿蜒:屈曲之状。

〔13〕 蟠绕:即盘绕。

〔14〕 锡:通"赐"。

〔15〕 轩:显,明朗。

〔16〕 法驾:天子的车驾。幸临:天子所至曰幸临。

〔17〕 椒:山巅。

〔18〕 朝宗:诸侯朝见天子,这里借指百川入海。

〔19〕 关阨(ài 爱):关塞险要的地方。阨,通"隘"。

〔20〕栉(zhì 至)风沐雨：借风梳发，用雨洗头。形容奔波劳苦。栉，梳头。

〔21〕中夏：即中华。

〔22〕番：指外国。

〔23〕琛：珍宝。

〔24〕覃(tán 谈)：延长。

〔25〕陲：边疆。

〔26〕柔：安抚。

〔27〕皲(jūn 军)：手足受冻开裂。

〔28〕行馌(yè 夜)：为田里耕作的农夫送饭。

〔29〕衽(rèn 任)席：床席。

〔30〕临春、结绮：皆古楼名。南朝陈后主所建之阁。

〔31〕齐云：唐曹恭王所建之楼，后又名飞云阁。故址在旧吴县子城上。落星：楼阁名，三国时孙吴所建，故址在今江苏江宁东北落星山。

〔32〕燕、赵之艳姬：燕、赵，战国时诸侯国。相传燕赵一带的女子多美貌，故燕赵艳姬代指美貌的宫女、嫔妃。

〔33〕岷山：在今四川北部，是长江和黄河的分水岭。古人误以为长江发源于此。

〔34〕委蛇：形容弯弯曲曲，绵延不绝。

〔35〕逢掖：一种袖子宽大的衣服，一般多指儒士之服，这里代指读书人。

〔36〕神禹：指夏禹。疏凿：疏通水道，开凿河道，这里指治水。

〔37〕宵旰(gàn 干)："宵衣旰食"的简称。天还没亮就穿衣服，晚上很晚才进食。意思是勤于政务。

〔38〕勒：刻。贞珉(mín 民)：用于刻碑的美石。

刘　基

刘基(1311—1375),字伯温,处州青田(今浙江青田)人。元至顺间进士,后与朝中大臣意见不合,遂隐居于青田山中著书立说。元至正二十年(1360),为朱元璋所招致,辅佐其成就统一大业。洪武四年(1371)辞官居家,不久遭宰相胡惟庸构陷,忧愤而死。著有《诚意伯文集》。

司马季主论卜[1]

东陵侯既废[2],过司马季主而卜焉[3]。季主曰:"君侯何卜也?"东陵侯曰:"久卧者思起,久蛰者思启[4],久懑者思嚏[5]。吾闻之蓄极则泄,闷极则达,热极则风,壅极则通[6]。一冬一春,靡屈不伸[7],一起一伏,无往不复[8]。仆窃有疑,愿受教焉。"季主曰:"若是则君侯已喻之矣,又何卜为?"东陵侯曰:"仆未究其奥也,愿先生卒教之[9]。"季主乃言曰:"呜呼!天道何亲[10]?惟德之亲[11];鬼神何灵?因人而灵。夫蓍[12],枯草也;龟[13],枯骨也,物也。人,灵于物者也,何不自听而听于物乎?且君侯何不思昔者也[14]?有昔者必有今日,是故碎瓦颓垣,昔日之歌楼舞馆也;荒榛断梗[15],昔日之琼蕤玉树也[16];露蚕风蝉,昔日之凤笙龙笛也[17];鬼燐萤火[18],昔日之金釭华烛也[19];秋荼春荠[20],昔日之象白驼峰也[21];丹枫白荻[22],昔日之蜀锦齐纨也[23]。昔日之所无,今日有之不为过;昔日之所有,今日无之不为不足。是故一昼一夜,华开者谢[24];一春一秋,物故者新。激湍之下[25],必有深潭;高丘之下,必有浚谷[26]。君侯亦知之矣,何以卜为?"

【注释】

〔1〕 古人用火灼龟甲,根据裂纹以预测吉凶,称卜。后世即泛指用各种形式以预测吉凶者。世事沧桑也如自然界的巨变,这篇寓言尽管有些许无奈的情感,但指出矛盾的对立与转化,对于今人也有其积极意义。司马季主,楚人,汉初曾卖卜于长安东市。

〔2〕 东陵侯:即召(shào 邵)平,秦时广陵人,封东陵侯。秦亡,为布衣,种瓜长安城东,瓜美,俗称东陵瓜。废:指秦亡后失去爵位。

〔3〕 过:造访。

〔4〕 蛰(zhé 哲):动物冬眠。

〔5〕 懑(mèn 闷):烦闷。

〔6〕 壅:堵塞。

〔7〕 靡屈不伸:屈曲者没有不伸展的。

〔8〕 无往不复:指事物对立转化的道理。

〔9〕 卒:最终。

〔10〕 天道:天理,天意,意即自然法则。

〔11〕 惟德之亲:只对有道德的人亲近。

〔12〕 蓍(shī 师):多年生草木植物,一本多茎,我国古代用其茎占卜。

〔13〕 龟:我国古代用作占卜之具,灼龟甲以卜凶吉。

〔14〕 昔者:指有爵位的时候。

〔15〕 荒榛:杂乱丛生的草木。断梗:折断的草木。

〔16〕 琼蕤(ruí 蕊阳平):玉花。这里即指奇花。玉树:美丽的树。

〔17〕 凤笙:笙的美称,以其形制像凤之身。龙笛:笛的美称,以其音似水中龙鸣。

〔18〕 鬼燐:又作"鬼磷",即磷火。人或动物尸体腐烂分解出磷化氢,能自燃,迷信者以为是幽灵之火,故称鬼火。

〔19〕 金缸(gāng 刚):金制的灯盏。缸,通"釭"。华烛:华美的烛火。

〔20〕 荼(tú 图):苦菜。荠(jì 记):叶可食用的野菜。

〔21〕 象白:象的脂肪。驼峰:骆驼背上的肉峰。古人认为二者是珍贵的食品。

〔22〕 丹枫:经霜泛红的枫叶。白荻:白色的荻花。

〔23〕 蜀锦:四川所产彩锦。齐纨:山东所产白细绢。

〔24〕 华:同"花"。

〔25〕 激湍(tuān 团阴平):急流的水。

〔26〕 浚谷:深谷。

卖柑者言[1]

杭有卖果者,善藏柑,涉寒暑不溃[2],出之烨然[3],玉质而金色。剖其中,干若败絮[4]。予怪而问之曰:"若所市于人者[5],将以实笾豆、奉祭祀、供宾客乎[6]?将炫外以惑愚瞽乎[7]?甚矣哉,为欺也!"

卖者笑曰:"吾业是有年矣[8],吾业赖是以食吾躯[9]。吾售之,人取之,未闻有言,而独不足子所乎[10]?世之为欺者不寡矣,而独我也乎?吾子未之思也[11]。今夫佩虎符、坐皋比者[12],洸洸乎干城之具也[13],果能授孙吴之略耶[14]?峨大冠、拖长绅者[15],昂昂乎庙堂之器也[16],果能建伊、皋之业耶[17]?盗起而不知御,民困而不知救,吏奸而不知禁,法斁而不知理[18],坐縻廪粟而不知耻[19]。观其坐高堂、骑大马、醉醇醴而饫肥鲜者[20],孰不巍巍乎可畏,赫赫乎可象也[21],又何往而不金玉其外、败絮其中也哉?今子是之不察[22],而以察吾柑!"予默默无以应。退而思其言,类东方生滑稽之流[23],岂其忿世嫉邪者耶?而托于柑以讽耶?

【注释】

〔1〕 本文是一篇优秀的讽刺小品,作者借卖柑者之言,发其愤世嫉邪之思。

〔2〕 涉:经过。溃:腐烂。

〔3〕 出之:取出(柑)来。烨(yè 夜)然:光润貌。

〔4〕 败絮:破旧的棉絮。

〔5〕 若:你。市:卖。

〔6〕 实:充,装。笾豆:指供祭祀宴会用的食具。笾用竹制,豆用木制。

〔7〕 炫:夸耀。外:外表。瞽:此指无识别能力者。

〔8〕 业:从事于。是:此。

〔9〕 食(sì寺):饲养,养育。

〔10〕 足:满足。子所:您的需要。

〔11〕 吾子:您。对对方的尊称。

〔12〕 佩虎符、坐皋比者:指武官。皋比(pí皮),虎皮坐椅。

〔13〕 洸(guāng光)洸:形容威武。干城之具:保卫国家的将才。具,才具。

〔14〕 孙吴:孙膑、吴起。略:战略,兵法。

〔15〕 峨大冠:戴着高帽。拕长绅:垂着腰带。指文官的服装。拕,同"拖"。

〔16〕 昂昂:趾高气扬貌。庙堂之器:朝廷中善于理政的人才。

〔17〕 伊皋:伊尹和皋陶(yáo尧)。

〔18〕 斁(dù渡):败坏。

〔19〕 縻:浪费。廪(lǐn凛)粟:俸米。

〔20〕 醇醴(lǐ里):味厚的美酒。饫(yù遇):饱食。

〔21〕 巍巍:高大。赫赫:显耀。象:法式,楷模。

〔22〕 是之不察:不察看这些人。

〔23〕 东方生:东方朔。汉武帝时人。为人滑稽多智,善于讽谏,生平事迹载于《史记·滑稽列传》。

方孝孺

方孝孺(1357—1402),字希直,一字希古,浙江宁海(今浙江象山)人。号逊志,蜀献王改之为"正学",故世称"正学先生"。洪武二十五年(1392),除汉中府教授。后燕王朱棣发动"靖难之役",赶走建文帝夺得皇位,并要求方孝孺起草登极诏书,不从而被杀。祸及十族,死者达八百余人。有《逊志斋集》传世。

深虑论[1]

虑天下者,常图其所难,而忽其所易;备其所可畏,而遗其所不疑。然而祸常发于所忽之中,而乱常起于不足疑之事。岂其虑之未周与?盖虑之所能及者,人事之宜然[2];而出于智力之所不及者,天道也[3]。

当秦之世[4],而灭诸侯[5],一天下;而其心以为周之亡[6],在乎诸侯之强耳,变封建而为郡县[7]。方以为兵革可不复用,天子之位可以世守[8];而不知汉帝起陇亩之中[9],而卒亡秦之社稷。汉惩秦之孤立,于是大建庶孽而为诸侯[10],以为同姓之亲,可以相继而无变;而七国萌篡弑之谋[11]。武、宣以后[12],稍剖析之而分其势,以为无事矣;而王莽卒移汉祚[13]。光武之惩哀、平[14],魏之惩汉[15],晋之惩魏[16],各惩其所由亡而为之备;而其亡也,盖出于所备之外。唐太宗闻武氏之杀其子孙[17],求人于疑似之际而除之;而武氏日侍其左右而不悟[18]。宋太祖见五代方镇之足以制其君,尽释其兵权,使力弱而易制[19];而不知子孙卒困于敌国[20]。

此其人皆有出人之智,盖世之才,其于治乱存亡之几[21],思之详而备之审矣。虑切于此而祸兴于彼,终至乱亡者,何哉?盖智可以谋人,而不可以谋天。良医之子,多死于病;良巫之子[22],多死于鬼。岂工于活人而拙于谋子也哉?乃工于谋人而拙于谋天也。

古之圣人[23],知天下后世之变,非智虑之所能周,非法术之所能制,不敢肆其私谋诡计;而唯积至诚、用大德以结乎天心,使天眷其德,若慈母之保赤子而不忍释。故其子孙虽有至愚不肖者足以亡国,而天卒不忍遽亡之,此虑之远者也。夫苟不能自结于天,而欲以区区之智,笼络当世之务[24],而必后世之无危亡,此理之所必无者,而岂天道哉?

【注释】

〔1〕 方孝孺写过一组《深虑论》,反映了这位儒家思想传人深沉的忧患意识。这是其中的一篇。作者在这篇文章中提出用"至诚"、"大德"两样利器"以结乎天心",也无非是孔孟仁政思想的体现,并不能彻底医治专制集权社会治乱相仍的痼疾,这当然是时代的局限。

〔2〕 人事:人之所为。宜然:应该这样。

〔3〕 天道:天意。

〔4〕 秦之世:指秦始皇灭六国后所建立的秦朝。

〔5〕 诸侯:这里指周王朝所分封的齐、楚、燕、韩、赵、魏六国诸侯。

〔6〕 周:包括西周、东周,共约八百年。

〔7〕 变封建而为郡县:改变古代帝王分邦建国(将爵位、土地分赐与亲戚或功臣,使他们在划定区域内建立邦国,即诸侯)的制度,分天下为郡与县,以郡统县,全归中央统治。秦始皇分国内为三十六郡,是为郡县制之始。

〔8〕 世守:世世代代延续下去。

〔9〕 汉帝:指刘邦(前256—前195)。陇亩:山野,草野。

〔10〕 庶孽:帝王妃妾所生之子,如同树有蘖生,故称。诸侯:即诸侯王,汉代封皇子为王,以作天子藩卫。

〔11〕 七国:这里指西汉吴楚七国之乱。汉景帝时,吴王刘濞勾结楚、赵、胶西、济南、菑川、胶东等六国,以"清君侧"为名发动叛乱,后为周亚夫所平定。篡弑:旧时指臣子杀死帝王,夺取政权。

〔12〕 武宣:指汉武帝与汉宣帝。

〔13〕 王莽:字巨君(前45—23),汉元城人,汉元帝皇后之侄。汉平帝时为大司马,平帝死,篡汉,改国号曰新,法令严酷,民不聊生,农民军攻入长安,被杀。《汉书》有传。汉祚(zuò 坐):汉朝的君位。

〔14〕 光武:指汉光武帝刘秀(前6—57)。惩:鉴戒。哀平:即汉哀帝与汉平帝。

〔15〕 魏:指曹魏政权,曹操的次子曹丕(187—226)于操死后袭位为魏王,代汉称帝,即魏文帝。

〔16〕 晋:指西晋政权,司马昭之子司马炎(236—290)于昭死后袭为晋王,废魏称帝后统一全国,都洛阳,国号晋。

〔17〕 唐太宗:即李世民。贞观初年,太白星(金星)昼见,太史占卜"女主昌",又有谣言"当有女武王者"。有一次宫廷内宴,行酒令,须各言小名,左监门卫将军李君羡自言小名曰"五娘子",引起唐太宗警觉,又侦知他官邑属县皆有"武"字,于是找机会杀了李君羡。

〔18〕 武氏:即武则天(624—705),姓武名曌,十四岁入选为唐太宗才人。

〔19〕 宋太祖:即赵匡胤,后周时为殿前都检点,发动陈桥兵变,建立宋朝。他鉴于五代十国节度使形成地方割据势力,尾大不掉,"杯酒释兵权",将军权完全控制于中央,用文官掌兵权,结果造成宋朝军力的衰弱,终于被少数民族政权所灭亡。参见《宋史·石守信传》。

〔20〕 敌国:指当时的西夏、辽、金以及元等北方少数民族政权。

〔21〕 几:事物的迹象、先兆。

〔22〕 巫:古代装神弄鬼替人祈祷为职业的巫师。

〔23〕 圣人:这里指有见识的帝王,如禹、汤、周文王、周武王等,为儒家所崇拜。

〔24〕 笼络:控制。务:事业。

豫让论[1]

士君子立身事主,既名知己[2],则当竭尽智谋,忠告善道[3],销患于未形,保治于未然,俾身全而主安。生为名臣,死为上鬼,垂光百世,照耀简策[4],斯为美也。苟遇知己,不能扶危为未乱之先,而乃捐躯殒命于既败之后,钓名沽誉,眩世炫俗[5],由君子观之,皆所不取也。

盖尝因而论之。豫让臣事智伯[6],及赵襄子杀智伯[7],让为之报仇,声名烈烈,虽愚夫愚妇莫不知其为忠臣义士也。呜呼!让之死固忠矣,惜乎处死之道有未忠者存焉。何也?观其漆身吞炭[8],谓其友曰:"凡吾所为者极难,将以愧天下后世之为人臣而怀二心者也。"谓非忠可乎?及观斩衣三跃[9],襄子责以不死于中行氏[10],而独死于智伯,让应曰:"中行氏以众人待我,我故以众人报之;智伯以国士待我[11],我故以国士报之。"即此而论,让有余憾矣。段规之事韩康[12],任章之事魏献[13],未闻以国士待之也,而规也章也,力劝其主从智伯之请,与之地以骄其志,而速其亡也。郄疵之事智伯[14],亦未尝以国士待之也,而疵能察韩、魏之情以谏智伯。虽不用其言以至灭亡,而疵之智谋忠告,已无愧于心也。

让既自谓智伯待以国士矣。国士,济国之士也。当伯请地无厌之日,纵欲荒暴之时,为让者,正宜陈力就列[15],谆谆然而告之曰:诸侯大夫各安分地,无相侵夺,古之制也。今无故而取地于人,人不与,而吾之忿心必生;与之,则吾之骄心以起。忿必争,争必败;骄必傲,傲必亡。谆切恳至,谏不从,再谏之;再谏不从,三谏之;三谏不从,移其伏剑之死[16],死于是日。伯虽顽冥不灵[17],感其至诚,庶几复悟[18]。和韩、魏,释赵围,保全智宗,守其祭祀。若然,则让虽死犹生也,岂不胜于斩衣而死乎?

让于此时,曾无一语开悟主心,视伯之危亡,犹越人视秦人之肥瘠也[19]。袖手旁观,坐待成败,国士之报,曾若是乎?智伯既死,而乃不胜血气之悻悻[20],甘自附于刺客之流。何足道哉!何足道哉!虽然,以国士而论,豫让固不足以当矣。彼朝为仇敌,暮为君臣,靦然而自得者[21],又让之罪人也。噫!

【注释】

〔1〕豫让是春秋战国间晋国人,曾为晋卿范氏、中行氏家臣,后投奔智伯,智伯对他十分器重。赵、韩、魏三家灭晋后,他为智伯报仇,多次改名易貌,

潜入赵襄子宫中企图行刺,未遂而被抓获,最后他伏剑自杀。方孝孺这篇文章认为豫让的行为是不值得称道的。他责备豫让不能扶危于智伯未乱之先,而徒伏剑于智伯既败之后,见解独特,令人耳目一新。

〔2〕 名:被称为。

〔3〕 忠告:诚恳地告诫,善意地劝说。

〔4〕 简策:指史籍。

〔5〕 眩:迷惑。炫:炫耀。

〔6〕 智伯:晋国六卿之一,名瑶。他先会同韩、赵、魏三家瓜分了范氏、中行氏的领地,其后智伯又被三家所灭。

〔7〕 赵襄子:赵孟,晋六卿之一,与韩、魏两家联合击败并杀死智伯。

〔8〕 漆身吞炭:豫让在行刺赵襄子前,为了防止别人识破,便漆身以改变容貌,吞炭以使发音沙哑。

〔9〕 斩衣三跃:豫让在行刺赵襄子时被抓获,豫让请求让自己用剑击刺襄子的外衣,襄子满足了他的请求,豫让拔剑三跃击衣,最后自杀而死。

〔10〕 中行(háng 杭)氏:春秋时晋大夫荀林父之后。荀林父因掌管晋之中行的军队,后遂以官为姓。豫让曾经做过中行氏的家臣。

〔11〕 国士:国家的杰出人才。

〔12〕 段规:韩康子的家臣。韩康:韩康子,晋国大夫。

〔13〕 任章:魏献子的家臣。魏献:魏献子,晋国大夫。

〔14〕 郗(xī 西)疵:智伯的家臣。当智伯攻打赵氏时,曾胁使韩、魏一并出兵,郗疵曾规劝智伯不应树敌过多,但智伯不听。其后,赵、韩、魏联合起来,消灭了智氏。

〔15〕 陈力就列:按照能力的大小就任相称的职位,引申为尽心尽力完成自己应该做的事。列,本职,职位。

〔16〕 伏剑:自刎。

〔17〕 顽冥:愚昧。

〔18〕 庶几:也许,可能。

〔19〕 越、秦:周时两个诸侯国,相隔甚远,彼此漠不关心。这里比喻遇事袖手旁观之意。瘠,瘦。

〔20〕 悻(xìng 幸)悻:愤怒的样子。

〔21〕 觍(tiǎn 舔)然:厚颜无耻的样子。

王　鏊

王鏊(1450—1524),字济之,吴县(今江苏苏州)人。明宪宗成化年间进士,授编修。武宗时进户部尚书兼文渊阁大学士。武宗时期,刘瑾权倾内外,王鏊愤然辞官家居。卒谥文恪。著有《震泽编》、《震泽集》、《震泽长语》、《姑苏志》等。

亲政篇[1]

《易》之《泰》曰[2]:"上下交而其志同。"其《否》曰:"上下不交而天下无邦。"盖上之情达于下,下之情达于上,上下一体,所以为"泰";下之情壅阏而不得上闻[3],上下间隔,虽有国而无国矣,所以为"否"也。交则泰,不交则否,自古皆然。而不交之弊,未有如近世之甚者。君臣相见,止于视朝数刻[4];上下之间,章奏批答相关接[5],刑名法度相维持而已[6]。非独沿袭故事[7],亦其地势使然。何也?国家常朝于奉天门[8],未尝一日废,可谓勤矣。然堂陛悬绝,威仪赫奕[9],御史纠仪[10],鸿胪举不如法[11],通政司引奏[12],上特视之,谢恩见辞,惴惴而退[13],上何尝治一事,下何尝进一言哉?此无他,地势悬绝,所谓堂上远于万里,虽欲言无由言也。

愚以为欲上下之交,莫若复古内朝之法。盖周之时有三朝[14]:库门之外为正朝,询谋大臣在焉;路门之外为治朝,日视朝在焉;路门之内曰内朝,亦曰燕朝。《玉藻》[15]云:"君日出而视朝,退适路寝听政[16]。"盖视朝而见群臣,所以正上下之分;听政而适路寝,所以通远近之情。汉制:大司马、左右前后将军、侍中、散骑诸吏为中朝[17],丞相以下至六百石为外朝[18]。唐皇城之北南三门曰承天,元正、冬至受万国之朝贡[19],则御焉[20],盖古之外朝也。其北曰太极门,其西曰太极殿,朔、望则坐而视朝[21],盖古之正朝也。又北曰两仪殿,常日听朝而视事,盖古之内朝也。宋时常朝则文德殿,五日一起居则垂拱殿,正旦、冬至、圣节称贺则大庆殿[22],赐宴则紫宸殿或集英殿,试进士则崇政殿。侍从以下,五日一员上殿,谓之轮对,则必入陈时政利害。内殿引见,亦或赐坐,或免穿靴,盖亦有三朝之遗意焉。盖天有三垣[23],天子象之。正朝,象太极也[24];外朝,象天市也;内朝,象紫微也。自古然矣。

国朝圣节、正旦、冬至,大朝会则奉天殿[25],即古之正朝也。常日则奉天门,即古之外朝也。而内朝独缺。然非缺也,华盖、谨身、武英等殿,岂非内朝之遗制乎?洪武中如宋濂、刘基[26],永乐以来如杨士奇、杨荣等[27],日侍左右;大臣蹇义、夏元吉等[28],常奏对便殿[29]。于斯时也,岂有壅隔之患哉?今内朝未复,临御常朝之后,人臣无复进见,三殿高闭,鲜或窥焉。故上下之情,壅而不通;天下之弊,由是而积。孝宗晚年[30],深有慨于斯,屡召大臣于便殿,讲论天下事。方将有为,而民之无禄,不及睹至治之美,天下至今以为恨矣。

惟陛下远法圣祖,近法孝宗,尽划近世壅隔之弊。常朝之外,即文华、武英二殿,仿古内朝之意。大臣三日或五日一次起居,侍从、台谏各一员上殿轮对[31],诸司有事咨决,上据所见决之,有难决者,与大臣面议之。不时引见群臣,凡谢恩辞见之类,皆得上殿陈奏。虚心而问之,和颜色而道之[32],如此,人人得以自尽[33]。陛下虽深居九重[34],而天下之事,灿然毕陈于前。外朝所以正上下之分,内朝所以通远近之情。如此,岂有近时壅隔之弊哉?唐、虞之时,明目达聪,嘉言罔伏[35],野无遗贤,亦不过是而已。

【注释】

〔1〕 本文是王鏊在明世宗嘉靖初所上的一篇奏章,他希望世宗能在即位之初,仿效古今圣贤,亲自处理政事,革除自英宗以来皇帝不亲自过问政事的弊病。亲政,即亲自执政。

〔2〕《易》:也称《易经》、《周易》,古代卜卦之书,后成为儒家重要经典之一。《泰》:《周易》卦名,象征通泰。《否(pǐ)》卦正好相反。

〔3〕 壅阏(è饿):堵塞。

〔4〕 视朝:皇帝临朝以见群臣。刻:古代计时单位,一昼夜为一百刻。

〔5〕 章奏:即奏章,臣子给皇帝的上书。批答:皇帝审阅群臣奏章后的批复。

〔6〕 刑名:这里指尊君卑臣、崇上抑下的礼法。

〔7〕 故事:旧时的典章制度。

〔8〕 奉天门:明代殿前的中门。

〔9〕 赫奕:显赫盛大的样子。

〔10〕 御史:官名,掌纠劾百官。

〔11〕 鸿胪:官名,掌殿廷礼仪。

〔12〕 通政司:明代所设掌管内外章奏的官署。

〔13〕 惴(zhuì坠)惴:恐惧的样子。

〔14〕 三朝:即后边说的正朝、治朝、内朝。正朝在天子宫中最外面的库门外。治朝在路门外,内朝在路门内。路门是天子宫中最里面的一个门。

〔15〕《玉藻》:《礼记》篇名。

〔16〕 路寝:天子诸侯处理政务及就寝的正室。

〔17〕 大司马:官名,汉代三公之一,掌管全国军事。左右前后将军:即左将军、右将军、前将军、后将军四种武官,位在大司马之下。侍中、散骑:都是汉代皇帝的近臣。

〔18〕 六百石:汉代的官秩,这里指俸禄为六百石的官员。

〔19〕 元正:即元旦。冬至:节气名,在阳历十二月二十二、三日。

〔20〕 御:登。

〔21〕 朔、望:阴历每月初一为朔,十五为望。

〔22〕 圣节:指皇帝诞辰的日子,也称为"万寿节"。

〔23〕 三垣:古代分周天恒星为三垣二十八宿。三垣即紫微、太微、天市。

〔24〕 太极:即三垣中的太微。

〔25〕 国朝:指本朝,即大明朝。大朝会:最正式的朝会。

〔26〕 洪武:明太祖朱元璋年号(1368—1398)。

〔27〕 永乐:明成祖朱棣年号(1402—1424)。杨士奇:名寓。曾任翰林编纂官,与杨荣、杨溥世称"三杨"。杨荣:初名子荣,字勉仁,官至文渊阁大学士。

〔28〕 蹇(jiǎn简)义：字义之，熟悉典章制度，官至少师谥"忠定"。夏元吉：字维喆，官至户部尚书，谥"忠靖"。轮对：百官轮流面见皇帝。此制创自宋代。

〔29〕 便殿：非正式设朝的殿堂。

〔30〕 孝宗：名朱祐樘，年号"弘治"，公元1488年至1505年在位。

〔31〕 台谏：台官和谏官。台官指掌管纠劾百官的御史台官员，谏官指谏议大夫、给事中等。

〔32〕 道(dǎo导)：引导。

〔33〕 自尽：详尽陈述自己的意见。

〔34〕 九重：指皇帝居住的地方。极言其深远。

〔35〕 嘉言：美好的、正确的言论。罔伏：不被埋没。罔，不。伏，埋没。

王守仁

王守仁(1472—1528),字伯安,余姚(今属浙江)人。曾筑室故乡阳明洞中,又曾在阳明书院讲学,世称"阳明先生"。弘治十二年(1499)进士。正德元年(1506),因疏救戴铣,忤宦官刘瑾,谪贵州龙场驿丞。刘瑾伏诛,阳明擢庐陵知县,官至南京兵部尚书。卒谥文成。以哲学名世,提出"致良知"、"知行合一"论。著作有《王文成公全书》。

尊经阁记[1]

经[2],常道也。其在于天,谓之命;其赋于人,谓之性;其主于身,谓之心。心也,性也,命也,一也。通人物,达四海,塞天地,亘古今[3],无有乎弗具,无有乎弗同,无有乎或变者也,是常道也。其应乎感也[4],则为恻隐,为羞恶,为辞让,为是非;其见于事也,则为父子之亲,为君臣之义,为夫妻之别,为长幼之序,为朋友之信。是恻隐也,羞恶也,辞让也,是非也;是亲也,序也,别也,信也,皆所谓心也,性也,命也。通人物,达四海,塞天地,亘古今,无有乎弗具,无有乎弗同,无有乎或变者也,是常道也。以言其阴阳消长之行[5],则谓之《易》;以言其纪纲政事之施,则谓之《书》;以言其歌咏性情之发,则谓之《诗》;以言其条理节文之著,则谓之《礼》;以言其欣喜和平之生,则谓之《乐》;以言其诚伪邪正之辨,则谓之《春秋》。是阴阳消长之行也,以至于诚伪邪正之辨也,一也,皆所谓心也,性也,命也。

通人物,达四海,塞天地,亘古今,无有乎弗具,无有乎弗同,无有乎或变者也,夫是之谓六经。六经者非他,吾心之常道也。是故

《易》也者，志吾心之阴阳消息者也[6]；《书》也者，志吾心之纪纲政事者也；《诗》也者，志吾心之歌咏性情者也；《礼》也者，志吾心之条理节文者也；《乐》也者，志吾心之欣喜和平者也；《春秋》也者，志吾心之诚伪邪正者也。君子之于六经也，求之吾心之阴阳消息而时行焉，所以尊《易》也；求之吾心之纪纲政事而时施焉，所以尊《书》也；求之吾心之歌咏性情而时发焉，所以尊《诗》也；求之吾心之条理节文而时着焉，所以尊《礼》也；求之吾心之欣喜和平而时生焉，所以尊《乐》也；求之吾心之诚伪邪正而时辨焉，所以尊《春秋》也。

盖昔圣人之扶人极[7]，忧后世，而述六经也。犹之富家者之父祖，虑其产业库藏之积，其子孙者或至于遗亡散失，卒困穷而无以自全也，而记籍其家之所有以贻[8]，使之世守其产业库藏之积而享用焉，以免于困穷之患。故六经者，吾心之记籍也，而六经之实，则具于吾心。犹之产业库藏之实积，种种色色，其存于其家，其记籍者，特名状数目而已[9]。而世之学者，不知求六经之实于吾心，而徒考索于影响之间[10]，牵制于文义之末，硁硁然以为是六经矣[11]。是犹富家之子孙，不务守视享用其产业库藏之实积，日遗亡散失，至为窭人丐夫[12]，而犹嚣嚣然指其记籍曰[13]："斯吾产业库藏之积也！"何以异于是！

呜呼！六经之学，其不明于世，非一朝一夕之故矣。尚功利，崇邪说，是谓乱经；习训诂[14]，传记诵，没溺于浅闻小见，以涂天下之耳目[15]，是谓侮经；侈淫词[16]，竞诡辩[17]，饰奸心盗行[18]，逐世垄断，而犹自以为通经，是谓贼经[19]。若是者，是并其所谓记籍者，而割裂弃毁之矣，宁复知所以为尊经也乎？

越城旧有稽山书院[20]，在卧龙西冈，荒废久矣。郡守渭南南大吉[21]，既敷政于民[22]，则慨然悼末学之支离，将进之以圣贤之道，于是使山阴令吴君瀛[23]，拓书院而一新之，又为尊经阁于其后，曰："经正则庶民兴；庶民兴，斯无邪慝矣[24]。"阁成，请予一言以谂多士[25]，予既不获辞，则为记之若是。呜呼！世之学者，得吾说而求诸其心焉，其亦庶乎知所以为尊经也矣。

【注释】

〔1〕本文详细阐述了作者对儒家经典六经的见解。

〔2〕经:指儒家的六经,即后文所提到的《易经》、《书经》、《诗经》、《礼记》、《乐经》、《春秋》。

〔3〕亘:贯通。

〔4〕应乎感:体现在情感上。应:应和。

〔5〕阴阳:古人常以阴阳将事物分为对立的两面。消长:消歇,生长。

〔6〕志:记。消息:同"消长"。

〔7〕扶:扶助。这里指建立。人极:人世间的道德准则。

〔8〕记籍:登记用的簿子。这里用作动词,登记。贻:留给。

〔9〕特:不过。名状:名称形状。

〔10〕影响:影子和反响。这里比喻不真实的、无根据的事物。

〔11〕硁(kēng铿)硁然:浅薄固执的样子。

〔12〕窭(jù句)人:贫穷的人。丐夫:乞丐。

〔13〕嚣(xiāo消)嚣然:自得的样子。

〔14〕训诂:指对汉字字义的注释。

〔15〕涂:蒙蔽,迷惑。

〔16〕侈:夸大。淫词:浮夸不实的言辞。

〔17〕竞:争。辨:通"辩"。

〔18〕奸心:邪恶之心。盗行:卑鄙行为。

〔19〕贼:毁坏,残害。

〔20〕越城:今浙江绍兴。

〔21〕郡守:这里借指知府。南大吉:陕西渭南人,时任绍兴知府。

〔22〕敷政:施政。

〔23〕吴君瀛:吴瀛,山阴知县。君,对人的尊称。

〔24〕邪慝(tè特):邪恶。

〔25〕谂(shěn审):规劝。

象祠记[1]

灵博之山[2],有象祠焉。其下诸苗夷之居者[3],咸神而祠之。

宣慰安君[4]，因诸苗夷之请，新其祠屋，而请记于予。予曰："毁之乎，其新之也？"曰："新之。""新之也，何居乎？"曰："斯祠之肇也[5]，盖莫知其原。然吾诸蛮夷之居是者[6]，自吾父吾祖溯曾高而上[7]，皆尊奉而禋祀焉，举而不敢废也。"予曰："胡然乎[8]？有鼻之祀[9]，唐之人盖尝毁之[10]。象之道，以为子则不孝，以为弟则傲。斥于唐，而犹存于今；坏于有鼻，而犹盛于兹土也，胡然乎[11]？"

我知之矣。君子之爱若人也，推及于其屋之乌[12]，而况于圣人之弟乎哉？然则祀者为舜，非为象也。意象之死，其在干羽既格之后乎[13]？不然，古之骜桀者岂少哉[14]？而象之祠独延于世，吾于是盖有以见舜德之至，入人之深，而流泽之远且久也[15]。

象之不仁，盖其始焉耳，又乌知其终之不见化于舜也[16]！《书》不云乎[17]："克谐以孝，烝烝乂[18]，不格奸[19]。""瞽瞍亦允若[20]。"则已化而为慈父。象犹不弟[21]，不可以为谐。进治于善[22]，则不至于恶；不抵于奸[23]，则必入于善。信乎，象盖已化于舜矣！《孟子》曰："天子使吏治其国[24]。"象不得以有为也。斯盖舜爱象之深而虑之详，所以扶持辅导之者之周也。不然，周公之圣，而管、蔡不免焉[25]。斯可以见象之见化于舜，故能任贤使能而安于其位，泽加于其民，既死而人怀之也。诸侯之卿，命于天子，盖《周官》之制[26]，其殆仿于舜之封象欤？吾于是盖有以信人性之善，天下无不可化之人也。

然则唐人之毁之也，据象之始也；今之诸苗之奉之也，承象之终也。斯义也，吾将以表于世，使知人之不善，虽若象焉，犹可以改。而君子之修德，及其至也，虽若象之不仁，而犹可以化之也。

【注释】

〔1〕 本文从贵州苗民为象立祠祭祀谈起，论述象之所以被苗民所纪念，是由于他在舜的德化下已经改恶从善。从而说明人之本性为善，世上并无不可感化之人。象祠：象庙。象，相传为舜的弟弟，多次企图杀害舜都没有成功。

〔2〕 灵博：山名，在今贵州黔西。

〔3〕 苗夷：古代对苗族的蔑称。

〔4〕宣慰：即宣慰使，官名，多设置于少数民族地区，一般为土司世袭职官，掌军民事务。

〔5〕斯：此。肇：始。

〔6〕蛮夷：古时对少数民族的蔑称。

〔7〕祖：即高祖，祖父的祖父。曾：即曾祖，祖父的父亲。

〔8〕胡然乎：为什么这样呢。胡，为什么。

〔9〕有鼻：古地名，今湖南道县北。相传象封于此。

〔10〕"唐之人"句：唐元和中，道州刺史薛伯高曾毁去此亭。

〔11〕胡：为什么，疑问代词，相当于"何"。

〔12〕"推及"句：《尚书大传·牧誓·大战》："爱人者，兼其屋上之乌。"意谓爱某个人而推爱及与其有关的人和物。

〔13〕干羽：古代舞者所执的舞具。干，盾。羽，雉尾扇。舞干羽，表示休战和平。格：来，引申为归服。

〔14〕骜桀（ào jié 傲杰）：暴戾不驯。

〔15〕流泽：施布的恩惠。

〔16〕乌：怎么。见化：被感化。

〔17〕《书》：即《尚书》。下面引文引自《尚书·尧典》。

〔18〕烝烝：淳厚的样子。乂（yì 义）：善。

〔19〕格：至。奸：邪恶。

〔20〕瞽瞍（gǔ sǒu 古艘）：舜的父亲。瞽，瞎眼。瞍，没有瞳仁。传说舜的父亲虽有目却善恶不辨，所以称为瞽瞍。允若：确实和顺。

〔21〕弟，通"悌"，弟敬爱兄长称为"悌"。

〔22〕治：指修养道德。

〔23〕抵：至，到达。

〔24〕使：派遣。其国：指象的封国有鼻。

〔25〕管、蔡：指因不满周公代理成王执政而发动叛乱的管叔、蔡叔。

〔26〕《周官》：即《周礼》，记载周代的官制，相传为周公所作。

瘗旅文[1]

维正德四年秋月三日[2]，有吏目云自京来者[3]，不知其名氏，携一子一仆,将之任,过龙场[4],投宿土苗家。予从篱落间望见之,阴雨昏黑,欲就问讯北来事,不果。明早,遣人觇之[5],已行矣。

薄午[6],有人自蜈蚣坡来,云:"一老人死坡下,傍两人哭之哀。"予曰:"此必吏目死矣,伤哉!"薄暮[7],复有人来,云:"坡下死者二人,傍一人坐哭。"询其状,则其子又死矣。明早,复有人来,云:"见坡下积尸三焉。"则其仆又死矣。呜呼伤哉!

念其暴骨无主,将二童子持畚、锸往瘗之[8]。二童子有难色然。予曰:"嘻!吾与尔犹彼也。"二童闵然涕下[9],请往。就其傍山麓为三坎[10],埋之。又以只鸡、饭三盂。嗟吁涕洟而告之[11],曰:

呜呼伤哉!繄何人[12],繄何人!吾龙场驿丞余姚王守仁也[13]。吾与尔皆中土之产[14]。吾不知尔郡邑[15],尔乌乎来为兹山之鬼乎[16]?古者重去其乡[17],游宦不逾千里[18]。吾以窜逐而来此[19],宜也。尔亦何辜乎[20]?闻尔官吏目耳,俸不能五斗,尔率妻子躬耕可有也。胡为乎以五斗而易尔七尺之躯?又不足,而益以尔子与仆乎?呜呼伤哉!

尔诚恋兹五斗而来,则宜欣然就道,胡为乎吾昨望见尔容蹙然[21],盖不胜其忧者。夫冲冒雾露,扳援崖壁,行万峰之顶,饥渴劳顿,筋骨疲惫,而又瘴疠侵其外[22],忧郁攻其中,其能以无死乎?吾固知尔之必死,然不谓若是其速,又不谓尔子尔仆亦遽然奄忽也[23]。皆尔自取,谓之何哉!吾念尔三骨之无依而来瘗耳,乃使吾有无穷之怆也。呜呼伤哉!

纵不尔瘗[24],幽崖之狐成群,阴壑之虺如车轮[25],亦必能葬尔于腹,不致久暴。尔既已无知,然吾何能为心乎?自吾去父母乡国而来此三年矣,历瘴毒而苟能自全,以吾未尝一日之戚戚也。今悲伤若此,是吾为尔者重,而自为者轻也。吾不宜复为尔悲矣。

吾为尔歌,尔听之。歌曰:连峰际天兮[26],飞鸟不通。游子怀乡兮,莫知西东。莫知西东兮,维天则同。异域殊方兮,环海之中。达观随寓兮[27],莫必予宫[28]。魂兮魂兮,无悲以恫[29]!

又歌以慰之曰:与尔皆乡土之离兮,蛮之人言语不相知兮。性命不可期,吾苟死于兹兮,率尔子仆,来从予兮。吾与尔遨以嬉兮,骖紫彪而乘文螭兮[30],登望故乡而嘘唏兮。吾苟获生归兮,尔子尔仆,尚尔随兮。道傍之冢累累兮,多中土之流离兮,相与呼啸而徘徊兮。餐风饮露,无尔饥兮。朝友麋鹿,暮猿与栖兮。尔安尔居兮,无为厉于兹墟兮[31]!

【注释】

〔1〕 本文是一篇充满真挚情感的祭文,所祭者虽非亲非故,但那背井离乡的人生况味则是相通的,作者借他人酒杯浇自己心中块垒,抒发了"同是天涯沦落人"的无限感慨。瘗(yì义),埋葬的意思。

〔2〕 正德:明武宗年号。秋月:这里指秋季的某月。

〔3〕 吏目:官名,明代五城兵马司、盐课提举司、千户所等衙门的属官,从九品或未入流,掌出纳文移。

〔4〕 龙场:今贵州中部的修文县。

〔5〕 觇(chān 搀):侦视。

〔6〕 薄午:将近中午。

〔7〕 薄暮:天将黑的时分。

〔8〕 将:带领。畚(běn 本):用竹篾或草绳编成的盛物器具。锸(chā 插):锹,掘土具。

〔9〕 悯然:哀伤的样子。悯,通"悯"。

〔10〕 山麓:山脚。坎:坑。

〔11〕 涕洟(tì 替):眼泪与鼻涕,用如动词,哭泣的意思。

〔12〕 繄(yī 衣):发语词。

〔13〕 驿丞:官名。掌驿站邮传、车马、仪仗迎送之事。余姚:在今浙江余姚。

〔14〕 中土之产:生长于中原一带的人。

〔15〕 郡邑:指死者的家乡。

〔16〕 乌乎:为什么。

〔17〕 重去其乡:不轻易离开家乡。

〔18〕 游宦:外出求官或做官。

〔19〕 窜逐:贬谪,流放。

〔20〕 辜:罪。

〔21〕 戚(cù 促)然:忧愁的样子。

〔22〕瘴疠:瘴气,古代南方山林间因湿热而产生的毒气。

〔23〕奄忽:指死亡。

〔24〕纵不尔瘗:即使不埋葬你。尔瘗,宾语前置倒置结构。

〔25〕虺(huǐ 毁):蛇。

〔26〕际天:与天接近。

〔27〕随寓:即随遇,顺应际遇。

〔28〕莫必予宫:何必非呆在自己的房屋中。

〔29〕恫(dòng 动):恐惧。

〔30〕骖(cān 餐):驾驭。紫彪:有紫色斑纹的小虎,想象中的动物。文螭(chī 吃):有文彩的无角龙。

〔31〕厉:恶鬼。墟:山丘。

唐顺之

唐顺之(1507—1560),字应德,一字义修,武进(今江苏常州)人。嘉靖八年(1529)会试第一,授庶吉士,改兵部主事,吏部主事。曾率兵众累败倭寇,以功擢右佥都御史后卒于舟中。唐顺之学识渊博,志在经世,喜谈政论兵,探究性理。有《荆州先生文集》。

信陵君救赵论[1]

论者以窃符为信陵君之罪,余以为此未足以罪信陵也。夫强秦之暴亟矣[2],今悉兵以临赵,赵必亡。赵,魏之障也。赵亡,则魏且为之后。赵、魏,又楚、燕、齐诸国之障也,赵、魏亡,则楚、燕、齐诸国为之后。天下之势,未有岌岌于此者也[3]。故救赵者,亦以救魏;救一国者,亦以救六国也。窃魏之符以纾魏之患[4],借一国之师以分六国之灾,夫奚不可者!

然则信陵果无罪乎?曰:又不然也。余所诛者,信陵君之心也。信陵一公子耳,魏固有王也。赵不请救于王,而谆谆焉请救于信陵[5],是赵知有信陵,不知有王也。平原君以婚姻激信陵[6],而信陵亦自以婚姻之故,欲急救赵,是信陵知有婚姻,不知有王也。其窃符也,非为魏也,非为六国也,为赵焉耳。非为赵也,为一平原君耳。使祸不在赵,而在他国,则虽撤魏之障,撤六国之障,信陵亦必不救。使赵无平原,或平原而非信陵之姻戚,虽赵亡,信陵亦必不救。则是赵王与社稷之轻重,不能当一平原公子,而魏之兵甲所恃以固其社稷者,只以供信陵君一姻戚之用。幸而战胜,可也,不幸战不胜,为虏于秦,是倾魏国数百年社稷以殉姻戚,吾不知信陵何以谢魏王也[7]。

夫窃符之计,盖出于侯生[8],而如姬成之也。侯生教公子以窃符,如姬为公子窃符于王之卧内,是二人亦知有信陵,不知有王也。

余以为信陵之自为计,曷若以唇齿之势激谏于王[9],不听,则以其欲死秦师者,而死于魏王之前,王必悟矣。侯生为信陵计,曷若见魏王而说之救赵,不听,则以其欲死信陵君者,而死于魏王之前,王亦必悟矣。如姬有意于报信陵[10],曷若乘王之隙,而日夜劝之救,不听,则以其欲为公子死者,而死于魏王之前,王亦必悟矣。如此,则信陵君不负魏,亦不负赵;二人不负王,亦不负信陵君。何为计不出此?信陵知有婚姻之赵,不知有王。内则幸姬,外则邻国,贱则夷门野人[11],又皆知有公子,不知有王。则是魏仅有一孤王耳。

呜呼!自世之衰,人皆习于背公死党之行,而忘守节奉公之道,有重相而无威君,有私仇而无义愤,如秦人知有穰侯[12],不知有秦王,虞卿知有布衣之交[13],不知有赵王,盖君若赘旒久矣[14]。由此言之,信陵之罪,固不专系乎符之窃不窃也。其为魏也,为六国也,纵窃符犹可。其为赵也,为一亲戚也,纵求符于王,而公然得之,亦罪也。虽然,魏王亦不得为无罪也。兵符藏于卧内,信陵亦安得窃之?信陵不忌魏王,而径请之如姬,其素窥魏王之疏也;如姬不忌魏王,而敢于窃符,其素恃魏王之宠也。木朽而蛀生之矣。

古者人君持权于上,而内外莫敢不肃。则信陵安得树私交于赵?赵安得私请救于信陵?如姬安得衔信陵之恩?信陵安得卖恩于如姬?履霜之渐[15],岂一朝一夕也哉?由此言之,不特众人不知有王[16],王亦自为赘旒也。故信陵君可以为人臣植党之戒[17],魏王可以为人君失权之戒。《春秋》书葬原仲、翚帅师[18]。嗟夫!圣人之为虑深矣!

【注释】

〔1〕 本文作者提出了对于信陵君窃符救赵这一历史故事的自我见解。公元前259年,秦攻赵,赵求救于魏,魏王本欲派晋鄙救赵,但又对强秦心生惧意,只好按兵不动。信陵君听从门客侯生之计,通过魏王的宠妾如姬窃得兵

符,最终与赵国合兵击退了秦国。针对这一事件,作者既肯定了信陵君通过窃符手段达到救赵存魏的客观作用,又指责他擅自盗窃兵符,目无君主。信陵君,即魏公子无忌,战国时期魏安釐王之弟,当时任职魏相,其姐是赵相平原君的夫人。

〔2〕 亟:急迫。

〔3〕 岌(jí 及)岌:危险的样子。

〔4〕 纾:解除。

〔5〕 谆谆焉:诚恳殷切的样子。

〔6〕 平原君:即赵胜,为赵惠文王之弟,时任赵相。

〔7〕 谢:谢罪。

〔8〕 侯生:姓侯名嬴,原是魏国看守城门的人,因信陵君的礼聘,成为其门客,为信陵君谋划出了窃符救赵之计。

〔9〕 曷若:何如。

〔10〕 如姬:魏王的宠妾,信陵君曾替她报了杀父之仇,如姬感激涕零,一心想报答信陵君。

〔11〕 夷门野人:指侯生。夷门,魏国都城大梁的东门。

〔12〕 穰(ráng 嚷)侯:即魏冉,秦昭襄王母亲宣太后的弟弟,曾任将军、相国等职,权势极重。

〔13〕 虞卿:战国时期游说之士,曾任赵孝成王的相国。与魏齐友善,为解救他逃避追索,不重卿相之位而一同出走,贫困著书以终。

〔14〕 赘疣(zhuì liú 坠留):多余之物。赘,多余。疣,同"瘤"。

〔15〕 履霜之渐:意谓踩到霜之后就知道严冬快到了。《易·坤》:"初六,履霜坚冰至。"

〔16〕 不特:不仅。

〔17〕 植党:培植私党。

〔18〕 原仲:陈国大夫。原仲死后,旧友季友私自来到陈国将其埋葬,孔子认为这是结党营私的行为。翚(huī 挥):即羽父,鲁国大夫。翚在未经鲁隐公同意的情况下执意带兵伐郑,孔子认为这是目无君主的行为。

宗　臣

宗臣（1525—1560），字子相，号方城山人，扬州兴化（今江苏兴化）人。嘉靖二十九年（1550）进士，官刑部主事、吏部员外郎等职。后因触忤宰相严嵩，出为福建布政参议；因抗御倭寇有功，迁福建提学副使，卒于任上。宗臣是"后七子"之一。著有《宗子相集》。

报刘一丈书[1]

数千里外，得长者时赐一书[2]，以慰长想，即亦甚幸矣。何至更辱馈遗[3]，则不才益将何以报焉[4]！书中情意甚殷，即长者之不忘老父[5]，知老父之念长者深也。

至以"上下相孚，才德称位"语不才[6]，则不才有深感焉。夫才德不称，固自知之矣；至于不孚之病，则尤不才为甚。

且今之所谓孚者何哉？日夕策马，候权者之门[7]。门者故不入[8]，则甘言媚词作妇人状，袖金以私之[9]。即门者持刺入[10]，而主人又不即出见，立厩中仆马之间，恶气袭衣袖，即饥寒毒热不可忍，不去也。抵暮，则前所受赠金者出，报客曰："相公倦，谢客矣，客请明日来。"即明日，又不敢不来。夜披衣坐，闻鸡鸣，即起盥栉[11]，走马推门[12]，门者怒曰："为谁？"则曰："昨日之客来！"则又怒曰："何客之勤也？岂有相公此时出见客乎？"客心耻之，强忍而与言曰："亡奈何矣[13]！姑容我入。"门者又得所赠金，则起而入之。又立向所立厩中[14]。幸主者出，南面召见，则惊走匍匐阶下，主者曰："进！"则再拜，故迟不起，起则上所上寿金[15]。主者故不受，则固请；主者故固不受,则又固请;然后命吏纳之。则又再拜,又故迟不起,起则五六揖始出。

出,揖门者曰:"官人幸顾我[16],他日来,幸无阻我也!"门者答揖。大喜,奔出,马上遇所交识,即扬鞭语曰:"适自相公家来,相公厚我!厚我!"且虚言状。即所交识亦心畏相公厚之矣。相公又稍稍语人曰:"某也贤!某也贤!"闻者亦心计交赞之。此世所谓上下相孚也,长者谓仆能之乎?前所谓权门者,自岁时伏腊一刺之外[17],即经年不往也。间道经其门[18],则亦掩耳闭目,跃马疾走过之,若有所追逐者。斯则仆之褊衷[19]。以此长不见悦于长吏,仆则愈益不顾也。每大言曰:"人生有命,吾惟守分而已!"长者闻之,得无厌其为迂乎[20]?

【注释】

〔1〕 本文是宗臣写给刘一丈的复信,作者以具体形象的事例,揭露了当时官场的龌龊之事,其所描绘的士风和世态,可谓穷形尽相。报,回答。刘一,刘玠,字国珍,号墀石,扬州兴化人,排行第一。丈,对长辈的尊称。

〔2〕 长者:即刘一丈,与宗臣之父为同辈。

〔3〕 馈遗(kuì wèi 愧畏):赠送礼品。

〔4〕 不才:自谦之称。

〔5〕 老父:作者称自己的父亲,即宗周。

〔6〕 上下相孚,才德称位:此语当是刘玠来信勉励作者的话。相孚,互相信任。称位,与职位相称。

〔7〕 策马:即驱马。权者:有权势者,当指下文的"相公",即宰相。

〔8〕 门者:守门的人。

〔9〕 袖金以私之:暗地给钱。私,私下,偷偷地。

〔10〕 刺:名贴,名片。

〔11〕 盥栉(guàn zhì 灌制):梳洗。

〔12〕 走马:乘马速往。

〔13〕 亡奈何:无可奈何,没有办法。亡,同"无"。

〔14〕 向:以前,上次。

〔15〕 上所上寿金:献上所送的礼品。

〔16〕 官人幸顾我：幸亏您看得起我。官人，对守门人的尊称。顾，照顾，看得起。

〔17〕 岁时伏腊：一年四季伏天腊日。泛言一年重要节日。

〔18〕 间（jiàn 建）：有时。

〔19〕 褊（biǎn 贬）衷：度量狭小。

〔20〕 迂：迂腐，拘泥。

归有光

归有光(1506—1571),字熙甫,号震川,昆山(今属江苏)人。明世宗嘉靖十九年(1540)中举后,八次会试进士不第,至嘉靖四十四年(1565)六十岁始中进士,授浙江长兴县令,官至南京太仆寺丞。他是明代"唐宋派"中在创作上最受当时和后世推崇的古文家。有《震川先生集》。

吴山图记[1]

吴、长洲二县[2],在郡治所,分境而治。而郡西诸山,皆在吴县。其最高者,穹窿、阳山、邓尉、西脊、铜井[3],而灵岩[4],吴之故宫在焉,尚有西子之遗迹[5]。若虎丘、剑池及天平、尚方、支硎[6],皆胜地也。而太湖汪洋三万六千顷[7],七十二峰沉浸其间,则海内之奇观矣。

余同年友魏君用晦为吴县[8],未及三年,以高第召入为给事中[9]。君之为县,有惠爱,百姓扳留之[10],不能得,而君亦不忍于其民。由是好事者绘《吴山图》以为赠。夫令之于民[11],诚重矣[12]。令诚贤也[13],其地之山川草木,亦被其泽而有荣也[14];令诚不贤也,其地之山川草木,亦被其殃而有辱也。君于吴之山川,盖增重矣。异时吾民将择胜于岩峦之间,尸祝于浮屠、老子之宫也[15],固宜。而君则亦既去矣,何复惓惓于此山哉[16]?

昔苏子瞻称韩魏公去黄州四十余年[17],而思之不忘,至以为思黄州诗,子瞻为黄人刻之于石。然后知贤者于其所至,不独使其人之不忍忘而已,亦不能自忘于其人也。君今去县已三年矣。一日,与余同在内庭,出示此图,展玩太息,因命余记之,噫! 君之于吾吴,有情如此,如之何而使吾民能忘之也!

【注释】

〔1〕 作者从吴县百姓送给友人魏用晦的山水画《吴山图》着笔,写出了友人在担任县令期间,与吴县百姓结下的深厚情谊及人们的难忘之意。

〔2〕 吴、长洲:同属苏州府辖地,治所均在今江苏苏州。

〔3〕 穹窿、阳山、邓尉、西脊、铜井:山名,均在吴县境内。

〔4〕 灵岩:山名,在吴县西南,吴王于此山为西施建"馆娃宫"。

〔5〕 西子:即西施,春秋时期吴王夫差的宠妃。

〔6〕 虎丘、剑池、天平、尚方、支硎:都是风景名胜,其中剑池为池名,余皆为山名。

〔7〕 太湖:湖名,跨江苏、浙江两省。

〔8〕 同年:同科考中的考生互称同年。魏君用晦:魏体明,字用晦,嘉靖四十五年(1565)年进士。为:治理。

〔9〕 高第:高的等第,优等。

〔10〕 扳(pān 潘)留:挽留。

〔11〕 令:县令,行政长官。

〔12〕 诚重:的确重要。

〔13〕 诚:如果,表示假设。

〔14〕 被:遭到。泽:雨露。引申为德泽。

〔15〕 尸祝:祭祀。尸是代替死者受享祭祀的人,象征死者的神灵。祝是司祭礼的人。

〔16〕 惓(quán 拳)惓:诚恳深切的样子。

〔17〕 苏子瞻:即苏轼。韩魏公:即韩琦。

沧浪亭记[1]

浮图文瑛居大云庵[2],环水,即苏子美沧浪亭之地也[3]。亟求余作《沧浪亭记》[4],曰:"昔子美之记[5],记亭之胜也。请子记吾所以为亭者。"

余曰:昔吴越有国时[6],广陵王镇吴中[7],治园于子城之西南[8];其外戚孙承佑[9],亦治园于其偏。迨淮南纳土[10],此园不废。苏子美始建沧浪亭,最后禅者居之[11],此沧浪亭为大云庵也。有庵以来二百年,文瑛寻古遗事,复子美之构于荒残灭没之余[12],此大云庵为沧浪亭也。

夫古今之变,朝市改易[13]。尝登姑苏之台[14],望五湖之渺茫[15],群山之苍翠,太伯、虞仲之所建[16],阖闾、夫差之所争[17],子胥、种、蠡之所经营[18],今皆无有矣。庵与亭何为者哉?虽然,钱镠因乱攘窃[19],保有吴越,国富兵强,垂及四世[20]。诸子姻戚,乘时奢僭[21],宫馆苑囿,极一时之盛。而子美之亭,乃为释子所钦重如此[22]。可以见士之欲垂名于千载,不与澌然而俱尽者[23],则有在矣。

文瑛读书喜诗,与吾徒游,呼之为沧浪僧云。

【注释】

〔1〕 沧浪亭在今苏州市南三元坊附近,是江南现存最久的古园林之一。作者是应僧人文瑛的请求而写的这篇文章。

〔2〕 浮图:或作"浮屠",这里指僧人。

〔3〕 苏子美:即苏舜钦(1008—1048),字子美。

〔4〕 亟(qì气):屡次。

〔5〕 子美之记:《苏学士集》卷十三有《沧浪亭记》一文。

〔6〕 吴越:五代时的十国之一,为钱镠(liú刘)所建,都于杭州,领土包括今浙江全省与江苏省的一部分。有国:建立政权。

〔7〕 广陵王:即钱元璙(liáo辽),钱镠之子,官苏州刺史,后封广陵郡王。吴中:今江苏吴县。这里即指苏州一带。

〔8〕 治:修建。园:钱元璙曾建金谷园以娱老,此园或即指金谷园。子城:大城所属的小城,即内城及附郭的瓮城或月城。

〔9〕 外戚:帝王后妃的父兄子弟等姻亲。孙承佑:钱塘人,吴越王钱俶(chù触)纳其姊为妃。屡迁要职,曾官中吴军节度使。

〔10〕 迨(dài代):等到。淮南纳土:指钱俶以所辖十三州降宋。

〔11〕 禅者：这里即指僧人。

〔12〕 子美之构：指苏舜钦所建的沧浪亭。

〔13〕 朝市：庙堂、市井，这里指朝廷。

〔14〕 姑苏之台：也作姑胥台，在姑苏山上，故址在今江苏吴县西南，相传为吴王夫差所筑。

〔15〕 五湖：即太湖，在今江苏省南部。

〔16〕 太伯：周太王的长子，又作"泰伯"。虞仲：即仲雍，周太王的次子。太伯、虞仲兄弟为让位给幼弟季历，避到荆蛮（今长江中下游一带）地区。太伯自号句（gōu 勾）吴，成为春秋时吴国的始祖；虞仲在太伯死后继位。

〔17〕 阖闾（hé lú 合驴）：或作"阖庐"，春秋末年吴国国君，派专诸刺杀吴王僚后自立为王。后与越国作战，受伤而死。

〔18〕 子胥：即伍员。种：即文种。蠡：即范蠡。

〔19〕 钱镠：字具美，五代时，乘藩镇混战之机，攻占土地，建立吴越国。攘窃：抢夺、盗取。

〔20〕 垂及四世：指吴越自钱镠开国，延续四代而亡。

〔21〕 奢僭（jiàn 建）：奢侈豪华，超越制度。

〔22〕 释子：即佛教徒。这里指僧人文瑛。

〔23〕 澌（sī 丝）然：消亡的样子。

茅 坤

茅坤(1512—1601),字顺甫,号鹿门,归安(在今浙江湖州)人。嘉靖十七年(1538)进士,历任青阳、丹徒知县,累官至大名兵备副使。茅坤是"唐宋派"古文家之一,他编选的《唐宋八大家文钞》对后世产生了很大影响。有《茅鹿门集》行世。

青霞先生文集序[1]

青霞沈君[2],由锦衣经历上书诋宰执[3],宰执深疾之。方力构其罪,赖天子仁圣,特薄其谴[4],徙之塞上。当是时,君之直谏之名满天下。已而,君累然携妻子,出家塞上。会北敌数内犯[5],而帅府以下[6],束手闭垒,以恣敌之出没[7],不及飞一镞以相抗。甚且及敌之退,则割中土之战没者与野行者之馘以为功[8]。而父之哭其子,妻之哭其夫,兄之哭其弟者,往往而是,无所控吁。君既上愤疆埸之日弛,而又下痛诸将士日菅刈我人民以蒙国家也[9],数呜咽欷歔[10],而以其所忧郁发之于诗歌文章,以泄其怀,即集中所载诸什是也。

君故以直谏为重于时,而其所著为诗歌文章,又多所讥刺,稍稍传播,上下震恐,始出死力相煽构,而君之祸作矣。君既没,而一时阃寄所相与谗君者[11],寻且坐罪罢去[12]。又未几,故宰执之仇君者亦报罢[13]。而君之门人给谏俞君[14],于是哀辑其生平所著若干卷[15],刻而传之。而其子以敬,来请予序之首简。茅子受读而题之曰:若君者,非古之志士之遗乎哉?孔子删《诗》[16],自《小弁》之怨亲[17]、《巷伯》之刺谗以下[18]，其忠臣、寡妇、幽人、怼士之什[19]，并列之为"风"，疏之为"雅"，不可胜数。岂皆古之中声也哉？然孔子不遽遗之者[20]，特悯其人，矜其志[21]，犹曰"发乎情，止乎礼义"，"言之者无罪，闻之者足以为戒"焉耳。予尝按次春秋以来[22]，屈原之骚疑于怨[23]，伍胥之谏疑于胁，贾谊之疏疑于激，叔夜之诗疑于愤[24]，刘蕡之对疑于亢[25]。然推孔子删《诗》之旨而哀次之，当亦未必无录之者。

君既没，而海内之荐绅大夫，至今言及君，无不酸鼻而流涕。呜呼！集中所载《鸣剑》、《筹边》诸什[26]，试令后之人读之，其足以寒贼臣之胆，而跃塞垣战士之马[27]，而作之忾也[28]，固矣！他日国家采风者之使出而览观焉[29]，其能遗之也乎？予谨识之。至于文词之工不工，及当古作者之旨与否，非所以论君之大者也，予故不著。

【注释】

〔1〕 本文是茅坤为沈炼的《青霞先生文集》所写的序言。

〔2〕 沈君：沈炼，字纯甫，别号青霞山人，明代会稽（今浙江绍兴）人。嘉靖十七年（1538）进士，为人刚直，嫉恶如仇，屡遭严嵩的打击诬陷，后被罢官流放，遭杀害。

〔3〕 锦衣经历：即锦衣卫的经历官，负责文书往来。经历：官名。宰执：此处指严嵩。

〔4〕 薄：减轻。谴：罪责。

〔5〕 北敌：指蒙古族俺答部。嘉靖年间，曾多次侵扰北方，造成了重要的威胁。

〔6〕 帅府：边境最高军事官署。

〔7〕 恣：放纵，听任。

〔8〕 馘（guó 国）：被杀者的左耳。古时作战割取对方战死者的左耳来记功。

〔9〕 菅刈（jiān yì 尖亿）：割草。此处喻指随意残害百姓。菅，一种多年生的草。

〔10〕 欷歔（xī xū 希虚）：叹息声。

〔11〕 阃（kǔn 捆）寄：担任军事职务。阃，外城城门的门槛。古代常把军

事职务称作阃外之事。

〔12〕 寻:不久。坐罪:因得罪。

〔13〕 报罢:古时官吏百姓上书,朝廷拒不采纳,通知作罢叫报罢。此处指罢官撤职。

〔14〕 给谏:给事中和谏议大夫的合称。俞君:生平未详。

〔15〕 裒(pǒu 抔)辑:编辑,聚集。

〔16〕 孔子删《诗》:相传孔子将《诗经》从原有的三千余篇删定为三百零五篇,此说后人多疑之。

〔17〕 《小弁》:《诗经·小雅》中的篇名。据说此诗是周幽王太子师傅所作,讽刺幽王惑于褒姒,疏远太子。

〔18〕 《巷伯》:《诗经·小雅》中的篇名。《诗小序》称此诗是周幽王身边的宦官巷伯所作,因为他被人诋毁。

〔19〕 幽人:隐士。怼(duì 对)士:心怀怨恨之人。怼,怨恨。

〔20〕 遽:急。遗:删除。

〔21〕 矜:崇敬。

〔22〕 按次:依次查验。

〔23〕 疑:迷惑,迷失。

〔24〕 叔夜:嵇康,字叔夜。魏末晋初文学家。他对当时社会政治不满,在被司马昭囚禁期间,写有《幽愤诗》,后被司马昭杀害。

〔25〕 刘蕡:字玄华,唐文宗时人。在参加贤良方正、直言极谏科考试时因抨击宦官乱政和政治弊病而未被录取。亢:言词激烈。

〔26〕 《鸣剑》、《筹边》:《青霞先生文集》中的篇名。

〔27〕 跃:激励。塞垣:边塞的城垣。此处指边防。

〔28〕 作:激发。忾:愤怒。

〔29〕 采风:到各地收集民间歌谣。

王世贞

王世贞(1526—1590),字元美,号凤洲,又号弇州山人。太仓(今属江苏)人。嘉靖二十六年(1547)进士,累官至南京刑部尚书。其早年与李攀龙同为"后七子"的领袖人物。有《弇州山人四部稿》、《弇州山人四部续稿》等。

蔺相如完璧归赵论[1]

蔺相如之完璧[2],人皆称之,予未敢以为信也。

夫秦以十五城之空名,诈赵而胁其璧[3]。是时言取璧者情也[4],非欲以窥赵也[5]。赵得其情则弗予,不得其情则予;得其情而畏之则予,得其情而弗畏之则弗予。此两言决耳,奈之何既畏而复挑其怒也。

且夫秦欲璧,赵弗予璧,两无所曲直也[6]。入璧而秦弗予城,曲在秦。秦出城而璧归,曲在赵。欲使曲在秦,则莫如弃璧;畏弃璧,则莫如弗予。夫秦王既按图以予城,又设九宾[7],斋而受璧[8],其势不得不予城。璧入而城弗予,相如则前请曰:"臣固知大王之弗予城也。夫璧非赵璧乎?而十五城秦宝也。今使大王以璧故而亡其十五城,十五城之子弟,皆厚怨大王以弃我如草芥也。大王弗予城,而绐赵璧[9],以一璧故而失信于天下,臣请就死于国,以明大王之失信。"秦王未必不返璧也。今奈何使舍人怀而逃之[10],而归直于秦!是时秦意未欲与赵绝耳。令秦王怒而僇相如于市[11],武安君十万众压邯郸[12],而责璧与信,一胜而相如族[13],再胜而璧终入秦矣。

607

吾故曰：蔺相如之获全于璧也，天也。若其劲渑池[14]，柔廉颇[15]，则愈出而愈妙于用。所以能完赵者，天固曲全之哉[16]！

【注释】

〔1〕 蔺相如是战国时赵国人，秦昭襄王欲用十五城换取赵国的和氏璧，蔺相如怀璧去秦。后知秦王无意偿城，便用计取回和氏璧，令秦王巧取豪夺的计划落空。此文属于史论，析薪破理，意在翻案；而文辞言简意赅，富于雄辩。

〔2〕 完璧：即将和氏璧完好无损地归还赵国。

〔3〕 胁：威逼强求。

〔4〕 情：实情。

〔5〕 窥：伺机图谋。

〔6〕 曲直：有理无理。

〔7〕 九宾：古代朝会大典设"九宾"，指公、侯、伯、子、男、孤、卿、大夫、士，也即《周礼》中的"九仪"。

〔8〕 斋：即"斋戒"。古人在祭祀或重大事情前须沐浴更衣、整洁身心，以示虔诚。

〔9〕 绐（dài 代）：骗取。

〔10〕 舍人：战国及汉初王公贵人私门之官，即《史记·廉颇蔺相如列传》中的"从者"："乃使其从者衣褐，怀其璧，从径道亡，归璧于赵。"

〔11〕 僇（lù 路）：通"戮"，杀。

〔12〕 武安君：即白起，战国时秦国将领，以功封武安君。邯郸：赵国的国都，今属河北。

〔13〕 族：即族诛，是古代的一种刑罚，一人犯罪，刑及亲族。

〔14〕 劲渑（miǎn 免）池：公元前279年，秦昭襄王邀请赵惠文王到渑池（今属河南）会盟，蔺相如随侍赵惠文王，几次面斥秦国君臣的侮辱，保存了赵国的体面。劲，刚强。

〔15〕 柔廉颇：大将廉颇自恃功高，几次挑衅蔺相如，却被蔺谦恭相让，终于感动了廉颇，二人合好。

〔16〕 曲全：委曲成全。

袁宏道

袁宏道(1568—1610),字中郎,又字无学,号石公,湖广公安(今湖北公安)人。万历二十年(1592)进士,历官吴县知县、顺天府教授、礼部主事、吏部郎中。他与兄袁宗道、弟袁中道并有才名,时称"三袁"。其散文创作富于个性天趣,清新活泼。著有《袁中郎全集》四十卷。

徐文长传[1]

徐渭,字文长,为山阴诸生[2],声名籍甚[3]。薛公蕙校越时[4],奇其才,有国士之目[5]。然数奇[6],屡试辄蹶[7]。中丞胡公宗宪闻之[8],客诸幕[9]。文长每见,则葛衣乌巾[10],纵谈天下事,胡公大喜。是时公督数边兵[11],威振东南,介胄之士[12],膝语蛇行[13],不敢举头,而文长以部下一诸生傲之,议者方之刘真长、杜少陵云[14]。会得白鹿[15],属文长作表[16],表上,永陵喜[17]。公以是益奇之,一切疏计[18],皆出其手。文长自负才略,好奇计,谈兵多中[19],视一世事无可当意者。然竟不偶[20]。

文长既已不得志于有司[21],遂乃放浪曲糵[22],恣情山水,走齐鲁、燕赵之地,穷览朔漠[23]。其所见山奔海立、沙起雷行、雨鸣树偃[24]、幽谷大都、人物鱼鸟,一切可惊可愕之状,一一皆达之于诗。其胸中又有勃然不可磨灭之气,英雄失路、托足无门之悲。故其为诗,如嗔如笑,如水鸣峡,如种出土,如寡妇之夜哭,羁人之寒起[25];虽其体格时有卑者,然匠心独出,有王者气[26],非彼巾帼而事人者所敢望也[27]。文有卓识,气沉而法严[28],不以摹拟损才,不以议论伤格,韩、曾之流亚也[29]。文长既雅不与时调合[30],当时所谓骚坛主盟者[31],文长皆叱而怒之[32]。故其名不出于越,悲夫!

喜作书,笔意奔放如其诗,苍劲中姿媚跃出,欧阳公所谓"妖韶女,老自有余态"者也[33]。间以其余[34],旁溢为花鸟,皆超逸有致。

卒以疑杀其继室[35],下狱论死。张太史元忭力解[36],乃得出。晚年愤益深,佯狂益甚,显者至门,或拒不纳。时携钱至酒肆,呼下隶与饮[37]。或自持斧击破其头,血流被面,头骨皆折,揉之有声。或以利锥锥其两耳[38],深入寸余,竟不得死。周望言晚岁诗文益奇,无刻本,集藏于家。余同年有官越者[39],托以钞录,今未至。余所见者,《徐文长集》《阙编》二种而已。然文长竟以不得志于时,抱愤而卒。

石公曰[40]:先生数奇不已,遂为狂疾。狂疾不已,遂为囹圄[41]。古今文人牢骚困苦,未有若先生者也。虽然,胡公间世豪杰[42],永陵英主,幕中礼数异等[43],是胡公知有先生矣;表上,人主悦[44],是人主知有先生矣,独身未贵耳。先生诗文崛起,一扫近代芜秽之习,百世而下,自有定论,胡为不遇哉?梅客生尝寄予书曰[45]:"文长吾老友,病奇于人,人奇于诗。"余谓文长无之而不奇者也,无之而不奇,斯无之而不奇也[46],悲夫!

【注释】

〔1〕 徐文长即徐渭(1521—1593),山阴(今浙江绍兴)人。屡应乡试不中,人生较为坎坷。袁宏道这篇传记文学大体如作者自谓"虽不甚核,然大足为文长吐气"(《答陶石篑》),正是"丹青难写是精神",令传主形象栩栩如生,呼之欲出,具有了不朽的艺术魅力。

〔2〕 诸生:明代称已进学的生员,俗称秀才。

〔3〕 声名藉甚:名声很大。

〔4〕 薛公蕙:即薛蕙(1489—1541),字君采,号西原,亳州(今属安徽)人。正德九年(1514)进士,历官吏部郎中,以议大礼致仕归。校(jiào叫)越:指在浙江任乡试主考官。

〔5〕 国士:一国之中才能最优秀的人物。

〔6〕 数奇(jī击):命运不好。

〔7〕 屡试辄蹶:屡次参加乡试皆失利。

〔8〕 中丞胡公宗宪:即胡宗宪(？—1565),字汝贞,号梅林,绩溪(今属安徽)人。嘉靖十七年(1538)进士,后以党附严嵩遭劾,下狱死。明代巡抚例兼右都御史,或以副都御史出任,故世人多称巡抚为中丞(中丞即御史中丞)。时胡宗宪任浙江巡抚,故称。

〔9〕 客诸幕:陶望龄《徐文长传》:"胡少保宗宪总督浙江,或荐渭善古文词者,招致幕府,管书记。"

〔10〕 葛衣乌巾:穿用葛布制成的衣服,戴乌角巾。乌角巾即黑头巾,古代多为隐居不仕者的帽子。

〔11〕 督数边兵:据《明史》本传,胡宗宪在抗倭中起过很大作用:"当是时,江北、福建、广东皆中倭。宗宪虽尽督东南数十府,道远,但遥领而已,不能遍经画。"

〔12〕 介胄之士:披甲戴盔者,指战将。

〔13〕 膝语蛇行:跪着禀告,如蛇般爬行,形容敬畏惧怕的样子。

〔14〕 议者:评论的人。方:比拟。刘真长:即刘惔,字真长,晋沛国相(今安徽宿州西北)人。为王导、王濛等名流所敬重。杜少陵:即杜甫。《新唐书·杜甫传》载:"(严)武以世旧,待甫甚善,亲入其家。甫见之,或时不巾,而性褊躁傲诞,尝醉登武床,瞪视曰:'严挺之乃有此儿!'"

〔15〕 白鹿:白色的鹿,古代以为祥瑞。

〔16〕 属(zhǔ 主)文长作表:委托徐渭起草奏章。

〔17〕 永陵:即明世宗朱厚熜所葬陵墓名。

〔18〕 疏(shù 述)计:分条陈述的有关奏章等。计,通"记"。

〔19〕 谈兵多中(zhòng 众):预测军事行动常常准确。

〔20〕 不偶:不遇,指未能在科举考试中成功。

〔21〕 有司:官吏。古代设官分职,各有专司,故称,代指朝廷。

〔22〕 曲糵(niè 聂):酒母。代指酒。

〔23〕 朔漠:北方沙漠地带。这里即指北方。

〔24〕 偃(yǎn 眼):倒伏。

〔25〕 羁人:旅客。

〔26〕 王者气:指其诗有无与伦比的气象。

〔27〕 巾帼:古代妇女的头巾与发饰,指代妇女。这里比喻取媚于权贵者的文人。

〔28〕 气沉而法严:气格沉雄,法度谨严。

〔29〕 韩:即韩愈。曾:即曾巩。流亚:同类人。

〔30〕 雅:平素,一向。

〔31〕 骚坛主盟者:诗坛的领袖人物。

〔32〕 叱而怒之:对其怒斥,表示极其轻视。

〔33〕 "欧阳公"句:欧阳修诗《水谷夜行寄子美圣俞》有句:"譬如妖韶女,老自有余态。"这里形容徐渭书法美妙成熟。妖韶,美艳。

〔34〕 间以其余:有时用其剩余精力。

〔35〕 杀其继室:嘉靖四十五年(1566),徐渭时年四十六岁,狂疾复发,疑继室张氏不贞,将她杀死。

〔36〕 张太史元忭:即张元忭,字子荩,号阳和,山阴人。隆庆五年(1571)进士,官至翰林侍读。力解:竭力解救。

〔37〕 下隶:差役走卒。

〔38〕 锥其两耳:据徐渭《畸谱》:"四十五岁,病易,丁剚其耳,冬稍瘳。"其事在杀继室张氏前。

〔39〕 同年:科举考试中同科中举或中进士者,互称为"同年"。

〔40〕 石公:袁宏道号石公。

〔41〕 囹圄(líng yǔ 零羽):监狱。这里指入狱。

〔42〕 间(jiàn 建)世:隔代。指年代相隔之久。

〔43〕 礼数异等:所受礼遇超出一般。

〔44〕 人主:皇帝,指明世宗,即嘉靖皇帝。

〔45〕 梅客生:即梅国桢,字客生,又字克生,号衡湘,麻城(今属湖北)人。

〔46〕 "无之而不奇"二句:言徐渭没有一样不奇特,因而他也没有一事不坎坷。后"奇"当读 jī,参见注〔6〕"数奇"。

张　溥

张溥(1602—1641),初字乾度,后字天如,号西铭,太仓(今属江苏)人。崇祯四年(1631)进士,选庶吉士,授编修。与同乡张采齐名,合称"娄东二张"。张溥与郡中名士结为"复社",研习时文(八股文),议论政治,主张改良政治,抨击宦官专擅,影响甚大。因其忤逆执政权贵,遭到多方迫害。在文学方面,张溥主张"复兴古学",反对空疏。编有《汉魏六朝百三家集》,著有《七录斋集》。

五人墓碑记[1]

五人者,盖当蓼洲周公之被逮[2],激于义而死焉者也。至于今,郡之贤士大夫请于当道[3],即除魏阉废祠之址以葬之[4];且立石于其墓之门,以旌其所为[5]。呜呼,亦盛矣哉!

夫五人之死,去今之墓而葬焉[6],其为时止十有一月耳。夫十有一月之中,凡富贵之子,慷慨得志之徒,其疾病而死,死而湮没不足道者[7],亦已众矣,况草野之无闻者欤!独五人之皦皦[8],何也?

予犹记周公之被逮,在丁卯三月之望[9]。吾社之行为士先者[10],为之声义[11],敛赀财以送其行[12],哭声震动天地。缇骑按剑而前[13],问"谁为哀者?"众不能堪,抶而仆之[14]。是时以大中丞抚吴者[15],为魏之私人[16],周公之逮所由使也[17];吴之民方痛心焉,于是乘其厉声以呵[18],则噪而相逐[19],中丞匿于溷藩以免[20]。既而以吴民之乱请于朝,按诛五人[21],曰颜佩韦、杨念如、马杰、沈扬、周文元[22],即今之傫然在墓者也[23]。

613

然五人之当刑也,意气扬扬,呼中丞之名而詈之[24],谈笑以死。断头置城上,颜色不少变。有贤士大夫发五十金,买五人之脰而函之[25],卒与尸合。故今之墓中,全乎为五人也。

嗟乎!大阉之乱[26],缙绅而能不易其志者[27],四海之大,有几人欤?而五人生于编伍之间[28],素不闻诗书之训,激昂大义,蹈死不顾[29],亦曷故哉[30]?且矫诏纷出[31],钩党之捕[32],遍于天下,卒以吾郡之发愤一击,不敢复有株治[33];大阉亦逡巡畏义[34],非常之谋[35],难于猝发[36]。待圣人之出而投缳道路[37],不可谓非五人之力也。

由是观之,则今之高爵显位[38],一旦抵罪[39],或脱身以逃,不能容于远近[40],而又有剪发杜门[41],佯狂不知所之者[42],其辱人贱行[43],视五人之死,轻重固何如哉?是以蓼洲周公,忠义暴于朝廷[44],赠谥美显[45],荣于身后;而五人亦得以加其土封[46],列其姓名于大堤之上[47],凡四方之士,无有不过而拜且泣者,斯固百世之遇也[48]。不然,令五人者保其首领,以老于户牖之下[49],则尽其天年,人皆得以隶使之[50],安能屈豪杰之流,扼腕墓道[51],发其志士之悲哉!故予与同社诸君子,哀斯墓之徒有其石也,而为之记,亦以明死生之大,匹夫之有重于社稷也[52]。

贤士大夫者,冏卿因之吴公[53],太史文起文公[54]、孟长姚公也[55]。

【注释】

〔1〕 本文生动记述了天启年间苏州市民反对阉党的斗争经过,夹叙夹议,为名不见经传的小人物立传,具有极强的感染力。

〔2〕 蓼洲周公:即周顺昌,字景文,号蓼洲,吴县(今江苏苏州)人。万历四十一年(1613)进士,累官至吏部员外郎。因得罪魏忠贤被害致死。

〔3〕 郡:这里指苏州府,治所即今江苏苏州市。贤士大夫:指有声望的读书人或家居官员等。当道:当政者。

〔4〕 魏阉:即魏忠贤(1568—1627),肃宁(今属河北)人,少无赖,万历中以自阉入宫。熹宗即位后,魏忠贤渐升至司礼秉笔太监,掌东厂事,结党营私,气焰嚣张。崇祯帝即位,发其奸,自缢死。废祠:天启七年春,魏忠贤气焰

嚣张,海内纷纷为魏忠贤建立生祠,崇祯即位后,各地生祠陆续被废。

〔5〕 旌(jīng经):表彰。

〔6〕 去:距离。墓:修墓。用如动词。

〔7〕 湮(yān烟)没:埋没。

〔8〕 皦(jiǎo佼)皦:犹言"佼佼",形容超越一般。

〔9〕 丁卯三月之望:即天启七年(1627)农历三月十五日。按《明史·周顺昌传》,周之被捕与被害皆在天启六年(1626)。此系作者误书。望,月相名,农历每月十五日(有时为十六日或十七日),地球所见月相最圆满,即称"望"。

〔10〕 吾社:这里当指应社,为天启四年(1624)由张溥等人在苏州所创,崇祯二年(1629)以后并入复社。行为士先:德行可以作为读书人的表率,指社团领袖。

〔11〕 声义:诉冤,伸张正义。

〔12〕 敛赀(zī资)财:筹集钱财。

〔13〕 缇骑(tí jì 提记):明代锦衣卫校尉,名沿古制。执掌禁卫、仪仗、卤簿,专司侦察、缉捕官民。

〔14〕 抶(chì赤)而仆之:打倒在地。

〔15〕 以大中丞抚吴者:指毛一鹭,天启末官应天巡抚,属魏忠贤一党。明代巡抚多加副都御史或佥都御史衔。中丞,明代都察院左、右副都御史的别称,一般多称巡抚为中丞,本此。

〔16〕 魏之私人:魏忠贤的走狗。

〔17〕 所由使:是由他唆使的。

〔18〕 其:指毛一鹭。呵:呵叱。

〔19〕 噪:吵嚷(指苏州众多市民)。逐:追赶。

〔20〕 匿(nì腻):躲藏。溷(hùn诨)藩:指厕所。

〔21〕 按诛:查办,判处死刑。

〔22〕 颜佩韦:商人子。杨念如:估衣铺商人。马杰:市民。沈扬:牙侩,即经纪人。周文元:周顺昌的轿夫。

〔23〕 傫(léi雷)然:形容重叠堆积。

〔24〕 詈(lì立):骂。

〔25〕 脰(dòu豆):颈项。这里代指头。函:用木匣装起来。用如动词。

〔26〕 大阉之乱:指天启间大太监魏忠贤的乱政。

〔27〕缙绅:指朝中的士大夫。不易其志:不变志节,即不向魏忠贤屈服。

〔28〕编伍:即编在户籍的平民。古代户籍编制,五家为伍,故称。

〔29〕蹈死:身履死地,即冒着生命危险。

〔30〕曷:同"何"。

〔31〕矫诏:假托皇帝的命令。

〔32〕钩党之捕:相牵引为同党加以逮捕。

〔33〕株治:株连治罪。

〔34〕逡(qūn 群阴平)巡畏义:徘徊不定,畏惧正义。

〔35〕非常之谋:指魏忠贤篡位夺取政权的阴谋。

〔36〕猝(cù 促)发:突然发动。

〔37〕圣人之出:指崇祯帝朱由检即位。投缳(huán 环)道路:指魏忠贤被免行至阜城途中自缢身亡。

〔38〕高爵显位:指依附魏党的官高位显者。

〔39〕抵罪:因犯罪而受到相应的处罚。

〔40〕不能容于远近:到处难以容身。

〔41〕剪发杜门:削发为僧或闭门不出。

〔42〕佯狂:装疯。

〔43〕辱人贱行:可耻的人,卑劣的行为。

〔44〕暴(pù 曝):通"曝",显露。

〔45〕赠谥美显:崇祯元年(1628),赐周顺昌"忠介"的谥号。

〔46〕加其土封:指重修坟墓。

〔47〕大堤之上:五人墓碑在山塘(由苏州通往虎丘的小河)北岸,故称。

〔48〕百世之遇:百年难逢的际遇。

〔49〕老:指寿终而死。户牖(yǒu 有):门窗,指自家屋舍。

〔50〕隶使:当奴仆使唤。

〔51〕扼腕:用手握腕,表示惋惜、愤慨或振奋等情绪。

〔52〕"匹夫"句:平常百姓对国家安危也能起到重要作用。

〔53〕冏(jiǒng 迥)卿:即太仆寺卿。因之吴公:即吴默,字因之,吴江(今属江苏)人。

〔54〕太史:在翰林院任职者的通称。文起文公:即文震孟(1574—1636),字文起,曾授翰林院修撰。

〔55〕孟长姚公:即姚希孟(1579—1636),字孟长,曾授翰林院检讨。